中国城市文化报告 2017

CHINESE CITIES CULTURE REPORT 2017

主编：黄昌勇
副主编：张晓明　丁未（常务）　解学芳
EDITED BY HUANG CHANGYONG, ZHANG XIAOMING, DING WEI, XIE XUEFANG

同济大学出版社
TONGJI UNIVERSITY PRESS

目录 CONTENTS

目录 CONTENTS

总报告

GENERAL REPORT

黄昌勇 张晓明 丁未 解学芳

Huang Changyong Zhang Xiaoming Ding Wei Xie Xuefang

中国城市文化创意与可持续发展之路
The Path of Chinese Urban Culture and Sustainable Development

摘要：本文对中国的城镇化与文化发展作了历史回顾，对目前中国城市文化发展所存在的问题及原因进行了详细的分析，并且在对新型城镇化和文化发展前景预测的基础上，提出了政策建议。文章认为，新型城镇化道路是一条创意与可持续发展之路。要进一步解放思想，重构“新型城镇化”的思维逻辑；要加强城市的户籍制度和土地制度的改革；扭转 GDP 主导的施政行为，将城市决策者的注意力从“经营性事务”转向“公共性事务”；要加强对城市文化的评估与规划，挖掘城市文化特色，打造城市文化品牌。

关键词：城市文化，城镇化，可持续发展

Abstract: This paper makes a historical review of China's urbanization and cultural development, analyzes the problems and causes of the development of urban culture in China, and presents policy recommendations on the basis of the prediction of new urbanization and cultural development prospects. The paper argues that the new urbanization is a path of creativity and sustainable development, so it requires us to further emancipate the mind and reconstruct the logic of "new-style urbanization", to strengthen the reform of city's household registration system and land system, to reverse the GDP-oriented policy implementation actions, to turn the attention of the urban decision-makers from "business affairs" to "public affairs", to strengthen the assessment and planning of urban culture, to tap the characteristics of urban culture, and to create the city's culture brand.

Key words: urban culture, urbanization, sustainable development

中华艺术宫远景。高国强 摄

2014 年 3 月,《国家新型城镇化规划(2014—2020 年)》正式发布。在历经 2012 年党的十八大明确提出"新型城镇化"概念、2013 年中央经济工作会议进一步把"加快城镇化建设速度"列为经济工作六大任务之一、2013 年 11 月十八届三中全会正式提出"中国特色新型城镇化道路"之后，我国城市化进程正式进入了新的发展阶段，城市化与文化发展的关系问题也上升为我国新型城镇化发展战略的核心与主线。

这是中国改革开放的新阶段，也是中国现代化发展的新时期，中国的"新型城镇化道路"将影响人类的历史进程，而中国城镇化与文化发展的有机结合也将为人类城市发展史添上浓重的一笔。

一、中国的城市化与文化发展——一个历史的回顾

关于我国现代化过程中城市化的历史发展分期已经有很多研究，我们参考中国社会科学院李培林研究员的看法[1]，以改革开放为起点，将城市化分为以下四个阶段：

第一阶段是1978—1985年。这个阶段以农村改革为开端，随着家庭联产承包制的普遍实行，农村经济得到快速发展，小城镇开始复兴，乡镇企业“异军突起”，出现农村人口向小城镇聚集、向非农领域转移的潮流。费孝通先生1985年发表著名的《小城镇 大问题》一文，引起中央高度关注，在社会上引起巨大反响。有关“离土不离乡”的“小城镇发展战略”成为这一阶段中国特色的城市化道路的特点。

第二阶段是1986—2000年。这个阶段以20世纪80年代城市改革为开端，到20世纪90年代经过了大规模国有企业改革，使城市经济更加活跃，各种发展机会加速向城市集中，城市化进程开始加速。这时，农村居民也因寻求工作机会而开始向城市大规模迁徙，“离土离乡”进城打工的农民总量超过了“离土不离乡”在乡镇企业工作的农民工，成为农村劳动力转移的主渠道，数以亿计的“农民工”进城，推动了中国的中小城市成为城市化的主角。

第三阶段是2000—2011年。这个阶段以我国加入WTO为开端，经过大规模引进国际资本，融入国际分工体系，推动了全球性经济结构升级调整，也带动中国经济发展速度在“全球化红利”刺激下一再突破峰值。这一阶段，在经济发展的推动下我国城市住房制度改革的效益也逐步显现，买车和购房进入普通家庭消费，房地产业迅速兴起，土地升值速度加快，城市不断向郊区扩展，高速公路和高速铁路的发展使一小时城市圈的区域规模大幅度增加，由一小时城市圈相互连接的城市群不断涌现。这一阶段我国城市发展进入了大城市发展的阶段，表现为城市规模迅速扩大和以大城市群为载体加入全球竞争。

第四阶段是2011年至今。这个阶段以2008—2009年全球经济危机的骤然爆发和我国经济发展方式转变实质性启动为背景，并以2011年中国的城市化进入历史转折点为开端（2011年，我国城市人口达到51.3%）。随着城市化人口超过50%，我国现代化和城市化进程开始了新的阶段，“新型城镇化道路”逐步成型，标志着我国从“以物为中心”的“土地城镇化”转向“以人为中心”的“人口城镇化”的新阶段。

以现代化为背景，近代文化的繁荣就是建立在城市化的基础之上。我国文化发展与城市化进程同样密切相关。仍然以改革开放为起点，无论是根据政策性文件的出现时间，还是根据重要历史事件的发生时间，我国的文化发展都划分为以下三个阶段：

第一阶段：1978—2000 年。为适应经济体制改革和城市化的发展，原来计划经济体制下的文化事业单位从“放开服务收费”开始，到在“预算内事业单位”性质不变的情况下确定三种财政管理类型，形成了“双轨制”模式。

这一阶段以 1978 年财政部批准《人民日报》等新闻单位实行“事业单位，企业化管理”为开端，20 世纪 80 年代中期城市经济体制改革正式启动后允许文化事业单位合法开展企业化经营活动（所谓“以文养文”）[2]，20 世纪 80 年代末，财政部发文，根据事业单位是否有“稳定的经常性业务收入”，将国家预算内事业单位区分为“全额预算管理”“差额预算管理”和“自收自支管理”三种类型，将这一阶段改革从国家预算管理角度确定下来。一直到1996年，中办和国办发文，提出事业单位全面改革方案，提出将“政事分开”，推动各类事业单位在市场经济体制下逐步转变为独立法人参与市场运行。同年，广州日报报业集团成立，标志着新一轮文化体制改革显现端倪[3]。这一阶段的特点是对于预算内文化事业单位实行“双轨制”政策，文化事业有了较大的恢复性增长，但是整体上具有较强的过渡性特点。

第二阶段：2000—2011 年。为适应国内宏观经济增长方式转变的战略需求，以及应对加入 WTO 后开放国际服务贸易的挑战，国家从“十五”期间开始提出发展文化产业战略并为此而实行全面的文化体制改革。

这一阶段以2000年10月党的十五届五中全会提出发展文化产业的战略任务为开端，从 2003 年开始进行了文化体制改革，到 2009 年为应对全球金融危机而由国务院通过《国家文化产业振兴规划》，将文化产业列位“第十一大产业振兴规划”，一直到2011年末，宣布文化体制改革任务的完成和十七届六中全会的召开。这个阶段的特点是文化体制的“全面改革”。也就是说，根据社会主义市场经济的普遍需要和文化发展的特殊规律，将各类文化事业单位进行“分类改革”，分为“公益性事业”和“经营性产业”两种类型，分别设计体制机制。这一阶段，在城市化迅猛发展的背景下，文化体制改革释放了多年积累的文化资源存量，与改革配套的文化产业政策又激励了增量的投资，公共文化服务体系建设和文化产业发展均获得了长足进步。根据国家统计局数据，从 2004 年到 2010 年，我国文化产业年均增长 24% 左右。[4]

第三阶段：2011 年至今。为应对国际金融危机挑战和适应国内宏观经济大规模转型的需要，开始进入文化产业发展方式转型和文化体制改革深化阶段。

这个阶段以 2011 年 10 月 18 日十七届六中全会通过的《中共中央关于深化文化体制改革推动社会主义文化大发展大繁荣若干重大问题的决定》为开端，到 2013 年 9 月召开的十八届三中全会通过的《中共中央关于全面深化改革若干重大问题的决定》，根据“使市场在资源配置中起决定性作用”这一新的重大政策性表述，提出了“建立健全现代文化市场体系”这一文化政策的总纲，完成了文化体制改革全面深化的总体布局。这一阶段文化产业发展的总体态势是增速逐年下降，逐步进入比年度宏观经济增速略高的“常态化”状态。根据国家统计局文化产业统计公报，我国文化产业增加值 2011 年增长 21.96%，2012 年增长 16.5%，2013 年增长 11.1%，2014 年增长 12.1%，2015 年增长 11%。[5]

从以上城市与文化发展阶段的分别回顾，我们可以看到两者明显的相关性。首先，城市化的第三阶段与文化发展的第二阶段相对应，中国以加入 WTO 为分界点，可以分为中小城市发展和大城市发展两个阶段；文化的发展则可以分为“前文化产业”（以“双轨制”为形式）和“文化产业”（以文化体制改革为形式）两个阶段与此相应。可见，中国文化产业的这一轮迅猛崛起是以大城市发展为基础的。其次，城市化的第四阶段与文化发展的第三阶段相对应，新型城镇化道路伴随着文化产业发展方式的转型。这说明，我们目前所讲的城市文化发展问题是新型城镇化道路题中的应有之义。

城市化是现代化的伴生现象，而城市文化发展是城市化的内容之一，这里无疑存在着客观的规律性和历史的必然性。我们特别注意到，文化产业的兴起与我国大城市化过程并行，而文化产业的发展方式的转型以新型城镇化为依托，这一点值得高度关注并加以研究。它既解释了中国文化发展迅速进步的原因，也蕴含了种种后续的问题。换句话说，中国的文化发展依附于城市化的发展，既享有城市化的红利，也染上了这一阶段城市化的弊病，当然也就与城市化发展方式的转型密切相关。

二、中国城市文化发展存在的问题和原因分析

自从 1978 年改革开放以来，我国以 GDP 增长为首要目标的发展延续了40 年的时间，带动了人类历史上前所未有的城市化运动。根据国家统计局的数据，到 2015 年底，中国城镇化率已经达到 56.1%，城镇常住人口达到 7.7 亿人[6]。显然，中国已经是一个以城市人口为主的国家。我国相当于用三十多年的时间走过了西方近两百年的城市化历程。这种速度带来的成效是惊人的。

但是，“城市化”与“文化发展”显然遵循了不同规律，具有不同时空形态。一般来说，城市化更多地遵循经济规律，是根据大生产需要，在一定地理空间上形成的人的集聚，衡量指标也更多的是经济价值指标；而文化发展尽管在很大程度上以经济发展为基础，但是更多地依赖精神的积累和风俗的孕育，需要以多样化的文化性指标来衡量。二者不仅价值尺度不同，时间尺度也大不相同。所以，中国前所未有的城市化发展规模和速度，与几千年中华文化的现代嬗变和发展过程存在着比较严重的脱节。

本书经过认真研究构建了一个基于文化生产、文化生活、文化生态三个维度的、创新性的“指标体系”，并选择了内地 8 个城市（包括 4 个直辖市和广州、杭州、南京 3 个省会城市以及深圳副省会城市）加上香港、台北两个城市为参照进行数据搜集和分析的尝试。这一创新性的尝试尽管很不完善，但是依然提供了相当系统的、有价值的信息。数据分析结果显示，我国城市文化发展目前存在以下突出的问题：

第一，从文化生产角度看，我国城市文化产出水平总体较低，与人口规模和经济发展水平不相称。文化产业增加值或文化创意产业增加值是目前标志文化产出水平的最重要的指标。本书所取纳的数据大多为 2015 年的数据。北京、香港和台湾地区[7]公布的是地方自己设定的“文化（及）创意产业增加值”。由于北京市关于“文化创意产业”的外延比国家统计局的“文化及相关产业分类”宽泛[8]，加上北京有大量的中央级文化单位，因此 2015 年北京的“文化创意产业增加值”占其地区生产总值比高达 13.40%。从其他内地 7 个城市的“文化产业增加值占地区生产总量比”来看，除了杭州达 8.5%、重庆只有 3.4% 之外，剩下的各城市均在 5% ～ 6% 的区间。考虑到 2015 年全国文化产业增加值占 GDP 的比重为 3.97%[9]，而全国城乡居民文化消费尚有较大差距，那么，中国这几个人口上千万或接近千万的国家级中心城市和省会城市的文化产业聚集度和发展水平并不算高。

2013 世界城市（上海）文化论坛。刘佳奇 摄

第二，从文化生活角度看，我国城市文化娱乐消费和参与水平总体上较低。

根据国家统计局关于"居民人均文化娱乐支出"这一项的分析来看，总体上，中国一线城市居民在文化娱乐上的开支明显偏低。其中广州市居民最舍得把钱花在文化娱乐上（年人均3281.4元，占其总收入的9.18%），接下来是北京和上海的居民。相对而言，深圳居民花在文化娱乐消费上的开支占其收入比最低(4.50%)；而重庆居民花在文化娱乐上的开销量最少，全年只有1002元（估计与重庆"直辖"时间较短，携带三峡库区贫困人口有关）。

至于参与文化艺术活动方面的数据，我国目前尚未有经常性的居民时间使用调查，因此对于参与文化艺术活动的情况只有各类具体数字，比如公共文化参与度（如图书借阅册次和博物馆参观人次）、城市举办文化活动数量(如举办各类文化艺术活动)以及非正式文化空间数量(如餐馆、酒吧、咖啡馆、茶馆）等。从这些数字的情况来看，凡是属于公共文化服务性质的设施，利用率较差（如公共图书馆和博物馆），凡是属于商业文化性质的设施，城市居民的活跃度较高（如电影观赏和一些非正式文化空间的消费）。

第三，从文化生态环境看，我国城市凡是有赖公共财政支持的文化设施的发展滞后，基于市场调节的则发展相对充分且富有特色。

首先，依赖公共财政的城市文化资源保护水平较低。根据搜集的数据分析，我国城市普遍存在“世遗”项目较多、非世遗项目过少的状况。这说明城市主政官员高度关注“世遗”项目的宣传效果和与此相关的经济效益，但是对于文物遗产的保护意识实际上还远远不够。比如，北京有联合国认定的世界文化遗产达 6 处之多，比伦敦、巴黎、莫斯科的数量还要多（分别为 4 个、4 个和 3 个），这显示了作为世界文明古国之都的文化底蕴。但是，北京的“全国重点文物保护单位”和“市级重点文物保护单位”两者加起来总共才 485 个。相比之下，伦敦除了世界文化遗产之外还有 2 万多个（20 511 个）文化遗址，莫斯科除 3 个联合国认定的世界文化遗产外有 7 962 个文化遗址，巴黎除 4 个世界文化遗产外有 3 951 个文化遗址，甚至连东京除 2 个世界文化遗产外还号称有879 个文化遗址。

其次，公共文化服务体系完全基于财政支持，与国际上规模接近的大城市有较大距离。比如，上海包括街镇社区在内，共有公共图书馆241 家，巴黎则有1 100家之多；又如，北京、上海分别拥有173个和100 个公立博物馆，但是莫斯科有365 家，巴黎的博物馆也达313 家；洛杉矶、伦敦、首尔都超过200多家。

第三，相比较而言，以咖啡馆、茶馆、酒吧、餐馆为代表的所谓“非正式文化空间”，由于属于商业性文化空间，因此地方特色较为浓厚，不同城市各擅胜场。比如，深圳、广州的餐馆超过或接近世界城市提名第一的东京，显示了广东人对美食的爱好；上海的咖啡馆和酒吧在中国大城市中数量最多，反映了上海接纳西方文明的海派文化；重庆茶馆的数量达7 272 家，突显地域文化特色，令其他城市望尘莫及。

应该说，这些数据反映的情况比较符合目前我国总体的实际情况：我国的城市文化发展总体上落后于城市化的发展。此外，从结构上说，由于市场化程度不高，第三产业不发达，我国城市基于居民自主选择的文化消费在公共领域总体上没有得到较好实现，在私人领域发展则相对充分。这里可以参照 2013 年国家商务部做过的一项研究，该研究显示，当时我国居民文化消费实际开支 1 万亿元左右，而按照国际平均水平衡量应该有 4.7 万亿元的消费潜力，也就是说有近五分之四的消费需求没有得到满足或没有被统计进去。[10]

无论是从历史还是理论上看，作为伴随现代化的发展过程，市场经济先行国家的城市化本身就是一个“经济、社会、政治、文化”自然演进的过程，但由于我国的现代化进程经历了相当长的一段计划经济时期，直至目前依然带有很强的计划经济的惯性，因此，城市化的进程与文化的发展一致性不足。我国文化发展不但欠账多，而且至今市场配置资源的作用依然有限，在行政性支配和政策性依赖的作用下，发展掣肘之处甚多。这样一种发展模式，在片面追求经济发展的主导思想作用下，必然使城市文化发展长期落后于城市化的发展。

联系目前关于城市化研究的重要观点，我国城市化和文化发展失衡的问题原因可以归结为以下两个方面：

一是从文化生产方面的问题看，由于城市化的推动力主要是地方政府的“土地财政”，造成“文化地产”成为文化产业发展的主导模式，导致文化内容生产落后于文化设施硬件的水平。

我国的城市化道路与西方国家有很大差别。最重要的特征是，自1994年实行中央和地方“分税制”开始，到至少1997年以后，完成了一系列政策法规的出台，因此“从正式规则角度，国有土地成了建设用地唯一来源，通过对城市区域规划，征用农村集体土地成为增加国有土地存量的重要途径”。[11] 这一时期政策造成了地方政府在土地市场的垄断供给地位，默许了地方政府从土地和城市经营中获利，使地方政府具有明显的“经营城市”动机（当然与此同时也降低了可能增加城市化成本的“人口城市化”动力，造成了不能落户的大量城市流动人口，此不专述）。

很显然，2000年后正值我国大城市发展的高峰期，而我国城市文化的发展无疑打上了这一时期城市发展模式的深刻烙印，“文化地产”成为这一时期对城市文化提出诟病的一个核心观点，而“文化产业园区”就是“文化地产”的主要表现形式。关于“文化产业园区”的批评不必在此详述，但需说明的是，在文化产业园区发展最高峰的时候，无论是政府还是打造园区的企业，他们关心的重点不是园区本身的文化企业如何发展，而是园区所在城区房地产价格的上升能不能在覆盖园区优惠入驻企业而出让的利益后有所剩余。这种做法的最大问题就是“只见园区，不见文化”——文化内容的生产大大落后于园区硬件设施的建设。由于文化产业园区建设的意义不在园区内部，而在于周边地产的升值，最终导致大量园区的“空心化”以及虚假繁荣和资源浪费。从文化生活方面的问题看，由于“人口城市化”落后于“土地城市化”，造成大量流动人口不能落户城市，因此城市居民消费需求释放受到抑制。

人们对于目前城市化发展诟病最多的就是“人口城市化落后于土地城市化”，或者称为“假性城市化”[12]。核心问题是脱离了城市化的真正目标——人的现代化。比如，在《国家新型城镇化规划（2014—2020 年）》中提到，被统计为城镇人口的 2.34 亿农民工及其随迁家属，没有落户城镇，因此未能在教育、就业、医疗、养老、保障性住房等方面享受城镇居民的基本公共服务。结果是，这个庞大的群体既不能在城市实现其应有的文化生活，完成“市民身份”的文化认同，又失去了延续几千年的质朴农耕文化，使得传统文化的传承出现了很大的断裂。这个问题的直接后果便是他们在城市生活理应产生的文化消费被抑制。可以想象，如果这 2.34 亿农民工及其随迁家属能落户城市并享受教育、就业、医疗、养老、保障性住房等基本公共服务，这将释放出多大的文化消费！

二是从文化生态方面的问题看，正如我国的经济发展尚未完成工业化的任务一样，城市化的发展也没有完成向后工业化的转型，因此城市生态环境不适应文化生产和文化生活的活力。

城市生态环境与城市发展阶段密切相关。从有关研究成果看，人类社会的城市化进程经历了三个基本阶段：前工业化、工业化和后工业化。考古学界一般以城市化作为文明的起点，表现为集市、宫殿和祭祀场所等，一直到工业革命的城市出现，大规模工业体系彻底改变了城市的面貌，使得城市变为越来越没有地域性特征的、所谓非地点性的人类聚集地。现代工业用千城一面取代了以前个性化、地域性的城市风貌。后工业化阶段的来临，使城市重新发现了自己的历史和文脉，创意城市开始在全球风起云涌。不同大陆的城市起源不同，历史轨迹也不一样，但到了工业化阶段，城市的经济属性成为统一特征，而到了后工业化时期，全世界范围内的城市都在回归文化的主线，城市文化生态成为主政者关注的重点。

目前的城市文化环境，由于工业化是第一要务，因此必然造成“无地点性”和“千城一面”的问题。关键在于，为了更为有效地“经营城市”，能够为城市带来旅游收入和人流，很多城市的主政者对于“世遗”申请趋之若鹜，但是对于大量彰显城市特色、留下城市独特遗传基因的文化遗产则不但疏于保护，还经常欲拆之而后快。我国主要大城市历史悠久，但是文化遗产数量与国际上同类城市相比悬殊，这个例子最能说明问题，背后商业开发的动机不言自明——还是 GDP 标准在作祟。

三、新型城镇化与文化发展的未来前景

2014 年 3 月，《国家新型城镇化规划（2014—2020 年）》正式发布，我国城市化与文化发展的关系开始成为新型城镇化发展战略核心与主线，而我国城市文化也将越来越成为新时期文化大发展、大繁荣的最重要的推动力。

从“十三五”开始，尤其是十八大以后，随着新一轮政策落地，中国文化发展的新时期开始了，而这个新时期的主要任务就是为“两个一百年”做好文化准备，而新型城镇化就是实现这一任务的主要途径。有关分析显示，从“十三五”开始的今后相当长一段时间，中国文化发展存在五个重大机遇与空间：满足人民群众日益增长的精神文化消费需求（最终消费需求）、满足经济发展方式转变和传统产业升级的需求（生产性服务需求）、满足文化科技融合发展的需求（数字内容新兴产业）、满足新型城镇化发展需求（城市发展与城市化人口新增需求），以及满足快速增长的国际文化贸易需求[13]。综合起来分析，我们会发现，新型城镇化是以上五大发展机遇的聚焦点和共同载体。从一定意义上来说，如果没有新型城镇化的推动，新时期文化发展将成为无源之水、无本之木。

2016 年7 月，德国柏林邵宾纳剧院话剧《理查三世》在天津大剧院上演。钱程 摄

首先，让我们简单预测一下新型城镇化对于文化发展将会产生什么影响。

一是从满足最终文化消费需求看，新型城镇化是以人为中心的城镇化，大量新增城市人口将会使文化消费支出大幅增长。

所谓“新增城市人口”首先是指城市常住人口获得城市户口后真正落户城市。《国家新型城镇化规划（2014—2020 年）》中提供的数字是“2.34 亿农民工及其随迁家属”[14]，这部分未能在教育、就业、医疗、养老、保障性住房等方面享受城镇居民基本公共服务的城镇常住人口，与城市常住居民在文化消费方面存在巨大差异，由于文化消费是最具弹性的消费，一般排在以上消费支出之后，因此基本可以判断，缺失了教育、就业、医疗、养老、保障性住房等方面的基本公共服务，这部分城镇居民的文化消费大部分是被抑制的。按照 2016 年我国城乡居民文化消费差距粗略计算，这部分人口可以新增的文化消费总量可达到2 286 亿元人民币。[15]

然后我们再来看每年新增的城市化人口。根据《国家新型城镇化规划（2014—2020 年）》中的数据，按照到2020年为止平均每年的城市化递增速度的 1% 来计算，我国每年将增加城市人口大约 1 400 万人；如果按照 2016 年城乡居民之间文化消费差距的数据计算，这部分新增人口将会产生 136.78 亿元新增消费。[16]

二是从满足生产性服务需求来看，新型城镇化是以人的发展为目标的城镇化，我国文化产业与实体经济融合发展，从“中国制造”走向“中国创造”，将释放惊人的创意与市场潜力。同时，文化服务业与“互联网 +”模式深度结合，“线下”与“线上”联动的多元化发展将更全面地优化产业结构。

新时期城市文化发展更为巨大的潜力来自产业升级，而文化产业作为先进生产性服务业的代表将起到引领性作用。生产性文化服务业包括研发设计、咨询、培训、广告、会展、创意农业等行业，几乎覆盖了产业价值链上游、中游和下游的全部环节，具有明显的产业前向关联、后向关联及旁侧关联特征。值得注意的是，国际金融危机后，我国经济增长速度整体呈下行趋势，但是经济结构转型速度加快，生产性文化服务业呈现出逆经济周期特征，规模持续扩大，增长速度惊人，显著高于同期地区 GDP 增长率，显示出极大的增长潜力。以北京为例，2011 年北京市广告会展、设计服务、咨询服务等主要生产性文化服务业增加值约 1 291.8 亿元，同比增长 22.2%，高出同期 GDP 增速 8.1%，13.92 个百分点。同样，上海 2012 年生产性文化服务业增加值达 1 605.42 亿元，较上年增长 20.05%，超出当期 GDP 增速 7.5%，12.55 个百分点。[17]

2015 年我国文化服务业创造的增加值为 13 640 亿元，增长 14.1%。从产业类型来看，文化服务业在文化及相关产业中占比已达到 50.1%，超过了文化制造业与文化批发零售业的总和。值得注意的是，其中以“互联网 +”为主要形式的文化信息传输服务业在 2015 年创造的增加值为 2 858 亿元，占文化产业的比重达到 10.5%；行业的营业收入为 5 752 亿元，增长 30.3%，增速已超过文化艺术服务业的 22.8% 与文化休闲娱乐服务业的 19.3%。[18]

可以肯定地说，我国文化产业经过十几年的发展，已经总体上扭转了文化市场普遍短缺的状况，一定程度上改变了硬件设施“欠账”的局面，开始从投资拉动转向消费驱动的新阶段。在这个新阶段中特别值得关注的是，由于宏观经济发展方式转型和产业结构的大规模调整，“从中国制造到中国创造”已经成为新时期经济发展的主线，文化产业作为经济结构调整的战略性支撑系统，其满足生产性服务需求的功能将迅速提升，逐渐与满足最终消费需求的功能并列，共同驱动中国文化产业的发展。在这一背景下，“高技术”和“高文化”兼修的新型企业将大批涌现，成为城市文化产业集聚区的新主角。

三是从城市环境发展来看，新型城镇化是适应人的创造性活动需求的城镇化，构建新型城市“场景”将成为新一轮城市规划的主题。

从理论上看，新型城镇化实质上是从工业化向后工业化城市的转型，借用经济地理学的概念就是从“福特式城市”（服务于“大规模复制”的生产需要）转向“后福特式城市”（服务于“人规模定制”的需要）。这种新型的“后福特式城市”的显著特点就是文化与经济发展领域之间的显著融合，重新恢复作为“独特的文化习俗和传统的宝库”的特点。[19]

因此，我国的城市“景观”将出现意义深远的变化：文化遗产价值将极大提升而受到前所未有的保护，文博机构主导的创意产业将异军突起而成为城市创意阶层的灵感源泉，酒吧和茶馆可能会成为创意阶层效率最高的“工作场所”，城市的规划和改造将更注重区域的文化功能，不同文化元素构成的“场景”将吸引不同的创意阶层聚集而形成生活社区，一些街区会因各色人等“五方杂处”而“波西米亚指数”飙升，成为全国乃至全球性的“中心节点”（Hub），等等。

四是从城市空间结构来看，新型城镇化将围绕大型城市形成城市群体系，大、中、小城市将形成城市群岛，而特色小镇和美丽乡村建设也将加入网络，城市文化发展将进入“城—镇—乡村”全面协调发展的新阶段。

在香港西九艺术公园中的自由空间（效果图），突破了观众与艺术家的界限，探索了表演艺术新的可能。图片提供：香港西九文化区

坐落于香港维港海旁的西九文化区的建设近况，西九文化区将是全球规模最大的文化项目之一，集艺术、教育及公共空间于一身。
图片提供：香港西九文化区

以“特色村寨”和“美丽乡村”为名的新一轮开发已经如火如荼，在此只需要基于国际比较作一点预测。根据研究，世界上发达国家的城市化率一般为75%～80%，但他们的农业人口比重只有1%～4%，通常低于5%。也就是说，发达国家在完成城市化后，通常有个“逆城市化”的发展，会有约20%的非农产业人口居住或者回到乡村。这些国家已经城乡一体化，乡村和小城镇不仅有完善的交通、水、电、信息等设施，还有清新空气和自然风光，当然会吸引厌倦了大城市中浑浊空气和噪声的居民来此定居。根据这个规律可以预测，我国在走向70%城镇化率这一目标的同时，会出现“逆城市化”过程，会有相当一部分大城市人口回归乡村，而这将会是中国传统文化积淀深厚的乡土社会的一次新生。现在以“美丽乡村”为名的运动应该就是这个历史过程的先声吧！

四、政策建议：走向创意与可持续发展之路

新型城镇化之路是一条创意与可持续发展之路，文化是这条发展道路上最宝贵的资源。

从世界城镇化发展的规律来看，当城镇化率处于30%～70%时，是城镇化中期阶段，发展速度相对较快。我国的城镇化正处于这样一个关键阶段，需要积极推进，但又不能急于求成。要按照新型城镇化的要求，转变思想观念，做好顶层设计，推动体制、机制、政策创新，完成新时期新型城镇化任务。

一是要进一步解放思想，从理论上重构“新型城镇化”的思维逻辑，从根本上解决城市主政者“只见城市不见文化”的问题。

面对我国社会结构复杂化和文化全球化的发展趋势，必须着眼全球趋势，立足中国现实，通过改革释放城镇化发展潜力，走以人为本、四化同步、优化布局、生态文明、文化传承的中国特色新型城镇化道路。

新型城镇化的目标就是建设后工业化的城市，根据我们的研究，认识这种城市应该建立“三重构”的逻辑框架，即将品质、品味、品牌三者理解为一个不可偏废的整体。所谓品质可以理解为质量，也就是国际化的水准；所谓品味可以理解为趣味，主要来自地域文化特点；所谓的

品牌就是指在地域性文化特点中产生出来的差异化识别系统，在知识产权意义上具有的一种唯一性。这三者的逻辑关系是：第一，一个后工业城市必须具有符合国际标准的交通、水、电、气、通信等现代城市基础设施，这样的城市生活才是有品质的；第二，这个城市还必须具有自己独特的文化传统，就是所谓的文脉，使得居民有认同感和自豪感，有精致和高雅的生活，形成特定的精神气质，这样就有了品味，就是有味道的城市；最后，这个城市还必须有独特的文化识别系统，可能是一种产品和服务，也有可能是一个节日，甚至有可能是一个文化名人，等等。这样这个城市就有了个性特点，一种地域性传统的精华，就有了传播价值。

我们现在很多城市被讥讽为“没有文化”，或者说“土豪”，就是因为设计者只从“国际品质”角度设计，是“见物不见人”。在城市风格这种涉及精神格调的极为关键的事情上处置随意，或者以“国际化标准”取代一切，盲目抄袭外国，结果就是“千城一面”。这种情况必须做根本性的纠正。

二是要加快户籍制度改革、土地制度改革等，解决人口城市化落后于工业化的“半城市化”问题，释放一大批人的文化消费。

中央城镇化工作会议指出：“解决好人的问题是推进新型城镇化的关键。”城镇化是人口持续向城镇集聚的过程，城镇“可接纳”“有就业”“能融入”都是解决问题的关键因素。而要解决这些问题，就要在积极推进国民教育、就业、医疗、养老、保障性住房等基本公共服务均等化的基础上，推进人口城市化的快速发展。要创新思路，积极探索，通过户籍制度、土地制度、劳动力市场、教育、医疗、社会保障及财政制度等改革，妥善处理好现有城市农民工的市民化和城市新增迁入农村人口市民化的问题。只有实现了以上条件，他们才能在有效增加收入后“有钱消费文化”，在解决了教育、医疗、养老等问题后“敢于消费文化”，以及在有了足够可支配收入后有广泛而多样的文化消费选择。

三是要从体制机制政策上重构发展环境，改变地方政府“经营城市”过程中不正确的成本收益动机，回归公共服务本位，打造新型城镇文化生态。

地方政府 GDP 主导的施政行为已经成为一个多年痼疾，是挡在新型城镇化发展道路上的最大障碍，也是城市经济—文化发展失衡的关键原因。以 GDP 为导向的市场经济激励机制，使地方政府对文化投入的动力不足，政策观念严重倾斜于经济收益。而新型城镇化过程中文化对城市的可持续发展至关重要，城市文化的缺失将对城市的经济发展形成倒逼。只有在管理体制上实现经济与文化的双轨联动，才能保证城市发展环境的健康协调。

长远来看，需要解决中央和地方政府之间财权和事权统一的问题，将城市决策者的注意力从“经营性事务”转向“公共性事务”，令其有可能、有能力向文化建设倾斜。就目前而言，应该明确提出减少乃至逐步取消干部考核的GDP指标，加强中央政府对经济发展较好因而财政能力较强的城市在文化方面的规划管理，同时加强对一些财政能力不足的城市（如西部和少数民族地区）在文化发展项目上的转移支付。希望这样的做法能够大大增加城市文化遗产的保护数量和管理质量，从根本上改善城市的文化生态环境。

四是重视城市文化评估和规划，挖掘城市文化特色，打造城市文化品牌。

《国家新型城镇化规划（2014—2020年）》指出，要根据不同地区的自然历史文化禀赋，体现区域差异性，提倡形态多样性，防止千城一面，发展有历史记忆、文化脉络、地域风貌、民族特点的美丽城镇，形成符合实际、各具特色的城镇化发展模式。落实以上要求就必须做好以下几点：第一，做好文化资源普查。这件事多年来一直在做，但是问题在于，出于普查目的的档案资料是不是适用于后续的开发？第二，要评估文化资源价值，为后续开发提供指导。我国是文化古国和文化资源大国，必须根据我们的能力，合理评估开发价值。最后，要根据资源评估做好文化规划。缺乏对于文化资源的理解，没有对于文化资源的价值评估，就没有城市规划前端的创意，任何规划就都没有灵魂，必然导致规划与实际脱节和城市特色风貌的消失。

应该承认，文化资源有有形与无形之分，存在着普查和统计方面的难度。但是目前存在各地统计口径不一致、在数据缺口以及数据不开放等问题，人为地增加了普查和统计的难度。此外，城市文化形态特殊，资源的调查难度远远大于农村，很多工作实际上还没有开始，接下来的工作任重而道远。

目前，我们在文化资源普查工作方面已经有了一定进展，但对于文化资源的评估还完全没有开始，这方面的责任更加重大。城市文化资产评估是城市规划的重大缺环，已经成为实现城市创意与可持续发展的一个瓶颈。只要这项工作还没有实质性地推进，多年来城市发展规划中那种随意开发文化资源，拍脑袋投资旅游项目，从而导致建设性破坏的状况就无法遏制。

新型城镇化的提出，是向以大拆大建为代表的盲目追求建设开发量的旧城市化模式告别。图片提供：城市中国

但是，文化资源评估的确是一项有待创新的任务。文化性质的产品和服务不仅具有经济价值，而且具有文化价值，经济价值可以借助经济学领域发展出比较充分的评估方法，但是文化价值是复杂、多元、不稳定的，往往难以做出客观的评估。城市是一个“文化容器”，城市文化资产中的审美价值、精神价值、社会价值、历史价值、形象价值、真实价值与地点价值等都不可或缺，但到目前为止我们还缺乏系统化的测量方法。这可能就是虽然我们已经形成了建筑工程管理中的一票否决的环评制度，但尽管多次呼吁，到现在还没有建立对城市开发管理的“文评”制度的原因。

新型城镇化道路刚刚提出，城市文化发展是这条道路“新”之神韵所在。我们面临的是一个世界上前所未有的城市化运动的转折期，存在问题的复杂程度和尖锐化程度都是超出想象的，但是“文化自信”给我们以创新前行的动力，中国特色的城镇化道路一定会向世人展示不一样的宏伟图景。

注释 NOTES

1. 李培林 . 城市化与我国新成长阶段——我国城市化发展战略研究 [J]. 江苏社会科学 ,2012(5):38-46.
2. 1987 年，文化部、财政部、国家工商局联合颁布了《文化事业单位开展有偿服务和经营活动的暂行办法》，鼓励文化事业单位利用自己的知识、艺术、技术和设备等条件，开展有偿服务，取得收入，用于补充事业经费的不足。
3. 1996 年，中共中央办公厅、国务院办公厅发布《中央机构编制委员会关于事业单位改革若干问题的意见》。
4. 国家统计局 . 2010 年我国文化及相关产业法人单位增加值 11 052 亿元 [EB/OL].http://www.stats.gov.cn/ztjc/ztfx/fxbg/201109/t20110916_16149.html. 报告显示，“2004—2008 年间，文化产业法人单位增加值年均增长 23.3%；2008—2010 年间，文化产业法人单位增加值年均增长 24.2%”。
5. 根据国家统计局每年发布的统计数据报告 http://www.stats.gov.cn/、“2015 年我国文化及相关产业增加值比上年增长 11%”等，http://www.stats.gov.cn/tjsj/zxfb/201608/t20160830_1394336.html。
6. 中华人民共和国国家统计局 . 中国统计年鉴 2016[M]. 北京：中国统计出版社 , 2017.
7. 台北市没有这方面的单独数据，只有 2015 年台湾地区的“文化创意产业营业额”为 8 339.00 亿新台币，占其当年地区生产总值的 5.00%。参见：2016 台湾文化创意产业年报，http://stat.moc.gov.tw/Research.aspx。
8. 值得一提的是，我们发现人民网浙江频道称杭州“文化创意产业增加值”2015 年占全市 GDP 比重的 22.2%，这个值比当年杭州按国家统计标准的“文化产业增加值”多了 2 倍多。我们发现：杭州的“文化创意产业”的界定与国家统计局《文化及相关产业 2012》相比有以下扩展：①信息服务业包含广泛，包括了电子商务服务、电商培训；②增加了教育培训业；③增加了文体休闲旅游业中的保健业、运动休闲业；④设计服务业增加了工业设计等。参见：《杭州市文化创意产业发展规划（2009—2015）》。
9. 国家统计局 . 2015 年我国文化及相关产业增加值比上年增长 11% [EB/OL]. http://www.stats.gov.cn/tjsj/zxfb/201608/t20160830_1394336.html.
10. 2014 年 10 月，商务部新闻发言人沈丹阳指出，2010 年，我国人均 GDP 超过 4 500 美元，文化消费正步入快速增长期。截至 2013 年底，我国文化消费潜在市场规模为 4.7 万亿元，而 2013 年的市民文化消费规模刚刚超过 1 万亿元，存在近 3.7 万亿元文化消费缺口。据预计，到 2020 年，全国文化消费需求总量将达 16.65 万亿元。
    曲晓丽 . 文化消费市场空间大 [N]. 国际商报 ,2014-10-29(C01).
11. 姚震宇 . 空间城市化机制和人口城市化目标——对中国当代城市化发展的一项研究 [J]. 人口研究 ,2011(5):26-35.
12. 姚震宇 . 空间城市化机制和人口城市化目标 [J]. 人口研究 , 2011(9).
13. 张晓明 等主编 . 文化蓝皮书：2011 年中国文化产业发展报告 [M]. 北京：社会科学文献出版社 , 2011:4-7.
14. 中华人民共和国中央人民政府 . 中共中央 国务院印发《国家新型城镇化规划（2014 － 2020 年）》[EB/OL].http://www.gov.cn/gongbao/content/2014/content_2644805.htm.
15. 国家统计局 . 国家统计局社科文司高级统计师殷国俊解读 2015 年及 2016 年上半年全国文化及相关产业有关数据 [EB/OL]. http://www.stats.gov.cn/tjsj/sjjd/201609/t20160902_1395871.html.
    根据“2015 年城镇居民人均文化娱乐消费支出 1 216 元”“农村居民人均文化娱乐消费支出为 239 元”，城乡居民的人均文化消费差距为 977 元，以此计算 2.34 亿农民工及其随迁家属新增的文化消费总量可达到 2 286 亿元。
16. 国家统计局 . 国家统计局社科文司高级统计师殷国俊解读 2015 年及 2016 年上半年全国文化及相关产业有关数据 [EB/OL]. http://www.stats.gov.cn/tjsj/sjjd/201609/t20160902_1395871.html.
    根据“2015 年城镇居民人均文化娱乐消费支出 1 216 元”“农村居民人均文化娱乐消费支出为 239 元”，城乡居民的人均文化消费差距为 977 元，以此计算 1 400 万人口新增的文化消费总量可达到 136.78 亿元。
17. 杜传忠 , 王飞 . 生产性文化服务业 : 我国应重点发展的新兴文化产业 [J]. 江淮论坛 ,2014(3): 38-45.
18. http://www.stats.gov.cn/tjsj/sjjd/201609/t20160902_1395871.html；另请参见“2016 年全国规模以上文化及相关产业企业营业收入增长 7.5%”，http://www.stats.gov.cn/tjsj/zxfb/201702/t20170206_1459430.html。
19. 艾伦·J. 斯科特 . 城市文化经济学 : 第一部分 基本原理 [M]. 北京：中国人民大学出版社出版 , 2010.

中国城市文化指标体系及中国实践

Urban Cultural Indicator System and Practice in China

摘要：城市文化生产（Production）、文化生活（Life）、文化生态（Ecology）是构成一个城市文化发展系统的重要因子，本文以此构成 PLE 理论模型。三大要素互相影响、互相作用，共同构成了完整的城市文化体系。中国城市文化指标体系的构建应遵循文化生产、文化生活与文化生态之间的内在逻辑，形成更加科学、合理的指标体系。本文构建的中国城市文化发展指标体系包括 3 个一级指标、8 个二级指标与 105 个三级指标。其中，城市文化生产一级指标包括文化投入、文化产出、文化产品与服务 3 个二级指标，城市文化生活一级指标包括文化生活消费和文化参与 2 个二级指标，城市文化生态一级指标包括文化资源、文化环境与文化多样性等 3 个二级指标。城市文化指标体系在实践中呈现常态差异性与动态变迁的特点。

关键词：指标体系，文化生态，文化生产，文化生活

Abstract: Urban cultural production, cultural life and ecology are important factors constituting a city's cultural development system. On the basis of these factors, this paper constitutes the PLE theoretical model. These three factors influence and interact with each other, constituting a complete urban cultural system together. The construction of urban cultural indicator system in China follows the inherent logic of cultural production, cultural life and cultural ecology and a more scientific and reasonable indicator system will be formed. The indicator system of urban cultural development in China constructed by this paper includes 3 first-level indicators, 8 second-level indicators and 105 third-level indicators. Among them, the first-level indicator "urban cultural production" includes 3 second-level indicators–"cultural input", "cultural output" and "cultural products and services". The first-level indicator "urban cultural life" includes 2 second-level indicators– "cultural life consumption" and "cultural participation". The first-level indicator "urban cultural ecology" includes 3 second-level indicators–"cultural resources", "cultural environment" and "cultural diversity". The urban cultural indicator system has the characteristics of normal difference and dynamic change in practice.

Key words: indicators system, cultural ecology, culture production, cultural life

一、城市文化指标体系研究现状

随着中国城市化进程的加速和城市转型的发展，文化在城市建设中的重要地位不断提升，城市文化研究也逐渐引起关注。城市文化指标体系的研究是其中重要的领域。关于城市文化指标体系研究海外有三大视角。

视角一：关注世界城市的发展指标研究。一方面，侧重城市未来GDP、产业、价值等经济因素的指标体系研究。2011年，麦肯锡研究院（McKinsey Global Institute）发布了2025年世界城市发展报告（《城市的世界：测绘城市的经济力量》）[1]，对2 200个世界城市（其中中国600多个，美国与加拿大200多个）未来经济走向进行预测排名，从三个维度建构指标体系：一是人口的状况，包括人口年龄、家庭数量、平均家庭规模；二是GDP，包括城市GDP、人均GDP；三是不同家庭的收入，分为年收入7 500美元～2万美元、2万美元～7万美元、7万美元以上三个档次，突出了对数字标准未来价值的关注。与之相比，普华永道（Pricewaterhouse Coopers）与纽约城市合作伙伴（Partnership for New York City）侧重城市特质的挖掘，发布了《机遇潜力巨大的城市报告》，基于“智力资本和创新能力”与“生活方式资产”维度对26个世界城市未来机遇进行评价，挖掘出城市的成功因素[2]。另一方面，关注世界城市的文化发展指标体系研究。如2008年英国伦敦市政府发布的《伦敦：一项文化的审计》对伦敦、纽约、东京、上海、巴黎五个世界城市的文化数据进行了分析；2012年又发布《世界城市文化报告2012》，基于“文化供应”与“消费与参与”两个维度，立足文化遗产、图书出版、表演艺术、电影和游戏、创意人才、文化活力和多样性等六大类的52个指标[3]，新增柏林、伊斯坦布尔、约翰内斯堡、孟买、圣保罗、新加坡、悉尼等，将原来的五大城市扩展到12个世界城市。总体来看，前者注重经济发展指标而轻视文化发展的作用，后者强调世界城市的文化贡献，其数据与成果被学术界、媒体等广泛引用。

视角二：关注文化及相关产业体系的指标研究。联合国教科文组织在1986年构建了文化统计框架，2009年进行了重新调整，基于联合国各成员国文化统计的经验，把文化领域分为两个层面：关键领域与扩展领域（见表1），其中关键领域包括文化与自然遗产、艺术表演与节日、可视艺术和工艺品、设计和创造性服务、书籍出版、视听与互动媒体；扩展领域包括旅游、体育与休闲（体育、休闲、博彩、娱乐和主题公园等）。其中每个文化活动领域纵向按产业链（供给到需求）来设计，内容包含反映创作和生产、传播和发布、接受和消费以及各项活动规模和参与为内容的文化统计指标，横向按产品与消费、教育、传统知识、档案与储蓄四个方面来设计，衡量指标则包括就业和教育、价值量和实物量指标等。新的文化统计框架突出了新技术对文化的影响以及旅游与体育休闲业的重要性。[4]

表1 联合国教科文组织文化统计框架（1986 版与2009 版）

1986 年版		2009 年版	
		关键领域	扩展领域
文化遗产	音频媒体	文化与自然遗产	旅游
出版印刷业和著作文献	视听媒体	艺术表演与节日	体育与休闲（体育、休闲、博彩、娱乐、主题公园等）
音乐	社会文化活动	可视艺术和工艺品	—
表演艺术	体育和游戏	设计和创造性服务	
视觉艺术	环境和自然	书籍出版	
—	—	视听与互动媒体	

视角三：关注创意城市指标体系的研究。理查德·佛罗里达在《创意阶层的崛起》中提出“创意指数”指标体系，即由四个权重相同的因素组成——创意阶层在就业人口中的比例、创新（以每人平均专利数来衡量）、高科技产业（采用米尔肯机构的“科技极化指数”来衡量）、多元化（以同性恋指数来衡量），从而客观反映创意聚集程度与创新经济的结果；[5] 而佛罗里达和蒂娜格力（2004）的《在创意时代的欧洲》（*Europe in the Creative Age*），进一步分析了“欧洲创意指数”(ECI)，包含科技指数、人才指数与包容指数（见表 2）。[6] 此外，查尔斯·罗德里（2000）在《创意城市》(*The Creative City*) 提出从城市的活力与生命力两个方面测量城市创意程度，提出九大评估标准，即群聚效应（critical mass）、多样性（diversity）、接触管道（accessibility）、安全和保障（safety and security）、身份认同与独特性(identity and distinctiveness)、创新(innovativeness)、连接性与综合性(linkage and synergy)、竞争力（competitiveness）和组织能力（organizational capacity）[7]，

表2　欧洲创意指数的指标

指数	量度项目
欧洲人才指数	创意阶级：量度创意职业（采用欧洲国家国际劳工组织的数据库） 人才资本指数：量度24 岁至64 岁持有学士学位或更高学历的人口比例 科学才能指数：量度每一千人当中，科学研究人员和工程师的人数比例
欧洲科技指数	研发指数：量度研发支出占GDP的比重 创新指数：量度每百万人拥有专利申请的数量 高科技创新指数：量度每百万人拥有的在生物技术、信息技术、制药及航空等高科技领域的专利数
欧洲包容指数	态度指数：量度对少数族群的态度（根据Eurobarometer的调查） 价值指数：量度一个国家里包含不同面向的价值系统的价值和态度（例如宗教、民族主义、权威、家庭、女权、离婚和堕胎） 自我表达指数：量度对自我表达、生活素质、民主、信任、休闲、娱乐和文化的态度

表3　创意城市指数研究的主要代表

学者 / 研究机构	时间	理论模型	评价指数
查尔斯·兰德利（Charles Landry）	2000	7 要素理论	人员品质、意志与领导力、人力的多样性与各种人才的发展机会、组织文化、地方认同、都市空间与设施、网络动力关系
理查德·弗洛里达（Richard Florida）	2004	3T 理论	技术（technology）、人才（talent）、包容度（tolerance）
格莱泽（Glaeser）	2004	3S 理论	技能（skill）、阳光（sun）、城市蔓延（sprawl）
硅谷文化创新	2005	创意社区指数	文化杠杆、文化资产、文化参与、文化效果

资料来源：陈潇潇、方世川，“我国文化创意产业发展的深层困境与对策探讨”，《行政与法》，2013 年第4 期。

强调塑造创意生态环境的重要性。总体来看，创意城市的研究者们都很重视评估城市创意水平与创意潜力，以指引创意城市的发展（见表 3）。

新世纪以来，国内也不断兴起城市文化发展指标的研究，归纳起来，主要表现在以下四个方面。

一是关注文化及相关产业的系统性与关联性的指标统计。天津社会科学院王琳（2002）[9] 较早提出中国城市文化产业综合评价的指标体系，从总量指标、政府投入、发展水平指标、经济效益指标、市场化程度、对国民经济的贡献等六大维度、24 个二级指标测量城市文化产业发展状况（见表 4）；2012 年，基于新技术的影响、文化业态不断融合与新业态不断涌现，国家统计局对我国 2004 年颁布的《文化及相关产业分类》进行了修正，这一统计分类立足五大层次：第一层分为文化产品的生产与文化相关产品的生产；第二层根据管理需要与文化生产活动特点分为“新闻出版发行服务”“广播电视电影服务”“文化艺术服务”“文化信息传输服务”“文化创意和设计服务”“文化休闲娱乐服务”“工艺美术品的生产”“文化产品生产的辅助生产”“文化用品的生产”“文化专用设备的生产”10 个大类；第三层则依照文化生产活动的相近性分为 50 个中类；第四层是文化及相关产业的具体活动类别，共120 个小类；最后一层为部分小类下设置的延伸层，共 29 个，从而建立了更加符合文化产业发展的、科学可行的统计制度。

二是关注城市文化指标体系的研究。一方面，侧重城市文化的现代化，如王益澄（2003）[10] 较早构建了城市文化现代化指标体系，划分为三个层次，即目标层（文化现代化程度）、门类层和指标层。其中目标层是文化现代化程度，门类层包括文化投入、文化设施、文化产业、文化信息、文化消费、文化交流、文化科技、文化遗产、文化法制、群众文化等 10 个二级指标，指标层由 24 个三级指标构成，强调了文化现代化的特点（见表 5）。另一方面，香港学者许焯权等（2004）在《香港创意指数研究》[8] 中，则从资本形态的角度，围绕结构与制度资本、人力资本、社会资本、文化资本四大要素建立香港创意指数（HKCI），并提出香港创意指数 5C 框架，较为系统和全面，并强调了四种资本形式对创意增长的决定性。此外，上海创意产业中心（2006）根据上海特点并借鉴欧洲创意体系，构建了上海城市创意指数（SHCI），主要由产业规模指数（权重 30%）、科技研发指数（权重 20%）、文化环境指数（权重 20%）、人力资源指数（权重 15%）、社会环境指数（权重 15%）5 个一级指标和 33 个二级指标构成 [11]。而上海艺术研究所（2005）[12] 也研究了上海城市文化发展指标

表4 中国城市文化产业综合评价指标体系

评价内容	指标名称	相关指标
总量规模	1. 总产值	
	2. 增加值	
	3. 从业人员	
	4. 年末固定资产净值	
	5. 文化事业总收入	
政府投入	6. 文化事业财政补助收入	财政补助、全部财政支出
	7. 文化事业财政补助占全部财政支出的比重	财政补助、人口总数
	8. 人均文化事业财政补助	财政补助、文化事业总收入
	9. 文化事业基建投资额	
	10. 年末固定资产原值	
	11. 财政补助占总收入比重	
发展水平	12. 增加值年增长率	基期增加值、报告期增加值
	13. 从业人员在第三产业中的构成率	从业人员、第三产业从业人员
	14. 增加值在第三产业中的构成率	增加值、第三产业增加值
经济效益	15. 资金利税率	利税总额、资产总额
	16. 劳动生产率	增加值、从业人员
	17. 百元固定资产实现增加值	增加值、年均固定资产原值
	18. 增加值率	增加值、总产值
市场化程度	19. 文化企业从业人员在文化产业中的构成率	文化企业从业人员、从业人员
	20. 城镇居民文化消费在总支出中的比重	人均文化消费支出、人均总支出
	21. 文化事业单位经费自给率	自筹经费、文化事业总支出
对国民经济的贡献	22. 国民经济贡献率	增加值增长量、GDP 增长量
	23. 国民经济支持率	增加值增长速度、GDP 增长速度
	24. 第三产业就业贡献率	从业人员增长量、第三产业人员增长量

表5 城市文化现代化指标体系

一级指标(目标层)	二级指标(门类层)	三级指标(指标层:C1—C24)
文化现代化程度	文化投入	政府文化投入率(C1) 全社会文化投入率(C2)
	文化设施	千人公共文化设施面积(C3) 标志性文化设施数(C4) 万人博物馆拥有率(C5) 万人影剧院拥有率(C6) 万人公共图书馆拥有率(C7)
	文化产业	文化产业增加值占第三产业比重(C8) 人均文化产值(C9)
	文化信息	人均公共图书馆藏书量(C10) 公众上网率(C11) 百人报刊订阅率(C12)
	文化消费	家庭文化娱乐教育服务支出占家庭消费总支出比重(C13) 每百户文化耐用品拥有量(C14)
	文化交流	年国际文化交流人数(C15) 艺术团体国际交流次数(C16)
	文化科技	高科技文化设备总值占文化固定资产原值比重(C17) 文化系统中级职称以上人才比例(C18)
	文化遗产	文化遗产保护利用程度综合评分(C19) 文化遗产保护经费占文化经费比重(C20)
	文化法制	已立法的文化门类比重(C21) 文化执法人员占文化管理人员比重(C22)
	群众文化	社区文化和乡镇文化参加率(C23) 居民文化素质和文明水准综合评分(C24)

表6 上海城市文化发展指标体系

评价维度	评价内容	指标名称
文化环境	政府投入	1. 文化事业财政补助 2. 文化事业财政补助占全部财政支出的比重 3. 人均文化事业财政补助
	教育环境	4. 公共教育支出占政府财政支出比率 5. 人均教育支出比率
	法制环境	6. 知识产权案比率 7. 盗版比率
	信息化程度	8. 常住外国人口（每万人） 9. 外国留学生占人口比例（每万人） 10. 国际组织机构数目
	国际化程度	11. 每千人拥有电话干线数 12. 每千人拥有移动电话数 13. 每千人拥有因特网主机数 14. 每千人拥有个人电脑数 15. 每千人拥有收音机数 16. 每千人拥有电视机数 17. 每千人拥有CD 播放机数
文化产业	总量规模	1. GDP 总量　2. 人均GDP 3. GDP 增长率　4. 文化产业总产值 5. 文化产业占GDP 的比重　6. 文化产业增加值 7. 文化产业现值
	人力资本	8. 文化产业从业人员 9. 文化产业从业人员在第三产业中的构成率 10. 文化产业从业人员劳动报酬 11. 文化产业从业人员劳动报酬增长率
	发展水平	12. 增加值年增长率 13. 增加值在第三产业中的构成率
	经济效益	14. 资金利税率　15. 劳动生产率 16. 固定资产实现增加值　17. 增加值率
	消费水平	18. 文化消费占总消费支出的比率 19. 消费比率增长率
	对国民经济贡献率	20. 国民经济贡献率　21. 国民经济支持率 22. 文化产业就业贡献率

上海外滩中国划船器公开赛。傅国林 摄

体系(见表 6)，对文化环境发展与文化产业发展两个矢量指标体系进行了指数化处理。其中，文化环境由政府投入、教育环境、法制环境、信息化程度、国际化程度 5 个一级指标和 17 项二级指标构成；文化产业由总量规模、人力资本、发展水平、经济效益、消费水平、对国民经济贡献率 6 个一级指标和 22 个二级指标构成，突出了环境与产业化对城市文化发展的重要性。高福民与花健（2012）则关注文化城市评估指标，它包括文化环境、文化资源、文化创新、文化生产、文化交流、文化共享 6 个一级指标，经济环境、信息遗产、原创数量、投入产出、文化贸易、文化消费等 18 个二级指标和 72 个三级指标，强调了内外环境资源对文化城市塑造的重要性。[13] 另外，还有学者基于模糊理论构建了城市文化评价指标体系，包括城市物质文化体系、城市制度文化体系、城市精神文化体系三大维度 24 个指标（杨晓俊、潘秋玲，2012）[14]，侧重关注城市文化与空间的关联、文化与环境的协调性。

三是关注文化产业竞争力的指标构建。上海文化研究中心（2006）提出国际大都市文化竞争力比较体系，包括城市发展水平、文化传媒要素等 12 个互相关联的类别、50 个评价要素与 116 个统计指标。此外，关注城市文化竞争力指标体系的研究也较多。李凡(2008)[15]等采用层次分析法(AHP法)与综合评判法将城市文化竞争力指标划分为目标层 A、综合层 B 和因素层 C，其中综合层 B 由传统文化、都市文化、文化产业、文化交流、文化环境、文化素质、文化消费 7 个二级指标构成，因素层C 由 26 个三级指标构成（见表 7），突出了城市竞争实质是城市文化竞争的内核；徐桂菊、王丽梅（2008）则从文化资源、文化管理体制、文化市场、文化创新力、文化输出力等五大方面，采用 26 个指标构建城市文化竞争力评价体系，也强调文化力是城市竞争力的核心[16]；而于泽（2013）基于钻石模型设计城市文化产业竞争力评价体系，包括生产要素、需求基础、生产竞争力、相关产业发展情况、产业运作与竞争力、创新能力、产业影响力、政府要素 8 个一级指标，以及 18 个二级指标和 59 个三级指标[17]，关注了内、外部因素，较为系统和全面。

四是对文化产业发展指数进行系统研究。上海交通大学发布中国文化产业发展指数(CCIDI)，基于文化产业外部关联度大的特点与产业内部发展要素的复杂性，立足表征与内涵评价，形成了16 个一级指标、52 个二级指标、91个三级指标与 151 个四级指标体系（见表 8），并据此将我国文化产业发展划分为“三大梯队”与“五种类型”[18]；中国人民大学文化产业研究院则构建了中国省市文化产业发展指数体系，包括产业生产力、产业驱动力和产业影响力三大维度、46个指标，其中 34 个定量指标基于公开的年鉴数据、学术文献与政府数据，12 个定性指标来自对 6.8 万个企业负责人与市民的调查[19]；臧志彭等（2015）首次提出文化产业上市公司的“龙文化指数”，包括经济效益、科技创新（文化科技融合）、社会贡献和公司治理四大纬度，由12个评价内容、17个评价要点与32个指标构成，提供了深入而新颖的研究视角[20]。

总体来看，虽然现有的国内外研究侧重点各有不同，但大多着眼于世界城市文化、城市创意、创意产业 / 文化产业竞争力等方面，提供了一个关于城市文化发展研究的基本框架。从指标的构建与修正来看，体现出新技术带来的影响、新旧文化行业的跨界融合、新兴业态涌现等现状与趋势带来的变化，这为本文的研究提供了良好的视角与基础。目前的研究还存在提升空间，上述指标体系不是过于强调经济发展指标就是过于关注城市排名、城市竞争力，还需要从更加系统、客观与比较的视角看待城市文化发展，关注特殊文化因子宽泛性、生态性与跨界融合性的特点给现代城市文化发展带来的变革。

表7 城市文化竞争力指标体系

一级指标（目标层）	二级指标（综合层）	三级指标（因素层）
城市文化竞争力	**传统文化**	文化遗产等级　传统文化认知度
	都市文化	城建文化　消费文化　都市文化认知度
	文化产业	文化产业产值　人均文化产业产值 文化产业值比重　文化产业值年增长率 文化产品知名度
	文化交流	经济交流　文化交流
	文化环境	公共图书馆藏书量　影剧院数量 医院卫生设施数量　医生数量 文物事业机构拥有数　广播影视机构数量 文化文物从业人员数量
	文化素质	中小学数量　高等院校在校学生数量
	文化消费	人均教育事业费支出　人均GDP 人均财政收入　恩格尔系数 人均社会消费品零售额

资料来源：杨晓俊、潘秋玲，“基于模糊理论的城市文化评价指标体系”，《统计与决策》，2010年第10期。

表8 中国文化产业发展指数

维度	一级指标	二级与三级指标
中国文化产业发展表征指数	文化产业发展水平 文化产业发展对经济影响 文化产业发展对社会文化影响 文化产业发展模式	10个二级指标 18个三级指标
中国文化产业发展内涵指数	文化资源丰富程度 重点文化产业发展水平 文化产业布局和产业结构 文化产业增长方式 文化市场主体 各类文化市场 文化产品流通组织和方式 骨干文化企业 对外文化贸易 文化产业政策 文化产业创新能力 社会经济基础	42个二级指标 73个三级指标

二、构建中国城市文化指标体系参照系和原则

基于与世界城市文化研究建立对话的目的，将已有的世界城市文化指标体系作为参照系，有的放矢地对我国城市文化发展实践进行系统的研究，不失为可行的研究选择。《世界城市文化报告 2012》是以联合国教科文组织推荐的文化定义和框架为起点，指标涵盖“文化供应”和“消费与参与”两个方面，将城市文化“基础设施”的范围和组成分类，并且跟踪这些机构每年的产出，量化参与比较城市文化供给的受众规模、特性和价值。指标体系分为六大专题领域，即文化遗产、阅读文化、表演艺术、电影和游戏、创意人才、文化活力和多样性(见表 9)。文化供应、消费参与是一个城市文化可持续发展的基础性因素，伴随城市经济增长与社会发展，城市文化基础设施方面的投入不断增加，城市文化设施布局趋向均衡化与合理化，这为大众参与城市文化提供了保障，而城市文化参与度的不断提高则逐渐涵养了城市居民的文化消费意识，于是，伴随居民人均收入水平的逐年提升，居民用于文化娱乐消费的支出也开始攀升，从而带来了城市居民文化消费与文化参与的发展盛状。可见，文化供应、文化消费和参与两大要素的互补互动形成的闭环系统，迎合了中国城市经济发展与文化产业发展的诉求。

近年的实践也已经证明，这一指标体系对于中国城市文化指标的构建具有重要价值，特别是相关统计数据解决了指标的可得性和可操作性问题，因此可以将世界城市文化发展指标体系作为构建中国城市文化指标的重要参照。

中国城市文化指标体系的构建，应遵循以下几个关键原则：

一是尊重文化多样性原则。联合国教科文组织在2005年通过了《文化多样性公约》，认为每一种文明和文化都在特定的地理环境和特定人群中产生与发展，维护文化的多样性极其重要。文化多样性原则意味着需要设置开放性、包容性的指标体系，即城市文化发展指标的构建应将城市文化空间定位为一个可持续发展的文化生态系统，实现文学艺术、语言文字、生活方式、文化习俗、价值体系、宗教信仰、工艺技艺等[21]异质文化的共存共生。文化多样性的践行和培育城市文化软实力息息相关，既要积极吸收、消化国际发达城市主流文化，也要加大城市本土文化特色培育，形成城市本土文化自信下的多元文化并存。

二是公平性原则。公平性原则是指要全面评价选取城市的文化指标，确保指标的客观公正性，不能造成人为的不公平。这就要求在筛选指标时，既要确保构建的城市文化发展指标内涵与

表9 世界城市文化发展指标体系

一级指标	二级指标	三级指标	
文化供应	文化遗产	国家博物馆数量	
		其他博物馆数量	
		美术馆和画廊数量	
		博物馆和画廊参观人数占全市人口的百分比	
		5个最受欢迎的博物馆和美术馆参观人次（百万人次）	
		5个最受欢迎的博物馆和美术馆的人均参观次数	
		世界文化遗产保护地数量	
		其他遗产所在地、历史遗迹数量	
		公共绿地（公园和花园）占全市面积的百分比	
	阅读文化	公共图书馆数量	每十万人拥有的公共图书馆数量
		图书馆借书人次（百万人次）	人均图书馆借书次数
		书店数量	每十万人拥有的书店数量
		珍本和二手书店数量	国内图书出版量
	表演艺术	剧院数	剧院演出数
		每十万人剧院入场次数	现场音乐表演场地数
		主要音乐厅数	音乐演出数
		喜剧演出数	舞蹈演出数
		业余舞蹈学校数	所有剧院年均入场人次（百万人次）
消费参与	电影和游戏	电影院数量	电影荧幕数量
		电影院入场人次（百万人次）	电子游戏厅数量
		人均电影院入场次数	本国电影上映数量
		外国电影上映数量	电影节数量
		最受欢迎电影节参加人次	每百万人拥有的电影荧幕数量
	创意人才	公立专业文化艺术高等教育机构数	
		私立专业文化艺术高等教育机构数	
		公立专业艺术与设计院校学生数	
		综合性大学艺术与设计课程学生数	
	文化多样性	酒吧数	夜总会 / 迪斯科舞厅和舞厅数
		每十万人酒吧数	餐馆数
		每十万人餐馆数	节日和庆典数
		最受欢迎节庆参加人数	国际学生数
		国际游客数	国际游客数占城市人口百分比
		国外出生人口占城市人口百分比	

资料来源：保罗. 欧文斯，《世界城市文化报告》，黄昌勇等译，上海：同济大学出版社，2013年，第33-56页。

2015 深圳湾艺穗节。图片提供：深港设计双年展。鸣谢：深圳市设计之都推广促进会

外延的一致性，减少主观因素的影响，又要考虑不同城市特色文化的差异性与城市文化同质化间的平衡，反映在指标体系上就是要公平看待各个文化要素对城市文化发展的影响，防止评价结果出现偏差。

三是相对独立原则。城市文化业态与表现形式众多，城市文化指标也呈现纷繁复杂的状态。在面对众多指标的甄选时，既要立足主要文化类型与城市文化张力，提炼出最具代表性的关键指标，也要确保指标相关性不能太强，保持城市文化发展指标的相互独立性，确保统计结果的科学性。

四是保护历史与面向未来相结合的原则。城市文化指标构建需要承前启后，既要反映出城市历史性的文化要素与特征，确保指标体系的相对稳定性，也要面向未来，实现指标设置的前瞻性，考虑城市文化发展的走向与最新发展趋势，特别要充分考虑高新技术、产业融合对城市文化未来发展的影响，从而达到评价指标体系的静态性与动态性的结合。

五是数据可得可比原则。城市文化指标数据采集与来源要可靠、可得，确保指标值的可测量性是实现指标可操作性的基本要求，因此尽可能选择联合国教科文组织、国家统计局等发布的统一规范的指标，减少主观指标与不规范的统计指标。同时，要考虑指标的可比性，唯有具有可比性的指标才能为进行不同城市文化发展状况的比较与评价提供准确的信息，即不同城市规范通用指标的可比性才能赋予指标体系以现实意义。[22]

三、中国城市文化指标体系：中国实践

城市文化发展体系中有三大关键要素，这是实现指标设计科学合理的内在逻辑。一是城市文化生产（Production），它是指一个城市文化产品和服务的供给能力，是城市文化健康发展的动力，驱动城市的社会进步和居民生活水平的提升。二是城市文化生活（Life），它是指一个城市居民享受到的文化生活，改善城市文化生活是城市文化健康发展所追求的目标，即城市文化生产最根本的是为生活在城市中的居民提供更好的精神文化产品与服务，让居民能够获得一种城市生活的享受感和幸福感；城市居民的角色具有双重性，是被供给者又是主动生产者，因为每个居民在享用文化供给的同时通过文化资源的积累向文化生产者的角色进行转换，实现文化生产与文化消费的互动。三是城市文化生态（Ecology），它是指一个城市文化发展的基础条件、环境氛围、多样性及生存状态，城市文化生态是土壤，反映了一个城市适合发展什么类型的文化生产，能够供养何种类型的文化生活。

城市文化生产、文化生活、文化生态构成了一个城市的文化发展大系统，即 PLE 理论模型（具体见下图）。在这个大系统中，三大要素之间形成了互相影响、协调发展的关系，共同构成了一个完整的城市文明文化体系——城市文化生产作为推动经济增长、调整产业结构、提升城市创新力的重要基础，是城市文化大系统得以持续稳健运转的动力，它指引着整个城市未来健康发展的航向，并直接影响着城市文化生活的质量；城市文化生活是一个城市的灵魂，是直

城市文化发展大系统的PLE 模型

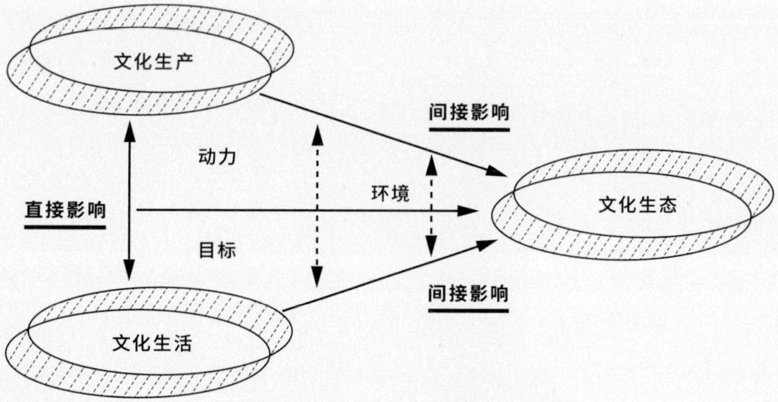

表10 中国城市文化指标体系（C 版）

一级指标	二级指标	三级指标	
文化生产（A1）	文化投入(B1)（公共投入+ 民间投入）	文化投入年度规模(C1)	文化专项扶持基金年度规模(C2)
		公共文化艺术基金数量(C3)	民间文化基金数量(C4)
	文化产出(B2)（文化产值+ 文化贸易+ 文化就业）	文化产业增加值(C5)	
		文化产业增加值占地区生产总值比(C6)	
		文化产品出口额(C7)	文化从业人员占比(C8)
	文化产品与服务(B3)	本地报纸种数(C9)	出版社数量(C10)
		出版图书数量(C11)	期刊出版种类(C12)
		广播电视机构数量(C13)	公共广播节目套数(C14)
		公共电视节目套数(C15)	付费电视节目套数(C16)
		博物馆/ 美术馆举办展览数(C17)	营业性演出场次(C18)
		戏剧（戏曲）演出场次(C19)	剧院票房(C20)
		音乐、舞蹈演出场次(C21)	本国电影上映数量（C22）
		国外电影上映数量（C23）	全国/ 国际性电影节数量（C24）
		电影票房收入（C25）	
		每10 万人夜总会、歌厅、舞厅、酒吧、茶馆数量(C26)	
		每10 万人饭店餐馆数量(C27)	广告经营单位数量(C28)
		设计企业数量(C29)	动漫游戏企业数量(C30)
		演出经纪机构数量(C31)	艺术品拍卖机构数量(C32)
		节日庆典数量(C33)	展会数量(C34)
		体育赛事数量(C35)	
文化生活（A2）	文化生活消费(B4)（文化消费支出+ 文化产品消费+ 文化服务消费）	居民人均文化娱乐消费支出(C36)	
		居民文化娱乐消费支出占总支出比重(C37)	
		平均每一演出场次的观众人次(C38)	
		艺术表演场所演出观众人次（百万人次）(C39)	
		电影院入场人次（百万人次）(C40)	
		人均电影院入场次数(C41)	
		全市接待游客人次(景区年游览人次)(C42)	
		每百人移动电话普及率(人均智能手机拥有量)(C43)	
	文化参与(B5)（文化场馆参与+ 文化活动参与）	公立博物馆、美术馆年参观人次（万人次）(C44)	
		公立博物馆、美术馆参观人数占人口百分比(C45)	
		2 个最受欢迎的博物馆年参观人次（万人次）(C46)	
		2 个最受欢迎的美术馆年参观人次（万人次）(C47)	
		公共图书馆书刊文献借阅人次（百万人次）(C48)	
		人均公共图书馆书刊文献借阅次数（C49）	
		文化馆含群艺馆年接待人次(C50)	
		社区文化活动中心年接待人次(C51)	
		2 个最受欢迎的展览/ 展会的年参加人次（万人次）(C52)	
		2 个最受欢迎的节庆的年参加人次（万人次）(C53)	

（续表）

一级指标	二级指标	三级指标
文化生态（A3）	文化资源(B6)（自然与历史资源+文化人才资源+文化组织资源）	世界文化遗产数量(C54)　全国重点文物保护单位数量(C55) 国家级非物质文化遗产数量(C56) 国家级非物质文化传承人数量(C57) 中国工艺美术大师数量(C58)　公共图书馆数量(C59) 公共图书馆藏书量(C60) 每10万人拥有公共图书馆数量(C61) 公立博物馆/美术馆数量(C62)　纪念馆数量(C63) 社区文化活动中心数量(C64)　实体书店数量(C65) 每百万人拥有的实体书店数量(66)　电影院数量(C67) 电影荧幕数量（C68)　电影院座位总数量(C69) 每百万人拥有电影荧幕数量(C70)　剧院数量(C71) 剧院座位总数量（艺术表演场馆坐席数）(C72) 专业音乐厅数量(C73)　娱乐场所数量(C74) 酒吧数量(C75)　茶馆数量(C76) 旅行社数量(C77)　四星级以上宾馆数量(C78) 公共绿地（公园和花园）面积占全市面积百分比(C79) 国家4A及以上景区数量(C80)　艺术表演团体数量(C81) 艺术表演团体从业人员数量(C82) 文化社团/文化类NGO机构数量(C83) 公立文化艺术高等教育机构数量(C84) 私立文化艺术高等教育机构数量(C85) 艺术类学生在校人数(C86) 国家及省（市）级文化产业园区数量(C87)
	文化环境(B7)（文化经济环境+文化社会环境）	居民人均可支配收入(C88) 网站数量（C89) 互联网网民数量(互联网用户规模)（C90) 互联网普及率（C91) 移动互联网网民数量(手机网民规模)(C92) 大专及以上学历占比(C93) 高等专科以上学校数量(C94) 在校大学生数量（高等专科及以上)(C95)
	文化多样性(B8)（文化包容性+国际化程度）	国外常住人口数量(C96) 国外常住人口占城市人口比重（C97) 国际留学生数量(C98) 境外游客年度数量（不含港澳台的游客)(C99) 境外游客占城市人口比重(C100) 举办国际性会议/展览的数量(C101) 跨国公司总部的数量（C102)

接推动城市文化生产得以良性循环的助推器和润滑剂，在文化需求与精神导向下，城市文化生活将是不断创造物质财富与精神财富的内因，也是推动社会进步的关键要素；城市文化生态则反映了一个城市文化发展的自然生态状况、文化资源状况、文化多样性与人文社会环境等，虽然它不直接影响一个城市的文化生产与城市文化生活质量，但它在城市文化生产与城市文化生活之间嫁接起一座无形的桥梁，是间接影响一个城市文化可持续健康发展的重要因素。

城市文化发展大系统是一个包容、开放的体系，城市文化生产、城市文化生活、城市文化生态之间彼此关联、相互作用，共同塑造了一个城市的文化体。

中国城市文化发展指标体系的构建应遵循文化生产、文化生活与文化生态之间的内在逻辑，更加科学、合理地设计城市文化发展指标。在遵循文化生产、文化生活、文化生态内在机理的前提下，按照文化生产、文化生活、文化生态构成的 PLC 理论模型，根据中国城市文化发展的具体特点，中国城市文化发展指标体系主要包括文化生产（生产与服务）、文化生活（消费与参与）、文化生态（资源与环境）这 3 个一级指标，以及 8 个二级指标、105 个三级指标，具体见表10。

从一级指标的内在逻辑来看，城市文化生产维度主要包括文化投入、文化产出、文化产品与服务；城市文化生活维度主要包括文化生活消费和文化参与；城市文化生态维度包括文化资源、文化环境与文化多样性。这三大一级指标贯穿整个文化产业链条，构成整个城市文化发展的核心脉络。

从文化生产维度来看，一是文化生产源于文化投入情况。文化投入规模与力度直接影响着文化生产的效益与效率。文化投入指标主要从四个方面进行考察：文化投入年度规模（百万元），主要包括市级投入文化发展的财政投入；来自不同政府部门设立的文化专项扶持资金，例如文化创意产业专项扶持基金；公共文化艺术基金，主要指投入公共图书馆、博物馆、美术馆、（街道）社区文化活动中心、文化节庆等的资金；民间文化基金数量，主要指企业、社会组织或个人等非政府组织设立的文化基金。

二是体现在文化产出方面。文化产出属于城市文化生产综合效益的核心体现，反映一个城市文化发展对经济、社会发展的贡献，不仅指经济产值方面的产出，还意指解决就业方面的社会产出。具体主要体现在以下几个指标：文化产值，主要指文化产业增加值及其文化产业增加值占 GDP 的比重；文化贸易，主要指以产品形态与服务形态为主的文化产品出口贸易，本研究主要考察文化产品出口额；文化就业，属于城市文化发展对社会就业的贡献，主要通过文化从业人员（包括文化行业的在岗员工、使用的劳务派遣人员和其他从业人员）占比来考察，这是欧美文化产业发达国家给予重点关注的评价指标。

三是文化产品与服务。文化产品与服务属于城市文化生产的有形产品与无形服务形态的量化表征。以国家统计局的《文化及相关产业分类（2012）》为依据，按照城市文化生产活动的特点与载体，主要考察新闻出版发行服务（本地报纸种数、出版社数量、出版图书数量、期刊出版种类），广播电视电影服务（广播电视机构数量、公共广播节目套数、公共电视节目套数、付费电视节目套数、电影票房收入、本国电影上映数量、国外电影上映数量、全国/国际性电影节数量），文艺创作与表演服务（营业性演出场次、剧院票房、戏剧（戏曲）演出场次、音乐舞蹈演出场次），文化遗产保护服务（博物馆/美术馆举办展览数），文化创意和设计服务（广告企业经营单位数量、设计企业数量、动漫游戏企业数量），文化休闲娱乐服务（每10万人饭店餐馆数量，每10万人夜总会、歌厅、舞厅、酒吧、茶馆数量），工艺美术品（艺术品拍卖机构数量），版权、文化经纪（演出经纪机构数量、艺术品拍卖机构数量），节庆会展赛事（节日庆典数量、展会数量、体育赛事数量）等行业领域，考察文化产品与服务的生产与运营载体、标杆性的文化产品供给情况。

从文化生活维度来看，一是文化生活消费方面。居民文化生活支出是反映城市文化生活质量的重要指标。虽然我国2016年人均GDP已经达到8 866美元，但居民用于文化生活的支出并没有出现如预期的大幅度增长，文化消费还处于较低的水平，这与住房、教育、医疗、养老等预期支出高、文化消费理念尚需培育息息相关。具体来看，考察指标包括居民人均文化娱乐消费支出、居民文化娱乐消费支出占总消费额的比重等。此外，消费性支出属于一个城市提供文化产品与文化服务的方式，即按照是否通过支付一定的费用获取文化产品或服务可分类为消费性支出与共享性支出，消费性文化按照消费文化的性质可以分为产品类消费与服务性消费，前者通过购买报纸、杂志、图书、音像制品、艺术品等产品实物来享受、体验文化，后者则通过看电影、游览、看演出等服务形态来消费文化。具体指标包括每场演出平均入场次数、艺术表演场所演出观众人次、电影院入场人次（百万人次）、人均电影院入场次数、全市接待游客人次、每百人移动电话普及率（人均智能手机拥有量）。

二是文化参与。文化参与是一个城市提供文化产品与服务的数量与质量的重要体现，可以反映城市文化供给的效率与居民实际需求的对接情况，具体指标包括：公共文化场馆接待人次，这一指标反映城市文化场馆数量与城市居民对文化需求数量的关系，即反映城市公共文化供

2014 年首届深港设计双年展开幕。图片提供：深港设计双年展。鸣谢：深圳市设计之都推广促进会

给质量、数量与居民城市文化生活需求满足间的一种平衡状态；公共文化机构包括公共图书馆（公共图书馆书刊文献借阅人次、人均公共图书馆书刊文献借阅次数）、博物馆 / 美术馆（公立博物馆、美术馆年参观人次及占比、2 个最受欢迎的博物馆 / 美术馆人均参观次数）、文化馆（文化馆含群艺馆年接待人次、社区文化活动中心年接待人次）等文化场所接待居民、为居民提供公共文化服务的能力；群众参与文化活动人次，这一指标既反映文化活动的举办数量与规模，也可以反映出文化活动的群众参与情况，如艺术展会 / 美术展 / 书法展与其他类型的文化会展的参加人次、文化节庆参加人数等，突出文化活动供给与居民文化需求实现高度一致的重要性，主要考察指标为：2 个最受欢迎的展览 / 展会的参加人次、2 个最受欢迎的节庆的参加人次。

从文化生态维度来看，一个充满活力、充满创新力的城市往往具有多元、公平、公正、包容的文化生态环境。多元化的文化形态、多样性的文化内容、多态化的文化价值、多元化的民族文化等构成了一个开放的城市大生态系统。其实，文化形态与文化内容的多样性在城市文化生产与城市文化生活指标中都可以体现出来，而多元化的民族文化、多态化的文化价值观则可通过一个城市丰富的文化资源、开放的文化环境与包容性的多样性文化来体现。

具体而言，一是文化资源指标，它是一个城市文化生态的基础构成要素，是一个城市文化得以持续良性循环发展的根本。文化资源遍及城市文化历史变迁的脉络之中，不但承载了一个城市人文历史的更替，而且还是城市现代文化生产的重要资源。文化资源指标是城市文化生产与文化生活的潜在的活力因子，可以随时转化成文化生产与文化生活的要素，实现保值增值。对文化资源的考察主要指标包括：文化遗产资源（世界文化遗产数量、全国重点文物保护单位数量、国家级非物质文化遗产数量、国家级非物质文化传承人数量、中国工艺美术大师数量）；公共文化资源情况，主要通过公共图书馆数量、公共图书馆藏书量、每 10 万人拥有公共图书馆数量、公立博物馆 / 美术馆数量、纪念馆数量、社区文化活动中心数量、实体书店数量等具体指标进行考察；消费性的文化资源情况，包括电影院数量、电影荧幕数量、电影院座位总数量、每百万人拥有电影荧幕数量、剧院数量、剧院座位总数量、专业音乐厅数量、娱乐场所数量等；对文化社会组织与文化产业园区的考察，主要指标包括艺术表演团体数量、艺术表演团体从业人员数量、文化社团 / 文化类 NGO 机构数量、公立文化艺术高等教育机构数量、私立文化艺术高等教育机构数量、艺术类学生在校人数、国家及省市级文化产业园区数量等。

二是文化环境指标。文化环境是一个城市在其长期发展过程中形成的，有其特定的文化理念、价值观念、行为方式、风俗习惯、宗教信仰、人文自然遗址等。文化环境的优劣影响着一个城市的文化生产秩序、健康发展与居民文化生活的质量，是城市文化生态的外在体现。文化环境包括经济环境，主要是有利于城市文化发展的经济因素与迎合“互联网 +”时代的发展要素，如居民人均可支配收入、网站数量、互联网网民数量、互联网普及率、移动互联网网民数量等；有利于城市文化发展的社会文化环境，主要指文化教育要素，包括大专及以上学历占比、高等专科以上学校数量、在校大学生数量（高等专科及以上）等指标。

三是文化生态纬度需要体现城市文化多样性、吸引力与包容性的特点。特别是不同民族、不同国度的文化，或是长期性的、发芽生根式的文化交融，或是短暂性、体验式的文化碰触，都将为一个城市文化的发展带来新的生机与活力。具体指标包括国外常住人口数量及占比、国际留学生数量、境外游客年度数量（含港澳台游客）及占比、举办国际性会议 / 展览的数量、跨国公司总部的数量等。

当我们把中国城市文化指标体系放置于实践中时，必然存在差异性与动态性特征。即使指标数据均来自官方，不同城市之间的统计差异也是存在的。通过对北京、上海、天津、重庆、广州、深圳、南京、杭州、香港、台北这十大城市的数据比较我们发现：一方面，三大维度 105 个指标可以考察出一个城市文化发展的普适性规律与城市文化发展的常态。例如，与互联网相关的指标，即“网站数量”“互联网网民数量”“互联网普及率”与“移动互联网网民数量”等，反映出现代城市文化发展日渐嵌入互联网基因的趋势与规律；而传统的“本地报纸种数”“出版社数量”“期刊出版种类”“广播电视机构数量”“实体书店数量”等指标，则呈现式微的趋势。虽然我们无法通过这些传统指标的增减变迁来片面评价一个城市文化发展的优劣，但城市文化发展模式与文化消费方式都发生了转型与根本性改变，作为传统的文化空间与文化生产载体，从历史变迁脉络而言这些传统文化指标是非常重要的，也反映出城市文化的历史积淀过程。另一方面，部分指标显示出不同城市文化间存在的落差。在文化投入、文化生产、文化消费、文化参与等方面，各个城市的较大差距是不同城市文化发展的常态，这既反映出各个城市文化发展的状况，也说明不同城市经济、政治、文化与社会整体发展水平的差异。需要强调的是，造成个别指标存在落差的原因可能是统计口径的不同（统计指标内涵与外延的不一致），例如，文化产业增加值指标与文化创意产业增加值是完全不同的，前者要比后者规模小很多。总的来看，通过指标横向对比与纵向比较审视城市文化发展的多元变迁与动态性，有助于系统、客观地把脉一个城市文化发展的状况。

在“互联网 +”时代，新旧媒体的交融与文化跨界发展并存，互联网技术带来了新信息基础设施、新组织体系、新文化分工体系与新制度体系[23]，在它们牵引下，一个城市的文化发展愈来愈彰显互联网基因带来的方方面面的改变与潜力。在文化生产维度，基于大数据、智能技术、3D 打印以及赋能性高新技术的嵌入，文化生产从传统的媒体生产与物理空间转向新兴数字创意生产、社群参与的网络文化空间，这就意味着我们对城市文化生产维度的考察，必须审视互联网尤其是移动互联网对文化投入方向、网民参与文化生产、文化产品创新等带来的变革。在文化生活维度，互联网将城市传统文化空间延展至网络文化空间，形成线上虚拟空间与线下现实空间的有机结合，网络文化生活消费、网络参与、网络内容付费成为城市文化发展的重要组成部分，延伸着城市居民的文化活动空间。在文化生态维度，互联网一方面带来庞大的网络文化资源、多样性的文化内容、创新性的网络文化环境与更加开放的文化发展理念，另一方面，也对城市网络文化生态、网络文化安全（淫秽内容充斥网络、网络侵权层出不穷、网络犯罪防不胜防）带来严峻挑战。在此背景下，中国城市文化指标体系被赋予了客观现实性与动态性的特点，说明城市文化指标与城市文化发展实践的一致性与联动性成为其应有之义。

2017 上海·静安现代戏剧谷壹戏剧大赏。图片提供：静安区文广局

注释 NOTES

1. 深圳新闻网．麦肯锡“全球城市 600”研究成果分享现场实录 [EB/OL]. (2012-02-24)[2017-05-24]. http://www.sznews.com/zhuanti/content/2012-02/24/content_6492671.htm.
2. 爱德华·L. 格莱泽．世界城市排名背后的含义 [N]. 纽约时报，2011-05-04.
3. 保罗·欧文斯．世界城市文化报告 2012[M]. 黄昌勇等译．上海：同济大学出版社，2013:33-56.
4. 张毓强，杨晶．世界文化评估标准略论 [J]. 现代传播，2010(9).
5. 理查德·佛罗里达．创意阶层的崛起 [M]. 北京：中信出版社，2010:281.
6. Florida R,Tinagli I. Europe in the Creative Age[EB/OL].(2015-02-03)[2017-05-24].http://www.doc88.com/p-7803346276035.html.
7. Landry C. The Creative City[M]. London: Taylor & Francis Ltd, 2000:242-246.
8. 香港特别行政区民政事务局．香港文化创意指数研究 [R]. 2005:19.
9. 王琳．中国大城市文化产业综合评价指标体系研究 [EB/OL].(2002-01-25)[2017-05-24]. http://www.china.com.cn/ch-whcy/5.htm.
10. 王益澄．城市文化现代化指标体系及其评价 [J]. 经济地理，2003(2).
11. 上海创意产业中心．2006 上海创意产业发展报告 [M]. 上海：上海科学技术文献出版社，2006:15-18.
12. 上海艺术研究所课题组．上海城市文化发展指标体系研究 [EB/OL]. (2010-08-27)[2017-05-24]. http://www.chinacity.org.cn/csfz/cswh/60346.html.
13. 高福民，花健．文化城市：基本理念与评估指标体系研究 [M]. 北京：商务印书馆，2012:163-166.
14. 杨晓俊，潘秋玲．基于模糊理论的城市文化评价指标体系 [J]. 统计与决策，2010(10).
15. 李凡，黄耀丽，叶敏思．城市文化竞争力的定量评价方法及实证研究 [J]. 佛山科学技术学院学报（自然科学版），2008(2).
16. 徐桂菊，王丽梅．城市文化竞争力评价体系的构建 [J]. 山东经济，2008(5).
17. 于泽．基于“钻石理论模型”的城市文化产业竞争力评价体系设计 [J]. 科技管理研究，2013(11):89-92.
18. 胡惠林，王婧．中国文化产业发展指数报告 (CCIDI) [M]. 上海：上海人民出版社，2012:24-25.
19. 彭翊发布了《2012 中国省市文化产业发展指数》，这是第三次连续发布。
20. 臧志彭，解学芳．中国文化及相关产业上市公司研究报告 [M]. 北京：知识产权出版社，2015:27.
21. 2005 年 10 月 20 日，联合国教科文组织第 33 届大会通过《保护文化内容和艺术表现形式多样性公约》，将文化多样性原则提升到国际社会应遵守的伦理道德层面和法律层面。
22. 汤红娟．文化创意产业评估的统计指标体系研究 [J]. 科技创业月刊，2011(10).
23. 解学芳，臧志彭．论“互联网 +”时代文化上市公司的生命周期与跨界演化机理 [J]. 社会科学研究，2017(1).

中国十大城市文化统计数据解读

An Interpretation of Cultural Statistics of Ten Cities in China

摘要: 本文基于文化生产、文化生活和文化生态三个维度建立的中国十大城市文化统计数据库，以规模、活跃度、创造力、多样性和独特性五大要素为视角，对中国十大城市的文化统计数据进行了详细的比较分析。除了文化供给与生产，文章立足城市居民文化消费和参与、城市人才资源、城市人口多样性等方面，突出人对城市文化的作用力，并创新性地在城市居民文化消费方面引进了“非正式文化空间”的概念与数据，以强调城市文化建构过程中日常的符号互动场景。此外，文章还将中国十座城市的文化统计数据与欧、美、亚几个著名大都市进行了横向比较，从中找出中国中心城市在文化发展中可能存在的差距。最后文章就中国城市文化发展现状的主要问题进行了初步的探讨。

关键词: 城市文化统计, 数据解读, 十大中国城市

Abstract: This paper is based on the cultural statistics database of ten cities in China, which is based on three dimensions: cultural production, cultural life and cultural ecology. From the perspective of the five factors of scale, vitality, creativity, diversity and uniqueness, the cultural statistical data of ten cities in China are analyzed comparatively in detail. In addition to cultural supply and production, the paper is based on the aspects of cultural consumption and participation of urban residents, urban talent resources, and urban population diversity, highlighting the impact people have on urban culture, and innovatively introduces the “informal cultural space” concept and data in respect of cultural consumption of urban residents to emphasize the daily symbolic interactive scene in the process of construction of urban culture. In addition, the article horizontally compares the cultural statistics of China’s ten cities with those of several European, American and Asian metropolis, aiming to find the possible gap between core cities of China and those cities in cultural development. Finally, the paper preliminarily discusses the main problems of the current state of development of Chinese urban culture.

Key words: urban culture statistics, data interpretation, China’s ten cities

上海旅游节花车巡游。袁婧 摄

随着全球经济从工业生产型向文化消费型的巨大转型，文化对城市发展的重要性得到了广泛的共识。文化统计是测量与评估文化与城市发展的重要依据，建构城市文化指标体系在国内外蔚然成风。2012 年，受伦敦市长鲍里斯·约翰逊（Boris Johnson）的委托，英国 BOP 咨询公司和伦敦国王学院（King's College London）联合调查了全球 12 座代表性城市 [1] 的文化设施和文化活动情况，建立了“世界城市文化论坛”数据库，发布了《世界城市文化报告 2012》。报告强调，文化是多维度的，也是多层次的，任何一项认真的分析都不会将城市文化简化为单一的、总体的“分数”或者排名；但报告同时认为，对城市文化的比较是有价值的，因为它能帮助我们更了解它们的相同点和不同点、各自的相对优势，以及对文化在城市生活中的作用的不同看法。[2] 本文基于上海戏剧学院大都市文化观测研究中心（MCAC）以文化生产、文化生活和文化生态（PLE）三个维度建立的中国十个城市 [3] 的文化指标体系数据库，通过对中国十个城市之间以及与几个著名世界城市的比较 [4]，以规模（scale）、活跃度、创造力、多样性、独特性为考察要素，试图展示一幅关于城市文化与经济发展水平可能存在的关系、城市居民文化参与和消费对活跃城市文化的作用、城市文化的包容度和独特性与城市创新潜力等全方位的数据化图景，并希望由此建立未来城市间文化与发展的对话平台与合作网络。[5]

一、考察城市文化的五要素

在对十个城市文化统计数据的解读中，我们力图抓住以下三点：一是突出人在城市文化中的主体性，即普通居民与文化创意者对形塑城市文化的主体作用，城市是市民的城市，城市的未来是人的发展——这是当今城市文化发展的基本理念。二是尽量采用公开、权威的官方数据[6]，并兼顾政府、市场、民间三个方面。三是力图结合时间与空间两个向度，寻找文化最本质的特性。所谓的“时间”就是强调文化的现状与传承，而“空间”则是突出特定的文化场景，尤其是居民日常的、非正式的文化空间对构建城市文化氛围的影响。基于这三个宗旨，我们提炼出五个要素——规模、活跃度、创造力、多样性与独特性，以考察和衡量各个城市的文化发展状况与潜力。

首先，规模主要指城市文化供给、生产和消费的体量或存量。事实上，规模背后并不仅仅代表静态的物质资源（包括历史的），而是隐含着一个城市动态的聚集力、吸引力等能量。正如著名城市学家刘易斯·芒福德（Lewis Mumford）关于城市文化“磁体一容器”的双重隐喻，城市一方面是人类文明的载体（容器），另一方面城市不仅起源于礼仪、精神性的聚会场所，而且当城市发展成为一个物质与精神的巨大容器时，城市的集聚性和交互性这一磁体的效应仍是城市最具魅力之所在。[7]今天，城市作为一个生命体，文化、经济和地理位置之间正在形成日益增强的共生关系。数字变革在技术上虽然打破了空间地理的界线，但并没有使城市消失，事实上，世界各地的一些中心城市的聚集效应反而得到强化。在今天生产力要素高度流动的网络社会，规模与城市吸引力、活力有着密切的关联性，因为规模产生的聚集不是几个元素的简单叠加，而是“比这几个元素的某种量值之和还要大的量值”，是“在产业密集、技术集中、知识密集与思想汇集中产生了高效的生产、密集的信息、密集的创新与密集的思想变革”。[8]可见，规模既是容器的大小，又是能量的聚集，由规模带来的“磁体一容器”的双重功能，是城市文化发展的基础要素。

第二，活跃度主要用来考察城市居民文化参与和消费的程度。人是城市文化的关键因素，正如联合国《创意经济报告2008》引用英国专家查尔斯·兰德利（Charles Landry）有关“创意城市”的一段话所说的：“城市有一种关键资源——它的人民，人的智慧、欲望、动机、想象力和创造力取代了地理位置、自然资源和市场通路成为城市的资源。那些生活在城市并运行整个城市的人们，他们的创造力将决定城市是否拥有成功的未来。”[9]《联合国教科文组织文化统计框架 2009》认为文化不仅仅是一种正规和静态的概念，文化领域包含一系列共同的经济（如生产产品和服务）和社会活动（如参加文化活动）。[10] 因此，在城市文化中人的文化行为至关重要，它不仅包括公共性的文化参与——由政府组织的正规的公共文化服务及活动，还包括自发的、在社区和个人日常生活层面展开的非正式的、业余的活动——如在社区中开展能够反映生活质量、传统和信念的各种文化仪式与活动，还有人们日常生活中的休闲娱乐。因此，居民的社会性文化参与包括了正式与非正式两种类型，它们是衡量城市文化活力的主要构成。

第三，城市文化的创造力主要也在于人。广义上说，每个城市居民都在以不同的方式创造着城市文化，尤其是在互联网时代，人人都是文化的传播者，也是文化的创造者，大量由兴趣小组、粉丝组成的关于戏剧、电影、动漫、游戏、网络小说等的线上、线下社群每时每刻都在以流的形态生产着无以计数的“用户创造文化”。这可能是我们这个时代最重要的文化生产与传播特征。这类文化生产是否具有城市地域的特征，还有待于大数据的深入挖掘。但狭义上说，创造城市文化的主力军是一群特殊的人，是受过高等教育的专业人才——包括作为城市人才资源库的高校学生，尤其是艺术类的在校生，以及城市中已经形成的创意阶层。人力资本是创造力的核心要素，是城市文化发展的主要动力。

第四，多样性是文化的本质特性，它是考察城市文化必不可少的要素。2001年，《联合国教科文组织文化多样性宣言》（*UNESCO Declaration on Cultural Diversity*）从文化的本体出发，对多样性做出了生动的阐释，认为文化多样性是“交流、创新和创造力的源泉……它对人类的重要性就相当于生物多样性对自然界的重要性……它是发展的根基之一，我们不应当仅仅从经济增长的角度去理解它，还应当把它理解为人类达到更高的智力、情感、道德和精神境界的方式”。[11] 2005 年在联合国教科文组织大会上通过的《保护和促进文化表现形式多样性公约》陈述了文化多样化与创意经济的关系：“考虑到创意资源在经济中不断提升的重要性，我们应当把文化多样性视为创造力和创新的核心。”[12] 因此，多样性一方面指城市文化本身的丰富多彩，另一方面则强调城市开放包容的文化生态是城市繁荣（包括经济繁荣）的基本保障。

第五，独特性也是考察城市文化的一个基本要素。今天，文化软实力在城市竞争中的重要性已经在全球范围内得到了共识。像伦敦、纽约、巴黎、东京等城市无不以其文化的个性魅力成为世界城市网络的中心（hub）；在对人才、资本等创造力、创新力的竞争中，“欧洲文化之城”、联合国“全球创意城市网络”这样的城市组织或评价体系不断涌现，文学、电影、音乐、手工艺、设计、媒体艺术、美食等不同的城市文化魅力与个性特长成为全球人才资源分配的核心要素，城市文化的独特性及由此产生的吸引力得到了肯定。正如有学者指出的，“在全球化的浪潮席卷下，产业转移的压力促使城市作为主体参与全球竞争的重要性日益凸显，伴随其间的全球趋同现象也使得城市文化成为塑造地方特色和提升地区竞争力的重要资源之一”。[13]

以上五个要素是本文考察中国十大城市文化特色、现状与潜力的主要逻辑，这五个要素其实都抓住了“文化”这一人类最繁复的符号表征系统中的基本特征:“活力”(或叫“活性”)。换言之，文化必须在一个具有活力的场域中，才能“促使人类经验不断化育出有生命（viable）含义的符号和象征”。[14] 我们认为，规模、活跃度、创造力、多样性和独特性正是衡量城市文化活力的重点。

基于公开性、权威性、成熟性等多方面的考虑，本文采用的数据库主要由国家统计局、文化部和各城市官方的统计年鉴和公报上公布的数据为主，换言之，也就是主要由正式“文化单位”[15]的统计数据构成。它的缺点是无法全面顾及城市居民非正式、消费性文化生活与活动的场景。作为一项开拓性的基础工作，我们尝试采用了“大众点评网”的数据，作为对官方数据的一个补充，将餐馆、酒吧、咖啡馆、茶馆、歌舞厅等纳入非正式的文化空间，以突出城市文化生活离不开人的日常社会互动所产生的符号交流和传播。但总体上，本文有关消费性的和民间的文化统计数据来源仍有很大的缺陷，比如，我们很难找到各城市民间博物馆、画廊的数据，尤其是城市中的民间博物馆无疑是一个城市的私人史，它是城市历史、文化撒落在民间的真实记录与珍贵典藏。此外，像民间文化社团、组织、会所以及民间的艺术教育机构等，这方面的统计资料也难以获取，而这些民间元素恰恰是反映一个城市文化活跃性、多样化的重要指标。

二、数据解读

（一）规模

城市的经济和人口规模在很大程度上决定了城市文化资源的丰富程度，包括政府在公共文化服务上的投入力度、文化生产的产能以及居民的文化消费规模等等，资源的丰富程度也决定了城市对人才的吸引力；当然除了经济发展水平，还有城市的历史和传统传承下来的文化资源存量，即形成城市文化底蕴的设施与遗址。可以说，历史和经济这两个线条大致可以勾勒出一个城市文化的概貌。

表1 中国十大城市基础数据

指标	北京	上海	广州	深圳	杭州	南京	天津	重庆	香港	台北
人口（万人）	2 170.5	2 415.27	1 350.11	1 137.89	901.8	823.59	1 546.95	3 016.55	730.57	270.48
GDP 总量（亿元）	23 014.59	25 123.45	18 100.41	17 502.86	10 050.21	9 720.77	16 538.19	15 717.27	20 075.91	—*
居民人均可支配收入（元）	52 839	52 962	46 735	44 633	48 316	46 104	34 101	27 239	—	83 919
居民人均文化娱乐消费支出（元）	2 926.3	2 593.2	3 281.4	1 456.8	—*	—*	1 278.3	1 002.0	—	—
居民文化娱乐消费支出占总支比重（%）	7.99	7.02	9.18	4.50	—*	—*	4.87	5.08	—	—

注：1. 为便于比较，香港和台北的货币数据均按2015 年12月31日的外汇汇率，将港币和新台币换算成了人民币。台北没有单独的GDP 总量，2015 年台湾省GDP 总量为167 590.16 亿新台币，合人民币32 964.98 亿元。 2. 杭州、南京两个城市提供了“居民人均教育文化娱乐消费”，2015 年分别为3 141.0 元、4 698.0 元；“居民教育文化娱乐消费支出占总支比重”分别为9.29% 和16.90%。

1. 人口与基本经济指标

中国城市的规模（如面积、人口）与城市的行政级别有很大的关系，如表1所示，四个直辖市的人口基数明显超过其他中国城市。其中，重庆市人口达 3 000 多万人，北京和上海都超过了2 000万人，而天津也超过了1 500万人；这四个城市的人口数量均超过了几个最著名的世界城市，如日本东京的人口只有1 300 多万人（2015）[16]；巴黎、莫斯科为1 200 多万人（均为2014 年），洛杉矶和首尔均为1 000万人左右（均为 2014 年）。接下来是省会城市，广州的人口达到了1 300 多万人，是中国南部的大都市；杭州、南京这些省会城市人口正好与纽约、伦敦接近（均为 800 多万人，分别为 2010 年和 2013 年数据）。香港的人口有700 多万人，与内地一些省会城市相当；但台北人口只有 270 多万人，差不多只有内地二、三线中等城市的人口规模。除了行政级别外，今天的城市规模也与城市在网络社会中的层级与功能有关。在曼纽·卡斯特（Manuel Castells）看来，不同的地理功能与层级，重新界定了连接在网络中的社会、区域与城市的意义、结构和文化。[17] 例如，深圳就是网络社会中崛起的一个“新工业空间”，是一个新兴的千万级人口的巨型城市（megacity）。今天的巨型城市依靠信息、资本、人才、物质高密度的聚集和流通，成为全球网络社会的重要节点（node）或中心（hub）。因此，“城市规模”表面上看是一组组庞大的数字，但事实却是通向城市这一巨大生命体所蕴含的能量——是流动、聚集过程中产生的化学反应，是文化意义上发生变革与创新的潜能。

从经济发展指标看，2015年上海、北京、香港的地区生产总值（GDP）[18]都超过了2万亿元；广州、深圳、天津、重庆这四个人口上千万的城市，2015年的GDP也都在1.5万亿元以上；杭州和南京这两个人口不足千万的城市GDP在1万亿元上下。[19]与其他世界城市相比，上海（3 869.01亿美元）和北京（3 544.24亿美元）已经超过了2013年的首尔（3 354.93亿美元），上海与2013年的莫斯科（3 827.00亿美元）基本持平。但上海和北京的GDP远不及纽约大都市区[20]（2015年高达16 027.05亿美元）；与洛杉矶（2015年为9 308.17亿美元）、东京（2013年为8 841.37亿美元）、巴黎（2012年为7 308.19亿美元）相比也有很大差距。可见，中国作为世界第二大经济体，目前一线城市的经济指数仍没达到世界顶尖水平。

在“居民人均可支配收入”这项指标上，2015年上海、北京都超过了5万元；广州、深圳、杭州、南京也在4万元以上；相比之下，天津才3万多元，重庆只有2万多元。可见，内地8个城市居民的生活水平存在着阶梯式差距。由于统计口径的问题，我们无法使用香港的数据，但以台北为参照，2015年台北居民的人均可支配收入合人民币达83 919元[21]，比内地最高的上海还多了3万多元。关于“居民人均文化娱乐消费支出”，内地8个城市的指标有一些具体的情况：

2015年在广州举办的中国文化遗产日上的郁南禾楼舞表演。郑迅 摄

杭州和南京的统计年鉴只有城镇居民人均消费的“教育、文化娱乐支出”，但其他城市有单独的人均“文化娱乐支出”。从表 1 看，无论是文化娱乐上的开支，还是所占收入比例，广州市居民花费最多（3 281.4 元，占其总收入的 9.18%）；接下来是北京和上海的居民。相对而言，深圳居民文化娱乐消费支出占总支出比重只有 4.5%；而重庆居民花在文化娱乐上的开销金额最少，全年只有1 002 元。[22] 总体上看，按国家统计局的口径，中国内地这些中心城市的居民在文化娱乐上的开销明显偏低。

2. 文化投入与产出

“文化投入年度规模”是衡量一个城市政府在财政预算上对文化的投入程度，城市的公共文化产品与服务开支主要来自这一块预算，中央每年还提供地方转移支付，如 2014 年中央对地方的转移支付的“文化体育与传媒”经费高达 285.46 亿元。[23] 表 2 统计了2015 年内地 8 个城

2015 深圳时装周。王小可 摄

表2 十大城市在文化上的投入与产出

指标	北京	上海	广州	深圳	杭州	南京	天津	重庆	香港	台北
文化投入年度规模（亿元）	188.50	108.22	27.41	52.73	44.92	26.06	51.73	47.01	33.50	24.02
文化投入占政府预算比重（%）	3.29	1.75	1.59	1.50	3.73	2.49	1.60	1.24	—	7.68
文化产业增加值（亿元）	3 072.3*	1 632.68	933.00	1 021.16	855.00	590.00	800.00	540.00	918.57*	—*
文化产业增加值占地区生产总值比 %	13.40*	6.50	5.15	5.80	8.50	6.00	5.00	3.40	5.00*	—*

注：1."文化产业增加值"和"文化产业增加值占地区生产总值比"两栏带* 的部分，其中北京和香港是按当地对"文化（及）创意产业"的界定得到的数据，2015 年香港"文化及创意产业增加值"为1 096.80 亿港币。 2. 台北市没有单独的数据，2015 年台湾的 "文化创意产业营业额"为8 339 亿新台币，合人民币为1 640.28 亿元，"占地区生产总值比"为5%。 3. 表2 中所有与香港、台北的货币均已折算成人民币。

市政府在"地方财政支出"中对"文化体育与传媒"的投入情况[24]，并统计了投入金额占当年各城市"一般公共预算支出"的比例。[25] 从表2可见，杭州和北京在"文化体育与传媒"上的政府投入比例较高(前者是3.73%，后者为3.29%)；重庆、深圳、广州、天津和上海都还不足2%。广州的文化体育娱乐投入总额只有27亿多元，人均文化与传媒金额仅为203元，与2014年政府支出的中国人均"文化体育与传媒"经费196元[26]相差无几。前面我们分析了中国内地8个城市中，广州居民人均文化娱乐消费最多，说明广州文化的市场化程度比较高。各城市在公共文化服务领域的投入不应该整齐划一，因为不同城市有不同的文化传统和文化建设的短板。政府在文化上的投入究竟多少合适，这需要考察政府提供的公共产品与服务能否满足当地居民的具体需求，这样才能得到相对客观的结论。

表2虽然也列出了香港和台北的相关情况，但这两个城市对"文化投入"的界定和统计口径与内地有很大不同。香港政府在2016/2017年[27]投入40亿港币（约合人民币33.5亿元）用于文化艺术总开支，但"不包括艺术及体育发展基金（艺术部分）及粤剧发展基金"。[28] 2015年台北市地方总预算中单列的"文化支出"一项为122.13亿新台币（约合人民币24.02亿元），占台北市政府财政总预算的7.68%。[29] 这笔预算平摊到每个台北居民身上约为889元，比北京市居民人均"文化体育与传媒"经费（868元）略高。但台北的"文化开支"除了文化传媒体育外，还包括殡葬管理处、市立动物园、家庭教育中心、青少年发展处等[30]，因此，与内地的"文化体育与传媒"的界定有相当大的差异，台北的这个数据仅供参考。

“文化产业增加值”(全称“文化及相关产业增加值”)可以被视为城市文化产品与服务(包括公益性事业与经营性产业)创造增加值的总和。在内地，这个指标是按照2012年国家修订的“文化及相关产业分类”标准来统计的，但北京市一直按自己设定的“文化创意产业”的界定和标准发布数据；香港、台北也以“文化(及)创意产业”命名，且各有各的界定与分类标准[31]，所以表中所列的北京、香港和台北的相关数据无法与其他城市进行比较。由于北京的“文化创意产业”外延比国家“文化及相关产业分类”要来得宽泛[32]，加上北京有不少中央级文化机构，所以北京的数据比其他所有城市都要大得多，2015年“文化创意产业增加值”达3 072.3亿元，占当年地方生产总量的13.4%。[33]剩下的内地7个城市中，上海1 600多亿元，深圳、广州在1000亿元上下，杭州和天津在800亿元左右，而南京、重庆只有500亿元出头。总体上，北京和上海为各城市文化产业之龙头翘楚。我们从文化产业增加值占地区生产总值比看，除了杭州高达8.5%[34]、重庆占比只有3.4%之外，剩下的各城市(包括香港与台北)均在5%～6%的区间(上海略高，为6.5%)，而全国2015年文化产业增加值占GDP的比重为3.97%[35]，可见，中国这些一线城市的文化产业仍有很大的发展空间。文化产业是未来城市发展的支柱产业，从这个指标也可以看出城市的未来前景。

3. 公共文化设施与遗产

图书馆、博物馆是城市基本的公共文化设施，而物质和非物质的文化遗产是城市宝贵的“家底”。这些公共文化资源有些固然是历史的馈赠，而有些则是政府通过财政的投入与积累为居民提供的文化福利，像图书馆、博物馆、美术馆等已成为现代城市的文化标配，用以满足居民基本的文化需求。在公共文化服务上，过去十来年从中央到地方都强调“四性”(基本性、公益性、均等性和便利性)。2015年中央出台了《国家基本公共文化服务指导标准(2015—2020年)》，提出了包括基本公共文化服务项目、硬件设施和人员配备在内的3大类、14项、22条基本公共文化服务指导标准。我们所选的内地8个城市，在公共图书馆、博物馆的资源方面可能代表了中国城市的最高水平。

表3所列的公共图书馆数量我们只取了各城市的市、区两级。如果加上街道和社区一级，则数量远不只这些。比如，上海如果加上街镇社区的公共图书馆，总计为241家[36]；深圳以“图书馆之城”为文化立市的一大要务，虽然市、区两级图书馆只有11家，但加上街道和社区图书馆，就达620个之多。[37]从公共图书馆藏书量看，上海总藏量达7 568万册(件)，是公共藏书最丰富的城市；深圳达到了3 282.12万册；北京的总藏量只有2 424.5万册，加上中央级图书

表3 十大城市主要公共文化资源

指标	北京	上海	广州	深圳	杭州	南京	天津	重庆	香港	台北
公共图书馆数量	24*	25	14	11	15	15	31	43	68	45*
公共图书馆藏书量（万册）	2 424.50*	7 568.00	2 487.00	3 282.12	1 785.00	1 634.27	1 697.00	1 303.80	1 415.32	780.83
公立博物馆	173	100	32*	40	67	56	22	58	53	17
世界文化遗产数量	6	0	0	0	2	1	2	2	0	0
全国重点文物保护单位数量	128	29	29*	1*	38	49*	28	55	—	14*
国家级非物质文化遗产数量	126	55	18	7	44	11*	15	38	10	8*

注：1. 北京的“公共图书馆数量”和“藏书量”不包括中央级数据；台北的“公共图书馆数量”系2016 年数据。 2. 广州“公立博物馆”数据包括了博物馆和纪念馆。
3. 广州、深圳的“全国重点方特保护单位数据”为2016 年数据。 4. 南京的“全国重点文物保护单位”和“国家级非物质文化遗产数量”均为2016 年数据。
5. 台北的文物保护单位和非物质文化遗产数量为台湾地方政府认定的国家级重点文物保护单位与非物质文化遗产数量。

馆也只有5 896万册，图书馆藏书资源远不如上海丰富。在博物馆方面，北京、上海资源最丰富，分别拥有173个和100个公立博物馆。[38] 与其他一些世界城市相比，中国城市的公共图书馆和博物馆资源就显得比较欠缺。例如在公共图书馆方面，世界城市中名列第一的巴黎有1 100 家之多（2014 年）；在博物馆的数量上，莫斯科更是达到了 365 家（2013 年），巴黎的博物馆也达 313 家（2015 年），洛杉矶、伦敦、首尔都超过 200 家（均为 2015 年数据）。因此，对照世界这些城市，北京、上海仍有一定的差距；台北、天津、广州、深圳在博物馆数量方面更是有所不足。

在各城市的历史文化遗产方面，北京有联合国认定的世界文化遗产达 6 处之多[39]，比伦敦、巴黎、莫斯科的数量还要多（分别为 4 个、4 个和 3 个），显示了中国作为世界文明古国的文化底蕴。但值得一提的是，北京目前有“全国重点文物保护单位”128 个、“市级重点文物保护单位”357 个[40]，两者加起来总共才 485 个。相比之下，伦敦号称除了4 个世界文化遗产之外还有 2 万多个（20 511 个，2014）文化遗址，莫斯科除了3个联合国认定的世界文化遗产外还有 7 962 个（2014）文化遗址，巴黎除了4 个世界文化遗产外还有3 951 个（2013）文化遗址，甚至东京除了 2 个世界文化遗产外还自称有 879 个（2016）文化遗址……从世界城市的这些数据看，中国城市对文化遗产（遗址）的保护意识似乎还远远不够。此外，数据显示，重庆、杭州、南京也有一定的历史文化资源，相比之下，其他几个城市的文化遗产就显得较为单薄。深圳作为一座新兴的移民城市，在这方面处于明显的劣势。

表4 十大城市的传媒资源

指标	北京 *	上海	广州	深圳 *	杭州	南京	天津	重庆	香港	台北
本地报纸种数	35	70	56	10	48	58	40	26	53	14
出版社数量	19	40	16*	2	13	13*	12	3	89*	—*
期刊出版种类	172	628	301	6	183	298	242	135	683	600*
公共广播节目套数	25	21	17	5	19	24	22	31	28	—*
公共电视节目套数	26	25	23	12	22	24	24	46	15	—*

注：1. 北京一栏的数据不包括中央级传媒数据来源。 2. 深圳的数据为2014 年的数据，由深圳文体旅游局办公室提供。 3. 广州、南京和香港的“出版社数量”为2017 年数据。 4. 台北缺失部分只有台湾地区数据，其中，出版社数量为5 030 家，公共广播节目套数为13 套，公共电视节目套数为20 套。 5. 台北“期刊出版种类”为2016 年数据。

作为群众文化的群众艺术馆、文化馆（站）也是中国各大城市的公共文化设施，通常分为市级群众艺术馆和区级群众艺术馆、文化馆，另外还有最基层的街道办事处、乡镇一级的文化站，形成了城市群众文化公共活动设施的三级系统。由于这一系统在中国城市基本上属于标准配制，在此不再赘述。

4. 传媒资源

传媒机构在中国十分特殊，改革开放以来一直有着双重身份——尽管中国的传媒在经营上已经市场化，但本质上还是作为公共文化服务的事业单位。因此，本文也将其作为公共文化设施之一。

表 4 是十个城市的报纸、出版社和广播电视机构（或种类）情况，由于香港和台北的大众传媒管理制度与内地不同，所以数据只能作为参考。表中显示，在报纸、期刊种数方面，2015 年上海的本地报纸种数达 70 种[41]，期刊 628 种，都远远超过其他城市；广州在报纸和期刊种类方面的资源也非常丰富。但表中显示的北京方面的数据只是市属媒体，假如算上中央级媒体，那么，截至 2014 年年底，北京地区的图书出版单位高达 239 家，占全国图书出版总数高达 40.99%；北京地区期刊出版种数 3 123 种，占全国的 31.34%；报纸种数为 256 种，占全国的 13.39%[42]——可见，北京地区的传媒资源占有绝对的优势。此外，在所有城市中，深圳的传媒资源显得最为单薄，重庆的出版社也只有 3 家，但重庆的公共电视节目套数是十大城市中最多的。

表5 十大城市的文化市场规模

指标	北京	上海	广州	深圳	杭州	南京	天津	重庆	香港	台北
实体书店数量(家)*	1003	706	709	328	389	390	442	984	238	157
每10万人拥有的实体书店数量(个)*	4.62	2.92	5.25	2.88	4.31	4.74	2.73	3.26	3.24	5.80
电影院数量(个)	182	175	116	135	90	71	89	153	47	36*
电影荧幕数量(块)	972	1006	685	792	624	409	400	944	209	179*
每百万人拥有电影荧幕数量(块)	44.78	41.65	50.74	69.60	69.19	49.66	25.86	31.29	28.61	67.00
艺术表演场所数量(个)	54	50	17	21	11	13	50	22	16	20
娱乐场所数量(个)*	27 825	30 439	15 685	16 887	13 317	9 743	10 317	27 400	3 692	4 244

注:1. "实体书店数量""每10万人拥有的实体书店数量""娱乐场所数量"均为2017年数据。 2. 台北"电影院数量""电影荧幕数量"均为2016年数据。

5. 文化市场

文化市场规模与城市的经济发展水平、居民消费水平、文化消费需求均有密切的关系。表5中各城市实体书店的数据来自"大众点评网"[43]。十个城市在实体书店的市场规模和人均拥有量上有一定的差别,北京的实体书店数量最多,达上千家,重庆也有近千家,其他城市中广州、上海也有700多家。台北的书店数量上只有157家,但每10万人拥有的书店数量高达5.80家,广州也达到了5.25家,与台北不相上下;而天津、深圳、上海的实体书店每10万人的拥有量均不到3家。[44]其他世界城市在"每10万人的书店拥有量"这一指标的情况为:东京高达12.7家(2009)、纽约10.3家(2015)、巴黎9.4家(2011)、首尔8.7家(2015);不过伦敦、洛杉矶、莫斯科也都只有4家多,与南京、北京、杭州的数量差不多。

2015年中国电影市场规模仅次于北美,是世界第二大电影市场。在影院数量上,北京、上海、重庆、深圳、广州都超过了100家[45];相比之下香港和台北的影院数比较少,尤其从城市人口看,香港的影院就显得尤为不足;从电影荧幕数和每百万人拥有电影荧幕数量这两项指标[46]看,上海、北京、重庆的电影荧幕数达到了千块上下;不过在每百万人拥有的电影荧幕数上,深圳和杭州达到了69块多,台北也有67块,超过了其他中国城市;与世界其他城市相比情况如下:世界电影工业中心好莱坞所在地洛杉矶,每百万人拥有的电影荧幕数达到了106块(2013),而伦敦也有102.2块(2013),巴黎为87.8块(2013),均超过了中国的十大城市。相比之下,重庆、天津、香港的电影荧幕每百万人的拥有量都比较低,尤其是天津只有25.86块,差

上海自然博物馆。
叶辰亮 摄

不多只有全国的平均水平（每 10 万人 2.26 块[47]）。这也意味着这些城市的电影市场仍有开拓的余地。

在大陆，艺术表演场所（馆）是“文化单位”的一部分，指由各级文化部门主办或实行行业管理的文化机构，分为公有制艺术表演场馆和非公有制艺术表演场馆。[48] 因此，它既包括了一部分公共文化设施，也有一部分属于文化市场。表 5 显示，北京、上海、天津三个城市在艺术表演场所（馆）资源方面占明显的优势，均达到了 50 个左右，其他城市都只有一二十个。2015 年，全国（不包括港、澳、台）共有艺术表演场馆 2143 个；平均来看，4 个直辖市和 27 个省会城市，平均每个城市拥有 6.6 个剧场；334 个地级城市平均每个地市拥有 1.1 个剧场；全国 2 850 个县级城市，平均每个县的剧场数量不足 1 个。[49] 因此从总体上来看，中国内地的艺术表演场所在资源上严重不均、数量上严重不足。即便是北京和上海的艺术表演场所，与其他几个世界城市的差距也相当惊人。根据“世界城市文化论坛”数据显示，按剧院（Theaters）计，纽约多达 640 家(2015)，首尔有 526 家(2015)，巴黎有 490 家(2015)，洛杉矶有 330 家(2013)，伦敦和东京也都有 200 多家（伦敦 241 家，2013 年；东京 219 家，2016 年）。

本文没有采用正规文化部门实行行业管理的“娱乐场所”概念和统计数据，而是将属于非正式文化的娱乐场所也纳入其中，以更贴近城市居民日常文化生活与消费习惯。表 5 中的“娱乐场所数量”统一来源于“大众点评网”的“休闲娱乐频道”，包括养生、休闲（电影院、酒吧、咖啡厅、茶馆等）、娱乐（KTV、游乐游艺等）、文化 / 展览（博物馆、美术馆、图书馆、文化艺术）和户外（公园）几个部分——基本上包括了城市公共文化和商业性的娱乐休闲设施，在博物馆、美术馆部分还包括了一些民间的馆所，所以范围更广，更能反映城市文化娱乐场所与市场规模的总貌。结果发现，十个城市中，上海的休闲娱乐资源与市场数量最多，达 3 万多家；其次是北京和重庆，都达到了27 000家以上；接下来是深圳、广州和杭州。总体上看，休闲娱乐资源与市场的规模、城市的人口有比较直接的关系，但可能也与当地居民的生活习惯有关，例如香港的人口是台北的 3 倍，但休闲娱乐资源却不如台北丰富。

（二）活跃度

本文所考察的活跃度是完全基于城市普通居民的文化行为。城市居民的文化参与有一部分是对公共文化产品和服务的享用，但更多的是日常的节庆或休闲娱乐。事实上，要测量人的文化参与，最佳的途径是看人在文化方面的时间支配与消费支出，但前一个数据用传统的调查方法难以获得，2008 年国家统计局已经启动了对中国十省市的时间利用调查，其中包括了文化休闲参与，目前进一步的调查方案正在规划中 [50]；后一类数据比较笼统——我们前面已经分析了各城市“居民人均文化娱乐消费支出”及其占一年可支配收入的比例，这类数据看不到消费的具体细节，在互联网时代，文化消费的各种细节完全可以用大数据进行挖掘。本文在对城市居民正式与非正式、社会性与商业性文化参与的两组向度加以综合的基础上，从公共文化参与度、文化消费情况、城市文化活动的数量及非正式文化空间的数量四个方面，来考察这十个城市的文化活力。

1. 公共文化参与

在公共图书馆的使用方面，各城市的统计年鉴均有详细的数据。我们考察了两个国际通用指标：公共图书馆书刊文献外借册次和人均外借册次。下面我们先来看一下在公共图书馆服务效能方面我国与其他几个国家的比较。

从表 6 的各项指标中，我们可以看到，中国与美、英、日三国在公共图书馆服务效能上的巨大差距。从十个城市的数据看，香港的公共图书馆利用率最高。根据《2016 年香港统计年刊》的数据 [51]，2015 年香港公共图书馆的登记读者多达437万名，也就是有将近60% 的香港居

表6 公共图书馆服务效能主要指标国际比较

国家	有效持证读者占人口比例（%）	年人均借阅（册）	年人均到馆（次）	图书外借率（册）
美国	68	7.7	5.1	2.5
英国	58	5	5.4	3.1
日本	43	5.4	2.4	1.8
中国	2.9	0.34	0.39	0.59

数据来源：李国新. 现代公共文化服务体系建设的思考[EB/OL]. (2016-05-04) . https://mp.weixin.qq.com/s?src=3&timestamp=1496045184&ver=1&signature=Uhje3WwQ0rL6WtGVolQsorLunVnaocp*sxCjAKLMQHEXPzSOP9i*aYsei3pTyfsUtIgEPZ0MXd5Is-NzZQvSLv-X1XRb0cwMBVAlgbvTOS0XZsAssE9VgY5DW7rUwCmYPQ3b7AJGOxdod-54To1-dzdrWdxsBV13IPTC7K3iFxc=.

表7 十大城市居民公共文化服务参与情况

指标	北京	上海	广州	深圳*	杭州	南京	天津	重庆	香港	台北
公共图书馆书刊文献外借册次（百万）	9.40	86.81	16.76	4.00*	7.97*	5.73	8.59	9.49	51.34	12.98*
人均公共图书馆书刊文献外借册次	0.43	3.59	1.24	0.35*	0.90*	0.70	0.56	0.31	7.03	4.80*
博物馆年参观人次（万人次）	3 600.00	1 935.00	1 037.30*	400.00*	1 093.52*	3 142.95	1 003.00	2 299.00	436.06	1 959.26
博物馆参观人数占人口百分比（%）	165.90	80.12	76.83*	35.15	121.98*	381.62	64.84	76.21	59.68	724.36

注：1. 广州的“博物馆参观人次”及“占人口百分比”含美术馆和纪念馆。 2. 杭州的数据均为2014 年，出处为《2015 浙江省文化文物统计年鉴》。
3. 深圳2015 年公共图书馆书刊文献外借册次与人均情况都仅仅是“深圳图书馆”而不是所有深圳市、区两级图书馆的数据；台北也只有“台北市立图书馆”2015 年的数据，不包括其他公共图书馆的数据。 4. 深圳2015 年博物馆参观人次由深圳市文体旅游局办公室提供。

民持有公共图书馆的借书证，而且按香港总人口计算，其人均公共图书馆书刊文献借阅次数最高，达 7 次之多，超过了英国和日本，接近美国水平。表 7 所列的台北数据仅仅是“台北市立图书馆”2015 年的借阅次数，但数据显示台北居民仅市立图书馆的利用率就达人均 4.8 册次，而且台北持公共图书馆借书证的居民比例比香港还高，达到 71.27%。[52] 内地 8 个城市中，上海公共图书馆的利用率最高，为人均 3.59 册次，远远高出中国平均仅0.34 册次的水平，广州人均也超过了1 册。根据《2016 重庆统计年鉴》的数据，重庆市人均只有 0.31 册次，低于全国平均水平。

深圳是“图书馆之城”，2013 年在联合国教科文组织创意城市北京峰会上被授予“全球全民阅读典范城市”的称号，2015 年还发布《2015 年深圳阅读指数研究报告》，称“深圳人每天读书

位于台北华山创意园区的独立书店。钟致远 摄

超过1小时”；2016年4月深圳实施《深圳经济特区全民阅读促进条例》，成为全国第一个为阅读立法的城市[53]。可见，深圳政府在全民阅读方面做足了文章。表7所列为“深圳图书馆”（即深圳市馆，非深圳所有市、区两级公共图书馆）2015年文献外借数量为400万册次[54]。同样作为城市的总馆，台北市立图书馆2015年的出借数量达到1 298.4176万册，深圳只有台北的三分之一，而深圳的人口却是台北的4倍多，可见差距之大。但深圳是一个平均年龄只有30岁左右的年轻人的城市，在第二届中国数字阅读大会上，深圳被评为“2015中国十大数字阅读城市”，因此，在以印刷媒体为主的公共图书馆的利用方面可能不如其他城市，也是意料中的事。

北京2015年公共图书馆书刊文献的外借册次只有940万册次[55]，人均只有0.43册次，在各大城市中明显处于劣势。当然，各城市居民在公共图书馆的利用方面存在的差异，未必与城市居民的文化素质有关。我们发现，在城市常住人口的文化程度上，重庆受过大专以上教育的人口比例最低（只有8.6%，2010年），但北京和深圳并不低，北京达35.7%，为内地8个城市中最高[56]；而深圳为22.7%，与上海、天津、香港不相上下。因此，北京和深圳这两个城市的居民不喜欢使用公共图书馆的原因并非居民文化素质问题，很可能与居民的阅读习惯（如更愿意采用电子阅读）、公共图书馆的图书供应种类、质量与读者的需求存在差距等因素有关。当然，公共图书馆资源的利用不仅仅包括图书外借，还包括多种针对居民的文化活动。因此，如何在图书借用率之外进一步提高公共图书馆文化空间等资源的利用率，是一个值得深入探讨的问题。

在官方统计的各城市博物馆参观人次方面，北京作为历史古都，在博物馆资源上有着得天独厚的优势。2015 年“全市按行业管理登记的博物馆”总参观人次高达 3 600 万人次 [57]，2015 年北京故宫博物馆的参观人次高达1 506万人次 [58]。尽管参观北京各博物馆的人群以外地游客居多，但也能反映北京各大博物馆的利用率和活力。在博物馆参观人数占人口的百分比方面，台北虽然在十个城市中博物馆数量最少，但活跃度却远远领先于其他各个城市。数据库只统计了台北的 5 个博物馆 [59]，但我们发现2015年的游客量达1 959.26 万人次。2015 年南京的博物馆总参观人次高达 3 142.95 万人次 [60]，占其常住人口的 381%；换言之，假如平摊到每个南京居民的身上，则每人进博物馆的次数为 3.8 次。在博物馆的活跃度方面，立市时间最短的深圳就与其他城市相差较为悬殊，全年只有400万人次参观了近40个博物馆，

广东省博物馆鸟瞰。郑迅 摄

表8 十大城市电影、艺术表演和旅游业活跃度

指标	北京	上海	广州	深圳	杭州	南京	天津	重庆	香港	台北
电影票房收入(亿元)	31.56	29.40	18.65	17.96	11.18	8.97	6.80	11.97	16.63	8.26
电影院入场人次(百万)	71.64	68.02	46.10	43.36	30.21	24.75	20.97	37.60	—	17.96*
人均电影院入场次数	3.30	2.82	3.41	3.81	3.35	3.01	1.36	1.25	—	6.64*
艺术表演场所演出观众人次(百万)	1.769	2.62	—*	—	—*	0.82	0.917	0.097	4.60	—
全市接待游客人次(亿)	2.73	2.84	—*	1.16	1.23	1.02	1.74	3.92	0.59	0.096

注:1. 台北"电影院入场人次"及人均数据系"电影戏剧观赏人次",因此还包括了戏剧。 2. 广州、深圳、杭州均没有"艺术表演场所演出观众人次",广州和杭州有"艺术表演团体演出观众人次",广州为4.19百万人次,杭州为5.92百万人次。 3. 广州提供了2015年"全年城市接待过夜旅游人数"为5 657.95万人次"。

仅占其常住人口的35%左右。如果我们对照其他世界城市的数据,深圳在这方面的劣势就更为明显。"世界城市文化论坛"的这项指标只统计了城市最大5个博物馆或美术馆的参观人数。数据显示:世界艺术之都巴黎的参观人次达2 658万人次(2013),伦敦也有2 501万人次(2013),纽约为1 129万人次(2014)。在这项指标上,首尔和东京这两个亚洲国家分别为1 656万人次(2013)和1 053万人次(2015)。

2. 文化消费

关于十大城市的文化消费的活跃度,我们选取了数据库中电影、艺术表演与旅游业三个方面的指标。2015年中国电影市场票房达到了440亿元,被认为是"五年来的最大奇迹"[61]。除香港、台北外,中国内地8个城市的电影票房收入如表8所示:北京超过了30亿元,上海也接近了30亿元,成为第一梯队;广州和深圳都在18亿元上下,成为第二梯队,重庆和杭州也超过了10亿元,这8个城市的电影票房占了2015年整个中国大陆票房的近三分之一(31%)。香港、台北2015年的电影票房折算成人民币分别为16.63亿元和8.26亿元(19.86亿港币和42亿新台币),按台北只有270万人口来看,台北的电影票房收入相当可观。[62]

从"电影院入场人次"和"人均电影院入场次数"来看[63],北京和上海的入场人次最多,分别达7 100多万人次和6 800多万人次。在人均电影院入场次数上,深圳最高(为3.81次),也就是说深圳居民在2015年每人平均进电影院观影次数将近4次;广州、北京、杭州、南京也超过了3次。深圳人爱看电影的原因可能是因为深圳年轻人占比高,通常年轻人更爱看

电影，似乎也在情理之中。台北这个数据包括了台北居民看电影和看戏的总数，所以不能用于横向比较，但人均一年看电影、看戏达6.64次也是一个非常可观的数字。此外，从2015年中国城镇人口年均观影约1.6次[64]来看，天津、重庆两个城市的居民还没达到全国的平均水平。再看看与世界城市的比较，首尔2014年的人口为1 010.3万人，但当年首尔的电影院入场人次高达5 951万人次，也就是每人一年进了将近6次电影院，充分显示了韩国电影市场的活跃程度；伦敦在2013年有841.7万人口，电影院入场人次达4 220万人次，人均超过了5次；巴黎2014年的人口为1 200.5万人，当年的电影院入场人次达5 550万人次，每人也进了4.6次电影院，以上世界城市的居民比中国最爱看电影的深圳人进电影院的次数还要多。

目前，各城市的艺术演出市场（包括演出场次、观众数量和票房）的统计数据存在很多问题，包括指标不统一[65]、数据公开性差等。表8根据国家统计局“文化及相关产业”的统计指标，采纳了2015年“艺术表演场馆”的“艺术演出观众人次”，以考察各城市居民在艺术演出方面的消费与参与。[66]广州、杭州两个城市的统计年鉴采用的是“艺术表演团体演出场观众人次”，无法与其他城市进行比较；台北只有参加“艺文展演活动”总人次，而艺术表演只是“艺文展演活动”中的一部分，因此也无法被采用；深圳没能找到这方面的官方数据；因此共有四个城市在这一指标上是空缺。根据国家统计局《2016文化及相关产业统计年鉴》的数据，重庆2015年“艺术演出观众人次”只有9.7万人次[67]，按重庆3 016.55万人口计，当年每300多个重庆居民才看一场艺术表演，可见其市场之弱小。相比之下，香港居民艺术演出的活跃度非常高，据香港康乐及文化事务所统计，事务所登记的演出场所虽然只有16处，但2015.7－2016.6的演出却多达7 232场，差不多每天都有20场演出[68]；相比之下，据深圳文体旅游局提供的数据显示，2015年深圳有21个演出场所，营业性演出场次[69]为4 015场[70]，可见在演出市场的活跃度方面，深圳远不如毗邻的香港。另外，香港2015/2016（即2015.7.1－2016.6.30）[71]合计观众人次达460万人次之多；这期间“城市电脑售票网”共售出397万张演出门票，售票总价为8.51亿港币，约合人民币7.12亿元。[72]

中国内地演出市场发育相对健全的是北京和上海两个城市，但“艺术演出观众人次”远不如人口大约只及三分之一的香港。除了国家统计局《2016年文化及相关产业》提供的艺术演出市场数据外，北京市文化局和上海市宣传部还提供了另外一套数据，且在数量上远远大于前者。例如，北京市文化局发布的《北京市2015年文化发展概况》显示：2015年北京市各类营业性演出场次共计24 238场，观众人数共计1 035.63万人次，演出票房收入共计15.49亿元；

其中 55 个主要艺术剧场，全年演出16 035场，观众646万人次，演出收入8.37亿元[73]。由上海统计局和上海宣传部发布的《2016 上海文化统计概览》中显示：2015 年上海“艺术表演场所演出”共计 12 992 场，“艺术表演场所观众人次”为 836.4 万人次，演出收入为 4.65 亿元[74]。从这组数据看，北京和上海的艺术演出观众人次与香港相当，但按城市人口计，活跃度还是不如香港。我们再拿这组数据与其他一些世界城市进行了比较，情况如下：2013 年伦敦的剧场观众多达 2 200 万人次，是北京的 3.4 倍（按北京 55 个主要艺术剧场、646 万观众人次计算）、上海的 2.6 倍；收入达 8.7 亿美元，是北京的 6.7 倍（2015 年北京艺术剧场演出票房 8.37 亿元，合 1.29 亿美元）、上海的 12 倍（2015 年上海演出票房合美金7 000 多万美元）；2015 年首尔的剧场观众达 1 756 万人次，远超北京，但演出收入却只有 7 000 万美元，不及北京的票房收入，与上海的演出收入相当；2015 年纽约的剧场观众有 1 310 万人次，仅百老汇的票房收入就高达 13.1 亿美元，是北京的 10 倍、上海的 18 倍；2014 年东京的剧场观众为 1 126 万人次，只比北京多了不到 100 万人次，但 2014 年东京的演出票房总收入为 7.76 亿美金，是上海的十倍多。另外，从“世界城市文化论坛”的数据来看，莫斯科 2013 年的剧场观众为 747 万人次；巴黎 2014 年为 558 万人次；洛杉矶为 206 万人次，都不及北京和上海。由此可见，在参与艺术演出的活跃度上，像北京、上海这两个城市的市场规模和观众活跃度已经接近或超过了世界几个最知名的文化之都，但与伦敦的观戏人次和纽约、东京的剧院票房收入相比，还有非常大的距离。

值得一提的是，2015 年北京24 238场演出的节目构成都很有意思，其中戏剧类演出共 13 502场，曲艺、杂技、魔术等其他类演出 8 517 场，两者在总场次中的占比达到了 90.8%，是最活跃的两个大类；从观众数量上来看，戏剧类演出的观众数量达到了452 万人次观众，占到了总观众数量的 43.6%。[75] 可见，北京演出市场无论是剧种还是观众的构成都带有浓厚的“京韵京腔”，与西方国家的城市文化标志 SOB（即交响乐团、歌剧院和芭蕾舞团）相比，呈现出完全不同的舞台面相。[76] 另外不得不指出的是，虽然北京、上海 2015 年的艺术演出场次均达到了10 000 多场（北京为 16 035 场，上海为 12 992 场），但与其他一些世界城市相比，还是有很大的差距。根据“世界城市文化论坛”数据库，首尔达 85 735 场（2013）、巴黎 49 931场（2014），伦敦和纽约 2015 年都超过了30 000 场（分别为 32 166 场和 30 576 场）。

另外，一个城市的外来游客不仅能推动城市的经济繁荣，更带来当地文化景点和文化市场的活跃度。这十个城市中，除了广州统计年鉴只提供了过夜游客的数量，内地其他各城市的情况如下：2015 年重庆接待的游客最多，达 3.92 亿人[77]；上海和北京分别为 2.84 亿人和 2.73 亿人；其他几个城市也均在 1 亿人以上。相形之下，香港、台北的游客相对较少，尤其是台北，2015 年

表9 十大城市主要文化活动数量

指标	北京	上海	广州	深圳	杭州	南京	天津	重庆	香港	台北
电影节数量	5	2	2	2	3	1	3	1	14	9
节日庆典数量	—	21	—	26*	30	—	—	—	22*	16
展会数量	789	749	359	97*	—	225	260	749	超过100	—*
体育赛事数量	48	164	31	—	—	—	10	30	17*	—

注：1. 本表中深圳的节日庆典数为2014年数据，由深圳文体旅游局办公室提供。 2. 深圳的展会数仅为“深圳展会中心”举办的展会数量。我们没有找到台北的展会数量，在Meet Taiwan 台湾会展网查到2015年台湾举办会展数为216个。 3. 香港“节日庆典数量”为2017年数据；“体育赛事数量”为2016年数据。

接待的游客为960万人[78]；但我们后面还会分析为什么这两个城市的外国游客比例却较内地城市要高得多。

3. 庆典盛事

一个城市每年的大型活动（如展会、庆典、比赛等）往往是城市的文化盛事，其数量也能从一个侧面反映居民文化生活的丰富程度与参与的活跃度。我们从数据库中抽出了以下4个指标，见表9。

在电影节数量上，香港和台北远比内地8个城市多。北京的电影节数量在内地城市中最多，但也只有5个，这似乎与中国是世界第二大电影市场的地位不太相符。相比之下，其他一些世界城市的电影节数量远超中国十大城市。最多的巴黎，2010年举办了190个电影节；首尔2013年有74个电影节；纽约和洛杉矶也都有50多个（分别为纽约2012年57个、洛杉矶2013年54个）；莫斯科2014年举办了43个电影节；东京2016年有30个电影节；伦敦2015年举办了28个；连南美的里约热内卢在2013年也举办了16个电影节。

中国作为文明古国有不少传统节日和庆典，我们平时感觉一年到头的节假日似乎不少。但有意思的是，跟其他世界城市相比，中国各城市的节日庆典数少得可怜，而且这方面的统计数据也不全。“世界城市文化论坛”数据库提供的这方面数据是惊人的，许多城市在“节日和庆典”（Festivals and Celebrations）一栏都高达3位数。其中莫斯科2013年各种节日和庆典多达537个，也就是说莫斯科人平均每天差不多都有1.5个节日或庆典！其次是以热情奔放闻名的南美城市里约热内卢，一年有368个节日和庆典，里约热内卢的狂欢节以每天吸引200万民众的庞大规模，成为世界最大的狂欢节。[79] 在节日庆典方面，巴黎有360个，首尔有350个——换言之，这几个城市的居民几乎天天有节庆活动！另外，伦敦、纽约、洛杉矶也都有250个以上的节日庆典；相对较少的是东京，但也有89个。我们推测，对中国十大城市节日庆典的数据统计中，在指标的界定上只统计了“节日性庆典”，从而导致数据偏低。节日和庆典被认为是活跃城市文化气氛的关键因素，学者汪菲在分析世界城市创意产业的发展经验时认为伦敦的“非正式街道文化涌现”是其发展创意产业的其中一个优势：“近十年来伦敦公共场合的庆典、嘉年华和博览会数目逐渐增加，如海德公园的无线节、维多利亚公园的爱之盒、泰晤士节等等，这些庆典大大补充了历史悠久的节日庆典，如现今可能是欧洲规模最大的诺丁山狂欢节。”[80] 更重要的是，在越来越个人主义、越来越异质化的城市空间里，公共性的或扎根于社区的庆典活动无疑能增强居民对城市文化的认同感。我们国家有丰富的传统节日和庆典的文化资源，每个城市都应该在这方面深耕开发。

此外，会展和体育赛事（仅指国际或全国性体育赛事）的数量 对活跃城市的文化氛围、加强城市居民的参与、吸引游客量等方面也非常重要。从表9可以看出，北京、上海、重庆在会展

筒仓，2015年深港双年展主展场，其前身为大成面粉厂。图片提供：深圳城市建筑双年展组委会

和体育赛事的数量上有一定的优势。上海在这方面尤为突出，2015 年共举办了 749 个会展项目，其中国际性展会 259 项、全国性展会 490 项；另外，2015 年上海还举办了国际性体育赛事 71 项、全国性体育赛事 93 项[81]——在体育赛事数量上远远超过北京（北京国际性的 25 项，全国性的只有 23 项[82]）。香港是全球第八大贸易经济体系，已发展成为亚洲重要的会议展览中心。据“香港经贸研究”提供的资料显示，2015 年香港共举办了逾 100 项展览，吸引超过 170 万名海外过夜旅客来港参加；2014 年，共有 66 164 家参展商在香港参展，贸发局每年在香港主办 30 多场国际贸易展览会，其中有 11 个亚洲最大的采购平台，而电子、珠宝、礼品、钟表以及灯饰的商贸平台更是全球最大[83]。香港会展的特色主要是国际化程度高，对当地的经济贸易、旅游业产生了巨大的推力。香港的体育比赛也是如此，场次不多，但都是国际性的。在所有城市中，深圳的会展数量最少，但深圳有“国内唯一一个国家级、国际化、综合性文化产业博览交易会”（简称“文博会”）。2015 年第十一届文博会的参观人数达 523.79 万人次，文化项目和产品总成交额 2 648.18 亿元。[84] 每年五月中旬的文博会，绝对是深圳当地居民的一大文化盛事。数据无法全面反映文化活动的影响力（如上海国际电影节等），这是本文的一大遗憾。

4. 非正式文化空间

非正式文化空间指发生在诸如酒吧、咖啡馆、茶馆、餐饮或户外等其他场所的活动。非正式文化场景（Informal Cultural Scenes）是居民日常消费与互动的场所，因此它是用来考察城市中人的活力的重要场域。西方国家城市文化和创意经济的研究者都非常重视城市非正式空间的活力。《世界城市文化报告 2012》中将世界城市的夜总会、迪斯科等舞厅的数量以及酒吧、餐厅的数据都视为衡量城市活力和多元性的重要指标。在创意经济研究中，无论是“创意阶层”的提出者理查德·佛罗里达（Richard Florida），还是“创意城市”的提出者兰德利，都对非正式文化空间有专门的论述。

佛罗里达在《创意阶层的崛起》中使用了“第三空间”的概念，认为这类空间“既不是在自己的家中，也不是在工作场所……而是像咖啡店、书店以及小餐馆之类的地方，在那里我们碰不到非常熟的熟人”；但这样一类空间却构成“一个社区的社会活力的心脏”，人们在那里出没仅仅为了寻找志趣相投的伙伴，以及快乐的交谈。[85] 另外，他还谈到新兴的创意阶层喜欢“让生活变得真实和鲜活，让生活充满激情的、高质量的和多维的体验……他们喜欢本土的街头文化，喜欢那里由咖啡馆、街头音乐家、小画廊和小酒馆等元素构成的种种，在那里很难将参

表10 十大城市非正式文化空间数量

指标	北京	上海	广州	深圳	杭州	南京	天津	重庆	香港	台北
每10万人夜总会、歌厅、舞厅、酒吧、茶馆数量（家）*	19.94	23.58	27.03	30.82	21.81	18.36	12.66	32.27	10.22	23.88
每10万人饭店、餐馆数量（家）*	672.11	565.00	1 027.76	1 175.18	905.25	882.66	469.00	432.69	291.04	970.42
咖啡馆数量（家）*	3 621	5 649	2 521	2 081	1 656	1 326	960	1 892	955	2 747
酒吧数量（家）*	1 350	2 205	1 423	1 154	634	423	455	1 153	617	473
茶馆数量（家）*	2 247	2 289	1 578	1 636	883	566	644	7 272	130	173
四星级以上宾馆数量（家）*	693	657	428	399	565	216	173	330	292	173

注：表中均为2017年数据，数据来源均为“大众点评网”。

与者与旁观者、创意作品与其创作者区分开来”。[86] 兰德利在《创意城市：如何打造都市创意生活圈》中同样提到了第三空间（文中翻译成“三度空间”），“是既非住家也非工作场所，而是让人们得以聚会的‘三度空间’。这也许是一家咖啡馆，或是其他各类的聚会场所”。[87] 简言之，这两位西方学者都看到了非正式公共社交场合的重要性——尤其在思想碰撞、身份认同等文化意义上的重要性。兰德利还特别谈到了19世纪末20世纪初在欧洲兴起的咖啡馆文化，认为“咖啡馆为知识分子、新闻从业人员、艺术家、科学家，甚至商人提供了每天与人接触的场所。它们形成绵密的网络，传播创意点子、知识与技术专业，并成为能克服阶级差异的熔炉”。[88] 大概是咖啡馆的特殊氛围容易产生灵感和创新的缘固，在《第一财经周刊》2015年评选出的“让年轻人最感到幸福的120座城市榜单”中，“咖啡馆的数量”被用来考察中国城市创造力的一个重要指标。咖啡馆文化是西方的传统，在哈贝玛斯（Jügen Habermas）眼中甚至是一种非常特殊的公共领域；但在中国，关于咖啡馆与城市创新的关系，似乎并无实证研究。但有一点是肯定的，像咖啡馆、茶馆、酒吧、餐厅等非正式空间，正是我们每个城市普通人活跃的社交空间，是市民文化的滋生土壤。那些散落分布在城市街区中的餐厅、咖啡馆、电影院或其他与周围生活密切互动的商业空间，也许更能真实体现一座城市生活的活跃度和繁荣度。

表10统计了十个城市非正式文化空间的数量，数据全部来自“大众点评网”。由于这些空间均为商业场所，因而其数量大小也能反映城市居民在这些场所的消费力与活跃度。数据显示，在十个城市中，重庆人拥有的“每10万人夜总会、歌厅、舞厅、酒吧、茶馆数量”最多（32.27家），说明重庆人特别热衷休闲娱乐活动；深圳人在“每10万人饭店餐馆数量”上最高（达到了1 175.18家），其次是广州（1 027.76家），也就是说，广东地区的人们尤其热爱美食；不

过，深圳人似乎在吃喝玩乐上都非常活跃——深圳拥有的夜总会、歌舞厅、酒吧和茶馆（每10万人拥有30.82家）也仅次于重庆。台北人、杭州人和南京人在外出就餐方面也相当活跃，每10万人饭店餐馆的数量超过或接近900家；在玩方面，上海人和台北人不相上下；相比之下，香港人似乎对吃喝玩乐都不怎么热衷，这两项数据都偏低。

此外，受西方文化影响颇深的上海人对咖啡馆和酒吧情有独钟，尤其是咖啡馆有5 649家，远远超过了其他城市，显示了上海人的“海派”作风——即上海居民对欧美文化的高度接纳。北京的咖啡馆也有3 621家，其次咖啡馆较多的是台北、广州和深圳；另外，广州、北京、深圳、重庆的酒吧也不少，都有上千家之多。有意思的是，重庆在茶馆的数量上突显了它的地域特色，其茶馆的数量达7 272家，令其他各个城市都望尘莫及。就像咖啡馆反映的是西方的人文气质，茶馆的数据也能在一定程度上反映城市的生活节奏与东方人的特殊气质——这是否也说明在十个城市中，重庆人的生活节奏相对较慢？“中国茶叶博物馆”所在地杭州因出产龙井茶而闻名世界，杭州的茶馆曾经盛及一时，但近年来似乎有些衰微了，这或许与杭州正在转型为互联网时代的创新、创业之城有关。各城市的四星级以上的宾馆因大多设有酒吧等休闲娱乐场所，所以也忝列其中，以供参考。

《世界城市文化报告2012》也为我们提供了一组有趣的数据：在餐厅和酒吧方面，东京和首尔足以引发我们亚洲人对饮食文化的自豪感。东京有多达149 141多家餐厅（2014），每10万人拥有的餐厅数多达1 122家，比深圳略少（深圳为每10万人1 175.18家）；但东京的酒吧数雄据世界城市的榜首，多达28 543家酒吧（2012），中国酒吧最多的上海还不到东京的十分之一。酒吧可谓东京的一大城市特色，日本影视剧留下了东京上班族深夜酒后落寞的背影。首尔在餐厅数量上也以八万多家而引人注目，相比之下欧美的世界城市如洛杉矶、伦敦、纽约都只有两三万家，连以美食著称的巴黎，也只有38 393家（2012）；首尔的酒吧数量也非常惊人，仅次于东京，多达18 829家（2013）；相比之下，巴黎、洛杉矶、伦敦、纽约才两三千家。从全球范围看，深圳、东京、广州、首尔这几个亚洲城市的饭店餐馆数量，令人叹为观止！

（三）创造力

在全球化的知识经济时代，人力资本是城市发展和成功的关键。因此，城市文化政策的一个重要环节离不开如何吸引各类人才，尤其是高科技和创意人才。在佛罗里达的眼中，“人是创意的根本来源，是新时代至关重要的资源”，而那些正在崛起的创意阶层的职能是“创造新理

表11 十大城市受过高等教育的人口比例与高校资源

指标	北京	上海	广州	深圳	杭州	南京	天津	重庆	香港	台北
大专及以上学历占比（%）	35.70	22.00*	23.70	22.70	18.90*	35.36	22.16	8.60*	23.30*	59.21*
高等专科以上学校数量	90	67	81	12	39	59	55	64	29	26*
在校大学生数量（万）	87.73	51.16	112.28	9.01	47.56	81.26	51.29	76.71	32.79	27.01*

注：1.“大专及以上学历占比”：上海、杭州、重庆找不到“2015 年 1% 人口抽样调查主要数据公报”，只能采用 2010 年第六次人口普查资料的数据。
2. 香港、台北的“大专及以上学历占比”均为 15 岁以上居民的情况。 3. 台北的“高等专科以上学校数量”与“在校大学生数量”为 2017 年数据。

念、新技术和（或）新的创意内容”。[89] 可见，在知识经济与消费文化时代，城市的创造力主要来自受过良好教育的人力资本，尤其是具有创新力的创意阶层。

1. 高等教育与艺术人才资源

表 11 显示，在内地 8 个城市中，受过高等教育（指受过大专以上教育）的人口（指常住人口）的比例，北京和南京都超过了 35%；[90] 广州、上海、深圳、天津的数据十分接近，均在22%到24% 之间。[91] 香港和台北的统计口径与内地不同，无法进行比较。[92] 但从数据可以看出，台北“15 岁以上人口受大专以上教育”的居民比例高达 59.21%，而香港同样的指标比例只有 23.3%[93]；另外台北 18 岁以上人口受大学以上教育的比率为 47.43%[94]，可见台北有将近一半的成年居民拥有本科文凭。世界城市中这项指标名为“大学教育程度或以上人口比例”（Education level -% with degree level or higher)，但并没有说明统计的人口年龄，因此无法跟中国十大城市进行比较。这一指标中，伦敦 2010 年的数据是 60%（2010）；其他几个世界城市这方面的数据如下：莫斯科 43.0%（2010）、巴黎 38.1%（2012）、纽约 34.5%（2013）、首尔34.8%（2010）、洛杉矶 29.7%（2013）、东京 37.9%（2010）。总体上看，除重庆外[95]，中国这几大城市受过高等教育的居民比例都比较高。

在高等学校数量上，北京独占鳌头，广州数量也比较可观。以“在校大学生数量”[96] 这一指标看，深圳、杭州、天津、香港、台北这几个城市只提供了笼统的“在校学生”数，而剩下的几个城市区分了研究生（包括硕士和博士）、本科生和大专生。结果发现，广州在总数上远远超过了其他城市（112.28 万人），其中在校大专生 2015 年就达 43.6 万人，在校本科生有 60.7 万人，而在校研究生也有 7.9 万多人。重庆虽然在绝对数字上达到了 76.71 万在校生，但它的普通本、专科生高达 71.6 万人，硕、博研究生只有 5 万多人。相比之下，北京和南京两个城市不仅在校生数量大，而且研究生占比高——北京只有 59.3 万的在校普通本、专科生，

表12 十大城市艺术类院校及学生在校人数

指标	北京	上海	广州	深圳	杭州	南京	天津	重庆	香港	台北
公立艺术院校数量	8	5	5	—	3	1	5	2	1	2*
私立艺术院校数量	1	—	0	—	—	2	1	1	0	0*
艺术院校学生在校人数	14 256	13 711	22 259	—	—	—	11 680	—	—	—*
普通高校艺术学专业在校生人数	—	28 213	43 831	—	—	—	34 860	46 186	5 148	—*

注：1. 台北“公立艺术院校数量”为 2017 年数据；“私立艺术院校数量”为 2014 年数据。 2. 台北一栏“艺术院校学生在校人数”和“普通高校艺术学专业在校生人数”数据库只提供了台湾地区的数据，其中 2015 年“艺术院校学生在校人数”为 6 725 人，“普通高校艺术学专业在校生人数”为 24 281 人。

资料来源：台湾文化部·文化统计网 . 2015 年文化统计最新统计结果 [EB/OL].（2017-01）. http://stat.moc.gov.tw/NewsBulletinList.aspx：表 14：高等教育人才培育概况 .

但其研究生的数量高达 28.4 万，差不多是 2:1，其他城市只能望其项背；南京的“普通高校”在校本、专科生为 70.6 万人，研究生为 10.6 万人，在人才储备上也占很大的优势。上海的高校数量和在校大学生的数量已经被北京拉开了一定的距离，不仅高校数只有北京的三分之二，而且高校在校生的构成上，2015 年上海的包括硕士、博士的研究生只有 13.7 万人[97]，不到北京的 28.4 万人的一半。深圳在高校资源上的弱势已是老生常谈，但深圳常住人口中受过大专以上教育的比例却达到了 22.7%[98]，而且深圳的非户籍常住人口占 70% 左右，人口流动性大、异质性强，形成了深圳独特的人口结构特色。因此，深圳虽缺少高校资源，但对受过高等教育的人才具有很强的吸引力。

表 12 在收集数据时遇到了很大的困难，因为各城市统计年鉴上这方面的确切数据非常有限。但仅有的这些数据可以跟其他一些世界城市的艺术专业及院校进行比较，从中发现中国城市的艺术院校和普通高校艺术学专业在校生的状况；而且数据缺损说明一些城市的统计部门对这块内容重视不够。在公立艺术院校的数量方面，北京有 8 所，上海、广州、天津均有 5 个，香港有一所由公款资助的“香港演艺学院”，台北有“台北艺术大学”和“台湾剧曲学院”共两所。这些数量跟巴黎的 33 所公立艺术院校、莫斯科的 22 所、伦敦的 11 所有不小的差距。不过，在公立艺术院校方面，其他的亚洲城市首尔也只有 7 所，新加坡只有 2 所，东京只有 1 所，数量也很少。关键是，在私立艺术院校的数量方面，表 12 显示中国十大城市的数据都少得可怜，跟其他世界城市相比，差距尤为醒目。《世界城市文化报告 2012》的数据库显示：巴黎有 94 所私立艺术院校，首尔和伦敦有 40 多所，东京、洛杉矶、莫斯科、纽约都有十几所私立艺术院校——这些数据的背后都是鲜活的艺术人才，是城市文化艺术创作的主力。可见，在私立艺术院校

表13 十大城市文化从业人员占比（%）

指标	北京	上海	广州	深圳	杭州	南京	天津	重庆	香港	台北
文化从业人员占比	2.35	0.88	0.82	0.41	0.59	1.20	0.75	0.70	5.70*	—*

注：1. 香港的5.70%是2015年“文化及创意产业占总就业人数的百分比”。 2. 台湾地区“文化创意产业占总2015年底总就业人员的百分比”为2.25%。

方面，中国十大城市包括北京和上海都发育不良。这恐怕既有教育体制没有向私立院校开放的原因，也与中国的教育理念有关。

2. 文化（创意）从业人员

佛罗里达在提出“创意阶层”的概念时认为：创意阶层的核心成员包括科技、建筑、教育、艺术、音乐以及娱乐等领域的工作者。他还特别用“波西米亚指数”来衡量一个城市作家、设计师、音乐家、演员／导演、画家、雕塑家、摄影家和舞蹈家的人数。[99] 创意阶层的崛起意味着21世纪城市发展的重大转型：从土地、原料和劳动力转向人类的智力、知识与创造力。在这个过程中，城市的创意阶层构成了城市最宝贵的文化和经济发展资源。

由于数据的缺失，我们没有中国的“波西米亚指数”，文化创意从业人员数量也只找到了香港和台湾地区的数据，最后我们只得采用内地各城市统计年鉴“按行业分类”中的“文化体育娱乐业”的从业人员数量与总就业人口的比例。

表13显示，香港的文化创意从业人员占其城市总就业人口的比例达5.7%，台湾地区为2.25%。但因为他们对“文化创意产业”的界定不同，所以在此不作比较。在内地8个城市中，北京的“文化从业人员占比”（即“文化体育娱乐业从业人员占比”）可谓“一枝独秀”，在1 050.7万城市就业人口中，文化体育娱乐行业的就业人员占了2.35%；另外南京超过了1%，达到1.2%，剩下的六个城市，其文化从业人员的比例均不到1%，占比最低的是深圳连0.5%都不到。“世界城市文化论坛”数据库显示：纽约创意产业人才占工作总人数的8.6%，伦敦为16.2%，东京则达12.9%；而我国创意产业发展较好的北京、上海都不足1%[100]，从而让我们一窥中国城市与其他世界城市在文化创意产业人力资本占比方面的差距。我们希望各城市能建立起中国的“波西米亚指数”，将城市中从业影视、动漫的设计师、演员、作家、画家、音乐舞蹈家、摄影师等都汇集成一个指数（包括专职的和兼职的），用于检测城市文化的创造力。

表14 十大城市人口异质性程度

指标	北京	上海	广州	深圳	杭州	南京	天津	重庆	香港	台北
非户籍人口占比（%）	38.00	40.30	36.70	68.80	19.80	20.70	33.60	—	—	—
国外常住人口数量（万）	20*	17.8	11.8*	2*	1*	2.4*	4*	0.87	62.1	6.2
国外常住人口占城市人口比重（%）	1.00*	0.74	0.90*	0.19*	0.11*	0.29*	0.26*	0.03*	8.50	2.3
国际留学生数量	39 017	29 242	10 000	8 500*	—	8 000*	7 231	6 000	42 079*	—*

注：1.“国外常住人口数量”及“国外常住人口占城市比重”两栏，北京为2010年数据，杭州为2012年数据，广州、深圳、南京、天津、重庆为2014年数据。

2. 深圳、南京的“国际留学生数量”为2014年数据；香港“国际留学生数量”为2011年所有年龄段（包括15岁以上和15岁以下）“正在香港就读全日制课程的人士”的总计；台北的国际留学生数量没有查到，2015年“在台外国留学生”的总数（即全台湾地区数据）为34 437人。

2014上海市民文化节草地音乐会。叶辰亮 摄

数据库还收集了各城市广告、设计、动漫、游戏等企业的数量，但这方面能获取的权威数据很有限。不过，从前不久出版的《中国文化及相关产业统计年鉴 2016》中的一些数据中，我们也可看出各区域文化创意人才集中度的一些端倪。如"文化及相关产业法人单位数"[101]中"文化服务业"一项，北京的法人单位数达到了84 733 家，上海 30 378 家，重庆22 482 家，天津只有14 454 家。北京文化服务企业个数（可能包括了北京市级和中央级）甚至超过了整个江苏（75 402 家）、广东（69 318 家）和浙江（59 479 家）[102]。从中我们不难推测北京文化创意人才的集中度。在文化产业从业人员方面，由于"年鉴"没有将"文化服务业"区分开来，所以无法区分哪些是制造业、批发业零售的从业人员，哪些是真正有知识含量的文化创意从业人员。

（四）多样性

佛罗里达在《创意阶层的崛起》中发现"多样性基础指标（同性恋者、波希米亚人和其他指数）上获得高分的地区成为了吸引创意人才的圣地和高科技产业扎根的沃土"。[103] 他最终设计出了复合多样性指数（CDI），包含同性恋指数、文化熔炉指数和波希米亚人指数，以测量城市（或城区）的文化多样性指数与创意产业发展的关系。他还通过社区的"地方品质"来阐述什么样的空间场景才真正吸引创意阶层，这种地方品质主要就是多样化，也就是社区对不同民族和种族、不同年龄、不同性取向的宽容与容纳。[104] 尽管佛罗里达的多样性指标（如同性恋指数）不一定适合中国，但对于中国那些富有创新精神的人来说，很可能他们向往的城市生活同样是包容的、异质性的、变动不居且充满活力的，因为多样化是创新与创意的催化剂。

对于中国城市文化的多样性，我们也有一些可观察的指标，如人口结构中的外来人口（非户籍人口）的比例、外籍人口（指 foreigner）的比例与国际游客数量等，以考察城市人口的异质化程度，因为流动的人群是流动文化的承载者，流动性越强的城市，文化就越多元、越生机勃勃。

1. 人口异质性程度

表 14 反映的是十大城市的人口异质化程度。在内地 8 个城市中，重庆的人口构成非常特殊，根据《2015 年重庆市 1% 人口抽样调查主要数据公报》的数据，2015 年重庆仍有乡村人口 1 178.14 万人，约占常住人口的三分之一；而且重庆的人口在 2015 年共流出 1 069.43 万人，差不多也是其总人口的三分之一，而且外出的城市人口占其中的 47.3%[105]，但公报并没有披

露人口的流入情况。当然，外出人口每年也会带来异地的文化习俗与信息，从而给当地文化带来新的元素与气象。不过，从城市本身的人口异质化程度看，其他 7 个城市 2015 年的数据显示，深圳无疑是一个典型的移民城市，外来人口占近三分之二（68.80%），“来了就是深圳人”是这个城市的口号，深圳对外来人口的包容是其非常重要的城市品格。过去上海常因其对外地人的排斥而备受诟病，但数据显示，上海非户籍人口的占比已经达到了40.3%，甚至比北京还多了 2 个百分点；另外，北京、广州和天津的非户籍人口也都在 30% 以上。这些城市外来人口的占比一方面反映了其经济上的优势，各种资源与机会比其他城市来得多，从而产生虹吸效应；另一方面随着城市人口异质性程度的提高，城市的开放性和包容性也会逐渐增加。

在国外常住人口和国际留学生方面，我们得到的官方权威数据不多，国外常住人口的数据大多来自各地的新闻报道，而对于国际留学生的数量，广州、杭州、南京和重庆是有关部门估算的，只能作为参考。从数据来看，香港的国外常住人口最多，达到 62.1万人，占其总人口的 8.5%[106]；台北的国外常住人口约为 6.2 万人，占其城市人口将近 2.3%[107]。相比之下，内地 8 个城市在国际的人口占比非常低。北京方面，我们只找到了 2010 年“中国新闻网”的一则报道，称：“北京市社科院一项研究课题表明，截至 2007 年本市的外国人口接近 17 万人，占其人口总数的 1%。研究人员表示，目前本市外国人口至少有 17 万人，并且很有可能已经超过 20 万人。”[108]；上海以国际化程度高而著称，但国外常住人口才 178 335 人[109]，只占其总人口的 0.74%；广州的外籍人口也才超过 10 万人，但占比比上海略多一点（当然这里还有国外常住人口的国籍差异）。应该说北京、上海、广州仍是内地国际化水平最高的三个城市，其他城市的国外常住人口则更少。“世界城市文化论坛”的人口异质性指标，为我们展示了几个世界城市多种族、色彩斑斓的异域风景——欧美城市甚至亚洲的新加坡在“国外出生的人口”数量上显得特别惊人。

表 15 显示了 6 个世界城市的“国外出生人口占比”，纽约、伦敦、洛杉矶的人口超过三分之一是第一代国外移民；新加坡也差不多有近 30% 的居民出生在国外；巴黎的比例也达到了 21.6%，也就是说五个巴黎人中有一个是国外移民。当然，像首尔、东京这样的亚洲城市，国外出生人口的占比就少得多，但也高于北京和上海——首尔 2014 年的数据为 4.1%，东京 2015 年是 3.3%；合两个城市的人口计算，东京有超过 45 万的外国常住人口，首尔则有 41 万多人，各自比北京和上海加起来的外国常住人口还要多。

纽约是全世界语言最多样化的城市之一。据报道，纽约的五个行政区里的人们一共说着 800 多种语言，48% 的纽约人在家都不说英语——大部分说西班牙语，也有法语、克里奥尔语、亚美

表15 世界城市国外出生人口占比（%）

国别	伦敦	洛杉矶	莫斯科	纽约	巴黎	新加坡
国外出生人口占比	35.90	35.10	13.00	36.80	21.60	29.23
年份	2013	2013	2010	2010	2011	2014

表16 十大城市国际游客年度数量与占城市人口比重

指标	北京	上海	广州	深圳	杭州	南京	天津	重庆	香港	台湾
国际游客年度数量（万人次）	357.60	614.64	307.98	164.65	237.85	43.23	300.54	188.83	1042.9	488.30
国际游客占城市人口比重（%）	16.48	25.45	22.81	14.47	26.38	5.25	19.43	6.26	142.75	—

注：表 16 中台北的相关数据没有能够获取，这里用了全台数据代替。
数据来源：台北市政府观光传播局 [EB/OL]. http://admin.taiwan.net.tw/statistics/year.aspx?no=134:2015 年"历年来台游客统计之外籍旅客(foreigner)"数量 .

尼亚语和意第绪语。[110] 对一些世界城市来说，多样性是文化政策的一个主要目标。伦敦以其操 300 多种不同语言的社区为荣，而悉尼、纽约和孟买则以各种各样的社区节日反映其多样性。[111] 来自世界各地的移民带来了城市文化的多元性和包容性，伦敦市政府充分认识到多样性的价值，所以他们支持不同族裔的居民举办重大节日庆典，如中国的春节、爱尔兰的圣巴特里克节和女性的丰收节等等，多种族多文化的节日带来了多样化的文化氛围。[112]

2. 国际游客

据报道，2015 年中国成为排在法国、美国、西班牙之后的国际游客到访量全球第四大国，到访中国的游客数量达到5 690 万人次。[113]2016 年 5 月，国家旅游局发布的《中国旅游发展报告（2016）》称，"中国已成为全球国际游客到访量最大的国家之一"，2014 年旅游收入已达到1 000亿美元。[114] 国际游客到访量这一指标在很大程度上反映了某个国家或城市的文化魅力。国际游客不仅带来了巨大的经济效益，而且还带来了全球性的文化互动、碰撞、更新、融通，这是今天现代化城市保持文化活力的重要因素；国际游客所带来的异域风情、最新时尚，也是当今城市文化的一个有机组成部分。

表 16 中我们特别去除了所有城市游客中的内地和港澳台游客，因此表 16 是纯粹的国际（外籍）游客数 [115]。结果不出意料，香港在国际游客数量上占绝对优势，年度游客达上千万人之

天津大剧院木兰童声合唱团。钱程 摄

多，占其城市人口的 142.75%；我们没有取得台北市的数据，只找到了台湾地区 2015 年国际游客数量为 488.3 万人次[116]，假设每位国际游客都到过台北，那在国际游客占台北城市人口的比重达到了180.53%。但这仅仅是推测。内地 8 个城市中，上海的国际游客最多，达 614.64 万人次，不过也只占其城市人口的 25.45%；杭州的国际游客虽然只有 200 多万人次，但占城市人口的比重比上海还略高。从国际游客的数量来看，上海、北京、广州、天津、杭州这几个城市比较受国际游客的青睐。出人意料的是，南京在国际上知名度比较高，但国际游客数量却最少；重庆是十个城市中总游客数量最多的城市（游客数达 3.92 亿人次，见本文的表 8），但国际游客却不到 200 万人次，只是一个零头。可见，南京、重庆仍需大力推广其在国际上的文化影响力。

表 17 是几个世界城市的相关数据。伦敦、新加坡、巴黎在年度国际游客上都超过了1 500 万人次；从国际游客占城市人口比例看，新加坡高达 288.3%，甚至超过了伦敦、纽约、巴黎这三个世界知名的文化之都。出人意料的是，首尔和东京的年度国际游客完全可以与纽约相媲美。对

表17 世界城市国际游客年度数量与占城市人口比重

国别	伦敦	纽约	巴黎	首尔	新加坡	东京
国际游客年度数量（万人次）	1 680.00	1 180.54	1 550.00	1 144.46	1 556.79	1 189.40
国际游客占城市人口比重（%）	199.0	144.0	129.0	113.2	284.6	88.0
时间	2013	2014	2013	2013	2013	2015

比中国的十大城市，只有香港的年度国际游客上了千万，连上海离千万还很遥远。从前面国家旅游局发布的《中国旅游发展报告（2016）》来看，中国虽然已成为全球国际游客到访量最大的国家之一，但中国内地这 8 个城市对国际游客的吸引力仍远不如上述那些世界城市。

（五）独特性

尽管改革开放后中国城市的现代化形象尤其是城市建筑的“千城一面”饱受批评，但一方面，数千年由历史传承而来的燕赵文化、齐鲁文化、巴蜀文化、楚文化、吴越文化等赋予了每个城市文化基因上的差异，另一方面自建国尤其是改革开放以来，政策在地方资源配置上的倾斜也导致了每个城市文化生态的不同。

因为特殊的历史原因，香港、台北的城市文化与内地城市相比有其显著的个性。例如，香港在文化的国际化指标上，远远超过了内地的几个城市；而台北在文化主体的多元性、社区文化的丰富性上也有它的独特性。曾经担任台湾“文化部长”的龙应台对比了香港与台北的文化，提出：台北的文化活动只有三分之一是政府办的，三分之二全是民间自发的。但香港 95% 是官方办的，只有 5% 是民间发展的。香港民间是很弱的、很萎缩的。[117] 台北不仅民间文化非常活跃，而且台北政府还非常注重文化与基层居民生活的深度融合。2007 年开办至今的“文化就在巷子里”系列活动，由台北市艺文推广处、台北市立交响乐团、台北市立国乐团以及台北市立美术馆共同承办，每年走入台北的广场、公园、学校、图书馆和庙口等地，以“无处不可演出，无处不是文化”的理念开展了 100 场以上的表演及视觉艺术推广活动，通过与居民近距离的互动，实践“艺术生活化、文化社区化”的理想。[118] 我们从台北文化统计中发现，2015 年，台北市共举办各种文艺活动 6 250 场（包括视觉艺术、工艺、设计、音乐、戏剧、舞蹈、说唱等），这些活动的参与民众达到了惊人的 5 604.4 万次人次——也就是说这个 270.48 万人口的城市中每个居民一年平均参加至少 20 场的文艺活动；而且平均每场活动的参加人次也达到了近 9 000 人次。[119] 可以说，台北文化扎根民间的“在地性”和民众对地方文化参与的高度热情是其城市文化的一大特色。

对于内地 8 个城市而言，北京作为首善之都，在许多文化资源上都占有绝对的优势，尤其是文化产业在中国城市中最为发达，文化创意人才也最为集中。上海的文化资源也非常丰富，而且上海居民对公共文化服务的参与（如图书馆文献书籍的出借率、博物馆 / 美术馆举办展览的次数等）比其他内地城市显得活跃，另外其文化娱乐市场（包括公共文化服务和文化娱乐休闲市场）在十大城市中也是规模最大的，可见上海民间参与文化的热情和文化的市场化程度都比较高。深圳是个年轻的移民城市，在传媒、高校、历史遗产等资源方面多有缺憾，但在文化创意产业上有明显的优势，这个以年轻人为主体的城市充满了创新的激情与活力。除了腾讯在互联网 + 文化方面（尤其是网络游戏产业）在全国一家独大外，深圳在科技创新上也占据优势。据报道，深圳累计专利授权量 330 657 件，在人均数量上居全国之首 [120]，在文化与科技融合创新的今天，深圳在高科技文化产业方面无疑比其他城市更具潜力。曾有“东南诗国、书画之邦”美誉的历史文化名城杭州，在今天的互联网时代，因阿里的崛起而正在经历城市产业与文化的深刻转型，从《第一财经周刊》2015 年的几次城市排名来看，杭州已经变成了一个“创新力”排名第五（仅次于北、上、广、深）、“城市人活跃度指数”（主要包括移动设备活跃指数和职场活跃度指数）排名第四（仅次于北、广、深，超过了上海）的生活节奏快、充满竞争与挑战的创新创业型城市。基于科技与互联网创新在未来城市文化发展中的重要性，深圳和杭州这两个城市已经在这方面崭露头角，未来城市发展潜力不可估量。当然，在互联网的总体实力上，本文涉及的内地 8 个城市在全国都居于领先地位。由腾讯研究院与京东、滴滴出行、携程等互联网企业代表共同发布的《中国“互联网＋”指数 2016》报告显示，在中国“互联网 +”总指数城市排名中，本文所涉及的内地 8 个城市中北京、深圳、广州、上海、杭州名列前五；重庆位于第七，也进入十强；南京和天津虽没有进入十强，但也分别列于第 11 位和第 13 位。可见，这 8 个城市在互联网基础设施、互联网产业、互联网创新创业、互联网智慧城市等方面几乎都居于全国城市的最前列。在“互联网 +”十大细分行业城市十强之“文化娱乐”的排名上，北京、深圳、上海、广州、杭州、南京进入十强。[121]

此外，广州、南京、天津三个城市在历史文化资源、民间艺术、高校资源和人才储备等方面均有一定的优势；重庆无疑是个休闲娱乐的好去处。但仅从与文化相关的官方统计数据看，这几个城市的特色并不十分突出。

文化场所的公共空间成了日益受市民欢迎的休憩场所。图片提供：深圳图书馆

三、结论

文化并没有统一的标准可言，但通过上述对十大城市文化统计数据的比较分析，我们或许能得出以下几个初步的结论：

第一，从文化生产角度看，我国城市文化产出与供给水平总体较低，与人口规模和经济发展水平不太相称。文化产业增加值是目前标志文化产出水平的最重要指标。北京作为首都，文化机构高度集中且对外公布的是自设的“文化创意产业增加值”，其分类较国家统计局的“文化产业”要来得宽泛，2015 年的增加值占其地区生产总值的 13.4%，产出价值明显高出常态。其他几个城市除杭州占比 8.5%、重庆只有 3.4% 外，剩下几个城市的文化产业增加值占其地区生产总值均在 5% ～ 6% 区间（上海略高，为 6.5%）。[122] 参照 2015 年全国文化产业增加值占 GDP 的比重为 3.97% 来看，这些人口在千万以上或接近千万的巨型城市，其文化产业发展水平都不算高。在文化设施供给方面，这些城市也存在着与人口规模和经济水平不相符的现象，如在艺术表演场所（馆）、音乐厅（请参见本书“附录 1 数据库”）、博物馆和美术馆等的数量上，大部分城市存在较为明显的不足。

第二，从文化活动角度看，我国内地城市在公共文化服务领域的参与度不高，但在娱乐休闲消费领域相当活跃。总体上，在公共图书馆利用率、博物馆参观人次等公共服务领域，中国内地各城市的居民参与度不高，尤其与其他一些世界城市相比，存在明显的差距；除了北京和上海，内地其他城市的艺术演出市场也都很弱。按国家统计局的统计口径，2015 年全国居民用于文化娱乐的人均消费支出仅为 760.1 元 [123]；中国一线城市居民人均文化娱乐消费支出也不高，最高的广州为 3 000 多元，最少的重庆只有1 000 元左右。但这个指数反映的是城市居民在正式文化领域（指文化部认定的“文化单位”范围内）的消费水平。事实上，中国城市居民的日常娱乐休闲生活相当活跃：2015 年中国的电影票房已位居全球第二；相比较而言，以咖啡馆、茶馆、酒吧、餐馆为代表的“非正式文化空间”，作为商业性文化娱乐消费，地方特色较为浓厚，且不同城市各擅胜场。比如：深圳、广州的餐馆超过或接近世界城市提名第一的东京，显示了广东人对美食的特别爱好；上海的咖啡馆和酒吧在中国大城市中数量最多，反映了上海人欣然接纳西方文明的海派文化；重庆茶馆的数量达 7 272 家，突显地域文化特色，令其他城市望尘莫及。这些非正式文化空间的数据不仅反映了城市居民不同的活跃场景，也体现了不同城市的地域文化特征与人文气质。

第三，在文化生态方面，中国城市文化有一定的创造潜力，但多样性和独特性仍有欠缺。受过高等教育的人力资本和创意人才是城市文化创造力的重要保障，这方面，北京、南京受过大专及以上教育的人口占比达到了 35%，广州、深圳、上海、天津、香港都在 22% ～ 24% 之间，台北比例高达近 60%。可以说，在人才储备方面，除重庆外，中国这些一线城市大部分已经达到了国际先进水平。但在文化从业人员占总就业人口比上，大部分城市都在 1% 左右甚至不到 1%，总体上文化专业人才数量偏低。此外，中国城市在人口构成的多样化（主要指国际化）程度上显得非常不足（香港除外）；有些一线城市也缺乏文化生产与公共文化服务方面的独特性。这些都可能阻碍中国城市文化的丰富性与创造力。

第四，中国城市在文化生产、文化活动与文化生态方面存在种种不平衡现象。例如：深圳虽然在文化创意产业上拥有科技、人才等优势，但高校资源严重不足，在传媒资源、博物馆资源、演艺市场等方面也相对较弱，尚未完全实现文化产业与公共文化服务双轮驱动、比翼齐飞；北京虽有其他城市无法比拟的文化资源，但在公共图书馆的利用率、博物馆举办的活动数量方面还不如其他城市；上海在高校数量与在校生人数方面已经与北京拉开档次，这值得引起地方政府的重视；广州作为中国经济实力最强的四大城市之一，2015 年地方政府在预算上对文化的投入显得有所不足，另外随着互联网平台的崛起，广州过去传媒人才与资源的优势也在衰减；南京作为历史文化名城，虽然在博物馆这一块据有领先地位，但演艺市场低迷，从国际游客数量方面看，城市似乎还缺少吸引力；另外，像天津等城市，无论在文化生产还是文化生态方面，都还没有展示明显的特色和优势。重庆虽然是直辖市，但文化产业发展水平仍没有达到一线城市的水准，在公共文化服务方面，公共图书馆的利用率甚至还没达到全国的平均水平，重庆在人口结构上因历史原因造成的劣势，在其未来创意经济的发展中可能成为城市腾飞的最大包袱。

此外，即便像北、上、广、深这样的中国一线城市，在文化统计数据上与国外其他几个世界城市相比仍存在很大差距。一方面，通过与几个著名世界城市的比较我们发现，除了电影市场的规模、受高等教育的人口比例这两个指数的总体水平，以及各城市的个别指数，如北京、上海的演艺市场，香港、台北的公共图书馆利用率，深圳、广州的餐馆数量这几个指标的统计数据已经可以与其他世界城市比肩而立外，即使是北京、上海这两个中国文化资源最丰富的城市，在博物馆和城市文化遗产数、人均影院荧幕数、人均观看电影数、艺术演出场次等指标上，与伦敦、巴黎、纽约、莫斯科这样的城市，甚至东京、首尔相比都相距甚远。总体上，中国这十个城市与世界城市差距最大的是节日庆典数量（包括电影节）、人口构成中的国际化水平、公立和私立的艺术院校数量、国际游客数量、文化从业人员占比等。这些差距有可能是中国城市未来的努力方向。

总之，以几个世界城市和香港、台北为参照，中国内地的 8 个城市存在三个比较严重的问题。一是城市的文化活力仍有不足，尤其是居民对文化的参与和消费仍有不小的拓展空间，今后城市文化的决策者应该将“重心下沉”，通过各种庆典活动和社区文化活动，加强文化活力，着力开拓各类文化组织尤其是民间和商业性文化组织的文化创造力，真正发挥城市文化中人的主体性。二是重点加强城市的多样性和国际化程度，将多样性、包容性作为城市文化的创新力不可或缺的土壤，将国际化视为城市纳入全球经济网络和扩大文化话语权的重要路径，增强中国城市在全球网络中的势能与地位。三是在发挥文化个性与创意产业优势的前提下，努力寻找文化创意产业与公共文化服务两者的平衡点，使城市文化生态得到可持续的、健康的发展，将宜居性、创新性、居民的幸福感和文化认同感作为未来城市文化发展的基本点。

最后需要强调的是，中国十大城市文化统计数据的收集与分析过程充满艰辛，我们发现即便是官方统计数据，仍存在数据公开性差、统计数据不全、指标界定和统计口径不统一等问题；另外因时间和人力的限制，数据的收集、采纳等难免存在疏漏或差错；初步的数据解读与结论也只是我们的一家之言，仅以此抛砖引玉。我们勉力而为，一方面是基于文化对城市未来发展的重大意义，以回应全球和区域经济从工业生产型向文化消费型转型这一必然趋势；另一方面，则是基于对文化统计在城市发展战略和学术价值上的一种坚持，在我们看来，数据是未来的一种通用语言，数据的生命或者说数据的存在价值，就是在于公开、清理与对话——即便数据本身存在着种种问题，但也只有在公开对话的基础上，才能走上客观、科学之路。

遗憾的是，本文并没有能够采用互联网大数据作为各城市文化统计的重要依据。事实上，中国的互联网用户正在创造巨大的娱乐产业市场。“凯易行研”的《中国娱乐产业 2016－2017 年度报告》称：2016 年，就不同品类的内容所产生的市场总价值而言，中国娱乐产业已经是一个近 3 800 亿元的市场，其大致分布为游戏 1 600 亿元、剧集和综艺 1 000 亿元、电影 700 亿元和现场娱乐 450 亿元。[124]“互联网＋”文化产业的数据可能更能说明中国城市居民丰富多彩的网上“泛娱乐”[125] 文化生活。今天互联网是我们城市最丰富的文化源泉与创造力，那些非正式的、自组织的亚文化社群涉及了动漫游戏等多种文艺表现形式，还有层出不穷的创新性表现形式——如弹幕、直播等；随着传播平台的转移，像爱奇艺、优酷、腾讯视频、搜狐视频等平台的后台数据可以更精准地对影视用户进行数字画像。因此，互联网时代的城市文化研究离不开大数据对人的文化行为的记录。

当然，传统的统计方式在一定的历史阶段还会存在，这一方面是科技进步与既有的生产关系之间的矛盾张力所决定的；另一方面，在文化领域，建立在政府垂直权力结构基础上的官方统计经过多年的努力，已经形成了一套制度化的数据采集系统和分类明确的指标框架，尽管它还远没有得到完善。未来的城市文化统计和数据库建设，应该以传统统计方法与大数据相结合作为过渡，再逐步走向真正的大数据——正如旧体制与新技术、新观念的碰撞交汇，吐故纳新乃是万物的规律。

注释 NOTES

1. 2012 年 12 座世界城市包括伊斯坦布尔、约翰内斯堡、伦敦、孟买、纽约、巴黎、上海、悉尼、东京、新加坡、圣保罗和柏林。目前“世界城市文化论坛”数据库包括了全球 32 个城市。请参见 http://www.worldcitiescultureforum.com。
2. 罗伯特·保罗·欧文斯．世界城市文化报告（2012）[M]．上海：同济大学出版社，2013:16.
3. 这十个城市包括北京、上海、天津、重庆四个直辖市，广州、杭州、南京三个省会城市，深圳副省级城市和香港、台北。
4. 本文使用的所有世界城市的数据均来自“世界城市文化论坛”数据库，http://www.worldcitiescultureforum.com，“世界城市文化论坛”目前收集了全球 32 个世界城市的文化数据，本文只选取了几个著名世界文化之都和同处亚洲的几个城市，包括伦敦、巴黎、纽约、莫斯科、洛杉矶、东京、首尔和新加坡。
5. 除特殊说明外，文中的数据均为 2015 年的数据。香港情况比较特殊，有部分文化统计数据的年份为 2015/2016，即 2015.7.1－2016.6.30，这与香港特首的任期有关。
6. 本文采用的官方数据包括国家统计局和各城市统计年鉴中有关文化方面的数据、文化部和各城市文化主管部门的数据以及一些媒体的公开报道。文中的数据均见具体注释及书后附录“中国十大城市数据库分表”。
7. 刘易斯·芒福德．城市发展史——起源演变和前景／国外城市规划与设计理论译丛 [M]．北京：中国建筑工业出版社，2005.
   杨健．城市：磁体还是容器？[J]．读书，2007(12):11-18.
8. 范力达．论城市的功能、发展动力与人口城市化的现实选择——城市规模经济聚集效益及其实现长期增长的条件 [J]．人口学刊，1987(6):4-10.
9. UNCTAD. Creative Economy Report 2008[EB/OL]. (2008-02). http://unctad.org/en/docs/ditc20082cer_en.pdf.
10—12. 联合国教科文组织．2009 联合国教科文组织文化统计框架 [EB/OL]. (2011). http://unesdoc.unesco.org/images/0019/001910/191061c.pdf.
13. 甘霖，唐燕．创意城市的国际经验与本土化建构 [J]．国际城市规划，2012, 27(3):54-59.
14. 芒福德，宋俊岭．城市文化／刘易斯·芒福德经典著作系列 [M]．北京：中国建筑工业出版社，2009:1。
15. “文化单位”的定义为：全国各级文化部门（含文化系统和文物系统）主办的或实行行业管理的文化机构，不含各级新闻出版、广播影视等部门主办或管理的文化机构。根据现行的统计制度，文化部门主办的文化单位（如公共图书馆、文化馆、文化站、博物馆、公有制艺术表演团体、公有制艺术表演场馆等）全部纳入了统计范围。实行行业管理的文化单位中，娱乐场所和互联网上网服务营业场所、非公有制艺术表演团体、非公有制艺术表演场馆、经营性互联网文化单位、艺术品经营机构和演出经纪机构均纳入统计。
    中华人民共和国文化部．中华人民共和国文化部 2015 年文化发展统计公报 [EB/OL]. http://zwgk.mcprc.gov.cn/auto255/201604/W020161230857240684580.pdf:12.

注释 NOTES

16. 本文中所有世界城市的数据后加括号部分均为统计数据的年份。
17. 曼纽尔·卡斯特．网络社会的崛起 [M]. 夏铸九等译．北京：社会科学文献出版社，2003:384-386.
18. 2015 年北京、上海的 GDP 与其他世界城市的比较是按 2015 年 12 月 31 日人民币兑美元汇率（1 人民币＝ 0.1540 美元）计算后的结果；香港 GDP 按 2015 年 12 月 31 日人民币兑港币计算，合人民币为 20 075.91 亿元；台北没有单独的城市 2015 年 GDP 数据，只有台湾地区的数据，为 167 590.16 亿新台币，合人民币为 32 964.98 亿元。
19. 内地 8 个城市 2015 年的 GDP 总量数据均来自"国家统计网"，与各城市统计年鉴的数据略有出入。
20. 这个数据包括了纽约和新泽西纽瓦克都市区的 GDP 产值。参见："世界城市文化论坛"之"纽约市文化数据库"，http://www.worldcitiescultureforum.com/cities/new-york/data。
21. 数据来源：台北市统计资料库查询系统，http://210.69.61.217/pxweb2007-tp/dialog/statfile9.asp，2015 年台湾地区居民人均可支配收入为 426 633 新台币，同样按 2015 年 12 月 31 日的外汇汇率，1 新台币＝ 0.1967 元人民币计算得出。
22. 北京、上海、天津、重庆的"居民人均文化娱乐消费支出"请参见《文化及相关产业统计年鉴 2016》，第 45 页；广州和深圳请分别参见《广州统计年鉴 2016》，"8-6 城市居民人均全年消费支出"；《深圳统计年鉴 2016》，第 413 页，"19-6 居民物质文化生活提高情况"。
23. 新华网．2015 年文化体育与传媒支出增 6.4%[EB/OL]. (2015-03-09). http://news.xinhuanet.com/newmedia/2015-03/09/c_134044459.htm.
24. 目前在中国每个城市政府对文化方面的财政投入有两个指标，一个是文化事业费，另一个是政府每年在财政预算中对"文化体育与传媒"的 投入。基于后一个数据的可得性，我们选择了后者。但据李国新《现代公共文化服务体系建设的思考》一文指出：我国的文化体育传媒包括新闻出版、广电、文化、文物、档案、全民健身和竞技体育，真正用于文化事业也就是我们常说的"小文化"的，只占总量的 23.4%。但我们认为传媒是文化的一个重要组成部分，"小文化"不包括传媒只是中国的一个特殊性；而除去体育的话，应该远不止 23.4%。
25. 各城市 2015 年的"文化体育与传媒"投入与"全市一般公共预算支出"数据均出于各城市政府官方网站的"统计年鉴 2016"，只有上海市 2015 年的"文化体育与传媒"投入额没有在其 2016 年的统计年鉴中公布，108.22 亿元的数据来自国家统计局 [EB/OL]data.stats.gov.cn/index.htm.
26. 李国新．现代公共文化服务体系建设的思考 [EB/OL]. (2016-05-04). https://mp.weixin.qq.com/s?src=3&timestamp=1496045184&ver=1&signature=Uhje3WwQ0rL6WtGVolQsorLunVnaocp*sxCjAKLMQHEXPzSOP9i*aYsei3pTyfsUtIgEPZ0MXd5Is-NzZQvSLv-X1XRb0cwMBVAlgbvTOS0XZsAssE9VgY5DW7rUwCmYPQ3b7AJGOxdod-54To1-dzdrWdxsBV13lPTC7K3iFxc=.
27. 香港的 2016/2017 年指的是 2016 年 7 月 1 日到 2017 年 6 月底，这是与香港特别行政区行政长官的任期相对应的。
28. 香港特别行政区政府民政事务局．文化 [EB/OL]. (2017-02-10). http://www.hab.gov.hk/tc/policy_responsibilities/arts_culture_recreation_and_sport/arts.htm.
29. 台北市地方总预算案 岁出政事别预算总表 [EB/OL]. http://w2.dbas.taipei.gov.tw/budget/ofbudget/104budget/BUDGET/bfbud/104br5250.htm.
30. 台北市地方总预算案 岁出政事别预算表 [EB/OL]. http://w2.dbas.taipei.gov.tw/budget/ofbudget/104budget/BUDGET/bfbud/104br563006.htm.
31. 内地与香港、台湾地区最大的差别是内地的《2012 年的文化及相关产业分类》包括了文化制造业，香港和台湾地区都不算制造业这一块。香港与台湾地区也有差别，如香港算建筑业，而台湾地区不算。
32. 参见：《北京市文化创意产业分类标准》，http://www.creativeindustry.org.cn/policies/bj16.htm，比较国家统计局的《文化及相关产业分类 2012》，http://www.stats.gov.cn/tjsj/tjbz/201207/t20120731_8672.html。两者最大的差别是北京有"软件、网络及计算机服务"一项，包括了软件服务、网络服务和计算机服务，而国家的"文化及相关产业分类"中只有"文化软件服务""互联网信息服务"，无计算机服务内容。"软件开发"和"数字内容服务"也仅限于多媒体、动漫和游戏领域。
33. 北京市统计局，国家统计局北京调查总队．北京市 2015 年暨"十二五"时期国民经济和社会发展统计公报 [EB/OL]. (2016-02-15). http://www.bjstats.gov.cn/tjsj/tjgb/ndgb/201603/t20160329_346055.html.
34. 值得一提的是，我们发现人民网浙江频道称 2015 年杭州"文化创意产业增加值"占全市 GDP 比重的 22.2%，这个值比当年杭州按国家统计标准的"文化产业增加值"多了 2 倍多。我们发现：杭州的"文化创意产业"的界定与国家统计局《文化及相关产业 2012》相比有以下扩展：1. 信息服务业包含广泛，包括了电子商务服务、电商培训；2. 增加了教育培训业；3. 增加了文体休闲旅游业中的保健业、运动休闲业；4. 设计服务业，增加了工业设计等。参见：《杭州市文化创意产业发展规划（2009-2015）》，http://www.hangzhou.gov.cn/art/2015/11/19/art_964460_261559.html。
35. 国家统计局社会科技和文化产业统计司．中国文化及相关产业统计年鉴 2016[M]. 中国统计出版社，2013:33.
36. 上海市统计局，中共上海市委宣传部．上海 2016 文化统计概览 [M]. 2016:49,52.
37. 深圳市统计局．2015 年深圳国民经济和社会发展统计公报 [EB/OL]. (2016-04-26). http://www.sztj.gov.cn/xxgk/tjsj/tjgb/201604/t20160426_3606261.htm.
38. 北京市统计局，国家统计局北京调查总队．北京市 2015 年暨"十二五"时期国民经济和社会发展统计公报 [EB/OL]. (2016-02-15). http://www.bjstats.gov.cn/tjsj/tjgb/ndgb/201603/t20160329_346055.html.
上海市统计局．2015 年上海市国民经济和社会发展统计公报 [EB/OL]. (2016-02-29). http://www.stats-sh.gov.cn/sjfb/201602/287258.html.
39. 北京文博 北京市文物局．北京市世界文化遗产 [EB/OL]. http://www.bjww.gov.cn/wbsj/bjwbdwSearch.htm.

注释 NOTES

40. 北京文博 北京市文物局．文博数据 [EB/OL]. http://www.bjww.gov.cn/wbsj/bjwbdw.htm.
41. 表 4 中北京、上海、天津、重庆四个直辖市数据均来自：国家统计局社会科技和文化产业统计司．中国文化及相关产业统计年鉴 2016[M]. 中国统计出版社，2013:120.
42. 北京市新闻出版广电局．2014 年北京地区新闻出版业基本情况 [EB/OL]. http://www.bjppb.gov.cn//hyzx/tjsj/20161206/37756.html. 表 4 中北京媒体资源包括中央级的数据，请见本书中的数据库。
43. 特别说明：本文中所有来自“大众点评网”（https://www.dianping.com/）的数据均采集于 2017 年 1 月。因为大众点评网上的数据处于动态变化之中，所以文中的数据可能会有一些出入。
44. “世界城市文化论坛”所列的 32 个世界城市中，实体书店最多的是上海达 3 800 家（2014），但“世界城市文化论坛”并没有提供上海书店数量的权威出处，所以我们在此并未采用。
45. 《广州统计年鉴 2016》中提到广州电影院的数量为 62 家，参见表 17-20，但鉴于广州目前列中国城市票房第三，我们在此采纳了凤凰娱乐引用的艺恩调查公司的数据，请见：http://ent.ifeng.com/a/20160104/42555990_0.shtml。
46. 为数据统一起见，本表中采用的“电影荧幕数”和“每百万人拥有电影荧幕数”均采用艺恩网的数据，来源参见注释 47。
47. 凤凰娱乐．解析 2015 中国影市：440 亿票房，五年来最大奇迹 [EB/OL]. (2016-01-04). http://ent.ifeng.com/a/20160104/42555990_0.shtml.
48. 请参见注释 15。
49. 参见：中华人民共和国文化部．文化部 2015 年文化发展统计公报 [EB/OL]. (2016-04-15). http://zwgk.mcprc.gov.cn/auto255/201604/t20160425_474868.html; 以及本书陈平的《中国剧院发展分析报告》。
50. 2008 年 5 月，国家统计局首次开展了十省市（北京、河北、黑龙江、浙江、安徽、河南、广东、四川、云南、甘肃）时间利用调查，为分析和研究我国城乡居民时间分配、生活模式、文化休闲参与等情况取得了丰富详实的数据，为探索我国居民家庭无酬劳动的测量方法奠定了工作基础，也填补了我国时间利用调查的空白，增强了在这一领域的国际交流与合作。参见：国家统计局，http://www.stats.gov.cn/tjfw/jytadf/zxwyta/2015/201511/t20151118_1277660.html。
51. 香港特别行政区 政府统计处．2016 年香港统计年刊 [EB/OL]. (2016-10). http://www.statistics.gov.hk/pub/B10100032016AN16B0100.pdf.
52. 台北市立图书馆．年度台北市立图书馆记者会·解读 2015 台北人阅读行为及借阅排行榜 [EB/OL]. http://www.tpml.edu.tw/public/Attachment/641211481749.pdf.
53. 中国文明网．2015 年深圳阅读指数研究报告：深圳人每天读书超过 1 小时 [EB/OL]. (2015-11-04). http://www.wenming.cn/syjj/dfcz/gd/201511/t20151104_2948230.shtml;
中国文明网．深圳打造城市阅读升级版 [EB/OL]. (2016-04- 27). http://www.wenming.cn/book/pdjj/201604/t20160427_3319151.shtml.
54. 深圳政府在线．深圳图书馆开馆 30 年座谈会举行 [EB/OL]. (2016-12-21). http://www.sz.gov.cn/cn/xxgk/zfxxgj/zwdt/201612/t20161221_5752788.htm.
55. 北京市统计局，国家统计局北京调查总队．北京统计年鉴 2016[EB/OL]. (2016-10). http://www.bjstats.gov.cn/nj/main/2016-tjnj/zk/indexch.htm:18—22 公共图书馆，不算中央级图书馆的外借册次。
国家统计局社会科技和文化产业统计司. 中国文化及相关产业统计年鉴 2016[M]. 中国统计出版社，2013: 173.
56. 具体数据引用请见表 11。
57. 北京市统计局，国家统计局北京调查总队．北京统计年鉴 2016[EB/OL]. (2016-10). http://www.bjstats.gov.cn/nj/main/2016-tjnj/zk/indexch.htm:1 表 8-21 博物馆及其他文物保护管理机构情况．
58. 中国青年网．故宫 2015 年参观总人数 1506 万“淡季不淡”[EB/OL]. (2016-01-06). http://wenhua.youth.cn/xwjj/xw/201601/t20160106_7495063.htm.
59. 台北的五个博物馆指台北故宫博物院、台北历史博物馆、国父纪念馆、中正纪念堂和台湾博物馆。数据来源：文化部·文化统计网．2015 年文化统计最新统计结果 [EB/OL]. (2017-01). http://stat.moc.gov.tw/NewsBulletinList.aspx.
60. 南京市统计局．南京统计年鉴 2016[EB/OL]. http://221.226.86.104/file/nj2004/2016/wenhua/14-6.htm: 表 14-6 博物馆综合情况．
61. 内地 8 个城市的数据均来自：凤凰娱乐．解析 2015 中国影市：440 亿票房，五年来最大奇迹 [EB/OL]. (2016-01-04). http://ent.ifeng.com/a/20160104/42555990_0.shtml.
62. 表 8 中内地 8 个城市的电影票房与注释 47 凤凰娱乐引用的艺恩数据库略有出入，但出入不大，本文尽量引用了各城市统计年鉴中的数据。另外，香港和台北两个城市的数据已经用 2015 年 12 月 31 日的汇率进行了折算。
63. 为数据统一，表 8 的内地 8 个城市“电影院入场人次”和“人均电影院入场次数”统一采用凤凰娱乐引用的艺恩网数据。见注释 47。
64. 艺恩网．440 亿收官！国产占比超六成，人均观影人次达 1.6 人次 [EB/OL]. (2015-12-31). http://www.entgroup.cn/news/Exclusive/3127500.shtml.
65. 最常见的问题是，有些城市的统计年鉴公布的是艺术演出团体的数据，有些则是艺术演出场所的数据。
66. 几个直辖市统计年鉴也与国家统计局《中国文化及相关产业统计年鉴 2016》中提供了同一个指标的数据，但数据之间存在很大的差异性。

注释 NOTES

67. 《中国文化及相关产业统计年鉴 2016》.P181:4-3-10：分地区艺术表演场馆基本情况（续表 1）：9.7 万。
68. 香港康乐及文化事务署．统计数字报告 文化场地 [EB/OL]. http://www.lcsd.gov.hk/tc/aboutlcsd/ppr/statistics/cultural.html#Venues.
69. 营业性演出中包括了艺术演出，但外延比艺术演出来得大。
70. 《深圳市 2015 年度文化市场发展概述》，深圳文体旅游局内部资料。
71. 香港康乐及文化事务所的年度统计都是从每一年的 7 月 1 日到次年的 6 月底，这是由于香港特首任期从每年 7 月 1 日开始。
72. 香港康乐及文化事务署．统计数字报告 票务系统 [EB/OL]. http://www.lcsd.gov.hk/tc/aboutlcsd/ppr/statistics/cultural.html#Venues.
73. 参见：《北京市 2015 年文化发展概况》，北京市文化局，http://www.bjwh.gov.cn/bjwh/zwgk0/bmdt/tjsj/307511/index.html。
74. 参加《上海 2016 文化统计概览》，上海市统计局，中共上海市委宣传部，第 36 页．
75. 北京演出行业协会．2015 年北京市演出市场统计与分析 [EB/OL]. http://www.bjycxh.com/c35170.jsp.
76. 理查德·佛罗里达．创意阶层的崛起：关于一个新阶层和城市的未来 [M]. 司徒爱勤译．北京：中信出版社，2010:213-214.
77. 重庆市旅游政务网．2015 年重庆市旅游业统计公报 [EB/OL]. (2016-09-22). http://www.cqta.gov.cn/zwgk/tzgg/system/2016/09/22/000002761.html.
78. 台北市统计资料库查询系统 [EB/OL]. http://210.69.61.217/pxweb2007-tp/dialog/statfile9.asp:“近年来重要统计指标”—“教育文化”—“旅游业及来台游客”.
79. 中经网文化产业研究中心．《世界城市文化报告 2013》出炉：用数字考量城市文化实力 [EB/OL]. (2013-11-14). http://www.ce.cn/culture/whwx/wz/201311/14/t20131114_1752393.shtml.
80. 汪菲．世界城市创意产业发展及经验总结 [J]. 城市观察，2014(3):97-104.
81. 上海这方面的数据请参见：上海市统计局，中共上海市委宣传部．上海 2016 文化统计概览 [M]. 2016:79; 体育赛事请见：上海市统计局．2015 年上海市国民经济和社会发展统计公报 [EB/OL]. (2016-02-29). http://www.stats-sh.gov.cn/sjfb/201602/287258.html。
82. 北京市体育局办公室．2015 年北京市体育工作总结 [EB/OL]. (2016-04-11).http://www.bjsports.gov.cn/bjsports/zfxxgk_/gzzj/1304777/index.html.
83. 经贸研究．香港会展服务业概况 [EB/OL]. (2015-04-13). http://yen2.hkfyg.org.hk/jobtionary/trend_info.php?no=33.
84. 环球网．第十一届深圳文博会圆满落幕 [EB/OL]. (2015-05-19). http://china.huanqiu.com/News/scio/2015-05/6474821.html.
85. 理查德·佛罗里达．创意阶层的崛起：关于一个新阶层和城市的未来 [M]. 司徒爱勤译．北京：中信出版社，2010:259.
86. 同上，195.
87. 查尔斯·兰德利，创意城市：如何打造都市创意生活圈 [M]. 杨幼兰译．北京：清华大学出版社，2009:4.
88. 同上，202.
89. 理查德·佛罗里达，创意阶层的崛起：关于一个新阶层和城市的未来 [M]. 司徒爱勤译．北京：中信出版社，2010:9.
90. 北京市统计局，国家统计局北京调查总队．北京统计年鉴 2016[EB/OL]. (2016-10). http://ww.bjstats.gov.cn/nj/main/2016-tjnj/zk/indexch.htm:3－7 常住人口受教育程度（2015），其中 6 岁及以上人口的调查人口合计为 462 380 人，大专 60 295 人，本科 83 897 人，研究生 20 659 人。经计算得出，北京市抽样人口中大专以上的常住人口占比为 35.7%。南京统计局．南京市 2015 年 1% 人口抽样调查主要数据公报 [EB/OL]. (2016-07-29). http://www.nanjing.gov.cn/xxgk/bm/tjj/201607/t20160729_4056050.html: 常住人口为 823 万人，具有大学（指大专以上）文化程度的人口为 291 万人，计算得出。
91. 由于我们没能查到上海、杭州、重庆的“2015 年 1% 人口抽样调查公报”，所以只采用了这几个城市 2010 年第六次人口普查的数据，2015 年这三个城市的常住人口受高等教育的比例应该有所上升。
92. 国内的人口普查“受教育程度”指标是按 6 岁以上人口统计，而台北则按 15 岁以上或 18 岁以上人口统计。
93. 香港政府统计处社会分析及研究组．15 岁及以上人口的教育程度分布 [EB/OL].http://www.edb.gov.hk/tc/about-edb/publications-stat/figures/educational-attainment.html.
94. 台北市政府主计处 [EB/OL]. http://210.69.61.217/pxweb2007-tp/Dialog/Saveshow.asp: 其中，15 岁以上人口“研究所教育程度”为 11.95%，“大学教育程度”为 33.74%，“专科教育程度”为 13.74%，“受大学以上教育占 18 岁以上人口比例为 47.43%。
95. 网易新闻．重庆市 2010 第六次全国人口普查主要数据公报 [EB/OL]. (2011-05-03). http://news.163.com/11/0503/01/733HTAIV00014AED.html:2010 年重庆具有大学（指大专以上）程度的人口为 249.30 万人，占比为 8.6%.
96. “在校大学生数量”指普通高等学校在校生，包括本、专科和硕、博研究生。
97. 上海市统计局．上海统计年鉴 2016[EB/OL]. http://www.stats-sh.gov.cn/tjnj/nj16.htm?d1=2016tjnj/C2008.htm: 表 20.8 主要年份研究生人数．
98. 深圳市统计局．2015 年深圳国民经济和社会发展统计公报 [EB/OL]. (2016-04-26). http://www.sztj.gov.cn/xxgk/tjsj/tjgb/201604/t20160426_3606261.htm:2015，常住人口为 1 137.89 万人，全市 6 岁及以上常住人口中，具有大学（指大专及以上）教育程度的人口为 257.93 万人，计算得出。

注释 NOTES

99. 理查德·佛罗里达，创意阶层的崛起：关于一个新阶层和城市的未来 [M]. 司徒爱勤译 . 北京：中信出版社，2010:9.
100. 于今 . 文化创意产业在城市更新中的进一步思考 [EB/OL]. (2016-01-22).http://www.china.com.cn/opinion/think/2016-01/22/content_37640818.htm.
101. “文化及相关产业法人单位数”包括了文化制造业、文化批发和零售业，以及文化服务业的法人单位数。其中文化服务业无疑是文化创意产业人才最集中的领域。
102. 国家统计局社会科技和文化产业统计司 . 中国文化及相关产业统计年鉴 2016[M]. 中国统计出版社，2013:32, 2-1-3 分地区文化及相关产业法人单位数 .
103. 理查德·佛罗里达，创意阶层的崛起：关于一个新阶层和城市的未来 [M]. 司徒爱勤译 . 北京：中信出版社，2010:288.
104. 同上，245-268.
105. 重庆统计局 . 2015 年重庆市 1% 人口抽样调查主要数据公报 [EB/OL]. (2017-05-09). http://www.cqtj.gov.cn/tjsj/shuju/tjgb/201601/t20160128_423836.htm.
106. 香港政府一站通 . 香港概况 [EB/OL]. http://www.gov.hk/tc/about/abouthk/facts.htm: 香港在 2015 年约有 731 万人口，其中绝大部分为华裔人士，外籍人士占 8.5%.
107. 台湾内政统计查询网 [EB/OL]. http://sowf.moi.gov.tw:2015 年 12 月台北外侨留居人数 .
108. 中国新闻网 . 在北京外国人数量或已达 20 万人 超过市人口总数 1%[EB/OL].(2010-10-09).http://news.china.com/zh_cn/domestic/945/20101009/16177409.html.
109. 上海市统计局 . 上海统计年鉴 2016[EB/OL]. http://www.stats-sh.gov.cn/data/toTjnj.xhtml?y=2016: 表 2.11 主要年份在沪外国常住人口 .
110. Time Out. 50 reasons why NYC is the greatest city in the world（纽约为什么是世界最伟大城市的 50 个理由）[EB/OL]. (2014.7.21). https://www.timeout.com/newyork/things-to-do/50-reasons-why-nyc-is-the-greatest-city-in-the-world.
111. 罗伯特·保罗·欧文斯 . 世界城市文化报告 (2012)[M]. 上海：同济大学出版社，2013.
112. 汪菲 . 世界城市创意产业发展及经验总结 [J]. 城市观察，2014(3):97-104.
113. 搜狐新闻 . 中国 2015 年成国际游客到访量全球第四大国 [EB/OL]. (2016-04-26). http://news.sohu.com/20160426/n446170606.shtml.
114. 人民网 . 中国成全球国际游客到访量最大国家之一 [EB/OL]. (2016-05-19). http://travel.people.com.cn/n1/2016/0519/c41570-28363338.html.
115. 天津、重庆城市统计年鉴中的“接待入境旅游人数”中的外国人数量，与《中国文化及相关产业统计年鉴 2016》中“分地区接待入境过夜游客”数中的外国人数量有很大的差别，我们推测是“过夜”与“不过夜”造成的统计口径的差别造成的。
116. 台北市政府观光传播局·历年来台游客统计 (2015 年) . 指标项目：来台数据库中的“外籍游客 (foreigners) ”：488.30 万 .[EB/OL]http://admin.taiwan.net.tw/statistics/year.aspx?no=134.
117. 龙应台 . 没有文化深度 路走不长 [EB/OL]. http://www.cw.com.tw/article/article.action?id=5010201.
118. 台北市文化局 [EB/OL]. http://www.culture.gov.taipei.
119. 台北市统计摘要·文化活动 [EB/OL]. http://w2.dbas.taipei.gov.tw/NEWS_WEEKLY/summary/13.pdf.
120. 南方网·深圳新闻 . 深圳累计专利授权量 330 657 件 人均数居首 [EB/OL]. (2015-04-02). http://sz.southcn.com/content/2015-04/02/content_121392961.htm.
121. 《2016 中国“互联网 +”指数报告》在海量大数据基础上全面呈现线上中国经济图景的数字 GDP，该指数共计 135 个维度，覆盖 351 个城市，对 2015 年国人线上生产生活进行了一次大盘点。报告内容请见：http://www.tisi.org/Public/Uploads/file/20160616/20160616095351_81823.pdf。
122. 香港与台湾地区采用的是当地的“文化及创意产业”界定及分类，但两者的增加值也只各占 2015 年地区生产总值的 5%。
123. 国家统计局 . 国家统计局社科文司高级统计师殷国俊解读 2015 年及 2016 年上半年全国文化及相关产业有关数据 [EB/OL]. (2016-09-02). http://www.stats.gov.cn/tjsj/sjjd/201609/t20160902_1395871.html.
124. 易凯资本有限公司 . 中国娱乐产业 2016—2017 年度报告 [R/OL]. http://ceccapitalgroup.com/share/Entertainment2016-2017.pdf.
125. 泛娱乐，指的是基于互联网与移动互联网的多领域共生，打造明星 IP (intellectual property，知识产权) 的粉丝经济，其核心是 IP，可以是一个故事、一个角色或者其他任何大量用户喜爱的事物。泛娱乐最早由腾讯提出，腾讯互娱在腾讯游戏基础上，相继推出腾讯动漫、腾讯文学、腾讯影业、腾讯电竞共五大业务平台，目前已基本构建了一个打通游戏、文学、动漫、影视、戏剧等多种文创业务领域的互动娱乐新生态，初步打造了“同一明星 IP、多种文化创意产品体验”的创新业态。

郑讯 摄

专家视野
VISION OF EXPERTS

中国剧院发展分析报告
Analysis Report on Theatre Development in China

陈平 Chen Ping

摘要: 随着改革开放不断推进，中国剧院进入快速发展的新时期。剧院在硬件建设稳步提升的同时，其经营业态和运营管理等“软件”建设如何跟进成为重大课题。本文从东、西方剧院历史变迁的宏大背景出发，通过全面梳理中国剧院发展现状，并结合剧院的属性、功能分析当前存在的问题，提出院团合一、供给侧改革、提升剧院业态、建立专业学科等对策建议，希望能为全国剧院行业整体健康发展乃至文艺繁荣提供相关借鉴价值和参考意义。

关键词: 中国剧院，剧院运营管理，剧院运营模式

Abstract: With the constant promotion of the reform and opening, China's theatres have entered a new period of rapid development. As the construction of facilities enhanced steadily, the construction of "soft infrastructures", such as business mode and operation management becomes a major issue. Based on the overall background of Eastern and Western theatres' historic changes, this paper analyzes the current problems in combination with the property and function of theatres, offering the countermeasure and suggestions including theatre-troupe combination, supply-side structural reform, enhancement of theatres' business mode, and establishment of professional disciplines, hoping to provide the valuable reference for the development of China's theatre industry and the prosperity of culture and arts.

Key words: China's theatres, theatre's operation management, theatre's business mode

国家大剧院外景。图片提供：国家大剧院

剧院，通常是指设有专业舞台设施及配套服务设施，以艺术演出为主要经营内容，供人们欣赏表演的场所。作为表演艺术不可或缺的有力载体，剧院既是人们享受文化发展成果的重要空间，也是弘扬优秀文化、陶冶公民情操的重要阵地。当前，我国剧院数量不断增加、规模不断扩大，在城市中的地位和作用日益凸显，承担的文化发展使命也与日俱增，在这种剧院新常态的情况下，剧院如何通过科学运营管理实现创新发展，发挥其对文化的承载、促进作用，成为剧院经营者们面临的重要课题。

一、剧院变迁：东、西方剧院发展的殊途同归

剧场，作为一种重要的建筑类型，有着非常悠久的历史。在西方，早在两千多年前的古希腊时代就有了较为完整的剧场模式。古希腊剧场多为露天剧场，其表演区为圆形，现今发掘出来的最古老的永久性剧场——索瑞格斯剧场（约建于公元前 525 年）便是古希腊剧场的杰出代表。罗马时代，露天剧场的形式有所革新，扩展了表演区的规模，并将演出用房等纳入舞台后部整体建筑中，形成了相对独立的半露天剧场的模式。罗马帝国被推翻后，长达近千年的中世纪来临，西方戏剧及剧场发展进入了漫长的停滞期。

文艺复兴时期，戏剧再次兴起，西方剧场迎来新的历史发展。一方面剧场数量增多，另一方面现实主义的发展趋势使得立体道具和透视布景等开始大量使用，原始的开敞式舞台已难以满足演出的要求，此时，“镜框式”舞台应运而生。“镜框式”舞台以一道拱形墙将演出空间和观众厅完全分开，不仅为透视布景提供了换景条件，而且产生了一个限定的画框，使观众对表演再现的世界产生“逼真的幻觉”，这也是现代剧场成型的一个重要里程碑。1618 年，意大利帕尔玛建造了第一座有镜框式舞台的剧场——法尔内塞剧场，剧场拥有机械化可移动的布景，台口挂起了大幕，演员退入到箱形空间进行表演，这也是之后两百多年间镜框式舞台样式的始祖。17 至 18 世纪，伴随芭蕾、音乐、戏剧的蓬勃发展，尤其是有着“音乐艺术皇冠上的明珠”之称的歌剧艺术的问世和流行，西方剧场发展到一个崭新高度。1637 年，世界上第一座面向公众的营业性公共剧场——圣·卡西安诺歌剧院在威尼斯建立；1732 年英国皇家歌剧院成立；1778 年意大利拉·斯卡拉歌剧院成立，1869 年维也纳国家歌剧院成立……随着欧洲工业革命以及电力能源广泛应用，一批剧院开始兴起。剧院开始利用电力能源进行舞台布景更换、灯光照明等，并安装了完善的机械设备，逐步成为人们熟知的形态。

到了 20 世纪六七十年代，随着林肯艺术中心和肯尼迪艺术中心的相继落成，表演艺术中心模式在西方开始出现并日益流行。表演艺术中心多采取集中布局的形式，拥有多个涵盖不同功能的剧场，分别满足歌剧、交响乐、芭蕾舞剧、话剧、实验戏剧等多种不同门类演出的需求。这使得全世界剧院的建设发展进入了一个新的阶段。

与西方不同，中国戏曲文化虽然也源远流长，但直到近代之前，都很难说有类似现代意义上的“剧场”，这点仅从“歌台”“歌楼”“舞榭”“戏园”“戏馆”等称谓上就可见一斑。中国“剧场”源于传统戏曲，农耕社会时期，在平原田野上举行的祭祀歌舞活动中出现了最初的戏曲元素雏形，至公元前后，开始有了专门进行表演所用的“歌舞场”。隋唐时期，戏场、乐棚开始出现。

宋代，经济的繁荣催生了崭新的市民阶级，作为文艺演出固定场所的“勾栏瓦舍”开始出现并蓬勃发展。金元时期，戏台逐渐兴起，从平地作场到三面围观的戏台，再至重楼宫阙式大戏台，各种星罗棋布的戏台不仅成为戏曲成熟的重要标志，也使得中国戏剧表演场所逐渐从临时性、简陋型场地向永久性、封闭型场地转变。明末清初，酒馆戏园作为公共娱乐场所开始涌现，而进入清代乾隆年间，这种一边用餐一边欣赏戏曲表演的酒馆式戏园因其环境的嘈杂与混乱逐渐没落，而相对清雅安静的茶园式剧场则逐渐兴盛，并成为此后很长一段时间内中国戏曲剧场的主流。

总体来看，由于中国传统戏曲艺术兼具侑酒佐欢、民俗仪式等功能，加之追求“写意”的审美特点，中国传统剧场与西式剧场相比，在场地形式、功能呈现、观演模式等方面，都存在很大差异。直到 19 世纪末，中西方文化开始交汇，那些来到中国的西方人为了维持他们的生活方式，开始在中国兴建西式剧场，中国剧场才发生新的变化。1868 年，葡萄牙人在澳门建成岗顶剧院，成为中国最早的西式剧场。1874 年由英国人设计建成的上海兰心大戏院，为中国观众了解西方戏剧和剧场打开了一扇窗口。1909 年，在西方镜框式舞台诞生 291 年后，中国出现了最早的具有镜框式舞台的剧场——上海新舞台，这被视为我国剧场现代化的开端。

到 20 世纪 80 年代后期的 1989 年，中国最早的“表演艺术中心”——深圳大剧院建成，它是我国第一个实际建成的具有“品”字形舞台的剧院，同时包含了一个大剧场和一个音乐厅，以及文化沙龙、书廊、画廊等，初步具备了作为表演艺术中心的性质。1998 年，上海大剧院开幕运营，它是新中国首座采取国际招标方式设计的剧院，也是 20 世纪 90 年代设施最完备的剧院，标志着我国开始有了国际水平的现代化剧院。2007 年 12 月 22 日，国家大剧院正式运营，近半个世纪以来成立国家级表演艺术中心的夙愿终于梦圆，这不仅是我国现代剧场史上最为重要的事件，而且它作为全球规模最大、现代化程度最高、艺术生产非常活跃的表演艺术中心，对中国乃至世界表演艺术领域都产生了重要影响。

可见，从远古时代的祭祀歌舞到如今种类繁杂的舞台艺术品种，表演艺术已经度过了漫长的光阴，表演艺术的场所也发生天翻地覆的变化。从露天剧场、舞榭歌台到室内剧场、现代剧院，再至表演艺术中心，东西方剧院在历经迥异的文化背景和思想碰撞中最终交汇融合、殊途同归。而在这其中，以镜框式舞台为标志，中国剧院在近 100 多年的时间里经历了西方剧院近 400 年乃至上千年之变局，实现突飞猛进的现代化发展，这不仅是改革开放的成功，也是中国综合国力提升在文化上的体现。

二、我国剧院发展概况

剧院，与一个社会的经济发展、社会政策、文化结构息息相关。踏着我国经济社会发展的步伐，尤其是新中国成立后各项事业的迅速发展，我国现代剧院发展主要经历了以下几个阶段：

新中国成立前，主要是现代剧场的从无到有的阶段。受中国传统戏曲的革新、西方戏剧传入国内等方面的影响，剧场改良、建设开始在全国一些大城市蓬勃兴起，此阶段出现了上海新舞台等一些新型剧场。

新中国成立初期，主要是学习造访阶段。此时，我国剧院建设一方面着眼改建和扩建旧有剧场，一方面开始学习前苏联、东欧的剧场技术，剧院发展由此掀开新的一页。1953 年建成的天桥剧场，是新中国成立后北京兴建的第一个大型剧场，其舞台设置参照德国剧院体系；建于 1954 年的首都剧场，是新中国首个安装转台的剧场，也是隶属于北京人民艺术剧院的专业剧场。这些剧院的建成为新中国剧院事业发展奠定了基础。

20 世纪六七十年代是我国剧场发展的停滞徘徊阶段，此时期建成的剧场寥寥可数。

改革开放后，随着我国综合经济实力的日益壮大，国家对文化的重视越来越高，人们的精神文

上海保利大剧院。图片提供：同济大学建筑设计研究院（集团）有限公司

化需求日益增长，剧院作为文化发展繁荣的重要载体如雨后春笋般拔地而起，我国剧院进入复苏发展阶段。

而从 20 世纪 90 年代末到 21 世纪，伴随北京、上海、深圳等地标志性剧院带来的示范效应，中国剧院建设从中央到地方不断扩散，进入到前所未有的发展高潮阶段。此时，几乎每个省会城市都已经或正在掀起大剧院热，如武汉大剧院、杭州大剧院、合肥大剧院、大连大剧院、青岛大剧院、福建大剧院、重庆大剧院、贵阳大剧院、河南大剧院、内蒙古大剧院……而在我国经济最为发达的浙江地区和广东地区，大剧院更是随处可见。

我国剧院发展的这一阶段性特征从北京剧院的相关数据也可见一斑。就北京市正在营业的 88 个[1]剧场而言，新中国成立前建设的有 4 个，占比 4.5%，主要是北京音乐厅、中山音乐堂、正乙祠戏楼、广德楼戏园。20世纪 50 年代建成的 7 个，占比 8.0%，主要包括天桥剧场、首都剧场、中国儿童剧场、民族宫大剧院、北展剧场、海淀工人文化宫、地质礼堂剧场。20世纪六七十年代，剧场建设处于停滞期，建成剧场数为零；20世纪 80 年代建成剧场 2 个，占比 2.2%，即当时总政歌剧团为了排练《中国革命之歌》而建立的中国剧院和中戏实验剧场；20 世纪 90 年代以来，剧场建设开始复苏，并逐渐达到高潮，此阶段建成剧场达 75 个之多，占比高达 85.2%，包括国家大剧院、梅兰芳大剧院、国话剧场、中国木偶剧院、保利剧院、世纪剧院、国安剧院、八一剧场、长安大戏院、中国评剧大剧院等在内的一大批剧院都在此阶段建成。

可见，得益于改革开放积累的雄厚物质文化基础，20世纪 90 年代以来，我国进入了专业剧场建设的快速发展期，不仅在数量、规模上迅速增长，而且在建造的水平、技术、工艺上都名列世界前茅，那种 20世纪 80 年代国际知名乐团来华无专业剧场演出的尴尬局面由此成为过往。除了大剧院这种表演艺术中心的形式不断兴起，中国还出现了一些特色的、专业的音乐厅，比如，上海交响乐团音乐厅作为国内首个建在弹簧上的“全浮建筑”，严格按照声学规律设计，是中国乃至世界最好的音乐厅之一。同时，由制作人、演员、艺术家或者经纪人等领衔的、非国有制占多数的小剧场也开始如火如荼地发展起来，成为表演艺术领域的重要力量。

总之，这些剧院、剧场的建设有效改善了我国文化演出设施建设水平滞后、技术水平低下的状况，既是综合国力在文化上的直接反映，也是人民群众精神文化需求不断增长的必然诉求，对于促进艺术创作发展、丰富大众精神文化生活、弘扬社会主义核心价值观、繁荣文化艺术市场发挥了重要作用。然而，在这其中出现的一些问题和现象也值得关注。

表1 全球城市剧院使用情况一览表

城市	总人口（人）	地理区域面积（平方公里）	每年国际游客（人）	剧院数量（个）	所有剧院每年观演人次（人次）
伦敦	8 416 535	1 572	17 400 000	241	22 000 000
纽约	8 405 837	1 214	11 805 400	640	13 100 000
巴黎	12 005 077	12 012	15 500 000	490	15 500 000
东京	13 159 388	2 130	5 940 000	230	—
北京	21 705 000	16 411	41 996 25	135	97 219 00
上海	24 152 700	6 341	80 016 09	143	52 775 00

三、当前我国剧院发展的主要问题

（一）基层剧院设施严重不足

2015年，全国共有艺术表演场馆2 143个[2]。从行政层级看，我国省级以上艺术表演场馆120个，地级376个，县级1 647个[3]。平均来看，4个直辖市和27个省会城市，平均每个城市拥有6.6个剧场；334个地级城市平均每个地市拥有1.1个剧场；全国2 850个县级城市，平均每个县的剧场数量不足1个。剧场主要集中在大城市，有约40%左右的县级市没有剧场，整体呈现出上重下轻的“倒金字塔”分布结构。

从地域看，我国剧场建设的区域发展很不平衡，据文化部2015年统计年报数据显示，东部发达地区共有艺术表演场馆1123个，占比52.4%；中部地区636个，占比29.7%；西部地区[4] 384个，占比17.9%。东部沿海地区剧场数量远大于中西部地区，西部地区剧场短缺、设施老化的现象较为突出。

可见，目前我国剧院整体呈现东多西少、省强县弱、上重下轻的局面，基层剧院设施极度缺乏。而基层剧院作为低成本运营的市场终端，在激发市场活力、培育人民消费习惯方面发挥着重要作用，这一问题如果得不到解决，将严重制约我国剧院行业乃至公共文化服务体系的健康发展。不仅如此，与国际相比，我国剧院总体水平也仍有差别。如表1所示，在剧院较为发达的北京、上海，其剧院数量及观演人次也远远不及伦敦、纽约、巴黎等国际大都市。

上海静安区爵士春天音乐节。图片提供：静安区文广局

2016 年 8 月，意大利米兰斯卡拉歌剧院芭蕾舞团的芭蕾舞剧《吉赛尔》在天津大剧院演出。钱程 摄

（二）现有设施利用率严重不足

改革开放后，尤其是21世纪以来，我国剧院建设如火如荼。与此同时，剧院闲置和利用率不足的现象却令人担忧。2015年“年末全国共有表演艺术场馆2 143个，观众坐席数178.67万个。各级文化部门所属艺术表演场馆1 264个，观众坐席数89.90万个；全年共举行艺术演出5.45万场次；艺术演出观众人次2 388.11万人次”。[5] 从中可见，各级文化部门所属艺术表演场馆年均演出仅43场，与年均200场左右的行业正常演出水平相比，演出场次还有近80%的提升空间；每个观众坐席每年利用仅26.5人次，相当于全年还有338.5天都是摆设。同时，中国演出行业协会发布的《2014年中国演出市场年度报告》[6] 也显示，“全国2 143 家剧场中有约35%的剧场为其他用途或停止营业，在正常开展演出业务的剧场中，平均每个剧场年演出场次约58场”。剧场闲置、利用率不足，使得数千亿的建设投资未能发挥应有效益，造成了资源的极大浪费。

（三）剧院节目供给严重不足

当前，全国各地专业剧场演出情况不一，一些剧院演出火爆，供不应求，而还有大部分剧院节目供给严重不足，出现“冰火两重天”的局面。从全国整体水平来看；目前，全国剧院年均演出仅43场，如果每个剧院年均场次能达到行业通常的200场，那么全国2 143家剧院每年可承载42.86万场演出，与目前演出仅9万场相比，缺口达30余万场。与剧院节目供给严重不足并存的，却是大量演出进不了剧场。2015年全国艺术表演团体演出达210.78万场，剧场内演出仅占6.4%，有93.6%的演出在却剧场之外进行。同时，全国每年有9.58亿人次观看演出，只有4 000万人次是在剧院观演，95.8%的观众不在剧场看演出。一方面是大量剧场空置、节目供给严重不足，另一方面是大量演出不在剧场、大批观众不进剧场，这种“三输”局面的形成，除了有些演出不适合在剧场进行外，很重要的一个原因就是剧院应有的演出经营和艺术生产功能严重开发不足，再加上场团分割，使本来是依存关系的剧场与院团资源无法整合，大量剧场设施成为摆设。

（四）业态落后，运营管理水平低下

目前我国剧院发展存在的显著问题是，不少剧院其功能按照西方的场团合一制或保留剧目制进行配置，而在经营上却是简单的剧场出租制。由于经营业态尚未升级、发展模式相对粗放简单，不少剧院主要起到了演艺场地经营或物业管理的作用，而应有的艺术创作或演出经营等功能及其承载作用则开发不足，节目经营、演出收入、演出场次、上座率等指标不尽人意。2014 年，全国共有专业剧场 2 143 家，演出总收入 70.6 亿元，平均每个剧场年演出收入仅 329.4 万元[7]。

同时，国内大部分的专业剧场没有形成完整的管理制度，剧院经营管理仍停留在场地管理的层面上，整体运营管理水平不高，大多数专业剧场处于收支平衡或亏损状态，剧院经营业态和产业规模有极大提升空间。

（五）盲目建设，建管分离

当前我国剧院在发展过程还存在盲目建设、建管分离的问题。剧场建设实行“代建制”，建、管、用相互脱节，缺乏全国性的规划布局和系统研究。

一些剧院在投资建设、设计理念方面，“重外形、比奢华”，不考虑“安全、实用、经济”，使剧院主要功能发生异化；一些剧院在功能设计上片面追求设施功能齐全，而不考虑其运营和使用，为日后剧院经营成本上升、剧场设施闲置埋下隐患；还有一些地方政府决策者往往把剧院建在新的开发区，想以此呼应几十年后新区建成后的美好景象，但在现实中，这种远离社区、远离人群的做法，不仅给演出组织及市场培育增加了难度，而且给当地群众尤其是无车的工薪阶层观演造成极大不便。总之，这些缺乏全局考虑的做法，违反了艺术发展规律、市场规律和观众需求规律，不仅造成了资源浪费，而且给剧院经营管理造成了巨大的压力和风险。

四、从剧院的属性、功能分析当前存在的问题

当前我国剧院发展总体呈现出分布不均和基层设施不足同时并存、剧院总量不足和利用率不高同时并存、剧院节目供给不足与大量演出进不了剧院同时并存、剧院建设快速发展和管理运营相对滞后同时并存等现象。这种不平衡的发展，既有规划设计、硬件建设中不恰当的原因，也有体制机制、人才、经费等方面的问题。然而，从本质上而言，都与人们对剧院的属性、功能认识不足密切相关。从剧院的属性、功能来分析当前剧院存在的问题，或许能给剧院发展提供新的视角、启示和思路。

（一） 剧院的属性和功能

剧院，与近代城市相伴而生。作为城市的文化地标，剧院滋养着人们的心智，陶冶着人们的情操，与生俱来就具有独特的属性。

一是文化属性。剧院既是人类文明的产物，也是文化发展的温床，是一个国家、一个地区、一个城市最重要的文化机构之一。从古至今，无论中外，剧院通过它的演出，反映了一个民族的文化传承，彰显着一个城市的文化品位。

二是社会属性。剧院，是基于一定经济基础的上层建筑，与社会发展密切相关。在剧院的舞台上，既反映着时代的发展变化，也引领着社会的时尚潮流，一部剧目或许会激发广泛的社会反响，带给人们对于社会发展的深入思考。

三是公共属性。剧院从王公贵族、上流社会的私产，发展到现代社会面向大众的公共文化设施，成为一笔公众可以共享的精神文化财富，滋养着各个阶层的民众，反映了大众的审美情趣和喜怒哀乐。

四是地域属性。剧院往往成为一个城市的文化象征，蕴含着所在地域的文化积淀，具有鲜明的地域性。不同地域的剧院，植根于不同的人文土壤，但都体现了当地的风土民情，呈现出独特的文化气质。

五是兼具公益与市场属性。剧院作为艺术机构、经营实体、市场主体，通过演出组织、艺术生产、艺术普及教育、殿堂开放以及影视制作、参观展览、诸多艺术衍生品的开发等多种形式，成为当地公共文化服务体系、文化产业体系的有机组成部分，在促进艺术发展、传播文明风尚，促进经济转型、带动相关产业发展等方面发挥着独特的作用。

剧院的这些属性，决定了其在城市的文明化进程中承载着如下职责和使命：
一是文化的传承与创新。剧院既植根于城市文化的土壤，承担着文化传承的使命，又直面着社会发展的风云变幻，最具有引领文化创新的需求和条件。因此，推动艺术的创作、生产和展示是一座剧院的核心要义。剧院在尽情展现传统文化之美的同时，又通过创作新的作品来重塑美的含义，不断丰富公众的审美认知，最终达成繁荣文化、传承文化的日的。

二是成风化人。爱美之心，人皆有之。剧院通过展示美、创造美，提供高雅艺术体验，展示优秀文化作品，不仅满足了人民群众日益增长的文化需求，而且能够提升国民素养、促进文明进步，营造积极、健康的社会环境，打造宜居城市和礼仪之邦。

三是交流融合。独特的地域性孕育出独特的剧院文化和艺术氛围，在各美其美的同时带来美美与共的交流需求，剧院因而成为城市文化之间的桥梁，不同地域创造的文化通过剧院的舞

深圳音乐厅的演出

台得到更大范围的传播推广，让不同的文化和不同的艺术之间相互促进、相互融合，由此形成生生不息的文化活力。

四是产业孵化。有影响力的剧院往往是一个城市里的文化重镇，具有配置文化资源的强大能力，它能通过高水平的艺术生产、传播、普及，把剧院、院团、艺术家、艺术高校、观众群体等紧密连接起来，持续推出新的产品和服务，起到孵化产业，培育人才、观众，繁荣市场的作用。

五是愉悦大众。剧院在城市文化生活中，一定程度上还具有娱乐的功能，通过举办一些轻松、通俗的演出，达到让观众减压、愉悦身心的目的。但是，愉悦大众是文艺的低阶功能，文艺不应该仅仅满足于愉悦大众，而是应该提高人们的素养，陶冶情操。

（二）问题分析

正确认识剧院的功能、属性是剧院健康发展的基础，而对其功能、属性认识不足，则是导致剧院诸多问题的根源。

1. 定位问题

定位问题是剧院发展不可回避的重要问题。目前，我国很多剧院定位模糊、业态低下，这与其功能属性认识不清、开发不足密切相关。

机构属性定位，即剧院是公益性的还是营利性的。剧院是城市居民文化生活的重要场所，以演出高雅艺术和普及艺术教育为主要职能的剧场应属于公益性事业单位；而追求利润最大化、以娱乐为主要功能的剧院则应是"营利性"企业。在艺术演出市场非常成熟的国家，比如英国，其剧院主要分为三类：商演剧院、非营利剧院和边缘区小剧院。其中非营利剧院承担着公共文化的职能，会定期收到英格兰艺术委员会或地方政府的拨款补贴，同时剧院往往还能从社会上得到捐赠和赞助。但是，目前我国剧院大都由事业单位转变为企业，既要承担公共文化服务的责任，又要实现市场化运作，导致其性质和定位变得模糊不清，直接影响了政府对于剧院的配套政策。在我国现有剧院中，70% 以上被划为商业设施，其用地及房产划归商业用途，需要缴纳高额的水电费和土地税、房产税。例如，上海东方艺术中心运营一年的水电费一项就高达 800 万元；湖北剧院每年的运营成本中有 20% 以上用于缴纳各种税费和水电费；国家大剧院一年刚性运转费用更是过亿元，仅水、电、热的开支每年就达 3 000 多万元。

功能业态定位即该剧院是出租场地还是经营剧目或是自制剧目等。文化是分层的，文化服务、文化设施也是分层的：有的只是为了愉悦大众，有的却要代表一个国家、一个城市的文化高度与文化品格。不同的剧院基于不同的考虑，选择不同的经营业态，最终呈现出不同的功能定位。高端定位，即剧院将自身定位为艺术的殿堂，以创作、展示艺术精品、搭建中外艺术交流平台、打造人民心目中的艺术殿堂为己任，主要致力于构建民族精神家园、推动艺术繁荣发展。低端定位，即剧场仅把自身定位为演出场所，甚至娱乐场所、旅游专项演出场所，在经营业态上以出租场地为主，或常年经营娱乐旅游项目，单方面追求市场效益。不同的选择最终形成了剧院的分层，体现了定位不同的剧院不一样的价值理念和目标追求，也影响了剧院的发展路径和运营效益。

2. 经营问题

剧场的经营是一个世界性的管理难题，自 1637 年世界上第一座营业性公共剧场开始出现，剧院经营问题就一直是剧院经营者们面临的重要课题。

剧院经营是一个综合性的问题。剧院作为表演艺术链条中承上启下的关键一环，一方面需要与院团、艺术家、经纪公司等合作，创作、引进作品，另一方面需要通过宣传、推广、售票，吸引观众观看演出，由此实现一个基本的经营活动。

在经营过程中，一些剧院根据自身条件以及所处的地域文化、市场环境、观众偏好等，创建高效的运营管理模式，确定适合自身的发展战略，一手抓艺术生产，一手抓观众培养，打造出了核心竞争力，最终赢得观众和市场的认可。但也有一些剧院迫于运营成本高居不下的压力，要么完全依靠市场配置资源提高票价，使观众望而却步；要么只愿意承接票房收入与成本相比盈利或持平的项目，降低演出标准；要么不愿承担风险，直接闲置剧场或者提高场租，使院团使用不起；当场团分离，剧团生产了剧目却没能力租场时，剧场则更加缺乏内容丰富、数量充足、适销对路的演出项目。长此以往，剧院作为产业链中间环节，既难以成为优良艺术产品培育的主战场，又难以成为观众享受艺术的空间，就会步入既无演出又无收入的恶性循环中，表演艺术的发展也会深受影响，这样的剧院也就不能称之为真正意义上的剧院。

3. 理念问题

理念问题是个深层次的问题，它不仅影响到顶层设计、建设运营，也影响到消费习惯等。

在顶层设计方面，当前，剧院这个在表演艺术领域有着重要作用的环节，没有得到政府、社会和艺术界的足够关注，有的地方政府将剧院作为政绩工程，只知道盖剧院，却不知道管理、经营、利用好它，忘记盖剧院的初衷。当前，各级政府、各类基金等各种渠道开始加大投入力度，但为什么还是出现利用率严重不足的问题呢？是因为我们长期没有重视经营管理，是对剧院的属性功能认识不清，是对艺术和娱乐的关系认识不足，是对表演艺术院团和剧院行业如何结合，如何在公共文化服务体系建设中、在艺术繁荣发展中发挥更大作用，研究不够、认识不深的问题。

再如剧院经营方面，公益性剧院虽然不以营利为目的，但并不意味着就全靠在政府身上，不能经营、不会经营、不去经营。“公益”不该成为拒斥市场的挡箭牌，关键是这些剧院的经营所得用来干什么。如果是为了弥补文化投入不足，增强自身发展能力，获取更大社会效益，就完全可以在遵守规则的前提下努力开拓市场，通过提高管理服务、降低票价，争取为更广大的观众服务，这也是剧院应尽的责任，否则“公益性”就成了对市场不作为的误解。

同样，在消费方面，鉴于观众文化消费习惯和理念等原因，我国大量潜在精神文化需求并没有转化为实质消费。据 2015 年的数据统计，我国全年演出收入 93.93 亿元，国内观众 9.58 亿人次 [8]。也就是说，有 9.58 亿人一年看了 1 场演出，平均花了 9.8 元。如果平均到中国 13.7 亿人，那么每人次每年仅花费 6.9 元，而 2015 年全国居民教育、文化和娱乐支出人均约 1 723.1 元[9]，可见，中国居民演出消费明显偏低，仍有大部分居民习惯于免费或低消费的文化消费方式，演出消费存在巨大的潜在市场和提升空间，观众花钱买票看戏的消费习惯还有待大力培养。

4. 人才问题

人是剧院的核心。高水平的剧院离不开高素质的剧院管理人才。目前，国内建起了一批新剧院，硬件配齐了，却常年找不到合适的人才，剧院人才尤其是管理人才的培养问题迫在眉睫。据统计，我国专业剧场管理人员中拥有艺术专业、舞台技术专业或管理专业教育经历的只占管理人员总数的 30%。当前国内虽然设立了艺术管理专业，但尚没有剧院管理的专业学科。不少剧院从业者难以适应和掌握剧院行业规律，把剧院仅仅作为一个演出场所，或者仅仅作为娱乐功能的体现，这样不仅难以发挥剧院传承文化、成风化人的功能，也难以实现国家建设剧院的初衷，这已经成为我国剧院产业发展的软肋，应当引起有关部门的高度重视。

五、相关对策建议

当前，大力发展剧院行业这种低消耗、低污染的产业，不仅有利于拉动投资、带动消费，而且有利于丰富人民群众文化生活，增强社会文明程度，最大程度实现艺术反哺社会。因此，新形势下，要想最大限度挖掘剧院潜力，必须根据中国国情和表演艺术发展的实际情况，全局规划，科学推进。

（一）注重顶层设计，科学发展建设剧院

当前，我国剧院已有两千多家，累积投入达几千亿元，然而，整体来看，我国剧院数量仍有发展空间。从场、团比例来看，2015 年，全国艺术表演团体 10 787 个[10]，剧院 2 143 家，两者比值仅约为 5 : 1。从经济社会发展趋势和人民群众文化需求来看，伴随国民收入倍增计划的实施，中国剧院总量未达到市场需求的合理配比。从人口数量与剧场数量的比值来看，与发达国家相比，我国剧场的总体数量仍偏少。以德国为例，德国领土面积 35.7 万平方公里，人口 8 110 万人，其中万人以上城市全国共拥有 1 000 ～1 500 个演出场地。而中国领土面积 960 万平方公里，人口超过 13 亿，剧院数量目前只有两千多个，可见，中国剧院不是多了，而是少了，尤其是基层剧院设施尚未摆脱严重缺乏的困境。

因此，要想实现我国剧院产业健康发展，必须加强剧院产业顶层设计，“盘活存量，用好增量”，科学推进。

对于已建剧院，要改变传统的“重硬件、急软件”的思维方式，着重解决“重建轻管”理念和业态低下、产能不足等问题。对于计划新建剧院，要全局统筹，以中国国情和地区差异为基础，以方便人民需求为主要诉求，科学推进。要注重向中西部和区县级倾斜，加大中小型剧院建设，促进剧院行业的均衡发展。同时，在建设过程中，还要理顺“谁投资、谁建设、谁管理、谁经营”等一系列关系，着重解决定位、方向、规划、布局问题，确定剧场的类别、等级和功能，避免文化设施建设投入的浪费。

（二）加强资源整合，将剧院打造成为产业链的重要一环

院团和剧院作为表演艺术产业链的上游和中游，目前尚未形成完整而顺畅的产业链条，彼此处于割裂状态，由此形成了院团“有鸟无巢”、有节目没剧场，而剧院“有巢不养鸟”、租场地而不经营节目的尴尬现状。这不仅制约了院团的发展，而且也造成剧场设施和舞台资源的巨大浪费。

对此，政府应该出政策，以剧院为连接点，探索“场团合一”模式。目前，国内成规模的剧院、院团多以欧洲大陆国家的剧院为参考模式。而欧洲剧院之所以每年上演 300 场，主要得益于“场团合一制”的剧院所有体制和“保留剧目制”的演剧体系。在国外，一个正规的传统意义上的剧院通常都包括一个合唱团、一个交响乐团和一个芭蕾舞团，通过场团合一，构建了完整的产业链条和系统运作平台。

因此，我们要实现表演艺术繁荣，必须加强剧院这一表演艺术链条中关键而又薄弱的环节，探索院团和剧院资源的深度整合，通过优势互补、利益共享，形成顺畅的上下游产业链。假如能够打通表演艺术产业链条，按 1 个剧院承载 3 家院团计算，那么，当我们发展到 3 000 家剧院的时候，就能承载 9 000 家院团，这样就会出现一批我们经济上所说的规模以上的剧院或者院团，通过提升经营业态、提高艺术生产和经营水平，观众数量和票房能不断增加，票房回收后，又可以反过来支撑院团和剧院的发展，由此促使表演艺术进入良性循环。

（三）加大供给侧改革，发挥剧院行业的最大效益

供给侧结构性改革是当前经济改革和宏观调控的重要战略和主要抓手。对于表演艺术而言，供给侧改革无疑是解放和发展社会文化生产力的重要举措。

当前，我国有 10 787家院团，如果每个院团每年演出130 场，每场拥有 800 位观众，全年观众人数可达到1 102 180 000人;国内有2 143座剧院,如果每个剧院每年接待15万观众，全年观众人数将达到 321 450 000 人，两者相加就是1 443 290 000人。同时，我国的剧院、院团行业的从业人员达到 50 多万人；资产积累达到几千亿元或上万亿元。作为艺术和技术结合的重要成果，剧院、院团行业面对着 14 亿多人的文化需求和服务，无疑是全国文化发展的重要资源、重要方面军、重要供给侧。如果我们把如此重要的一坨供给侧调整、利用、发挥好了，将会迎来非常可喜的局面：从院团水准的增长，到剧院水平提升；从观众拥有的文化产品，到人民群众文化生活的丰富，再到文化权益的保护、传统文化的传承、中国精神的培育，都会有意想不到的收获。

所以，我们应该投入力量，从结构上研究剧院和表演艺术行业的供给侧改革。对于政府而言，应该加强全国规划布局，根据不同剧院的类型、等级、特色，划定服务半径，进行分级指导，减少无效供给，扩大有效供给。对于剧院而言，供给侧改革的核心是解决供需问题，提高供给

2014 年 3 月，北京人民艺术剧院话剧《茶馆》在天津大剧院演出。钱程 摄

结构对需求结构的适应性。一是节目问题，节目是剧院的立身之本，必须提高剧院的节目供给水平和供给质量，努力创作生产提供更多思想性、艺术性、观赏性有机统一的优秀作品。二是观众问题，包括如何吸引、培养忠实观众。三是销售问题，这就涉及剧院经营能力和上座率的问题，而上座率则又和节目质量、票价、性价比、观众文化兴趣、推广传播、营销、剧院经营模式、品牌影响力、剧院软硬件环境、观众培养普及、城市发展水平、市场消费能力和观众消费水平等因素密切相关。只有从这些方面着手，多管齐下，改革创新，才能使剧院行业发挥最大效益。

（四）全面提升业态水平，探索发展运营管理模式

当前我国剧院经营管理普遍落后，要想扭转剧院经营困境，必须深化体制机制改革，全面提升业态水平，探索剧院运营发展的科学模式。

例如，国家大剧院自成立以来，通过明确自身宗旨定位，实行事业单位企业化管理，创立了科学高效、成熟稳定、符合改革精神的创新模式，每年演出收入约 3 亿元，平均每个剧场演出收入达 7 500 万元。北京喜剧院（原东方剧院）在国家大剧院接手经营后，仅用了一年时间，就实现了年演出收入从 524 万元到 3 260 万元的提升，完成了从租场型剧场到专业性剧院的蜕变。可见，业态定位和运营管理模式对一个剧院而言是多么重要。

当前，我国约 95% 的剧场都在出租，这在商业上是非常落后的。如果国内剧院能够深化改革、从简单的“租场型”剧院向专业的“经营型”剧院转变，科学定位，探索模式，形成自身特色，那么全国剧院产业从目前每个剧场年演出收入 329 万元[11]翻 6 倍达到约 2 000 万元（相当于国家大剧院单个剧场年均演出收入的 26.7%）的预期目标是完全有可能实现的，届时全国专业剧场全年演出收入也将达到约 423.6 亿元，剧院产业规模将大规模提升。

（五）深化剧院认识，正确处理好几个关系

衡量一个剧院是否成功，不仅应该关注它的建筑设施、舞台配置等硬件条件的水准，还应该关注它是否拥有强大的艺术生产、经营管理能力，能否在人们文化生活中产生积极作用。因此，剧院要想打造成为真正成功的、受人尊敬的“百年老店”，还必须深化认识，正确处理好几个关系。

一是正确处理好与艺术生产的关系。当前很多艺术机构功能异化，偏离艺术生产这一核心业务。根据文化部相关数据，2015 年，全国艺术表演团体的艺术演出收入仅占总收入的

36.5%，其中，公有制艺术表演团体的艺术演出收入占比更低，仅占总收入的15.3%。有些艺术品种，公有制院团在艺术演出收入比例上远远低于非公有制院团，两者甚至相差十几倍。可见，一些公有制院团得益于高额补助，并非以演出节目为中心。不少剧院也存在类似偏离艺术生产的现象，而艺术生产恰恰是一个剧院打造核心竞争力的关键，是剧院的生命线。因此，推动剧院繁荣发展，必须抓好艺术生产这一核心要务，回归艺术本位。政府应该加强引导，抓文艺创作的基本方向，确定奖励精品的机制。剧院则必须以艺术生产为立身之本，始终保持正常的艺术生产秩序和节奏，坚守自身的艺术品位和艺术特色，以此形成自身品牌，推动表演艺术健康发展。

二是正确处理好与观众的关系。这是一种呼吸的关系。观众是剧院的衣食父母和艺术知音，剧院一切工作的出发点和最终归宿都是为了广大观众。为此，剧院必须坚持以人民为中心的工作导向，一方面不断推出精品，满足观众的精神文化需求，另一方面通过艺术普及教育，着力培养观众。对观众的培养既能提高人们的文明素质和艺术修养，也是有效解决演出市场供需矛盾、连通演出产品与观众需求的桥梁和纽带。一个城市的市民，如果把文化当“日子”过，而不是当“节”过，那这个城市就可以称之为文化之都。一个剧院如果能让人们享受艺术、让艺术真正改变人们的生活，那这个剧院就可以称之为大众心目中的艺术殿堂。

三是正确处理好与艺术家的关系。艺术家是剧院的宝贵财富，是剧院艺术生产运营的主体。一个剧院能否聚集一大批优秀艺术家，本身就是衡量剧院水准高低的重要标志。作为艺术家创作、生产、生活、延续艺术生命的栖息之地，剧院只有保持对艺术和艺术家的尊重，努力为艺术家创造一个心无旁骛的创作环境和展示才华的舞台，才能激发艺术家的活力，获得艺术家的支持。美国百老汇和伦敦西区，之所以延续百年辉煌，其背后正是拥有一大批优秀的制作人和艺术家提供支撑。

四是正确处理好与传播的关系。“传播决定影响，影响决定市场”。现代社会，传播不仅是降低信息不对称、促进节目销售的有效手段，也是剧院塑造品牌形象，顺利实施品牌战略的有力支撑。要正确处理与传播的关系，一方面剧院必须加强与媒体的合作，以开放的姿态不断将最新动态及时与大众分享。同时，媒体也通过向公众充分报道富于文化艺术价值的深度信息，与剧院一起，共同为市民艺术素养和城市文化品位的提升服务。

上海交响音乐厅室内。图片提供：同济大学建筑设计研究院（集团）有限公司

（六）建立专业学科，培养专业人才

我国剧院产业起步较晚，积淀薄弱，人才匮乏问题迫在眉睫。目前国内近百家高校都设立了艺术管理专业，但是其课程设置和研究方向与现实表演艺术专业的需求脱节大，特别是剧院管理专业学科基本没有，这直接造成了剧场管理运营人才后备不足的问题。因此，要想解决当前运营水平落后的问题，必须加大培养职业的剧院管理人才队伍，从院长、职业经理人的培养抓起。建议相关部门采取切实措施解决人才瓶颈难题，在艺术院校设置应用型的剧院运营管理专业学科，培养专业复合型人才，给予原创人才和团队更多的关注与扶持，为繁荣社会主义文艺、实现中国剧院梦提供坚实的人才支撑。

（七）加强研究，完善剧院标准及统计体系

剧院行业要想持续健康发展，前瞻性的研究显得尤为必要，特别是对剧院运营管理的研究至关重要。政府主管部门应把剧院的运营管理放在与剧院建设同样重要的地位，在建立专业学科研究的基础上，加大剧院行业运营管理模式的研究，加强对策与政策设计。

一是加强剧院性质、功能定位研究，建议把剧院作为公共文化服务体系的重要组成部分，在人、财、物上加大扶持力度，出台利于演出市场发展的税收政策等，为艺术发展营造宽松的环境。二是根据产业发展方向，着手制定我国剧院运营管理的行业标准。当前，我国剧院行业统一的国家标准相对滞后，尤其是剧院运营管理标准更是极度缺乏。必须加强相关标准的研究制定，促进全国剧院科学发展。三是加强剧院统计体系的研究和建设。统计工作是一项通过搜集、汇总和计算统计数据对事物的面貌与发展规律进行反映的重要工作。随着我国剧院迅猛发展、统计范畴不断拓展，剧院基础数据缺乏、不准、遗漏等诸多问题日益凸显，这严重影响了政府决策、科学研究和行业发展。只有真正认识到剧院统计工作的重要性和必要性，不断加大剧院统计普查力度，建立健全统计体系，完善统计制度方法，提高统计数据质量，才能及时发现问题、解决问题，真正促进剧院健康发展。

总之，剧院产业的发展，关系到表演艺术的未来，关系到人民文化福祉的兑现和中华民族伟大复兴的“中国梦”的实现。当前，我国剧院虽然存在一些问题，但这些都是我国剧院发展到这一历史阶段出现的必然。韩国在 20 世纪七八十年代，也出现过剧场设施建设快速发展与管理服务脱节的问题，但通过各方努力，剧院最终驶入发展快车道。因此，只要我们重视剧院发展，根据中国国情和表演艺术发展的实际情况，探索出适合剧院发展的现代运营管理模式，我国剧院的整体运营水平必将发生革命性的变化，整个演出经营业态和市场容量将实现跨越式提升，中国剧院全面繁荣的黄金时代也即将到来。

注释 NOTES

1. 北京市演出行业协会 . 2015 年北京市演出市场统计与分析 [EB/OL]. [2017-05-24]. http://www.bjycxh.com/c35170.jsp. 据北京市演出行业协会发布的《2015 年北京市演出市场统计与分析》显示，2015 年全市有 135 家营业性演出场所。经实地考察分析，除去文化馆、旅游类演出场所、大型场馆、排练厅等，目前以营业性演出为主营业务的剧场共 88 家。

2、8、10. 中华人民共和国文化部 . 中华人民共和国文化部 2015 年文化发展统计公报 [M]. 北京：中国统计出版社 ,2016.

3、9. 参见《2016 中国文化统计提要》，中华人民共和国文化部财务司，2016.

4. 东部包括北京、天津、河北、辽宁、上海、江苏、浙江、福建、山东、广东、海南；中部地区包括山西、吉林、黑龙江、安徽、江西、河南、湖北、湖南；西部地区包括内蒙古、广西、重庆、四川、贵州、云南、西藏、陕西、甘肃、青海、宁夏、新疆。

5. 中华人民共和国文化部 . 中华人民共和国文化部 2015 年文化发展统计公报 [M]. 北京：中国统计出版社 ,2016.

6、7. 中国演出行业协会 . 2014 年中国演出市场年度报告 [EB/OL]. (2016-04-20)[2017-05-24]. http://www.capa.com.cn/news/showDetail?id=81366.

11. 根据《2014 年中国演出市场年度报告》数据显示，2014 年国内专业剧场平均每个剧场年演出收入仅 329 万元。

上海文化改革发展的探索与实践

The Exploration and Practice of Cultural Innovation and Development in Shanghai

胡劲军　Hu Jinjun

摘要: 以社会主义核心价值观为主线，以文化民生为取向，开展公共文化、文化产业、文化市场三个体系中重大战略问题、全局问题的新探索与新实践。以文化立魂为引擎，在推动核心价值构建中着力；以文化需求为导向，在加强文化民生建设中给力；以城市形象为坐标，在营造城市文化氛围中发力；以增强软实力为目标，在发展主导文化产业中用力；以扩大开放为手段，在推动文化跨界融合中聚力。

关键词: 上海，文化改革，文化实践

Abstract: With the constant promotion of the reform and opening, China's theatres have entered a new period of rapid development. As the construction of facilities enhanced steadily, the construction of "soft infrastructures", such as business mode and operation management becomes a major issue. Based on the overall background of Eastern and Western theatres' historic changes, this paper analyzes the current problems in combination with the property and function of theatres, offering the countermeasure and suggestions including theatre-troupe combination, supply-side structural reform, enhancement of theatres' business mode, and establishment of professional disciplines, hoping to provide the valuable reference for the development of China's theatre industry and the prosperity of culture and arts.

Key words: Shanghai, cultural innovation, cultural practice

近几年来，上海坚持以习近平总书记的系列讲话精神为指导，以社会主义核心价值观为主线，以文化民生为取向，积极开展与上海国际文化大都市目标相适应的公共文化、文化产业、文化市场三个体系中一系列重大战略问题、全局问题的新探索与新实践，取得了显著成效。

一、以文化立魂为引擎，在推动核心价值构建中着力

核心价值观是城市的灵魂，核心价值观同样也是文化的灵魂。将核心价值观构建作为文化发展的第一要务，探索和运用七种文化方式推动核心价值观构建，力求内化于心、外化于行、固化为制、转化为力。

1. 舆论先导。一是推动主流媒体发挥传播社会主流价值的主渠道作用。引导全市广播、电视及新媒体把社会主义核心价值观贯穿到日常形势宣传、成就宣传、主题宣传、典型宣传、热点引导和舆论监督中。推动市级电台、电视台及新媒体拿出重要时段。开辟专栏专题，运用新闻报道、言论评论、访谈节目、专题节目等形式，广泛传播核心价值观。二是推动区县、行业类媒体发挥自身优势，联系群众身边事例，运用大众化语言，在生动活泼的报道中引导人们培育和践行核心价值观。推动全市网络媒体把核心价值观体现到网络宣传、网络文化、网络服务中。三是推动形成有利于核心价值观传播的社会舆论环境，做好重大文化信息网上发布，回应市民文化关切，主动、有效地进行舆论引导。推动中华优秀传统文化和当代文化精品网络化传播，创作适宜新兴媒体传播、格调健康的网络文化作品。四是依法加强网络社会管理，加强对网络新技术新应用的管理，规范网上信息传播秩序。加强社会思潮动态分析和文化引领，强化文化热点、难点问题的正面引导，在尊重差异中扩大社会认同，在包容多样中形成思想共识。

2. 艺术熏陶。一是从艺术的思维出发整合全市创作力量，推动创作一批以弘扬核心价值观为主题的思想性、艺术性、观赏性相统一的文艺作品，用优秀作品弘扬真善美，贬斥假恶丑。二是加强对新型艺术业态、艺术样式的创意引导，着力培育一批弘扬和传播核心价值观的新型艺术品种、艺术项目和艺术园区，让不同类型的文化艺术和艺术形式成为弘扬核心价值的生动载体。三是加大对优秀文化艺术产品的推广力度，向社会、市民和世界推广一批具有核心价值元素的高雅艺术精品、通俗艺术名品和民生文化艺术优品。持续开展优秀文化艺术产品展演、展映，以及展播活动、经典艺术作品阅读品鉴活动。四是加强文化艺术载体建设，拓展载体功能，推动在东方明珠电视塔、虹口足球场等户外大屏中对核心价值观内容的滚动播出与宣传，形成持续视觉艺术效应。五是在电影院线系统、农村电影放映、城市户外公共

放映点、微电影、微视频中，推荐放映一批彰显核心价值观题材的优秀影视艺术作品。六是以核心价值观构建为出发点和落脚点，进一步完善文化艺术评价体系，严格遵循核心价值观价值取向标准，对全市文艺作品开展评论、评奖。

3. 服务引领。一是以核心价值观构建为取向，加速建设上海现代公共文化服务体系，确立现代公共文化服务的上海标准和规范，按照中央提出的当好排头兵和先行者的要求，继续推进上海现代公共文化服务体系建设走在全国前列。二是立足于公共文化服务的均衡性和便捷性，围绕核心价值观构建，进一步加强城市15分钟公共文化圈打造，提升服务圈品质，完善服务圈格局，让人民群众共享文化发展成果。三是在全新的内容供给格局中，坚持以市民的核心价值观需求为导向，丰富供给内涵，创新供给方式，提高供给效能，形成具有核心价值观核心效应的上海供给品牌。四是在全市公共图书馆、文化馆、美术馆、博物馆、纪念馆、社区文化活动中心等公共文化载体嵌入核心价值观表达要素，丰富视觉感知，设置互动平台，使市民在参与服务中自觉接受核心价值观的引导。五是在公共文化万人培训计划中，增加核心价值观培训内容，加强核心价值观培训课程设置，以核心价值观的秉持为目标，开展对培训结果的考核。六是在公共文化云建设中，将核心价值观的关键指标与数字文化的数据指标有机结合，推动数字文化与核心价值观构建的内在统一、互动融合。七是在社会文化主体丰富中，坚持以核心价值观为引擎，催生一批自觉参与核心价值观构建的社会文化主体。以职能转变为核心，以有利核心价值观构建为标尺，处理好政府、社会和企业的关系。在核心价值观建设中，凡可依靠社会做的，政府不主导；凡属企业的微观活动，政府不干预；凡市场可决定的，政府不插手。

4. 传统灌输。一是以核心价值观为主旨，不断丰富城市文化积淀，延续城市文脉，加大文物保护和非物质文化遗产保护力度，加强新出台的《上海市文物保护条例》和《上海市非物质文化遗产保护条例》宣传执行。二是推动建设上海优秀传统文化传承体系，对传承什么、怎样传承开展调研，研究建立传承目录和传承资源库。加强对体现核心价值观优秀传统文化思想内涵与价值的挖掘，梳理和萃取中华文化中的思想精华，让优秀传统文化在新的时代条件下发扬光大。三是在为市民提供的全市文化导览中，充实和融入核心价值观内容，继续在全市文化窗口为市民免费发放文化导览图谱。四是重视民族传统节日的核心价值观熏陶和潜移默化的文化教育功能，丰富民族传统节日的核心价值内涵，开展体现核心价值观优秀传统文化教育普及活动，使传统文化节日成为传播核心价值观的有效载体。五是发挥博物馆教育功能，深入挖掘和充分阐释文物资源的历史、文化价值，推动形成一系列反映民族历史、展现民族精神的优秀展览，形成一系列宣传爱国主义、彰显时代精神的精品力作。重点在文博资料包、文博进课堂、乡土教育、爱国主义教育基地中增加核心价值观内容，分阶段有序推进学校优秀传统文化教育。六是以传统文化为核心内容，适应各类人群核心价值观构建需求，创新建立《市民文化读本》，并通过多种形式，向市民推荐阅读，在阅读中净化灵魂、美化心灵、陶冶情操。

5. 活动感染。一是继续依托举手机制、发英雄帖机制、发动社会主体参与机制，在成功举办首届市民文化节的基础上，更加富有创意、创造、创新地举办好每年一届的市民文化节，建立“1+16”联动网络，丰富以核心价值观为核心的办节内涵，完善用核心价值观构建检验节日效果机制，使市民文化节真正成为拥有核心价值观禀赋的市民文化节日。二是推动挖掘全市各种重要节庆日、纪念日蕴藏的核心价值观教育资源，利用“五四”“七一”“八一”“十一”等政治性节日，“三八”“五一”“六一”等国际性节日，党史国史上重大事件、重要人物纪念日等，举办庄严庄重、内涵丰富的群众性庆祝和纪念活动。三是利用党和国家成功举办重要会议等大事、妥善应对难事时机，因势利导地开展各类核心价值观教育活动，在活动中凝聚人心、促进和谐。四是利用中国上海国际艺术节、上海国际电影节、上海电视节、全国优秀儿童剧展演等节庆时机，运用各种文化平台、文化路径、文化手段，推动核心价值观的正效应释放。在各类重大文化节庆中，注重体现核心价值观内涵的规划设计，注重有利弘扬核心价值观的节目选择导向，注重以面向各类人群尤其是青少年核心价值观涵养的实践引领，注重提升以核心价值观为主导品质的节庆品牌。五是进一步加强对全市各类文化活动的管理。文化活动不仅有质的标准，也有量的总控。对文化内涵缺失、文化品位不高，不符合核心价值观导向要求的活动严格控制，建立活动正面清单，实行目标管理。

6. 市场渗透。一是继续加强文化市场政策法规建设，在文化市场政策法规建设中，加强对有利传播和弘扬核心价值观的刚性表达，为核心价值观的培育和养成提供法律支持，对不符合核心价值观构建要求的、过时的法规立、改、废。二是在自贸区和全市文化准入和审批中，重点加强对核心价值观导向的考量，坚持依法审批，加强流程再造，规范审批行为，坚决抵制有违核心价值观的精神文化产品。三是在影视、电影、演艺、动漫等八大文化产业的产品生产中，重点扶持和推动对体现核心价值观内容产品的生产与政策扶持。四是在迪士尼、梦工厂、佳士得等国际知名品牌建设中，推动娱乐业产品推介与核心价值体系观构建的有机统一。五是在环人民广场剧场群等全市剧场、各类动漫、游戏游艺、网吧、文化娱乐场所，加强体现核心价值观的剧种节目、动漫和游戏游艺产品、网络和文化娱乐内涵及功能、文化环境布置和创意。六是注重发挥各类文化发展基金、专项经费在核心价值观构建中的牵引和保障作用，重点加强对主动承担核心价值观引领各类市场主体的资金支持，加强对支持重点民营企业履行核心价值观构建责任国内外资本的撬动和吸引。七是围绕核心价值观构建，引导和推动上海文化消费市场做大做强，促进上海文化消费市场不仅更有活力，而且更有核心价值观内涵。八是加强对城市街头艺术的管理，开展街头艺人立法调研，对有违核心价值观的街头艺术行为，及时加强疏导乃至取缔。

7. 机制撬动。一是建立广播影视等媒体加强核心价值观舆论宣传引领的督促检查机制，不断增强媒体在核心价值观构建中的社会责任。二是建立图书馆、文化馆、美术馆、博物馆、社区文化活动中心等核心价值观引领的跟踪检查机制，增强各类文化场馆在构建核心价值观中的自觉性。三是建立全市重点领域、重点区域、重点文化载体开展核心价值观引领的督促检查机制，更好地激发社会主体参与核心价值观构建的内在动力。四是建立文化点、文化带、文化线、文化圈、文化长廊、文化街区核心价值观引导综合检查与评估机制，推动形成全市核心价值观构建合力效应。五是建立核心价值观进园区、居住小区、学校、医院、旅游景点、各类企事业单位的统筹督促检查机制，将检查结果纳入先进文化区县、文明单位、创先争优先进单位评选指标范围。六是将核心价值观构建列入全社会、全行业、全系统重点工作一体推动机制，开展顶层设计，结合制定新一轮文化发展规划，研究制定上海核心价值观构建近期、中期、长期规划和三年行动计划。七是创新核心价值观建设考核与文化工作考核同步计划、统筹安排、整体推进机制，确保核心价值观构建落到实处。八是建立全市文化条线核心价值观构建中先进典型的发现、培养、表彰、激励机制，在全社会形成崇尚真善美、抵制假恶丑的环境氛围。九是以建设学习型大国为目标，建立以核心价值观为主题的经常性队伍学习、教育、培训机制，不断提升文化队伍的主导、引领、推动核心价值观构建能力。十是建立各级主要领导对构建核心价值观亲自抓、负总责机制，将核心价值观构建列入各级领导和机关责任目标考核内容，形成层层负责、各负其责、各司其职、齐抓共管的工作格局。

同时制定了把核心价值观日常化、具体化、形象化、生活化的落细、落小、落实的举措：

1. 在落细上，坚持细处着眼，润物无声。发动机关和基层，梳理并形成核心价值观落细要目，将核心价值观的抽象概念、丰富内涵具象化，融入公共文化服务的细节里，体现在公民日常文化行为中，让人们在文化生活中感知它、领悟它。坚持从细节入手，细化目标、细致态度、细密措施、润物无声。将目标大而化小、小而化实，分解成具体可操作的任务、项目。根据不同群体的特点分类指导，在文化引导、舆论宣传、艺术熏陶、实践养成、制度保障中因情因人而异，在现实针对性上做足功夫。将核心价值观构建的总目标细化，细分项目、精细规划、注重细节、

当代艺术家蔡国强在上海当代艺术博物馆火药爆炸现场。叶辰亮 摄

把握细微，让核心价值观在文化牵引下进设施场馆、进内容生产、进文化活动、进艺术空间、进学生课堂、进消费市场、进社区家庭、进人文窗口。创新六个“一套”，即一套体现核心价值观的公共文化服务方式、一套拥有核心价值观追求的创作品牌、一套具有核心价值观元素的融合发展体系、一套助推自觉践行核心价值观市场主体做大做强的扶持机制、一套面向各类人群的核心价值观传播和引导网络、一套拥有核心价值内涵的社会文化成果评估标准。

2. 在落小上，注重小处着手，以小见大。突出把“小”的文章做足做好，找准价值观建设的着力点。坚持小中见大的方法论，通过小故事、小节目、小活动、小演出等，引导市民注重日常养成，从点滴做起、从身边做起、从自己做起，将核心价值观融化于社会生活深处，落脚在市民的一言一行中。从具体文化行为入手，在媒体宣传中教化、在优质服务中强化、在艺术熏陶中感化、在日常生活中固化、在文化民生中同化。创新在场、在地、在线、在屏文化方式，丰富艺术空间载体，优化各类文化活动资源，在潜移默化中传扬崇德向善的感人事迹。让人们真切体悟到真善美就在身边，逐步涵养传递爱与善的自觉。加强落小思路和方式创新，坚持在舆论引导中用立身做人的小道理诠释核心价值观的大道理，在公共文化中用体现核心价值观的小窗口凸显亲民便民的大服务，在氛围营造中用拥有核心价值观内涵的小活动彰显文化发展的大形象，在跨界发展中用富有核心价值观禀赋的小项目促进文化与相关领域的大融合，在人才培养中用核心价值观养成的小点滴推动构建文化人才的大舞台。

3. 在落实上，实处着力，知行合一。于实处用力，从知行合一上下功夫，将核心价值观内化为追求，外化为行动。以落实为导向，建立和完善支撑核心价值观的制度体系，形成弘扬核心价值观的法律支持、政策保证和机制保障，用刚性制度树立道德天平、引导价值判断、规范行为取舍。强化各级领导在核心价值观构建中的责任，坚持将核心价值观构建列入文化工作重要议事日程，做到思想上求实、工作上扎实、作风上严实、措施上务实。用人们喜闻乐见的文化方式，把核心价值观贯穿于文化发展的各个环节中，真正让人们入眼、入耳、入脑、入心。探索一套与文化特点相适应的落细、落小、落实的方式，发育一套数字化检验评估标准。将核心价值观构建作为文化发展的出发点和落脚点，检验设施作用发挥，不仅看是否免费开放，而且看开放项目中是否具有核心价值观内涵，检验文化产业发展成效，不仅看具体指标，而且看产品中有无体现核心价值观追求，检验文化市场管理，不仅看市场繁荣程度，而且看在市场中有无凸显核心价值观元素，检验文化活动绩效，不仅看活动规模、质量，而且看活动本身核心价值观含量，检验传统文化，不仅看传统文化的资源积累，而且看传统文化在促进核心价值观构建中有无得到弘扬，检验文化融合发展，不仅看融合形式，而且看融合是否有利于核心价值观构建。

二、以文化需求为导向，在加强文化民生建设中给力

文化民生是文化改革发展中人民最关心、最直接、最现实的利益问题。文化大发展大繁荣，最根本的是保障和改善文化民生。随着百姓精神文化需求的日益增长，文化民生比过去任何时候都更为重要。近年来，以保障和改善文化民生为目标，按照公益性、基本性、均等性、便利性的原则，大力推进以覆盖城乡的公共文化服务体系建设为重点的文化民生建设，取得了新的成效。

一是设施建设能级显著提升。进一步加强了以社区和农村为重点的基层公共文化设施建设。目前，上海共有公共图书馆238个（其中郊区图书馆123个），市区级文化馆（群艺馆）26个（其中郊区文化馆12个），博物馆114个（其中郊区博物馆31个），美术馆32个（其中郊区美术馆6个），社区文化活动中心203个（其中郊区文化中心111个），东方社区信息苑379个

（其中郊区信息苑 110 个），居（村）委综合文化活动室 5 245 个（其中村委综合文化活动室 1 646 个），可容纳 200 至 1 500 人的文体广场数百个，完成有线电视"村村通"和有线电视"户户通"，农村有线电视入户率达到 80%，9 个郊区（县）基本实现农村数字电影放映点全覆盖。城乡一体、纵横贯通、资源共享的市、区、街（镇）、居（村）四级公共文化设施网络基本建成，15 分钟公共文化服务圈日臻完善。全市标志性文化艺术场馆中华艺术宫自 2012 年开馆试运行以来，共接待观众 450 万人次，日均接待量超 6 800 人次；展厅增至 35 个，展示面积扩大到近 7 万平方米，举办各类展览 74 个，展出作品逾 15 000 件，新收藏作品 644 件，组织开展学术活动 70 场；公共教育区域达 2 万平米，举办各类艺术教育活动 327 场，放映艺术电影 1 275 场，举办"中华艺术宫之约"专场音乐会 22 场，累计参与人次逾 10 万人次。

二是内容供给网络广泛覆盖。面向城乡的公共文化资源供给体系基本形成。实施广播电视村村通、文化信息资源共享、乡镇综合文化站、农村公益电影放映和农家书屋等国家重大文化惠民工程，推进公共图书馆、文化馆、博物馆、美术馆、社区文化活动中心等公共文化设施免费开放。在全国率先建立了市群艺馆牵头，由东方宣教中心、东方讲坛、东方社区学校服务指导中心、东方社区信息苑、东方社区文艺指导中心、东方永乐数字电影以及社会力量等共同参与的市、区、街（镇）三级联动的"东方系列"文化资源配送系统，为基层、社区、农村提供节目、讲座、教育培训、数字电影、文艺指导等服务，年受益近 6 000 万人次。不断创新政府社会联动、事业企业并举、国企民营参与的文化内容供给平台，推动建成公共电子阅览室 305 家，实现了对所有街道、乡镇的全覆盖，服务人次超过 1 400 万。各区因地制宜形成各具特色的资源供给模式，如嘉定区"百姓系列"，徐汇区"社会力量参与"等。全市公共文化设施每年服务公众 9 000 多万人次，有效满足广大人民群众看电视、听广播、读书看报、进行公共文化鉴赏、参与公共文化活动等基本文化需求。

三是群文创作活力不断激发。积极引导与扶持群众文化创作，丰富群文创作核心价值内涵，构建全市群文创作网络，建立群文创作机制，坚持以文化人，以文育人，引导人们修身立德，向上向善。依托文化部群星奖评选、"上海之春"新人新作展演、上海市民文化节等平台，广泛发动和聚集全市创作骨干力量，打造出一批具有全国影响的精品力作。近年来，全市群文创作作品每年达 1 千多个，其中反映农村生活的约占 30%。在第十届中国艺术节"群星奖"评选中，本市共有 16 个作品获"群星奖"，6 个作品获"优秀演出奖"，获奖数创历届之最，在全国名列前茅。近年来，每年举办各类文化活动 4.9 万余项（其中郊区文化活动近 2 万项），总计 2 900 万群众受益，全市 203 个社区文化活动中心实现满载运行。几年来，先后有 10 个区被命名为全国文化先进区，17 个街镇被命名为全国先进社区，12 个地区被命名为“中国民间文化艺术之乡”，群众文化共获国家级奖近 800 项。开展涉及音乐、舞蹈、美术、戏曲、戏剧等艺术门类的“中国梦”主题创作，开展每年一次的上海市新剧目评选展演。

四是人才队伍建设不断加强。将文化人才队伍建设放在公共文化工作的突出位置，坚持常议常抓，开展政策设计，营造良好环境，明确规定社区公共文化设施工作人员的编制数额、编制性质、岗位资格、教育培训、职称评聘等要求。加强人才培训力度，启动了上海市公共文化万人三年培训计划，与上海视觉艺术学院共同设计培训课程，已培训公共文化领域从业人员上万名。培育群众文化业余团队，由“东方社区文艺指导中心”负责文艺指导员配送、辅导基层文艺团队开展活动，全市现共有群众文化团队 3 万多支。与此同时，建立了与市文明办对接工作机制，首批 11 家单位已经获得上海文化志愿者服务基地称号，长年提供文化志愿者岗位，成为市民参与文化志愿服务的重要阵地和示范点。此外，还加强同上海市级院团合作，聘请热心公益事业、德艺双馨的文化艺术工作者作为文化志愿服务宣传大使；加强与民营机构的合作，储备建立各基地急需的文化志愿者专业人才库。

五是财政保障力度不断加大。建立市级财政转移支付机制，全市社区文化活动中心的硬件建设，市级财政平均每个补贴 250 万元，对远郊区县的社区文化活动中心建设另增补贴 250 万元。建立市级文化发展专项资金，每年投入 5 500 万元，用于全市文化资源配送，并向金山、崇明、奉贤等远郊和已建成入住的大居重点倾斜。在各类专项资金投入方面，中央、市级各类专项资金共投入 6 000 余万元，其中，用于农村文化建设专项资金 1 200 万元，免费开放资金 3 000 万元，国家公共文化服务体系示范区（项目）创建的配套资金 1 500 万元，促进了文化资源城乡间的合理配置。此外，还加大向社会力量购买服务力度，出台了《上海市文化广播影视管理局向社会力量购买服务管理办法》，规范购买服务的标准、流程及评估机制。2014 年以来，每年向社会发布购买目录 80 余项。

六是公共文化管理体制机制逐步健全。在全国率先成立了由市委宣传部部长为组长，市文广影视局局长等为副组长，市委宣传部、市文广影视局、市新闻出版局等 15 个委办局为成员单位的上海市公共文化服务工作协调小组，统筹协调全市公共文化服务体系建设。率先出台国内第一部聚焦社区公共文化服务的地方立法——《上海市社区公共文化服务规定》。出台了《关于加强社区文化活动中心建设与管理的指导意见》，建立了公共文化设施登记、绩效评估、市民暗访、信息监管的多维监管体系。委托上海市民巡访团对 28 个市区级公共图书馆和 166 个

上海跨年度迎新灯光秀。
傅国林 摄

社区文化活动中心的环境设施、服务规范、免费开放、活动开展、公众满意度等 5 个方面、17 项内容进行巡访测评。试点推进社区文化中心的社会化、专业化管理运行机制，委托华爱社区服务管理中心对打浦桥等社区文化中心进行专业化管理，激活基层公共文化服务机构活力。推动中华艺术宫、上海当代艺术博物馆、中国上海国际艺术节中心、上海交响乐团建立理事会制度，进一步完善法人治理结构。

三、以城市形象为坐标，在营造城市文化氛围中发力

文化氛围是上海建设全球城市的必然选择，是城市转型发展的内在动力，是城市形象提升的内在要求。政府管文化，不仅要出规划、思路、政策，更要重视文化氛围的营造。

去年来，就全球视角下上海文化氛围营造开展了探索，全市上下积极呼应，市政府列入重点工作推进，制定了《关于上海营造城市文化氛围三年行动计划》及 10 个分计划，联手区、动员社会、依靠群众，分 10 类、100 余个项目在全市同步实施剧场、影院、影像、广场、地铁、商圈、集市、街头、机场、市民文化十进工程，让文化穿越于城市乡村、空中地下、大街小区、社会家庭，与市民近距离接触。在营造氛围中，重点推动了以下实事工程建设：

一是文化进地铁工程。契合上海建设国际文化大都市的新目标和百姓文化的新需求，自2013年元旦首届地铁公共文化宣传周启动以来，推动城市地铁部门利用330个车站、400余列列车的城市公共交通空间，持续实施以建筑艺术、公共文化为核心内容的文化进地铁工程，让地铁更加艺术化、人文化，提高地铁公共文化能见度。近几年来，进一步推进地铁公共文化建设的内容方式创新、功能服务创新，更加注重顶层规划设计，更加注重丰富参与主体，以一系列标志性文化项目为载体，为地铁公共文化建设提供丰富的内容支持，不断拓展地铁公共文化的内涵和外延。具体举措包括：

丰富以社会主义核心价值观为主题的地铁文化内涵。推动核心价值观进入地铁空间，让过往乘客在不知不觉中从演艺、美术展览、群文活动、图书推介、橱窗布置等多种文化样式中接受核心价值的教化与体验。同时，推动地铁硬件设施人性化设计、功能性配置与艺术化表达结合，使地铁空间布局更具文化元素。

建设地铁枢纽文化核心圈。陆续建成及完善人民广场站中央展台、出入口文化墙，形成了上海地铁公共文化的核心展示区。在中央展台进行“中国梦、申城美”微电影首轮展播，重点展播上海城市宣传片、上海公共安全宣传片、SMG公益宣传片等内容。举办上海人民广播电台65周年图片展、上海书法家协会青少年书法作品巡展、上海摄影家协会专题采风等多期公益展示。在人民广场站1号出入口设计墙体展示空间，以上海博物馆特色展品为主题，体现现代城市文明与文化发展脉络。

设置地铁文化长廊。依托地铁进出入通道、乘客候车墙体等人员流动集聚区域，精心设置地铁文化长廊、传统与现代大型经典壁画群、区域特色与创意文化宣传平台。推动上海美术机构在文化长廊举办了首期“上海历史文脉美术创作工程作品地铁巡展”，共有28幅作品在此亮相，过往乘客纷纷驻足观看。

精心打造“地铁音乐角”。组织上海交响乐团、上海民族乐团和上海轻音乐团等专业艺术院团约600名演员轮番上阵，共上演300多个精彩节目。开辟社区专场文艺公益演出，以舞蹈、少儿京剧、民族器乐等形式，呈现给乘客们精彩的艺术盛宴。从今年年初起，音乐角与虹口区委宣传部、交享越（交通大学）、小荧星艺术团等联手，每月推出特色系列演出，社区获奖作品汇演、学生优秀作品展示等专场。还将进一步整合资源，以政府购买服务的方式，组织上海民族乐团、上海戏曲艺术中心所属院团等参与“地铁音乐角”公益演出。

开展大师作品进地铁活动。继 2013 年策划"大师作品进地铁"巡展活动，在 4 号线的海伦路、延安西路站等 8 个车站集中展示吴冠中、林风眠、丰子恺、吴湖帆、陈佩秋、谢稚柳等近 20 幅大师作品后，近几年来又有科技、音乐、电影等四类大师的经典作品进驻世纪大道站、蓝村路站、延安西路站、上海体育馆站。迄今为止，已有 11 座车站展示文化项目，占 4 号线 26 座车站的 40%。

开辟地铁移动"文化列车"。继 2013 年贺友直、丰子恺文化列车后，近几年来已有"印象莫奈专列""毕加索和张大千""大美中国——京昆折子戏戏曲人物画""列支敦士登特展"等 10 列文化列车上线。还将陆续推出"同行——国际美术馆联合展""蒙卡奇和他的时代——匈牙利国家美术馆珍藏作品展"等一系列不同主题的文化列车。其中，在 10 号线集中推出的 4 列文化列车，已占到投运列车的 15% 左右。

构建上海地铁公共文化服务平台。成立上海地铁公共文化发展中心，建立地铁公共文化数据库，更新完善中央展台、文化长廊、音乐角、文化列车、车站建筑、媒体宣传、公益广告等文化展示的最新成果，实现关键词查询，并正在研究通过信息手段实现阵地资源与文化项目的交互查询。协调推动全市有关各区政府、各委办局、文化事业单位甚至是民营企业和民间公益团体，都参与到地铁公共文化建设中，由以往申通地铁集团一家单独、单向、单线式的对外合作，逐步提升为系统、多向、多领域共同融入的合作共建平台。今后，还将继续推动 120 项地铁公共文化建设项目在 100 座地铁车站实施，形成具有"时代特征、上海特点、地铁特色"的上海地铁公共文化体系，使之成为城市文化的新品牌、公共艺术的新空间。

二是文化进小陆家嘴工程。小陆家嘴金融核心区在浦东、上海，乃至全国有着十分重要的地位，云集着十万金融白领人才。营造好小陆家嘴地区的文化氛围，有利于提升该地区的文化形象和市民生活品质。为此，市文广局和浦东新区区委、区政府以及区委宣传部联手，积极行动，共同推进小陆家嘴地区的文化氛围营造工作。作为上海市民文化节的一个特色版块，重点针对金融白领、针对新上海人的青年群体及各类人群，秉承"三动"理念，即政府推动、多元所有制企业行动、各类群体互动；强调"三个并举"，即经典性和流行性并举、欣赏性和参与性并举、公益性和市场性并举，积极打造符合小陆家嘴各类人群文化需求、具有海内外影响力的特色艺术品种和文化品牌活动，以"品质化、国际化、高端化、常态化"为方向，进一步增强小陆家嘴金融城的吸引力、凝聚力和创造力，全力助推浦东新区的"再一次腾飞"。制定了"深入广场、绿地、滨江、楼宇等公共空间，将多种艺术形式引入小陆家嘴区域，积极服务十万'白领'等人群，打造文化新地标和新品牌"的时间表与线路图。

三是文化进广场绿地工程。此项工程旨在借助开放空间打造公共艺术，将文化理念、内涵等元素融入城市广阔空间。以文化亲民、文化惠民、文化乐民为宗旨，利用城市主要广场、绿地等人群集聚区域，举办春之声、夏之魅、秋之恋、冬之韵四季主题音乐会，让广大爱好音乐的普通市民免费欣赏高雅艺术。近年来，先后多次举办上海城市广场音乐会，组织国内一流乐团表演，探索出了一条舞台高雅艺术移入户外广场绿地演出的路子，上海市领导专门批示给予充分肯定。同时，将演出场地从上海中心城区标志性户外景观广场、绿地逐渐向周边区县延伸，采取统筹规划、市区联动方式，在全市范围打造形成一批固定的以森林公园、草坪绿地为平台的高雅音乐户外演出场所，在上海城市不断形成浓厚的户外景观交响音乐会氛围。

四是文化进商圈工程。通过建立与上海大商业模式相协调的文化氛围营造格局，加强文化元素对商业领域、商业行业、商业营销平台的植入，增强城市商业空间的文味、文气。重点开展了 7 大商圈的文化融入，选择南京路、淮海路、徐家汇、虹桥开发区、大宁绿地、五角场、陆家嘴商业集聚区，依托各种商业活动及载体，融入美术展览、演艺、非遗展示、群文活动等文化品种及内涵。创新“商业 + 艺术”模式，通过文商合作，在环球港、梅龙镇广场、恒隆广场、港汇广场、来福士广场等大型销品茂，举办经典与大众艺术作品展。推动有关部门加强文化类广告、图片、宣传画、文化导览图、创意设计对全市重点区域、路段，包括大商场、大超市、大橱窗、金融网点、东方书报亭、公共座椅、公交站点等平台的推介。利用华联、八佰伴等一些品牌商业、金融、旅游网点的商庆、店庆、招商引资等活动，开展文化的推广与参与，增强商业、金融、旅游类活动的文化品味。本市商业航母环球港将1万平方米空间用于非遗等公共文化项目展示、展销、展演，日均吸纳观众 5 万人次，大大提升了商圈的文化品质。

五是文化进机场工程。利用机场独特的人文功能与环境，着力加强机场文化建设，将上海浦东、虹桥机场打造成国际一流的、拥有人文内涵与氛围的对外窗口。充分挖掘、整合与利用现有的全市博物馆资源，在更大范围拓展面向各类人群的博物馆典藏资源展示空间。开展与上海两大国际机场的对接，精心谋划制定博物馆展品进入机场可行性方案，精心挑选适合机场需要的展览项目，精心创设博物馆藏品与机场布局相宜的布展环境，逐一细化陈列方案。建立由市文广局与机场方面统筹协调、互通信息、合力推进平台，统筹安排文化与机场融合发展资金支持，为博物馆典藏资源落地机场提供经费保障。契合浦东机场每年 4 000 万人次、虹桥机场每年 3 000 万人次的大旅客量及人员高度流动的特点，有针对性地组织全市各类博物馆的相关资源，重点安排体现上海城市历史文化、上海海派文化艺术、中国传统文化艺术的系列藏品，在机场适宜空间加以定期、集中陈列展示。

2014 年 6 月 4 日，国内首家机场博物馆在上海浦东国际机场 T2 国际出发候机厅正式开馆。作为浦东机场博物馆的首个展览，“东风西渐——上海市历史博物馆馆藏欧洲瓷器展”同时拉开帷幕。此次展览由上海市文广局和上海国际机场股份有限公司共同主办、上海市历史博物馆承办、上海文物商店协办，以几百年前中国和欧洲的瓷器贸易史为背景，精选了上海市历史博物馆馆藏的 53 件瓷器展品，从“创新和发展”以及“传播和融合”两个方面，向观众讲述那段中西瓷艺会通的历史佳话。该展览为国内外旅客提供了了解瓷器艺术和瓷器历史的平台，丰富了群众的文化艺术体验。为配合该展览的主题，现场还开设了软陶制作互动体验活动，受到旅客的欢迎。同时，将全市重要文化动态信息在每日 600 余架次进沪航班上播报。

六是文化进街头集市工程。在上海中心城区推动建成一批具有亲民特色、创意特质、文化气息的城市艺术集市，让更多市民购买到优质低价的原创艺术品，为更多青年艺术人才提供与市场、消费者零距离的展示交易平台，让艺术更加生活化，让生活更加艺术化。推出中福古玩城为重点收藏艺术集市，组织入驻商户在古玩城内开设双休日专场，为收藏爱好者提供相对低价的文物艺术品。在继续推动完善乐活上海、嘉善路创意集市的同时，重点推动发育新虹桥绿地、红坊创意园等 2 ～ 3 个平民艺术集市。利用同济大学、东华大学、上大美院等高等院校周边地区，重点培育 3 ～ 4 个面向学生群体的艺术集市，鼓励和支持在校大学生艺术创作与实践。建立与市市容绿化、工商、教育、文化执法等部门的沟通协调机制，项目开发市场化运作机制，品牌项目推广机制，确保艺术集市的规范有序发展。

其中，大型公益性艺术文化项目——虹桥艺术集市 2013 年 3 月开市至今，共举办了 100 余场，参与的艺术机构达 200 余家，前来参观的市民约 50 余万人次，取得了良好的社会效益。虹桥艺术集市作为市民文化节众多活动的重要组成部分，本着“惠民、便民、亲民”的宗旨搭建起一个创意作品交流的平台，在集市独有的自由氛围中，各类稀奇古怪的有趣想法转化为创意实践，诸如艺术原创、生活艺术创意、创意杂志、音乐、行为艺术、服饰文化、生活艺术摆设、创意园艺、手工艺品等，几乎所有潮流的玩意儿都被囊括于集市之中。创意集市文化已初步在园区中生根开花，让更多的上海市民融入到城市公共空间的艺术集市中，让更多的普通百姓和艺术家直接见面“握手”成交，这种热爱生活和艺术的习惯和高雅的精神追求，勾勒出一道亮丽的城市文化风景线。虹桥艺术集市在服务市民同时，也高度重视为青年艺术人才提供平台，上海大学、复旦视觉艺术学院等专业艺术院校组织学生携作品前来参加，包括绘画、雕塑、陶瓷、玻璃艺术等多个门类，数量占参展艺术品总数的 50%。

七是创新举办市民文化节。2013 年，创新举手等机制举办了首届上海市民文化节，市民自编、自导、自唱、自演，自主参与，自得其乐。首届市民文化节开幕活动及10 项赛事均放在社区举行，吸引了市民参与，整个活动场次达 4.9 万场，参与人次超过 2 900 万，催生了百支优秀市民舞蹈团、百名市民小画家、百个优秀市民音乐家庭等“10 个100”的市民文化成果，全市 203 个社区文化活动中心首次实现满载运行，并全部延长开放至 21:30。同时还推出了千门市民艺术教育课件，举办了百强巡展巡演。市民文化节的举办极大地烘托了上海城市文化氛围，开拓了市民文化活动的新样式，在上海市民文化发展史上创写了崭新的篇章。近年来坚持每年举办一届，办节目标是“百强成果展示，服务资源配送，艺术教育普及，阅读氛围营造”，以全市 203 个社区文化活动中心为主要活动场地，举办百强成果巡展巡演，推出千场社区艺术教育课，围绕“听、说、读、写”举办市民演奏、市民演说、市民阅读、市民写作四项全市性赛事，并将评选出百支优秀市民乐队、百名优秀市民演说家、百个优秀市民阅读家庭等一批成果，推出社区电影节、世界名校大联欢、陆家嘴白领金融文化节等一批新项目。虽然每年的主题都有所不同，但市民参与热情依然高涨。此外，立足于世界城市视角，推动实施上海城市文化内涵拓展、品质提升、功能完善、样式创新、消费发达、成果普惠六大市民文化发展战略，上海作为全国一流、亚洲知名、国际影响的世界城市市民文化资源更为集约、内涵更为丰富、样式更为多元、体验更为人文。从市民文化节的举办和市民文化发展的实践中体会到，没有市民参与的文化，不能说是真正意义上的市民文化。对于各类文化活动，不仅要让市民在参与中尽情享受，同时还要让市民在享受中涵养内心，成为有文化的市民。

四、以增强实力为目标，在发展主导文化产业中用力

文化活力来自文化产业实力，文化产业实力体现文化活力。通过对世界大都市的文化产业实力研究发现，国际化程度越高的城市，他们的实力不仅体现在经济、科技等硬实力上，更体现在文化等软实力上，而文化发展成为城市实力的突破口。

近年来，上海文化创意产业增长比全市生产总值增长持续高出 5 个点左右，2013 年上海文化创意产业总产出 7 714.5 亿元，增加值 2 362.4 亿元。演艺业、影视业、动漫业、娱乐业等八大文化产业在深入调研、分类规划、积极推动中，呈现出整体实力不断增强局面。其中，上海电影产业以自主创作能力、一流制作能力、市场营销能力、跨界融合能力、衍生发展能力、人才集聚能力为重点，以打造完整产业链为目标，在助推上海城市软实力提升中的优势效应不断凸显。

一是电影制作机构数量显著增长。2011 年以来，积极培育各类电影制作主体，形成了电影产业多元竞争格局。支持上影股份有限公司上市，培育具有行业竞争力的国有电影支柱企业。扶持引进优质民营电影企业。利用中国（上海）自由贸易区开放平台，开展与国际一流电影制作主体的合作，吸收海外先进的电影观念、制作技术和市场开发经验。2011 年上海仅有 64 家影视文化公司在上海拍摄电影，至 2014 年上半年已近 200 家，集聚了银润传媒、新文化、中影（上海）国际文化、河马动画、淘米科技等一批本土民营企业。吸引了中影集团、北京光线传媒、派格太合等企业来上海开展业务。

二是电影市场持续稳步发展。2011 年至 2013 年期间，依托新（改）建数字影院补助资金，引导和鼓励社会资本投资影院建设。重点扶持市郊乡镇影剧院以及部分新建的乡镇社区文化活动中心（影剧场）的数字化改造和郊区县多厅电影院的建设，促进上海电影市场基础设施建设更加均衡和完善。三年内，共有超过 30 家乡镇影剧院顺利完成了数字化改造。新增影院 92 家。2013 年上海电影票房 15.7 亿元，比 2011 年增长了 31.9%。2014 年预期票房可超过 18 亿元。上海电影票房已连续六年、每年以两位数的幅度保持增长。影院、银幕数量、院线数也在持续增加。2013 年上海电影院共 178 家，银幕数 765 块，座位数 13 万个，其中 IMAX 10 块，共有 22 条院线在上海建立影院。上海联和电影院线全年票房达 18.8 亿元，仅次于北京万达院线，位居全国第二。上海永华 PIC 电影城和上海万达影城五角场店分别名列全国电影院票房第四和第六位。2012 年，上海成立电影发行放映行业协会。协会成立以来，开展了对电影放映场所规范服务、提升服务水平的引导，发挥了行业协会监督和自律作用。同时，打造了上海艺术电影联盟，使之成为中外优秀艺术电影的展映平台，成为新锐导演的活动舞台。

三是电影惠民力度不断加强。大力推进“上海农村数字电影放映工程”，完善公益放映，服务基层百姓，满足市民群众的基本文化需求。上海农村流动电影放映队在全国率先全部实现了放映设备数字化转换，覆盖全市 9 个区、1 600 余个行政村、300 余个居委会。上海已连续 8 年达到国家提出的“一村一月看一场电影”的农村电影放映工程目标。同时，推动电影面向农民工群体和社区活动室的公益放映活动，使电影公益放映覆盖了更广泛的群体。

四是电影创作生产佳片迭出。始终不忘培育电影人才，孵化电影企业，出产了一批具有人文艺术价值的主旋律影片和艺术佳作。2011 年至 2013 年，上海共生产电影故事片 79 部，较“十一五”期间有明显增长，涌现了《西藏天空》《辛亥革命》《高考 1977》和 3D 动画《大闹天宫》、3D 戏剧电影《霸王别姬》等一批优秀影片，也有《到阜阳 600 里》《hello，树先生》《星星的孩子》《少女哪吒》等艺术上有突破、有亮点的新人新作。上海动画电影也成

上海旅游节

绩斐然，出品的动画电影每年占国产动画电影票房的 50% 以上，“喜羊羊与灰太狼”大电影系列在 3 年内为上海贡献了 3.61 亿元的票房，淘米科技的赛尔号系列和摩尔庄园系列票房累计近 2 亿元。上海电影在国内和国际上也屡获殊荣，上影集团的《西藏天空》被中宣部和国家广电总局列入“纪念中国共产党成立 90 周年”重点影视作品，荣获第 15 届中国电影华表奖优秀少数民族题材影片奖和青年演员奖，以及优秀编剧提名奖。3D 戏剧电影《霸王别姬》被列为国家京剧艺术重点工程，成为我国第一部 3D 戏曲影片。上海源存影业的《到阜阳六百里》获得中国台湾第 18 届金马奖原创剧本奖和最佳女配角奖。

五是电影改革发展步伐领先。上海电影始终跟随着国家改革开放的步伐，在改革中求发展，在发展中不断深化改革，在全国率先推动了影视合流、集团化、股份制等一系列改革举措。2002 年推动院线建设后，在大力支持本地院线发展的同时，鼓励外省市院线落地上海建设影院，引入良性竞争机制，推动本地院线公司的体制机制改革，使上海电影放映市场的规模化、集约化经营优势进一步得到加强。2002 年，上海仅有 4 家跨省院线在上海设有影院，2013 年已升至 22 家。近年来，上海电影不断加大改革力度，在体制机制创新、产业扶持资助政策以及产业布点布局上持续开展创新。2011 年 4 月，上海市政府办公厅出台了《关于促进上海电影产业繁荣发展的实施意见》，明确设立了 5 000 万元的上海电影专项扶持资金，用于促进重点影片拍摄，培养优秀青年电影人才，扶持新人新作；新（改）建数字影院补助资金，引导和鼓励社会资本投资影院建设，重点扶持市郊乡镇影剧院以及部分新建的乡镇社区文化活动中心（影剧场）的数字化改造；扶持上海国际电影节，支持上海国际电影节提升办节水平等。2011 至 2013 年，上海电影专项扶持资金共扶持《西藏的天空》等 16 部重点电影，资助了《星星的孩子》等 12 部新人新作的拍摄，共有超过 30 家乡镇影剧院顺利完成了数字化改造，34 家新改建影院获得了新建银幕的补贴资助。

创立 19 年的上海国际电影节也在不断创新发展。2014 年，首次由政府文化主管部门牵头承办，首次确立了“亚洲、华语、新人”的办节定位，首次成立了选片人制度，首次合并了国际影视市场，参赛影片水准大幅提升，参展影片辐射范围大幅拓展。从而使上海电影节与产业的关联度更加密切，与广大市民群众的联系度更加广泛，展现出许多新气象、新活力和新的社会影响力。近年来，重点推动了电影政策创新，设立每年 2 亿元的上海电影产业发展专项资金，实行上海电影产业税收优惠政策，实行上海电影产业金融支持政策，加强上海电影教育与人才培养，实行建设差别化用地政策，加强上海电影市场培育，加强上海电影公共服务体系建设，充分发挥区县在上海电影产业发展中的作用，设立上海电影摄制服务机构，并召开全市电影工作座谈会。韩正书记专门为会议作了“要把握电影发展规律、发挥上海优势、加快推进电影跨界融合、丰富主体、打造电影全产业链”等重要批示，为上海电影更好更快发展指明了方向。

五、以扩大开放为手段，在推动文化跨界融合中聚力

全球高新技术的突飞猛进迅速改变着文化思维方式和发展方式，在这一背景下，文化跨界融合发展日趋成为世界潮流。在世界文化发展总格局中地位不断提升、影响日益扩大的上海，紧随世界文化融合发展步伐，在中央已有的文化与政治、经济、社会等五位一体总布局下，以前所未有的创新举措，在全国率先探索实施文化与相关领域融合发展战略，在公共文化服务、文化产业发展和文化市场管理等领域，取得了令人瞩目的融合发展成果。这其中，推动了十方面融合，重点体现在以下四个方面：

一是文化与科技融合。秉承文化引领科技创新和科技兴文、强文、助文宗旨，完成《上海市数字化公共文化服务研究报告》，形成上海文化与科技融合发展调研成果，提出了文化与科技融

合发展目标与阶段任务，推动重点打造“一朵云和四个下一代”及数字博物馆群建设、东方配送系统建设、基于数字媒体与舞台装备技术研究与示范应用、三维全息音响（3D 音响）、自贸区国际高科技文化装备产业集聚区、数字媒体与舞台艺术融合项目、国家文化科技重点试验室、文物复制 3D 技术研发和应用、超高清电视关键技术研发及应用示范、数字音频广播（CDR）试验等重点项目。“一朵云”即公共文化云，在嘉定区、闸北区开展了云服务试点，在全市公共文化领域推动打造数字化公共服务、数字化民生工程、数字化设施系统、数字化内容供给、数字化舞台艺术、数字化群文品牌、数字化统筹平台 7 个数字化系列，在全市 90 家公共文化场所实现无线网覆盖。“四个下一代”即下一代大型 5D 剧场、下一代舞台、下一代半导体彩色激光源、下一代广播电视网，成立专门工作领导小组，加强与市经信委、市科委对接，合力推进“四个下一代”规划实施和重大项目落户上海。围绕上海文化产业规模化、集约化、专业化发展科技取向，开展倾听企业活动，实施科技带动战略，推动培育一批骨干型、外向型、主导型的文化科技企业，一批新技术、新模式、新业态文化科技企业。至 2018 年，力争打造文化科技龙头企业 20 家、骨干企业 100 家、上市企业 5 ～ 7 家、年产值 10 亿元企业 5 家。适应上海文化市场开放度高、体量大、市场需求旺盛等特点，从演艺市场、娱乐市场、动漫市场、网吧市场、艺术品市场、文物市场 6 个方面着手，以文化市场主体培育和文化市场环境创设为主抓，促进文化市场与科技有机融合，运用科技手段加强文化市场监管，构建长三角文化市场互联、互通共享信息网络，创新上海文化市场“十大”长效机制，全市文化市场产值首破 400 亿元。借助科技理念、科技思维，推动公共文化服务协调平台、文化产业发展平台、重大文化设施建设平台、重大文化活动管理平台、文化调研平台建设，推动形成了文化科技创新成果不断涌现的局面，有 15 项文化创新调研被文化部列为重点项目。

二是文化与教育融合。与市教委共同制定出台了《上海市文教结合工作三年行动计划》，确定了文教融合项目 29 项。

支持本市高校加强与国外知名文化影视教育机构开展不同层次的中外合作办学，积极探索融产学研用于一体的中外合作影视人才培养新模式，培养高水平、国际化的文化影视专业人才。经过十年跟踪关注，几轮艰苦谈判，温哥华电影学院终落户上海，成立了上海温哥华电影学院，首批开设电影制作、3D 动画视效、视觉传媒声音设计、影视造型设计 4 个专业，学员 100 人。同时，以上海大学与温哥华电影学院合作办学为契机，建立闸北环上大国际影视园区，同步打造上海电影人才教育高地和高端电影后期制作基地。国际知名品牌格莱美也将落户上海。探索和完善艺术院校与文化产业部门联合办学的模式和机制，在创建上音—大剧院艺术中心实践基地、上海戏剧学院青年京昆剧团、麒派艺术研习班、上海电影青年计划的基础上，推动和支持上海音乐学院青年歌剧团、上海舞蹈学院青年舞蹈团等发展，重点培养艺术领域顶尖后备人才。

联手上海视觉艺术学院等开展公共文化从业人员三年万人（次）培训计划。培训对象包括政府机关、企事业单位、各级各类公共文化服务机构、文化类社会组织中公共文化从业人员，力求达到全覆盖。三年间每年开办约 30 期培训班，每期分为艺术大师系列和实务操作系列，邀请各领域大师级人物、知名教授、专家学者以及具有丰富实践经验的一线工作人员担任主讲。

在推动公共美术教育方面，与市教委共同研发、编写适合不同年龄学生的文化资料包，用于两馆现场美术教学；在“两馆”逐步推出为中小学校设置的特别教育活动、学生专场讲座和特别展映活动，中华艺术宫与上海市校外联共同举办“社会大课堂——走进中华艺术宫”寒假系列活动，共开展数十场教育系列活动；开办美术教师培训班，为教师编写教材和教学辅助资料、设置美术进修课程；在全市中小学和青少年活动中心设立中华艺术宫美术教育实验基地，与中小学教育机构建立长期战略合作关系。

支持全市博物馆利用藏品资源，面向中小学生开展陈列展览、互动体验、手工制作、现场教学等实践活动，鼓励本市重点博物馆针对学校教学需求和学生身心特点开展持续服务。推动上海 100 多座博物馆、纪念馆、陈列馆，致力于文教结合工作，为青少年提供良好的参观服务，近三年免费参观博物馆的青少年观众数年均约100万人次；积极开展适应青少年的文博活动，包括中共一大会址纪念馆的“快乐星期五”小学生党史课、上海鲁迅纪念馆的“鲁迅杯”上海市中学生课本剧大赛等；送展进校园，如中共一大至十七大图片展、鲁迅生平与作品流动展、彩蝶舞动校园巡回展等；探索馆校共建，不少博物馆拥有自己的学生志愿者，也有一批博物馆成为学生的校外实践基地。

依托教育资源开展文物保护，促进文明和文化遗产的传承创新。在文保方面，与上海交通大学、同济大学等多家高校协作提升文物保护水平；与上海大学签署《战略合作框架协议》，确定双方在文博事业的学科建设、人才培养、实践基地等 30 个项目上开展合作；推动“乡土文化进校园”，促进各类文博场馆、革命遗址和名人故居等公共场馆资源与学校教育的有机衔接；组织上海博物馆、上海市历史博物馆等，配合市教委编写教材、课件，设立相对固定的“文博课时”。组织开展了青少年暑期考古夏令营活动，先后有数千名中小学生在暑期走进广富林、志丹苑元代水闸和崧泽遗址等地，探寻申城古迹遗踪。在非遗保护传承方面，与市教委持续推出“上海学子非遗展馆行”活动。该活动向小观众发放观展“地图”和“护照”，引导参观本市15座非物质文化遗产主题展馆，吸引数十万青少年走进非遗展馆。加大与高等院校的合作力度，扎实开展多层次培训，包括：举办非遗项目大师研修班，开展“非遗进高校课堂”活动，开设硕士研究生课程进修班，等等。结合“文化遗产日”等节点，与大中小学合作策划了海派旗袍、古琴艺术、连环画等非遗项目的校园推广活动。

携手市教委深入开展面向大中小学生的艺术普及教育。举办“高雅艺术进校园”专场演出超过350场，覆盖各年龄段学生30万人次。上海京剧院、上海昆剧团在“政府扶持京昆公益演出专项资金”支持下，组织艺术名家携精品力作进校园演出百余场。依托上海市演出行业协会成功举办第九届上海优秀儿童剧展演，15台各省市专业儿童剧团的精彩剧目巡演700多场，中小学生观众达到50万人次。上海大剧院、东方艺术中心、文化广场、逸夫舞台、上海话剧艺术中心等剧场推出了学生优惠票，让在校学生可以50元以下低价票进剧场观看高质量营业性演出。在第十四届中国上海国际艺术节期间，以“艺术教育”为核心举办了系列校园活动，向5个大学城区、20多所高校送出演出20多场，3万余师生现场观看了演出。与市教委合作在本市14家主要剧场开展“走近经典——在校大学生进剧场”项目，让每一位在校大学生在沪求学四年间至少进剧场观看一次高质量演出。推动利用全市172个展馆开展青年独立影像放映活动，依托“虹桥艺术集市”等新兴市场交易平台为大专院校艺术与设计专业的学生提供展示艺术创意平台和市场实践机会。

三是文化与金融融合。在国家现有政策框架下，从上海文化与金融融合发展资源集聚、政策开放、人才密集等实际出发，开展了上海文化与金融融合发展顶层设计，提出了政府推动、市场撬动、社会驱动的思路，明确了文化与金融融合发展的目标、任务和项目，为上海文化与金融更快更好地融合发展奠定了良好基础。推动上海银行成立文化特色支行，负责对接上海文化发展基金会相关业务，目前，获批项目包括上海时空之旅文化发展有限公司和上海文化广场等六个单位的8个文艺创作项目，授信金额9 130万元，累计发放贷款12 030万元，目前贷款余额为1 820万元。积极与金融机构开展战略合作，经过充分磋商，与中国工商银行、中国建设银行、中国银行、上海银行等八大银行签订了百亿授信，确定在五年内八大银行为上海影视企业发展提供130亿元的意向性授信额度，为上海文化产业的发展提供了融资支持。推动上海银行与上海文化发展基金会签署合作协议，三年提供10亿元授信额度支持本市影视优秀剧目创作。积极对接企业和金融机构，为文化企业融资搭建政策支持平台，推动上海东方惠金融资担保公司与上海东方惠金文化产业创新投资有限公司联动，创新开发了软性反担保条件为主的文创惠八类担保产品组合，为中小微文化创意企业提供增信支持，上海东方惠金融资担保有限公司累计为156家文化企业提供7.11亿元的担保。推动上海文化产权交易所为各类文化产权交易搭建专业化市场平台,为文化产业创设投融资新渠道和产业资本退出通道。不断创新文化与金融融合发展模式。在间接融资方面，推动金融机构将文化产业贷款重点投向影视制作、演艺娱乐、数字动漫制作、文化会展、广告等领域，2013年年末上海市文化、娱乐业等贷款余额154.59亿元，比年初新增16.44亿元，同比增幅11.9%，截至2013年底，工商银行上海分行为40家文化企业提供贷款45亿元，北京银行上海分行累计审批通过文化企业授信16.24亿元，放款70多笔，上海银行为127家文化企业提供贷款32.4亿元，建设银行上海分行为文化企业提供信贷支持5.49亿元。上海地区各银行陆续推出面向文化中小企业的金融产品，如浦发银行为中小文化企业和科技型中小企业提供的投贷宝、上海银行为小巨人企业提供的创智贷、北京银行上海分行和中国银行上海分行分别为中小微企业推出的创意贷、微贷通等。在直接融资方面，积极推动文化企业通过上市以及股权投资基金入股等方式进行直接融资，目前，在沪文化企业已有17家上市，在上市文化企业中占比22%，重点上市文化企业包括东方明珠、百事通和新文化等。待上市文化公司22家，其中上海电影、上海晨光和龙韵传播为上海本地文化企业。上海文化产业投资基金5家，即上海文化产业创投基金、盛大文化产业投资成长型基金、弘毅影视创投基金、赛领新文化股权创投基金及华人文化产业股权创投基金（上海）中心。同时，推动人保财险上海分公司为上海汽车博物馆的四辆古董车签下首单艺术品综合保险，为上海博物馆、上海中国航海博物馆、中国丝绸博物馆、上海世博会博物馆等机构提供相关保险。

四是文化与贸易融合。2013年9月29日，上海自贸区成立，与此同时，发布了2013年版总体方案，其中与文化有关的分别归属在商贸和文化服务领域，主要涉及游戏（艺）机销售及服务，演出经纪及娱乐场所三方面开放措施。与之配套的，是自贸区同时发布的《中国（上海）自由贸易区外商投资准入特别管理措施（负面清单）（2013年）》。作为对上海自贸区文化服务扩大开放的支持，文化部也同日颁发了《文化部关于实施中国（上海）自由贸易试验区文化市场管理政策的通知》，明确了文化管理部门针对自贸区文化服务方面的政策调整与配套。自贸区的建立为上海文化提供了更为广阔的空间和更加开放的平台。在自贸区政策吸引下，国内外各文化企业、政府部门和项目运营机构纷纷前来咨询考察，目前入驻的各类文化企业已累计超过150家，仅近期就新增20多家。其中如佳士得拍卖、华谊兄弟、中国图书进出口公司、东方明珠、百视通、盛大网络等一批国内外行业龙头企业先后入驻，自贸区新增注册资金总额超过120多亿元。新华传媒、中国影视交易平台、东方网等一批文化领军企业和项目也在积极推进入驻。为揽得先机，不少文化企业先以最快速度将其子公司迁入区内，再以增资方式做大资本金投入，将文化与投资、金融等产业结合、升级，业态扩张的重心转移至区内。另外一些骨干文化企业也在有计划地将其国际运营或营销中心建到区内。预计未来增资的总量还将大规模增长，据初步统计，一些公司未来的增资规模将超过 20 亿元。入驻的国际著名拍卖行佳士得，以 1.53 亿元人民币的总成交实现了在中国内地的第一拍。拍卖业内的其他国际知名公司如苏富比、邦瀚斯等也在接洽入驻或合作。围绕自贸区内新兴建设的上海国际艺术品交易中心，一条有利于扩大国际国内艺术品交易、展示、服务及投资的完整艺术品贸易链正在加快形成。可以预见，在未来的自贸区，随着特殊文化政策的接地，文化产业的外向拓展、能级提升和规模发展将成为一股重要的新兴发展力量，关键在于执行好国家层面 6 个部委现有的 9 个支持自贸区建设的文件和上海市政府的一部规章、5 个文件等相关精神。

结合政府管理手段、文化服务水平、文化科技创新等多重因素考量，研究制定自贸区文化开放路线图。明确文化开放“底线”，探索用“内容底线”原则替代“生产环节”原则，用文化的负面清单替代现在的负面文化服务行业、生产经营环节清单。利用现有保税区及自贸区在行政审批、金融服务、财税支持等方面的政策优势，制定适合文化企业的税收优惠政策，落实和实施文化产品和服务出口退免税政策及建立适应文化企业的外汇政策等。创新文化开放新形式，开辟文化产品仓储、文化设备租赁、文化产品展示、文化服务外包、文化中介机构、文化衍生和文化会展等文化贸易服务新领域。尽管目前自贸区负面清单中，文化领域开放程度还相当有限，但在文化贸易相关领域还是有着非常大的空间，比如利用自贸区保税仓储物流、离岸保税功能，为境外文化产品提供仓储服务；利用自贸区保税租赁优势，为高端文化设备进口提供租赁服务；利用上海国际艺术节、上海国际电影节、上海之春国际音乐节、中国国际动漫游戏博览会、中国国际数码互动娱乐产品及技术应用展览会、上海艺术博览会等上海知名节庆会展，在自贸区拓展国际文化产品展示交流服务；利用自贸区保税、免税优势，吸引国际影视动漫游戏制作企业和设备供应商在自贸区集聚，并以此加快文化科技的国际产业转移。还可利用自贸区进行文化政策突破，有限试点，如允许港澳台以非境外投资者在自贸区设立独资影视技术公司，开展影视后期技术制作、休闲娱乐内容影视制作、非时政新闻制作与出版等业务。尤为重要的是创新文化开放管理体系，不断改进和创新自贸区文化发展管理方式，优化行政管理流程，整合文化服务审批事项，简化办事程序，推进一站式审批、查验，提高文化审批、通关便利化程度。严格加强事中、事后监管，建立与自贸区要求相适应的现代化文化监管体系。

京、沪、深比较视野中的上海城市文化观察

The Observations of Shanghai's Urban Culture in the Comparative Perspective of Beijing, Shanghai and Shenzhen

许纪霖　Xu Jilin

摘要：京沪双城的文化气脉和根基迥然有异。民国时期，京派文化精英大多认同家国文化，而海派文化精英是波西米亚和布尔乔亚的混合，这是上海相对自由的地方社会空间和城市化、市场化的产物。但解放后，上海曾经有过的海纳百川反而因其强大的同化力而失去了本真和多元，上海文化显得流质易变、缺乏底蕴，灵活有余、定力不足。今天，像深圳这样的创新型城市迅速崛起，上海文化只认"高大上"的心态同样阻碍着上海城市的发展。本文通过北京、上海和深圳这三座极具代表性的城市的比较，试图探寻今日上海在历史发展中所缺失的城市文化元素。

关键词：上海城市文化，文化元素，比较视角

Abstract: The cultural atmosphere and foundation are very different between Beijing and Shanghai. During the period of the Republic of China, the culture elite of Beijing recognized the local culture, and the culture elite of Shanghai was a mixture of Bohemia and the capitalist class, which is caused by the relatively free local social space, urbanization and marketization of Shanghai. But after the liberation, because of Shanghai's strong assimilation, it lost its authenticity and diversity. Shanghai's culture seemed fluid and volatile, lacking of background and strength. Nowadays, innovative cities like Shenzhen rise rapidly, but Shanghai's culture only recognizes the classic and high-quality, which has hindered the development of Shanghai city. Through the comparison of the three representative cities of China—Beijing, Shanghai and Shenzhen, this paper tries to find out the cultural elements that are missing in the urban development in Shanghai.

Key words: Shanghai's urban culture, cultural elements, comparative perspective

浦东夜景

北京是中国的政治中心和文化中心，上海是经济中心和金融中心，而深圳，这几年越来越成为中国的硅谷，高科技中心。

本文从城市文化研究的角度，以北京、上海和深圳这三座极具代表性的城市来作比较，通过城市文化和城市人的心态与精神的层面来观察城市，将北京和深圳作为比较背景，探讨上海要建设成为国际文化大都市，还缺失的文化元素，这些文化元素在历史上曾有过，但如今又为何丧失了？

一、北京和上海：政治中心与社会中心

先来比较北京和上海。北京是中国的首都，上海也是一个“都”，被称为“魔都”。

民国初年的文化人姚公鹤在《上海闲话》里面说，上海和北京，一个是社会中心点，一个是政治中心点。这两个城市作为一个互为他者的比较，早在民国就成为一个热门的话题，到1930年还有一场非常热闹的京派、海派大论战。

北京作为一个政治中心，其发达的不是地方政治，而是帝国政治或国家政治。因为在天子脚下，地方即国家，国家也是地方，地方在国家权力的直接控制之下。晚清以后的北京也形成了地方社会，这些地方社会是由士绅和商人所组成的，但是在近代的北京，并没有像近代上海那样强大的地方自治势力。北京当时也有地方精英，在19世纪20年代，北京有一位被称为商家泰斗的孙学士，他连任了三届北京商会主席，是京城当年地方精英的领袖，但是他在全国并没有知名度。

上海就不一样，从晚清开始，作为一个通商口岸城市，其政治权力一直是处于多元化的状态，无论英美、法国、日本，还是清廷、北洋，都不能独家控制这个东方第一大都会。在中国凡是权力处于多元的地方，在权力的竞争空隙之中，地方社会反而会有一种崛起的空间。上海的地方自治一开始就是在这种夹缝当中生长起来的。

诡异的是，清末开始的地方自治，是与国家权力的扩张同时发生的。一方面国家权力以地方自治的名义向地方渗透，另一方面地方名流借助地方自治试图获得相对于国家的地方公共事务的自主性。因为贸易、经济、金融中心都集中在上海，上海的地方自治背后是有一个相对强大的资产阶级在支撑着它。这股力量的欲望和力量不是来自自上而下的国家权力——来自上面的权利可以赋予你，也可以随时收回——上海的地方自治来自从城市本身生长出来的经济力

和文化力，于是就具有持久的冲击力和爆发力。近代上海能够成为中国社会的中心和文化的中心，绝不是偶然的。

这个城市的资产阶级也好，文化精英也好，对他们来说，上海就是他们存在的家，他们主宰城市的地方事务，也借助城市的实力，多次挑战中央。于是上海就成为北京之外的第二个政治中心。1900 年，当慈禧太后对八国联军宣战，竟然以上海为中心，出现了“东南互保”，国家在对外宣战，但地方却与“敌国”议和，好像置身于另外一个国。辛亥革命发生，南北对峙，又是在上海进行南北和谈，最后，正如马勇教授授所说：“民国不是打出来的，是谈出来的。”这个谈出来的地方，就是上海。

再看五四运动。五四运动爆发在北京，当时北洋政府很强硬。到了 1919 年 6 月 3 日，上海资产阶级和文化精英联手发动罢工、罢课、罢市，这一下震撼了世界舆论，北京政府最后只能屈服，释放学生，罢免三名卖国官员，不敢在巴黎和会上签字。五四运动发生在北京，但是结束于上海，有北京的学生发动，最后由上海的市民阶级跟进，取得胜利。1935 年的“一二·九”运动也是这样，最早也是在北京由学生发起，席卷全国以后，上海各界跟进，成立了各种救国会，把一个原来单纯的学生运动扩大为全民的运动。

从这些例子我们可以发现，北京作为一个学术中心和政治中心，往往得风气之先，学生运动有个特点，来得快却无法持久，秀才造反，三年不成，不用三年，三个月都不成。但是只要这个运动蔓延到上海，它就扩展为个全社会的运动，那就不一样了。这两个城市，北京发达的是以知识分子为中心的公共领域；但上海是市民社会的大本营，以资产阶级为核心。所以近代中国的历史当中，几次大的运动都是北京先发动，然后在上海燎原，最后获胜。

近代上海的市民社会，有两个主角，一个是城市资产阶级，另一个是文化精英。他们共同联手，构成了杜赞奇所说的“权力的文化网络”。所谓的“权力的文化网络”指的是对某一个区域的权力控制，其必须借助于当地已有的社会文化网络，构成了一个“权力的文化网络”。上海作为一个市民社会，它到近代所形成的权力文化网络，就是由城市的资产阶级和文化精英所组成的。他们不仅主宰了上海地方事务，而且在中央权力比较混乱的北洋时代，成为全国的社会中心，向北京的中央政府挑战。19 世纪 20 年代初，上海总商会和江苏省教育会，在蔡元培提议下，联合召开民间的全国八团体国事会议，邀请张君励起草宪法，民间制宪，向北洋政府施加压力。

近代的上海，作为社会中心和经济中心，借助地方的市民社会和城市空间，在清末民初中国的政治当中，扮演了第二政治中心的角色。

二、历史上的一元社会与多元社会

近代中国最好的国立大学和教会大学，大部分都在北京。北京是中国无可挑战的学术中心，到今天还是这样。作为学术中心，北京知识分子的主体，主要在大学。这些学者专家都是一些国家精英，他们继承了帝国士大夫的传统，他们的关怀除了专业兴趣以外，主要是国家与天下大事，而与地方事务没有什么关系。陈平原教授说，现在的北大学生有个传统，他们不关心北京，只关心国家与天下，这个传统其实由来已久。美国的董玥教授研究民国时期的北京城，她发现，即使是这些京城知识分子观察自己所生活的北京城，通常也是从国家视角出发的，他们所欣赏的那些景观不是北京南城的老北京的地方民俗，更多的是和帝都有关的皇家园林、故宫、天坛、颐和园等，这才是他们的最爱。

民国时期的北京知识分子，通常是和京城的地方社会绝缘的，与我前面提到的北京那些商人、士绅几乎没什么直接的交往。他们联系最多的是一张报纸，那就是天津的《大公报》。《大公报》当时与上海的《申报》一样，是两张中国最有影响的全国性大报。《大公报》在言论方面之所以有影响，主要借助于京城的知识分子。《大公报》有两本很著名的副刊，一本是《星期论文》，主要由胡适所代表的自由派知识分子所掌握。另外一本是著名的《文艺副刊》，主要是由林徽因的太太客厅为核心的京派作家所掌握。这两个副刊形成了哈贝马斯所说的舆论的公共空间：文学的公共领域和政治的公共领域。

这些北京的文化人，对这个城市充满了一种故乡般的柔情。京派的知识分子，有的曾经也一度生活在上海，19 世纪 20 年代末，胡适、徐志摩、闻一多、梁实秋都在上海生活过，但是他们不喜欢上海，觉得上海这个地方商业气太重，始终有疏离感，到了 19 世纪 30 年代以后他们都回到了北京。这些南方知识分子在北京虽然不会说北京话，但是仍然感觉到自己是这个城市的主人，反而把真正的北京人（那些老北京）视为他者。

京派文化人与北京这座城市的联系，不是历史的、社会的，而是情感的、审美的、纯精神性的。北京只是一个象征，象征着他的心灵之家，或者文化中国。那是一种家国情怀，缺少的是上海市民阶级所拥有的那种城市的认同。

对上海的文化精英来说，那就不一样了。上海是什么？上海既不是家也不是国，上海就是一座城，一座有自身机理、血脉和灵魂的城市。上海的文化人对上海认同的核心，是城，而不是家国。

民国时期上海的文化精英与京城的不太一样，主要不是大学教授、专家学者，而是由两拨人组成，一拨人是出版商、报业大王、记者编辑、民间教育者，另外一拨人是自由撰稿人为主体的流浪文人，他们虽然气质上不一样，一个是布尔乔亚，另外一个是波希米亚人，但是这两拨人之间并没有绝对的界限，彼此是流动的，而且共享了同一个城市的文化。晚清以后资本主义化的文化市场在上海非常发达，无论是报业还是出版界。这些文化人虽然不是资产阶级，但却和上海的商人阶层关系非常密切，甚至其中有些头面人物，亦绅亦商，既是绅士又是商人，比如说《申报》老板史量才，他是一个文化人，但是又是一个商人，既是银行家又是报业大王。另外一拨波希米亚式的流浪文人，主要是来自于全国各地，就像许鞍华导演的《黄金年代》中的萧红、萧军一样，在上海以自由写作来卖稿为生。这些人看起来对资本主义充满着仇恨和批判。因此这两部分上海文化人看起来泾渭分明，但是他们的生存处境又离不开这样一个高度资本主义化的文化市场，其实并没有不可跨越的鸿沟。很多流浪文化人暴得大名以后，可能就步入职业文化人的阶层。而职业文化人一旦被解聘，穷困潦倒，也只能沦落为流浪文人。在民国时期上海是左翼文化大本营，这些左翼文化人，虽然他们批判资本主义，但是在生活方式上非常向往布尔乔亚。当年的周扬，读洋文、穿西装、吃西餐，所以鲁迅不喜欢他们，讽刺说一部洋车下来“四条汉子”，穿着西装，器宇轩昂。生活上是布尔乔亚，精神上是波希米亚人。这就是中国的城市左派传统。

上海作为“魔都”的魔力在哪里？你可以说它是资本主义，也可以说它代表了近代文明。不管怎么说，“魔都”上海在文化上像一个大熔炉，把来自不同地域、不同文化背景的新移民统统熔化其间，让生活在这个城市的文化人（包括反抗者）都对自己产生一种不可抗拒的魔力感，产生一种城市认同。不管是喜欢还是不喜欢，最后他们的生存方式都无法游离资本主义化的生产秩序和生活秩序。北京是“帝都”，上海是“魔都”，中国的双城记，就是如此精彩。

我多年对北京和上海两个城市的观察，发现北京是一个二元社会，而上海是一个一元社会。如何理解呢？大家知道，1949 年以后的北京有大院文化与胡同文化之分，大院文化里面居住的，是来自全国各地的单位人，他们在政府机构、文化事业单位工作，属于京城的上位阶层，都是官僚精英、技术精英或文化精英。但他们大都不是北京人，对这所城市缺乏历史的、文化的认同，确切地说，这是一批首都人，而不能算北京人。真正的北京人住在胡同里边，然而大多数人处于北京城的底层，是蓝领阶层，这两个阶层，一个是首都人，一个是北京人，无论是文化、语言，还是生活习性和风俗习惯，都是泾渭分明，有某种无法跨越的鸿沟。到北京人的家里去，进了门，都不用问主人的情况，看他的家里的布置、环境氛围，大致可以判断主人属于什么阶层，是北京人还是首都人。

但是这种判断的方法运用到上海来，就不灵了。上海社会各阶层虽然在收入、身份上差距很大，但基本共享同一个文化，那就是市民阶层的文化，过去的上海有工人家庭和知识分子家庭，这是两个不同层次的社会阶层。但你进入一个家庭，有时候很难判断主人究竟属于哪个阶层。上海的文化人家庭里面，也是井井有条，非常世俗，带有一种浓郁的市井气。而跑到工人家庭里去一看，客厅里面竟然也放着一大套大不列颠百科全书，即使他不看，也要有一套摆在那里，显示自己是有文化、有腔调的。上海在文化上是一个一元社会，精英阶层和市民阶层在身份上是流动的，但是在文化上是整体的，都属于都市的有文化追求的市民阶层，文化人有市民气，市民阶层有小资气。

然而，这是历史上的上海，今天的上海情形又如何呢？

三、上海：城市多元性的丧失？

上海文化海纳百川，包容万象。上海的城市精神很难用一种确切的文化来定位，上海这座城市很洋气，但是这个“洋”并不是特定指某一个外来文化，而是八面来风。欧洲的基督教文化、天主教文化、犹太教文化、俄国文化，还有日本文化，都对上海产生过重大影响。中西兼容，南北通吃。作为近代中国最大的、开放的移民城市，上海人来自全中国、全亚洲和全世界，以其宽容和大度，包容了这些五湖四海新移民带来的本土文化。

上海文化是一种洋泾浜文化，不中不西，又亦中亦西。上海文化，一字而蔽之，那就是一个“海”字。海何其辽阔，何其博大，容纳得了百川。百川入海之后，就不成为川，而汇合成一个文化大海。白昼夜晚，千变万化，美仑美奂，魅力无穷。就像纽约一样，上海是一个移民的大熔炉，是一个文化的大熔炉，所有的地域文化、宗教传统和高级文明，到了上海之后，互相渗透，互相影响，最后都一一失去了其本真性，演变为极具都市风格或东方神韵的“海派”，所谓海派西餐、海派西装、海派英文（洋泾浜英文）、海派川菜、海派京戏等，皆是外来文化被融合、被改造的典范。

上海这个大都市，既有很强的吞吐能力，胃口奇好，可以吸纳各种互相矛盾、对立冲突的文化，拿来主义，来者不拒；同时又有同样强大的消化能力，能够化腐朽为神奇，或者化神奇为腐朽，将各种不相关的元素结合在一起，做出一道蛮有风味的海派大餐。上海是一个展示的大码头，又是一个文化的搅拌机，她见多识广，眼光挑剔，又宽容并畜，点石成金。上海文化的优势一是开放，二是杂交。开放加上杂交，便有创新。北京容纳得了异己，各种多元文化、区域文化可以在京城以原生态的方式独立相处，互不相关，又彼此竞争。而上海文化的向心力太强，各种亚文化来到上海之后，都被代表着都市文化的上海文化所改造、所同化，多元逐渐趋同，逐渐失去了其多元性，而呈现出同质性趋向。上海文化的缺点是没有特点，没有独一无二的东西，一切都似曾相识，又有点陌生；但另一方面，没有特点本身，又是上海的最大特点。

民国时期的北京文化是一元的，上海文化是多元的。但今天似乎倒了过来，上海变得很单一，而北京越来越多元。有一个说法是说如今上海城市文化的的多元性丧失了，今天的北京更像民国时候的上海，那就是多元。北京为什么今天能够成为中国的文化中心？各种各样的人才都往北京跑。首选北京，而不是上海？ 现在有“北漂”，但是说实话“沪漂”不多。比如北京东城区的南锣鼓巷，我看了以后很有感慨，它有点像上海的田子坊，但感觉很不一样。从上海人的眼光来看，南锣鼓巷很乱，甚至有点脏，但文化上缤纷多彩。上海比北京文明，但不及北京有文化。

有一年，我请哈佛大学的李欧梵教授到华东师范大学演讲，有同学问他，您对北京印象如何？李欧梵脱口而出：“北京？北京是一个有文化的大村庄。”如果村庄不带贬义的话，北京的确更像村庄，而且还是带复数的无数个村庄。大量的北漂族怀着梦想涌进北京，北京愿意容纳他们，无论是海归、土豪，还是屌丝、流浪艺术家。今天的北京在文化上充满竞争力和活力，一个个山头、一个个村庄到处林立，风格多元，竞相斗艳。从上海人的角度来看，这些村庄似乎都有点“老土”，但越是民族的，就越是世界的，今天北京的文化创造力要比上海强多了。

北京是一个有文化的大村庄，有很多个文化部落，每个文化部落都有自己原生态的文化。北京似乎是杂乱，但是又多元，而且北京都能容纳它，所以北京今天有这么多文化精英。但是上海未必这么敞开胸怀，上海是有选择的。所以从这点而言，今天的上海如果要再现辉煌，我们首先要做的就是重新回到民国的多元，就是海纳百川。只有有容乃大、南北通吃，来自全中国、乃至全世界的各种各样的文化才能够在上海有立足之处。

海纳百川是上海的一个优点，但也成为了缺点。上海人是中国最文明的一群人，但也自视甚高，觉得自己在中国处于文明的上位，别人都是下位。上海人当中，有一句骂人的话叫“乡下人”，

2016 年 9 月，歌剧《方志敏》演出。图片提供：国家大剧院

这“乡下人”，不是说你来自乡下，而是说你不文明、不开化、不时尚、老土，哪怕你来自武汉、南京、广州，甚至北京。

中国的各地文化来到上海以后，就被上海所谓“文明”的高级文化同化了，上海就像过去的美国一样，成为一个大熔炉。这个大熔炉有它好的地方，各种文化到了上海以后被雅化，比如川菜到上海之后，就被驯服了，不那么辣、那么生猛，“俏江南”的川菜变得很雅致，士大夫化。但这也带来一个毛病，今天上海的文化，因为它具有极强的熔化能力，不管你是来自于什么样的江河湖川，一到上海就变成了“海”，变成了“海派”。上海文化的同化能力超强，于是形成今天上海城市文化的同质化。

我发现有很多来自全国各地的新移民，到了上海之后成为新上海人，感受到有一种无形的压力。这压力就是希望急于被上海接纳，成为上海人。上海作为江南的城市，是很“文”的，温和中庸，但缺乏北方的“质”，那种生命的质朴和蛮性。于是生命的原创力就慢慢被规矩驯化，没有了个性，没有了强烈的生命冲动。孔夫子说“文质彬彬”，上海这所城市“文”有余，而“质”不足，于是海派文化越来越内卷化，越来越单一，越来越同质化。

上海人的上、下位观念太强，上位是洋人，是西方城市纽约、巴黎、伦敦，下位是比自己不发达、不文明的城市，对上位是崇拜，对下位则是同化。包容性比起北京、比起民国时期的上海来，要弱很多，越来越弱。如果上海文化要再现辉煌，一定要回到民国，回到民国上海的包容、宽大，回到多元的大都市、开放的大上海。

四、寻找上海城市文化的本色

除了海纳百川，上海城市文化的另外一个特点是与时俱进。

相对于中国的其他城市，上海比较年轻，她在全球化的浪潮中诞生，在国际开放中发展。上海的最成功之处，在于抓住了时势。上海人是最懂得时势的，识时务者为英雄。时势不同于传统的天命、天理与天道，天道恒常，有其不易的客观性、稳定性和超越性。但时势不同，时势常新，外部的空间与时间变化了,时势也会随之发生变化。上海处于国际化的前沿,国际风云变幻莫测，国内形势也变化无常。上海作为一个相对来说缺乏历史和文化根基的现代都市，其立于不败之地的法宝便是顺应时势，不断求变、求新。上海人无论出国，还是到外地，适应环境的能力永远是最强的，他们不会固执于某些理论的教条或传统的伦理，总是在夹缝中求生存、图发展。生存也好，发展也好，其中的秘诀就是不断求新、求变，与时俱进。上海人很少恋旧，拘泥于传统，对新的东西、新的观念总有跃跃欲试的兴趣，总是愿意走在时代的前面，喜欢把握潮流、领导时尚。上海永远是中国的时尚之都，在明清时代的江南文化之中，已有此端倪。到殖民时代，其摩登时尚，不仅独步神州，而且领先东亚，笑傲世界。即使在清教徒精神弥漫的革命年代，上海依然不脱时尚的本色，擅长在整齐划一中把握个性，上海产品当年在封闭的环境下畅销全国，靠的就是这些小伎俩。改革开放年代特别是 20 世纪 90 年代后，上海的“与时俱进”的精神传统更是显露无遗，所有的文化、观念、建筑与商品，都要同全世界最先进、最时髦的水准接轨。上海这种“与时俱进”的城市精神，成就了上海的摩登、时尚和辉煌，也使得上海文化流质易变，缺乏底蕴，灵活有余，定力不足。有见世面、识大体的小聪明，而缺乏北方古城那种自信、稳重的大气象。

朱熔基当上海市长的时候批评说：“上海人精明而不高明。”精明人都是聪明人，永远在学人家的好。但是高明的人一方面学人家，另外一方面还要守住自己的本色。但是今天上海到底要守的自家东西是什么？这变得非常模糊。

上海某所高校校庆时，学校拍的宣传片被揭露是抄袭东京大学的校庆宣传片，这一时在媒体上引起轰动。说一句公平话，这个涉嫌抄袭，不是一所高校的问题，恐怕是上海整个城市文化背后的问题。宣传片用了各种各样时尚的元素，用了洋人的理念、框架、表现形式，然后再加上中国的元素，形成了一个海派的宣传片。就像上海拍的很多电视片、宣传片一样，看上去很美、很洋气、很时尚，什么都有了，但是总是给人感觉好像在哪里见过，似曾相识，缺乏个性。不要以为用所谓国际上最时尚的风格，再加上中国本土的元素，就是海派，往重处说，那是涉嫌抄袭人家的创意，往轻处说，那是原创力、想象力不足。其实，越是本土的就越是中国的，也越可能是世界的。我们不要以为上海要成为国际大都市，就是按照所谓国际统一的大都市标准来建设，从制度和文明层次来说，应该是这样，但从文化层次来说，一定要有自己的特色。上海作家金宇澄写的长篇小说《繁花》为什么成功？原因就是独一无二，用沪语作为自己小说的独家语言，这种具有鲜明地方本色的文学，反而成为中国的特色，小说发表之后，金宇澄几乎囊括了全国所有的文学大奖，有一个得一个，拿奖拿到手软。

比起前几十年，上海开始慢慢有些改变，有些进步，有了海派的新亮点。有一个上海的合唱团突然间大红大紫，那就是彩虹室内合唱团，这是一个业余的合唱团，不期而然地，一首神曲《张士超你到底把我家钥匙放哪儿了》，让合唱团爆红，在全国爆红，也让华东师范大学的女生爆红，爱在华师大嘛。前不久合唱团去了北京，唱了另外一首《五环之歌》，同样轰动走红，北京人把它戏称为“北京市歌”。为什么这两首神曲会如此爆红？我以为它们成功地展现了上海的文化元素。神曲歌词都非常无厘头，但是用一种非常西洋的、神圣的方式演绎出来，内容与形式形成强烈的反差和对冲，这个就很海派，上海的洋气，再加上鲜明的时代特色：90后新一族的无厘头文化，形成了强烈的新鲜感和冲击力。

上海彩虹合唱团和《繁花》，一个是新派海派文化，一个是老派海派文化，它们的成功都给我们以启示，守住自己的传统，再适当创新，这才是上海城市文化再现辉煌的途径所在。

五、为什么深圳成为了科创中心，上海反而落后了？

21世纪的经济是高科技、新媒体，杭州有阿里巴巴，深圳有腾讯和华为，上海有什么？在把握未来经济发展大方向上，上海似乎落伍了。于是很着急，提出要在金融中心、航运中心之外，上海还应该成为科创中心。

现在的问题是，上海要成为科创中心，阻力在哪里？我的看法是，不在制度与政策，而在文化：上海的城市文化内在有缺陷。

作为一个创新城市，上海与北京有差距，而且比起后起之秀的深圳，竟然也大大落后了。前不久我到深圳去演讲，特别让他们陪我去考察前海。前海现在还只是一片工地，竟然已经有三千家企业提前入驻，这些企业绝大部分都是民营的，都是代表21世纪未来发展的互联网+高科技企业。深圳现在已经成为中国的硅谷，它的后劲非常足。如果再过二十年上海被深圳赶上、超过，大家不要以为这是神话，很有可能就是一个现实。

为什么这些企业要去深圳，不来上海？制度和政策上有许多问题上海需要检讨，但城市文化或许是更重要的因素。你们发现没有？今天的上海文化，从上到下形成了一个普遍心态：上海只欢迎"高大上"，不欢迎"屌丝"和"草根"。"高大上"才是上海，或者是我们要学习的。

今天许多从底层草根上来的年轻人、雄心勃勃搞创业的人，纷纷往北京、杭州、深圳跑，因为那里有创业的土壤。在北京到处可以看到雄心勃勃的年轻人，在五道口简陋的的咖啡馆里，凑在一起，描绘理想的蓝图。许多互联网公司，最初都是在这些大学旁边非常土的咖啡馆里面酝酿出来的。

在上海可以找到这样的创业咖啡馆吗？本来在复旦大学附近想搞一个创业园区、孵化基地，结果搞了半天没有搞成，变成白领的酒吧、咖啡区，成了休闲的好去处。因为"草根"来到上海就经受很大的压力，不仅是房价和政策的障碍，而且是文化上的：上海不欢迎"屌丝"，上海只认高大上。

而且上海人的性格里面缺乏冒险性格。创业这个事，就像风险投资一样，大概十个里面九个都要失败，最多一个是成功的；但一旦成功就是大成功。如今上海的整个环境，是一个在中国最有秩序的城市，有秩序很好，让你有安全感，但有时候秩序反而会压抑创新。创新的环境，需要一些适度的混乱，可控范围之内的适度混乱，这种城市反而容易冒出人才、出现创新。过于守规矩的城市，过于守规矩的人，思想也会自我约束，很难有创新。同样是海归回来，凡是有野心的，都去了北京和深圳创业，而想过安稳日子的都来了上海，进入金饭碗、铁饭碗的外企和国企。久而久之，上海就越来越规矩，失去了多元的生命原创力。

俞正声在上海的时候曾经提过一个问题："为什么上海留不住马云？"马云现在不可一世，中国被两匹马统治：马云和马化腾。马云最早创业的时候纯粹是一个没有任何背景的"草根"，他的志向也是为"草根"服务，但是上海容不下"草根"马云。为什么今天的上海不能像北京、深圳、杭州那样，可以容纳具有无限创造力的"草根"？

现在有一种说法叫"民科"——民间科学家。无论是学术界还是文化界，虽然学院可以培养很多优秀的人才，但是在中国这个国家，民间具有很强的生命力，很多优秀的人才，都不是从体

大芬油画村

制里面出来的，而是从民间出来的。马化腾、马云都不是出自名校，前者毕业于深圳大学，后者是杭州师范大学，连“211”都不是，但是今天他们做大了。在创新这一块，有时候不是凭资历，不是凭是否名校出身，他们很多都是从民间、从“草根”生长起来，最后做大、做强。艺术创作、文学创作更是这样。民国的上海成为中国的文学中心、电影中心、戏剧中心、报业中心、出版中心，只留了一个学术中心给北京，文化中心靠的不是体制内的人才，而是来自五湖四海、江湖草根的民间豪杰。20 世纪 30 年代萧军、萧红夫妇在东北待不住，就流亡到上海，在鲁迅先生的支持下一夜成名，这样的例子很多，在地方上冒不出来，一到上海却大放异彩。

上海这座城市在历史上一直有两种文化性格，一种是布尔乔亚，一种是波希米亚。布尔乔亚就是中产阶级，追求的是有秩序、有安全感的世界，活得很滋润；但是过去的上海还有另外一个性格，即波西米亚——不安分的流浪性格，身上有骚动感、叛逆精神。文化创新恰恰不是靠中产阶级，而是靠波西米亚这些流浪文人创造出来的。今天上海城市文化已经失去了波西米亚性格，只剩下中庸保守的布尔乔亚，因此不能像北京、深圳那样充满活力。如何重建上海城市文化的双重性，既有秩序，也充满活力，既理性，也浪漫，这是上海文化真正要解决的问题。过去的上海在文与质、秩序与活力、理性与浪漫之间有很好的张力与平衡，我们应该回顾历史，从上海自身的历史传统中寻找智慧，在新的时代背景下，寻找未来的方向与前景。

上海城市更新与城市记忆

Shanghai's Urban Renewal and Urban Memory

包亚明 Bao Yaming

摘要: 上海的城市更新主要以旧区改造的形式出现,重点是拆除、改造成片二级旧里以下房屋。这一更新过程,最后往往变成了地理景观的生产和社区高端化的过程,而城市记忆的失落、社区文脉以及城区的发展潜能被阻断等问题,往往被直接的经济利益所掩盖。城市更新,应该上升到与城市生活品质相关的层面来思考,土地利用经济、邻里复兴、历史文化遗产保护、公共政策、人居环境的保护和可持续发展等问题,应该受到更多的关注。

关键词: 上海,城市更新,城市记忆

Abstract: The urban renewal in Shanghai mainly appears in the form of the old areas reconstruction, focusing on dismantling and transforming the old houses. The process of the renewal eventually becomes the process of providing geographic landscape and building the high-end residential community. While the memory of the city is erased, the literary context inheritance is stopped, and the development potential is destroyed. Unfortunately these problems are frequently covered up by direct economic interests. The urban renewal should be considered together with people's urban life quality, and much greater efforts should be exerted on solving the problems related to land-use profit economy, revival neighborhood, protection of historical cultural heritage, public policy, protection and sustainable development of human living environment, etc.

Key words: Shanghai, urban renewal, urban memory

弄堂最后之光，2013 年 3 月摄于浙江北路。席子 摄

城市更新,有狭义和广义之分,阳建强在他编著的《西欧城市更新》一书中认为,广义的城市更新,涵盖了西欧国家自第二次世界大战结束至今的一切城市建设,它有多种表述形式:城市重建、城市复苏、城市更新、城市再开发、城市再生、城市复兴、城市改造、旧区改建、旧城整治等。狭义的城市更新,则特指19世纪70年代以解决内城衰退问题而采取的城市发展手段。这一概念最早由1954年美国艾森豪威尔成立的某顾问委员会提出,遂被列入当年的美国住房法规中;而对其较早亦较权威的界定则来自1958年8月在荷兰海牙召开的城市更新第一次研讨会,会议认为对土地利用的形态或地域地区的改善、大规模都市计划事业的实施以形成舒适的生活与美丽的市容等,就是城市更新[1]。

上海的城市更新,主要以旧区改造的形式出现,重点是拆除、改造成片二级旧里以下房屋,这涉及西方城市更新狭义和广义两方面的内容。对于生活于旧区的人们来说,改善自己所居住的建筑物及其周围环境,改善街道、公园、绿地等的环境质量,改善通勤、求学、购物、游乐等的生活质量,所有这些希冀都是无可厚非的。其中还夹杂着衰退的生产型建筑或街区向消费型区域转移的问题,但是,内城衰退的情况远没有土地资源的稀缺来得严重,因此,旧区改造式的城市更新过程,最后往往变成了地理景观的生产和社区高端化的过程,而在这一过程中失落的城市记忆、被阻断的社区文脉以及城区的发展潜能等,往往被直接的经济利益所掩盖。

一、唐家弄、苏河湾与城市记忆

在上海城市更新的大潮中,一个新的地理景观"苏河湾"横空出世,而且茁壮成长,"苏河湾"开发项目规划红线范围早就由原先的0.466平方公里扩大到3.19平方公里,连上海火车站不夜城部分板块也纳入其中了。闸北区希望借助"苏河湾"这样的名片来重塑地理景观,实现加入中心城区行列的伟业。闸北幸存不多的石库门式历史建筑,正因为苏河湾的膨胀逐渐消逝了。随着闸北区与静安区在行政区划上的合并,"闸北"这个名称也已经在"新静安"的区域高端化过程中消失了,而"苏河湾"这个来路不明、不伦不类的名称也许会长存下去,它既无历史感又夹带着房地产商气息,像是昭示着上海城市更新的一股难以抗拒的洪流。

苏州河北岸大片石库门街坊的旧称"唐家弄",也许更能承载这个城市的记忆和乡愁。唐家弄不是非要傍上宝格丽酒店,才会貌似高大上起来,唐家弄自有属于自己的真风流。唐家弄因唐姓商人的营造而得名,该区域在小刀会起义后被强行纳入美租界,自1860年左右起,旧式里弄建筑在此兴起、发展和繁荣。唐家弄既是弄堂的名称,也是片区的名称。作为弄堂名,唐家弄也许是特指天潼路814弄一带,虽然我的出生地葆青坊和这里仅隔着一条窄窄的福建北路，但我从小就知道葆青坊和唐家弄的区别，唐家弄更多的会让我想起福建北路小菜场。814弄因为海上富商徐鸿逵营建的徐园而闻名，814 弄 43 支弄的门墙上一块青石雕成的“徐家园”门额，一直保存到拆除的那天。1887 年 1月 24 日起徐园对外开放，这是上海最早进行营业性开放的私家园林。徐园开了上海公开放映电影的先河，1896 年的 8 月 11 日，由法国商人在上海徐园“又一村”茶楼内放映了电影。也有资料说，1896 年的 6 月 30 日在 814 弄 35 支弄的厢房里，徐家的亲友们已经先睹为快了。上海《申报》1900 年 10 月 21 日就有徐园刊登的广告：“今有英、美、法活动影戏运来上海，仍假本园十二楼上开演”，影片有《马房失火》等 14 部短片。作为片区名称的唐家弄，边界究竟在哪里其实颇为模糊，《上海地方志》认为唐家弄地处苏州河北岸，以天潼路为核心，横跨虹口、闸北两区。不少研究者认为，唐家弄应该没有那么大，东唐家弄路段在 19 世纪末已形成曲折街巷小路，设有茶楼、戏院。天潼路本来到河南北路结束，20 世纪 20 年代初与东唐家弄接通，从河南北路到浙江北路的东唐家弄就改名为天潼路了[2]。

天潼路 791 号二楼的玉茗楼书场，是继徐园之后最有名的娱乐场所，书场原址在老闸桥北堍的福建北路 2 号，创办于清同治五年（1866 年），是上海开设时间最长的书场。1958 年公私合营后，书场迁到了邻近的原河北大戏院的现址。百余年来，历代名家响档均曾在玉茗楼演出过名篇，包括杨小亭的《白蛇传》、周玉泉的《玉蜻蜓》、徐云志的《三笑》。我父亲是书场的老听客，他最喜欢的是大书《明英烈》。让我印象最深的是，他说评弹真是了不起的语言艺术，他在玉茗楼天天听《常遇春马跳围墙》，听了三个月马居然还没有跳，听众倒是一点不急，完全沉浸在明朝的开国宏业里。不管这幢建筑如何变身，我父亲一直称它为玉茗楼，我是从父亲那里得知这个名称的，等到识字以后才知道原来是这两个字。葆青坊前弄口并不直接开在天潼路上，而是掩藏在天潼路一排街面商铺的背后，出路分两个方向绕过商铺，一头近山西北路，一头近福建北路，福建北路出口的斜对面就是玉茗楼书场，我上学的时候，玉茗楼书场已经改成了闸北区图书馆分馆，我在那里办了人生第一张借书证。

天潼路 847 弄慎余里，是唐家弄石库门街坊的经典之作，也是我童年时代的娱乐圣地，围棋少年班的一个小伙伴住在那里，家里只有他和上中学的哥哥，他们父母是西藏的地质队员，长年不在上海，家里有一台当时很稀罕的电视机，还有我最爱的康乐棋盘，有一个老保姆照顾他们的生活起居，哥哥对我很好，但总是和老保姆吵架，说老保姆把钱和东西都拿回自己家了，这是我第一次切身感受到了阶级的存在。浙江路、福建路之间，南临苏州河北靠天潼路的慎余里，比葆青坊稍晚，建成于 1932 年，虽历经两次淞沪战争，但依然保存完好，是上海最具规模、最富海派风情的石库门建筑群之一。慎余里立面端正、规划工整，双开间一厢房格局，清一色的青砖到顶，楼顶还有晒台。当年许多银行、钱庄的老板在苏州河边盖建仓库的同时，也会选择在慎余里居住。到"文革"时期，慎余里的七十二家房客式的乱搭建，也远没有葆青坊那么严重。慎余里曾被收录进上海市第三次全国文物普查不可移动文物名录，编号为310108805190000017，属于上海的4 422处不可移动文物之一。在2004年10月公布的"上海市第四批优秀历史建筑名单公示"中，慎余里还名列其中，然而，在2005年正式公布的"上海市第四批优秀历史建筑名单"中，慎余里却不见踪影了。2012年9月4日，随着写有"慎余里"名号的过街楼屋顶的轰然倒塌，慎余里从"不可移动的文物"到"保护性拆除"，再到"完全拆除"，急促地走完了它的生命旅程，因为破坏性的拆除，异地复建也就成了一贴应付舆论和民意的安慰剂。

大卫·哈维指出："住房固定于地理空间之中，转手的频率不高，它是一种不可或缺的商品，是储藏财富的一种形式，在市场上易成为一种投机活动……另外，房屋对于使用者具有许多不同的价值，最重要的是它使得使用者与城市景观的每一个方面发生联系"[3]。因此，"人们住哪儿、什么时候移居不仅受到收入、搜索过程中遇到的障碍和人们行动的相互依赖性所约束，而且也受到影响供房和住房信贷的关键群体决策和行为所约束"。[4] 如果说包括慎余里、四行仓库等在内的苏州河北岸区域，掺杂了生产性岸线向消费性岸线过渡的因素，那么英国政府1977年颁布的关于内城政策的城市白皮书，也许是有启发性的。这份白皮书面临的同样是大工业城市持续存在和发展的问题，重点是重新开发衰退的老工业区和仓库码头区，并依此通过了地方政府规划与土地法案，但是这份白皮书更为强调的是：城市更新是一种综合解决城市问题的方式，涉及经济、社会文化、政治与物质环境等方面，这项工作不仅涉及到一些相关的物质环境部门，亦与非物质环境部门联系密切[5]。当然，西方城市更新的工作远远谈不上完美，简·雅各布斯在分析第二次世界大战后西方的城市发展时就曾指出："大规模战后城市更新耗费了大量资金，却让政客和房地产商获利，规划师与建筑师得意，平民百姓承受牺牲。"[6] 这显然触及到了城市更新的核心问题。城市无疑应该成为一件艺术品，应该保留曾经在此居住和生活过的人们的想象力，从而涵养一种独特的历史记忆与人文气质。但是在房地产为主导的城市化过程中，城市内在的统一性和可持续性，往往被间断的碎片、裂隙、非延续性所阻断，最后也许只呈现出一种风格突兀而又没有历史性的城市景观，结果只能换来婚纱摄影师的会心一笑，这是中国城市化进程中特别突出的特征。

亚历山大·托尼认为，集体记忆既是时间的，又是空间的，它根植于地方，包含了地方的往日，文化景观则记录下审视往日的种种方式，即一种记忆和纪念场所相互交织的网络。斯蒂芬·莱格也认为城市记忆具有空间性，它在空间的框架下展开，并分布于城市和地方的每一地段，因而“怀旧”的概念具有空间的向心性[7]。城市更新的重点，无疑是土地使用功能的转换，这导致了全球大多数地方的城市更新，已经被简化为那些参与拆除和重建的公司的问题，城市更新正在成为一个越发倾向于技术决定论的过程。虽然从理论上讲，城市更新能以全新的方式带给整个城市区域发展的机会，但其实在更新过程中，主导者们首先关注的是经济效益的实现逻辑，而不太可能实践一种可持续的、着眼于未来的发展模式。城区未来发展的潜能和公众的利益，往往被建筑物的所有权组成结构和所有者的个人喜好所淹没，城市记忆的保存和延续，更是提不到议事日程之上。

二、七浦路、葆青坊与地理景观的再造

大卫·哈维曾经精辟地指出：城市更新，其实是剩余资本吞并过程的一个部分，资本吞并是通过重组基础设施和城市生活来进行的。资本似乎已经“驻扎”在空间里，内嵌在空间里，然后永无止境地重塑着空间。资本主义的动力在于资本的增长，在于资本壮大和吞并的必要性。大卫·哈维关注的是资本主义内部的长期趋势，这也是利润率呈不断下降并导致过度积累危机的趋势。“这种危机最典型的特征是接踵而至的资本盈余（以商品、货币或生产能力的形式）和劳动盈余，以及没有任何明显的方式可以将它们在盈利的基础上集合起来完成一些对社会有益的工作”[8]。只有不断寻找赢利方式来吸收这些盈余，才能避免资本盈余贬值。而地理扩张和空间重组，为解决这一难题提供了选择。“但这一选择不可能完全脱离时间转换，其中剩余资本被转移到长期项目之中，要在多年之后才能通过这些项目所支持的生产活动来收回成本。由于地理扩张经常需要投资长期物质性和社会性基础设施（比如运输和通讯网、教育以及科研等），因此空间关系的生产和重新配置即使没有为资本主义危机提供一种潜在的解决方法的话，至少推迟了危机的产生”[9]。资本主义的历史似乎总是用空间扩张来回应增长的需要，也就是说投资新的土地。资本活动需要在全球范围内的地理结构调整（比如将该地区去工业化，将另一地区重新工业化）。资本主义永远试图在一段时间内，在一个地方建立一种地理学景观来便利其行为；而在另一段时间，资本主义又不得不将这一地理学景观破坏，并在另外一个地方建立一种完全不同的地理学景观，以此适应其追求资本无限积累的永恒渴求。“资本主义活动的地理学景观充满了矛盾与紧张，在面对各种各样的技术和经济压力的时候，这一地理学景观永远处于不稳定的状态。竞争与垄断、集中与分散、固定与变动、动力与惰性，以及各种不同范围的经济活动之间的紧张状态，无一例外地都产生于资本的无限积累在时间与空间中的分子化过程之中。而且，这些紧张状态被牢牢地固定在资本主义体系普遍的扩张

葆青坊，2014 年 3 月摄于天潼路。席子 摄

慎余里，2012 年 9 月摄于天潼路。席子 摄

逻辑，即资本的无限积累和永不休止地获取利润占据主导地位的逻辑之中。"[10] 因此，创造性的历史被写入资本积累真实的历史地理学景观，在空间与时间中运行的资本积累的分子化过程，导致资本积累的地理学模式发生了被动性变革。

七浦路就是一个比较典型的案例。葆青坊一头靠天潼路，一头靠七浦路。在我童年时代，七浦路是一条少有车辆的清净小马路，当我 5 岁上幼儿园的时候，父母非常放心地让我一个人去七浦路上学，我每天从葆青坊前弄堂的 31 号出门，穿过整条弄堂，然后左转沿着七浦路走，跨过嘈杂狭小的福建北路，一路平安地到达临近浙江北路的幼儿园。天潼路 728 弄葆青坊建于 1923 年，在七八十年的岁月里，几乎以毫无变化的沉静姿态，坚守了永葆青春的初愿，墙体的花纹、完美的雕花，即使透过有限的影像记录，依然令人赞叹，难怪有的观察者认为葆青坊是堪称别墅级的石库门。从靠近天潼路的弄堂口望过去，细密的红砖砌成的石库门侧面外墙温暖而闲静，那一片铺满网格的鲜嫩红色，把弄尾外面的七浦路，推到了目力以外的远方，围合起一片空旷悠远的天地，那是足以安放和守护童年嬉戏的弄堂空间。当半条弄堂因为七浦路服装市场扩建而消逝的时候，喧嚣和嘈杂沿着洞开的弄堂汹涌而入，富有灵性的空间却应声破碎了。七浦路是在商品经济兴起之时开始杂乱设摊的，然后又在房地产开发的大潮中，变身为颇具规模的服装批发一条街，而葆青坊则付出了半条弄堂的代价，来旁观七浦路从纯粹的居住空间向低档商业空间的演变，最后被社区高端化重塑的过程彻底埋葬。可以预见的是，随着苏河湾的发育壮大，七浦路低档批发的商业空间，肯定会越来越不合时宜，如果七浦路无法完成空间的高端重组，那么葆青坊和慎余里的历史将会再次重演。当然，地理重组的投资，有时也可以不伴随扩张的地理转移，它可以在某种程度上淘汰旧的系统，在新的都市化基础上开发新的生活方式，因此，七浦路也有可能通过局部的空间变动和功能置换，创造出类似高档 CBD 那样的消费主义新景观。

在小学五年级前我一直生活在葆青坊，以后我家又和奶奶家换房，搬到了邻近的面积稍大的海宁路 794 弄春桂里，那是我父亲出生的地方。葆青坊和春桂里同属苏州河北岸的石库门片区，这是上海面积最大、保存最完好的里弄住宅风貌街坊之一。在最近扩容的上海市历史风貌区里，闸北的均益小区就名列其中。紧邻春桂里的福寿里，与均益里隔着安庆路相对，组成了一条从海宁路通往老北站南广场的通道，我上过的初中天目中学就在均益小区里。2015 年春天我从伊朗旅行归来听到的第一个坏消息就是，我妈妈家突然要拆迁了。海宁路794弄春桂里，早在世纪之交海宁路拓宽的时候，差不多已经名存实亡了。东至河南北路、西至浙江北路、南至海宁路、北至天目东路的安康苑地块旧城区改建房屋征收工作已经正式启动，虽然明知已是大势所趋，但我还是代表妈妈在第一轮征询中投下了反对票。征询的结果是同意率达到了97.99%，但动迁组仍然委托居委会转告年逾八旬的老母，不要辜负政府的关怀。妈妈打电话来表达不安的时候，我正好在阅读伊朗当代诗人凯撒·阿敏普尔的诗歌："在可能的时代度日，在疑惑和也许的时代，在天气预报的时代，从每个方向都会有风刮来。"(《新的时代》)[11]"如果我们从头到脚都枯黄凋敝，但是我们并没有把心交给秋天，我们如同空花瓶，窗沿充满了有裂缝的回忆。"(《如果心是理由》)[12] 这些诗句让我想起了席闻雷记录的影像，在姜庆共与席闻雷合著的《上海里弄文化地图：石库门》一书中，有一幅吉庆里的照片，吉庆里和春桂里原本是不通的，春桂里是从海宁路进出，而吉庆里是从山西北路进出，两条弄堂大约是在"文革"时期被打通的。席闻雷的那张照片拍的是吉庆里一个大宅院的外墙局部[13]，这个大宅院总是大门紧锁，里面的景象和住客，我从未见过。不过，前楼花架上的大型盆栽，倒是常常越出高耸的围墙。席闻雷应该是站在我小学同学张三的家门口拍下这张照片的，张三家是一个普通的石库门住宅，大概在三十多年前的一个黄昏，我在门口大声叫着张三："有人在你家墙上敲钉子。"张三和我愕然地看着一块"吴昌硕故居"的铜牌挂在了门口，这正是梅兰芳当年频频造访吉庆里的原因。均益里同样在这次动迁征收的范围内，上海市历史文化风貌区里弄住宅风貌街坊的护身符，应该会让均益里安度此劫。我想慎余里如果能熬到今天，肯定比均益里更有资格入围上海市历史文化风貌区。如今这里的老房子和老弄堂已经拆得差不多了，连历史文化风貌区保护建筑的均益小区也遭到了部分误拆。

刘易斯·芒福德在《人类可怕的自由》一文中，讨论过破坏性的创造力量如何成为激情的一部分。在城市更新过程中，拆毁行为本身似乎变成了创造进程的一部分，一定数量的清理工作成了创造行为的前提。杰布·布鲁格曼在《城变》一书中这样写道：城市化，不只是一个建筑过程，还是一种实现共同利益的方式，城市是高度复杂的利益系统，它推动各个集团以竞争性的方式，去形成他们自己的利益。城市化就是以建筑来创造特定的社会和经济生态。城市总体规划要求政府拥有足够的集权，并且能够在一个相当大的区域调配自由。在这样一个市场导向的世界里，总体规划变得越来越少，取而代之的是更功利的城市模式。目前以政府和企业为主导的城市规划严重缺乏对居民的重视，它们可以引发快速且大规模的造城运动，但无法将城市规划转化为城市社区，它们能够提供办公室，但无法形成经济共同体，更不可能带来归属感。它们可以建造公用办公桌，可以带来职业人群与贫穷移民的增加，但不能建立起密度、规模和联合，从而无法为城市生活提供稳定和推动力。因为城市的发展往往是有机的，而非专家规划或商业投资所能决定，城市是社区居民在历史长河中不断试错的结果[14]。

三、当城市改变时，我们也紧随其变

苏州河北面的堤岸是我童年时代最喜欢的冒险地，在一尺多宽的堤上一路小跑，能够感受到风的气息和水的变幻。退潮的时候，我常常沿着堤岸边的铁扶梯，下到河滩上玩耍，涨潮的时候就只能坐在扶梯上看着河水发呆。2000 年的元旦，我陪一位美国回来的朋友去老闸桥北堍的河滨豪园买房，我震惊地发现我们所站的阳台下面，原本有一个我非常熟悉的废品回收站，而原来的垃圾码头也许很快就会变成漂亮的游艇码头。望着熠熠生辉的东方明珠和一箭之遥的南京东路步行街，朋友劝我忘记那段短暂而未必真实的历史，一切向前看，但我也许一辈子都无法忘却属于我的苏州河畔的童年记忆。

克劳德·列维—施特劳斯说过："今天，是我们一方面要建立一个美好、平衡而和谐的世界，一个非具象化的能'表达自己思想'，完全适合居住的世界，而另一个方面，我们又根本不可能建立这样的世界"。[15] 凯撒·阿敏普尔在一首名为《我的行为很正常》的诗中写道："有时，我目光整天，对城市中陌生的行人，感觉到一种模糊的熟悉，有时我无助而沮丧的心，向往——一支忧伤的乐曲"。[16] 这难道是我生于斯长于斯的城市的宿命吗？在资本与权力合谋的过程中，遗忘自身的历史进程也许是必要的前提，建筑和街区的多元化和多样性，也就只能拜托摄影师和文字工作者的辛勤工作了。石库门弄堂只有凭借影像或文字，才有可能从废墟里腾身而起，化作如梦的意象和挽歌，顽强地注释着家园的意义和价值，陪伴我们在这座记忆日渐枯涸的城市里继续生活。德里达在《多义的记忆——为保罗·德曼而作》一书中这样写道："唤起记忆，即唤起责任。缺少一项，怎么思考另一项？"[17]，保罗·德曼在《盲视与洞见》一书中则认为，"记忆的本领首先不是复活的本领，它始终像迷一样难以捉摸，以致可以说它是被一种关于未来的思想所纠缠"[18]。城市记忆，可以说是一种具有时空属性的社会建构，"可见的景观、记忆和地方认同密切关联，景观客观存在，又通过主体记忆形成主观映像，景观与记忆的相互作用，共同塑造了地方的文化特性，形成对地方的认同感。记忆有多种形式，其中，集体记忆是透视城市历史文化景观的重要手段。从地理学空间视角出发，解读城市集体记忆如何通过物质的或符号化的历史文化景观塑造城市记忆空间和情感空间，对城市历史文化遗产持续性地保护和塑造城市地方感具有重要的现实意义，更能体现地理学对城市历史空间研究的人文关怀"[19]。

因此，城市更新，虽然是从空间环境入手解决那些影响和阻碍城市发展的问题，但是城市更新处理的其实并不是单纯的空间问题，而是涵盖了经济、社会和文化的方方面面的问题：包括生态环境、空间环境、文化环境、视觉环境、游憩环境等的改造与延续，包括邻里的社会网络结构、心理定势、情感依恋等软件的延续与更新。城市更新的拆迁、改造、投资和建设，涉及的应该是城市中某些功能性衰败的空间，但是这牵涉到谁以及以什么样的方式来评估这些城市空间的衰败程度；牵涉到从何种角度来评判这些空间与城市其他部分的关联，评判这些空间与城市记忆和城市文化的关联；牵涉到生活在这些空间里的人们的集体记忆和未来愿景；牵涉到谁以及以怎样的方式来分享这些城市空间功能替换后的发展和繁荣机遇。城市更新，并不仅仅意味着街区的翻新，而应该上升到与城市生活品质相关的层面来思考，土地利用经济、邻里复兴、历史文化遗产保护、公共政策、人居环境的保护和可持续发展等问题，都需要深入地探究。简·雅各布斯认为城市设计必须要研究人的心理，满足人们的各种需要，并引发人们对社会公正、人性化等全方位的价值判断的深刻思考。罗伯特·帕克则认为，城市和人类始终保持一致，人类对他所生活的世界进行改造的企图，与其内心的欲求相当吻合。城市是人类所创造的世界，也是他因此被宣告必须在其中生活的世界。因此，人类改造城市的同时，也在无意中重塑了自己。大卫·哈维 2006 年在一次讲演中引用上述观点的同时，指出：当城市改变的同时，我们在并非完全自觉的情况下，其实也改变了[20]。

注释 NOTES

1. 阳建强 . 西欧城市更新 [M]. 南京：东南大学出版社，2012：4-5.
2. 惜玢 . 唐家弄的前尘往事 [J].《档案春秋》，2007 年第 12 期 .
3. 保罗·诺克斯，琳达·迈克卡西 . 城市化 [M]. 顾朝林，汤培源，杨兴柱等译 . 北京：北京科学出版社，2009：401.
4. 保罗·诺克斯，琳达·迈克卡西 . 城市化 [M]. 顾朝林，汤培源，杨兴柱等译 . 北京：北京科学出版社，2009：422.
5. 阳建强 . 西欧城市更新 [M]. 南京：东南大学出版社，2012:4.
6. 万勇 . 旧城的和谐更新 [M]. 北京：中国建筑工业出版社，2006:154.
7. 李凡，朱竑，黄维 . 从地理学视角看城市历史文化景观集体记忆的研究 [J]. 人文地理，2010 年第 4 期 .
8、9. 大卫·哈维 . 新帝国主义 [M]. 初立忠，沈晓雷译 . 北京：社会科学文献出版社，2009：73.
10. 大卫·哈维 . 新帝国主义 [M]. 初立忠，沈晓雷译 . 北京：社会科学文献出版社，2009：83.
11. 凯撒·阿敏普尔 . 凯撒诗选 [M]. 穆宏燕译 . 北京：作家出版社，2009：59.
12. 凯撒·阿敏普尔 . 凯撒诗选 [M]. 穆宏燕译 . 北京：作家出版社，2009：87.
13. 姜庆共，席闻雷 . 上海里弄文化地图：石库门 [M]. 上海：同济大学出版社，2012.
14. 杰布·布鲁格曼 . 城变：城市如何改变世界 [M]. 董云峰译 . 北京：中国人民大学出版社，2011：88-93.
15. 列维·施特劳斯 . 野性的思维 [M]. 李幼蒸译 . 商务印书馆，1997:14.
16. 凯撒·阿敏普尔 . 凯撒诗选 [M]. 穆宏燕译 . 北京：作家出版社，2009：45.
17. 雅克·德里达 . 多义的意义——为保罗·德曼而作 [M]. 蒋梓骅译 . 北京：中央编译出版社，1999：1.
18. 雅克·德里达 . 多义的意义——为保罗·德曼而作 [M]. 蒋梓骅译 . 北京：中央编译出版社，1999：17.
19. 李凡，朱竑，黄维 . 从地理学视角看城市历史文化景观集体记忆的研究 [J]. 人文地理，2010 年第 4 期 .
20. 大卫·哈维著 . 冯旱旱，张舒杰译 . 新自由主义与城市（温莎大学讲座速记，2006 年 9 月）[J]. 读品 . http://blog.sina.com.cn/s/blog_53491c920100qlng.html.

台北市文化政策阶段及制度变迁分析

An Analysis of the Cultural Policy Stage and the System Change of Taipei

邱琪瑄　Qiu Qixuan

摘要：本文梳理了台湾文化政策发展的三个阶段，并以此为线索对台北市文化政策的制度变迁进行了分析。文章还介绍了台北市20世纪90年代中期以后出现的文化治理措施，包括突显多元族群文化、庶民记忆与城市书写、扩大史迹范围与闲置空间再利用、节庆奇观与文化产业、强调社区艺文与地域文化特性、全球连结及其文化想象，并总结了台北市文化发展的两大转折点。

关键词：文化政策，台北，制度变迁

Abstract: This paper sums up the three stages of Taipei's cultural policy development, and analyzes the system changes of cultural policy. The paper also introduced the cultural governance measures in the mid-1990s of Taipei City, including highlighting the culture of multi-ethnic groups, the memory of the common people and the writing of city, expanding the scope of historical sites and the reuse of slackspace, festive wonders and cultural industries, emphasizing community arts and regional culture characteristics, global links and cultural imagination, and sums up the two turning points of cultural development in Taipei City.

Key words: cultural policy, Taipei, institutional change

TAIWAN EXCELLENCE
Ad by Bureau of Foreign Trade
易必讀
利器
0800-010-800
十而立 卓然有成
際企業人才的搖籃

台北世贸中心。钟致远 摄

一、背景与动机

文化艺术一直是先进国家和地区的竞争力衡量指数之一，亦是民族发展之根基，世界各地无不重视文化建设工作，并将其列为施政重点。台北市既为台湾中心城市，台湾文化活动和艺术表演大多在此举行，可说是台湾文化史的缩影[1]。台湾文化事务主管部门于2012年成立，因配合组织改造的激活，由文建会改制而成。近年，该部门规划政策目标时有了转变，主要突破过去以文化建设为主的施政概念及个别业务或载体设置司处的做法，朝弹性、跨界、资源整合及合作角度进行规划。从生活美学、在地文化型塑、文化传播、文化产业加值等面向，厚植文化创意活力，协助民间社会与产业迈向更多元且具深度的文化发展与成效[2]。文化艺术补助政策涉及的面向十分多元，从硬件建置维护到表演艺文活动推广，其政策利害关系人十分多元，所持的价值与偏好有所不同，因而在政策评估时必须掌握多元利害关系人的政策偏好与观点[3]。文化政策与都市发展之间呈现某种紧密的连结，也对都市发展带来许多重要的影响。从都市发展的角度来看，都市文化治理的场域不仅涵盖了“文化领导权”和“文化经济”两部分，也牵涉了城市生活经验的诠释，以及市民社会的形构。领导权概念源自葛兰西（Antonio Gramsci）的观点，其指称统治阶级在国家和经济之间的市民社会领域里积极发挥其知识、道德和意识形态的影响，目的在于说服市民接受统治阶级在经济和文化上的正常性。文化领导权指的即是官方代表和引导市民认同、城市意义及都市发展蓝图的地位[4]。

后现代社会的最重要特征之一，是其对去中心化（decentration）和差异性（difference）的强调。台湾文化政策发展中一个难以忽视的重点在于地方化与去中心化的过程。苏昭英指出，20世纪80年代新文化政策，属于强化县市层级的文化艺术发展计划，与“社区文化发展计划”的重要时期。虽然有部分学者认为，开放的社会不应该有强势的文化政策，以免过度干预文化艺术的发展。然而，因为台湾民间力量相当薄弱，企业赞助艺术活动的意愿十分有限，更遑论长期性和艺术性的文化扎根工作，因此需要更强而有力的行政机制[5]。

20世纪60年代各国在参与联合国教科文组织（UNESCO）所举办的文化圆桌会议时，认为所谓“文化政策”应该看成是一个社会中，经由有效运用于社会中可用的物质与人文资源，以满足某些文化需求，含所有有意的、有计划的处置、行动或者无所行动的总称。会中另外认为，文化发展的某些标准应该加以界定，文化应该关联到人格实现及经济和社会发展[6]。文化政策是国家在文化艺术、新闻出版、广播影视、文化博物等领域，实行意识形态和行政管理所采取的一整套制度性规定、规范、原则与要求体系的总称[7]。本文对于“文化政策”的理解，将采取较为广义的观点，包含国家、地域、社区共同体等政治、意识形态、文化工作的实验性，及形成整个文化政策论的基础课题。换言之，文化政策属于技术幕僚而非创作，各个组织借着政策执行来诱导、训练、分配、资助、鼓励和拒绝某些与文化相关行动者或活动[8]。

二、文化政策相关理论论述

麦格根（2001）曾提出三个文化政策的主流论述：国家论述（state discourse）、市场论述（market discourse）、公民论述（civil discourse），强调国家施行文化政策所呈现的不同面向。“国家论述”主要是指出文化政策与国家机制、国家认同之间的关系，例如国家级文化机构、公共博物馆及图书馆等设立，或是以提升国家文化及达到国家认同为目的的各种活动或策略。“市场论述”则是着重精英文化和大众文化的差异，以及国家是否应介入文化艺术作品及市场经济的关系。“公民论述”则强调公民权利在文化政策中的角色问题，强调政治权或文化权的实践。虽然这些论述相互渗透与互动，但麦格根认为文化政策的论述会因特定的时间主导论述的存在。

葛雷克[10]指出构建文化政策的三种策略为：①直接来自政府补助，并经由科层体系做决策；②透过中介机构来间接资金补助；③以市场导向为决策基准的市场操作型。葛雷克进一步提出政府处理文化政策的五种模型：推动者、赞助者、建筑师、工程师、菁英培育者。“推动者”模型通常是针对具有高度市场导向的产业，政府运用政策来创造吸引投资人的条件，鼓励投资文化活动。“赞助者”模型中，政府透过中介机构以同侪评鉴（peer assessment）的决策方式来买卖具有卓越性的文化产品。“建筑师”模型中，政府直接提拨专款规划方案，支持某些特定的文化形式和活动，因此政府对文化生产的过程可以有直接的影响。“工程师”模式中，政府如同经营文化工程的企业家，以国家政治之意识型态直接主导文化活动。“菁英培育者”模型中，政府遴选出某些菁英文化机构使其免于其他团体竞争，能够直接得到政府编列预算的补助。

根据威廉·邓恩（William Dunn）的观点，政策评估至少具有四项特质：第一，以价值为评估焦点（value focus），政策评估除评估政策目标的适当性与合理性外，亦必须提出政策计划对于社会整体发展的价值与贡献。第二，价值与事实相互依赖（value-fact independence），政策评估对于政策计划的价值判断，必须以事实数据作为基础，因此，从事政策评估必须注意价值与事实之间的相互关系。第三，目前与过去的导向（present and past orientation），政策评估必须兼顾政策当前的发展状况，以及过去的发展经验。第四，价值的双重性（value duality），政策评估必须兼顾内在价值目标与外在价值目标[11]。

弗朗哥·比安基尼（Franco Bianchini）和迈克尔·帕金森（Michael Parkinson）认为20世纪80年代以来，新的文化政策与策略特质包含以下几点[12]：

1. 政治的一致性。指的是地方文化发展计划的连续性，以及地方组成个体间充分的沟通与认知的凝聚。
2. 企业和公共部门作用者之间的合伙关系的重要性。公共部门负责引导、协助和环境建置，私营部门企业配合发展、市场营销、资金投入、与技术和产品产出，公私部门良性互动关系的建立，以及对地方发展共识的形成，有助资源整合。
3. 旗舰文化计划推动城市意象和文化对经济发展贡献的价值。大区块的土地整合发展，配合软、硬件资源整合与资金投入，形成地方文化发展的引爆点。

三、台湾整体文化政策发展

根据郭为藩分析的台湾不同时期文化政策主轴,台湾整体文化政策发展可分为以下三个时期，分别是1950年到1960年维护民族文化道统阶段；20世纪70年代至20世纪80年代后期，以艺文消费为主导的现代化文化建设阶段；20世纪80年代后期，结合本土意识和象征经济多元文化治理时期[13]。另外，刘永逸[14]在针对1993年至2008年文化建设委员会文化政策进行研究时，发现台湾在战后并没有将文化作为一个独立的政策思维，这种现象一直到“文建会”成立之后才改变。在郭为藩执掌文建会期间，台湾文化政策开始有专业化、计划性的规划。陈其南主委也认为在1965年至20世纪70年代，台湾的文化政策由台湾国防部政战部门和社会教育部门主导，以“军中文艺”“中华文化复兴运动”对抗当时大陆的“文革”，海峡两岸“有志一同”地对所属人民进行全面洗脑，台湾本土与地方文化发展也在当权者“大中国国族主义意识”的指导原则下，受到极大的压抑。这和郭为藩关于台湾战后文化政策发展的第一阶段的分期的描述非常近似。但是，在郭为藩界定的从文建会成立到政党轮替的第二阶段，陈其南认为其实又分成两个阶段。第一个是20世纪80年代的“现代主义”时期。这个时期的文建会文化政策重点，主要业务在于资助艺文工作者和团体，并主办重要的艺文活动，内容偏重于所谓“精致艺术”和“都会上层需求”。第二个阶段是在20世纪90年代，社区总体营造运动开始，台湾文化政策也进入了“去中心化”时期，文化事务不再由当局独占。陈其南认为，在这个阶段，有许多重大的文化事件，足以作为台湾文化发展的分水岭：立法机构通过“文化艺术奖助条例”、百分之一建筑经费设置公共艺术计划以及文化艺术基金会的成立、地方艺术季与国际小型展演活动蓬勃发展等，使台湾文化进入新的发展阶段。文建会的政策方向开始转向地方与社区，1993 年开始“社区总体营造运动”，省属文化机关并入了文建会，县市文化中心则改制于文化局。因此，从 1993 到 2000 年间，由于“去中心化”思维的主导，台湾文化政策变得更多元、更丰富。而在政党轮替后，则开始提出“文化创意产业”“文化公民权”等理念，以整合不同的文化群体，并提升文化政策和经济、政治平行的地位。刘永逸（2008）认为民进党主政期间，是一个为“再中心化”思维主导的文化政策。但不论从“去中心化”到“再中心化”，从国民党到民进党，在文化政策制定的过程中，都必须面对理念上“自由主义”与“社群主义”冲突的矛盾。而从经费预算编列、人事安排的稳定性来看，可以发现不管是哪个政党执政，文化乃至文化政策都被置于边陲、次要的地位，对台湾的文化建设造成很大的限制[15,16]。

刘永逸（2008）认为从台湾文化政策研究的观点来看，传统的文化政策（或说是政党轮替前的文化政策）内容多集中在对艺术的管理和经费的奖助等课题上。这样的政策制定出发点，是将文化的地位置于当局其他行政之后，乃至于政治、经济的政策之后。首次政党轮替后，文化政策产生新的思维，往“进步型”的文化政策方向前进。在这样的文化政策中，文化的地位远高于政治与经济，其他部门必须配合文化部门。因此，此刻的文化政策，必须超越美学，涵盖社会研究、经济生产等范畴，当局的文化部门也成为一个整合型的机构，将文化视为攸关民生、社会认同以及生活质量等多种复杂的面向。文化已经是一个具有经济价值（文化资产、文化产业）、人心凝聚（社区总体营造、美学培养、心灵改革）和促进国际交流（文化旅游、文化外交）等重要意涵的词语。

文建会施政重点的十二项计划的设计，每一项施政计划不是各自独立，而是彼此之间互相整合、互为支持，以“社区总体营造”的操作模式，分别从文化艺术、民俗传承、产业文化、古迹建筑和社区环境等方面切入，最后要求不同部门走向“行政文化化”。所谓“行政文化化”，意思是说每个行政部门在做自己份内事的时候，都要有文化艺术观念。从公园管理处的路灯到环保局的垃圾桶、从街区招牌到住宅设计、从道路桥梁到校园规划，这些事务无一不与地方美感的塑造有关。刘永逸（2008）认为，展示与表演现在也变成台湾一个很重要的消费行为，甚至上升成为政治上的要求，如果一个县市不办一些艺文活动，县民跟市民会觉得不足，甚至感觉到县市长没在做事，所以有了表演艺术博览会等节目出现。这其实凸显了“消费者”与“公民”界限的混淆，也呈现了“政治—经济—文化”密不可分的情况。[17]

自由主义和社群主义的争论，其实和当局文化政策的内容密切相关。如果依照自由主义的思想出发，当局文化政策执行应该强调个人创作能力的培养、支持与创作空间的保护，同时积极

华山艺文中心。钟致远 摄

鼓励个人美学能力的提升。但是从社群主义的思想出发的话，由于“共同体”的存在优先于个人权利，因此文化政策的施行就必须考虑从整体社群的利益出发，同时培养个人能为社群的共同发展而相互合作的能力。从自由主义思想出发，其文化政策手段多半偏向放任主义，顶多是对个人或文艺活动的补助。反之，从社群主义思想出发的话，其手段则偏向有计划的管理，对文化、文化资产、文化价值观进行有计划的引导。

文化政策仍具有自上而下的集权色彩，虽然现行的文化政策结构强调垂直与水平的整合关系，重建当局与地方沟通管道，但值得注意的是，地方的政策需要是否能因此而获得重视，或只是便于当局传递政策和加强对地方的控制。所以，地方居民的声音对整体的文化政策是非常重要的，应该是“由下而上”的治理，而不是“由上而下”的极权治理[18]。

四、台北市文化政策之制度变迁分析

台北市文化局成立于1999年11月6日，目前共历经8任文化局长（龙应台、廖咸浩、李永萍、谢小韫、郑美华、刘维公、倪重华、谢佩霓）。蔡轩轩（2003）以历史制度主义的角度，将台北市文化政策之制度变迁分成以下三个时期[19]：

(一)“文化建设之创始时期”(20世纪80年代前)

20世纪六七十年代是台北市空间面貌急速改变的年代，其主要元素是道路桥梁隧道等基础建设扩展了市区，确立了台北作为生产与指挥枢纽的地位。1965年工业产值超越农业产值，迈进了以中小企业出口导向带动成长、以大型公营事业控管台湾基本需求的格局。台北市作为首善之区，群集了主要企业总部、工商金融服务与个人服务业、批发零售业、观光餐饮等，大量城乡移民则进入了市郊与台北县劳力密集的轻工业，如纺织、成衣、鞋业、印刷、食品加工，以及后起的化工、机械、电气及新兴电子业等制造业。此时，台北市亦占全台湾文化产业（报纸、杂志出版、电视广播、影剧等）数量的七成以上。1967年台北市升格为“直辖市”，次年并入周边六乡镇时，已是个人口约120万人、工商繁荣的都市。台北从省辖市升格为“直辖市”，虽然提升了台北市的行政位阶，获得更多建设资源，但市长由民选改为官派，也直接将首府政务纳入台湾当局直接控制，地方政府原本就微弱的自主性几乎丧失，也切断了藉由选举响应民众需求和争辩发展方向的管道，卸除了责任政治的压力[20]。20世纪70年代后期，倒是有两项新发展值得关注，第一项是古迹议题浮上了台面。另一项新发展是“文化建设”的推展，这与台湾当局继十大建设之后推动的“十二项建设”（文化建设为第十二项）关系密切。市政府1977年起开始筹建各项展演与游憩硬件设施，例如美术馆、社教馆、迁建动物园、天象馆，以及各行政区至少设一座图书馆等，替下个文化治理阶段的精致艺文消费奠定了基础[21]。

“文化建设之创始时期”台北市文化政策的形成，早期由台湾当局掌控。早期因资源匮乏，政府多致力于台湾硬件建设与稳定政经发展。1966年因大陆“文革”而对应产生展开“中华文化复兴运动”，并于1967年成立“中华文化复兴委员会”。“中华文化复兴运动”除了中华民族色彩浓厚的文化宣传和动员外，在都市文化治理的层次上，还展现为企图培养现代市民的性格，强调整洁、秩序、礼貌、节约、废除传统陋习等美德，以及提倡传统中华文化以弥补现代化经济发展不良后果的“精神建设”，并确立台湾的地方道德领导权[22]。

1977年，当局宣布在“十二项建设”中加入文化建设，1978年发布“建立县市文化中心计划”及“加强文化及育乐活动方案”，作为设置各县市公立文化中心的政策纲领。1980年修正公布“社会教育法”第四条明文规定：“‘直辖市’、县（市）应设立文化中心，以图书馆为主，办理各项社会教育及文化活动”，台北市依规定设置了社会教育馆，社会教育馆后来变更设计，并成立“台北市立文化中心”。但因台北市的“直辖市”地位，“台北市立文化中心”只是一个名称，并无实际的组织与职权[23]。

（二）“地方意识萌芽之文化政策”(20世纪80年代)

都市产业结构转变为服务业与都会中产白领阶级兴起，促成了都市消费生活的萌生。文化治理模式则以“富而好礼”为原则，在一定的都市经济，宣扬文化现代化和环境质量提升，展现与先进地区看齐的国际化期许。大规模兴筑展演游憩硬件设施、举办精致艺文活动、倡导“正当休闲”，逐渐重视史迹保存、城市历史溯源、公共艺术和都市景观美化绿化等。中华传统文化维系族群意识的作用逐渐淡化，转而成为精致艺文消费的内容。过去遭压抑的本土文化（以闽南和客家文化为主），也以进入艺文消费领域的方式，开始获得公共文化的正当性。此一时间威权政体转型，以及各种社会运动力量的迸发，开拓了多样文化形式的存在空间，但大致收拢在官方以文化消费和城市美化为主题的文化治理架构中。

1981年，行政管理机构文化建设委员会成立，成为负责统筹规划台湾文化政策及重大方案拟定，并协调、推动、考评各种文化建设工作之机构。1984年起至1990年间，文建会开始组织文化中心辅导访视小组，协助文化中心业务的推展，各地文化中心才渐渐发挥其功效。随着地方文化活动的开发，各县市的艺文资源也逐渐累积；1987年戒严解除，文化市场有其消费，多元文化亦随之产生。此时本土化运动因为政策转变、解除戒严、台湾内外政经环境的变迁而明朗化，文化之多元化也开始崭露。1982年制定公布的“文化资产保存法”对台湾的文化资产保存有全面性的规范作用，并“使民艺、古迹的保存有了合法的地方”。总括来说，整体之文化政策，仍受台湾当局之指导与控制[24]。

（三）“强调城市文化的文化政策”(20世纪90年代)

这个阶段延续了文化现代化和国际化的主轴，但在城市国际竞争压力升高的情况下，更为强调文化产业促进城市发展的关键地位。另一方面，由于市长首次由在野党经选举而执政，过去因反威权政权而集结的各方力量，也得到一定的象征表现和“平反”，强调庶民记忆、空间解严、多元族群等等；本土文化除了进入艺文消费，也成为族群认同政治的争议场域。更重要的是，都市政权亦积极运用文化治理来响应日益高涨的多元市民要求权利声浪，以稳固必须经历选举考验的政权。文化治理作为“文化政治”争论场域的特质逐渐突显出来，文化治理也日益成

台北当代艺术馆。钟致远 摄

为整个都市治理的重要转机。而在空间文化形式呈现的转变中，已由代表中华民族和现代化的双重主题——“中正纪念堂或地区领导人办公地点”，在市府出版物（如《台北画刊》《台北新形象》）所最爱取镜的景象，转化为世界第一高楼 101 大楼的指标 [25]。

此阶段全球化与地方主义蔚为风潮，除强调多元外，亦试着找寻文化特色，借以创造文化之经济产值。文化政策成为促进经济发展、地方产业的新工具。1992 年制定公布的“文化艺术奖助条例”，建立文化艺术补助与奖励的机制，并鼓励民间企业对文化活动的支持与赞助。1993 年“文化部门十二项综合性计划”，企图使当局文化建设的触角，从县市延伸至乡镇和社区层级，落实文化扎根工作，使台湾的文化建设和发展迈入了新境界。1994 年底办理第一届省市长选举，台北市由第一次由民进党籍的陈水扁当选。1999 年地方制度法实施，县市成立文化局。1999 年底台北市文化局的诞生，打破了旧有台北市文化行政权力分散、制度多元分歧的结构，而有统一独立的机构，翻开了台北市文化政策的新页。

五、台北市20世纪90年代中后期重要政策

20世纪90年代中期以后，官方文化治理不同以往的重要政策和措施，可以粗分为以下六项[26]：

（一）突显多元族群文化

此时期文化治理最令人瞩目的是多元的族群和少数群体浮上台面，成为官方文化设施和活动锁定的目标群，除了在本土化风潮中已广受重视的闽南文化外，客家、外省眷村、原住民、青少年、儿童、同性恋、劳工、外劳，都获得一定程度的发声和表现机会，以各种形式，诸如文物纪念馆、节庆艺文活动、城市经验书写、史迹保存与利用等，进入了文化治理的象征领域。具体实例包括：母语教学；客家艺文活动中心、客家文化会馆、客家街路文化节、客家研讨会、出版客家历史书籍、摄影集与纪录片等；眷村文化发展与保存座谈、眷村文化调查计划；介寿路更名为"凯达格兰大道"、原住民文化公园、大台北地区都市原住民生活世界历史回顾座谈会、原住民诗歌之夜；举办青少年街头飙舞、青少年育乐中心、定位西门町为青少年次文化区域、举办"大量涌出我主张，粉刺耳，粉刺眼"等活动；儿童艺术节、儿童博物馆；同志公民运动、台北同玩节；铁路局台北机场员工浴室等指定为市定古迹，反映劳工生活文化；外劳诗文比赛；以迄拟议中的公娼博物馆，以及补助弱势团体暨少数族群办理文化活动等。这些被纳入文化治理范围的族群，过去多不见于官方的文化视野，现在却成为刻意强调突显的文化治理对象，多元文化成为官方标榜的国际城市特质。

（二）庶民记忆与城市书写

对于多元族群的强调，反映于城市再现（书写、影像、声音等）的偏重民众记忆和经验，与过去官方编纂正式志书或文宣产品的论述角度和叙事模式大相径庭。实际事例包括：官方出版的月刊《台北画刊》邀请知名作家撰写专文描写城市经验，并开放专栏让一般民众投稿。举办"公交车暨捷运诗文甄选"活动及"台北文学奖""台北历史影像巡回展"等，主题皆以庶民记忆和经验为主。另有《台北记忆》《台北2001》《瞻前顾后：台北的绝版、复刻与新生》《回到中山堂》及《新世纪·台北·思想起》等书册，迥异于过去宣扬官方政绩，展现都市现代形貌的出版品，都采取较活泼的版面设计，接近民间流行的影像拼组风格，并且收罗名家作品和市民投稿的城市经验，或是采访在地居民，更容易贴近和召唤市民的认同。又如三大册《台北人物志》汇整与台北有关，但不见得只收录了本省籍或出身台北的各界名人生平，亦属此类新角度的历史书写，正面肯定了民众本身多样的城市史。

（三）扩大史迹范围与闲置空间再利用

对多元族群与庶民记忆的重视，也展现于史迹指定的多样性上。过去的古迹多属先民遗址、清季官方建筑、碑坊城楼、庙宇和地主阶层大宅邸等。1997 年以后，借由市定古迹的指定，史迹界定范围扩大，年代拉近到日据和战后时期，较为贴近市民生活经验，例如台大医学院旧馆、校门、北一女、台北工专红楼等校园史迹，济南长老教会、北投普济寺、中山基督长老教会、大稻埕教会等宗教建筑，以及内湖采石场、松山烟厂、台铁台北机场浴室等劳动与工业地景，以及日据时代衙署建筑如台湾银行、台北北警察署、总督府交通局递信部、台湾广播电台放送亭、旧市府大楼等、名人故居（如林语堂、钱穆等）和老树，也在近期被文化局列为重点的历史保存对象。此外，许多史迹空间采取活化再利用的方式，经营艺文活动或成立展览馆，例如二二八纪念馆、温泉博物馆、当代艺术馆、牯岭街小剧场、紫藤庐、圆山别庄、西门町红楼、台北之家、宝藏岩聚落等。这些新发掘和活化使用的地点，与艺文活动专擅的象征操弄结合起来，形构了兼具历史怀旧和奇幻氛围的地方感[28]。

（四）节庆奇观与文化产业

地方感的营造，除了特定史迹地点的运用外，还有节庆式活动所营造的城市奇观和非日常愉悦体验。例如台北灯节、耶诞晚会、跨年演唱倒数计时活动、露天放映的蚊子电影院、“台北·西门庆·扮装嘉年华”、台北电影节、各类型艺术节（台北艺术节、儿童艺术节、国际诗歌节等），以及突显少数族群文化的娜鲁湾之夜、客家文化节、同玩节。这些节庆活动和前述的再利用之史迹馆舍，大都采用公私合伙方式，如公办民营或委外经营办理（西门红楼、牯岭街小剧场、官邸艺术沙龙、台北电影节等），乃至于公私合资（当代艺术馆）或民间捐款修复（台北之家）等。换言之，这些都构成了文化产业的一环，连同既有的博物馆、美术馆的艺文展演，突显夜市文化，以及艺文活动补助和艺文团体扶植措施，乃至于对大型媒体文化园区和巨蛋体育馆的构想和期待，都在官方推动文化观光产业作为城市竞争条件的计划里，占据一席之地[29]。

（五）强调社区艺文与地域文化特性

依循 20 世纪 90 年代前期的社区营造风潮，社区参与和地域特色也在文化治理中成为一个重点。实例包括：地区环境改造计划、社区规划师制度推动及多项都市更新计划等，皆强调改善社区景观环境、突显独特历史文化风貌和提升社区意识；又如设置地方展演设施，以及各区艺术活动的举办，如 2000 年十二个行政区分别办理“北投艺术节”“游艺内湖庄”，文山区“山河艺术节”，士林区“士子如林乐剧齐鸣”，中正区“快乐来扮戏”“舞乐诗画戏中山”“炫耀大安艺术鲜生活”，南港区“台北新茶乡”，信义区“影巷大街”，大同区“戏弄乐章叙茶香”，

原乡舞蹈团《原乡的礼赞》于台北戏棚演出。图片提供：台北新剧团

松山区“站赏艺术节”及“万华新艺象”等；或如2002年的“文化就在巷子里”系列活动等。在长期建设发展的蓝图里，亦有将整个台北市划分为几个不同特性的“文化环境区” 的构想，例如北区为自然休闲文化、西区为历史人文文化、中区为都会休闲文化、东区为国际交流文化，以及南区为文教休闲文化等[30]。

(六) 全球连结及其文化想象

除了突显社区和地域特殊性，官方文化治理亦大力构筑其国际化意象及全球连结。小至英文道路标示（以及主要干道划分为数字标示的 Boulevard 和 Avenue)、英文城市刊物《发现台北》(*Discover Taipei*)、英文与日文台北观光地图和捷运路线图、出租车司机英语训练班，国际艺术村的艺术家交流，到大型国际城市交流活动（亚太区域城市网络计划、世界首都论坛台北会议、大阪 / 台北 21 世纪都市协议会、亚太文化高峰会、亚太文化合作会议、亚太四城发展论坛）等，都寄望台北成为“亚太文化之都”，连结上城市竞争力提升和全球文

台北新剧团于台北戏棚演出《八仙过海》。图片提供：台北新剧团

化想象。此外，马英九市长则更强调“网络新都”的建设，期待新信息科技如因特网，能够开创另一个全球连结的管道。除了前述较为新颖的文化治理措施外，前一个阶段（20 世纪 80 年代）开始强调的绿色生态休闲游憩（生态城市纲要计划、亲山亲水计划等）、艺文消费（台北艺术节及 其他各类艺文活动），以及城市景观美化（捷运公共艺术、敦化艺术通廊、夜间照明景观计划、人行道铺面改善、街道家具设计、广告物示范区）等，亦扩大规模持续进行，整并入以多元文化、文化经济和国际化为主轴的新框架里。不过，这繁丽多样的文化治理，虽然强调多元族群、接合地域和国际，但大抵上依然以主流或中产阶级的美学和价值为主，而与四处冒生的社区、弱势或文化边缘之民间社会力量有所冲撞 [31]。

六、台北市文化发展的二大转折点

观察台北市文化发展可发现其具有两大转折点。其一是 1977 年，“十二项建设”之文化建设是第一个转折点。其二则是 1999 年，台北市“文化局”成立。这两次转折台北市皆处于被动的状态，第一次由整个台湾造成的变迁，使得台北市文化制度有所依据，并因之展开。第二次的“文化局”成立，也深受人为及政治因素的影响，二者则操控于制度外在因素[32]。

在整个变迁发展过程中，台北市的文化发展因一直享有丰厚的文化、经济与人力等资源，而建立其独特地位。1945 年以来，从 1981 年 11 月 11 日成立的文化建设专管机构“文化建设委员会”至1996 年 1 月 1 日成立“艺术文化基金会”直到 1999 年 11 月 6 日，台北市率先成立全台湾第一个地方文化事物专责机构“文化局”。林谷芳于2000年指出，“台北市成立文化局之所以是件大事，原因之一在于它是地方政府第一个握有‘实权’的文化政务机关。不像文建会，先天定位及后天功能都比较模糊；也不像地方文化中心，毕竟是个二级的执行单位。原因之二是台北不同于其他县市，首善之区的文化事物，与文建会有许多让外人分不清楚之处，多半的艺术家与文化资源也都集中在此。原因之三则是大家期待太久了，从阿扁市府成立文化局筹备委员会开始，一拖就近五年……但这些原因会成为半年前的媒体轰动，理由似乎还不充分，毕竟马英九用了龙应台，也是使得这件事得以发挥它最大效应的临门一脚”[33]。

注释 NOTES

1、18、21、22 、23、31、32. 蔡轩轩 . 台北市文化政策变迁（战后至 90 年代）[D]. 国立政治大学公共行政学系硕士论文，台北室 , 2003.

2、3、11. 雷晶晶 . 文化政策成效之探讨——以台中市文化专车为例 [D]. 东海大学行政管理暨政策学系硕士论文，台中市 ,2015.

4、5. 章明会 . 文化政策与城市风格的重构：以高雄市为例 (1998—2005)[D]. 南华大学环境与艺术研究所硕士论文，嘉义市 ,2006.

6、8、12. 魏嘉慧 . 台湾文化政策与视觉艺术产业的互动——以台北国际艺术博览会 (1992—2012) 为例 [D]. 国立台湾师范大学美术系艺术行政暨管理组硕士论文，台北市，2014.

7、9、12. 罗欣怡 . 博物馆与文化政策——探讨台湾 1990 年代以降博物馆之相关政策与发展 [D]. 国立台湾师范大学社会教育学系博士论文，台北市，2011.

10. 蔡馥徽 . 以文化政策观点探讨台北艺穗节之建置与发展 [D]. 国立台湾师范大学表演艺术研究所营销与产业组硕士论文，台北市，2010.

14、15、17. 刘永逸 . 台湾政党轮替前后文化政策之研究——以 1993—2008 文化建设委员会文化政策为例 [D]. 台湾师范大学美术研究所艺术行政暨管理硕士论文，台北市，2008.

16、18. 林郁琅 . 文化政策对城乡再发展影响之研究——以台北县莺歌镇为例 [D]. 中国文化大学市政暨环境规划研究所硕士论文，台北市，2009.

20、21、25、26、28、29、30、31. 徐佩莹 . 都市型文化产业策略发展之个案研究——以台北市文化产业政策为例 [D]. 台北艺术大学艺术行政与管理研究所硕士论文，台北市，2006.

中国城市文化社会组织发展状况研究
——以四大直辖市为例

A Study on the Development of Urban Cultural Social Organizations in China
—A Case Study of the Four Municipalities

臧志彭 Zang Zhipeng

摘要: 文化社会组织是城市公共服务体系建设的重要主体。目前中国城市的文化社会组织在总量上偏低，但文化社会团体和文化民办非企业单位在所属行业、组织类型和主管单位方面多元化特征明显，表明中国城市居民自觉组织意识觉醒、文化与相关行业融合日益加深；西部城市文化社会组织发展明显弱于东部城市，在文化民办非企业单位方面的差距最大；文化基金会可以作为中国城市基金会发展的重要突破口和引领者。文化社会组织在中国城市公共文化服务中的能力在不断提升，但仍然任重而道远。

关键词: 文化社会组织，公共服务体系，城市

Abstract: Cultural social organization is an important subject of urban public service system. At present, there are a relatively small number of the cultural social organizations in Chinese cities, but the cultural social groups and non-enterprise cultural institutions have revealed pluralistic characteristics in regard to their respective industries, organization types and supervisors, which indicates that Chinese urban residents have got the conscious awareness of organization, and the integration of culture and related industries is deepening. The development of the cultural social organizations in the western cities is obviously weaker than that in the eastern cities, and the gap is biggest in non-enterprise cultural institutions. The cultural foundation can be an important sally port and leader in the development of China's urban foundation. The capacity of cultural social organizations in China's urban public cultural services is improving, but it remains a long journey.

Key words: cultural social organizations, public service system, city

文化社会组织是国家文化公共治理体系和文化公共治理能力现代化的社会主体，是城市文化产业发展繁荣的重要社会基础，是承担城市公共文化服务供给、活跃城市公共文化氛围、丰富城市人民文化生活的重要力量，是政府改变传统文化管理方式的主要驱动者和功能承载者。按照国家民政部现行的法律法规，中国文化社会组织可以分为文化社会团体、文化民办非企业单位和文化基金会三种类型。本文在对中国文化社会组织历史演进和总体状况分析基础上，重点对北京、天津、上海、重庆四大直辖市文化社会组织发展现状以及文化社会组织参与城市公共文化建设进行研究，希望能够为学术界了解中国城市文化社会组织提供有益的参考。

一、中国文化社会组织发展总体概况

（一）中国文化社会组织的历史演进

五千年的古老文明孕育了华夏民族悠久深厚的历史文化，也孕育了文化社会组织的诞生与发展。夏商周时期，随着国家体系的建立，原本通神、娱神的巫师群体地位大幅削弱，很多中下级的巫师逐渐沦落民间成为专职艺人[1]，这些专职艺人散落民间后三三两两组织在一起，成为中国文化社会组织最初的萌芽。到了春秋战国时期，随着思想文化的百家争鸣，形成了以阴阳、儒、墨、名、法、道、纵横、杂、农、小说、兵、医等为代表的大批有影响力的民间文化社会组织。魏晋时期，文人结社开始兴起，形成了早期颇具名气的文人社团——竹林七贤。发展到唐代，文化社会组织更盛，大诗人白居易就曾主导组织建立“香火社”。宋元时期中国文化社会组织进入了繁荣发展和管理规范期，尤以编撰话本、戏剧、曲艺为主的“书会”最为有名，书会一般具备一定规模，组织严密，分工明确，元剧大家关汉卿就是玉京书会最著名的书会才人；同时期还出现了岳麓书院、白鹿洞书院、嵩阳书院、应天书院等一批民间文化组织。明代是中国古代文化社会组织的鼎盛时期，诞生了明经会、文艺会、读史社等一大批民间文化组织。到了清代，受到“西学东渐”、洋务运动的影响，出现了一大批“学会”“研究会”“协会”等新型文化社会组织。[2,3]

1949 年新中国成立后，文化社会组织获得了一定的发展，通过网络公开数据查询到的 53 家这一时期（1949—1977 年）注册成立的文化社会组织覆盖了 11 个省份，陕西德庆皮影社就是在 1952 年登记注册的一家文化民办非企业单位。然而在“文革”期间，大部分文化社会组织停止了活动。1978 年改革开放促进了文化社会组织的恢复和发展壮大。1998 年国务院民政部专门成立了社团管理司，标志着中国社会组织发展进入到规范发展阶段。2011 年十七届六中全会《中共中央关于深化文化体制改革推动社会主义文化大发展大繁荣若干重大问题的决定》明确提出要“综合运用法律、行政、经济、科技等手段提高管理效能，构建人文交流机制，发挥文化非营利机构在对外文化交流中的作用”。2013 年十八届三中全会《中共中央关于全面深化改革若干重大问题的决定》明确要求“鼓励社会力量、社会资本参与公共文化服务体系建设，培育文化非营利组织”。

（二）中国文化社会组织的发展现状

由于 2016 年 11 月国家统计局最新发布的《中国文化及相关产业统计年鉴 2016》中关于文化社会组织数据实际披露的是全国各类社会组织汇总数据，而非文化类社会组织数据，导致 2015 年文化社会组织数据难以获取，本文只能采用《中国文化及相关产业统计年鉴 2015》中发布的文化社会组织数据进行现状分析。

《中国文化及相关产业统计年鉴 2015》发布数据显示，截至2014年，中国文化社会组织数量达到44 492个，其中文化社会团体30 101个，占 67.65%，文化民办非企业单位14 148 个，占 31.80%，文化基金会243 个，仅占0.55%。从发展趋势来看，2007年以来中国文化社会组织呈现出振动式持续增长趋势：2007 年全国文化社会组织仅为22 383 个，2008 年增长了 12.38%，达到25 154 个，但2009年、2010年和2011 年连续三年增长较为缓慢，平均每年仅增长7.77%；2012 年增速突然提升至13.74%，2013年又下滑至8.98%，2014年又大幅提升到14.02%，显现出明显的忽快忽慢的增长态势。从三种具体类型来看，文化民办非企业单位增速最快，文化社会团体增速最慢：2007 年文化社会团体、文化民办非企业单位和文化基金会分别为16 690个、5 578个和115个；经过7年的发展，分别增长了80.35%、153.64% 和 111.30%。（详见下页图）

虽然 2007 年以来中国文化社会组织总体数量获得了大幅度增长，但是在全国社会组织总量中占比仍然不足 8%。2014 年中国文化社会组织数量仅占全国社会组织总量的7.34%，其中文化社团占比最高，但也仅为 9.72%，文化基金会占全国基金会总量仅为5.90%，文化民办非企业单位则更低，仅占全国民办非企业单位的4.84%。从发展趋势来看，2007 年以来中国文化社会组织数量增速略高于全国，在全国社会组织中的比重呈现出略微增长态势，七年来仅增长了 1.56 个百分点；其中文化社团占比增幅稍大，但也仅比 2007 年的 7.89% 提升了1.83个百分点；文化基金会占比则表现出明显的下降趋势，从 2007 年的 8.58% 下降了 2.68个百分点，说明文化类基金会发展慢于全国其他行业基金会发展速度。（详见下页图）

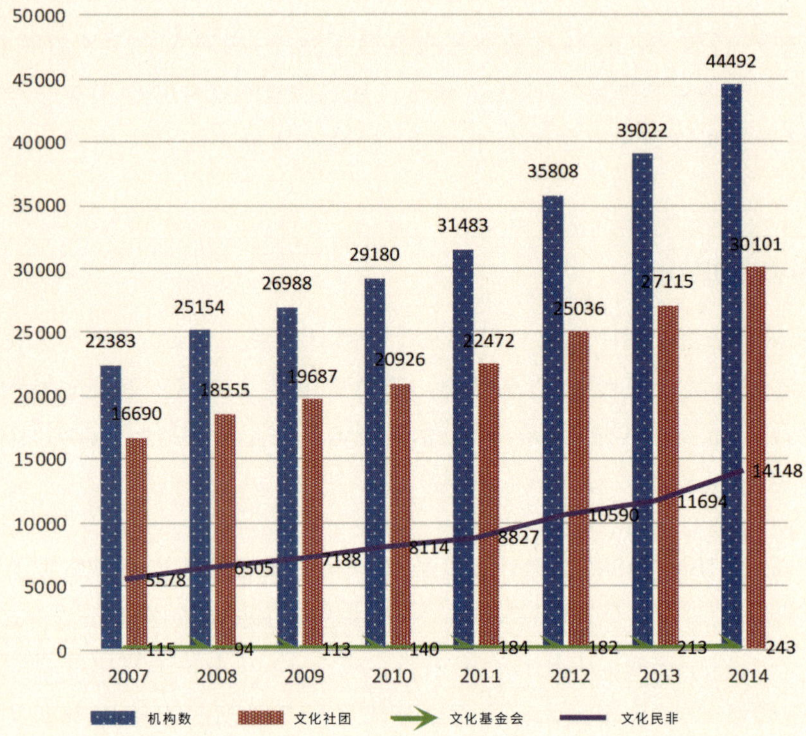

2007—2014 年中国文化社会组织发展趋势（因作图空间有限，文化民办非企业单位简写为文化民非）

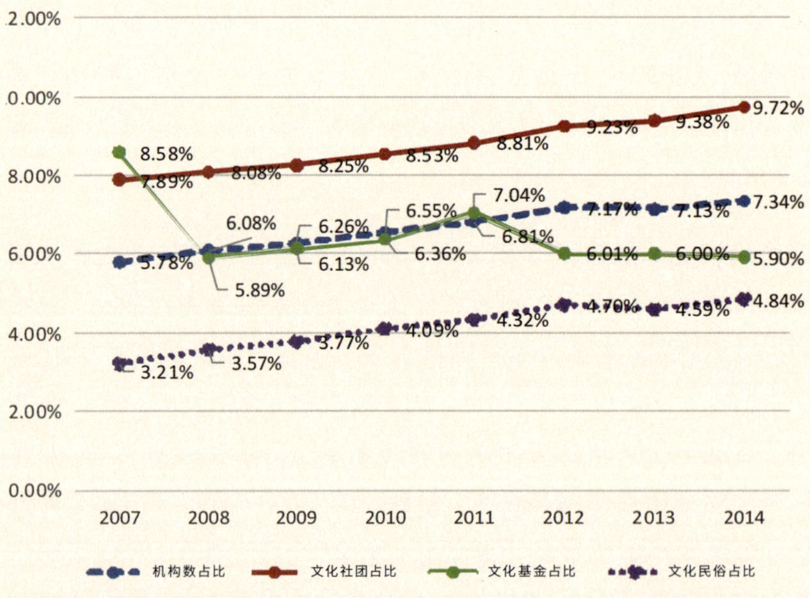

2007—2014 年中国文化社会组织占全国比重演化趋势

二、中国城市文化社会组织发展状况分析：以北京市、天津市、上海市、重庆市为例

城市发展与文化社会组织发展紧密联系、互为促进。城市是文化社会组织发展的主要载体，孕育和滋养着文化社会组织的成长壮大；文化社会组织则满足了城市居民公共文化需求，化解城市社会矛盾、促进社会就业，推动城市经济发展转型升级，实现城市公共治理能力的现代化提升。

直辖市是中国城市发展的排头兵，代表了中国城市发展的总体趋势。本研究以北京市、天津市、上海市、重庆市四大直辖市为例，解析中国城市文化社会组织发展的现状。

（一）城市文化社会组织总体分析

从2014年文化社会组织总体数量来看，目前中国城市文化社会组织总量偏低。在四个直辖市中，上海市拥有文化社会组织数量最多，但也只有781个；北京市作为中国政治文化中心，其所拥有的文化社会组织数量也仅为627个；重庆市依靠人口规模优势，排在了北京市前面，但文化社会组织数量也不过683个；天津市只有219个文化社会组织，仅占上海市的28.04%。

从2012—2014年的发展趋势来看，四大直辖市文化社会组织平均增长率为16.69%，多数城市呈现增长趋势，其中上海市增速最快、天津市不升反降。2012年以来，上海市文化社会组织总量增长了38.97%；北京市文化社会组织数量增速第二，三年间增长了30.63%；重庆市文化社会组织发展较为缓慢，三年间仅增长了11.60%；发展状况最不理想的是天津市，文化社会组织数量不仅没有提升，反而下降了14.45%。

城市人口规模是影响城市文化社会组织发展的重要因素。通常情况下，人口数量越多，文化社会组织数量也越多。为了消除人口规模因素的影响，本研究进一步计算四大直辖市每百万人拥有的文化社会组织数量，从而更为深入分析不同城市文化社会组织发展活力。从人均数量来看，中国城市人均拥有文化社会组织数量非常少。以四大直辖市为例，2014年，上海市每百万人拥有文化社会组织数量仅有32个，北京市29个，重庆市23个，天津市14个。在人均增速上，上海市以36.35%的增长幅度排在首位，北京市增长25.61%，重庆市增长9.87%，天津市则下降了20.31%。

从文化社会组织数量占全市社会组织总量的比重来看，四大直辖市占比均低于全国水平。北京市文化社会组织数量占比在四个直辖市中相对最高，但也仅占6.90%，距离全国7.34%的

平均水平仍然差距 0.44 个百分点。上海市文化社会组织数量占全市社会组织总量的比重为 6.32%，重庆市和天津市两个直辖市文化社会组织数量占全市社会组织总量比重均不足 5%，其中重庆市占比仅为 4.75%，天津市仅为 4.63%。

（二）城市文化社会团体发展分析

文化社会团体是文化社会组织中成立时间最早、数量占比最大的组织形式。根据 2012—2014 年四大直辖市文化社会团体数据分析，可以得到如下基本结论：

1. 文化社会团体数量：平均 337 个，占比 7.58%

2014 年四大直辖市文化社会团体数量平均为 337 个，重庆市文化社会团体数量最多，且在文化社会组织中占比最高。根据 2014 年文化社会团体在文化社会组织中数量和比重分析，重庆市拥有 583 个文化社会团体，以 85.36% 的比重高居第一；北京市拥有 346 个文化社会团体，比重为 55.18%，排在第二位；天津市文化社会团体数量为 106 个，比重 48.40%；上海市虽然拥有 312 个文化社会团体，但是比重最低，为 39.95%。

北京市文化社会团体发展速度最快、天津市则大幅度下降。从 2012—2014 年间增长趋势来看，北京市文化社会团体数量从 2012 年的 260 个增长到 2014 年的 346 个，涨幅达到 33.08%；上海市和重庆市的文化社会团体数量增长比较平缓，其中重庆市文化社会团体三年间增长了 13.65%，上海市增长了 11.43%。天津市的文化社会团体数量从 2012 年的 161 个下降到 2014 年的 106 个，下降了 34.16%。

2014 年四大直辖市文化社会团体占全市社会团体比重平均为 7.58%，其中北京市文化社会团体在全市社会团体中占比相对最高，但也没有超过一成，仅为 9.28%；重庆市文化社会团体占比为 8.27%，排在第二；上海市文化社会团体占比为 7.98%；天津市则仅占到 4.79%。

2. 文化社会团体类型多样化：文化行业的自觉组织意识日益普遍

为了进一步深入探究中国城市文化社会组织发展状况，本研究还对国家民政部“中国社会组织网”和北京市、天津市、上海市三个直辖市“社会组织网”的公开数据进行了搜集整理[4]，发现中国城市文化社会团体包含了将近 20 种类型：北京市文化社会团体类型包含了协会、研究会、促进会、学会、联盟、联谊会、读书会、书画会、乐会、青年会等 17 种，其中协会，研究会、促进会、学会所占文化社会团体最多，占比依次为 49.13%、14.29%、11.85%、10.10%，这

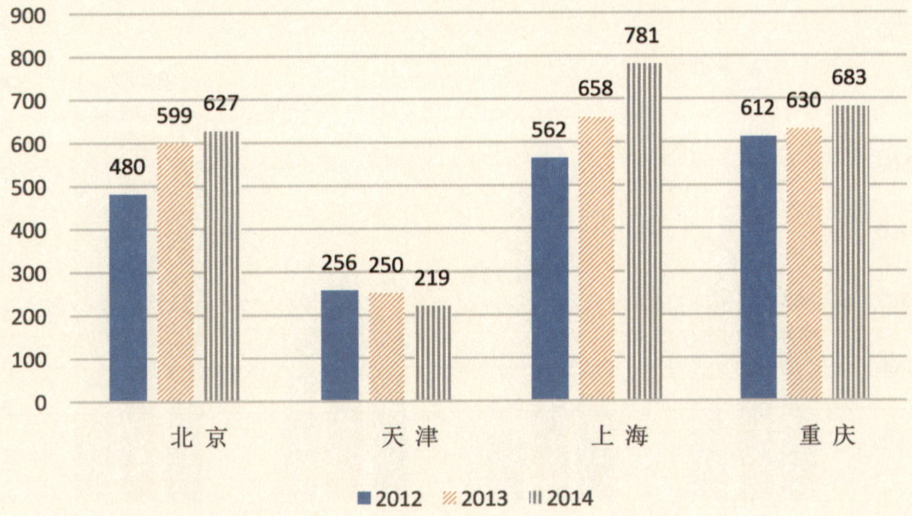

2012—2014 年北京市、天津市、上海市、重庆市文化社会组织发展

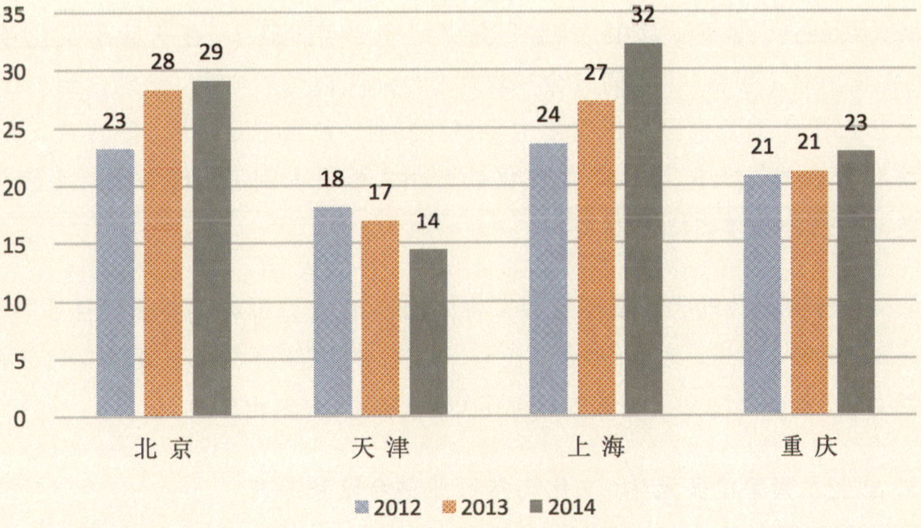

2012—2014 年中国直辖市人均文化社会组织数量变迁

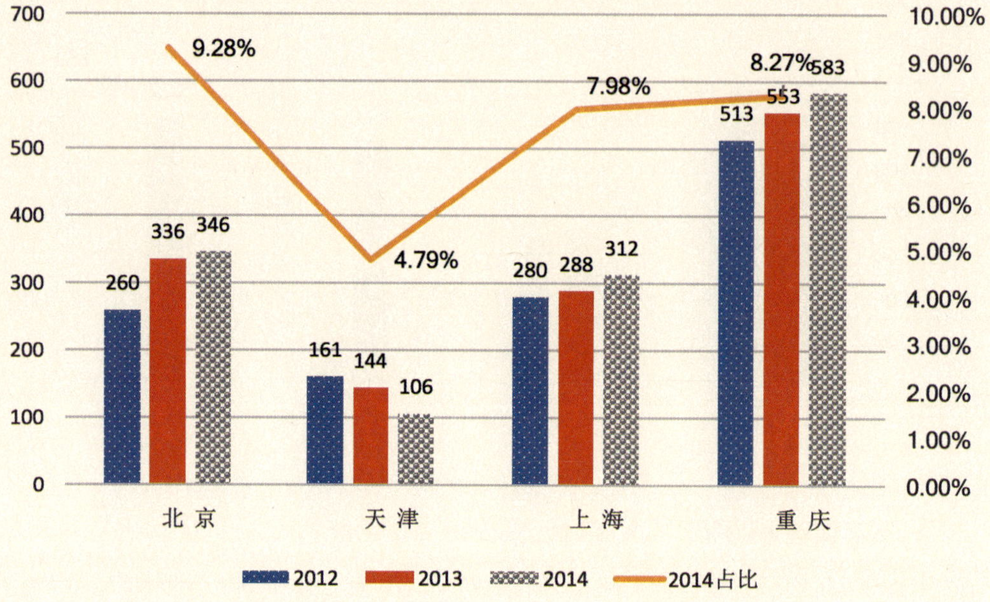

2012—2014 年中国直辖市文化社会团体发展概况

四种文化社会团体占北京市文化社会团体总量的 85.37%。其他类型文化社会团体数量较少，一般在 10 家之下。天津市文化社会团体类型主要包含了协会、学会、研究会、促进会、联谊会等五大类型，其中“协会”类文化社会团体最多，在天津市文化社会团体中占比高达 66.90%；“学会”和“研究会”类文化社会团体也较常见，分别占到 14% 和 9%。上海市文化社会团体类型也呈现出明显的多样化特征，包含了促进会、联合会、联谊会、商会、书画会等 11 种类型；其中“协会”类文化社会团体数量占到了全部文化社会团体的 71%，“学会”类文化社会团体占比为 11%。

从文化社会团体的行业覆盖范围来看，城市文化社会团体基本上涵盖了书画、音乐、舞蹈、戏剧、话剧、电影、娱乐、动漫、收藏、民俗、陶瓷、新媒体等各个主要的文化艺术行业领域。这一现象说明，当前中国文化领域的自觉组织意识日益深化和普及。

3. 业务主管单位多元化：文化与各行业融合日益深入

根据国家民政部《社会团体登记管理条例》，文化社会团体需经业务主管单位审查同意才能注册登记。本研究搜集整理了北京市、天津市、上海市文化社会团体的业务主管单位，发现城市文化社会团体业务主管单位包含了市委宣传部、统战部、文化局、文物局、广电局、新闻出版局、民政局、教委、商务局、宗教局、园林绿化局、知识产权局、版权局、旅游局、体育局、外事办、台办、社会建设办、市科协、市文联、市社科联、总工会、妇联、大学、语言文字工作委员会、社科院、公园管理中心、邮政局、铁路局、报社等近50个部门和组织，而且近年来的发展趋势表明，城市文化社会团体的业务主管单位正处于进一步丰富和多元化扩展过程中。业务主管单位的多元化态势实际上表明文化已经深入渗透到中国城市社会发展的方方面面，文化行业与其他行业的融合发展态势已经基本成型，而且融合的程度正在日益加深。

（三）城市文化民办非企业单位发展分析

文化民办非企业单位是企业事业单位、社会团体和其他社会力量以及公民个人利用非国有资产举办的、从事非营利性社会文化服务活动的文化社会组织。城市文化民办非企业单位是城市文化社会组织的重要组成部分。

1. 城市文化民办非企业单位数量：平均仅221个，西部滞后

北京市、天津市、上海市、重庆市四大直辖市2014年拥有的文化民办非企业单位数量大大低于文化社会团体数量，平均每个城市仅有221个。上海市在四大直辖市中拥有的文化民办非企业单位数量最多，达到450个；北京市拥有文化民办非企业单位233个；天津市和重庆市仅拥有100个左右，其中重庆市最少，全市仅有97个文化民办非企业单位。

从2012—2014年发展趋势来看，东部城市增长速度很快，平均增速达到了38.67%，其中上海市文化民办非企业单位增长幅度最大，三年间增长了67.29%；北京市增长了28.02%，天津市增长了20.69%；而西部重镇重庆市先是在2013年下跌了23.71%，然后在2014年又恢复到2012年的97个，三年间增幅为零。

2. 文化民办非企业单位在城市民非总量中占比很低

从文化民办非企业单位在全市民办非企业单位中所占比重来看，北京市、天津市、上海市、重庆市四大直辖市普遍偏低，平均占比仅为3.92%，大大低于文化社团在城市社团中的平均占比；其中上海市文化民办非企业单位占比最高，但也仅占到全市民办非企业单位的5.45%；北京市和天津市的文化民办非企业单位占比均不足5%；重庆市文化民办非企业单位在全市民办非企业单位中的比重非常低，仅为1.33%。

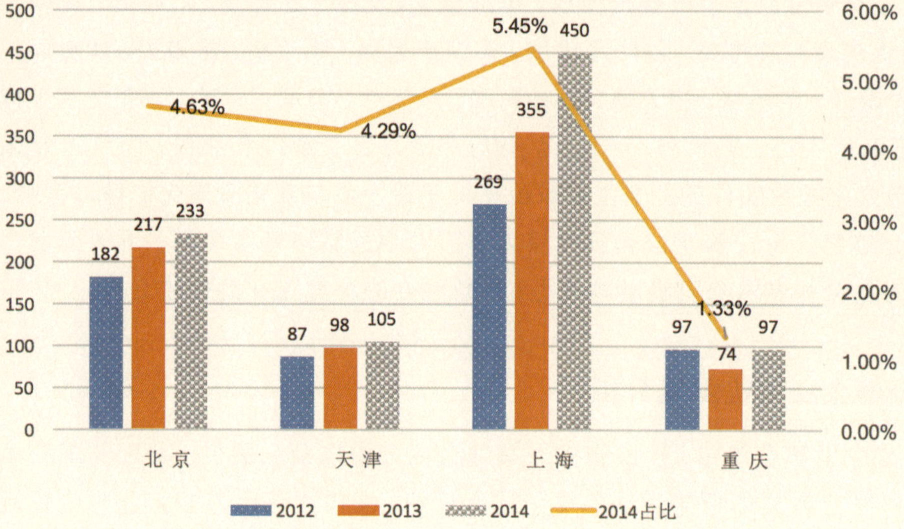

2012—2014 年中国直辖市文化民办非企业单位发展概况

以上数据结果说明：一方面，文化民办非企业单位在城市社会组织发展中的地位不高，虽然近三年来文化民办非企业单位在东部城市发展速度较快，但是从不足 5% 的总量占比来看，中国城市在民办非企业单位类社会组织发展过程中，需要特别加强文化类民办非企业单位的培育和发展；另一方面，从西部唯一的直辖市——重庆市的文化民办非企业单位发展来看，西部城市在文化民办非企业单位发展方面与东部地区差距很大，需要引起特别关注。

3. 行业、类型、主管单位多元化特征明显

本研究对网络公开查询搜集整理得到的北京市145家、上海市187 家、天津市 111 家文化民办非企业单位的分析发现，城市文化民办非企业单位在所属行业上覆盖了书法、绘画、音乐、舞蹈、经纪、宗教、戏曲、诗、油画、朗诵、图书、电子竞技、动漫、摄影、电影、电视、钱币、雕刻、新闻出版、编译、礼仪、旅游、科普、蜡像、古文字、纪念品、照相机、印刷、谍报、家具、红木、紫檀、玻璃、皮衣、水利、游艇、眼镜、奇石、电话、彩票、国际贸易、建筑、知识产权、数字创意产业等众多行业领域；在组织类型上涵盖了艺术馆、博物馆、画院、美术馆、书院、研究院、乐团、剧团、诗社、国学院、纪念馆、图书馆、文化交流中心等各种类型；在主管单位方面，北京市文化民办非企业单位的业务主管单位包含了北京市文化局、北京市文物局、北京市民政局、

北京市教育委员会等 13 个部门(其中北京市文化局主管的文化民办非企业单位最多,占总量的 38.6%),天津市文化民办非企业单位业务主管单位涉及天津市文化广播影视局、天津市体育局等 8 家单位,上海市文化民办非企业单位业务主管单位则涉及上海市国有资产监督管理委员会、上海市文广局、上海市文物局、上海市规划和国土资源管理局、上海市交通运输和港口管理局、上海市教育委员会、上海市妇女联合会等 21 家单位。

同文化社会团体类似,中国城市文化民办非企业单位在覆盖行业、组织类型和主管单位方面都呈现出明显的多元化特征。这些特征从不同侧面较为一致地反映出文化领域各个行业自觉组织意识的加强,以及文化与各个行业融合发展态势的深化。

(四)城市文化基金会发展状况分析

文化基金会是指利用自然人、法人或者其他组织捐赠的财产,以从事公益文化事业为目的,按照中国《基金会管理条例》规定成立的文化类非营利性法人。文化基金会是城市文化社会组织的重要组成部分,在提供公共文化服务、改善文化公共治理、扶持公共文化发展方面发挥着至关重要的作用。

1. 城市文化基金会数量太少,很难发挥作用

尽管文化基金会在城市文化发展中的作用非常大,但是中国目前文化基金会的数量太少,根本无法发挥应有的作用。从四大直辖市来看,北京市拥有数量相对最多的文化基金会,但其实 2014 年也只有 48 家,上海市拥有的文化基金会数量在四个直辖市中排在第二位,却只有不足 20 家,其余的天津市和重庆市则分别仅有 8 家和 3 家。

2. 城市文化基金会占比在三类文化组织中最高

虽然中国城市文化基金会的绝对数量并不多,但是在全市基金会总量中的占比却是文化社会组织三种类型中最高的。具体来看,2014 年北京市文化基金会数量在全市基金会中的比重达到了 15.09%;天津市虽然仅有 8 家文化基金会,但是在全市基金会总量中的比重却达到了 12.50%;而上海市的 19 家文化基金会数量也占到了全市基金会总量中的 9.55%,高于了文化社会团体和文化民办非企业单位的比重。上述数据分析说明,中国基金会的发展还处于起步阶段,总体基础还非常薄弱;文化基金会虽然绝对数量不多,但是在城市基金会总量中的占比较高,表明文化基金会可以作为中国城市基金会发展的重要突破口和引领者。

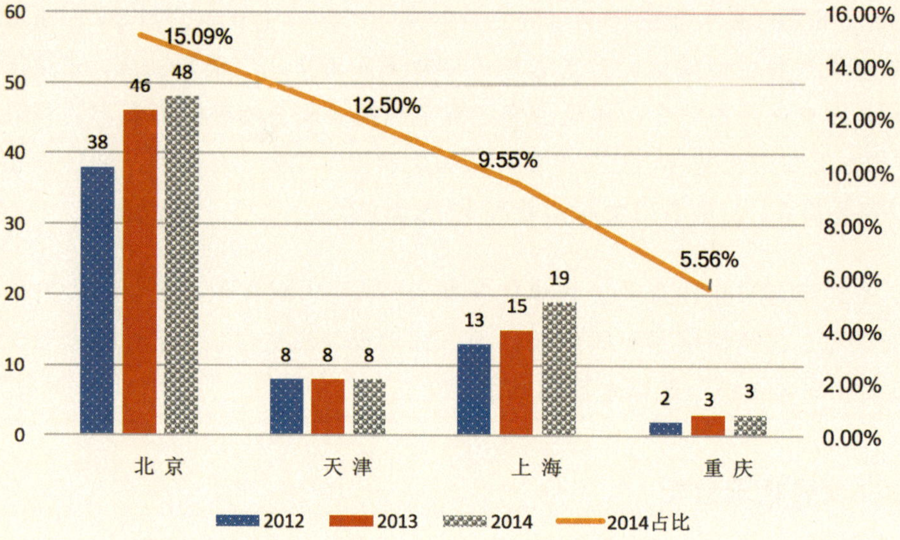

2012—2014 年中国直辖市文化基金会发展概况

3. 城市文化基金会注册资金近七成仅满足最低额度要求

按照国家民政部2004年《基金会管理条例》中“全国性公募基金会的原始基金不低于800万元人民币，地方性公募基金会的原始基金不低于400万元人民币，非公募基金会的原始基金不低于200万元人民币”的有关规定，设立基金会注册资金最低要求是200万元。本研究对北京市社会组织网公开数据的75家文化基金会（因含体育类基金会，故总量高于国家统计局的48家）的注册资金进行分析发现，68%的文化基金会注册资金是200万元，也就是说近七成的文化基金会注册资金仅满足最低额度要求；全部75家文化基金会的注册资金均值为402.80万元，最低注册资金为200万元，最高注册资金为5 000万元，注册资金在1 000万元以上的文化基金会仅占6.67%。

三、文化社会组织服务城市公共文化建设模式分析

2015年5月，国家文化部、财政部、新闻出版广电总局、体育总局联合发布《关于做好政府向社会力量购买公共文化服务工作的意见》，标志着文化社会组织在“丰富公共文化服务供给，提高公共文化服务效能，满足人民群众精神文化和体育健身需求”等方面的功能作用正式被纳入国家公共文化服务改革体系。实际上，近些年来文化社会组织已经在以北京、上海、天津为代表的中国城市文化建设和发展过程中发挥了重要的作用。本研究通过对上述三大直辖市文化社会组织服务城市公共文化建设实践进行整理总结，概括为以下三种模式：

（一）参与共建模式

文化社会组织服务城市公共文化建设，最为常见和基本的模式就是参与共建模式。例如早在2009年，北京市东城区政府为鼓励社会单位开放文化、教育、体育场馆设施设备，专门设立500万元公益奖励补贴资金，共吸引了150多家社会单位参与建设，累计服务次数达到20万人次，服务时间将近3万小时。[5] 可以说这是北京市政府鼓励社会力量参与共建公共文化服务的早期尝试。此外，北京朝阳区的文化艺人志愿者组建的“快板刘文化大院”、北京市西城区引入正阳书局、第二书房共建万松老人塔“北京砖读空间”和“宣阳驿站”等都是参与共建模式的典型实践。2016年7月，北京市文化局专门就《鼓励社会力量参与公共文化建设扶持办法》向社会公开征集意见建议。这一扶持办法的核心其实就是参与共建模式。在上海，2013年首届市民文化节引入社会力量共同举办，实际参与申办活动的社会主体多达500多家，2014年有超过3100万人次市民受益。[6]

（二）委托外包模式

政府在深化文化体制改革过程中，将某些公共文化物品和服务的提供交由文化社会组织进行运营管理，就是委托外包模式。同样早在2009年，上海市浦东新区塘桥社区便开始了社区文化活动中心外包运营的社会化探索，截至2015年末，浦东的36家社区文化活动中心全部实现了社会化运营管理。[7] 此外，上海浦东金海文化艺术中心在2014年通过公开招标的方式引入了文化民办非企业单位——上海浦东上上文化服务中心作为金海文化艺术中心的运营管理主体，开启了“公办民营”的外包模式探索；陆家嘴街道也在2014年将陆家嘴金融城文化中心的运营管理委托给陆家嘴社区文化建设联合会进行专业化的运营管理。[8] 北京市和天津市也在委托外包模式方面进行了很多的探索实践，例如，2014年北京市东城区政府就与皮卡书屋合作开办针对特定人群的图书馆，将东城区原有的图书馆运营管理职能进行了社会化外包；天津市文化广播影视局则在2014年将天津市儿童图书馆贵州路分馆外包给社会化机构进行运营管理。

（三）配送中心模式

与传统公共文化服务强调供给不同的是，配送中心模式强调的是“按需点单”。2016年，上海市在整合原来独立分散的东方宣教中心、东方讲坛、东方艺术指导中心和东方社区学校统一整合为“东方公共文化配送中心”，采取按百姓需求进行配送的点单模式，并面向全社会发布《2017年上海市公共文化配送产品征集公告》，征集“文艺演出2 000场，艺术导赏400场，展览展示200场，特色活动250场”。[9,10] 配送中心的建立，其目的在于解决以往分散的公共文化服务供给资源，通过平台化、集中化、标准化的公共文化服务资源整合，以社会公众公共文化服务需求为导向，建立市场化的文化社会组织参与城市公共文化建设的新型模式。

综上所述，文化社会组织在参与城市文化建设中的功能和作用日益凸显，参与的思路和模式不断创新，并且在北京、上海、天津等城市取得了一定的成效。但是同时我们还应该认识到，当前中国文化社会组织参与城市文化建设还存在文化社会组织自身机制不健全、管理不规范[11]，缺乏文化社会组织信用评价体系、群众监督体系以及绩效评估体系等诸多问题，需要各级政府、社会公众与文化社会组织一道共同促进中国公共文化服务体系的建立和完善。

注释 NOTES

1. 李向民．中国文化产业史 [M]. 长沙：湖南文艺出版社，2006:37.
2. 李玉栓．中国古代的社、结社与文人结社 [J]. 社会科学 ,2012(03):174-182.
3. 贾西津．历史上的民间组织与中国“社会”分析 [J]. 甘肃行政学院学报，2005(03):41-46.
4. 本研究数据来源于《中国文化社会组织发展报告》（解学芳、臧志彭编著，上海交通大学出版社，2017）。因未能找到足够有关重庆市文化社会组织的数据，在此仅对北京市、天津市、上海市三大直辖市进行分析。
5. 东诚．首都提升公共文化服务社会化专业化 [EB/OL]. http://www.cet.com.cn/whpd/whrd/1854544.shtml,2016-11-23.
6. 上海公共文化服务社会化迈出新步子 [N]. 光明日报 .2015-10-03.
7. 上海市浦东新区大力推进社区文化活动中心社会化专业化管理 [EB/OL]. http://www.sdwht.gov.cn/html/2015/ts_1224/27736.html, 2015-12-24.
8. 程园．上海浦东新区积极推动公共文化服务社会化专业化 [N]. 中国文化报 .2015-06-30.
9. 邢春燕．东方公共文化配送中心首招标 [N]. 东方早报 .2016-04-14.
10. 以百姓需求为导向市东方公共文化配送中心点单式配送打造公共文化“淘宝”[EB/OL]. http://www.shanghai.gov.cn/nw2/nw2314/nw2315/nw4411/u21aw1180284.html, 2016-12-5.
11. 李国新：文化类社会组织是政府购买公共文化服务的主要力量 [EB/OL].http://www.ce.cn/culture/gd/201505/13/t20150513_5353088.shtml,2015-5-13.

文化案例
CULTURAL CASE STUDIES

国家大剧院的成功之道

The Path to Success of National Center for the Performing Arts (NCPA)

陈 平 Chen Ping

摘要: 要打造一个成功的剧院，硬件建设和软件建设二者不可或缺。当今国内剧院硬件设施不断完善,而作为软件的运营管理成为制约剧院行业发展的最大短板。本文以国家大剧院为样本，透过其近 9 年丰富多彩的艺术实践，从功能定位、宗旨理念、运营模式、发展战略、组织运行、人才队伍等方面，总结出引领国家大剧院从无到有、从弱到强，不断走向成功的 6 条运营管理经验，希望为正在突围的国内剧院行业提供借鉴参考，从而促进剧院行业整体运营管理水平的提升，更好发挥剧院在表演艺术发展中的基础作用、平台作用和引擎作用。

关键词: 剧院，成功，艺术

Abstract: To build and run a successful theater, it is essential to improve hardware and software construction. While domestic theaters have upgraded their facilities, their management skills continue to fall short of industry standard, and this shortfall hinders the development of the theater management industry. Over the past nine years, the National Centre for the Performing Arts (NCPA) has become a successful and vibrant performing arts institution. This paper presents an in-depth case study of the NCPA of P. R. China, elaborating on its management experiences which include the definition of its functions positioning, mission statement, operational mode, developmental strategy, organizational behavior and human resource management, etc.

Key words: theater, success, arts

国家大剧院“午夜玫瑰”爵士音乐会在公共空间即兴演奏的场面。图片提供：国家大剧院

剧院是表演艺术赖以呈现的重要舞台，提升国民文化艺术修养的有效途径，同时也是繁荣发展社会主义文艺的重要阵地。打造一个成功的剧院，主要从两个方面。一方面是硬件建设，具体包括：建造专业的、有特色的剧院建筑及设施，配置一流的舞台机械设备、灯光音响，布局合理的消防和安防设施，设计先进的控制系统，实现多功能的剧场服务配置，打造国际化、高水准的现代剧院（表演艺术中心）等。另一方面是软件建设，具体包括：找准剧院的功能定位，确立运营宗旨，探索运营模式，制定发展战略；抓好高品质的艺术创作与生产，艺术的传播、推广与普及，艺术的营销与管理；选派优秀院长，组建、培养专业的人才队伍，培育核心竞争力等。

从国内剧院行业发展的现状来看，自20世纪90年代末特别是进入21世纪以来，我国剧院建设高潮迭起。1998年到现在，全国新建、改建剧场260多个，国内剧院总数达到2143家[1]，有效改善了我国文化演出设施建设水平滞后、技术水平低下的状况，许多剧院在建设规模、功能设计、科技水平上与国际一流的剧院相比毫不逊色，甚至有过之而无不及。但是，随着硬件条件的改善，我国剧院“软件”滞后、运营管理水平不足的问题日益凸显。2015年，各级文化部门所属艺术表演场馆年均演出只有43场，每个观众坐席每年利用只有26.5人次[2]。而在剧场空置的同时，大量演出和大批观众未能进入剧场——2015年，全国共有210.78万场演出，其中进入剧场的只有9万余场次，全年共有9.58亿人次观看演出，其中只有4 000万人次是在剧院观演。由于缺乏专业团队，经营业态偏低，国内大多数专业剧场收不抵支。也就是说，当前国内剧院与一个成功剧院的差距主要不在于硬件建设的落后，而在于软件建设的巨大差距。那么，是什么造成了这些差距？这些差距能不能弥补？怎么弥补？也许通过国家大剧院这些年来在剧院运营管理方面的探索实践，我们能够为苦苦寻求破解之策的剧院同行提供一点有益的借鉴参考。自2007年12月开业至今，国家大剧院从一个年轻的剧院一跃成为全球规模最大、现代化程度最高、艺术生产非常活跃、综合运营效益良好的国家表演艺术中心，用了不到10年的时间。在近10年时间里，国家大剧院制作包括歌剧、话剧、京剧、舞剧等艺术形式的剧目70余部，其中歌剧50部、原创剧目28部；共组织商业演出近7 000场，平均销售率保持在80%以上，年均演出收入约3亿元，每年约90万人次走进大剧院观看演出；举办艺术普及演出活动8 000多场，接受艺术普及教育观众约360万人次；共计600余家中外艺术团体、22万艺术家在大剧院登台。曾经担任英国皇家歌剧院院长的托尼·豪尔曾经这样形容国家大剧院的成功：“NCPA用五年的时间走过了西方歌剧院几十年的历程。”

实际上，国家大剧院在开幕之初面临着和国内其他剧院面临同样的问题和压力：一是如何经营管理建筑体量如此之大的艺术机构，实现剧院建设的初衷？二是如何组织节目，以确保较高的剧场利用率？三是如何开展艺术生产，把院团、艺术家和剧院资源整合起来，提高演出产品的供给能力和水平？四是如何在大体量、常态化的演出中始终保持高质量的艺术呈现？五是如何把艺术创作生产与传播推广、市场营销结合起来，培育一个具有广阔空间、有利于艺术持续发展的高雅艺术市场？应该说，国家大剧院对上述问题的应对也并非一蹴而就，而是经历了很多的压力、挫折、教训。最终得以成功破解的原因，主要还是得益于以下几个方面的举措：

一、准确的功能定位是前提

不同城市中的剧院生来就具有自身独特的文化属性、社会属性、公共属性、地域属性以及公益与市场属性，在城市的文明进程中承载着文化的传承与创新、成风化人、交流融合、愉悦大众、兴业育人等等功能。在此基础上，不同剧院根据自身所处的地域文化、观众群体、审美习惯、消费偏好，选择高端定位或者低端定位的经营业态，最终形成了剧院的分层，体现了定位不同的剧院不一样的价值理念和目标追求。

作为党和国家投资兴建的重大文化设施，国家大剧院从机构、目标、艺术、经营等多个角度确立了自身定位，从而找准了国家大剧院在剧院行业中的坐标：

（一）机构定位

包括四个层次：

1. 公益性机构。这是国家大剧院的自然属性，是国家建设国家大剧院的初衷，是“人民性　办院宗旨的基本要求。
2. 艺术机构。以表演艺术产品的创作生产、传播普及和服务管理为主要职责。
3. 国家级机构。代表国家文化形象，体现国家表演艺术水平。
4. 世界一流的国家表演艺术中心。体量巨大、设备先进，集演出经营、剧目制作、艺术普及、艺术交流、殿堂经营和创意产品开发于一体的综合型、多功能剧院。

（二）目标定位

国际知名剧院的领袖级成员、国家表演艺术的最高殿堂、艺术普及教育的引领者、中外艺术交流的巨大平台、文化创意产业的重要基地。

（三）艺术定位

1. 艺术形式，专注于歌剧、音乐、舞蹈、戏剧和地方戏曲五大艺术门类。
2. 艺术标准，坚持高品位、高水准的中外高雅艺术。

（四）经营定位

1. 业态上为剧院而不是剧场，以经营节目而不是出租场地为主，是超越一般剧院形态的国家表演艺术中心。
2. 观众为最广大人民群众而非“高端小众”。
3. 效益上不以追求利润最大化为目标，兼顾社会效益与经济效益。
4. 策略上实行差异化经营，做到人无我有，人有我优。

由于准确的功能定位，国家大剧院在发展过程中才没走弯路，并以运筹帷幄的战略定力和一往无前的开拓精神不断拓展剧院发展的新局面。

二、科学的宗旨理念是核心

确立科学的宗旨理念，可以全面体现剧院的艺术品位和价值追求，有效凝聚各方力量，形成推动剧院发展的强大合力，对于提升剧院品牌识别度、增强剧院核心竞争力都具有极为重要的意义和作用。国家大剧院在 2008 年提出了六大核心价值理念。

（一）坚持“人民性、艺术性、国际性”宗旨

人民性就是坚持以人民为中心的工作导向，办植根于人民大众心目中的剧院。艺术性就是坚持名家、名团、名作，体现国家大剧院在表演艺术领域的标杆地位和示范作用。国际性就是搭建国际化的舞台，坚持国际化发展方向，不断扩大剧院的国际影响力。

（二）坚持高品位、高水准的中外高雅艺术展示

致力于展示、传承中华优秀民族艺术和西方经典剧目，不断创作、推出具有中国元素、中国风格和中国气派的精品力作，提升运营管理能力和产品生产供给能力，始终保持艺术的高质量、高水准，凸显国家最高表演艺术殿堂的形象。

（三）坚持创新，鼓励创新

创新已经成为国家大剧院的一种文化。除了模式理念、发展战略等顶层设计方面的创新，具

体到产品设计上，大剧院创造性地将剧院的各项业务分为核心艺术产品和艺术衍生产品两个板块，形成了12大类、98种产品分类体系。在演出经营组织上，策划推出了“歌剧节”“中国交响乐之春”等品牌艺术节。在艺术创作与生产方面，建立了由八大核心板块组成的剧目制作体系，成功引进了“场团合一”的艺术生产方式。在艺术传播与推广上，创设古典音乐频道、制作高清歌剧电影等，都在国内剧院行业开了先河。

（四）崇尚“艺术改变生活”的核心价值观

深入实施滴灌工程，通过策划开展周末音乐会、“春华秋实”展演、五月音乐节等活动，推动高雅艺术的传播普及，用艺术反哺大众。与各级政府部门合作，建立歌剧兴趣学校，承办音乐附小，实施“大学生圆梦计划”，不断完善艺术普及推广体系，从而提升国民的艺术素养和精神文化生活质量，培养高雅艺术观众群体，切实保障人民群众的文化权益。

（五）坚持用艺术和市场的双重眼光审视所经营的项目和出品的剧目

明确大剧院经营制作的节目必须保证艺术质量，同时也要面向市场，能够为广大人民群众欣赏。必须从艺术和市场两个角度来运作所有的项目，从而实现国家大剧院的可持续发展。

（六）信守诚信、持久、双赢的经营原则

坚持诚以待人、立足长远、双赢发展，始终把艺术家当作剧院的宝贵财富，把观众当作剧院的衣食父母，与合作伙伴建立良好关系，从而夯实剧院发展的基础。

其中，始终坚持“人民性、艺术性、国际性”办院宗旨，为国家大剧院确立了正确的发展方向；始终坚持高品位、高水准的高雅艺术展示，彰显了大剧院的艺术尺度和发展定位；始终坚持创新，鼓励创新，注重文化与科技的融合，积蓄了不竭的发展动力；崇尚“艺术改变生活”的核心价值观，打造大众心目中的艺术殿堂，使大剧院找到了一切工作的根本出发点；始终坚持用艺术和市场的双重眼光审视所有项目，实现了社会效益与经济效益的平衡；信守“诚信、双赢、持久”的经营原则，培育了良好的发展环境，拥有了志同道合的朋友和持续发展的空间。

国家大剧院的宗旨、理念是在深入研究中国的国情特色、文化市场的阶段特点、剧院的功能特征以及艺术的双重属性的基础上确立的。通过确立六大核心价值理念，明确了大剧院的发展方向，彰显了大剧院的艺术尺度，积蓄了发展的动力，营造了良好的外部环境，从而成为指导剧院可持续发展的基本准则。

三、高效的运营模式是支撑

国家大剧院体量巨大，设施先进，系统复杂，每年总支出 5 亿元左右，在政府每年只补贴 25% 至 33% 的前提下，要想经营好、利用好这座巨大的建筑，实现科学、高效、可持续发展的目标。必须探索一套行之有效的运营管理模式。为此，国家大剧院建立了一套独特的 NCPA 模式，即以节目演出、剧目制作、艺术普及为核心业务，以传播交流、市场营销、品牌塑造为重要手段，以专业化经营、精细化管理和高技术保障为强力支撑。这套模式主要包括以下特点：

一是以艺术生产和演出经营为核心。围绕打造核心艺术产品，形成集高雅艺术创作生产、演出经营、普及推广、衍生产品开发于一体的系统运营体系，形成了特色鲜明、品质突出的大剧院经营品牌和大剧院生产制作品牌，充分体现了国家大剧院的艺术机构特征和“艺术性”办院宗旨。

二是实施大体量、高水准、常态化运营。每年演出保持在 200 场以上，坚持精品路线，围绕“三季一周”全年演出策划，统筹安排重点项目和一般演出，基本覆盖全年所有节假日，做到平均

国家大剧院橄榄厅。
图片提供：国家大剧院

每天都有节目，每季、每月、每周都有好节目，努力让市民把文化当“日子”过，而不是当“节”过。

三是围绕演出产品实施传播和营销两翼驱动。一方面通过不断创新传播内容、形式和手段，综合运用大众传播、群体传播、人际传播，增强国家大剧院的机构识别度和品牌号召力，另一方面加强市场营销，在增强艺术生产能力的同时形成强大的艺术营销能力，成为链接艺术和市场、剧院和社会、演出和观众、供给与消费之间的桥梁和纽带。

四是实施专业化经营、精细化管理和人性化服务。建立专业化运营体系，强调闭环管理，把每一个项目、每一项活动都作为一个闭环系统，通过科学设计决策、控制、反馈的管理流程，不断提升项目管理的效益。从微小服务细节入手，增强人性化服务意识和质量，突出艺术家和观众主体地位，营造高雅和谐氛围，提升大剧院艺术服务水平和机构品质。

五是实行事业单位企业化运营的体制机制。事业单位的机构性质凸显了大剧院作为公共文化服务机构的定位，没有资产折旧的包袱，不以盈利为目的，有效缓解了经营的压力。同时作为差额拨款事业单位，大剧院又必须发挥其经营职能，作为独立的经营主体参与市场竞争、获取利润，运用市场机制激发运营活力，同时也有助于培养公众的文化消费习惯，促进艺术的健康发展。

通过这套模式的建立实施，国家大剧院顺应了高雅艺术的发展规律和市场运行的内在要求，在精品生产、品牌塑造、艺术普及、运营效益等各个方面都取得了令人瞩目的成果，成功实现了艺术和市场的统一、公益性与商业性的统一、社会效益与经济效益的统一，始终保持了生机勃勃的发展态势。

四、良好的发展战略是关键

发展战略的研究制定是一个整合资源、统筹规划的决策过程，有利于把剧院的长远目标与短期计划结合起来，把具体工作与总体部署统一起来，从而确保剧院各项任务目标的圆满实现。国家大剧院根据自身的功能定位，结合剧院行业发展的趋势，坚持实施品牌战略、全球化战略和人才战略，成为制胜的关键。

在品牌战略实施上，国家大剧院围绕品牌的打造、品牌的管理和品牌的传播，深入挖掘、不断拓展独具特色的品牌内涵，形成了六大鲜明的品牌特征：大体量、高品位、高水准的高雅艺术节目；充满活力的艺术生产机构；中外艺术交流的巨大平台；高水平的艺术普及教育引领者；

世界最先进、最宏伟、规模最大的艺术殿堂；文化创意产业的重要基地。国家大剧院设立了70多人的品牌推广中心，负责品牌推广与传播，这在全世界各大综合性剧院或表演艺术中心中也是唯一的。品牌战略带来的凝聚力、号召力，使得世界上一流的艺术家以及国内外广大高雅艺术的观众纷纷汇聚到国家大剧院。

在全球化战略实施上，国家大剧院充分发挥后发优势，通过“引进来”“走出去”，把全球化战略落实到节目演出、剧目制作、交流巡演、普及推广等剧院各方面工作，创造了令国际同行惊叹的“国家大剧院速度”：每年大剧院涉外演出比例保持在30%，把公认为是国际一流剧院“试金石”的歌剧艺术作为大剧院制作的突破口，与20多家国际著名的艺术机构建立了战略合作伙伴关系，与130多个国家的驻华使馆和近400家国际著名艺术机构开展了常态化的艺术交流合作，积极开展组织国家大剧院自制剧目和管弦乐团国际巡演。全球化战略全面提升了大剧院的国际化、专业化、规范化水平，赢得国际同行的赞誉和尊重。同时，通过替代战略，从引进剧目到自制剧目，从舞美制作到演员配置，坚持培养锻炼自己的制作和演出力量，最终达到了增强自身实力、实现高效发展的目的。

在人才战略实施上，国家大剧院面向全球引进行业专家和尖端人才，拥有了一批专业领军人物和专业技术带头人，以“不求所有，但求所用”的人才理念，常年聘请国内外、体制内外优秀专业文化人才担任业务指导，拓展剧院员工的国际化视野，通过高质量的项目实践成长机制，着力提高人员的履职能力、创新能力和项目管理能力。人才战略为国家大剧院的运营发展提供了有力支撑，是成就大剧院事业的决定性因素。

五、精密的组织运行是保障

组织运行是落实剧院宗旨目标的关键环节，直接决定了剧院各项目标的实现程度、实现速度和实现质量。国家大剧院在做好顶层设计的同时，一方面构建科学的组织运行系统，另一方面通过系统完善的制度安排，不断提升剧院的运行效能，保障剧院各项工作的高效实施。

在组织运行系统设计上，国家大剧院以功能定位、发展目标和业务特点为基本依据，建立了跨部门、分专业、互相支撑、具有协同优势的17大系统、22个部门、120个科组。突出艺术生产经营为核心，将经营产品划分为核心艺术产品和艺术衍生产品，相应设立的核心艺术产品部门是直接从事舞台艺术生产经营的部门，包括演出部、剧目制作部、舞台技术部等部门，直接掌握着剧院艺术生产的关键资源，体现剧院的核心竞争力，在剧院发展中发挥主导作用，与

“公众开放日艺术节”花瓣厅活动现场。图片提供：国家大剧院

剧院经营业绩直接相关。艺术衍生产品部门是经营由核心艺术产品衍生出的非舞台艺术产品的部门，在剧院运营中发挥着重要的辅助作用。同时探索形成专业化分级运行体系，涉及核心功能、管理型、知识密集型业务由剧院内设部门把控运转，非核心功能的、支持型、劳动密集型的环节，包括工程、物业、安保、后勤等，通过市场化引进专业公司负责实施。

在组织实施上，大剧院把确立的“三性”宗旨和五大愿景目标具体落实到产品分类设计、演出经营组织、剧目制作生产、舞台全面管理、驻院院团管理、财务管理与融资等十多项具体工作任务中去，以演出排期管理作为大剧院业务生产的神经中枢、衔接全院各部门的核心轴，以项目制作为业务生产经营的基本组织方式，探索建立基于战略目标的考核指标分解体系和以激励为导向的薪酬体系，形成了一套专业、精密、高效的组织运行系统和多达 270 多项的制度流程，使各项工作有序开展、协同并进，有效保障了剧院总体目标的圆满实现。

六、专业的人才队伍是保证

推动剧院发展的关键在人，人才队伍素质的高低关系到剧院科学发展水平的高低，而要建设一支高素质、国际化、专业化的干部人才队伍，需要具备科学的人才理念、全球化的人才视野，需要建立一套良好的人才选拔、培养、激励机制。

国家大剧院在队伍建设上，首先是按照分工负责、相互协作的原则，组建一个具有丰富管理经验、较高艺术素养、专业结构合理的经营管理核心领导层，注重发挥领导核心的积极性和主动性，齐心协力推动剧院的发展。其次是配齐、配强剧院中层管理干部，加强履职能力、执行能力的培养，不断提升中层管理干部的专业水平和管理水平。其三是通过健全完善人才招聘、引进、选拔、培养和激励机制，逐渐培养了一批国内一流的剧院领军人才和专业技术人才。他们涉及118个专业，几乎涵盖了艺术管理的各个门类，成为演出经营、剧目制作、传播推广、市场营销、舞台技术保障等方面的行家里手，为大剧院持续高效发展提供了强有力的智力支持。

特别需要强调的是，在一个剧院的运营过程中，院长既是一个剧院宗旨理念、愿景目标、发展战略、经营模式的设计师，也是一个总揽全局、协调各方、身体力行的引领者，因此，院长是否称职是剧院能否成功的关键。只有院长具备敏锐的政治意识、经济头脑和艺术素养，多谋善断、科学决策，在聚人才、用干部上下功夫，形成一个有共同价值理念和艺术追求的职业化团队，才能带领剧院团结拼搏，开拓创新，不断开创科学、高效、可持续发展的良好局面。

从上述国家大剧院的案例中，以及结合当今国际一流剧院的运营经验，也许我们可以归纳出一个剧院运营是否成功的判断标准：一看艺术创作、生产是否活跃；二看艺术品质是否始终保持高水准；三看是不是一座城市乃至一个国家的重要标志；四看能否被城市中的人民所喜爱，成为市民生活的一部分，是大众心目中的艺术殿堂；五看是不是艺术家向往和聚集的地方；六看是否拥有一套科学的运营模式和经营理念；七看是否拥有一支专业化的人才队伍。

总而言之，剧院承载着传承创新、成风化人、愉悦大众的重要文化使命，要想把剧院管理好、运营好，发挥其在繁荣发展社会主义文艺的重要阵地作用，提升剧院的运营管理水平意义重大、迫在眉睫。国家大剧院近十年来在剧院运营和艺术实践方面取得的成功表明，在建设文化强国的宏观背景下，在全国各地剧院建设高潮迭起的大好形势下，如果能够把国内外剧院先进的运营经验与各地剧院自身实际紧密结合起来，把先进的宗旨理念和科学的组织架构结合起来，把创建高效的运营模式和建设高素质的人才队伍结合起来，探索出一条符合艺术规律和市场规律、兼顾公益性与商业性的特色发展道路，全国的剧院运营管理就会克服当前面临的种种束缚和困难，实现社会效益和经济效益的有机统一，承担起引领国家表演艺术发展的时代重任，在增强国家文化软实力、提升国际文化影响力方面发挥更加显著的作用。

注释 NOTES

1、2. 中华人民共和国文化部 . 中华人民共和国文化部 2015 年文化发展统计公报 [M]. 北京：中国统计出版社，2016.

深圳创新发展的“四创联动”机制研究[1]

A Study on “Four Innovations” Mechanism of Innovative Development in Shenzhen

温雯　Wen Wen

摘要: 在“互联网+”行动计划和“大众创业、万众创新”的背景下,深圳提出强化创新、创业、创投、创客“四创联动”的综合创新生态体系,打造“国际创客中心”。文章分析了深圳创客发展的“四创”联动关系,即创新是创客发展的核心动力,创投是创客发展的资本支持,创业是创客发展的市场路径。通过对“四创联动”模型的建构和运行机制分析,文章指出深圳发展“四创联动”有利于促进以创客为主体的“创客文化圈”,以创业带动创新、创投资源流动形成的“创业生态圈”和“四创”综合作用形成的“创新氛围圈”,并在此基础上提出深圳创客发展的建议和路径。

关键词: 创新,四创联动,机制

Abstract: To become an “International Maker Center”, the city of Shenzhen proposed a “Four Innovations” strategy in the context of “Internet Plus” and “Mass Entrepreneurship and Innovation”. Based on the analysis of the internal relations of innovation, entrepreneurship, venture capital investment and makers, this paper builds up a “Four Innovations” model and illustrates its operation mechanism. The paper argues that the “Four innovations” strategy helps to promote the development of maker culture, entrepreneurial ecology and innovative milieu, on which basis some solutions are discussed.

Key words: innovation, four innovations, mechanism

深圳 Fablab O。图片提供：上海 Fablab O

2015 年深圳第二届制汇节（Maker Faire Shenzhen）。图片提供：深圳市设计之都推广促进会

在互联网经济逐渐向现实世界覆盖、全球制造业掀起新一轮变革的背景下，“创客文化”逐渐走入公众的视野，并在创客群体、社会机构和政府政策的推动下蓬勃发展。为响应国家“互联网+”行动计划和“大众创业、万众创新”的号召，全国各级城市纷纷提出符合城市特质的创客发展愿景。例如，北京提出建设“全国科技创新中心”，上海提出建设“全球创客最佳实践城市”，成都提出打造“新兴的国际创新创业中心、创业之城、圆梦之都”，青岛提出建设“创新之城、创业之都、创客之岛”等等，而作为改革开放试验区的深圳则提出打造“国际创客中心”，并启动“深圳国际创客周”（Maker Week Shenzhen）以吸引全球创客的驻足。

长期以来，创新驱动都是推动深圳政治、经济、社会、文化转型升级的强大力量。从 2011 年深圳提出“推动经济发展从要素驱动到创新驱动转变”起，“加快建设国家创新型城市”“增强创新驱动发展新动力”“争创国家自主创新示范区”“打造国际化创新中心”等举措不断地给深圳这座城市注入新鲜血液。深圳是最早引入《创客》（*Make*）杂志旗下创客嘉年华的城市。2015 年 1 月，李克强总理考察深圳柴火创客空间并表示“再添一把柴”，使得深圳创客界备受鼓舞。随后，一则为 2015 年“深圳国际创客周”造势宣传而亮相纽约时代广场的巨幅广告“Make with Shenzhen”更是吸引了全球创客的目光。为全面激发大众创业、万众创新的活力，深圳在政府工作报告中创造性地提出强化创新、创业、创投、创客“四创联动”机制[2]，明确将创客发展纳入城市综合创新生态体系建设的重点工作，并出台《深圳市促进创客发展三年行动计划（2015—2017 年）》和《深圳市关于促进创客发展的若干措施》等相关扶持政策，积极推动创客运动发展。近年来，深圳举办了国际创客周、Fab12 微观装配实验室年会，成为全国大众创新万众创业活动周的主会场，也在文博会、工业设计大展中开辟创客展台，发起“创客西游——深圳创客游学助长计划”等活动开展国际创客交流。此外，基于全球“硬件硅谷”的完备创新生态体系，深圳还吸引了美国《连线》（*Wired*）杂志的关注，一部《深圳：硅谷的硬件》（*Shenzhen: The Silicon Valley of Hardware*）的纪录片更是展现了作为“未来城市”的深圳在创客、创新、创业、创投发展上具备的优势和潜力。本文旨在围绕创客这一主体，厘清创客发展与创新、创业、创投之间的内在逻辑关系，并结合深圳创客发展实践，分析“四创联动”机制对城市综合创新体系建设的影响作用。

一、创客成为城市创新生态体系新指标

进入知识经济以来，“创新”成为意涵最为丰富且使用最为广泛的词汇之一。创新代表了人类特有的认识能力和实践能力，是人类主观能动性的最高级表现形式，也是推动社会进步发展

的不竭动力。创新的主体可以是一个国家，一个城市，一个组织，也可以是个体，而创新的对象则可以诉诸于理论、制度、科技、文化、经济、社会、组织等各个范畴。所谓城市的“综合创新生态体系”，即是包括观念、文化、科技、产业、金融、商业模式、管理等多方面、多层次、多要素的联动创新体系。国内外学者提出了许多关于创新型城市或创意城市的评价方法。美国卡内基·梅隆大学教授理查德·佛罗里达（Richard Florida）最先提出创意城市的“3T”要素，即“人才（Talent）、技术（Technology）和包容（Tolerance）”；随后，欧洲、香港和中国内地的上海、北京、浙江等城市也纷纷尝试构建了自己的“创意指数”；深圳大学周志民教授在借鉴钻石模型、系统论的基础上开发了“中国城市创意指数”（Chinese City Creativity Index，CCCI），从要素推动力指数（EPI）、需求拉动力指数（DPI）、相关支撑力指数（RSI）和产业影响力指数（III）等四个方面来评价城市文化产业竞争力。然而，无论是何种模型的建构，“人才”或“人力资本”始终都是最为关键的要素之一。佛罗里达就尤其关注创意阶层（creative class）对未来城市和经济发展的重要影响。

依据创新的程度与目的，创客可分为兴趣型创客、创新型创客及创业型创客，三类自下而上形成金字塔结构。处于金字塔底部的是兴趣型创客，他们大多因兴趣而制作，作品既可以是依照既有技术“菜谱”的“烹饪”，也可以是创新的作品；将其界定为兴趣型创客的依据是创作主体无意于作品的产品化或产业化。处于中部的创新型创客的作品则需要有一定的创新，产品可能被公司发掘包装乃至批量化生产。而处于顶层的创业型创客的目标则十分明确，目的是制作出产品并据此创立新的企业。由此，创客极大地扩大了社会的创新基数。创客运动既是创新的民主化，也是公众参与创新的典范[3]。在人人时代，科技创新不再是少数被称为科学家的人群的专利，每个人都是科技创新的主体，正如生活、工作在社会中的用户极大地影响了生产过程。同时，创客运动通过开源技术和桌面生产为创新提供了新工具、降低创新成本，并通过众筹等方式为创业提供资本资源。深圳将“创客”引入城市综合创新体系建设，其数量和质量直接关系到深圳建设创新型城市和“国际创客中心”这一目标的实现。

二、“四创联动”的模型建构与运行机制

如前所述，深圳的发展离不开创新的驱动。创客作为城市综合创新体系的新指标，其与创新、创业、创投之间的内在逻辑，是我们理解和阐释“四创联动”机制的前提。

（一）创新是创客发展的核心动力

认识创客与创新之间的内在关系，是解开创客运动发展本质的首要任务。创新是创客运动的

题中之义，它们共享“创造”的意义。“创客”源于英文单词 Maker，意指出于兴趣爱好，努力将创意转变为现实的人们。这些致力于个人制造的专业或业余人士酷爱科技，以分享技术、交流思想为乐，活跃于创客活动、创客社区和创客空间中。创客精神追求的是以分享为基础的自由探索、动手实干、包容失败和大胆创新。而美籍奥地利经济学家约瑟夫·熊彼特在《经济发展理论》一书中对“创新”的阐释是：创新就是要“建立一种新的生产函数”，即生产要素的重新组合……包括开发一种新的产品，采用一种新的方法，开辟一个新的市场，获得或者控制原料或者半成品一种新的来源，以及实行一种新的组织形式。“创客”及其运动正是这样一种全新的“生产函数”：它在DIY中萌芽，在新的“桌面工具”和开源硬件制造中起步，在分享和交流中扩散，进而将创造的作品推向产品市场，最终成为自下而上颠覆传统工业和实体世界的崭新经济模式。克里斯·安德森直言：“如果第二次工业革命意味着信息时代，那么第三次工业革命则代表创客时代。”[4]

创客在动手制作的过程中或多或少都参与了创新，而“创新并非来自天马行空、惊世骇俗的发明，并不意味着都是惊天动地的改造，而多是通过在现有框架内进行微小改进，对细微之处优化形成的质变，结果却非同凡响、创意无限”。[5] 反过来，科技创新的成果也促进了创客的兴起。新一轮科技革命和新经济正在孕育，一些重要的科学问题和关键核心技术已经呈现出革命性突破的先兆，大数据、信息技术和制造业的融合，以及能源、材料、生物等领域的技术突破，将催生新的业态，引发产业的根本变革。与此同时，世界各国更加重视利用科技创新培育新的经济增长点，产业科技、国家科技和学院科技三足鼎立、协同发展的局面被打破，以创客为代表的民间科技力量日益成为科技创新的一支重要力量。在新技术浪潮中，新兴产业、智造产业、服务业以及小微企业的作用更为凸显，创客创意个性化、产品生产小型化、智能化等特征更为适应经济的发展。可以说，创客运动为新经济趋势提供了一条新路径。

科技与社会的融合和发展催生了信息社会、知识社会形态，推动了科技创新模式的嬗变，使得传统的以技术发展为导向、科研人员为主体、实验室为载体的科技创新活动转向以用户为中心、以社会实践为舞台、以共同创新、开放创新为特点的用户参与的创新 2.0 模式。创新 2.0 模式秉持自由、开放、共享、协同、连接的理念，这种理念对创客运动的创新环境营造起着关键作用。

（二）创业是创客发展的市场路径

最早将“Maker”一词翻译成“创客”的张浩称：“你创造了一个东西，你就是创客，你创造的东西如果具有了商业价值，你就可以选择去创业。”[6] 由兴趣爱好驱动、乐于分享制作过程与

2014 年首届深港设计双年展上的 DIY 家具设计工作坊。
图片提供：深港设计双年展，鸣谢：深圳市设计之都推广促进会

成果的创客活动是创客运动发展的基石。然而，创客也并不排斥商业化。在国外，创客被定义为“努力将点子变为金子的行动达人”，或是“那些能够利用互联网将自己的各种创意转变为实际产品的人”。创客创业一般有两个维度：一是以技术研发、产品服务创新为出发点，抓住产品这一关键要素；二是以平台创新为依托，打造互联协作平台，通过便捷的全球技术转移与产品采购形式，利用模块化设计来快速、经济地提供不同组合的衍生服务。聚焦在无人机、可穿戴设备、VR、3D 打印及其应用领域；创客教育如火如荼。

创业是企业价值创造和产业发展的起点，也是驱动经济发展最原始的动力，其活跃与否是衡量一个地区经济活跃度的重要标志。创客创业作为创新创业的一种，是典型“草根创业”的代表，具有“低门槛”“覆盖广”的特征。深圳华强北电子市场的“一米柜”，以前店后厂的形式，诞生了许多成功的创业者，并成为全国电子产品市场的风向标。同时，创客创业具有极大的感染力和传播性，由于创客们的独特个性和文化特征，创客创业比一般创业行为更有利于激发年轻人尤其是大学生的创业欲望，更有利于营造全民创新的文化氛围，是促进“大众创业”的“燃料剂”。2016 年年初，深圳市人社局公布了《深圳市人力资源和社会保障事业发

展“十三五”规划（征求意见稿）》，提出在“十三五”期间，深圳将扶持大学生创业1万人，深入实施大学生创业引领计划，加大对最具创新创业活力的青年大学生的创业扶持力度[7]。

更为重要的是，创客们付出的产业实践是促使创客自给自足经济生态形成的重要方式。从原型作品到面向市场的量产产品需要一个过程，比起一般创业者，在创客运动中诞生、创客开放共享模式下成长的创客人才更懂得通过降低个人制造成本和优化整合产业资源，锤炼与实验出以线上、线下社区为基础的商业模式，降低创业的风险、促进创业繁荣。不仅如此，创客追求兴趣和快乐的本质决定了这一创新群体天生具有一种强烈的社会责任感和奉献精神，他们希望通过社会创新的方式关注那些自由市场体系和政府没有解决的社会问题和没有满足的需要，来推动社会的进步和发展。他们还善于发现公益中的商业性，完善自身造血功能，而不依靠政府、基金或市场的单向资助。

创客创业往往具有“体量小”“创新强”的特征，因此，一些龙头科技企业也致力于搭建创新平台。以腾讯开放平台为例，目前累计收益超1亿元的创业公司已达24家，超1000万元的达108家，融资额过1亿元的创业公司超过100家，超20家创业公司已经或正在上市进程中[8]。也就是说，在“大众创业”“万众创新”的时代，庞大创业基数使这种可能性大大提高了。

（三）创投是创业路上的资本支持

如果说“大众创业、万众创新”是新常态下经济增长的新引擎，那么创投就是发动新引擎的燃料。它既是实现创新驱动发展的有效途径和资源优化配置的有效手段，也是创客创业资源的整合器与成果转化的加速器，它能够为初创者提供包括资本、技术、管理与创业精神等多方面的支持，加快创新成果商业化与产业化进程。换句话说，如果创新与创业是“孪生兄弟”，那么创新、创业、创投就是“铁三角”[9]。

金融支持是创客创业的助推器，没有创投资本的倾注，创新创业的种子往往无法生根发芽。真正的创投应以创新创业为原点，而不能只对“树”感兴趣却对“苗”没有欲望。纵观世界，凡是创新创业高地，一定是创投集聚之处。深圳拥有平安、招商等品质一流的金融企业并且有数量众多的创业投资引导基金、政策性股权投资资金以及社会资本，通过设立创客专项资金支持创客项目，重点扶持创客个人和创客团队的创新项目为创客创业提供灵活、有效的金融支持。除此之外，风险投资也是创客创业融资的重要一环。深圳早已尝到了风险资本与实体经济对接融合的甜头，对于营造良好的融资环境、构建多层次的资本市场、吸引更多实力雄厚的风投机构有着更清醒的认识与更迫切的需求。

互联网技术与传统金融的结合表现出极大的动态性和创新性，不仅拓展了传统金融的边界和受众，并伴随着互联网的应用和普及得到快速发展。互联网金融具有“去中心”“平民化”“成本低”“覆盖广”等特点，可以摆脱传统“资金中枢”的依赖，覆盖传统金融业务的盲区。这不仅大大提高了金融资源配置的效率，而且使得广大中小企业和草根阶层也能享受到便捷高效的现代金融服务[10]。创客与互联网金融这种内在的一致性，使创客成为互联网金融最大的受益者之一。创客创业可以面向客户提供个性化和小批量生产，而众筹、P2P 网贷、大数据金融等互联网金融模式大大降低了资金供求双方金融交易的成本，提高了信息的传播率和透明度，是创客创业获得资金的重要渠道之一。尤其是众筹平台重新定义了消费的含义，即“消费从一种单纯的经济行为变为一种带有感情色彩和参与内涵的行为。”[11]

创投与孵化器也密不可分。然而，创客的孵化器，或者说“众创空间”，应有别于传统的孵化器，需兼备孕育创新的功能。此外，众创空间不仅可以是真实存在的物理空间，也可以是虚拟的线上交流社区和网络服务平台，可以是临时的（如创客周、创客嘉年华），也可以是永久性的，这种灵活多变的形式使得创投资源的对接超越现实空间和时间的阻碍，真正实现了创新的无边界和高度的自由化。

从创投资源来说，深圳提出打造“创投之都”并非一句口号，而是有着深厚的金融优势和基础的。深圳拥有完备的金融服务体系，集中了很多城市难以兼具的资本、腹地与风投机构等优势。深圳市投资推广署和零点研究咨询集团发布的《深圳市营商环境评估报告》显示[12]，深圳具有优秀的营商环境，尤其是深圳商事登记改革，让深圳的投资营商环境优势更具吸引力。此外，深圳市互联网金融发展具有较好的基础，互联网第三方支付规模约占全国 50%，P2P 网贷规模约占全国的 30%；此外，深圳互联网理财产品销售规模、股权众筹融资规模、互联网财富管理规模均稳居全国前三，拥有众多互联网金融公司和社会组织机构，以及模式领先的金融集团，可与创客深入接触，提供符合创客需要的金融产品，创新金融服务模式。例如深圳前海的微众银行，结合互联网，重点服务个人消费者和小微企业，提供高效和差异化的金融服务。

综上所述，创客运动的兴起与蓬勃发展是多重因素共同作用的结果，它与创新、创业、创投之间互为关照，共同构成了围绕“创客”这一创新主体的联动机制。“四创”之间的联动机制可以简单地表述为：以创客为主体的“创客文化圈”，以创客创业带动创新、创投资源流动形成的“创业生态圈”和以“四创”综合作用形成创新“创新氛围圈”。就内部而言，创客、创新、创业、创投之间亦相互影响，相互作用，共同促进了“四创联动”机制的运转。首先，创客作为创意阶层中一支新兴力量，既是活跃城市创新氛围的推动者，也是联动和优化社会创新资源的承载者；不仅丰富了创新的内涵要旨，也是城市“综合创新生态体系”建构的重要组成部分。创客于创新而言，既是目的也是手段。其次，创客的创新活动要产生广泛的经济效益和社会效益，必须与市场结合，而创业是实现这一路径的主要形式。创客创业有效激活了社会化创新的“长尾”，不仅创造了“创客经济”这一新的经济形式，同时也激发了草根创业的热情。第三，“创投”作为创客运动中不可或缺的资本，是链接创客与创业之间的纽带，尤其在众创空间中，创投资源能够与创客创新活动形成有效对接，是创客创业的催化剂。总之，要实现创客运动持续繁荣发展，“四创”缺一不可。它们各有侧重，互为支撑，将共同推动“大众创业”“万众创新”的开展。

三、“四创联动”对深圳城市创新的启示

“四创联动”机制的形成，既是深圳市政府“顶层设计”的结果，也是市场自发形成的必然趋势。因此，我们不仅要从整体着眼，宏观把握“四创联动”的内涵，更要从细节入手，微观深入各个部分的内在联系。纵观上述，“四创联动”就是把创新、创业、创投与创客联合起来，用高度概括的语言把创新的目标、手段、方法、路径都融为一体，将创新政策、创新环境、创新规划、创业计划、创投力量与创客活动综合起来考虑，以期产生“1+1 > 2”的创新效益。与此同时，“四创联动”的综合效应，必须依赖于各创新要素的发挥。从政策的角度而言，“就是要建成一批低成本、开放式、便利化的创客空间载体；形成一批内容丰富、成本低廉、开源共享的软件硬件资源；汇聚一批思想活跃、创意丰富的创客人才；营造一种创客教育普及深入，创客精神发扬光大的城市文化；形成一套内容丰富、形式多样、机制灵活、政策完善的创客服务体系”。[13] 而从学理的角度来说，只有创新链、人才链、产业链和资本链有效对接后，“四创联动”才能进一步推动创新转化为现实成果。

与此同时，我们要进一步把握“内部联动”与“外部联动”的关系。一个完整的创客生态链，是政府、企业、中介、个人在内的多元主体参与下的结果。从内部来看，创客与创投、创业之间形成了一个市场闭环，其中创投更是实现创客从“玩”到市场转换从小圈子到大圈子的最直接的动力。从外部来看，创客运动是否能够快速、持久地发展，形成一股社会潮流，这很大程度上依赖于政策的推动。因此，推动创客发展不仅要充分发挥市场的力量，更要发挥政府前瞻规划、政策引导、环境营造等作用，形成市场和政府协同推进创新的格局。而一旦成熟之后，创客发展应再次交给市场、创客和民间。从政策层面来看，深圳促进创客运动的发展还应与深度定制的前沿技术攻关“登峰计划”、创新型企业“倍增计划”、创新型产业空间“扩容计划”、

"四创联动"概念模型

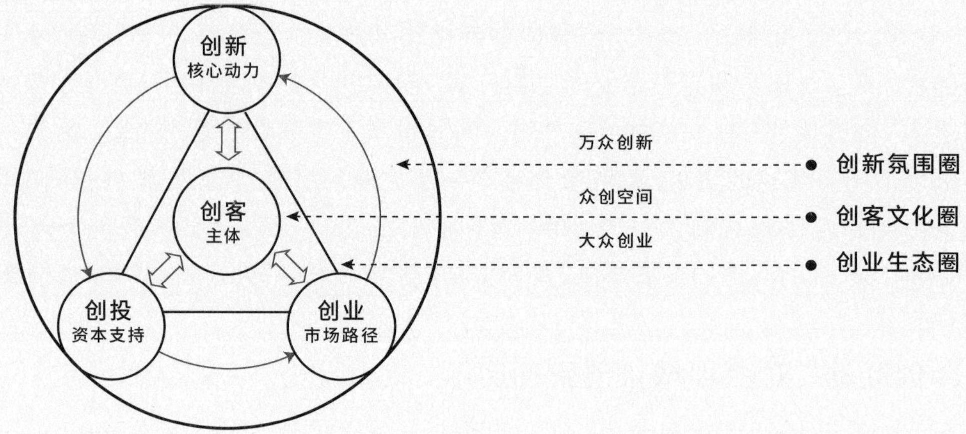

引进高技术人才"孔雀计划"等创新计划形成外部联动、同步进行，扩大"四创联动"的辐射范围。此外，推动"四创联动"，应充分发挥"以大带小"的作用，通过成熟企业与微创企业之间的互动，促进创客运动发展。目前，深圳企业已开始了这方面的探索，如腾讯与华强集团联合推出了"双百亿创客"计划，重点扶持100个重点硬件创业公司。腾讯将集聚孵化、流量、资本、腾讯云等六大互联网要素，提供软性线上资源、流量资源，华强集团则聚集供应链、设计、生产、检测、销售渠道、营销公关等六大硬件创业要素，提供供应链、检测、销售渠道等线下资源[14]。

目前，全国形成了以北京、上海和深圳为代表的三大"创客圈"。北京的"创客文化"受中关村的影响，倾向于科技创新与创业孵化；上海的"创客文化"更注重以兴趣和爱好为基础的制作与分享以及国际交流；而深圳则因华强北完善的电子产业链，已被视作"创客文化"的新中心和产品生产基地，并将依靠城市的科技实力，成为创新、创业的热土[15]。深圳在推动创客发展的"四创联动"具有多方面的优势，总体表现为经济基础较好、市场发育充分、创新环境优越、社会融合度高、生态环境优势突出等。从创新环境来说，深圳是国内第一个加入创新城市网络的城市，也是全国首个以城市为单元的国家自主创新示范区，拥有"设计之都"等多张名片，敢于冒险、鼓励创新、追求成功、宽容失败的城市精神也吸引了大量年轻人、全球创客和大学毕业生来深圳。2015年深圳的研发占GDP比重达到了4.05%，大大超过了创新型经济体的公认标准2.5%。从创业条件来看，深圳背靠珠三角强大的制造业基地，又是中国高新技术产业的前沿阵地，还是全世界最大的电子集散中心，完备的物流链使深圳成为创客发展的沃土。

但是，我们也需认识到，深圳的创客发展也存在一些问题。例如，创客构成呈倒置的金字塔状——创业、创新者多而创客寡。立足国际视野，借鉴国际经验，深圳应充分发挥各主体的功能。其一，发挥政府的宏观导向职能，进行制度创新和平台创新；其二，以企业为主导，着眼应用创新和管理创新，丰富创客实践；其三，教育机构及科研院所进行教学及科研创新，培养创客人才；其四，投融资机构进行金融创新，发展互联网金融，为创客提供资金支持；其五，鼓励图书馆、美术馆等公共文化机构和行业协会结合民间力量进行社会创新，培育创新文化；其六，推动跨区域、跨产业的跨界联动，加强国际化合作与交流，打造国际创客中心。总之，深圳应当充分认识到自身所处的位置，保住已有优势，发挥前海金融优势、科技服务和其他专业服务优势、深港合作优势等，构建具有深圳特色的“四创联动”机制，使创业计划、创投资金、创新环境和创客活动有质量、有活力。同时，也要致力于创客群体的培育。正如刘易斯·芒福德（Lewis Mumford）所说，“城市有包含各种各样文化的能力，这种能力，通过必要的浓缩凝聚和存储保管，也能促进消化和选择。”[16] 一座更具包容的城市一定拥有是浓厚的创新氛围和开放的创新环境，它既为创客这一新兴组织提供了“庇护所”，也是城市创客生态得以形成的方舟。

注释 NOTES

1. 基金项目：2015 国家社会科学基金艺术学青年项目《中国创新型城市建设中“创客文化”的发展路径研究》（15CH167）；广东省哲学社会科学“十二五”规划 2014 年度项目《城市文化经济发展中的“景象”营造研究》（GD14XYS19）；深圳市政府发展研究中心重大研究课题《深圳建设国际创客中心研究》。
2. 参见《2015 年深圳市政府工作报告》。
3. 徐广林，林贡钦 . 公众参与创新的社会网络：创客文化与创客空间 [J]. 科学学与科学技术管理 ,2016(02):11-20.
4. 克里斯·安德森 . 创客：新工业革命 [M] . 北京：中信出版社，2012.
5. 德鲁·博迪，雅各布·戈登堡 . 微创新 [M] . 北京：中信出版社，2014.
6. 刘双 . 他，译出了“创客”这个词 [N] . 深圳商报，2015-05-04（A04）.
7. 徐恬 .5 年扶持万名大学生创业 [N]. 深圳商报 ,2016-02-18(A05).
8. 申明 . 腾讯打造全民众创空间 [N] . 科技日报，2015-05-08（08）.
9. 深圳特区报评论员 . 打造“创投之都”，为创新创业众筹梦想 [N]. 深圳特区报，2015-07-06（A02）.
10. 王达 . 影子银行演进之互联网金融的兴起及其引发的冲击——为何中国迥异于美国 [J]. 东北亚论坛，2014(04).
11. 徐思彦，李正风 . 公众参与创新的社会网络：创客运动与创客空间 [J]. 科学学研究，2014(12).
12. 深圳特区报评论员 . 优质营商环境点燃万众创新火种 [N]. 深圳特区报，2015-09-29（T02）.
13. 参见《深圳市促进创客发展三年行动计划（2015—2017 年）》总体目标。
14. 姚波 . 腾讯联合华强打造硬件创业平台 [N]. 中国基金报，2015-07-13（06）.
15. 温雯 .“创客文化”的历史图景与未来路径 [J]. 福建论坛（人文社会科学版）,2015(08).
16. 刘易斯·芒福德 . 城市发展史——起源演变和前景 / 国外城市规划与设计理论译丛 [M]. 北京：中国建筑工业出版社 ,2005.

香港文化可持续发展个案研究：
大馆—中区警署活化计划

A Case Study on Hong Kong's Cultural Sustainable Development: Tai Kwun-Central Police Station Revitalization Project

许焯权 Desmund Hsui

摘要: 中区警署建筑群包括前中区警署、中央裁判司署及多利监狱，建筑群是法定古迹，在香港赛马会与香港政府的共同努力下得以修复和活化。"大馆—中区警署活化计划"将旧中区警署活化为一个集古迹、艺术及消闲的重要汇集点。该计划利用政府拥有的历史建筑物，将古迹建筑群活化成独一无二的文化地标，注入适量商业管理元素，构建独特的营运模式，一方面能够为香港的文化艺术生活增姿添彩，另一方面能够发挥一定的社会、经济及文化效益，增强香港作为亚洲国际城市的竞争力。

关键词: 文化，可持续发展，竞争力

Abstract: The aged architectures of the Central Police Station, which is formerly known as the Hong Kong Police Headquarters, were restored and revitalized by the joint efforts of the Hong Kong Jockey Club and the Hong Kong Government. The Tai Kwun-Central Police Station Revitalization Project revives the old central police station into an important cluster of heritage, arts and leisure. It activates government-owned historic buildings into unique cultural landmarks, brings in components of commercial management, and constructs the operation model of social enterprise. On the one hand, it will be able to add luster to the arts and culture of Hong Kong and, on the other hand, to achieve certain social, economic and cultural benefits, enhancing Hong Kong's competitiveness as an international city in Asia.

Key words: culture, sustainable development, competitiveness

大馆概览。图片提供：香港大馆

一、序言

2007年，香港赛马会向香港特别行政区政府发展局提交了一份建议书，计划保育及活化前中区警署建筑群，同年，政府表示原则上接纳香港赛马会的建议。其后，香港特别行政区政府发展局及香港赛马会慈善信托基金于2010年10月共同公布以文物建筑保育为主导的“中区警署活化计划”，希望将旧中区警署活化为一个集古迹、文艺及消闲的重要汇集点。此外，旧中区警署亦为香港特区政府2009年施政报告“保育中环”计划的重要一环[1]。

旧中区警署的古迹建筑群在香港赛马会与本港政府的共同努力下得以修复和活化。为了管理活化后的建筑群，香港赛马会慈善信托基金成立了一间非牟利机构——赛马会文物保育有限公司，而“大馆”为赛马会文物保育有限公司的营运名称。“大馆”将会是一个充满独特体验的文化中心，届时将有一系列的文化艺术、古迹导赏、创意工作坊等供访客参与。另一方面，进驻的商店及餐厅亦会提供额外文化活动，使建筑群更有生气。

利用政府拥有的历史建筑物，将古迹建筑活化成独一无二的文化地标，注入适量商业管理元素，能发挥出一定的社会、经济及文化效益。古迹及历史建筑物经过修复和活化，可以为本港的文艺生活增添姿采，并加强香港作为亚洲国际城市的竞争力，达至双赢效果。

二、“大馆”：一段历史

旧中区警署的前身是香港警察总部。过往，警察和本地居民都爱以“大馆”来称呼旧中区警署。事实上，早在19世纪80年代的报纸文章中，已提到“大馆”这个对旧中区警署的称呼。旧中区警署建筑群包括一些在英国殖民统治时期建造的古老建筑物，是一个坐落于中环心脏地带的独特低层建筑集群。1995年，警察总部大楼、中央裁判司署和域多利监狱因其历史意义正式被列为法定古迹（见下图）。

警察总部大楼。图片提供：香港大馆

中央裁判司署。图片提供：香港大馆

域多利监狱 D 仓。图片提供：香港大馆

“大馆”的官方网站上指出，旧中区警署建筑群的历史发展一共有 5 个主要阶段[6]：

1841—1864
起始期

• 1841 年，英国政府委任威廉·坚伟上尉为首席裁判司，负责建立香港的法律与秩序，并监督首座裁判司署和香港监狱的兴建。四年后，殖民地警队正式成立。

• 其后，由于殖民地警队逐渐扩大规模，故前中区警署由威灵顿街迁往现时位置。1864 年，营房大楼正式落成，成为警队总部。前中区警署建筑群开始同时发挥裁判司署、警署及监狱的三项功能，成为当时香港的执法中心。

1865—1936
发展期

• 港督威廉·罗便臣于 1893 年批准扩建监狱，拆除域多利监狱部分“放射式”设计的监仓，只留下“T 字形”建筑，同时兴建新建筑物。

• 属新古典主义设计的前中区警署新总部大楼于 1919 年落成，坐落营房大楼的北面。

1937—1967
考验期

• 1941年12月，前中区警署建筑群被日本军队炸弹破坏，后更被日军占用至第二次世界大战结束。
• 修葺及加建新建筑物后，前中区警署、域多利监狱和中央裁判司署于战后重新运作。
• 六七暴动期间，警队调动防暴队伍处理暴乱，并于前中区警署设立指挥室，负责安排防暴队伍的饮食、休息、当值时间以及住宿。不少与暴动相关的案件都在中央裁判司署审讯，而域多利收押所则负责收押因上述案件被扣留的人。

1967—2006
转型期

• 1967年，域多利收押所被改成域多利羁留中心。十年后，基于荔枝角收押所开始运作，域多利羁留中心又被重新命名为域多利监狱。
• 1979 年，中央裁判司署正式结束营运，其建筑物在 1980 年被最高法院暂时使用。
• 1984 年，原中央裁判司署建筑结束其作为法院的功能。后来，警队和入境处曾分别把办公室设在原中央裁判司署建筑内。
• 1995 年，前中区警署、中央裁判司署及域多利监狱，被列为法定古迹。前中区警署和域多利监狱分别于 2005 年和 2006 年结役。

2007— 现在
活化期

• 2007年，香港特别行政区政府与香港赛马会共同宣布资助保育及活化前中区警署建筑群的非牟利计划。

三、 保育“大馆”

经过一系列保育及活化工程后，中区警署建筑群将为公众提供一处汇集文化艺术的新聚点。“大馆”的十六幢历史建筑和古迹、两座新建大楼及开扬的户外空间，将提供多个多用途场地，让不同的机构及艺术家共同合作举办各类活动、展览、节目等，为香港的文化风景添加色彩。

为筹备开放中区警署古迹建筑群，“大馆”特别成立了两支由业内专家组成、属义务性质的工作小组——“文物工作小组”及“艺术工作小组”。其中，“文物工作小组”专责协助订定文物活动的具体方针、在制订节目的过程中提供意见，并就活动内容提出专业建议。

建筑效果图，修复后的中区警署建筑群，赫尔佐格和德梅龙的设计。图片提供：香港大馆

建筑效果图，奥卑利街入口，赫尔佐格和德梅龙的设计。图片提供：香港大馆

自2007年以来，中区警署建筑群经历了一系列的保育和修复。2006年香港赛马会委任国际顶尖建筑师事务所之一赫佐格和德梅隆（Herzog & De Meuron）[3]，为活化中区警署建筑群制订概念设计建议书，并为建筑群设计两幢新大楼——亚毕诺综艺馆及奥卑利美术馆（见上页图）。在2008年1月，铂塞尔·米勒·特里顿（后改名为Purcell Miller Tritton）被任命为保育建筑师。2008年5月，香港赛马会公布初步建议书公众咨询结果。2009年3月，许李严建筑师事务有限公司被委任为执行建筑师。其后，城市规划委员会于2010年9月通过总体计划大纲。

复修及新建设工程正式在2012年展开。警察总部大楼外墙工程及已婚警长宿舍及未婚督察宿舍砖石复修分别于2014年3月和2014年9月完成。2015年2月则完成更换中式屋顶瓦片[4]。

四、活化“大馆”：文化艺术

作为活化后中区警署建筑群的重要组成部分，奥卑利美术馆是一个非营利性的艺术汇点。奥卑利美术馆以促进当代艺术发展和提供各类文艺节目为方针，为香港不断扩大的人文景观提供一个专业的艺术平台。奥卑利美术馆的各式展览将发扬本港作为亚洲领先艺术中心的地位，并致力于贡献和反映香港的艺术世界。

每年，奥卑利美术馆将举办六到八个展览和一系列公众活动，并与其他相近的组织和艺术团体合作，提供最高标准的展览策展和艺术节目。奥卑利美术馆将采用开放包容的合作形式，其活动将覆盖当代艺术的多种创作范畴。艺术展览将在空间1500平方米、由国际知名建筑师事务所赫佐格和德梅隆所设计的的美术馆内举办。另外，美术馆将推行一个多领域的艺术工作者驻场计划，提供五间工作室给来自本港及海外的艺术和文物工作者使用。

奥卑利美术馆十分重视艺术教育，因此美术馆将设计一系列正规和非正规的教学活动，旨在培养大众对多元艺术创作的认识。这些活动包括，但不只限于：工作坊，艺术家座谈，导游，研讨会，以及印刷和数码刊物。通过这些活动和出版物，奥卑利美术馆将致力提升大众对艺术家及作品的进一步认识，为未来研究提供有价值的纪录，并透过与公众对话，促进文化交流。

五、活化“大馆”：消闲娱乐

活化后的中区警署建筑群致力为访客提供一个充满历史、艺术、文化和故事的体验。“大馆”

的访者参与各种活动、演出和展览，他们可以享受露天场地，感受历史建筑和古迹的魅力。“大馆”还提供休闲的体验。访者可以在活化后的中区警署建筑群内探索各式各样的个体商户和独特的咖啡馆，完美地配合“大馆”体验。此外，这些商业产品提供的收入有助于“大馆”的长期发展和维护。

六、结语

“大馆”的发展与亚洲协会香港中心在域多利军营军火库的活化工程有不少相同之处。域多利军营军火库附属于域多利军营，四座建筑物在1843年至1930年代落成，作为储存与研制炸药之用。驻港英军于1979年迁出军营后，旧军火库遂成为各个政府部门的仓库及工作间，其后被亚洲协会香港分会保育和活化，改为亚洲协会香港中心的永久会址[5]，并且以两亿港元进行复修工程，其中香港赛马会捐出一亿二百五十万港元。香港赛马会在“大馆”和亚洲协会香港中心的活化过程中均担当着举足轻重的角色，在“大馆”的发展计划中更为主导，通过举办不同的艺术展览及学术活动，推动亚洲艺术文化。

自2006年保留旧中环天星码及2007年保留皇后码头事件起，公众对本港政府保育和活化的政策愈来愈关心。中区警署建筑群是本地少数由政府与非牟利机构共同合作的活化项目，“大馆”揉合现代艺术和古迹保育的愿景，令人十分期待；而以休闲娱乐与各种活动及出租场地换取收入的方法，有助其可持续的发展，值得许多文化可持续发展项日借鉴。

注释 NOTES

1. 数据来源：http://www.policyaddress.gov.hk/09-10/chi/p53.html.Access date: 20170126.
2. 数据来源：http://www.taikwun.hk/ch/tai-kwun/historical-timeline. Access date: 20170126.
3. 赫佐格和德梅隆亦曾负责设计多个著名地标，包括2008年北京奥运会国家体育场“鸟巢”。2001年，赫佐格和德梅隆更获颁被誉为建筑界最高荣誉的 Pritzker 奖。赫佐格和德梅隆其中一项最负盛名的设计项目，乃英国的国家级现代及当代艺术馆——伦敦泰特现代美术馆（Tate Modern），将泰晤士河河畔这一所已空置的前发电厂改建成美术馆，被誉为建筑物活化再用的典范。在泰特现代美术馆的最新扩建工程中，赫佐格和德梅隆亦有参与其中，将为21世纪博物馆的重新定义作出贡献。摘自：http://www.taikwun.hk/ ch/tai-kwun/project-teams/.Access date: 20170126.
4. “大馆”活化工程原定2016年底启用，可惜当中的已婚督察宿舍外墙于2016年5月29日晚上突然倒塌，目前维修工程虽已完成，但项目启用日期仍未公布。
5. 亚洲协会香港中心曾举办各类大型艺术展览。参见：http://asiasociety.org/hong-kong. Access date: 20170126.

徒步导览结合社会企业之商业运用研究
——以“街游”(Hidden Taipei)为例

Research on the Commercial Application of Walking Tour Combined with Social Enterprises
—A Case Study of “Street Tour Hidden Taipei”

邱琪瑄 Qiu Qixuan

摘要:“街游”(Hidden Taipei)是台北市一项别出心裁的旅游项目,而导览员则是一群身份特殊的、有故事的“街友”(流浪汉)。目前导览的地区以艋舺、古台北城、西门町等老城区为主,搭配有30年以上在地经验的街友作导游,形成阿和流浪记(流浪生涯)、城中时光散步(次文化)、西门王的涨跌人生(私人生活感触)三项独特的导览内容。“街游”希望通过付费导览等商业模式开发建立成熟的社会企业;而街游的另一个目标在于改善人们对街友的刻板想象,甚至藉此建立街友们的自信与成就感,让他们重返社会。

关键词: 街游, 旅游, 台北

Abstract: “Street Tour Hidden Taipei” is an ingenious tourism project in Taipei City, while the tour guides are a group of “street friends” (tramp) with special identities and stories. The current tour areas are Monga, the ancient city of Taipei, Hsimending and other old quarters. Street friends with more than 30 years of local experience work as tour guides, offering three unique tours—vagrant stories of A He (wandering life) , time walk in the city (subculture) , rise and fall of the king of Hsimending (personal thoughts and feelings of life) . Hidden Taipei hopes to develop a mature social enterprise through business models such as paid guided tour. Another goal of the street tour is to improve the stereotype of street friends, and even to build their sense of self-confidence and accomplishment, and to let them return to the community.

Key words: hidden Taipei, tour, Taipei

一、研究背景与动机

近年来社会企业[1]在国际间蔚为风潮，尤其是金融海啸过后，全球对于纯商业发展的资本主义运作方式进行反思，各国政府尝试透过政策引导，鼓励企业要如何以社会公益的力量融合企业商业的创新模式，以解决社会就业、所得与环境失衡的问题，进而让社会企业成为兼顾社会价值与获利能力的组织。

全球社会企业模式已推展到 40 多个国家，创立家数也不断增长，各国政府、商业界对于社会企业相关议题也日益重视。虽然第三部门也曾被视为解决政府失灵（Government Failure）及市场失灵（Market Failure）的万灵丹，但也因为本身的限制出现了志愿失灵（Voluntary Failure）的状况。于是混合社会、环境和商业利益三重底线（tripe bottom line）或是结合市场、国家和公民社会三方面资源及目标的混合型态（three-dimensional hybrids）的社会企业，似乎同时为政府、企业及第三部门在原本的困境中，找出了解决的因应之道[2]。

社会企业虽然希望创造收益并扩大社会影响力，但也必须面对市场挑战，社会企业一方面希望以营运模式增进弱势就业机会，避免资源依赖情况，但实际运作又无力建立具体可行的创业模式，往往造成产品不具竞争力或市场规模不足以平衡营收等窘境；有的则受外界质疑是否偏离公益使命，沦为利润的追逐者，因而伤害组织的社会形象[3]。“街游”（Hidden Taipei）利用其优异的创新模式及执行力，成为社会企业成功的代表，同时也为台湾文化创意产业的社企化开创了一条崭新的道路。

“游民”又雅称“街友”，指的是居无定所、栖息街头的人。根据“内政部”汇整各县市政府游民服务资料统计，全台游民人口约3 000人，其中以台北市游民人数约700人为最多，且八成集中在台北车站及万华龙山寺一带，以中高龄人口为主，平均年龄55岁，男女比例为十比一[4]。台湾大学社会所林万亿教授在《街友哀愁的社会边缘人》中写道，街友背景大多可分为五类：健康问题、物质滥用者（酒精中毒、吸毒者）、家庭暴力受害者、被遗弃者（老人、身心障碍者、精神病患）和个人选择[5]。事实上，再富裕繁荣的城市，也不可能让街友绝迹；但如果城市愿意包容、接纳他们的另类生活，街友可以成为城市的另一种风景。

二、“街游”（Hidden Taipei）与街友自立方案

原本是上市科技公司主管的曾文勤，在伦敦参加了“Unseen Tours”活动，就此改变了她对街友的刻板印象。“Unseen Tours”导游自创的“伦敦游民地图”，打破一般旅游行程只重美景的框架，但依然吸引游客。据调查，“Unseen Tours”客源中有高达百分之五十为伦敦

居民，街友让他们用新的眼光看熟悉的城市[6]。回国后，在身兼社会局社工及芒草心协会志工的张献忠、暨南大学成人教育研究所副教授徐敏雄及万华小区大学校方等协助下，展开“街游”的筹备计划[7,8]。

芒草心由一群服务街友的第一线人员组成，也是目前“街游”主要的行政执行单位，它于2011年成立，一开始以国际交流为主，和日本、香港、韩国等地的第一线服务人员交流经验，互相学习；从2014年开始扩展版图，以更务实的角度协助无家者及贫困者。除了开始实际规划执行无家者自立方案，如街友导览（街游）、起家工作室、自立支持中心；芒草心也着手举办流浪生活体验营、“呷饱未”小区共食餐桌，期望透过更多体验与交流，进一步帮助外界了解贫困者的生活样态。芒草心所推动的种种业务，其实都可以回归“去污名化”的这个核心理念上。“其实部分街友也曾是叱咤商场的大老板，但在金融海啸之后流落街头，跌入人生谷底，就像日本连续剧上演的上班族不敢让家人知道自己失业，每天仍拎着公文包去快餐店坐一天。”芒草心秘书长李盈姿点出，在日本，政府及民间的街友服务认为街友是大环境造成的问题，但台湾人普遍认为是街友个人不够努力、爱喝酒或是有精神疾病而造成他们“自食恶果”。她认为，“如果让芒草心的工作人员去和大众劝说街友其实很无害、街友就只是平常人，讲破喉咙也不会有太大效果，但透过和街友一起吃饭，或是听街友做街头导览，大家就会亲身体会到街友并不是‘非我族类’，而是可以平等相处、沟通的一般人”[9]。

有“丐帮帮主”之称的张献忠认为，“街友应该被看成是小区里闲置的人力，开发这些人力的好处很多，一方面提供小区人力，另一方面他们也会有收入，更重要的是他们会渐渐开始有自信”。他曾经花了5年时间，把一个总是醉倒在地上的酒鬼街友拉起来19次，才终于看着他自己爬起来，努力地工作和生活。张献忠说，看见人的转化要花很长的时间，但一点一滴的打开街友与社会连接的大门，让街友们可以重新面对自己的人生，也让社会可以还他们身而为人的尊严，这是芒草心慈善协会一直努力的目标[10]。

“街游”创办人曾文勤也提到：“他们拥有的也许不多，但是很乐于分享，懂得彼此照顾。”有一次，有街友发现她早上只吃一盒水果就来万华，默默消失了十分钟，回来就递给曾文勤一盒她排队买来的炒米粉。曾文勤也观察到，“一个人变成街友其实是慢慢放弃自尊的过程，而街友要脱离流浪循环，首先周遭的环境要接纳他，然后他必须重建自己的自尊”[11]。年轻时混过黑道、坐过牢，因前科累累找不到工作，最后流落街头多年的阿强自嘲，“军法、司法、警备总部、管训队，我全都被关过了”，“资历可以说是非常完整”。身为亚洲第一个街友导览员的阿强，在2015年1月初还曾经帮台湾大学校长杨泮池及20多位台湾大学EMBA校友会成员进行

台北街头艺人。钟致远 摄

导览，走访隐密的小巷，听他融合了生命经验和大稻埕当地人文的导览，讲述艋舺的独特三味：老人、街友及情色文化[12, 13, 14]。

三、社会企业的建立

直观来看，“街游”的产出即是每一次的出团。换言之，从 2015 年至今总计数十团的导览、共上千人所聆听的故事，以及随后带来的金钱收入就是“街游”活动后的产出。考虑效益时，主要利害关系人有“街游”、街友导游（如阿和、卜派）、导览团体、其他街友和在地住民等。对于街友导游而言，最直接的是经济因此而得以独立，在导览的过程中也可以与更多不同样貌的人产生连结。对参访团体而言，了解万华当地的文化故事、看到不一样的台北市、理解街友议题就是最大的收获。对于当地居民而言，导览行程所带来的人潮、当地与众不同的样貌被发掘后带来的观光收益也是必然的。对于现阶段的街游而言，究竟造成了多少影响仍未被量化或测量；但可以预见，在不远的未来，大众会越来越理解街友的处境及其背后的成因，会更加看见万华的不同，而街友们除了能透过街游建立自信与自立外，也能改善他们与当地居民的互动模式[15]。“街游”创办人曾文勤也认为，“街游的终极目标并非赋予所有的街友工作机会、解决他们的经济问题，因为并非所有的街友都拥有成为导览员的特质，而是希望透过街游能建立起街友与当地居民间的桥梁，透过街头导览这样的方式倡议，改善人们对于街友的刻板想象，甚至藉此建立街友们的自信与成就感，让他们重返社会”。

曾文勤希望，“街游”能成为成熟的社会企业，因此努力推动“付费导览”，不仅保证参与质量，也提升街友导览员的自信心。狭义型定义下的社会企业则必须包含：①组织章程明确规定以社会关怀或解决社会问题为首要目的；②每年会计年度终了，财务报表需经会计师查核签证，并应申报及公告其社会公益报告；③组织当年度可分派盈余应至少有 30% 保留于社会公益目的，不得分配[16]。除了每月四次的散客场次外，“街游”也接受团体预订。每场导览由一位芒草心协会志工陪同，受限于人力，一个月不超过 20 场。活动六成营收归导览员，四成支付相关成本。导览员平均每月薪资约两万新台币，最多可达三万五千新台币。“不过，目前的营收无法支付导览员以外的人员薪资，我们还需要更努力。”虽然也遇过想杀价的消费者，但芒草心希望能够坚持“专业有价”的原则；除非对象也是弱势族群，这样的话芒草心会举办额外的免费公益场次，但仍会由协会支付部分报酬予街友导览员。“目前街游的伴走人力依然是仰赖志工，但场次一旦冲高，志工的培训也需要随之上紧发条，在伴走人力培训起来之后再调高转速。”而街游提供的服务性质，在消费者中难有“回头客”，因此未来也会考虑是否和学校或单位直接合作[17, 18]。

目前“街游”街友导览员导览的地区，以艋舺、古台北城、西门町等老城区为主，搭配上阿和、卜派、阿俊哥三位有30年以上在地经验的街友导游，形成以下三项独特的导览内容：

首先，是阿和流浪记。艋舺是台北的起源，从清朝开埠以来也一直是机会之地，有人在此发达，有人在此没落。20世纪70年代，五光十色的艋舺是来到台北的出外人排遣时间之处。未满 20 岁的少年阿和从后山来到台北，落脚在板桥的针织厂。过个桥，就来到繁华的艋舺，时光匆匆四十载，阿和就此和艋舺结下不解之缘。“阿和流浪记”的实际导览景点包括：剥皮寮、长寿号、贼仔市、蝴蝶兰大旅社、隘门。

其次，城中时光散步。这条路线的导览，以中华路为出发点，弯进衡阳路走入古台北城的地域，展开城中的走踏探访。除了介绍台北城的身世以及街友在城中各角落的生活之外，关心社会议题的导览员卜派，也会讲述他在社会参与过程中，与城市产生的互动关系。“城中时光散步”

的实际导览主题包括：台北城墙、菊元百货、中山堂、明星咖啡馆、腾云号、社运。

最后，西门王的涨跌人生。一起随着在西门町打滚超过50年、皮尺不离身的阿俊哥，穿越时空回到 50 年前红极一时、明星满座的凤凰大歌厅，经济起飞下全台地价最贵的地王所在地，跑单帮盛世下委托行林立的小香港，旧时梁祝电影席卷全台连映三月的万国戏院，老饕美食地图上必吃的西瓜大王、南京板鸭、川菜街，以及西门三大帮派互相角力的势力边界。“西门王的涨跌人生”实际导览景点包括：西门圆环、万国戏院、新声戏院、凤凰大歌厅、东山蜜蜂咖啡、川菜街、墨西哥呢哝公司、电影街、西装街、小香港、地王。

四、特殊的徒步导览内容

“街游”具有以下三种与众不同的导览内容：

（一）流浪生涯

这三位街友导览员在导览中几乎都会提到自己过去的流浪故事。例如，在经过三水街菜市场时，阿和回忆起过去：“我也曾经在这里住过十几天！这里的好处是不怕刮风下雨，只怕半夜蚊子扰人，街友们还会集资买蚊香。”原来以前每当菜市场打烊，摊商们总是会将摊位清洗得很干净，虽然空间不大，却也足够让一名街友在那里睡觉过夜，甚至是度过风雨。这样小小的举动，是专属于老艋舺人的贴心和默契。近年来在菜市场过夜的街友已经很少了，大都聚集在艋舺公园。走进龙山寺旁的艋舺公园，长椅上摆放各种食物与衣物，街友们在纸板铺成的小区块或坐或躺，一瞬间好像从台北跳进另一个世界。阿和称这里是“艋舺动物园”，表示公园里自成的文化圈常常引起旁人的好奇驻足。“你们看那椅子上一个红袋子，就代表一个人。”如果阿和不说，平常人可能不会在众多杂乱的物品中特别去注意这红色袋子，这是市政府配给的睡袋，一人一个[19, 20]。

卜派在导览时也提过，他在漂泊时常常掏出身上仅有的铜板，到博爱路上的“世运面包店”买卤味充饥。他总是将一份卤味分作数餐享用，通常只要几片豆干加上一颗卤蛋，就足以供他度过两天。卜派之所以常常光顾世运面包店，也许是因为他的养母过去偶尔会来到这家店，买一种名为“伦教糕”的可口点心给他吃。这间看起来已经翻修多次的面包店，依旧可以连结到卜派的儿时回忆[21]。参与街友导览培训的文史工作者吕庆炎说，听游民上课，自己反而收获满满，“游民朋友对街道的观察细腻，敏锐度超乎常人，信手拈来都是故事，只是他们缺少表达机会，也不懂得运用。培训的主要目的，是协助他们建立自信，也能坦然面对过往经历”。[22]

（二）次文化

很多次文化虽然不起眼，甚至不让人喜欢，然而它们留存在社会底层的现象不容抹煞。对于这些次文化赤裸裸的描述，也是“街游”的特色之一。例如：走至车水马龙的路口，阿和指向对街一幢不起眼的旧公寓，怀念地说：“那里曾有一间全台北市最便宜、也最有爱心的旅馆，叫做蝴蝶兰旅社，老板夫妇从不排斥街友投宿，还曾塞钱接济过我。靠窗那两间当年是201、202号房，是老板娘保留给流莺小姐的专用房，休息一次一百元，以照顾这群辛苦的姊妹。去年底旅社悄悄熄灯，但我永难忘怀老板夫妇的恩情。”[23] 阿和又忆起过去没有钱可以花用的时候，就会到旅店来找老板娘，用他的“唬人”功力跟老板娘要钱，说要乘车去高雄找工作，其实都拿去喝酒了，但老板娘每次都愿意相信阿和，总会提醒他：“阿和你不能拿去喝酒啊！”阿和回忆起这段往事，说：“从没有看过这么慈悲的人。”经过公园的廊道，有许多阿和的朋友和他打招呼，他们似乎已经很习惯阿和这样带着一群游客逛来逛去。一位街友直接走到阿和身旁聊起天来，此时阿和突然从口袋拿出手机说：“你们看，这部手机是我昨天刚跟他买的唷，3G的，两百块。”朋友没有说手机是哪里来的，也许就像街友在路边摆的二手货一样，通常是“借来的”，但没有人在乎这个问题，因为这就是他们生活的方式[24]。

（三）私人生活感触

因为这些街友导游都是一些“有故事”的人，因此他们也会常在导览途中吐露出属于自己的人生故事。例如：一栋衡阳路上的老旧大楼，是卜派养父生前工作的地方。虽然养父任职的公司后来撤出了大楼，但对他而言，那栋建物始终具有相当特别的意义。大楼籍籍无名且毫不起眼，却是他追思已故养父的空间。卜派的行脚总是匆匆，但每当经过那边的骑楼时，他总会放慢脚步。在导览途中也常常能碰到这些街友导游员的朋友们，通常他们也乐意将朋友介绍给参加者。例如，参加者巧遇了卜派的艺术家朋友张澄丰先生。卜派拉着张大哥的手，热情地说，“张大师”的画艺精湛，有兴趣的话，日后可以拜访他的画摊[25]。

阿和带着参加者穿梭于艋舺的大街小巷，每到一个地点，他总是很容易聊起曾在这里发生的事。阿和的“演讲”功力不可小觑，像是第一站的“长寿茶桌仔店”旧址，就算碰巧遇到休息日没能进去参观，他也是能在店门前讲十分钟，讲到伴走员赶着他到下一站[26]。

曾被百位歌厅小姐票选为西门町十大美男子第二名的阿俊哥幽默而戏谑，带着独树一帜的“人来疯”特质广受婆婆妈妈及年轻美眉欢迎，年过半百仍一派风流，轻松自若。热情的他会在导览时不小心透露哪些店家小姐为他争风吃醋大打出手、哪些明星还欠他西装钱、哪些日货是当时出国必带的流行物、哪些股票在当时暴涨又暴跌等生活细节。

五、街友导览员的培训

借鉴“Unseen Tours”的经验，街友是无法直接上场导览的，因此训练街友成为导览员的过程是必要的。由此也就可以推算出训练讲师、训练场地和训练器材的需求。在最开始时，曾文勤通过友人的介绍认识了社会局、芒草心协会创办人张献忠，然后先是与万华社会大学合作训练一部分街友导览，再与梦想城乡合作完成第二期的导览训练。通过一连串的访谈、调查，筹备团队很快就理解到英国街友与台湾街友在教育程度上的差异，因此台湾的导览不能像英国那样，着重于对城市的批判或对于城市历史文化的叙述，需要改变方式，让每名街友道出他们的生命经验，分享街友的记忆与故事[27]。

万华社会大学开设为期十周的“艋舺曼波—创意导览员”培训课程，特别安排志工担任陪读小天使，协助街友查阅资料，实际踏查万华地区历史，通过讲师示范，了解何谓导览；也鼓励他们练习发言，建立初步信心。导览课程结束后，徐敏雄老师通过艺术治疗工作坊，引导街友回顾过往人生，并藉此正视自我，找到面对现况与未来的力量。两阶段培训完成后，芒草心协会依据导览员生命经验的特殊性，结合当地文史风貌，协助规划街游路线。邀请志工参与试走、给予导览员调整意见后，由社会大学导览课讲师徐宝月及专职人文史迹向导的吕庆炎老师验收[28]。

来自后山、豁达乐观的阿和自称是“唬人大学”的高材生，执流浪界牛耳已数十载，曾任“好酒感动天协会”（请用台语发音）理事长。阿和曾跑过船、开过大卡车，也做过粗工，却在两度脑伤开刀后失去工作能力，成为醉卧街头的酒鬼，所幸在信仰的带领下他脱离酒精的捆绑再度出发。妙语如珠又有好人缘的他现在已是探访艋舺流浪生活的带路人。阿和个性海派，滔滔不绝，导览风格“非常发散”。从佛经聊到月经；从外层空间聊到内子宫；介绍剥皮寮可以讲到华江桥，再聊到历任台北市长。他喜欢把游客当朋友，就算身上没有钱了还是要请游客喝仙草蜜或青草茶。为此，“街游”行政团队还特别在网页上提醒参加者：“如果你遇到这种情况，请温柔而坚定地告诉他：阿和，我自己出就好，谢谢你。他会有点失望，但工作人员会非常感谢您。”阿俊的个性则非常“人来疯”，只要人多气氛嗨，就会开心地滔滔不绝、言无不尽。但也因此很容易连没考证过的东西都统统讲出来。阿俊已超过65岁，旧的忘不掉，新的记不起来，有时他也会产生“炼萧威”（闽南语，指说疯话），例如说某处是鬼屋等，或是有部分错误的导览内容。

台北松山文创园区。钟致远 摄

前“街游”导览员阿强，在受训过程中曾几度想放弃，实习时，虽然练习多次，讲起自己混黑道的故事，还是结结巴巴，脑袋一片空白，但最后他终于熬过为期一年多的训练，成为亚洲第一个街友导览员。阿强说，在课程中，其实老师的教学重点不是文史知识，而是帮助游民从负面、自卑、与世隔绝的人生观中走出来。正式上线成为“街游”导览员后，阿强也脱离露宿街头的生活，在万华地区租房子。阿强的知名度渐渐打开，指定他导览的人也越来越多。这直接鼓舞了阿强，也让他开始督促自己，往专业导览员的方向迈进。阿强和卜派都是认真的导览员，会持续地研读与补充资料，希望能将所了解的东西分享给大家，因此或许会发生导览时间有些延迟的小问题。清华大学材料系四年级、清大心窝义工团团长郭玳榕认为：“他们带我们跳脱既有的刻板印象，看见很不一样的台北！”[29]

为协助街友进行更专业的导览，“街游”在每趟旅程中也安排了至少一位的伴走员给予协助。例如，徒步导览开始前，阿和便滔滔不绝地讲起万华的老历史，此时这位女生突然举手打断阿

台北西门红楼创意集市。钟致远 摄

和，她说："你没有跟大家介绍你自己！"阿和才想起来他的重要使命。导览途中，她就像是阿和的小帮手，大多时候是在一旁静静聆听，但如果阿和的讲话越来越遥远时，她就会适时跳出来把阿和拉回正题[30]。

六、结论与分析

一开始由民间人士曾文勤通过友人的介绍认识了社会局、芒草心协会创办人张献忠，而后与万华社会大学、梦想城乡等单位合作导览训练，终于促成了"街游"的建立。虽然目前"街游"在营收上还必须依赖芒草心陪走志工的协助，无法达到完全自给自足的地步，然而，如果从增进一般民众与街友相互理解、增强街友自信，或是带给台北这个城市不同的文化地景，以及发展文化创意产业社企化无限可能这些角度来看，"街游"又是一个十分成功的实验个案。从哲学的角度来看，如果能让一个街友"堂堂正正地述说自己的前半生"，这或许也是一种个体实现上的成就吧！

注释 NOTES

1. 行政院于 2014 年提出的“社会企业行动方案”中，对于社会企业的广义定义为：泛指透过商业模式解决特定社会或环境问题的组织，其所得盈余主要用于本身再投资，以持续解决该社会或者环境问题，而非仅为出资人或所有者谋取最大利益，就组织特性上，社会企业同时追求社会与经济利益，但以创造社会影响力为主要使命，而就组织形态上可以分为一般营利事业或者非营利组织之形态存在，其关注类型相当多元，包含弱势关怀、在地发展、生态环保、公平贸易等。狭义型定义下的社会企业则必须包含：
(1) 组织章程应明确规定以社会关怀或解决社会问题为首要之目的；
(2) 每年会计年度终了，财务报表需经会计师查核签证，并应申报及公告其社会公益报告；
(3) 组织当年度可分派盈余应至少有 30% 保留于社会公益目的，不得分配。(邢瑜，2014，8-9)

2,16. 邢瑜．台湾社会企业的认知与图像建构 [D]. 国立台北大学公共行政暨政策学系博士论文，台北市，2014.
3. 刘育欣．公益创投模式建构之研究 [D]. 国立台湾师范大学社会教育学系博士论文，台北市，2015.
4. 20，22，23. 陈歆怡．翻转视野 助街友自立 [EB/OL],http://www.rhythmsmonthly.com/?p=28493,2015-07.
5. 吴象元．你所不知道的街友：他们总是想办法活下去一点小事就能很开心 [EB/OL].http://www.thenewslens.com/article/14780,2015-04-02.
6. 陈宛茜．街游计划／伦敦游民地图 注入社会议题 [N]. 联合报 ,2014-06-12.
7. 陈妤宁．街友不是“非我族类”—— 帮助街友破解刻版印象的芒草心协会 (上)[EB/OL].http://npost.tw/archives/18675,2015-05-07.
8. 张瀞文．超越《总铺师》！街友当起尾牙大厨 [EB/OL].http://www.businessweekly.com.tw/KWebArticle.aspx?ID=57409&path=e,2015-02.
9,17. 陈妤宁．找到住处，然后呢？—— 帮助街友破解刻版印象的芒草心协会 (下)[EB/OL].http://npost.tw/archives/18867,2015-05-07.
10. 刘子宁．还给街友身而为人的骄傲 [EB/OL].http://www.30.com.tw/article_content_27134_1.html,2015-02.
11,13. 张瀞文．超越《总铺师》！街友当起尾牙大厨 [EB/OL].http://www.businessweekly.com.tw/KWebArticle.aspx?ID=57409&path=e,2015-02.
12. Chen, W. H. FEATURE: “Hidden Taipei” tours give unique perspective[N]. *Taipei Times*.2015-07-23.
14,29. 赖若函．他的街游课，让台大教授也惊艳 [EB/OL].http://www.businesstoday.com.tw/article-content-80417-114065?page=1,2015-22:946.
15,27. 梁芸茗．“社企流 iLab 小学堂”三部曲：走出象牙塔，到现场了解议题吧 [EB/OL].http://ilab.seinsights.asia/zh-hant/news/874,2016-08-10.
18,28. 陈姵颖．把街友变成小区好朋友 [EB/OL]http://www.verymulan.com/issue/ 曾文勤 %E3%80%80 把街友变成小区好朋友 -14074.html?subtag_id=73,2015-09-23.
19,24,26. 陈如翎．你没听说、没看过的台北——跟流浪汉学街头生存之道 [EB/OL].https://blog.uknowiknow.com/2014/11/06/ 你没听说、没看过的台北——跟流浪汉学街头生存 /, 2014-11-06.
21,25. 倪绍恩．读者投书：“他象是听见养父轻声召唤，而放慢脚步”当街友成了导览员，听听他的“街游”故事 [EB/OL],http://www.storm.mg/lifestyle/56228,2015-07-06.
30. 刘致昕．科技业女主管，为什么在街上跟着游民伴走？ [EB/OL].http://blog.cw.com.tw/blog/profile/224/article/1693,2014-11-17.

艺术空间的生理距离和心理距离
Physiological and Psychological Distances of Art Space

王国伟 Wang Guowei

摘要: 城市进入精细化更新的新阶段，作为艺术干预手段之一，城市微空间改造更新势必成为城市空间改造更新的典型。以美术馆和商场艺术特展为核心的城市艺术空间，虽然分别承担着不同的历史和文化责任，但都受到空间设置与人的关系的制约。艺术空间的地理位置、内部艺术和商业业态、物理空间的设计等，都综合成体验经济的消费对象，并成为影响消费者生理和心理感受的重要原因，进而生产出城市空间意义上的生理距离和心理距离。因此，对消费者的生理和心理距离的理性测量，成为了考量一个艺术空间场所精神高低的重要标志。

关键词: 艺术空间，心理距离，城市

Abstract: When cities enter into a stage of fine updating, as one intervening approach of art, renovating city micro-space is bound to be a typical example of renovating city space. As the core of the city art space, galleries and mall art special exhibitions are limited due to the relationship between space and people, although they undertake different historical and cultural responsibilities. The geographical location, interior art, business format and design of physical space are synthesized as consuming object of experience economy, and become important factors that affect consumers' physiological and psychological feelings which further lead to physiological and psychological distance in the city space. Thus, a rational measure of consumers' physiology is an important symbol of the spiritual level of the art space.

Key words: art space, psychological distances, city

中华艺术宫。叶辰亮 摄

2014年春，上海有两个重要的美术展览，一个是在中华艺术宫(上海美术馆)[1]举办的鲁本斯艺术展，另一个是在上海淮海中路商业街的 K11 艺术广场展出的莫奈展。这两个差不多同时开展的艺术大展，却遭遇了完全不同的市场境遇：鲁本斯艺术展门票每张20元人民币，观看者廖廖；莫奈画展每张门票100元人民币，却需要排队等待两至三个小时才能看上。从艺术角度我们很难对两位大师级艺术家作简单类比，但无论是从艺术史地位还是辈分上看，鲁本斯绝对不比莫奈低，况且，作为 17 世纪佛兰德斯画派代表人物的鲁本斯，出道比莫奈早了 200 多年，绝对属于莫奈的前辈。而从展出场地的规格上看，鲁本斯展出地是顶着上海美术馆身份地位的中华艺术宫，而莫奈画展却是在淮海中路商场内设的艺术空间开办的。两者相比，一个是上海城市的艺术地标,一个充其量只能算作有一定艺术追求的艺术场所,也根本不在同一个级数上。事实结果却是冰火两重天，问题出在哪儿？有人解释：莫奈和印象派离我们当下更近，绘画形式更现代，大众知名度更高，才造成了这种市场效应，但仔细分析，这个托词根本站不住脚。此次莫奈展的主办方，几年前曾在中华艺术宫主办过毕加索艺术大展，这场展览与当下的鲁本斯展一样受到市场冷遇，难道毕加索的大众知名度比莫奈低？而远在法国的罗浮宫、美国的大都会博物馆、大英博物馆，这些展馆基本是以古典艺术作品为主，许多国人还不是不远万里地前去参观？显然，我们要讨论的不是艺术事件本身，而是需要透过市场尴尬，反思在当下创建美术馆虚火爆升中出现的问题。

集展览、教育、传播、研究于一体的专业机构美术馆，对于一个城市而言，其作用和地位不用赘言。但美术馆的上述综合功能释放和放大效应是需要条件的。首先，美术馆需要设立在城市中心位置，其占据得天独厚的地理位置的目的，是让市民和游客来去轻松、方便，没有任何出行的生理负担和心理负担，甚至由于方便、节时，可以经常顺便逛一下美术馆。而哪里才算得上城市中心位置？这应有市民说了才算，它是这个城市几代人多少年的脚下丈量和心理积淀而建构的一种生理和心理感受，很现实、很客观，也很科学。也就是说，城市级美术馆这类城市典型的公共艺术机构，该放在哪里，它的地理位置的选择，要结合城区位置基本界定的历史意识和现实条件综合考量，更要尊重市民的真切感受，获得市民的普遍认可，这才能建构市民对美术馆的共同认知和情感粘连。因此，自有美术馆历史以来，世界上绝大部分城市美术馆都会身处城市中心位置，作为城市精神和文化艺术的实体表征，需要彰显艺术的符号化力量，更要使这种彰显效应最大化。参加美术活动，本是一项需要好心情的活动，如果因为交通不便，或者碰到雨天，等出租车等到心死，其他的商业如饮食等配套不完善，怎么会有好心情？把上海美术馆从南京西路迁至世博会中国馆，看似直线距离并不太远，但显然超出了市民正常的生理感受和心理感受。世博会场地，多是临时性建筑，展会后就拆了，中华艺术宫周边要么是远远的、隔空相望的建筑，要么是荒凉的建筑工地，建筑形体都比较夸张，相互间没有依附感，形成了空寂、无生气的冷漠环境，太阳还没西下，人心就开始散乱，从来到走的过程中，观众始终有因距离感产生的焦虑，根本形成不了市中心那种楼与楼、人与人之间的亲密和温暖。而走在路上夏天热死、冬天冷死的现实体感，自然会让市民们以日常感受方式作出下述判断：距离应该生成温度，但这里感受到的却是距离产生的隔阂和疏远。

当然，美术馆外在的地理距离可能不会对专业观众造成障碍，为了艺术再远再苦也在所不惜，这正是艺术家们的基本素质。但如果这个美术馆内在的距离也失当，无论是专业观众还是一般市民，都会受不了。说实话，中华艺术宫的体量太大了，大而无当常让人产生失重感。显然，美术馆并不是越大越高越好，如果上海美术馆还是以架上绘画展出为主，它的高度和空间规模应该是有专业限制的。由于建筑形态和内部结构的很大差异，世博会中国馆能否转型做美术馆，需要专业考量和评估，需要根据美术馆的艺术和市场定位，进行专业再设计和空间重构，同时，还需要对硬件和软件上的匹配性进行再装置，这在当今美术馆对其他建筑的置换改造中，有不少成功的案例，已经是一个世界建筑设计改造的常态性问题。中华艺术宫不知是否经过了这个专业评估的议程？如果专业评估可行，还需精道的、专业的技术改造和重构。显然，作为一个世界级城市的美术馆，它应严格按世界一流美术馆的标准，接受专业的审视。除空间结构的合理配置外，各分类展馆的面积大小和区隔形式、展馆空间上限高度的生理和心理适应性测试、从进门开始的展览路径及其他各项配套服务的设计和合理便捷的导引、各展馆之间的合理规避及互相粘合的适度、展馆灯光的专业性和其他公共空间灯光的照明舒适关系等，每一个细节，不但关乎艺术品展示质量和观看效果，更关乎观看者的心理感受和艺术享受的程度。但世博会中国馆转型为上海美术馆后，我们没有感受到这种空间转型的喜悦。展览路径很不清晰；同一个展览的几个展馆之间观者产生路径迷失；进出口环形路线设计不够合理清晰；空间分割的展厅上部使用玻璃材料，产生反光和折射光，形成的视觉干扰；各类参观者包括老人、残疾人等的一些特殊要求和特定的服务细节；等等。看来，这种华丽转身绝不是改一个名字那么简单。如果处理不好，会让观者产生视觉晕眩，造成观看者的审美失真。展品和观看者的距离失当，恰恰是以架上绘画展览为主的美术馆的大忌。这些问题可能会导致观者与美术馆之间产生心理距离，而心理距离常会使人迷失。

行文至此，我们不得不面对第二个问题，今天我们到底需要什么样的美术馆？美术馆与大众的关系如何建构？此次莫奈展的最大受益者和赢家显然是 K11 商业广场，搭上艺术的列车，通过艺术和传媒的力量，极大地提升了商场的知名度和美誉度。K11 艺术空间从美术馆专业素质看，无论是硬件设置还是软件服务，都是不太入流的。层高不够、空间布局不合理、参观的行走路径不合理、过于狭窄的通道、极不专业的灯光设备等，都是美术馆技术标准所要回避的问题。但其所处的地理位置占有绝对优势，而且它还创建了美术馆的当代新形态。K11 是一个商场，它用事实告知我们，美术馆和市民应该是极其亲密和平等的关系，进出没有任何心理压力，艺术展览与其他消费如饮食、娱乐等形成消费互补，它们并不冲突，反而相互依赖。让看艺术展览成为消费活动的一部分，在此，艺术展览可以是主体，也可以是补充，一样会产生效益最大化。毕竟艺术展览除了它的艺术传播功能外，也是一种消费。由此，我们再回过头看鲁本斯画展的遇冷，不是主办方选错了地方还会是什么？

可就是这样活生生的市场现实，依然很难被人重视。据说中国美术馆新馆的方案讨论中，就有一种声音认为，当代美术馆首先应该在建筑形制上亲民，从形式上建立平等意识。传统意义上的高大、神圣的建筑形制，是艺术精英与大众分离时代的产物，传统美术馆如法国的罗浮宫、美国大都会博物馆、西班牙普拉多美术馆，都是这种时代精神的具体体现。需要观者低头拾级而上的建筑本身，强化的是距离感，这本身就是通过建筑彰显权力气场和对大众的拒绝。看来，消解美术馆与大众的距离，应从建构建筑与大众平等意识开始，如果美术馆建在城市中心的花园中，在内部功能设计和业态规划上，有 K11 那样完备的商业业态，可想而知，美术馆的所有功能都会极致释放。而事实却是，在美术馆真正走向大众的征途上，需要从硬件到软件的整体性重构，但更需要的却是意识上的更新。

上海国际艺术节——“艺术天空”让更多人走进艺术欢乐的海洋。李伟霖 摄

近年来，作为一种实践活动，画廊和艺术空间纷纷开进商场，一些顶级艺术家的特展也一个个挺进大商场。上述的莫奈大展，100多元的门票已经直逼故宫的票价水平了。还有2015年秋至2016年春，在静安寺顶级商场芮欧百货公司开展的“米罗制造——梦幻版画体验展”。同在2016年春，两个达利大展在上海滩同场竞争。一个是莫奈大展的主办方，他们把达利特展送进十分豪华的上海外滩18号；另一个就是当年莫奈展的场地方，这次直接在自家K11场地操办达利艺术展。这两个展品规模基本相当的展览，在同一个城市同时开展，历史上也不多见。显然，两个莫奈大展曾经的合作者，从莫奈大展万人空巷的人气和热闹中收获了自信，以至于不惧怕展览撞车。还有刚结束不久的、在上海新天地太平湖边搭棚的、不朽的梵高特展，尽管只是影像展，依然人气爆棚。可见，不管我们是否愿意，商场艺术展览正成为当代艺术商业化的一种时髦潮流向我们袭来。

“艺术展览 + 大众消费购物中心”正成为商场艺术展览的一种成熟模式全面扩张。其实，这种艺术展览实践发展至今，也有一个缓慢实验的过程。从早期的文艺艺术沙龙，到近期的沙龙式小众展览，这些展览作为商场展览的前身，都不在传统美术馆举办。它们往往选择的是公寓式酒店，或一些顶级宾馆、会所等小众场所，举办一个与这些场所消费者趣味匹配的主题艺术展。除了利用这些特殊场所原有的消费者资源外，他们也会特别邀请跟这些艺术品和场所品味相同、并有艺术消费能力和消费动机的客户来参加。“邀请”就成为一种标准，兼顾学术和商业双重考量，故意形成一种层级式示范，进而让参观者和消费者产生自我满足。潜伏在学术标准下的商业诉求，决定了这种展览只需要在有商业价值的小众群体中传播和流转，以获得相应的商业回报就行。这种亦商亦文的展览动机有其尴尬的一面，因此，展览主办者需要花力气协调好参展艺术家的内心诉求和观众满足感之间的矛盾，所以，早期的这些展览不免有点暧昧和躲躲闪闪。但这种小众沙龙式主题艺术展览，其有效实践还是较好地平衡了艺术与商业的关系，获得了不错的展览和市场效果，为艺术展览走向商场、彻底面对大众提供了有价值的意义考量和值得借鉴的运作经验。

综观近几年风起云涌的商场艺术展览，它已经逐渐形成了一个稳定的套式。展览对象或展览主题必须是大众知名度高的艺术家或艺术主题，办展的商业场所必须是地处市中心或地标性商业场所。公共交通方便、人气相对丰满、商场品味和定位相对匹配，是考量的重要依据。除了一些常年在商场经营的画廊（这些画廊往往被市场界定为商业性画廊）之外，商场展览主要以艺术特展形式举行。因为，高质量的艺术特展容易引起媒体关注和兴奋，再加上媒体的给力传播，它就能快速在大众中形成热门话题和热岛效应，这基本是商业展览成功的唯一运作路径。但是，商场艺术展必定还是姓商，我们并不怀疑商场打出的“扶持艺术、艺术人文关怀”等标签性口号，但商业诉求依然是其办展的核心诉求。因此，如何把商场原有的客户资源和业态资源与艺术特展形成内在勾连，产生相互推动的合力，是商场展览设计时首要考虑的因素。如 2010 年年底开业的上海大悦城艺术展览与其小清新路线匹配。最成功的当属每年到场的几米展：2011 年的“完美小世界”、2012 年“几米星空展”、2013 年“几米角落展”。四年的坚持，大悦城依靠几米展的艺术符号，强化了其时尚小清新的商场定位和符号认知，获得这个消费群体的高度认同。又比如，金桥国际利用艺术装置将商区打造成森系风格。商场在中心花园广场造起一座 6 米高的景观凉亭，用无须任何培养基质的气生类植物老人须繁织而成，形成一个无根的森林景色，正是这个特别的艺术展让人们知道了金桥国际。而 2014 年举办莫奈大展之前的 K11，绝对不是人气最旺和业态最好的商场，而莫奈大展之后的 K11，已经是知名度最高、人气爆满、消费水平很高的商业中心了，真可谓一夜爆得大名。只有艺术展览才能快速提升商场的消费品位和档次，并使这种效应不断放大和延伸。

商场艺术大展，其实是商业空间内容的局部挪用和置换，当物理空间顺利植入艺术展览内容，不但直接改变了消费者的消费感知体验模式，也重组了消费者的消费预期、消费结构和消费动机，进而通过艺术消费的介入，重塑人、物、空间的特殊时空关系。因为，艺术展览会使固化的商场空间模式调整为可变的动态模式，形成特殊的消费观看路径，无论消费者是出于哪一种目的走进这个商场，客观上会让艺术消费和其他消费形成互动。虽然，有的消费者会随意一瞥，或边走边看，但正是这种相互边界在消费者随性的步伐中滑移，关系的不稳定反而造成了观看者的轻松和随意。而这种轻松平等的观看交流姿态，不但体现了当代人的价值诉求，也顺利消解了传统美术馆中，由时间、知识、历史和人为造就的距离感，把艺术观看推向一种娱乐境界，完成了艺术与商业的和解，也不失是艺术民主的一种实现方式。

虽然，这种娱乐大众、这种过于表面的大众狂欢，降低了艺术的层级，失去了人们面对艺术应保持的敬畏感和沉思态度，让我们稍有不满，但购物中心更加齐全的功能、更具时代性的营销，让消费者吃喝玩乐购的同时，还能得到精神上的享受。同时，把艺术展览有机嵌进商场消费产业链，不但能增加消费者与商场的粘合度和美誉度，而且消费者数量也会成倍量递增。这种十分有效的商业动员能力和聚集能力，不正是我们非常期待的大众艺术启蒙的有效途径？

当然，我们得承认，绝大部分商场在艺术展览的空间安排、技术、服务水准上是不高的。这些问题也充分暴露出相对于专业美术馆，商场艺术展览的专业弱势。但仍不可否认，商场艺术展览，作为一种当代艺术商业化的成功实践，从气势和大众影响力上，已经展现出超越美术馆的趋势。作为大众艺术启蒙的有效途径，我们真不必苛求这种展览的专业性。作为对专业美术馆展览的有效补充，商场的艺术展览，虽然有媚俗之嫌，但还是完成了属于大众初级水准的艺术启蒙。事实上，当今商场艺术展览已经与专业美术馆形成分庭抗礼之状。美术馆该做却没做到位的经典艺术大众传播和教育功能，被商场艺术展览顺利接管并整体外移。火热的商场艺术展览，进而反过来倒逼诸多国家级和省市级的、高大上的专业美术馆进行思考，在当今互联网和后现代条件下，它们该如何进行变革和转型？原本专业美术馆应该以更专业、更高质量的展览吸引专业观众，与商场艺术展览形成错位竞争和互补。可我们绝大部分美术馆，至今没有自身的学术定位和艺术风格定位，没有独立、权威、专业的艺委会，没有形成自身的办馆战略，也没形成稳定、合理的财务来源。因此，我们就会经常看到不伦不类的双年展，或者就是打一枪换一个地方的间歇性办展方式。甚至，有的所谓高级别的专业美术馆，官气十足，管理者个人意志跋扈，美术馆沦为少数人的专业工具，根本没有公共机构的公共性和公正性可言。一个价值观破碎的美术馆是无法专业起来的。正是专业美术馆的普遍缺位，才给商场艺术大展创造了更多、更广阔的市场机会。

尼采认为：知识里面最高的形态是艺术，艺术又是生活的最高状态。从这个意义上看，艺术空间不但支撑着城市气质的形成，也将是城市想象力、创新精神的发源地。可是，其艺术张力和空间意义生产力的形成，依然需要大众的青睐。一切依然都关乎距离。城市的活力来自于城市的聚众与交流活动之中，在互联网时代、虚拟空间大行其道之时，专业美术馆提供了观看艺术品最需要的接近性和实体性交流的机会。艺术品，其可感性，需要在一个有效的距离中观看和身临其境的接触，那种神秘的、细节的、充满着历史文化信息密码和艺术技术肌理的真迹，才

上海戏剧学院新实验空间。刘佳奇 摄

能产生真正的震撼力，才会凸显有别于虚拟世界完全不同的独特心理感受，就像人再怎么网恋，最终还得实体接触一样。显然，专业美术馆在构建人与艺术、历史的一种有效距离的特殊关系时，其实也是在建构城市的精神文化气质，让我们时时能感受到一种具有日常性的文化和精神的联系。美术馆建立的那种与历史、艺术和人文情感的接近性，在当今互联网的时代显得弥足珍贵，需要我们的共同呵护。

上海美术馆从南京路搬迁至现在的世博中国馆，我们毫不怀疑决策者意在给美术馆增加体量、做强美术馆的初衷，但现实使得我们无法不正视这种空间的挪移所带来的问题。强化美术馆神圣性的反面，却拉大了与市民的距离；而价值、趣味共同体更需要建立在合适的距离之中，不断的接触才能形成心理归属感，距离美学也一定存在于相互良好的关系之中。美术馆与市民的物理距离，已经影响到生理和心理距离。因为，相近和合适的距离，会产生一份浸润着历史感和艺术感的现实的温暖。千万不要因为我们的傲慢，让大众迷失在艺术的荒漠之途。

注释 NOTES

1. 上海美术馆设在上海艺术宫内。这个建筑原是上海世博会的中国馆，世博结束后，改为上海艺术宫。

TOTO

统计研究 STATISTICAL RESEARCH

中国城市文化指标体系建构与反思

Construction and Reflection of China's Urban Cultural Indicator System

丁未 Ding Wei

摘要: 在全球创意经济和世界城市网络崛起的背景下，联合国教科文组织对文化统计的可行性和必要性做出了详细的论证，国内外城市文化指标体系的建构也方兴未艾。但目前中国城市文化指标体系中存在的一系列问题值得我们反思，包括缺乏原始数据或原始数据粗糙；试图建立一个大而全的指标体系模型，却忽略了文化本身的丰富性与个性化；难以摆脱竞争力陷阱，忽略了人的主体性与创造力；等等。在互联网大数据时代，我们倡导以对话、共享、合作为原则，从城市文化数据库的基础建设做起；从长期目标看，通过对数据库样本的扩充和对数据的长期跟踪、分析，逐步提炼出一些有学术价值的文化变量、综合指数和理论假设。

关键词: 城市文化，指标体系，数据库

Abstract: In the context of the rise of global creative economy and the world city network, the UNESCO have made a detailed demonstration of the feasibility and necessity of cultural statistics. The construction of urban cultural indicator system at home and abroad is also in the ascendant. However, there are a series of problems in the urban cultural indicator system in China worthy of our reflection, including the lack of primary data or the crudeness of primary data, the attempt to establish a comprehensive indicator system model while ignoring the richness and individuality of the culture itself, the failure to break away from competitive force traps, the ignorance of human subjectivity and creativity, etc. In the Big Data Era, we advocate the principles of dialogue, sharing and co-operation, starting from the building of infrastructure of urban cultural database. Our long-term goal is to gradually extract some cultural variables, composite indices and theoretical assumptions with academic values, through the expansion of the database samples and long-term tracking and analysis of data.

Key words: urban culture, indicator system, database

一、文化作为一种统计

对文化指标的理论研究及实际运用最早源于20世纪70年代的法国，然后在世界各国普及开来。文化测度的兴盛，与西方国家20世纪六七十年代以后兴起的社会指标运动和新公共管理思潮有关[1]。历史学家黄仁宇认为，运用“数目字管理”是资本主义现代化的重要标志，可见文化这一最繁复的人类实践成为可测度的数目字，有西方社会管理理念的推力；但事实上，其背后更源于文化自身的基因突变。

西方思想史看待文化的视角主要有三种传统[2]。第一个是在西方文明发端时便有的美学传统，从亚理士多德（Aristotle）的《诗论》到海德格尔（Martin Heidegger）的《诗、语言、思想》，这个传说绵延了两千余年。西方美学传统建立在精英文化——文学、艺术的基础上，这是文化至今最为核心、纯粹的部分。第二个传统继承了现代社会科学的衣钵，特别是人类学以及后来的文化研究的传统。代表人物包括韦伯（Max Weber）、马林诺夫斯基（Bronislaw Malinowski）、格尔兹（Clifford Geertz）等。这一传统认为文化的内涵远远超越了艺术，如在雷蒙德·威廉姆斯（Raymond Williams）看来，文化是生活方式的全部，或是全部的意义系统[3]。在人类学与文化研究者的眼中，文化是一套关于人类实践的符号系统，这是一次对文化内涵与外延的极大拓展，但这一传统主要探寻人类实践背后的符号意义（包括制度、价值观、意识形态等）。第三种传统是工业与商业的传统。由大众媒介技术带来批量化文化生产，产生了文化工业和以市场为导向的大众文化，文化第一次与技术、经济交合，成为“被出售的缪斯”。在学术上以美国为代表的行为主义范式主导了传播效果研究，无论是文化内容[4]，还是接收者的行为与态度，都可以进行量化考察与研究。今天，文化变得如此多义且泛化，既有这三种思想传统同时并存的原因，也有文化自现代社会科学诞生之后其外延越来越广，且文化与经济、技术的边界日渐模糊等原因。

但文化真正的基因突变是20世纪80年代末以来，随着知识经济的到来，人类历史上文化首次超过了资本、土地和劳动，成为“真正占主导地位的资源以及绝对具有决定意义的生产要素”[5]，从而根本上改变了文化在整个世界中的地位。文化作为经济增长的主要驱动力反映了全球经济从工业生产型向文化消费型的巨大转型，主要反映在文化与科技的融合创新蕴育出了创意经济——包括新型业态和新的创意阶层，创意经济作为全球一股强大的变革力量，是世界经济发展最快的部门之一[6]。创意经济对全球的影响极为深刻，据2004年《香港创意指数研究》（2004）对各国专家的总结，创意已被认为是“制造财富和就业机会、世界级城市的持续发展、科技改变、商业革新和加强城市和国家竞争力的经济推动力”[7]。由此，文化如何影响社会和经济的发展、国家与区域如何借助文化占据世界经济的高地成了各国政府、商界、学界关心的重要议题。这是文化指标与文化测度在全球得以兴盛的深层原因。文化统计经英国、法国、澳大利亚、加拿大等国与欧盟、联合国等机构的多年探索，到了21世纪终于水到渠成——联合国贸发会议（UNCTAD）的《2008 创意经济报告》和教科文组织的《2009 联合国教科文组织文化统计框架》两个重要文件的发布，为世界各国的文化统计确定了较为成熟的指导框架。《2008 年创意经济报告》在很大程度上厘清了知识经济时代文化、科技、经济三者的关系。在概念界定上，从遗产、艺术、媒介、功能创新四个维度，创意经济被分解为九个门类，这些门类将创意经济从传统文化（如文化场所、传统文化表现、表演艺术、视觉艺术）与媒体（印刷与视听传媒）拓展到了新媒体、设计及创意服务（如广告）等领域。总体上看，创意经济的核心是文化，包括传统的文化以及与媒体、科技、服务相结合的新型文化。[8] 事实上，《2008 创意经济报告》就是对文化之经济价值的一次梳理；而文化的经济价值无疑是可以用数据和指标来测量的，最典型的就是创意经济占地区生产总值比、文化贸易与文化消费规模等数据。因此，创意经济的范畴也就是文化统计的经济维度，它肯定了传统文化和与科技相结合的新型文化在“创意”[9] 这一触媒的作用下，可能产生的经济价值。

《2009 联合国教科文组织文化统计框架》（以下简称“文化统计框架”）在对文化统计的认识上更为完善。它不仅融入了已有的国际统计分类系统和标准，从而顾及了国际的可比较性；而且兼顾了文化的经济维度和社会维度，后者肯定了文化参与[10] 和非物质文化遗产的重要性。换言之，该框架既包括了与市场相关的经济性活动，又涵盖与市场无关的社会性活动，从而在很大程度上肯定了人在文化上的行动力与创造力。在关于社会性活动的测量方面，报告汲取了欧洲的文化统计经验，提出尽管文化统计对于信念、价值观这类意义系统本身无能为力，但文化一旦被视为由“一系列可识别的活动构成”，那么就可以对文化的社会维度进行测量与评估。报告指出：“文化同经济和社会的关系是不可割裂的。许多文化要素，包括那些市场范围之外的要素，都可以利用参与度、时间的使用或者社会资本等指标进行追踪。”[11] 可以说，联合国的这个文件从理论上解决了文化统计的可行性问题。

值得强调的是，文化的社会维度（如文化参与和非物质文化遗产）之所以重要，一方面因为文化活动的表现形式或传递文化的方式不一定有直接的商业价值，但这些活动可能对文化产品和服务的生产有潜在的推动作用。这在很大程度上弥补了《2008 创意经济报告》将文化直接转化为投入、产出、GDP占比这类直接经济效益的单向度思路。另一方面文化活动通常存在于非正规部门和社区之中，文化的多样性可能产生地方性的文化活力与经济动力。大量对创意阶层、创意城市的研究发现，城市文化资源(包括文化遗产)、文化氛围在城市复兴与创意经济活动中起到了关键性的作用，在文化氛围方面最著名的如美国学者理查德·佛罗里达(Richard Florida)有关创意指数(3T)中的“宽容度指数”。多项全球创意城市的研究也强调了艺术和文化培育了城市的宜居性、社会凝聚力和文化认同等[12]。文化的社会维度对社会、经济发展的潜在动力越来越受到重视。

中国国家统计局2012年修订的《文化及相关产业分类》，借鉴了联合国教科文组织2009年“文化统计框架”的分类方法，在定义和覆盖范围上与其衔接[13]。国家统计局据此于2013年开始发布《中国文化及相关产业统计年鉴》。此外，早自1997年起，文化部就每年发布《文化文物统计年鉴》，至今已近20年之久，文化部也据此每年发布“中国文化发展统计公告”，对全国文化发展的几项重要指标进行年度总结。由此可见，无论是国际还是国内，文化统计已经有了一套相对成熟的基本指标、界定与测定方法。

二、城市文化指标体系

在经济全球化的冲击下，城市的主体性日益突显。20世纪90年代，美国学者沙森(Saskia Sassen)从现代服务业的角度提出了“全球城市”(global city，又称“世界城市”)的概念，卡斯特(Manuel Castells)则从流动空间理论提出了巨型城市在网络社会中的角色与功能。两者的共同点都是将后工业时代的全球化视为以城市为载体的资源要素的流动、配置过程，是以知识、信息这些最具流动性的要素，加上人才、技术、资本、物资等其他要素的流动与集聚，进行全球化权力与结构的重置。在这宏大而深刻的社会转型中，城市根据层级、力量、紧密度等集结成一个多极化、多层次的世界城市网络体系。在这个过程中，城市的文化资源、文化活力及其影响力和传播力就显得尤为重要，“文化软实力”一词应运而生。

今天，文化软实力在城市竞争中的重要性，已经在全球范围内得到了共识。首先，创意经济的崛起令城市的文化资源(包括传统的与后发的)成为地方经济发展的深层动力，像伦敦、纽约、巴黎、东京、悉尼等文化资源丰富的城市成了全球创意与时尚中心，从而确立了它们世界级城市的轴心(hub)地位；其次，在对人才、资本等创造力、创新力的竞争中，城市文化的独特性与吸引力得到了肯定，“欧洲文化之城”、联合国“创意城市网络”这样的城市组织或评价体系不断涌现，城市文化魅力成为全球人才资源分配的核心要素；再次，人类整体文明程度的提高与城市居民精神追求的提升，带动了城市发展理念、范式的重大转型，多样化、包容性、开放性、可持续性等文化因素成了城市发展的核心价值。

我们只有认识了上述人类文明的基本走向，才能理解20世纪90年代至今在国际、国内出现的如此名目繁多的城市指标体系与模型建构——它们包括城市综合实力指标体系、创意城市指标体系、城市文化指标体系以及城市知识经济与科技创新指标体系，等等。国际上，已有多项全球城市指数或竞争力排名[14]，其中2011年麦肯锡研究所（McKinsey Global Institute）发布的《城市的世界：测绘城市的经济力量》，对全球多达2200个城市进行了未来经济走向的预测排名[15]；在城市文化方面，2012年英国发布了全球12个城市的《世界城市文化报告》，目前这个数据库已扩大至全球32个城市。在国内，我们以“城市”与“指标体系”为主题词在“知网”上可以搜到上万篇学术论文[16]，可见在国内学术界，建构城市指标体系是一个多么热门的课题！目前与城市文化直接相关的、由高校等科研机构开发的城市文化（包括创意）指数研究报告与城市排名（包括网络版和正式出版的）有：社科院的“中国文化城市竞争力排名”、中国传媒大学的“中国城市文化竞争力排名”、清华大学的“两岸城市文化创意产业竞争力”、中国人民大学和文化部文化产业司发布的“中国省市文化产业发展指数”、上海交通大学的“中国文化产业发展指数（CCIDI）”[17]、深圳大学的“中国城市创意指数（CCCI）”[18]等。另外，国务院发展研究中心东方文化与城市发展研究所于2015年发布了“中国城市文化发展指数（CCDI）排名”[19]；2016年9月国家文化产业规划设计研究院的中国创意城市测评中心新鲜出炉的“创意城市测评指标体系”[20]……城市文化（创意）指标体系的建构一时变得炙手可热。

三、城市文化指标体系建构中存在的误区

目前国内的城市文化指标体系建构方兴未艾，科研机构、政府部门在这方面作了大量的努力，但对已有的中国城市文化指标体系的反思也是十分必要的。

（一）缺乏原始数据或原始数据粗糙

通常，城市文化指标体系在确定目标、维度、类别、框架等研究设计下，形成一个由多级、多项指标构成的评价体系，最终以排名与分级（如层级、梯队）来呈现各城市的文化发展状况与潜力。在这一复杂的指标设置与统计数据处理过程中，目前一些研究报告只提供了笼统的数据

来源——如采用统计年鉴、统计公报、官方统计名录、政府网站、行业网站和互联网公开资料等——而没有注明单个指标的数据来源和具体数字[21]。这样貌似考虑了数据的权威性，但因为没有提供具体的数据及出处，其结论就很难令人信服。再者，除了中央政府（包括文化部）的统计公报与统计年鉴，其他来自地方政府网站、行业网站和互联网的统计数据，如果缺乏指数的操作性定义（俗称统计口径），在科学性上也可能受到很大的置疑。此外，目前与文化相关的国家级统计年鉴和公报主要是全国、省、自治区和直辖市的数据，而城市一级的统计年鉴中与文化直接相关的数据较为缺乏或分散[22]。因此，在学理上，假如没有一套严谨的、以城市为样本的文化统计指标界定就进行指标体系建构，其结果有可能是差之毫厘、谬以千里。

更值得一提的是，目前我们国家的城市文化统计还存在着严重的制度性制约，包括文化的多头管理[23]、跨部门管理、统计力量薄弱等缺陷，影响着统计数据与结果的科学性。更有甚者，"某些部门或地方在利益与价值权衡下对规范性制度的选择性遵守，统计工作面临的制度性制约因素在逐年增多，面临着很多困难，统计数据质量也受到了一定影响"。[24]可见，即使数据本身看似一目了然，背后却可能是层层利益博弈的结果。

（二）试图建立一个大而全的指标体系模型，忽略了文化本身的丰富性与个性化

目前，大部分城市文化指数体系都试图"构建一个具有普遍意义的、全面、系统的评价指标体系"，这一目标无疑预设了不同城市的文化发展可以被装进某个统一的模型中加以测量，这与城市文化本身的丰富性、多样性、个性化是相悖的。有学者指出，"在全球化的浪潮席卷下，产业转移的压力促使城市作为主体参与全球竞争的重要性日益凸显，伴随其间的全球趋同现象也使得城市文化成为塑造地方特色和提升地区竞争力的重要资源之一"[25]，这一判断可谓一语中的。正是全球化的趋同性和我们对西方现代化的误解所造成的"千城一面"，今天中国城市文化的多样性与个性化才如此可贵，才是未来城市发展的主要方向。因此，试图建立一个大而全的指标体系模型并用于评价各城市的文化发展状况，这种思维方式与发展城市文化的理念可谓南辕北辙。

因此，文化统计虽然可行，但我们需要警惕用纯粹的工具理性来对待文化统计与文化指标，以至于缘木求鱼，遮蔽了文化的本性。事实上，文化上越是多元、丰富的城市，越难定位。给文化上本来就千姿百态的城市进行排名，更是一件削足适履的事。由于城市文化本身是一个复杂、多维的系统，目前城市文化指标体系少则分三级几十个指标、多则分四级上百个指标，不同的维度与指标设置得出不同的排名结果，最终难免变成一种数字游戏。

（三）难以摆脱竞争力陷阱，忽略了人的主体性与创造力

2007 年，中共十七大报告中明确指出：“当今时代，文化越来越成为民族凝聚力和创造力的重要源泉，越来越成为综合国力竞争的重要因素。”城市文化竞争力，已普遍被认为是全球城市发展过程中一个重要因素，国际与区域城市竞争是一个不争的事实。与此同时，文化竞争力的定量评价体系在城市之间的较量中也被运用得最为广泛、成熟。但城市竞争力往往被视为经济实力、财富资源的竞争，如：“城市竞争力主要是指一个城市在竞争和发展过程中，与其他城市相比所具有的吸引、转化资源，争夺、占领市场，更好、更快地创造财富以及为居民提供福利的能力。”[26] 这个定义，以占领市场、创造财富为主旨，虽然也以“为居民提供福利的能力”为落脚点，但显然将文化当作一种福利，将市民视为被动的客体。在理念上，竞争力的发展观，说到底是一种工业化时代的“唯经济增长发展观”，背后的理论基础或者说逻辑起点是工业化思想，与人本发展观有很大的距离。我们现有与城市文化有关的指标体系，过于侧重文化的经济增长要素、资源禀赋要素、硬件设施要素等，不太重视联合国教科文组织在“文化统计框架”中强调的文化的社会维度，包括市民、创意阶层或社区的文化参与、文化认同、文化创新等要素，这也就忽略了城市文化建构中与人息息相关的文化创造力。如果城市文化指标体系离开了城市文化的创造者，也就脱离了当今城市文化发展的基本理念——城市是市民的城市，城市的未来是人的发展。

此外，我们必须看到，文化指标体系作为一套评价标准，大多运用于文化行政管理、行业统计、文化发展状况评估等文化测评，例如，文化发展测量首先出现在对不同文化机构、场馆的基本设施及服务的普查上。因此，文化指标体系天然地就有工具性、应用性的一面。不可否定，指标数据对城市的精神、气质，市民的品味、教养等文化无形的、更为丰富的意义系统常常是无能为力的，数据能说明的城市文化的特征、状况是有限的，试图拿数据来反映某个城市文化的现状与趋势同样是局部的，再多的数据也不可能堆出一个城市的文化风貌，正如 E.B. 怀特(Elwyn Brooks White) 所言：“纽约不是斯波坎乘以六十倍，也不是底特律乘以四倍。”因此，在城市文化观察与研究中，数据究竟能用来做什么？怎么做？还是一个全新的课题。

四、建构中国城市文化统计数据库的意义

黄仁宇先生强调的“数目字管理”其实意味着“精确化管理”[27]。我们认为，中国城市文化指标体系的建构应该从一个相对完善的数据库建设做起，这也恰恰是难度最大的。一方面，我国关于城市文化的官方数据（准确说来是“体制内数据”）相对健全，但可能真正能说明城市文化活力的非官方个体、组织、活动的数据却比较匮乏，即便有，指标界定也有待于一一完善；

另一方面，没有一个关于城市文化的独立的数据库，也无法对数据进行历时追踪、系统梳理。数据从其本质意义上来说是一个累进的文明，是阶段性的结论和对话的基础，如果没有这个基础，其他的都只能是空中楼阁。

在互联网时代，我们的数据收集、分析、运用都应该以开放、包容和合作的原则。对此，我们认为，数据是用来分享的。正如台湾作家朱天心所说：“作为作家，我有一个文化共和国里的身份，和经济、政治合作不同，文化不是较劲，是分享。”[28] 数据无非是要告诉“我们现在处于何处”“我们正往何处去”这样的基本问题，因此，数据的分享是城市决策者和研究者对话、借鉴、合作的基础；实现各城市之间文化资源的共建共享，是城市文化研究关键的第一步。这与文化的根本目标——人类文化的共同繁荣与发展——是一脉相承的，文化的最大魅力就在于“各美其美、美美与共”。目前的城市文化指标体系或是过于关注经济发展指标、过于强调城市排名，或是强调城市竞争力，事实上，我们更需要从系统的视角看待城市发展中的特殊文化因子的宽泛性、生态性与跨界融合性等因素对城市发展的重要作用。因此，在未来探索文化因子对城市发展的影响力方面，一个开放的、用于分享的、以对话和合作为基础的数据库建设与数据挖掘是建立城市文化指标体系的首要任务，尽管这注定是一条任重而道远的艰辛之路。

以原始数据库为基础，我们需要做的首先是坚持数据的公开性、权威性原则。为什么说数据库共享是一个基础？因为没有共享就无法被验证，也就不具权威性、可信性。对此，除了收集“文化及相关产业”和“文化文物统计年鉴”中已有的文化指标的城市一级数据外，我们应该围绕“文化生产”“文化生活”“文化生态”三个维度建立和健全与城市文化相关的可追踪的年度数据，逐步对一些尚没有界定和统计的指标，尤其是与非正式文化相关的指标进行规范，数据库全面开放，实现信息共享、长期监测、去芜存精。数据公开不仅有助于科研工作者和城市管理者对“精确化管理”的重视，同时对数据造假、数据背后的利益博弈，是一种很好的防腐剂。

其次，不做城市竞争力与单项指数排名，以数据比较与解读作为对话、合作、科研的基础。正如由伦敦市长发起的《世界城市文化报告》所说的：“文化是多维度的，也是多层次的；任何一项认真的分析都不会将城市文化简化为单一的、总体的‘分数’或者排名。对城市文化的比较是有价值的，因为它能帮助我们更了解它们的相同点和不同点、各自的相对优势，以及对文化在城市生活中的作用的不同看法。”[29] 因此，在对中国城市文化数据的解读过程中，我们先将重点放在中国中心城市与世界其他轴心城市在文化发展水平的比较上，而且这种比较的目的在于将中国中心城市纳入全球网络体系中，通过国内、国际的比较，观察不同城市的文化特长、不同文化因子对城市发展可能产生的影响，最终建立起一个城市文化资源整合、分享平台以及与世界城市的对话平台。在此基础上，待文化指标体系的指标界定、数据采集基本成熟后，再把中国城市文化数据库逐渐扩大到其他城市。

此外，我们前面提到了数据的应用取向，但数据同样有科学取向，用来探索社会发展的一般原理与规律。如果说应用追求的是时效与绩效，那么科学重在揭示事物之间的因果关系，这是科学的本质所在[30]。指标代表着一系列有意义、有逻辑、可追寻、可计量的数值，可以用来揭示特定事物发生和演变的规律。因此，从长期的目标看，通过对数据库样本的扩充和对数据的长期跟踪、分析，逐步提炼出一些有学术价值的文化变量、综合指数和理论假设。

再次，正式文化与非正式文化并重，突出市民、创意阶层的主体性与创造性。我们对数据库的构建与解读是将城市作为信息化时代网络社会的节点，城市文化是城市多元主体创造的结果，因此我们强调非正式的、流动的、多样性的文化要素分析，如文化生产和参与的多元性、非正式文化空间、民间文化活动的多样性等对城市文化活力、创造力的作用，这就远远超出了目前由国家统计局和文化部提供的正式文化的统计资料。尽管文化部的“文化文物统计年鉴”有“群众文化业”和“文化市场”的统计数据，但这两方面的数据均只涉及由地方文化部门主办或主管的文化机构和团体[31]，不包括市民参与的社区文化活动（如节庆等）和业余文化生活。今天的城市是一个多组织机构的综合体系和一种公共、个人和社区文化的混合体。文化大量发生在日常的、与官方和市场无关的，甚至虚拟的领域，在文化生产、传播、创新越来越个体化（包括社群化）、权力结构越来越扁平化的语境下，官方文化体制和管理的落后与城市民间文化活力与丰富性之间的矛盾可能是目前中国城市文化发展与研究的主要困境，而城市文化中那些非正式创造力及其数据无疑可以为新的文化治理与体制改革背书。这方面，一些文化行业协会的数据、文化类上市公司的年报数据和腾讯、百度、阿里及各家视频公司的互联网大数据，还有一些像艾瑞、艺恩等文化传媒调查公司的报告数据，都可以逐渐纳入到数据库中，以补充官方数据在文化生产与消费领域的不足。

此外，在建设城市文化数据库的同时，还需要收集不同城市的文化文本与文化语境，如：对地方媒体报道的内容和文本分析，对城市管理者、城市设计者、创意阶层、市民、亚文化社群的访谈，对城市的文化事件、文化活动展开个案分析，等等。总之，将定性研究与量化研究相结合，从而尽可能地反映一个城市的文化全貌。

正如提出"创意城市"的英国专家查尔斯·兰德利(Charles Landry)所说的:"城市始终是网络与传播的核心……由于系统内节点愈多，反思性学习与创新的能力也愈强，因此建立网络和创意本质上是共生的。"[32] 从这个意义看，建立城市文化数据库是编织网络与传播创意的过程，它邀约越来越多的中外城市加入这个共同体，在相互学习、交流的过程中，迸发出关于城市文化未来发展的创新思想，实现中国城市与全球城市的对话、合作与共同繁荣。

注释 NOTES

1. 毛少莹 . 公共文化服务概论 [M]. 北京 : 北京师范大学出版社，2014.
2. 沙利尼·文特雷利 . 从信息经济到创意经济 将文化置于公共政策的核心 [EB/OL]. (2006-06-21).http://tech.sina.com.cn/it/2006-06-21/17531001786.shtml.
3. 雷蒙德·威廉斯 . 文化与社会 [M]. 吴松江等译 . 北京 : 北京大学出版社 ,1991.
4. 这里指的是"内容分析法"。当然文化内容也有不乏文本分析。
5. 辜胜阻 . 经济转型需重视文化重塑与软实力提升 [EB/OL]. (2006-01-19).http://theory.people.com.cn/GB/49154/49155/4042596.html.
6. 联合国教科文组织，联合国开发计划署 . 创意经济报告 .2013(专刊): 拓展本土发展路径 .2013 special edition:widening local development pathways[M]. 社会科学文献出版社，2014.
7. 香港特别行政区民政事务局 . 香港创意指数研究 (2004) [EB/OL]. http://www.hab.gov.hk/
8. UNCTAD. Creative Economy Report 2008[EB/OL]. (2008-02). http://unctad.org/en/Docs/ditc20082cer_en.pdf.
9 英国学者查尔斯·兰德利在《创意城市: 如何打造都市创意生活圈》一书中引用契克森密哈伊的话说，"创意等于文化的基因变化过程" P51。如果将文化看作是一种表征，那么我们可以将创意理解为传统文化或文化与科技融合后的创新过程与成果。
10.《联合国教科文组织文化统计框架》对"文化消费"和"文化参与"进行了区别性的界定，指出"消费"一词通常指消费者为获取产品或服务而付出金钱的活动，而"参与"则是指参加业余的或不需付费的活动。
11. 联合国教科文组织 .2009 联合国教科文组织文化统计框架 [EB/OL].http://unesdoc.unesco.org/images/0019/001910/191061e.pdf.
12. 唐燕，克劳斯·昆兹曼 . 创意城市实践 : 欧洲和亚洲的视角 [M]. 北京 : 清华大学出版社，2013.
13. 参见国家统计局网站: http://www.stats.gov.cn/tjsj/tjbz/201207/t20120731_8672.html
14. 屠启宇 . 国际城市发展报告 (2015) : 国际创新中心城市的崛起 [M]. 社会科学文献出版社，2015.
15. 深圳新闻网 . 麦肯锡"全球城市 600"研究成果分享现场实录 [EB/OL]. (2012-02-24). http://www.sznews.com/zhuanti/content/2012-02/24/content_6492671.htm.
16. 按"主题"为"城市""并含""指标体系"(精确) 在"知网"上得出的搜索结果为 11402 篇。时间: 2016 年 9 月 25 日。
17. CCIDI 指 China Cultural Industry Development Index，中国文化产业发展指数。
18. CCCI 指 China City Creative Index，中国城市创意指数。
19. CCDI: 指 City Culture Development Index，城市文化发展指数。
20. 张阿嫱 . 中国创意城市测评中心推出创意城市指标体系 [EB/OL].(2016-09-06)[2016-09-13]. http://zgcsb.org.cn/caijing/csjj/2016-09-06/11217.html.
21. 例如，公开出版的《中国城市文化竞争力研究报告》中只有总的数据的来源，没有具体指标的具体来源，更没有原始数据。
22. 例如，《中国城市统计年鉴》中目前与文化直接相关的只有城市"剧场、影剧院数及图书馆图书藏量"的统计。
23. 跨部门管理最典型的例子，如文化单位是指全国各级文化部门 (含文化系统和文物系统) 主办的或实行行业管理的文化机构，不含各级新闻出版、广播影视等部门主办或管理的文化机构，新闻广电另属各地的宣传部门主管。
24. 财务司 . 当前文化统计中存在的制度性制约因素分析 [EB/OL].(2010-11-01).http://www.mcprc.gov.cn/whzx/bnsjdt/cws/201111/t20111128_390489.html.
25. 甘霖，唐燕 . 创意城市的国际经验与本土化建构 [J]. 国际城市规划，2012, 27(3):54-59.
26. 倪鹏飞 . 城市崛起: 开辟中国新未来 [N]. 光明日报，2012-11-23(1).
27. 涂子沛 . 大数据 : 正在到来的数据革命，以及它如何改变政府、商业与我们的生活 [M]. 广西师范大学出版社，2015:330.
28. 黄俊杰 . 香港本土文化的处境"世界级文化区"要不要文学馆 [EB/OL]..http://www.neweekly.com.cn/newsview.php?id=1190.
29. 罗伯特·保罗·欧文斯 . 世界城市文化报告 (2012)[M]. 上海 : 同济大学出版社，2013:16.
30. 冯仕政 . 大数据时代的社会治理与社会研究 : 现状、问题与前景 [J]. 大数据，2016, 2(2).
31. 举个简单的例子，"艺术表演团体"的指标界定，指"由文化部门主办或实行行业管理(经文化行政部门审批并领取营业性演出许可证)，专门从事表演艺术等活动的各类专业艺术表演团体"。参见《文化部 2015 年文化发展统计公报》注释 2，http://zwgk.mcprc.gov.cn/auto255/201604/t20160425_30466.html。
32. 查尔斯·兰德利 . 创意城市 : 如何打造都市创意生活圈 [M]. 杨幼兰译 . 北京 : 清华大学出版社 . 2009.

文化及相关产业统计问题分析[1]

Analysis of Statistical Problems in Culture and Related Industries

解学芳 Xie Xuefang

摘要: 伴随我国文化产业对经济增长贡献率的递增，文化统计工作变得重要而迫切。目前我国文化及相关产业统计存在亟待优化的三大问题：一是数据统计滞后，数据内容公开有限；二是不同城市的统计口径不一，统计管理体制不顺；三是统计数据存在断层，可比性差。在“互联网+”与“双创”时代，系统审视文化及相关产业统计问题，将文化统计工作纳入法制化轨道，建立文化统计治理体系，提高文化统计的公开性、时效性，对于文化产业实践发展与理论研究至关重要。

关键词: 文化产业，统计，数据

Abstract: With the increasing contribution rate of China's cultural industry to economic growth, cultural statistics work has become important and urgent. At present, there are three major problems in China's cultural and related industry statistics that require addressing: the first is the statistical data lag, the limited open data content; the second is the difference of statistical caliber among different cities, and the unsmooth statistical management system; the third is the faults existing in the statistical data, which cause poverty of comparability of data. In the era of "Internet+" and "Double Creation", systematic survey of problems of the cultural and related industry statistics, integration the work of cultural statistics into the legalized orbit, establishment of the cultural statistical governance system, and improvement of the openness and timeliness of the cultural statistics, are essential to the development of practices and theoretical studies.

Key words: cultural industries, statistics, data

一、文化及相关产业统计工作的重要性

伴随文化以及文化产业的快速发展，其对于经济增长、城市发展、社会进步与国民素质提高的拉动作用日益凸显。文化及相关产业的统计工作是了解文化产业发展动态、衡量文化产业对本国经济增长贡献度的重要依据，是推动文化产业科学、健康发展的客观要求与基本保障。

在纵向维度，对文化及相关产业进行准确、及时的统计测算是一项复杂的、监测文化产业发展的重要任务。换言之，文化及相关产业统计对于文化产业发展起着重要的风向标作用[2]，不但可以客观真实反映文化产业的发展状况，还有助于对文化产业未来发展趋势进行科学预测。特别是通过不同年份长周期的统计数据的研究，有助于发现文化产业发展所处的生命周期以及发展演化过程中存在的问题，更科学、有效地为文化及相关产业部门的管理决策与文化产业制度的出台提供有针对性的建议，提高文化及相关产业决策的科学性与合理性。

在横向维度，掌握文化及相关产业统计数据，是系统了解与审视文化产业发展动态与进行区域比较的关键抓手。文化软实力在城市竞争中的重要性已经在全球范围内得到了共识。早在1986年联合国教科文组织就制定了文化统计框架，并于1993年进行了修正，2009年再次修订，形成两个领域：一是关键领域，如文化与自然遗产、艺术表演与节日、可视艺术和工艺品、设计与创造性服务、书籍出版、视听与互动媒体等；二是扩展领域，如旅游，体育与休闲等。[3] 修订后的文化统计框架与1986年版相比变化较大，既反映了文化及相关产业诸领域的发展变化，也说明文化统计工作的与时俱进，成为规范世界各国文化统计工作的指导性标准。总的来看，我国文化及相关产业统计工作的完善与开放有助于国家及各个区域更加精准、系统地审视文化产业发展的方向、深度与宽度，有助于深入了解各省市文化及相关产业的发展动态，文化产业结构的调整与文化市场需求的变化。

二、文化及相关产业统计现状的审视与比较

（一）国家层面

从国家层面来看，关于文化及相关产业数据的综合性统计始于1997年[4]，文化部开始每年发布《文化文物统计年鉴》，数据涉及全国性与各省直辖市的文化发展数据，行业方面包括图书馆、群众文化、艺术业、文化市场、文物业、动漫等数据，成为最早全面反映我国文化及相关产业发展状况的综合性统计数据。例如，文化馆、博物馆、电视、广播电台、影剧院、艺术表演场馆、艺术表演团体等数据最早可追溯到1978年，有助于系统了解我国文化机构与文化艺术表演团

体变迁情况。与此同时，文化部每年发布“中国文化发展统计公报”，对全国文化发展的重要指标进行总结。在产业方面，2004年国家统计局制定了《文化及相关产业分类》，将文化产业分为核心层、外围层与相关层，对文化及相关产业增加值进行核算、反映文化产业的总体规模与结构特点，标志着我国统一的文化及相关产业统计制度得以建立。[5]

伴随技术创新与文化产业的联姻，文化产业新业态层出不穷，网络文化崛起，文化产业跨界发展特征越发明显。在此背景下，2012年国家统计局修订了《文化及相关产业分类》，取消了核心层、外围层和相关层的划分，分为“文化产品的生产”与“文化相关产品的生产”两大部分、四大领域（文化产品的生产活动、文化产品生产的辅助生产活动、文化用品的生产活动与文化专用设备的生产活动）、十大行业、50个行业中类和120个行业小类。与此同时，在取消了旅行社、休闲健身以及其他部分小类外，增加了文化创意、文化软件设计服务、文化新业态等，迎合了文化产业的新发展与新趋势。修订后的分类标准成为文化产业统计的重要依据。从2013年开始，《中国文化及相关产业统计年鉴》每年发布，数据包括全国以及各省、自治区、直辖市与文化产业相关的统计；在内容上涉及文化与相关产业发展情况、文化及相关产业法人单位发展情况、主要文化行业发展情况、港澳台地区统计资料以及国际统计资料等（见表1），从而为文化产业管理决策、政策制定与科学研究提供了保障。

（二）省域层面

从省域层面来看，关于文化及相关产业的统计数据主要来自以下几个方面：一是各省市每年发布的统计年鉴，如《江苏统计年鉴》《上海统计年鉴》《浙江统计年鉴》《北京统计年鉴》等，通常都设有“文化”主题，其中文化方面内容涉及文化艺术与文物事业单位，群艺馆、文化馆、公

表1　国家层面文化及相关产业统计比较

类别	统计定位	统计内容	统计频次	首次统计时间	发布部门
《中国文化文物统计年鉴》	反映我国文化发展情况的综合性统计	第一部分是综合数据；第二部分是图书馆业数据；第三部分是群众文化数据；第四部分是艺术业；第五部分是文化市场；第六部分是文物业；第七部分是教育、科技、动漫及其他。	年度	1997年	中华人民共和国文化部
《中国文化及相关产业统计年鉴》	反映全国与各省自治区、直辖市文化产业相关统计	第一部分是经济和社会发展概况；第二部是文化及相关产业情况；第三部分是文化及相关产业法人单位情况；第四部分是文化行业发展情况；第五部分是港澳台地区统计资料；第六部分是国际统计资料。	年度	2013年	国家统计局社会科技和文化产业统计司，中宣部文化体制改革和发展办公室

表2 主要地区统计年鉴关于文化统计的比较

统计年鉴名称	数据公开时间	统计所处分类	中英文
《江苏统计年鉴》	2000 年一至今	第十六篇：文化、体育、卫生	否
《北京统计年鉴》	2005 年至今	第十八篇：教育、文化	是
《上海统计年鉴》	2004 年至今	第二十二篇：文化和体育	是
《浙江统计年鉴》	2006 年至今	第十五篇：文化、体育和卫生	是
《天津统计年鉴》	2002 年至今	第二十篇：文化和体育	否
《广东统计年鉴》	2007 年之间	第十九篇：文化与体育	是
《重庆统计年鉴》	2000 年之间	第十八章　教育、科技和文化业	是
《山东统计年鉴》	2001 年至今	第十九篇：文化、体育和卫生	否
《安徽统计年鉴》	2000 年至今	第二十一篇：文化和体育	否
《河南统计年鉴》	2007 年至今	第二十五篇：文化和体育［第二十一篇：文化产业（2007—2009）］	是
《湖北统计年鉴》	1985 年至今 [6]	第十九篇：文化和体育	是
《湖南统计年鉴》	2006 年至今	第十六篇：文化、体育和卫生	是
《河北经济年鉴》	2008 年至今	第十九篇：文化、体育及卫生	是

共图书馆，报纸、图书、期刊出版情况，广播、电视业，规上（指规模以上）文化及相关产业法人单位，规上文化制造业企业、文化批发与零售业企业等数据信息。需指出的是，省域统计年鉴的名称存在一定的差异。例如，河北统计年鉴的名称为《河北经济年鉴》，而非《河北统计年鉴》。此外，关于文化及相关产业方面的数据在不同省域年鉴中所处的章节与所包含的内容也有所不同，具体见表 2。二是各个省市的《国民经济和社会发展统计公报》也涉及文化部分的数据，与省域统计年鉴的数据是一致的，但主要是对本年度文化发展状况进行归纳总结。三是部分省与直辖市每年会发布专门的文化统计数据，例如，从 2004年开始，上海市宣传部与上海市统计局联合发布《上海文化统计概览》，统计数据涉及文化产业综合数据、新闻出版、广播电视电影、文化艺术、公共文化（图书馆、档案、群文等）、网络文化服务、文化市场、文化交流等多个领域，为科学把脉上海文化产业发展总状、趋势与重点行业情况提供了科学依据。

在文化及相关产业数据公开与开放维度，不同省域的差异也较大。首先，北京、上海、浙江等区域的数据公开时效性较强，其中北京每个季度网上公开规模以上文化创意产业情况 [7]，数据公开内容涵盖“文化艺术服务、新闻出版及发行服务、广播电视电影服务、软件和信息技术服务、广告和会展服务、艺术品生产与销售服务、设计服务、文化休闲娱乐服务、文化用品设备生产销售及其他辅助”等九个方面 [8]，内容全面，时效性强。其次，在文化及相关产业数据的开放度与包容性方面，重庆、上海、北京、浙江走在前列，较早开始同步公开中文与英文两个版本，体现出与国际接轨的开放意识。例如，《重庆统计年鉴》从 2000 年开始采用中英文两种语言，上海、北京、浙江等区域则分别是从2006年、2008年、2009年提供英语版本；但仍然有很多省域的统计年鉴至今未提供英文版，一定程度上限制了国外学者对中国文化及相关产业发展状况的研究。再次，在文化及相关产业数据关联度与数据公开时间跨度方面，上海、北京做得相对较好，统计数据跨度周期长，诸多文化数据从1978年开始统计，长达约四十年，为文化及相关产业的学术研究、文化产业管理决策提供了科学依据。

三、文化及相关产业统计工作存在的问题

虽然我国文化及相关产业统计工作已建立起基本的统计制度，并取得较大成绩，但现实运作中还存在诸多亟待优化的问题——数据公开滞后与公开内容有限的问题同在、文化及相关产业统计口径标准不一与统计管理体制不顺的问题并存、统计数据断层与可比性差的问题并行等，一定程度上制约了文化产业实践与城市文化建设的发展，也影响了文化及相关产业政策制定的科学性与文化产业研究的深度。

（一）数据公开滞后、公开内容有限

文化及相关产业数据公开存在滞后性。从国家层面来看，目前的文化及相关产业的统计周期长、发布的数据时效性差。例如《中国文化及相关产业统计年鉴》的统计数据通常反映的是两年前的数据，甚至个别数据是三年前的，对文化产业最新发展状况与发展问题无法起到信号灯与指示器的作用。[9] 从省域情况来看，截至2017年2月底，安徽、河南、四川、湖北、湖南、河北等多省的官方统计网站公开的文化数据还停留在2014年。伴随“互联网 +”时代新技术与文化产业的深度融合，移动手游、网络直播、网络广播、文化类APP等迅速崛起，文化企业跨界运营、混业经营现象突出，给文化及相关产业的统计工作带来巨大挑战。在此时代背景下，文化及相关产业统计如果不能紧跟文化产业最新动态和确保数据公开的时效性，将既不利于文化产业统计工作的深入开展，也无法真正反映出文化产业的发展趋势，一定程度上无疑会影响到统计工作实际价值的发挥。

数据公开内容有限。从国家层面来看，目前国家最权威的文化产业统计来源是《中国文化及相关产业统计年鉴》，其形成的系统、公开、准确的文化产业统计体系以及对于文化产业实践的影响力和对于文化产业学术研究的重大贡献有目共睹。但在公开内容方面还存在诸多提升的空间：一是“文化及相关产业法人单位”情况，在数量统计上，仅公开了文化及相关产业的十个大类数据，缺乏具体细分行业的数据；在省、自治区与直辖市等省域数据上，也仅公开了文化制造业、文化批发和零售业、文化服务业三大行业的法人单位数量数据。二是“文化及相关

产业增加值及占 GDP 比重”指标，除了全国总量，仅公开了文化制造业、文化批发和零售业、文化服务业三大行业的增加值情况，缺乏对具体细分行业增加值数据的公开。三是“文化产品进出口”指标，不但缺乏对各个区域的文化进出口数据的统计，而且关于进出口指标统计的文化产品仅涵盖出版物、工艺美术品及收藏品、文化用品与文化专用设备四大类，很多文化产品与文化服务进出口数据未统计或未公开。四是“版权引进和输出”指标，从公开目录来看，版权引进与输出公开了“图书、录音录像制品、电子出版物、软件、电影、电视节目”等行业的数据，公开名目较少，而且电影与软件领域近十年的数据断层现象比较严重。五是传统出版、广播电视行业的数据统计细致；新兴的互联网信息服务、增值电信服务（文化部分）、文化软件服务等数据公开偏少；虽然动漫企业、网吧数据详细，但关于产业产值数据缺席；关于文化产业相关的通信业数据有所涉及，但仅有总量数据，缺乏省、自治区与直辖市数据，无法进行区域比较。六是关于“全国电影票房”指标，数据包括总票房、国产影片海外销售收入等数据，但未统计国外分账片票房，无法真正了解中国本土电影的竞争力以及对中国电影总票房的贡献度。

数据公开内容的有限性还表现在区域层面。在查阅各个省、自治区与直辖市的统计年鉴中的数据时，我们发现省域公开的文化及相关产业数据基本围绕“公共文化设施（图书馆、博物馆、文化馆、档案馆）、艺术表演团体、广播电视、新闻出版情况”等传统文化行业，公开的数据内容过少，且缺乏新兴文化行业的数据，有悖于数据的共享性，也与当今文化及相关产业的高速发展态势不相匹配。

（二）统计口径不一、统计管理体制不顺

不同城市的文化及相关产业统计口径存在明显的差异。虽然国家统计局制定了《文化及相关产业分类》(2012)作为统一的统计标准，但不少地区按照本区域情况开展文化产业统计工作，与国家统计体系存在较大差异。例如，文化产业增加值是衡量文化产业在国民经济发展中地位和作用的重要指标，有助于了解文化产业发展状况以及内部结构情况。[10] 但在一些重要城市，文化产业增加值指标的统计口径不一：北京采用文化创意产业指标，上海采用文化产业与文化创意产业双指标，即便同样是文化创意产业指标，统计口径差异也很大——北京的文化创意产业分类包括文化艺术服务、新闻出版发行服务、广播电视电影服务等 9 个大行业，上海的文化创意产业指标则包括媒体业、艺术业、工业设计、建筑设计、时尚创意、网络信息业等 11 个方面。与此同时，杭州与深圳的文化创意产业分类与北京、上海也不同：杭州的文化创意产业包括信息服务业、动漫游戏业、设计服务业、现代传媒业、艺术品业、教育培训业、文化休闲旅游业与文化会展业等 8 个方面，深圳的文化创意产业包括创意设计类、文化软件类、动漫游戏类、数字出版类等 10 个大类。各大城市指标体系各异，具体见表 3。

表 3 四大城市关于文化创意产业分类的比较

类别	修订年份	统计行业	行业类别数量
北京	2016	一、文化艺术服务；二、新闻出版发行服务；三、广播电视电影服务；四、软件与信息技术服务；五、广告和会展服务；六、工艺美术品生产与销售服务；七、设计服务；八、文化休闲娱乐服务；九、文化用品设备生产销售及其他辅助服务	9 个大类，33 个中类，138 个行业小类(还发布鼓励类 44 个，限制类 58 个，禁止类 20 个)
上海	2013	一、媒体业；二、艺术业；三、工业设计；四、建筑设计；五、时尚创意；六、网络信息业；七、软件与计算机服务业；八、咨询服务业；九、广告及会展服务；十、休闲娱乐服务；十一、文化创意相关产业	11 个大类，30 个中类，185 个小类
杭州	2008	一、信息服务业（8 个子类）；二、动漫游戏业（3 个子类）；三、设计服务业（11 个子类）；四、现代传媒业（23 个子类）；五、艺术品业（15 个子类）；六、教育培训业（9 个子类）；七、文化休闲旅游业（16 个子类）；八、文化会展业（7 个子类）	8 个大类，92 个小类
深圳	2011	一、创意设计类；二、文化软件类；三、动漫游戏类；四、新媒体及文化信息服务类；五、数字出版类；六、影视演艺类；七、文化旅游类；八、非物质文化遗产开发类；九、高端印刷类；十、高端工艺美术类	10 个大类

此外，在进行各个城市的文化及相关产业数据比较时发现，看似文化内涵相同的指标，外延却差异很大。举例来看，关于“居民人均文化娱乐消费支出”指标，北京、广州、深圳、上海、天津等数据均细分到“文化娱乐支出”，南京、杭州等则是包含在“教育文化娱乐支出”指标里，导致这一数据无法进行横向比较，失去了指标更加丰富的内涵与要义。又如，关于“广播电视机构数量”指标，北京界定为“电视台与广播电台数”，上海是“广播电视机构数量”，两者数量悬殊，统计口径不一致也无法进行比较。再如，关于“艺术表演场所演出场次”指标，有的城市界定为“艺术表演团体演出场次”，有的城市统计为“剧院演出场次”或者“艺术演出场次”；在内涵上，有的统计包含戏剧（戏曲）演出，有的不包含；还有的城市统计只核算营业性演出，有的则将公益性非营业性演出计算在内……此外，关于“全市接待游客人次”指标，有的城市统计为“景区年游览人次”的数量；关于“境外游客年度数量”指标，有的城市统计境外游客包含港澳台游客，有的城市统计结果不含港澳台……上述实际存在的类似问题还有很多，在此就不一一举例了。总而言之，目前城市一级数据的统计工作还面临着诸多现实问题，无法全面、系统地反映文化及相关产业发展状况，也影响了城市之间数据比较的可能性与比较结果的客观性。

地市级的文化及相关产业统计口径不一是与统计工作多头参与和现有管理体制混乱息息相关的。一方面，多部门参与文化及相关产业统计工作。《文化及相关产业分类》(2012)涉及120个行业小类，导致文化及相关产业统计工作复杂度高，涉及不同文化行业与不同管理部门，如文化部门、宣传部门、新闻出版广播电视部门、版权局、经济与信息化部门……统计管理部门的复杂性提升了统计工作的难度，也一定程度上影响了统计数据的一致性与科学性。例如，广东省的文化产业统计分类为经普（指经济普查）和非经普两种，经普年度文化产业主要数据来自经普数据库，统计数据准确度高；但非经普年度，数据来自各下设部门报送，如统计局工业处报送文化制造业方面数据，统计局外经贸处报送文化批发零售业数据，文化厅提供文化艺术娱乐服务业数据，广播电视电影局提供广播电视服务业数据，还有各地级市报送的相关文化产业统计报表……数据来源的多元化通常会影响数据的一致性与客观性。[11] 另一方面，地方文化统计管理较为混乱：部分地方政府管理层在思想与实践中不重视文化及相关产业的统计工作；轻视文化统计队伍建设，缺乏掌握统计知识与具备专业统计能力的人才储备，对文化统计分类与标准的理解和执行存在一定的随意性；缺乏科学的文化统计工作机制，特别是缺少相应的责任制度与约束机制，导致文化及相关产业统计效果不佳。由此可见，加快理顺文化统计管理体制机制迫切而重要。

（三）统计数据存在断层，可比性差

从统计时间跨度来看，文化及相关产业部分数据存在年份断层现象，数据连续性还有待提高。例如，在2016年《中国文化及相关产业统计年鉴》中，“分地区文化及相关产业法人单位主要指标”数据，仅有2004年、2008年、2013年这三年的数据，其他年份数据缺失。又如，部分省的统计年鉴中缺乏2005年至2007年的文化及相关产业的统计数据。此外，统计数据的断层还表现为数据口径发生巨变：《中国文化及相关产业统计年鉴 2016》发布的2015 年中国文化社会组织的数量，与《中国文化及相关产业统计年鉴 2015》发布的 2014 年数据相差悬殊。以“全国文化社会组织机构数”为例，根据《中国文化及相关产业统计年鉴 2015》，2014 年全国文化类社会组织数量为44 492个；而《中国文化及相关产业统计年鉴 2016》发布的2015年全国文化类社会组织数量则高达 662 425个，是2014年的14.9倍，而且其他年份这一指标的数据也发生巨变，这对研究文化社会组织变迁带来难题，而其数据变化的深层次原因也值得思考。

从部分统计数据质量来看，还存在数据粗糙的问题，影响着数据横向比较与纵向比较的效果。其一，随着文化产业跨领域、跨行业发展，混合型企业数量越来越多，诸多混合型文化企业只含有部分文化业务，但财务报表又无法对文化业务剥离进行单独核算，导致获得的文化数据精准性不高。[12] 其二，部分区域的统计工作存在有意扩大统计口径与数据推算现象。为了提高文化产业增加值占 GDP 比重，实现文化产业成为支柱产业的目标，部分区域存在有意扩大文化产业统计口径的现象，不能真实反映文化产业发展状况；还有部分区域的文化统计数据来自推算而非从基层文化单位开始填报与统计，数据经不起向前追溯，甚至有些区域的文化数据在公布几年后又重新推翻。其三，文化及相关产业统计偏重文化机构数量、演出场次、出版社、书店、图书馆、博物馆等实物数量指标，可比性强；但关于文化及相关产业价值指标的统计偏

少，可比性弱，影响了政府对整个文化及相关产业状况的系统掌握。[13] 其四，很多基层的文化统计人员素质参差不齐，兼职人员做文化及相关产业统计工作的现象突出，其不但对文化产业发展了解不足，而且缺乏对统计法的深入了解，专业性与法律观念不强，导致部分数据的改动存在政治性动机或随意性，一定程度上降低了统计数据的真实性与权威性，无法真正体现文化及相关产业统计数据对文化产业发展的实际价值。

此外，数据的可比性差还表现在不同区域关于文化产业统计口径的差异上。从统计数据结果来看，北京文化创意产业增加值2015年为3 072.3亿元，占GDP比重为13.4%[14]；上海文化产业增加值 2015年为1 632.68亿元、占GDP比重为6.5%，而上海文化创意产业增加值则高达 3 020 亿元、占GDP比重为12.10%；杭州 2015 年文化产业实现增加值 855 亿元、占 GDP比重 8.5%，文化创意产业增加值为2 232.14 亿元，占GDP比重高达 22.2%[15]。可见，"文化产业增加值"与"文化创意产业增加值"在数量上相差悬殊、占GDP 的比重也明显不同，无法进行直接比较；而且上文也已提到各地文化创意产业分类差异大，各个城市间进行文化创意产业增加值的横向比较实际意义也不大。虽然各地设置文化创意产业分类是满足地方管理的需要，但从统计工作的丰富价值来看，各个区域之间由于统计口径不一而导致文化创意产业增加值无法进行客观比较，使得统计工作的可比性与开放性价值失去意义。究其原因，一方面，是各地政府对文化及相关产业分类的理解存在差异，地方政府在进行文化及相关产业统计时通常会基于本地文化产业发展状况进行变通，很容易在执行统计工作时标准不一，从而导致城市文化及相关产业部分数据无法进行科学比较。另一方面，则直接反映出目前的文化统计管理体制不顺。

四、文化及相关产业统计工作优化的建议

优化文化及相关产业统计工作流程与管理机制，提高文化及相关产业统计的客观性、时效性与前瞻性，对于科学把脉文化产业发展动向、深化文化体制改革、优化文化管理与文化政策制定具有重要意义。

（一）提高文化及相关产业统计的公开性和时效性，紧跟文化发展动态

实现各区域之间文化及相关产业统计数据的开放与共享，是推进城市文化建设与文化产业研究的关键。虽然文化及相关产业的发展动态与价值不能完全通过统计数据显示出来，但做到数据的公开、透明是推动区域文化产业健康发展的直接表现。当然，这也对现有文化及相关产业的统计指标体系提出了更高的要求，即关注文化及相关产业的社会效益与经济效益的测量，改进现有偏重经济统计的框架，更加重视体现文化及相关产业双重效益的指标体系。换言之，要建立一个全国统一的，由文化基础指标、文化产业总量指标、文化产业价值指标以及其他

隐性指标构成的，可操作的指标体系；各地方在国家统一标准体系下可以补充适合本土文化发展状况的指标，做到国家标准与地方特色的有机融合。[16]

提高文化及相关产业统计数据的时效性。文化及相关产业统计数据公开要及时、有效，紧跟文化产业发展步伐与趋势，特别是在移动互联网文化新业态层出不穷，新媒体内容与网络直播业崛起，虚拟现实（VR）与增强现实（AR）兴盛的新时期，现有文化及相关产业的统计体系须与时俱进，扩展文化及相关产业的统计范围，在目前文化统计框架中增加新兴文化业态的统计，跟上文化产业发展潮流，引领世界文化产业统计走向。

（二）将文化及相关产业统计纳入法制化轨道，建立文化统计治理体系

确保文化及相关产业统计数据的客观性与真实性是实现统计工作法制化的基础。一方面，从事统计工作的人员要坚持中立原则，科学收集与处理文化及相关产业统计数据，减少统计过程中人为因素对数据结果的干扰，客观真实反映文化产业的发展特点与规律。另一方面，把文化及相关产业统计纳入《中华人民共和国统计法》[17]，发现统计弄虚作假行为，严惩不贷；加快建立文化及相关产业统计信息数据库，提高文化产业数据资源的开放与共享、更好地为城市文化建设与文化产业发展服务。

建立现代文化统计工作的治理体系，基于公开性、开放性、国际化原则提升我国文化及相关产业统计工作的治理能力，更加符合文化产业发展动态与文化管理需求。一是树立文化统计工作的治理理念。国家层面高度重视文化及相关产业统计工作，建立由统计部门主导的文化统计治理体系，即发挥统计部门作为文化统计工作的主导角色，统一规划与协调各个相关部门的文化数据的收集与上报工作。二是完善文化及相关产业统计体系。基于文化产业发展动态与趋势加快修订《文化及相关产业分类》(2012)，在明确产业范围的基础上，确定数量指标与价值指标；优化现有统计指标体系结构，既考虑横向指标与纵向指标，也设置一般指标与特殊指标，真实反映文化及相关产业的快速发展。三是优化文化及相关产业统计管理工作，构建统计部门主导、其他部门参与协作的治理体系。[18] 将统计工作落实到具体的部门与专人负责，由重要领导进行对口管理，提高治理决策的精准化，确保文化及相关产业统计工作严格执行。四是制度保障文化及相关产业统计工作的经费投入。加大文化统计工作的经费投入，做到文化统计经费的专款专用。五是建立文化统计专业化人才队伍体系，引进与培育专业统计人员以从事文化统计工作，这些专业人员除了具备统计专业能力之外，还需要具有文化产业相关知识以及较强的责任意识与法律意识；与此同时，加强对文化统计人员的定期培训，帮助其快速了解文化产业的新知识与新变化，提高国家与区域层面整体的文化统计专业化水平。[19]

（三）积极发挥“数据”的力量，提升中国在国际文化传播体系中的影响力

从国家战略高度审视文化及相关产业统计工作的重要性，从推动国家经济发展的高度重视文化统计、完善文化统计机制，以现代技术手段制定国家统一的文化统计标准化系统，提高文化及相关产业统计工作的科学性、规范性、可操作性与可比较性。高度重视“数据”的作用，发挥文化及相关产业统计的风向标作用。立足从文化及相关产业数据源头介入，建立专门的数据自动采集与上报系统，通过将文化企业的数据和银行、税务统计监测系统对接实现申报数据的自动采集，提高统计工作的效率与数据的时效性[20]，发挥大数据引领文化产业跨越发展的重任。

“数据”的力量在互联网时代是限的。要将文化及相关产业统计工作放置于提升我国文化产业国际影响力的高度进行顶层设计，着力打造文化及相关产业统计数据的前瞻性、开放性与动态性，凸显出我国文化原创力、文化生产力、文化创新力和文化软实力。[21] 抓住“互联网 +”“移动互联网”、VR/AR 等给我国文化产业发展带来的、赶超国际文化产业强国的机遇，加快将新兴文化产业行业统计补充到现有统计框架中的步伐，让我国的文化产业数据能够真正体现出文化产业最新发展现状、结构、动态、规律与发展趋势；与此同时，积极与国际文化产业发达国家进行数据对话与比较，找出成绩、经验与差距，真正做到“用数据说话”，证明与引领我国文化产业国家竞争力与文化软实力的提升，逐步提高中国文化元素在国际文化传播体系中的影响力。

注释 NOTES

1. 基金项目：教育部人文社会科学重点研究基地重大项目"世界城市文化指标体系与中国实践研究"，国家自然基金面上项目 [71473176]。

2. 刘开云 . 关于文化产业统计分类的几点思考 [J]. 统计与决策 ,2011(12):32-34.
3. 张毓强，杨晶 . 世界文化评估标准略论 [J]. 现代传播 ,2010(9):25-30.
4. 中国知网年鉴库公开可查资料最早为 1997 年，另有说法是 1993 年就开始出版《中国文化文物统计年鉴》。
5. 包利军 . 文化产业统计存在问题及对策建议 [J]. 内蒙古统计 ,2015(06):50-52.
6. 湖北统计局网站公开的数据是 2010 年开始，但中国知网上可查阅的数据可追溯到 1985 年，分类在“文教、卫生、体育”里，关于文化的指标只有“图书杂志和报纸出版量”与“文化事业情况”2 项。
7. 所谓“规模以上”是指：营业收入 1 000 万元及以上（工业企业指年主营业务收入 2 000 万元及以上，文化、体育和娱乐业年营业收入 500 万元及以上）的文化创意产业法人单位或年末从业人员 50 人及以上的服务业文化创意产业法人单位。
8. 熊澄宇，傅琰 . 关于当前我国文化产业分类标准的研究 [J]. 社会科学战线 , 2012(01):149-154.
9,21. 谢伦灿 . 提升我国文化产业统计的准确性与科学性 [J]. 学术交流 ,2009(12):235-237.
10. 吕洁华，王凤，蔺泽一 . 我国文化产业统计核算数据有效性的实证分析 [J]. 统计与决策 ,2015(19):25-28.
11. 刘建民 . 广东文化产业统计的实践与思考 [J]. 中国统计 ,2012(01):46-48.
12. 蒋月英，王娜 . 哈尔滨市文化产业统计方法制度创新研究 [J]. 统计与咨询 ,2016(02):13-16.
13. 博赫 . 文化产业统计中存在的问题及其改进 [J]. 统计与决策 ,2008(04):17-19.
14. 北京公开的数据仅有文化创意产业的相关数据，缺乏文化产业增加值，数据来自《北京市 2015 年暨“十二五”时期国民经济和社会发展统计公报》，http://www.bjstats.gov.cn/tjsj/tjgb/ndgb/201603/t20160329_346055.html。
15. 数据来自《2015 年杭州文化创意产业白皮书》，2016 年 1 月 27 日。
16. 张雪 . 新形势下我国文化产业统计系统优化路径探析 [J]. 同济大学学报 (社会科学版),2013(03):41-46.
17. 《中华人民共和国统计法》作为唯一的一部统计法律，于 1983 年 12 月 8 日颁布；最新修订是 2009 年 6 月 27 日，并自 2010 年1月1日起施行。
18. 解学芳 . 基于技术和制度协同创新的国家文化产业治理 [J]. 社会科学研究 ,2015(02):50-57.
19. 左艳提 . 构建文化产业统计管理体系的路径 [J]. 中国市场 ,2015(22):204-205.
20. 向勇 . 发展文化产业学论纲 [J]. 探索与争鸣 ,2015(11):102-108.

文化如何融入可持续发展

——对联合国教科文组织 2005 年公约[1]和 2030 年可持续发展议程的回顾[2]

How Is Culture Integrated into Sustainable Development?

—A Review of the UNESCO 2005 Convention and the 2030 Sustainable Development Agenda

许焯权 Desmund Hui

摘要: 联合国教科文组织 2005 年《保护和促进文化表现形式多样性公约》和 2015 年《改变我们的世界: 2030 可持续发展议程》是两份与文化高度相关的重要文件。尽管这两份文件中涉及"文化"的议题不多, 但通过对相关条款的文献回顾, 不难发现各国政府在文化政策上所达成的一致: 强调文化多样性、社会公平和可持续发展的重要性。为了进一步落实这两个文件的精神, 联合国教科文组织于 2014 年发布了"促进发展的文化指标"(CDIS) 并已在全球 17 个国家进行了测试, 这些文化指标的框架和设计对中国城市文化指标体系的建构应有所启示。

关键词: 文化, 可持续发展, 指标体系

Abstract: The 2005 UNESCO "Convention on the Protection and Promotion of the Diversity of Cultural Expressions" and the 2015 "Change of Our World: The 2030 Sustainable Development Agenda" are two important documents that are highly relevant to culture. Despite the small number of issues related to "culture" in these two documents, it is not difficult to find a consensus among governments on cultural policy through a review of the relevant articles: emphasis on the importance of cultural diversity, social equity and sustainable development. In order to further implement the spirit of the two documents, UNESCO published the "Cultural Indicators for Development" (CDIS) in 2014 and has been tested in 17 countries around the world. The framework and the design of these cultural indicators shall be inspirational for the construction of cultural indicator system of Chinese cities.

Key words: culture, sustainable development, indicator system

一、前言

2015 年 9 月，由 193 个国家通过的“联合国2030年可持续发展议程”（以下简称“2030年议程”）代表了各国政府对实现全球可持续发展全面计划的决心和目标。然而，全世界文化部门普遍表示失望，议程包含的 17 个目标、169 项任务和总共91条条款中，涉及文化的内容甚少。[3] 对议程文本做简要的统计后我们发现，“创新”(innovation) 一词在科学和技术的语境中被使用了 20 次；相比之下“文化”一词在有关地方文化、多样性和遗产的语境中只被使用了5次，“创造力”(creativity) 在有关创新的语境中只被提及了 2 次。

缔约国应将文化纳入国家各个层面的发展政策、创造有利于可持续发展条件的理念已载入“2005 年关于保护和促进文化表现形式多样性公约”（以下简称“2005 年公约”）的第 13 条，但在“2030 年议程”中似乎没有得到充分的强调。鉴于目前建构中国城市可持续发展文化指标的需要，本文将对当时的一些议题和条款进行回顾，并重新审视“2005 年公约”中的实施原则和措施，或可弥补当时的缺憾。

二、对联合国2030年可持续发展议程的回顾

为了评估“2030年议程”对文化和创造力的重视程度，有必要对议程中所有相关的条款进行一番考察。条款如下:

1.“我们承诺促进不同文化间的理解、容忍、相互尊重，确立全球公民道德和责任共担。我们承认自然和文化多样性，认识到所有文化与文明都能推动可持续发展，是可持续发展的重要推动力。”（宣言：新议程，第36条）

2.“到 2030 年，确保所有进行学习的人都掌握可持续发展所需的知识和技能，具体做法包括：开展可持续发展、可持续生活方式、人权和性别平等方面的教育，弘扬和平和非暴力文化，提升全球公民意识，以及肯定文化多样性和文化对可持续发展的贡献。”（目标4. 确保包容和公平的优质教育，让全民终身享有学习机会：4.7）

3.“推行以发展为导向的政策，支持生产性活动、体面就业、创业精神、创造力和创新；鼓励微型和中小型企业通过获取金融服务等方式实现正规化并成长壮大。”（目标 8. 促进持久、包容和可持续经济增长，促进充分的生产性就业和人人获得体面工作：8.3）

4.“到 2030 年，制定和执行推广可持续旅游的政策，以创造就业机会，促进地方文化和产品。”（目标 8. 促进持久、包容和可持续经济增长，促进充分的生产性就业和人人获得体面工作：8.9）

5.“进一步努力保护和捍卫世界文化和自然遗产。”（目标 11. 建设包容、安全、有抵御灾害能力和可持续的城市和人类住区：11.4）

6. “开发和利用各种工具，监测能创造就业机会、促进地方文化和产品的可持续旅游业对促进可持续发展产生的影响。”（目标 12. 采用可持续的消费和生产模式：12.b）

7. “私人商业活动、投资和创新，是提高生产力、包容性经济增长和创造就业的主要动力。我们承认私营部门的多样性，包括微型企业、合作社和跨国公司。我们呼吁所有企业利用它们的创造力和创新能力来应对可持续发展的挑战。我们将扶植有活力和运作良好的企业界，同时要求《工商业与人权指导原则》、劳工组织劳动标准、《儿童权利公约》和主要多边环境协定等相关国际标准和协定的缔约方保护劳工权利，遵守环境和卫生标准。”（执行手段和全球伙伴关系，第 67 条）

从以上条款可以看出，关于如何将文化纳入可持续发展政策的具体建议不多。在7个相关条款中，1 和 2 只是承认，3、4 和 6 是关于促进和支持创造力和地方文化的倡议声明，5 是表达对遗产保护的一个相当中立的立场，最后 7 只是呼吁私人企业要有创意。在最近几十年全球关于发展问题的讨论中，文化和创造力至关重要，但令人不解的是，在这样一个重要的文件中如此郑重的主题却明显被忽视了。

三、对“2005 年公约”的思考

现在我们再来回顾“2005年公约”，特别是关于将文化纳入可持续发展政策和方案的部分，以思考创意城市网络在支持“2030年议程”方面可能发挥的作用。文化和可持续发展实际上是“公约”规定的6个监测主题之一。这 6 个主题包括：文化政策和措施、国际文化合作、优惠待遇、文化和可持续发展、公民社会的认知提升和参与、横向议题和联合国教科文组织的优先事项。对我们来说，关键问题是[4]：①文化与可持续发展之间的关系是什么？② 2005 年公约如何处理这种关系？③这方面的相关政策和措施是什么？④在国家和国际层面可以采取什么措施？⑤可以采用什么样的内部安排和伙伴关系来促进这一领域的战略和政策？⑥可以用什么指标来评价文化在可持续发展中的作用？

文化与可持续发展之间的相互关系通常超越政府当局，因为政策的整合和实施通常跨越国家级的经济、环境、社会和文化事务，而由国际层面的发展合作机构来执行。第 13 条特别提到国内层面的可持续发展，例如地方、区域和国家战略和政策，也就是说在制定与文化表现形式多样性有关的各类政策和规划时，文化因素应予以重点考虑：“缔约方应致力于将文化纳入其各层级的发展政策，创造有利于可持续发展的条件，并在此框架内完善与保护和促进文化表现形式多样性相关的各个环节。”第 14 条规定了国际层面的发展合作，缔约方应致力于支持为促进可持续发展和减轻贫困而开展合作，尤其要关注发展中国家的特殊需要，主要通过以下途径来推动形成富有活力的文化部门：①加强发展中国家的文化产业……②在发展中国家开展信息、经验和专业知识交流以及人力资源培训……③通过采取适当的鼓励措施来推动技术和专门知识的转让，尤其是在文化产业和文化企业领域；④提供财政支持……

本部分的一个特别的重点是文化对发展的非经济方面的贡献，即文化在建设包容性社会和减少不平等方面的作用。虽然公约鼓励各方将文化纳入国家发展政策和计划，但它们也可以在地方或城市层面进行设计，或者作为国际性的发展援助计划。国家层面的具体措施包括：①将文化纳入国家发展的总体规划，即战略、政策和行动计划；②通过将文化纳入消除贫困和社会包容等战略，实现经济、社会和环境等方面的成就；③确保公平公正地对待弱势个人和社会团体（包括妇女）参与文化生活；④确保区域之间和城市和农村之间文化资源分配的公平性。

在国际性措施方面，以下是一些可供考虑的范围：①通过培训、网络化、信息交流等手段提升人员和机构在政策制定和创业精神方面的能力；②在文化产业和企业领域转让技术和专门知识：如进行需求分析、获取新的信息传播技术、开发新平台等。③财政支持：为国际文化多样性基金(IFCD)捐款，将文化部门纳入“官方发展援助”(ODA)框架计划，促进文化产业获得公共和私人基金，设计创新性财务机制，等等。

此外，第 13 条的“操作指南”还有如下总则[5]：

2. 可持续发展在经济、文化、社会和环境各方面都是互补的。

6. 将文化纳入各级（地方、国家、区域和国际）的发展政策，使以下内容成为可能：

- 6.1 有助于保护和促进文化表现形式的多样性；
- 6.2 促进文化表现形式的创造和生产的普遍拥有、参与和享受，特别是弱势群体；
- 6.3 通过创造、生产、分配和传播文化表现形式，实现文化产业对可持续发展、经济增长和提高生活品质的所有潜力和贡献；
- 6.4 通过促进人权和和平的文化活动加强社会凝聚力，打击暴力，提升青年人的社会整合意识；
- 6.5 加强和改进发展政策，尤其是在教育、旅游、公共卫生、安全和城市规划等领域。

实施指南为：

• 7.1 由于经济、环境、社会和文化系统是相互依存的，不能单独考虑，因此可持续发展政策和措施应协调各级相关公共部门一起来规划、运用和实施，特别是在国家层面，应建立有效的协调机制。

• 7.3 将文化纳入可持续发展政策尤其需要认识到以下几个方面：

-7.3.1 教育对可持续发展起着基础性的作用，应将文化纳入教育的方方面面，以促进对多样性及其表达的理解和欣赏；

-7.3.2 要了解妇女、“公约”第 7 条所提到的各社会群体和落后地区的需要；

-7.3.3 新技术的使用和网络传播系统的扩展。

以及将文化表现形式多样性纳入可持续发展的相关措施：

• 8.2 发展有生命力的文化产业，特别是发展地方性的微型、小型和中型企业。

9. 为了更好地评价文化在可持续发展中的作用，鼓励缔约方使用更为精准的统计指标，并通过信息交流与传播分享实践经验。

四、CDIS 文化与发展指标

最后，为建构并实施用于评估文化在可持续发展中的作用的统计指标，在这里介绍一下联合国教科文组织 2014 年的“促进发展的文化指标”（CDIS），该指标是响应“2005 年公约”第 13 条倡议的一个后续项目，旨在通过事实和数据将文化与发展结合起来。CDIS 有以下目标[6]：①加强关于文化与发展的国家统计和信息系统；②告知促进发展的文化政策；③将文化定位于国家和国际发展战略和议程；④丰富 CDIS 全球数据库，即第一个关于促进发展的国际性文化数据库。

值得注意的是，为了使方法和框架适用于“公约”的多数成员国，CDIS 是一个为低收入和中等收入国家的政策目标而构想的实用性框架，它用来监测 7 个维度下的 22 个方面：①国内生产总值；②就业；③家庭开支；④包容性教育；⑤多语言教育；⑥艺术教育；⑦专业培训；⑧标准设定框架（Standard-setting framework）；⑨政策和制度框架；⑩基础设施；⑪公民社会治理；⑫外出参与；⑬身份建构参与；⑭跨文化信任；⑮人际信任；⑯自主性（Self-determination）；⑰性别平等产出（Gender equality outputs）；⑱性别平等感知；⑲自由表达；⑳互联网使用；㉑电视上虚构节目的多样性；㉒文化遗产的可持续性。

"促进发展的文化"图表

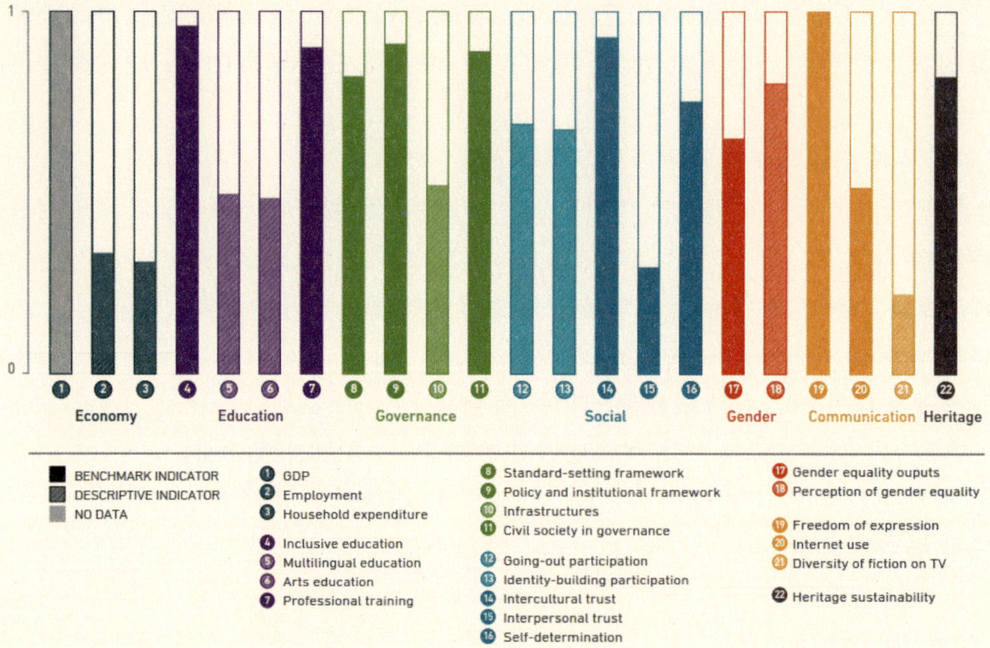

图表来源：教科文组织 CDIS 方法手册（2014 年）：14。

7 个层面是：经济（指标1-3）、教育（指标 4-7）、治理（指标 8-11）、社会参与（指标 12-16）、性别平等（指标 17-18）、传播（指标 19-21）和文化遗产（指标 22）；22 个指标（请参见上图）在 7 个维度（性别平等和文化遗产分别只有 2 个和 1 个指标）上基本呈均匀分布。迄今为止，该框架已在17个国家进行了测试，在其 4 年的研究期间已经有超过150个专家和组织组成了合作伙伴。相信这是一个很好的参考，可以对如何建立类似的指标和指数体系，来衡量文化对中国城市可持续发展及城市文化指标构建的影响，提供一些启示。

注释 NOTES

1. "2005 年公约"指联合国教科文组织 2005 年通过的《保护和促进文化表现形式多样性公约》，这是教科文组织发布第一份全球评估报告。参见：http://unesdoc.unesco.org/images/0014/001429/142919c.pdf。
2. "2030 年可持续发展议程"指联合国大会 2015 年《改变我们的世界：2030 可持续发展议程》的内容请参见：http://www.un.org/ga/search/view_doc.asp?symbol=A/RES/70/1&referer=http://www.un.org/sustainabledevelopment/development-agenda/&Lang=C。
3. 例如，在联合国教科文组织 2005 年"公约"专家设施中进行了讨论。
4. 关于文化和可持续发展的内容和主题，请参见"2005 年公约"（2013 年版）的"基本文件"。关于我调查产生的问题和以下的阐述，我借用了联合国教科文组织"协调人指南"关于 2005 年公约参与性政策监测的模块 3（2016 年版）。
5. "2005 年公约"（2013 年版）基本文件：51-53。
6. Cf. https://en.unesco.org/creativity/cdis

上海市重大文化活动(2016)国际影响力评估报告[1]

International Impact Assessment Report on Shanghai Important Cultural Activities in 2016

陈沛芹 Chen Peiqin

摘要: 本报告通过分析中外媒体报道、社交媒体舆情,结合对2016年上海市重大文化活动参与者与观众的深度访谈、问卷调查,运用多元数据,全方位考察了2016年上海市的6个主要文化活动,包括第22届上海电视节、第19届上海国际电影节、第7届上海夏季音乐节、第5届上海国际芭蕾舞比赛、首届上海艾萨克·斯特恩国际小提琴比赛以及第18届中国上海国际艺术节等六大主要文化活动,对其国际影响力进行了全方位评估。

关键词: 文化活动,国际影响力,评估

Abstract: The report has evaluated the global influences of six major international cultural activities of 2016 based in Shanghai by analyzing reports and social media from both home and abroad, also including interviews and questionnaire surveys, with all the data, This six activitie include the 22nd Shanghai TV Festival, the 19th Shanghai International Film Festival, the 7th Shanghai Music In the Summer, the 5th Shanghai International Ballet Competition, the First Shanghai Isaac Stern International Violin Competition and the 18th Shanghai International Arts Festival.

Key words: cultural activities, global influence, assessment

一、报告概述

本报告通过分析中外媒体报道、社交媒体舆情，结合对2016年上海市重大文化活动参与者与观众的深度访谈、问卷调查，运用多元数据，全方位考察2016年上海市第22届上海电视节、第19届上海国际电影节、第7届上海夏季音乐节、第5届上海国际芭蕾舞比赛、首届上海艾萨克·斯特恩国际小提琴比赛以及第18届中国上海国际艺术节等六大主要文化活动，并评估其国际影响力。

具体而言，本报告得出八项主要结论：

1. 2016年上海的六大主要文化活动在不同程度、不同范围内对上海城市的国际关注度以及国际形象都起到了良好的提升作用

经过评估，本报告发现这六大文化活动的影响力可分为两个层面：一是有国家层面重大意义与影响力的两项文化活动，即上海国际电影节和上海电视节。这两项活动的影响力最大，尤其是上海国际电影节，是六大活动中当之无愧的影响力最大的国家层面文化活动；二是上海层面彰显城市软实力、展现上海市独特魅力的高水准专业性比赛和具有国际水平的大众文化活动。上海国际芭蕾舞比赛和艾萨克·斯特恩国际小提琴比赛这两项活动为专业性比赛，较小众，但推广得当，对城市的影响力也具有较好的提升作用。如艾萨克·斯特恩国际小提琴比赛虽是专业比赛，较小众，却得益于艾萨克·斯特恩的影响力，吸引了诸如《纽约时报》等国际主流媒体的关注，并多次被转载。大众文化活动，即上海夏季音乐节和上海国际艺术节，深得观众喜爱，彰显了大都市独特的文化底蕴与魅力。上海国际芭蕾舞比赛虽是专业性比赛，但因其开放程度较高，也吸引了中外普通大众的关注。

2. 2016年上海的主要文化活动展示了上海作为国际大都市文化活动的国际水平和多元文化生活，增加了上海作为国际化城市的魅力，提升了上海的国际竞争软实力

本报告在对外国参与者的调查中发现，无论是从国外到上海参加文化活动的国外人士还是在沪的外国居民，都对上海的文化活动有较高的认可度；对上海夏季音乐节、上海国际芭蕾舞比赛、上海国际艺术节等都表现出了强烈的参与意愿。中外观众参与后，对上述活动的评价都非常高，他们盛赞上海的国际文化活动体现国际高水平，彰显出上海作为国际大都市的文化魅力。

3. 上海国际电影节与上海电视节已经是亚洲一流、国内一流、具有一定影响力的国际性文化活动，具有较高的国际关注度和影响力

无论是境外媒体还是我国国内媒体，都把上海国际电影节与上海电视节视作国家层面的重大文化活动，是代表中国国家的大型国际文化活动。六大文化活动中，国际媒体主要关注的是上海国际电影节的开幕、闭幕式，上海电视节的白玉兰奖。同样，国内媒体中对电影、电视节的报道最多的媒体集中在北京，反映了这两项活动在国家层面的影响力，而对其他四项活动报道最多的媒体则集中在上海，反映了上海地域的特点。

4. 上海夏季音乐节、上海国际艺术节、上海国际芭蕾舞比赛是展现上海市独特魅力、较为普及的大众化国际文化活动，极大地提升了上海作为国际城市的吸引力和强大魅力。这些活动还有效提升了上海市民的国际文化素养，满足了市民对国际水准文化活动的需求

同时，上海的高水平文化活动，对满足上海周边城市市民文化需求、提高文化素养具有一定的辐射能力。在文化活动的受众调查中，受众普遍认为，这些活动有益于提升市民的文化品位，提高了城市精神文明的水平。中国社会的物质条件越来越丰富，市民对文化生活的要求越来越高，这些文化活动，满足了市民对国际水平文化活动日益增长的需求。

5. 重要活动、名家名团、开幕式、闭幕式等重要活动吸引媒体眼球

在各项文化活动中，国内外媒体、自媒体普遍聚焦开幕式、闭幕式、颁奖仪式、知名人士等的活动。这些活动不仅是媒体的聚焦点，也是观众最为关注、参与热情最高的活动。

6. 网络媒体、自媒体在上海的国际性文化活动的信息传播中发挥重要作用

与传统媒体相比，上海的国际文化活动在自媒体的平台上获得更多的曝光。同时，活动自身的国际自媒体账户在较大程度上提升了活动的国际传播效果。网络媒体的报道量普遍在传统媒体报道的4倍以上，而上海国际电影节与上海电视节的网络报道更是在传统媒体的10倍以上。除了网络媒体，微信在观众知晓上海市国际文化活动中起到了重要作用，几乎每项活动，无论是国内参与者还是国际参与者，通过微信获得文化活动消息的都是排名前三的信息来源。对于国外的参与者，通过微信的知晓率甚至超过了国外的社交媒体 Facebook 与 Twitter。

7. 2016 年上海的主要文化活动的国内媒体关注较多，但在国际媒体上的曝光率相比国际知名文化活动，还存在较大差距

除了上海国际电影节，其他文化活动的国际媒体报道数量都不大。

8. 上海市主要文化活动在信息传播的国际化、活动组织、管理等方面与国际上其他一流城市相比，还存在一定差距

在调研中，观众对几乎所有的活动都提出了管理建议。活动安排应注重细节管理，在活动的语言、管理安排等方面应提高国际化水平。

二、六大文化活动国际媒体影响力比较

（一）上海国际电影节与上海电视节最具国际影响力

本报告通过权威的国际媒体Factiva数据库对六大文化活动的国际传统媒体与网络媒体搜索，发现自2016年6月1日到30日，去除中国国内英文媒体，上海国际电影节的境外媒体报道高达400篇，其中国际主流媒体，如《纽约时报》《洛杉矶时报》《好莱坞报告》等都对上海国际电影节进行了报道。这个报道数据远远超过了其他五个文化活动的总和，使得上海国际电影节成为2016年上海市重大文化活动当之无愧的、最具影响力的活动。

中国境外传统媒体和网络媒体涉及上海电视节的报道有28篇，位列第二。上海国际电影节与上海电视节无疑是上海最吸引国际关注的两个文化活动。各项活动国际报道排名见表1。

在境外传统媒体与网络媒体的报道中，此次艾萨克·斯特恩国际小提琴比赛虽是专业比赛，较小众，却得益于艾萨克·斯特恩较高的影响力，吸引了国际主流媒体《纽约时报》的关注，并多次被转载。尽管该比赛是首次举办，却在境外媒体的曝光率方面表现较好，成为影响力仅次于上海电视节的文化活动。

（二）六大文化活动的影响力差异化定位

通过评估我们发现，六大文化活动在不同层面显示出不同的影响力与辐射力。上海国际电影节、上海电视节已经是亚洲一流的电影电视节，彰显出国家层面的国际影响力。

上海国际芭蕾舞比赛、上海艾萨克·斯特恩国际小提琴比赛虽然是专业性比赛，但在提升上海文化竞争力、文化软实力层面，起到了十分重要的作用，体现了上海文化的国际水准。上海夏季音乐节和上海国际艺术节则体现了上海都市文化的大众化和国际化，极大地增强了上海的城市魅力，显示出的是上海城市层面的魅力。

表1 六项活动国际报道排名

文化活动名称	报道篇数	国际媒体报道排名
第19届上海国际电影节	400	1
第22届上海电视节	28	2
首届上海艾萨克·斯特恩国际小提琴比赛	17	3
第7届上海夏季音乐节	6	4
第5届上海国际芭蕾舞比赛	3	5
第18届上海国际艺术节	2	5

从国际媒体的报道量来看，有关上海国际电影节、上海电视节的报道最多。同样，国内媒体对电影电视节的报道也比其他活动更多。其中，国内媒体对上海国际艺术节的报道超过了其他三项活动，显示出上海国际艺术节在国内的影响力。六大文化活动国内媒体报道量排名见表2。

从报道媒体的地域来看，对上海国际电影节、上海电视节的国内媒体报道最多的地区是北京，其他的文化活动更多集中在上海。上海夏季音乐节、上海国际芭蕾舞比赛、上海国际艺术节、上海艾萨克·斯特恩国际小提琴比赛等都是以上海市的媒体传播最多，显示出上海国际电影节、上海电视节在国家层面的显著影响力，以及其他文化活动的上海地域特点。

由此可见，2016年上海市举办的六项文化活动的影响力定位有着较大的差别。上海国际电影节、上海电视节更多的是在全国和国际上的影响力，而其他活动，辐射的更多是在国内以及上海市的影响力。

（三）专业性比赛、高品位大众文化活动提升城市国际吸引力与竞争软实力

2016年上海的主要文化活动展示了上海作为国际大都市文化活动的国际水平和多元文化生活，极大地增加了上海的城市魅力，提升了城市的国际竞争软实力。

本评估在对外国参与者的调查中发现，无论是从国外到上海参加文化活动的国外人士还是在沪的外国居民，都对上海的文化活动都具有较高的认可度。如果说，上海国际电影节、上海电视节更多体现了上海城市在国际上以及我国国内的影响力，那么上海夏季音乐节、上海国际芭蕾舞比赛、上海艾萨克·斯特恩国际小提琴比赛、上海国际艺术节则更多体现了上海城市的独特之处及上海城市文化的国际化，极大地增强了上海作为全球大都市文化生活的多元化、文化水平的国际化。

表2 六大文化活动国内媒体报道量排名

文化活动名称	总量	传统媒体报道量	网站报道量	排名
第19届上海国际电影节	13465	1188	12277	1
第22届上海电视节	3841	301	3540	2
首届上海艾萨克·斯特恩国际小提琴比赛	3576	637	2939	3
第7届上海夏季音乐节	421	62	359	4
第5届上海国际芭蕾舞比赛	323	56	267	5
第18届上海国际艺术节	214	39	175	6

表3 北京与上海媒体活动报道数量排名

文化活动名称	北京媒体	上海媒体
第19届上海国际电影节	6046	1035
第22届上海电视节	1791	223
第18届上海国际艺术节	1121	1472
首届上海艾萨克·斯特恩国际小提琴比赛	108	148
第7届上海夏季音乐节	70	111
第5届上海国际芭蕾舞比赛	13	41

观众对上海夏季音乐节、上海国际芭蕾舞比赛、上海艾萨克·斯特恩国际小提琴比赛、上海国际艺术节等都表现出了强烈的参与动力。中外观众一旦参与，其评价都较正面，这些观众盛赞上海的国际文化活动的国际高水平，显示出上海作为国际大都市的文化魅力。尤其是较为普及的文化活动，更是极大地提升了上海作为国际城市的吸引力和强大魅力。

在评估中我们发现上海国际芭蕾舞比赛和上海艾萨克·斯特恩国际小提琴比赛这两项专业性大赛吸引了国际高水平音乐家和舞蹈家。在深度访谈中，无论是观众还是参与者都认为这两场比赛是国际高水平比赛。

上海夏季音乐节与上海国际艺术节这两项大众化文化活动，内容丰富、高端、国际化，更多地彰显了上海多元、国际化文化大都市的气质。在调查中，上海观众表示，上海夏季音乐节与上海国际艺术节让上海市民深感骄傲；这种国际化、高水准的活动只有上海能办得了，非上海莫属。艺术节不仅提高了上海市民的文化涵养，更是体现了上海独特的都市文化。与上海国际艺术节相比，上海夏季音乐节的国际影响力更高。由于纽约爱乐乐团的加入，上海夏季音乐节的国际媒体曝光度，尤其是自媒体曝光度得到了极大的提高。在沪外国人对上海音乐节的知晓度以及参与度也都较高。我们通过同样的方式调查，有93位外国人填写了上海夏季音乐节的调查问卷，只有39位外国人填写了上海国际艺术节的问卷。

2016年上海的主要文化活动有效提升了上海市民的国际文化素养，满足了市民对国际水准文化活动的需求。同时，上海的高水平文化活动对满足上海周边城市市民文化需求、提高文化素养具有一定的辐射能力。在文化活动的受众调查中，受众普遍认为，这些活动有益于提升市民的文化品位，提高了城市精神文明水平。中国社会的物质条件越来越丰富，市民对文化生活的要求越来越高，这些文化活动，满足了市民对国际水平文化活动日益增长的需求。

三、重要活动、奖项、名家名团吸引国际媒体与国际自媒体

（一）国际媒体聚焦文化活动的开幕式、颁奖、闭幕式等标志性活动

在对上海2016年度的六大重大国际性文化活动的评估中，我们发现，活动的开幕式、闭幕式、颁奖仪式等尤其吸引国际媒体的关注。而且活动的影响力越大，其开幕式、闭幕式以及颁奖等活动越是吸引国际媒体。

上海国际电影节、上海电视节、上海艾萨克·斯特恩国际小提琴比赛等的开幕、闭幕式尤其吸引国际媒体。上海国际电影节开幕、闭幕期间，无论是传统媒体还是自媒体，其关注度都非常高。从2016年6月13日到19日，一周之内，国际媒体对上海国际电影节的报道量达到90篇。国际媒体对上海电视节的报道共有28篇，每篇都无一例外地提到白玉兰奖项。上海艾萨克·斯特恩国际小提琴比赛吸引全球境外主流媒体报道17篇，报道也是集中在开赛当天以及对决赛结果的发布。

（二）名家名团吸引国际媒体与自媒体

无论是国际媒体还是自媒体，在对上海市2016年度的重大活动进行报道时，关注点特别集中在涉及这些活动的国际知名人士和国际知名团体。比如，知名音乐人对上海国际电影节的推广力度相当大。日本X-Japan乐队的队长林佳树，是金爵奖提名纪录片《我们是X》的主角。他的认证脸书粉丝数高达1 478 339。他在闭幕式前一天到达上海国际电影节的短视频以及

将出席闭幕式的消息，获点赞量3 200，评论数45，分享数176；而其有关电影节结束后向中国告别的脸书获点赞数4 000，评论数36，分享数 87；出席电影节活动时与粉丝的见面现场，获点赞2 900次，评论31次，分享110次。这种影响力，在一定程度上甚至超过了媒体的影响力。

另外，上海夏季音乐节的信息也因纽约爱乐乐团的脸书发布得到广泛传播。纽约爱乐乐团在脸书的官方账号上分享了沙哈姆与上海乐队学院学生一起排练的信息以及该乐团在上海城市音乐草坪的演出。演出的录像也被放入，获得近6 000次播放。

四、新媒体成为吸引国际关注的重要平台

通过搜索国际自媒体平台 Facebook 和 Twitter，本评估小组发现，与传统媒体相比，上海的国际文化活动在自媒体平台上获得了比传统主流媒体更多的曝光。同时，拥有自身国际自媒体账户以及国内英文媒体的国际自媒体账户在较大程度上提升了活动的国际传播效果。

2016年的六大重大文化活动中，第19届上海国际电影节有未经认证的脸书专页，第5届上海国际芭蕾舞比赛以及首届上海艾萨克·斯特恩国际小提琴比赛在国际自媒体平台上则有自己的账号，这些账号在第一时间用英文对国际受众发布信息，对这些文化活动的国际影响力具有较大的提升作用。

与传统媒体相同，上海国际电影节在国际自媒体平台上关注度最高。在 Facebook 平台上，未经认证的上海国际电影节 Facebook 页面上有44 363粉丝。同时，我国中央电视台、《中国日报》等在 Facebook 上大量刊登相关消息，仅开幕式一个消息，点赞就达到了22 000次。一些名演员的账号发布的电影节消息，粉丝量更大。出席上海电视节的英国演员伊恩·麦克莱恩在 Facebook 上发布了自己的后台照，获得评论620次，分享272次，点赞37 000次。第5届上海国际芭蕾舞比赛官方组委会账号 @sibcchina 于 2016年3月开始宣传，获得470次点赞和13次分享，发布的内容主要是对各个参赛选手和比赛进行介绍宣传。这个官方账号在比赛第一天的帖子中获得了18个赞，半决赛当天获得12个赞，而比赛闭幕式当天该账号共发了6条帖子，获得86个赞以及23次分享，连同积极的评价。该账号获得的点赞数和关注度稳中有升，体现了本次大赛的国际关注度和影响力也在稳步地提升和扩大。

上海艾萨克·斯特恩国际小提琴比赛在Twitter上的官方账号 @SISIVC2016 从 2016年1月加入Twitter账号以来，一共发布了72条消息，获得了1 095个追随者以及39个赞。尽管账号

缺乏互动方案，消息的被转发次数也还是比较少，但也多次在各种相关的消息中被提及。没有官方账号的文化活动因活动参与者或机构在自媒体平台上的发布也获得了一定的关注。一些在上海电视节获奖的作品在自己的自媒体平台上发布获奖消息。日本动漫《一拳超人》在发布了获得上海电视白玉兰奖的消息后获得点赞953次、评论18次、分享34次。

上海国际艺术节也是以同样的方式在国际自媒体上传播。国际新媒体平台推特和脸书上有75条与上海国际艺术节相关的信息。信息发布者主要是媒体、艺术参与者、表演者、艺术家及艺术团体等。

五、政策建议

（一）充分运用新媒体，中英文同步发布信息，拓展媒体宣传的国际化路径

通过评估，我们发现，媒体宣传的国际化程度对活动的国际影响力的提升具有重大作用。因此，在媒体宣传方面，有三项建议。

1. 活动组织方尽早通过网络、新媒体等公布活动内容。在对重大活动影响力进行评估时，我们发现，活动组织方尽早在中英文网站或新媒体平台上进行活动的预告、提供相关活动的详细信息、议程、购票信息等，对活动在国际与国内的推广都具有重要作用。

2. 活动的英文内容与中文同步通过多平台发布。在评估中，我们发现组织方虽然在面向国际受众的宣传方面有一定的努力，外宣媒体如《上海日报》《中国日报》等都突出了活动的报道。但活动组织方的英文网站的信息不够丰富、议程公布滞后、购票网站缺乏英文页面，这些都在一定程度上降低了国际受众获得信息的便捷性。很多外国观众是通过朋友介绍才得到相关信息。

3. 充分发挥微信的国际传播力。我们在调查中发现，微信平台是中外观众了解文化活动的信息前三位的渠道。通过微信了解文化活动信息的外国观众甚至超过了Twitter与Facebook。因此，加强微信在活动宣传中的作用无疑将对活动的推广起到极其重要的作用。

在评估中，通过比较我们发现，第19届上海国际电影节、第5届上海国际芭蕾舞比赛以及上海艾萨克·斯特恩国际小提琴比赛，这三个活动通过自媒体平台上建立官方账号，在较大程度上有效提升了活动的国际传播效果。国际自媒体Facebook、Twitter、Instagram、Youtube等平台上建立官方账号，在微信平台上通过中文和英文发布，将有助于活动的国际推广，扩大活动的知晓范围。

（二）注重细节管理，提高活动的国际化水平

2016 年度上海市的 6 场主要文化活动的国际影响力有所不同，但所有的文化活动都有较多的国际知名人士参与，也有不少国外观众。在调研中，观众对几乎所有的活动都提出了管理问题。有些国际观众提出了语言问题，比如，芭蕾舞比赛的选手不知道具体安排。对管理的问题，有些活动问题更多、更突出一些。对组织要求比较高的活动，如上海电视节、上海国际电影节、上海国际艺术节，组织管理的问题更加突出。而上海夏季音乐节以及小提琴比赛由于规模小，场馆环境也较好，在管理上相对而言问题少些。对于上海艺术节，公众对票务、节目时间安排等都提出了意见。在上海国际电影节的访谈中，受访者提出电影节官网上的日程滞后，记者们抱怨在6月10日才拿到日程，没有足够的时间准备采访。对于上海电视节，有受访者认为，会务的模式较为传统，缺乏互联网思维，而且参展环境与其他国际电视节相比，布置过于复杂，如同迷宫一样。

总体而言，2016年上海的主要文化活动，在不同层面、不同范围内，对上海的国际化都市形象的建构具有非常积极的意义。这些活动，不仅提高了上海市的国际形象，也培养了上海市民的文化素养，增强了上海市作为国际大都市的魅力，提高了上海的文化软实力。这些活动，如能在活动宣传和细节安排上更多以国际化受众的现场感受为中心，进一步提高管理和服务的国际化水平，更新理念，运用互联网思维，随着时间的推移，将给上海城市带来更多的文化沉淀与更大的国际影响力。

六、评估方法说明

本评估共有 1 个总报告和 6 个分报告，对2016年上海市第 22 届上海电视节、第 19 届上海国际电影节、第 7 届上海夏季音乐节、第 5 届上海国际芭蕾舞比赛、首届上海艾萨克·斯特恩国际小提琴比赛以及第 18 届上海国际艺术节这 6 个主要文化活动的国际影响力进行了全方位的评估。

运用的方法如下：

1. 国际媒体与自媒体内容监测和分析

本报告全面监测国际主流媒体和自媒体对上海六大文化活动的报道，监测范围包括世界各国28个语种、15 000多家的新闻机构以及国际社交媒体 Facebook、Twitter。报告的分析维度包括报道总量、报道议题以及对具体议程的报道，包括每一个活动的开、闭幕仪式，评奖活动或其他重大事项，焦点人物、机构，监测媒体对活动报道的周期变化与规律，分析报道总体框架以及态度或倾向性。

2. 中、英文问卷的活动满意度调查

本评估通过新媒体公司"取走"的平台，对五项活动同时发放中文与英文问卷，进行问卷调查，调研受众对活动的满意度和反馈。其中，小提琴比赛的开放程度过低，无法进行受众调查。受众调查的五项活动中，上海国际电影节回收中文问卷7 696份、英文35份；上海电视节回收中文问卷4 454份，回收的英文问卷为0 份；上海国际艺术节回收了15 789份中文问卷和48份英文问卷。上海夏季音乐节回收中文问卷5 673份、英文93份；上海国际芭蕾舞比赛的问卷回收4 571份中文问卷、8 份英文问卷。

3. 深度访谈

本评估通过全程跟踪的方法，深度参与每一项活动，对每一项活动都设计了深度访谈问卷，面向活动组织方以及外国受众进行了大范围的深度访谈，了解他们对活动的评价和实际效果。访谈广泛覆盖了中外参与者和受众，每次活动都安排了超过20场访谈，有些活动，如上海国际艺术节，安排了97场访谈。

4. 评估小组

本评估依托上海外国语大学中国国际舆情中心实施。评估组包括中心主任郭可教授、评估项目负责人陈沛芹教授，评估项目实施小组成员包括吴瑛副教授、严怡宁副教授、诸廉副教授、相德宝副教授。项目设计、问卷设计、访谈提纲设计均由小组所有成员充分讨论、定稿、实行。本项目组织了新闻传播学院学生共同参与了大范围媒体监测和大规模深度访谈。参与的同学包括方婵娟、范正强、范子萌、马路遥、唐玮、崔妍、杨华伟、杨杜、黄彩虹、李思燕、马珺、景晓童、徐勤、黄野、毛雯丽、谭玉晓、王海蓉、王丹竹、李焱、刘玉瑶、张弛、吴帆、韦婉、乐文婉、王静君、孙珂、杨杜、田乃方、许文静、何雨薇、王子佳、武子毓、黄秋野、林欣瑶、陆瑶等，同时还包括上海外国语大学多语种新闻班的贾荟玉、高心怡、陈星宇、文偲瑞、张雅倩、朱玉恒、殷佳琪、韩爱佳等43位同学。

* 本总报告由陈沛芹、郭可撰写。报告调研获得了上海市文化广播影视管理局重大活动办公室童颖、邓晶琛的指导和大力协助。

注释 NOTES

1. 本报告为上海外国语大学中国国际舆情研究中心受上海市文化广播影视管理局重大活动办公室委托对 2016 年上海市主要文化活动国际影响力进行的评估。本报告执笔人：陈沛芹、郭可，项目组成员包括吴瑛、严怡宁、诸廉、相德宝。报告感谢"取走"自媒体合作平台提供的中英文问卷调查数据。

附录

1

中国城市文化数据库

注：数据库中的“—”代表数据未统计或未公开（没有权威的官方数据）

北京 BEIJING

上海 SHANGHAI

广州 GUANGZHOU

深圳 SHENZHEN

杭州 HANGZHOU

南京 NANJING

天津 TIANJIN

重庆 CHONGQING

香港 HONGKONG

台北 TAIPEI

北

京

数据来源

1.《北京统计年鉴 2016》 http://www.bjstats.gov.cn/nj/main/2016-tjnj/zk/indexch.htm；《北京统计年鉴 2015》http://www.bjstats.gov.cn/nj/main/2015-tjnj/zk/indexch.htm

2. 北京市 2015 年暨“十二五”时期国民经济和社会发展统计公报 http://zhengwu.beijing.gov.cn/tjxx/tjgb/t1424552.htm

3. 北京市文化局官网 http://www.bjwh.gov.cn/；北京市文化局，2015 年度部门决算 http://zfxxgk.beijing.gov.cn/columns/80/5/729869.html；北京市 2015 年文化发展概况 http://www.bjwh.gov.cn/bjwh/zwgk0/bmdt/tjsj/307511/index.html；2015 年北京市体育工作总结 http://www.bjsports.gov.cn/bjsports/zfxxgk_/gzzj/1304777/index.html；2015 年北京旅游业概况 http://www.bjta.gov.cn/xxgk/tjxx/382067.htm

4.《2016 年中国文化及相关产业统计年鉴》，中国统计出版社，2016 年出版

5.《中国文化文物统计年鉴 2015》，中华人民共和国文化部编，国家图书馆出版社2015年出版

B1 二级指标
文化投入(公共投入+民间投入)

三级指标

来源

C1/2.《北京统计年鉴 2016》 C3. 北京市 2015 年预算执行情况和 2016 年预算草案的报告 http://www.mof.gov.cn/zhuantihuigu/2016hb/201602/t20160218_1760485.html C4. 北京文化发展基金会 C5.《2015 年中国文化及相关产业统计年鉴》

备注

C1. 6-4 地方财政支出—文化体育与传媒: 1884 976(万元) C2. 6-4 地方财政支出—文化体育与传媒: 1884 976(万元)/一般公共预算支出: 57 377 011(万元) C3. 公共文化体育事业发展资金70.2亿元 C5. 4-3-15 文化类社会组织情况 P198, 基金会数: 48

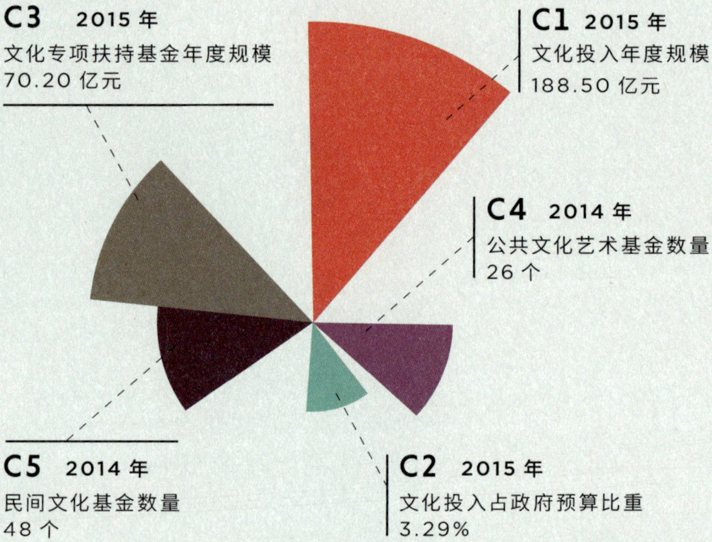

B2 二级指标
文化产出(文化产值+文化贸易+文化就业)

三级指标

来源

C6/7. 北京市 2015 年暨“十二五”时期国民经济和社会发展统计公报 http://www.bjstats.gov.cn/tjsj/tjgb/ndgb/201603/t20160329_346055.htmll C8.《北京统计年鉴 2016》 C9.《2016 年中国文化及相关产业统计年鉴》

备注

C6/7. 全年文化创意产业实现增加值 3 072.3亿元, 比上年增长 8.7%; 占地区生产总值的比重为 13.4% C8. 22-2 北京地区服务贸易情况(2015), 文化和娱乐服务 出口额: 2.72 亿美元 C9. 文化、体育和娱乐业(万人), 北京: 18.3, 计算: 18.3/777.3

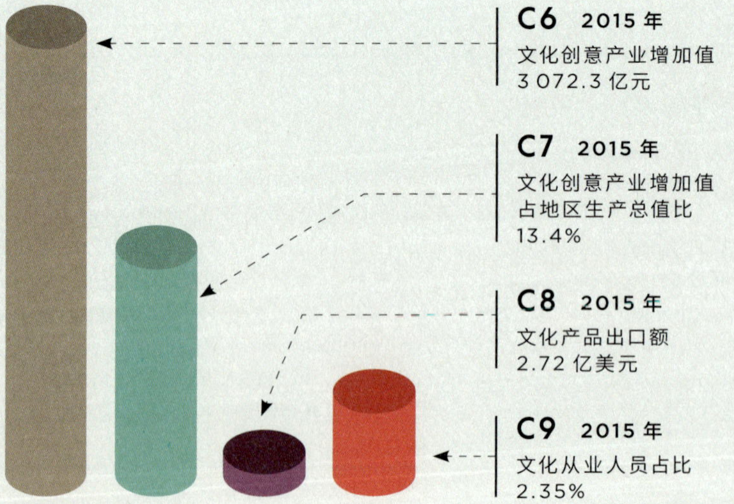

B3 二级指标 文化产品与服务

三级指标

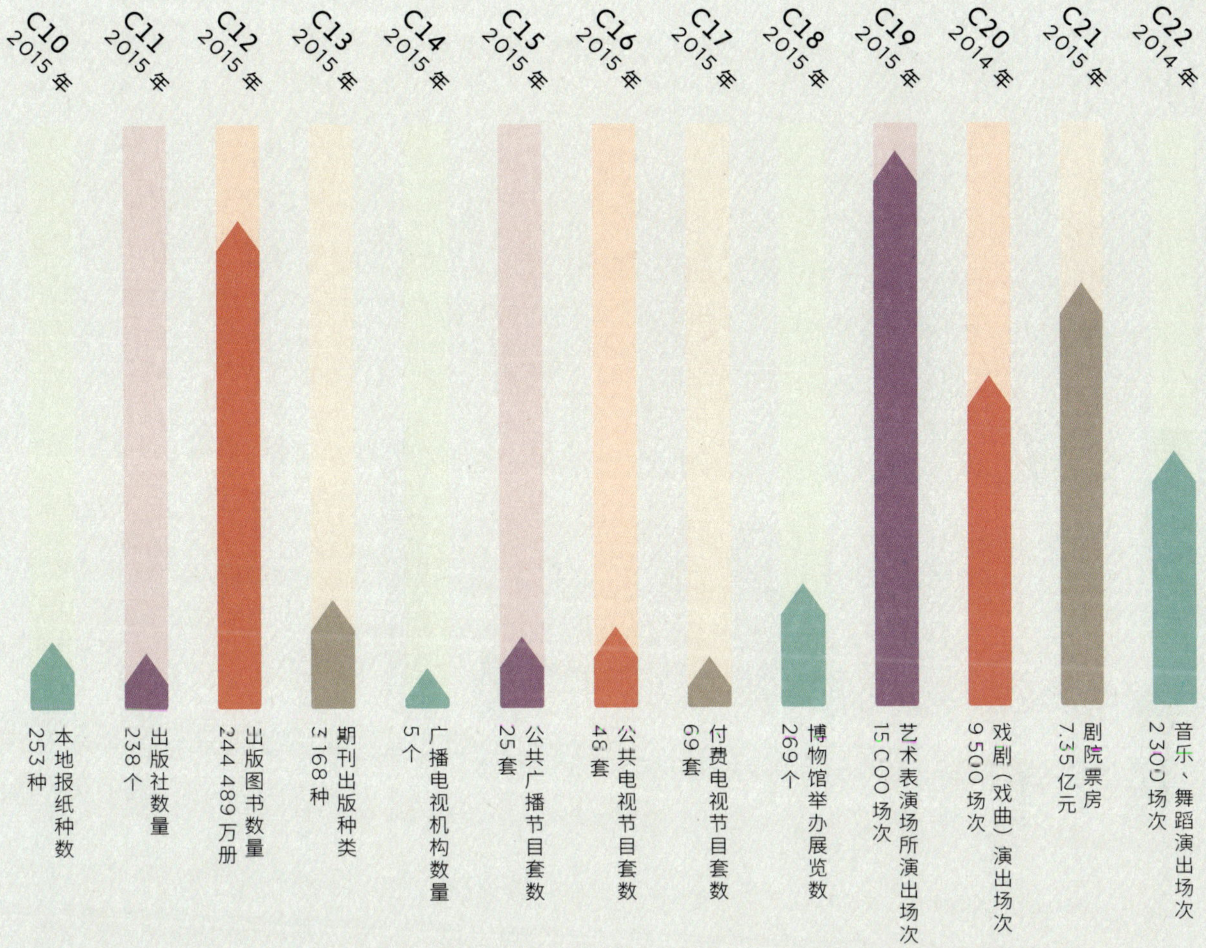

来源

C10/11/12/13.《2016年中国文化及相关产业统计年鉴》 C14.《北京统计年鉴2016》 C15/16.《2016年中国文化及相关产业统计年鉴》 C17. 2015年北京市广播影视事业产业发展统计报告 http://www.bjrt.gov.cn/zwgk/xytj/201611/t20161101_84280.html C18/19.《2016年中国文化及相关产业统计年鉴》 C20.《2015中国文化文物统计年鉴》 C21.《2016文化及相关产业统计年鉴》 C22.《2015中国文化文物统计年鉴》

备注

C10. 4-1-1出版物基本情况P120，报纸 种数（种），北京：35 C11. 4-1-3全国出版机构及人员情况P122，图书出版社 机构数（个），北京：19 C12. 4-1-1出版物基本情况P119，图书 总印数（万册、万张），中央：222 043，北京：22 446 C13. 4-1-1出版物基本情况P119，期刊 种数（种），北京：172 C14. 18-28电视台情况18-29，广播电台情况，电视台：中央1座、地方1座，电台：中央2座、地方1座 C15. 4-2-6分地区广播节目播出情况P141，公共广播节目套数（套），北京：25 C16. 4-2-7分地区电视节目播出情况P143，公共电视节目套数（套），北京：26 C17. 表1 2015年广播电视播出机构及节目开办情况；二、开办广播电视节目情况，付费电视频道（套）：11 C18. 4-3-2分地区博物馆基本情况P164，基本陈列、展览（个）北京：269 C19. P181：4-3-10：分地区艺术表演场馆基本情况：1.5万 C20. 四、艺术业2014年各地艺术表演团体分剧种国内演出场次P223，包括话剧、儿童剧、滑稽剧类；京剧、昆曲类；地方戏曲类和曲艺类 C21. P182 4-3-10分地区艺术表演场馆基本情况（2015年）续表1-收入合计-#演出收入 C22. 四、艺术业2014年各地艺术表演团体分剧种国内演出场次（P223），艺术表演团体分剧种国内演出场次（歌舞、音乐类）

B3 二级指标 文化产品与服务

三级指标

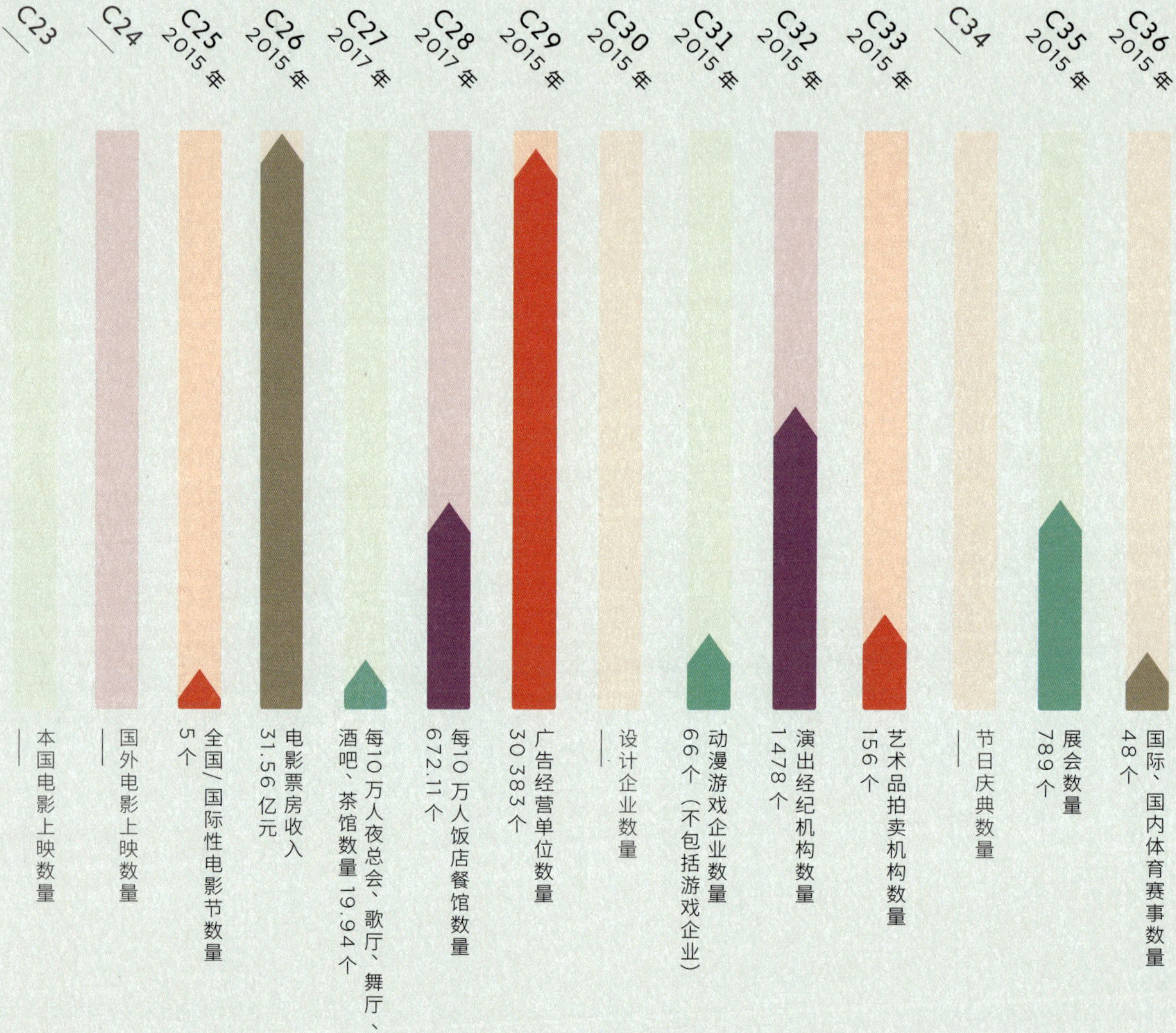

来源

C25. 网络搜索—百度百科 C26.《北京统计年鉴2016》 C27/28. 大众点评网 C29/31.《2016年中国文化及相关产业统计年鉴》 C32. 北京市2015年文化发展概况 http://www.bjwh.gov.cn/bjwh/zwgk0/bmdt/tjsj/307511/index.html C33.《北京统计年鉴2016》 C35.《北京统计年鉴2016》 C36.2015年北京市体育工作总结 http://www.bjsports.gov.cn/bjsports/zfxxgk_/gzzj/1304777/index.html

备注

C25. 北京大学生电影节、北京国际电影节、新人电影节、北京独立电影展、中国电影华表奖 C26.18-25 电影、电视、广播电台情况 (1978-2015 年) 电影—票房收入 (亿元)：31.56 C27. KTV+ 酒吧 + 茶馆 / 常住人口 C28. 美食频道 C29.4-5-2 分地区广告经营单位 P208, 2015 北京 (个)：30 383 C31. 4-4-6 分地区动漫企业基本情况 P205, 企业数 (个), 北京: 66 C32.2015年全市纳入备案的文化市场经营单位分别为: 演出经纪机构1 478家,比上年下降了6% C33.18-21 博物馆及其他文物保护管理机构情况 (2015 年), 全市按行业管理登记的博物馆文物拍卖机构数 (个):156 C35.22-9 会展业活动情况, 展览情况 接待展览个数 (个): 789 C36. 国际体育赛事 25 项、国家体育总局体育赛事 23 项、市级竞技系列赛事 27 项、群体系列赛事 385 项

B4 二级指标
文化生活消费（文化消费支出 + 文化产品消费 + 文化服务消费）

三级指标

C37 **2015 年**
居民人均文化娱乐消费支出
2 926.3 元

C38 **2015 年**
居民文化娱乐消费支出占总支比重
7.99%

C39 **2015 年**
平均每一演出场次的观众人次
117.93

C40 **2015 年**
艺术表演场所演出观众人次
176.9 万

C41 **2015 年**
电影院入场人次
71.64 百万

C42 **2015 年**
人均电影院入场次数
3.30

C43 **2015 年**
全市接待游客人次
2.73 亿

C44 **2015 年**
每百人（户）移动电话普及率
186.7 部/ 百人（户）

来源

C37.《2016 年中国文化及相关产业统计年鉴》C38.《北京统计年鉴 2016》 C39/40.《2016 年中国文化及相关产业统计年鉴》 C41. 凤凰娱乐：http://ent.ifeng.com/a/20160104/42555990_0.shtml C42. 计算 C43/44.《北京统计年鉴 2016》

备注

C37. 2-3-2 分地区城镇居民人均文化娱乐消费支出 P46，2015 北京（元）：2 926.3 C38.8-1 全市居民家庭生活基本情况（2015 年），城镇居民家庭生活基本情况 人均消费支出（元）：36642，2 926.3/36 642=0.0799 C39/40. P181：4-3-10：分地区艺术表演场馆基本情况（续表 1）：176.9万 C41. 全国百强城市情况北京市 人次(万)：7164.15 C42. 7 164.15 万人次 / 常住人口 2 170.5 万人 C43.16-3 来京旅游者人数，合计（万人次）：27 279.0 C44. 1-9 主要年份国民经济和社会发展总量与速度指标，邮电 移动电话普及率（户 / 百人）：186.7

B5 二级指标
文化参与（文化场馆参与 + 文化活动参与）

三级指标

C45 2015 年 公立博物馆年参观人次 3 600.00 万

C46 2015 年 博物馆参观人数占人口百分比 165.90%

C47 —— 2 个最受欢迎的美术馆年参观人次

C48 2015 年 公共图书馆书刊文献外借册次 940.4 万

C49 2015 年 人均公共图书馆书刊文献外借册次 0.43

C50 2015 年 文化馆含群艺馆年接待人次 752.00 万

C51 —— 社区文化活动中心年接待人次 ——

C52 2014 年 2 个最受欢迎的展览/展会的年参加人次 105.80 万

C53 2015 年 2 个最受欢迎的节庆的年参加人次 1 052.00 万（北京庙会）

来源

C45/46.《北京统计年鉴 2016》 **C48.**《2016 年中国文化及相关产业统计年鉴》 **C49.** 计算 **C50.** 北京市 2015 年文化发展概况 http://www.bjwh.gov.cn/bjwh/zwgk0/bmdt/tjsj/307511/index.html **C52.** 2014 北京国际车展：http://news.xinhuanet.com/fortune/2014-04/29/c_110473438.htm?prolongation=1; 北京国际金融博览会：http://news.ifeng.com/a/20141102/42360609_0.shtml **C53.** 北京庙会北京国际旅游节 7 天 ,1 052 万人次，2015 年，北京电视台，十一黄金周重合 9.30~10.6

备注

C45. 18-21 博物馆及其他文物保护管理机构情况（2015 年），全市按行业管理登记的博物馆 参观人次（万人次）：3 600.00 **C46.** 计算：3 600 万 /2 170.5 万 **C48.** 4-3-6 分地区公共图书馆基本情况 P173，书刊文献外借册次（万册次）北京：940.4 **C49.** 外借册次 940.4 万册 / 常住人口数 2 170.5 万人 **C50.** 其中组织文艺活动 27 175 次，参加人次 582 万人，举办训练班 37 433 次，培训 170 万人次，举办展览 1 992 个 **C52.** “85.2 万人次参观 2014 北京国际车展 人数创历届新高”，“金博会四天创 20.6 万参观人次 互联网金融成亮点”

B6 二级指标
文化资源（自然与历史资源 + 文化人才资源 + 文化组织资源）

三级指标

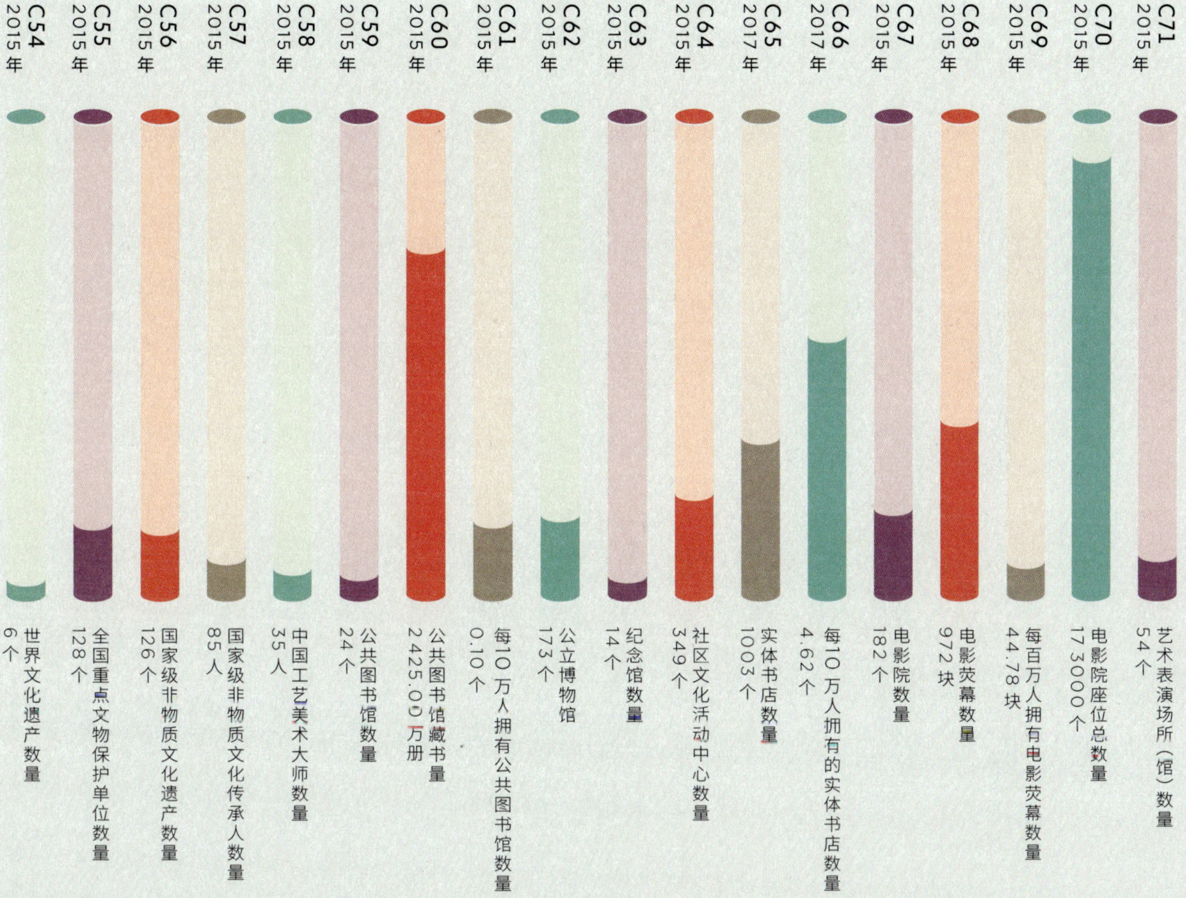

来源

C54. 网易新闻：中国50个世界遗产全名单 http://news.163.com/16/0717/20/BS7129HH00014SEH.html C55. 北京市文物局网站 http://www.bjww.gov.cn/wbsj/bjwbdwSearch.htm C56/57. 北京市2015年文化发展概况 http://www.bjwh.gov.cn/bjwh/zwgk0/bmdt/tjsj/307511/index.html C58. 北京工艺美术协会 http://www.bjgm.org/gyds/zggymsds/index.shtml C59/60/61.《北京统计年鉴2016》 C62. 北京市2015年暨"十二五"时期国民经济和社会发展统计公报 C63. 北京市文物局网站 http://www.bjww.gov.cn/wbsj/bwgznSearch.htm C64.《北京统计年鉴2016》 C65/66. 大众点评网 C67/C70. 北京市2015年暨"十二五"时期国民经济和社会发展统计公报 C68/69. 凤凰娱乐：http://ent.ifeng.com/a/20160104/42555990_0.shtml C71.《2016年中国文化及相关产业统计年鉴》

备注

C54. 周口店北京人遗址、长城、故宫、天坛、颐和园、明十三陵 C55. 文博数据查询 C56/57. 近年来，北京市非遗保护工作取得了丰硕的成果。经普查，全市共有各类非遗资源12 000余项，其中，入选联合国教科文组织"人类非物质文化遗产代表作名录"项目10项，国家级非物质文化遗产代表性项目126项、国家级非物质文化遗产项目代表性传承人85人 C59. 18-22 公共图书馆（2015年），个数（个）：24，去掉了中央级 C60. 18-22 公共图书馆（2015年），总藏数（万册、万件）市属：771、区县属：1654 C62. 18-22 公共图书馆（2015年），个数（个）：24/常住人口数2 170.5万人 C62. 博物馆173个，其中免费开放80个 C63. 查询：关键字"纪念馆" C64. 18-23 群众艺术馆、文化馆和文化站情况，个数（个）群众艺术馆：1、文化馆：19、文化站：329 C65. 购物频道-书店 C66. 计算1 003/217.05 C69. 计算：电影荧幕数972块/常住人口人数21.705百万=44.7823 C71. 4-3-9 分地区艺术表演场馆基本情况 P181，机构数（个），北京：54

B6 二级指标
文化资源（自然与历史资源 + 文化人才资源 + 文化组织资源）

三级指标

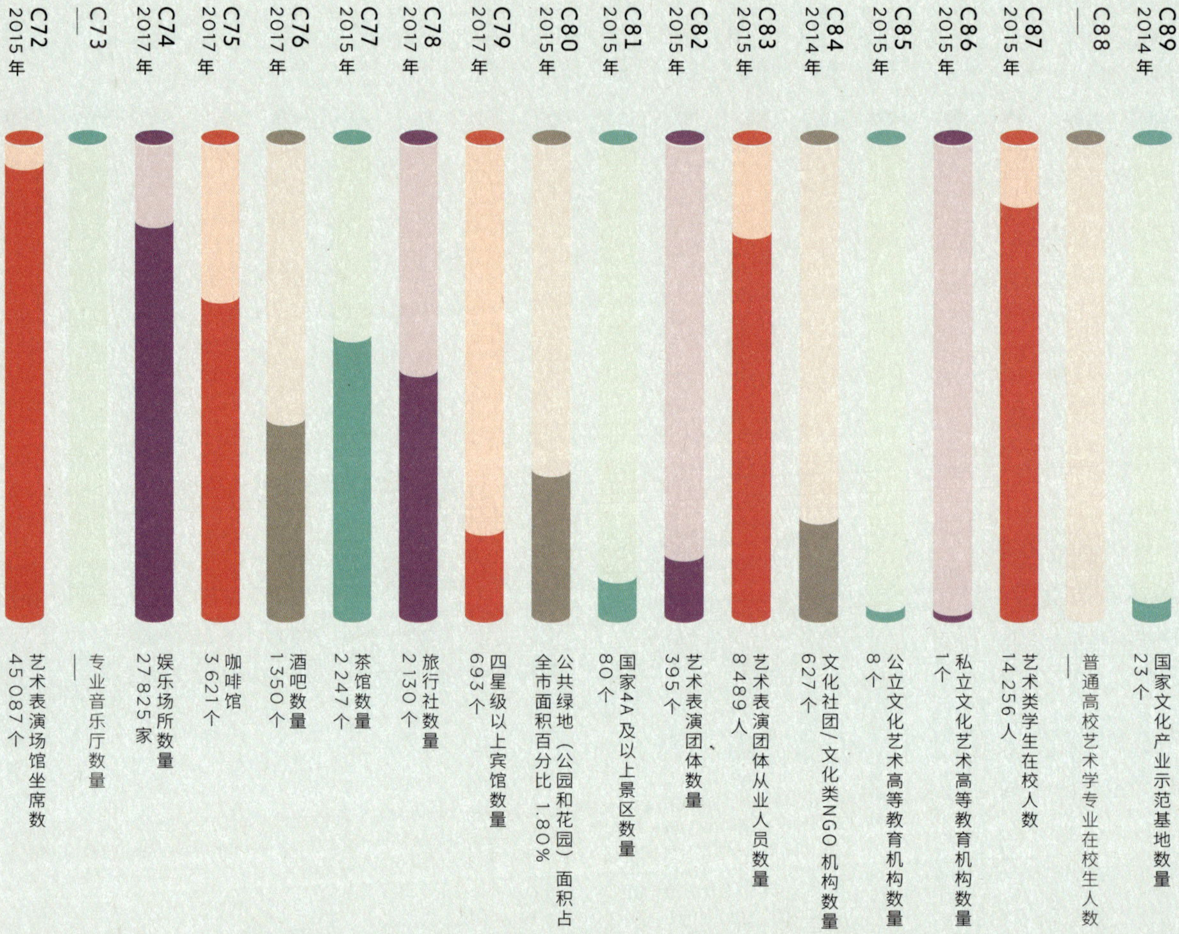

来源

C71/72.《2016 年中国文化及相关产业统计年鉴》 **C74/75/76/77.** 大众点评网 **C78.** 北京市旅游发展委员会 - 北京市旅行社业务管理系统 http://58.30.24.151/lxs_ml_index.aspx **C79.** 大众点评网 **C80.**《北京统计年鉴 2016》 **C81.** 2014 年北京旅游业概况 http://www.bjta.gov.cn/xxgk/tjxx/lstjxx/2015/382209.htm **C82/83/84.**《2016 年中国文化及相关产业统计年鉴》 **C85.**《北京统计年鉴 2016》 **C86.** 高考帮 http://www.gaokaopai.com/daxue-11-11-2-0-0-0-6.html **C87.**《北京统计年鉴 2016》 **C89.** 百度百科，baike.baidu.com/item/ 国家文化产业示范基地 #9

备注

C72. 4-3-9 分地区艺术表演场馆基本情况 P181，坐席数（个），北京：45 087 **C74.** 休闲娱乐频道 **C75.** 休闲娱乐频道 - 咖啡馆 **C76.** 休闲娱乐频道 - 酒吧 **C77.** 休闲娱乐频道 - 茶馆 **C79.** 酒店频道 - 五星级、四星级 **C80.** 4-25 园林绿化及森林情况(1978-2015 年)，年末公园绿地面积（公顷）2015：29 503/ 北京市土地面积 1 641 000 公顷 **C81.** 截止到 2014 年底，北京共有评 A 的旅游景区（点）227 个，其中 5A 级 8 个、4A 级 72 个、3A 级 95 个、2A 级 44 个、1A 级 8 个 **C82.** 4-3-8 分地区艺术表演团体基本情况 P177，机构数（个），北京：395 **C83.** 4-3-8 分地区艺术表演团体基本情况 P177，从业人员（人），北京：8 489 **C84.** 4-3-15 文化类社会组织情况 P198，机构数（个），社团：346 基金会 48 民办非企业：233 **C85.** 18-5 普通高等学校本专科基本情况，艺术院校校数（所）：8 **C86.** 首都师范大学科德学院 **C87.** 18-5 普通高等学校本专科基本情况，艺术院校 在校学生数：14 256 **C89.** 第一批 - 第五批

B7 二级指标

文化环境（文化经济环境 + 文化社会环境）

三级指标

C90 2015年 居民人均可支配收入 52 859.00元

C91 2015年 网站数量 514 532个

C92 2015年 互联网用户规模 1647.00万人

C93 2015年 互联网普及率 76.50%

C94 2014年 手机网民规模 2635.1万户

C95 2015年 大专及以上学历占比 35.70%

C96 2015年 高等专科以上学校数量 90个

C97 2015年 在校大学生数量 87.73万人

来源

C90.《北京统计年鉴 2016》 **C91.** 中国互联网络信息中心《第 37 次中国互联网络发展状况统计报告》 http://cnnic.cn/gywm/xwzx/rdxw/2015/201601/W020160122639198410766.pdf **C92.**《北京统计年鉴 2016》 **C93.** 中国互联网络信息中心《第37 次中国互联网络发展状况统计报告》http://cnnic.cn/gywm/xwzx/rdxw/2015/201601/W020160122639198410766.pdf **C94.** 腾讯新闻—北京晨报 http://news.qq.com/a/20150310/003885.htm **C95/96/97/98.**《北京统计年鉴 2016》

备注

C90. 8-1 城镇居民家庭生活基本情况，城镇居民家庭生活基本情况 人均可支配收入：52859 **C91.** P85 附表 7 分省网站数 **C92.** 13-6 邮电业务主要指标，邮电业务 互联网上网人数（万人）：1647 **C93.** P40 表 7 2015 年中国内地分省网民规模及互联网普及率 **C94.** 去年北京手机上网用户达 2635.1 万户，比上年增长 13.9% **C95.** 3-7 常住人口受教育程度，（大学专科：60 295+ 大学本科：83 897+ 研究生：20 659）/6 岁及以上人口：462 380 **C96.** 18-3 各类学校基本情况，高等教育 普通高等学校（所）：90 **C97.** 18-3 续表，在校学生数—高等教育 研究生：283 881+ 普通本专科：593 448=877 329

B8 二级指标

文化多样性（文化包容性 + 国际化程度）

三级指标

C98 2015 年
非户籍人口占比 38.0%

C99 2010 年
国外常住人口数量 约20万

C100 2010 年
国外常住人口占城市人口比重 约1.00%

C101 2015 年
国际留学生数量 39 017 人

C102 2015 年
国际游客年度数量（不含港澳台的游客）357.60 万人次

C103 2015 年
国际游客占城市人口比重 16.48%

C104 2015 年
举办国际性会议数量 95 个

C105 2015 年
跨国公司地区总部的数量 155 个

来源

C98.《北京统计年鉴 2016》 **C99/100.** 中国新闻网 http://news.china.com/zh_cn/domestic/945/20101009/16177409.html **C101.**《北京统计年鉴 2016》 **C102/103.**《北京市 2015 年暨“十二五”时期国民经济和社会发展统计公报》 **C104.** 杭州日报http://zjnews.zjol.com.cn/system/2016/05/18/021154861.shtml **C105.** 凤凰财经网：http://finance.ifeng.com/a/20160519/14399336_0.shtml

备注

C98. 3-9 户籍人口，计算：非户人口：2170.5—户籍人口 1345.2=825.3（万人），常住人口 2170.5 万 **C99/100.** 在北京外国人数量或已达 20 万人 超过市人口总数 1% **C101.** 18-7 高等教育外国留学生情况（2015 年），在校学生数：39 017 **C102.** 全年接待入境旅游者420 万人次，比上年下降 1.8%。全年接待入境旅游者 420 万人次，比上年下降 1.8%。其中，外国人357.6 万人次，下降 2.2%；港、澳、台同胞 62.4 万人次，增长 0.7% **C103.** 计算方法：357.6 万，常住人口 2170.5 万 **C104.** 国际大会及会议协会（ICCA）发布的 2015 年度全球会议目的地城市排行榜 **C105.** “十二五”期间，在京累计认定的跨国公司地区总部企业数量 74 家，累计达到 155 家

上

海

数据来源

1.《上海统计年鉴 2016》 http://www.stats-sh.gov.cn/data/toTjnj.xhtml?y=2016
2. 上海市 2015 年国民经济和社会发展统计公报 http://www.stats-sh.gov.cn/sjfb/201602/287258.html
3. 上海市 2014 年文化文物事业统计资料 http://wgj.sh.gov.cn/node2/n2029/n2034/n2123/n2131/u1ai123582.html
4.《上海文化统计概览 2016》，上海市统计局、中共上海市委宣传部 2016 年出版
5.《2016 年中国文化及相关产业统计年鉴》，中国统计出版社，2016 年版
6.《中国文化文物统计年鉴 2015》，中华人民共和国文化部编，国家图书馆出版社 2015 年出版

B1 二级指标
文化投入(公共投入+民间投入)

三级指标

来源

C1. 国家统计局·统计查询 http://data.stats.gov.cn/easyquery.htm?cn=E0103&zb=A0802&reg=310000&sj=2015　C2.《上海统计年鉴 2016》　C3. 上海市文创办　C4. 上海市社团管理　C5.《2015 年中国文化及相关产业统计年鉴》

备注

C1. "地方财政支出"项：文化体育与传媒支出（亿元）：108.22　C2. 文化投入 108.22 亿 / 表 5.4 主要年份一般公共预算支出 一般公共预算支出(亿元) 6 191.56　C3. 促进文化创意产业发展财政扶持资金　C5.4-3-15 文化类社会组织情况 P198，基金会数：19

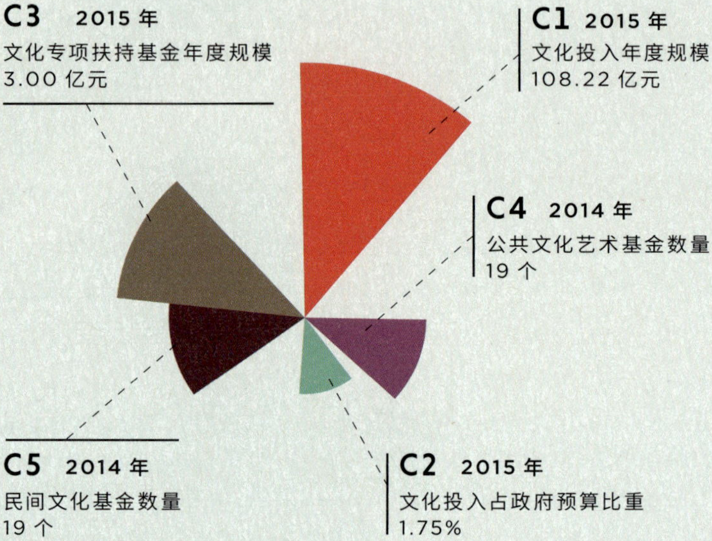

B2 二级指标
文化产出（文化产值 + 文化贸易 + 文化就业）

三级指标

来源

C6. 上海统计局 http://www.shanghai.gov.cn/nw2/nw2314/nw2315/nw18454/u21aw1161855.html　C7.《上海统计年鉴 2016》　C8.《2016 上海文化统计概览》　C9.《2016 年中国文化及相关产业统计年鉴》

备注

C6. "经国家统计局审定，2015 年上海市文化及相关产业增加值为 1632.68 亿元"　C7. 表 4.1 上海生产总值，1632.68 亿 /25 123.45 亿　C8.P8 文化核心产品和服务进出口情况，出口额（亿美元）：45.3　C9.1-12 按行业城镇单位就业人员数 P11，合计（万人）上海：637.2，文化、体育和娱乐业（万人）上海：5.6，计算：5.6/637.2

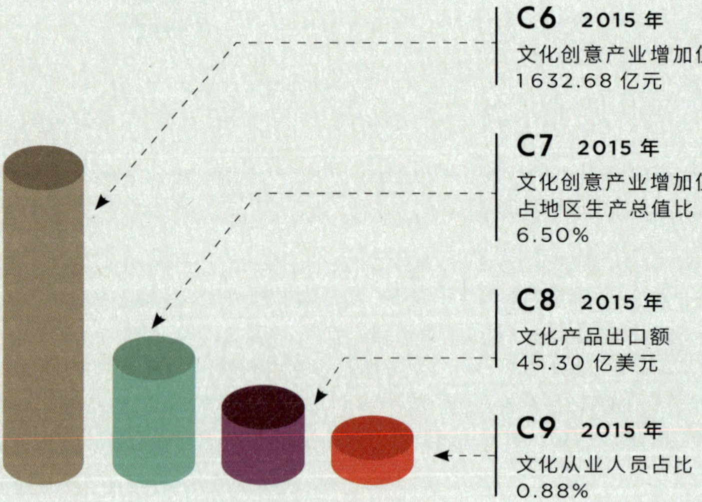

B3 二级指标 文化产品与服务

三级指标

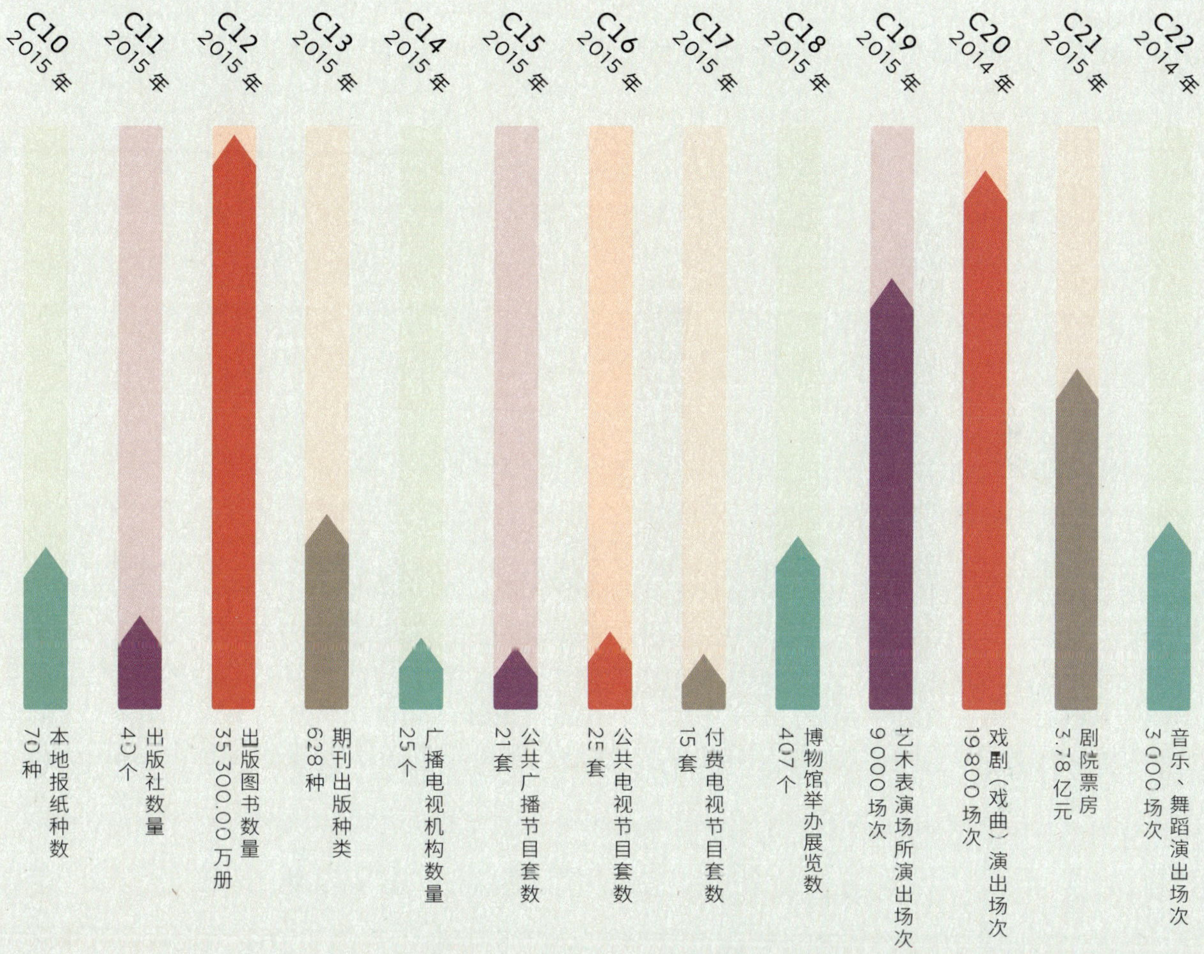

来源

C10.《2016年中国文化及相关产业统计年鉴》 C11/12/13.《2016上海文化统计概览》 C14.《上海统计年鉴2016》 C15/16/17/18.《2016上海文化统计概览》C19.《2016年中国文化及相关产业统计年鉴》 C20.《2015中国文化文物统计年鉴》 C21.《2016文化及相关产业统计年鉴》 C22.《2015中国文化文物统计年鉴》

备注

C10. 4-1-1出版物基本情况 P120，报纸 种数(种)上海：70 C11.P13主要新闻出版机构，图书出版(个)：40 C12.P14 图书出版情况，总印数(亿册)：3.53 C13.P16 期刊出版种类，总计(种)：628 C14. 表22.9主要年份广播电台、电视台情况说明“广播电台 中、短波发射台3座，电视台 发射台22座” C15. P23 广播电台情况，公共广播节目套数(套)：21 C16.P24电视台情况，公共电视节目套数(套)：25 C17.P24 电视台情况，付费电视节目套数(套)：15 C18.P44博物馆、纪念馆情况，举办展览(个)：407；P45 美术馆情况，举办展览(个)：500 C19.P181：4-3-10：分地区艺术表演场馆基本情况：万 C20. 四、艺术业-2014年各地艺术表演团体分剧种国内演出场次 P223，包括话剧、儿童剧、滑稽剧类；京剧、昆曲类；地方戏曲类和曲艺类 C21.P182 4-3-10 分地区艺术表演场馆基本情况（2015年）续表1-收入合计-#演出收入 C22. 四、艺术业-2014年各地艺术表演团体分剧种国内演出场次 P223，艺术表演团体分剧种国内演出场次（歌舞、音乐类）

B3 二级指标 文化产品与服务

三级指标

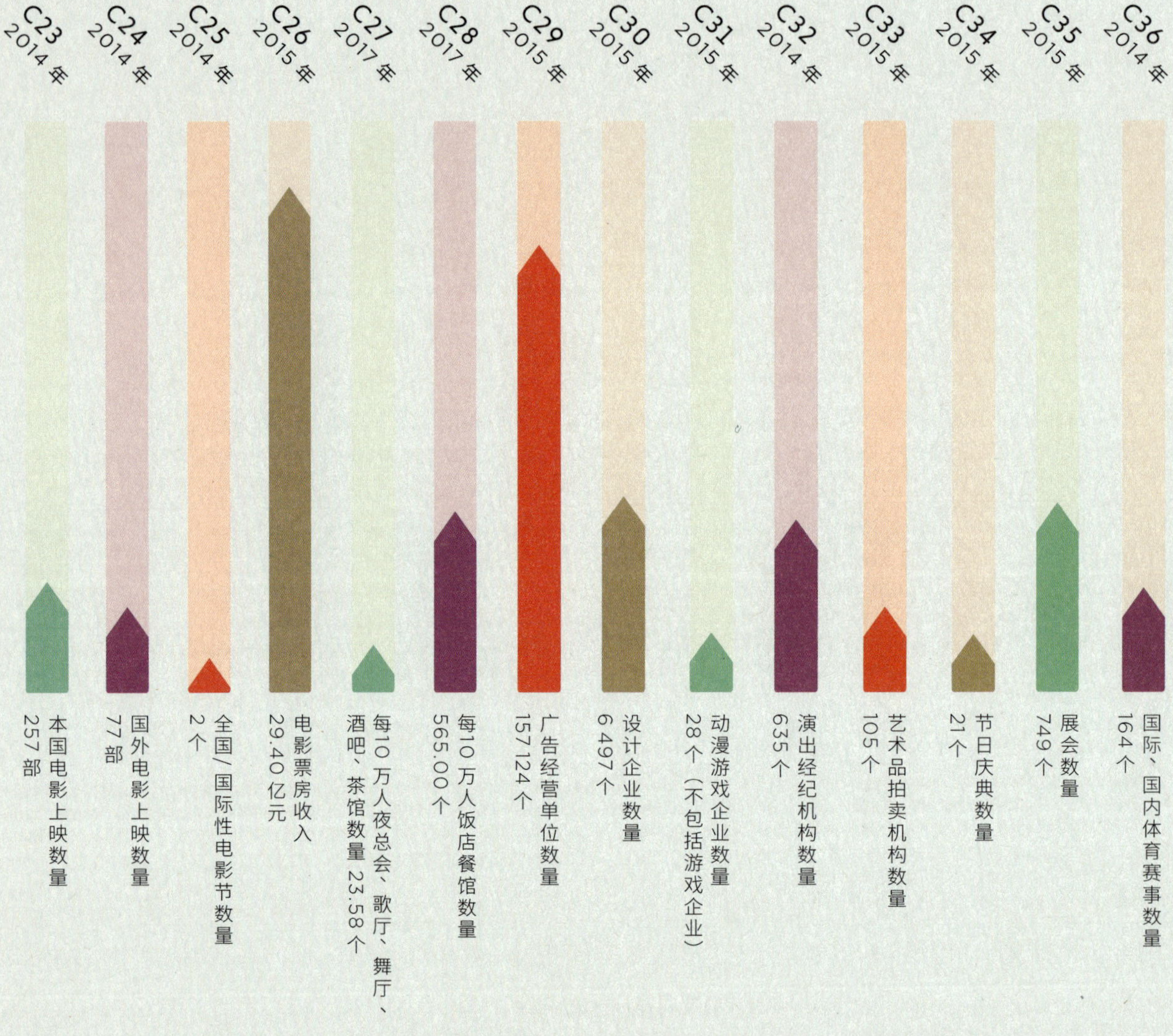

来源

C23/24. 上海市文化广播影视管理局　C25.《2015上海文物文化统计资料》　C26.《2016上海文化统计概览》　C27/28. 大众点评网　C29.《2016上海文化统计概览》　C30. 上海企业信用网 http://sh.qiyexinyong.org/　C31.《2016年中国文化及相关产业统计年鉴》　C32. 上海市文化广播影视管理局　C33. 大众点评网　C34.《2015上海文物文化统计资料》　C35.《2016上海文化统计概览》　C36.2015年上海市国民经济和社会发展统计公报

备注

C25.P271，2014年上海市重大文化活动一览表，上海国际电影节，上海电视节　C26.P28 电影放映和摄制基本情况，电影票房（万元）：293 967.66　C27.KTV+酒吧+茶馆/常住人口　C28.美食频道　C29.P77 广告业基本情况，机构数（个）：157 124　C31.4-4-6 分地区动漫企业基本情况 P205，企业数（个）上海：28　C33. 具体包括香港金球国际艺术品拍卖有限公司；涵古轩艺术品拍卖；香港盛世国际艺术品拍卖；澳门金沙国际拍卖有限公司；天星艺术拍卖；涵古轩艺术品拍卖……等105个　C34. P266-P273　2014年上海市重大文化活动一览表，包括晚会类、节日类、庆典类　C35.P79 国际及国内会展项目情况，国际（个）：259，国内（个）：490　C36. 年内成功举办国际滑联花样滑冰锦标赛、F1中国大奖赛、上海国际马拉松赛等71项国际性体育赛事和全国跳水锦标赛、全国艺术体操冠军赛、中国足球超级联赛等93项全国性体育赛事

B4 二级指标

文化生活消费（文化消费支出 + 文化产品消费 + 文化服务消费）

三级指标

C37 2015 年
居民人均文化娱乐消费支出
2 593.2 元

C38 2015 年
居民文化娱乐消费支出占总支比重
7.02%

C39 2015 年
平均每一演出场次的观众人次
291.11

C40 2015 年
艺术表演场所演出观众人次
262 万

C41 2015 年
电影院入场人次
6 802 万

C42 2015 年
人均电影院入场次数
2.82

C43 2015 年
全市接待游客人次
2.84 亿

C44 2015 年
每百人（户）移动电话普及率
217 部/ 百人（户）

来源

C37/C39/C40.《2016 年中国文化及相关产业统计年鉴》 C38.《上海统计年鉴 2016》C41. 凤凰娱乐新闻 http://ent.Ifeng.com/a/20160104/42555090_0.shtml C42.计算 C43.《上海统计年鉴 2016》

备注

C37. 2-3-2 分地区城镇居民人均文化娱乐消费支出 P46，2015 上海（元）：2 593.2 C38.2 593.2 元 / 表 10.7 全市居民消费支出(2015)，消费支出 城镇：36 946 C39/40.P181：4-3-10：分地区艺术表演场馆基本情况(续表 1)：262.0 万 C40.P28 电影放映和摄制基本情况，观众人次（万人次）：6 810 C41. 全国百强城市情况，2 上海市，人次（万）：6 802 C42. 6 802万人次 / 常住人口 24 15 万人 C43.表 8.18 主要年份国内旅游者来沪人数和人均消费支出，表 8.20 主要年份国际旅游入境人数，国内旅游者来沪人数（万人次）：27 569+ 国际旅游入境人数（万人次）：800.16=28 369.16（万人次） C44.表 10.10 每百户居民家庭年末耐用消费品拥有量，每百户家庭拥有 217 部

B5 二级指标
文化参与（文化场馆参与 + 文化活动参与）

三级指标

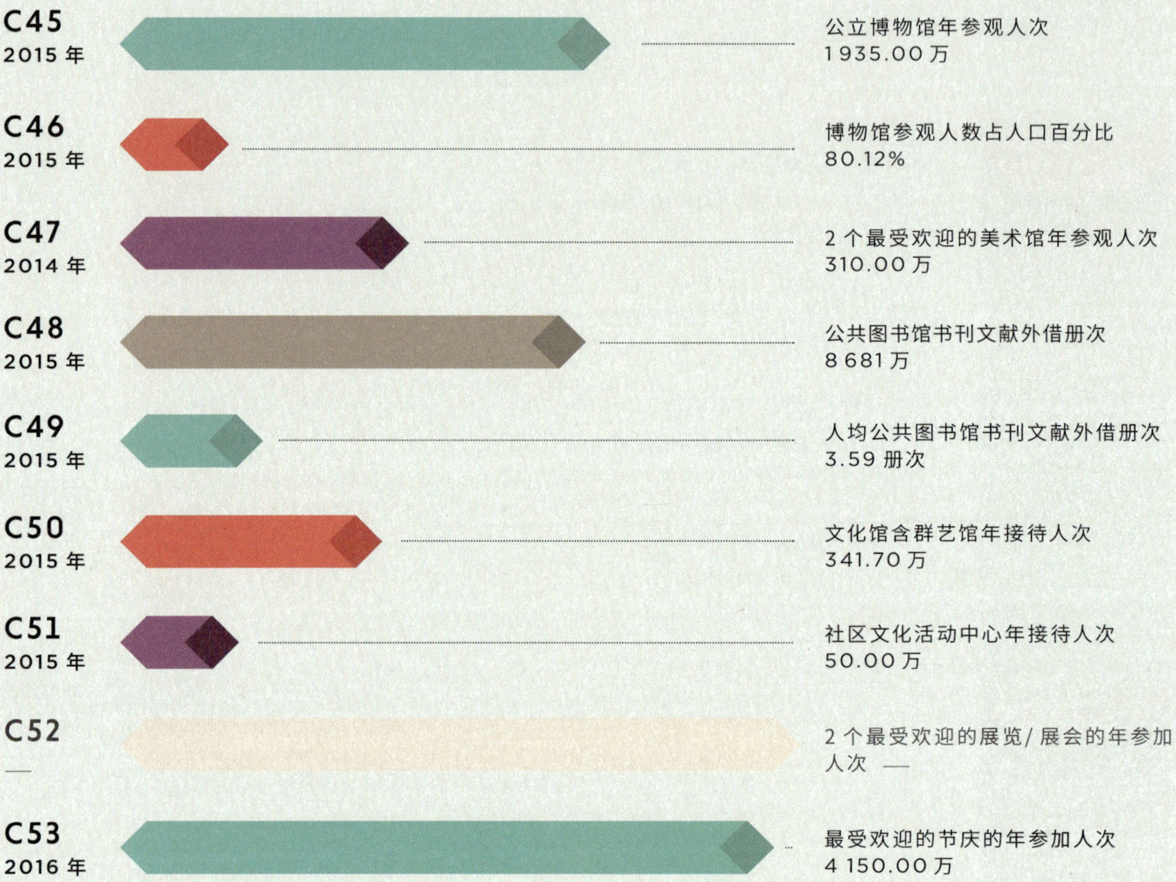

来源

C45.《2016 上海文化统计概览》 C46. 根据上文计算得出 C47《2015 上海文物文化统计资料》 C48/49.《上海统计年鉴 2016》 C50.《2016 上海文化统计概览》 C51. 劳动报 - 沪已建成 226 个标准化社区文化活动中心 http://www.labour-daily.cn/ldb/node41/node2151/20160205/n51389/n51400/u1ai265395.html C53. 凤凰网 - 2016 上海旅游节今天闭幕，27 天揽客 1150 万人次 http://news.ifeng.com/a/20161006/50065063_0.shtml; 国家文化部 -2016 年上海市民文化节圆满落幕 http://www.mcprc.gov.cn/whzx/qgwhxxlb/shanghai/201702/t20170203_490634.html

备注

C45. P44 博物馆、纪念馆情况，参观人次（万人次）:1935 C46.1935 万人次参观数量 /2 415 万上海常住人口 C47.P250-P253 2014 年上海市美术展览活动一览表，中华艺术馆 参观人次：2 700 000 上海当代艺术博物馆 参观人次：400 000 C48. 表 22.15 公共图书馆情况，书刊文献外借情况 册数(万册次)：8 681.37 C49. 计算：外借册次 8 681 万册 / 常住人口 2 415 万 C50.P59 群众艺术馆、文化馆(站)展览和组织活动情况，举办业余文艺培训班结业人次(万人次):341.7 C51. 每年来文化中心活动的总人次，可以达到 50 余万之多 C53.10月6日，为期 27 天的 2016 上海旅游节落下帷幕，本届旅游节吸引市民游客约 1150 万人次。以“文化引领市民素养”为主题的 2016 年上海市民文化节，继续深化“政府主导、社会支持、各方参与、群众得益”的办节机制，全年 6 万余项活动惠及公众达 3 000 万人次。”计算：1150 万人次 +3 000 万人次 =4 150 万人次

B6 二级指标
文化资源（自然与历史资源＋文化人才资源＋文化组织资源）

三级指标

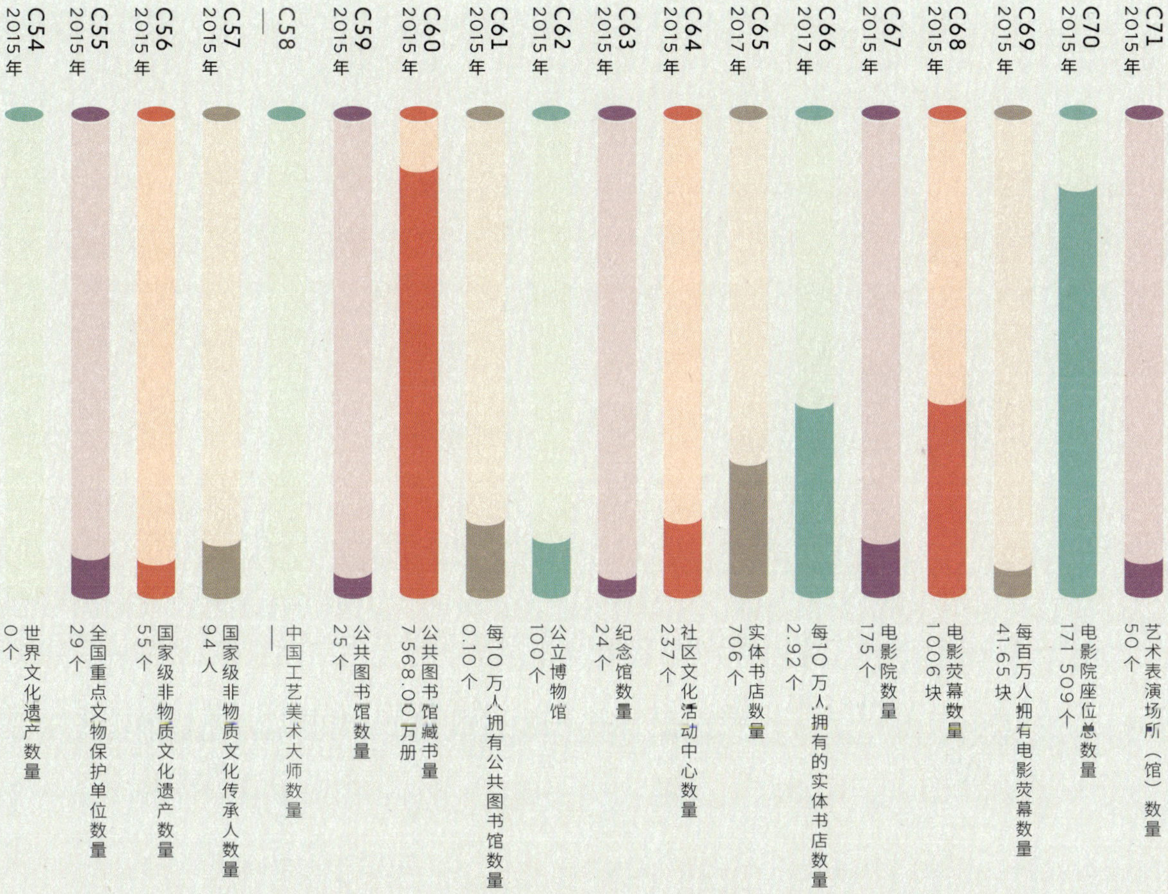

来源

C54. 网易新闻：中国50个世界遗产全名单 http://news.163.com/16/0717/20/BS7129HH00014SEH.html C55/56/57/59/60/61.《2016上海文化统计概览》 C62. 上海2015年国民经济和社会发展公报 C63.《2016上海文化统计概览》 C64.《上海统计年鉴2016》 C65/66. 大众点评网 C67.《上海统计年鉴2016》 C68/69. 凤凰娱乐：http://ent.ifeng.com/a/20160104/42555990_0.shtml C70. 上海市文化广播影视管理局 http://wgj.sh.gov.cn/node2/n2029/n2030/n2037/u1ai124935.html C71.《2016年中国文化及相关产业统计年鉴》

备注

C55. P43 历史文物保护基本情况(2015)，全国重点保护，总计:29 C56.P43 非物质文化遗产保护情况，国家级非物质文化遗产数(个):55 C57. P43 非物质文化遗产保护情况，国家级非物质文化遗产项目代表性传承(人):94 C59. P49 市级和区级公共图书馆基本情况 机构数(个):25 C60.P49 市级和区级公共图书馆基本情况，总藏量(万册、件): 7 568 C61. 计算：25个公共图书馆 /241.5(十万)人口计算所得 C62. 至年末，全市有……博物馆100个 C63. P44博物馆、纪念馆情况，机构数(个): 124，因博物馆100个，故纪念馆24个 C64. 表22.5群众艺术馆和文化馆(站)情况(2015)，合计: 237(群众艺术馆: 1，文化馆: 24，文化站: 212) C65. 购物频道—书店 C66.706/241.568 C67. 表22.13 主要年份电影发行放映情况，电影放映机构(个)，电影院: 175 C69. 计算：荧幕数1006/ 常住人口24.1527百万=41.65 C71.4-3-9 分地区艺术表演场馆基本情况 P181，机构数(个)上海:50

B6 二级指标
文化资源（自然与历史资源 + 文化人才资源 + 文化组织资源）

三级指标

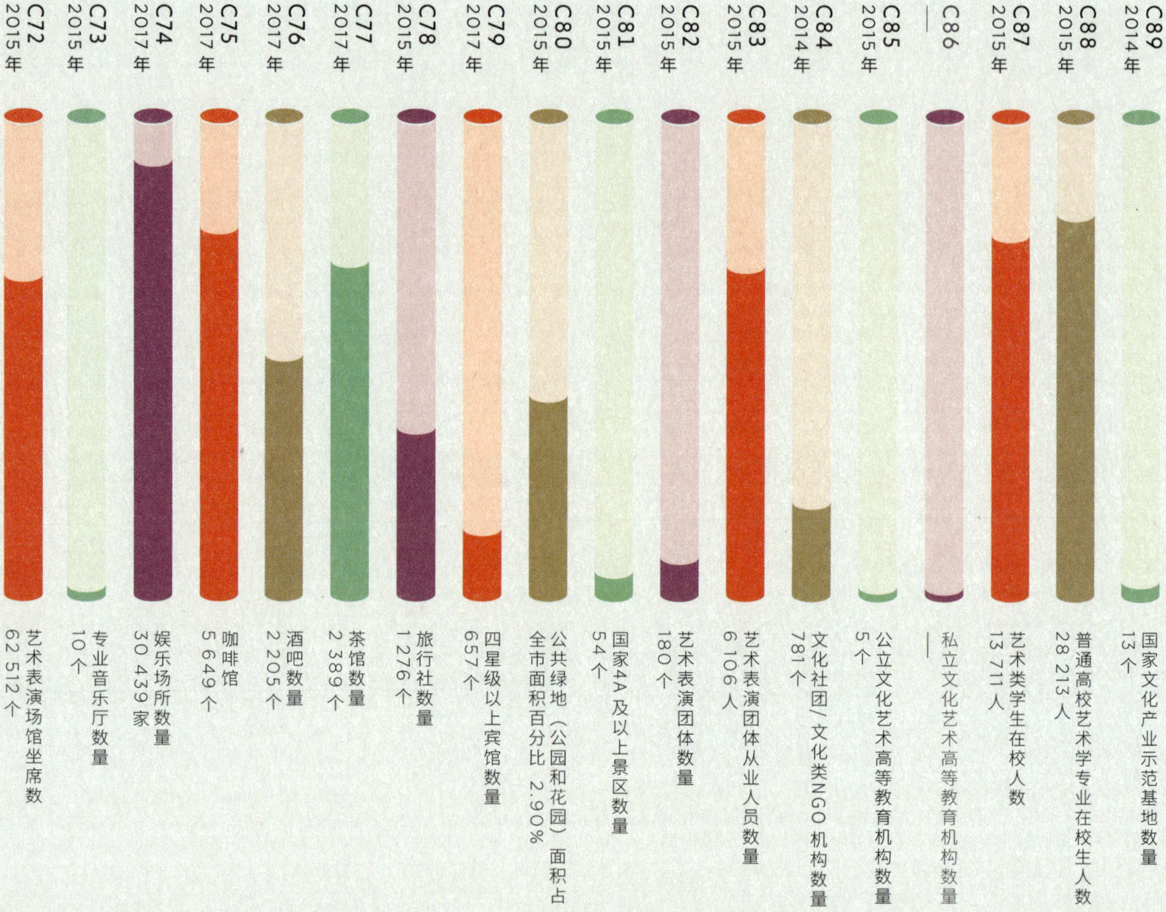

来源

C72.《2016年中国文化及相关产业统计年鉴》 C73.上海市文化广播影视管理局 C74/75/76/77.大众点评网 C78.2015年上海市国民经济和社会发展统计公报 C79.大众点评网 C80/81.《上海统计年鉴2016》 C82/83/84.《2016年中国文化及相关产业统计年鉴》 C85/87/88.《上海统计年鉴2016》 C89.百度百科 baike.baidu.com/item/国家文化产业示范基地 #9

备注

C72.4-3-9分地区艺术表演场馆基本情况P181，坐席数(个)，上海：62 512 C74.休闲娱乐频道 C75.休闲娱乐频道-咖啡馆 C76.休闲娱乐频道-酒吧 C77.休闲娱乐频道-茶馆 C78.至年末，全市已有星级宾馆247家，旅行社1 276家，A级旅游景区(点)98个，红色旅游基地34个 C79.酒店频道-五星级、四星级 C80.表11.16主要年份城市绿地情况，公园绿地18 395公顷/全市面积634 050公顷 C81.表8.17主要年份旅游景点基本情况，A级旅游景点数(家)，#5A级景点：3、#4A级景点：51 C82.4-3-8分地区艺术表演团体基本情况P177，机构数(个)，上海：180 C83.4-3-8分地区艺术表演团体基本情况P177，从业人员(人)，上海：6 106 C84.4-3-15文化类社会组织情况P198，机构数(个)，社团：312 基金会：19 民办非企业：450 C85.表20.9普通高等学校基本情况，学校 艺术院校(所)：5 C87.表20.9普通高等学校基本情况 C88.表20.11普通高等学校本科分科学生数，在校学生人数 艺术学：28 213 C89.第一批—第五批

一级指标 A3 文化生态

B7 二级指标 文化环境（文化经济环境 + 文化社会环境）

三级指标

来源

C90.《上海统计年鉴 2016》 **C91.** 中国互联网络信息中心《第 37 次中国互联网络发展状况统计报告》 http://cnnic.cn/gywm/xwzx/rdxw/2015/201601/W020160122639198410766.pdf **C92/93/94.**《上海统计年鉴 2016》 **C95.** 上海市 2010 年第六次全国人口普查 http://www.shanghai.gov.cn/nw2/nw2314/nw2319/nw12344/u26aw25463.html **C96/97.**《上海统计年鉴 2016》

备注

C90. 表 10.5 全市居民可支配收入及构成(2015)，可支配收入（元 / 人)，城镇：52 962 **C91.** P85 附表 7 分省网站数 **C92.** 表 15.6 主要年份电信业务主要指标，互联网网民数（万人)：1 773 **C93.** 表 15.6 主要年份电信业务主要指标，互联网普及率(%)：73.1 **C94.** 表 15.6 主要年份电信业务主要指标，移动互联网用户(万户)：2 569.3 **C95.** 大学(指大专以上）文化程度的人口为 5 053 071 人 / 常住人口 23 019 148 人 **C96.** 表 20.9 普通高等学校基本情况，学校（所）总计：67 **C97.** 表 20.9 普通高等学校基本情况，在校学生人数（人)，总计：511 623

B8 二级指标 文化多样性（文化包容性 + 国际化程度）

三级指标

C98 2015 年
非户籍人口占比 40.3%

C99 2015 年
国外常住人口数量 178 335 人

C100 2015 年
国外常住人口占城市人口比重 0.74%

C101 2015 年
国际留学生数量 29 242 人

C102 2015 年
国际游客年度数量（不含港澳台的游客）614.64 万人次

C103 2015 年
国际游客占城市人口比重 25.45%

C104 2015 年
举办国际性会议数量 55 个

C105 2015 年
跨国公司地区总部的数量 535 个

来源

C98/99/100/101/102/103.《上海统计年鉴 2016》 **C104.** 杭州日报 http://zjnews.zjol.com.cn/system/2016/05/18/021154861.shtml **C105.** 腾讯网 - 澎湃新闻 http://sh.qq.com/a/20160101/019820.htm

备注

C98. 表 2.1 户数、人口、人口密度和户籍人口期望寿命(1978-2015)，非户人口：常住人口(万人)：2 415.27—年末户籍人口(万人)1 442.97=972.3(万人)，常住人口 2 415.27 万人 **C99.** 表 2.11 主要年份在沪外国常住人口，总计：178 335 **C100.** 计算：178 335 人，常住人口 2 415.27 万 **C101.** 表 20.7 主要年份外国留学生情况，外国留学生人数（人)：29 242 **C102.** 表 8.20 主要年份国际旅游入境人数，国际旅游入境人数(万人次) # 外国人：614.64 **C103.** 614.64 万人次，常住人口 2 415.27 万 **C104.** 国际大会及会议协会 (ICCA) 发布的 2015 年度全球会议目的地城市排行榜 **C105.** 上海去年新设跨国公司地区总部 45 家，累计达 535 家

广

GUANGZHOU

州

数据来源

1. 广州统计年鉴 2016 http://data.gzstats.gov.cn/gzStat1/chaxun/njsj.jsp；广州统计年鉴 2015 http://data.gzstats.gov.cn/gzStat1/chaxun/njsj.jsp
2. 2015 年广州市国民经济和社会发展统计公报 http://www.gz.gov.cn/gzgov/s2885/201604/3c68a80cfc6d42a295731042ab6e1f4f.shtml
3. 广州市文化广电新闻出版局官网 http://www.xwgd.gov.cn/

B1 二级指标 文化投入(公共投入+民间投入)

三级指标

来源

C1/2.《广州统计年鉴 2016》 C3.广州市文化广电新闻出版局 C4/5.广东省民间组织信息网

备注

C1.6-4 地方财政支出(文化体育与传媒)文化体育与传媒:27.41 亿 C2.6-4 地方财政支出(文化体育与传媒)27.41 亿一般预算公共支出 1 727.72 亿元

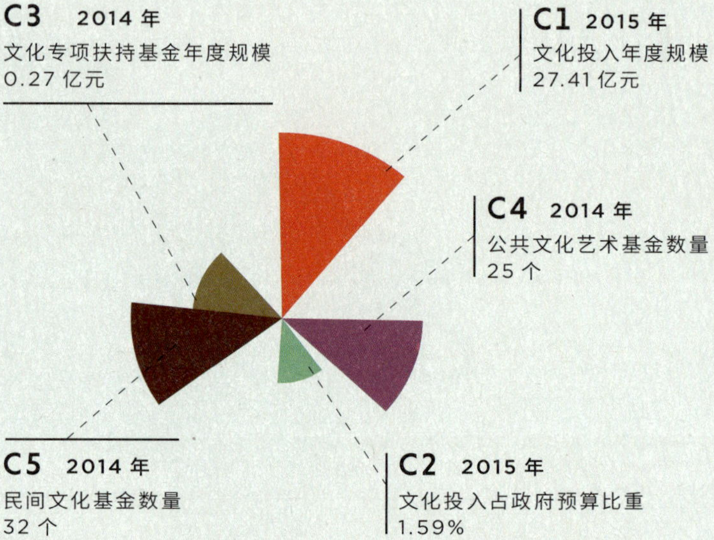

B2 二级指标 文化产出(文化产值+文化贸易+文化就业)

三级指标

来源

C6/7. 广州市社会科学院《广州文化创意产业发展报告(2016)》http://www.ce.cn/culture/gd/201609/12/t20160912_15821416.shtml

C9.《广州统计年鉴 2016》

备注

C6/7. 27.41 亿元 /1 727.72 亿元,2015 年,全市文化产业增加值规模进一步扩大到 933.00 亿元,占 GDP 比重提升到 5.15% C9.3-4 三次产业全社会从业人员及构成(2015 年末),文化、体育和娱乐业:66 271 人 / 总从业人员:8 109 881 人

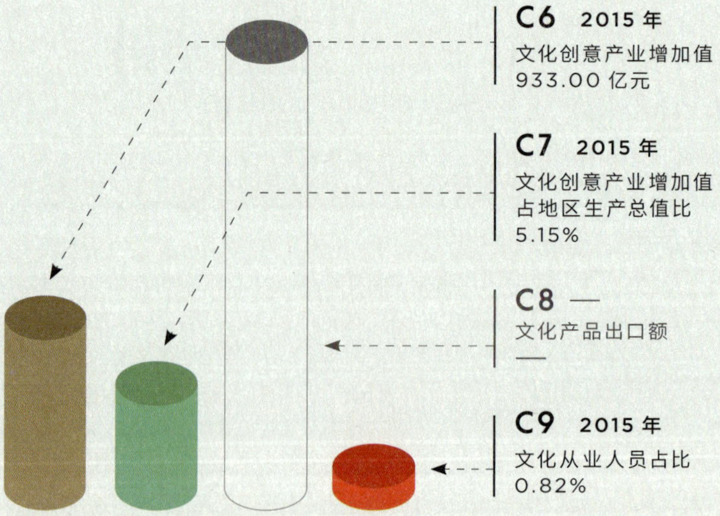

B3 二级指标 文化产品与服务

三级指标

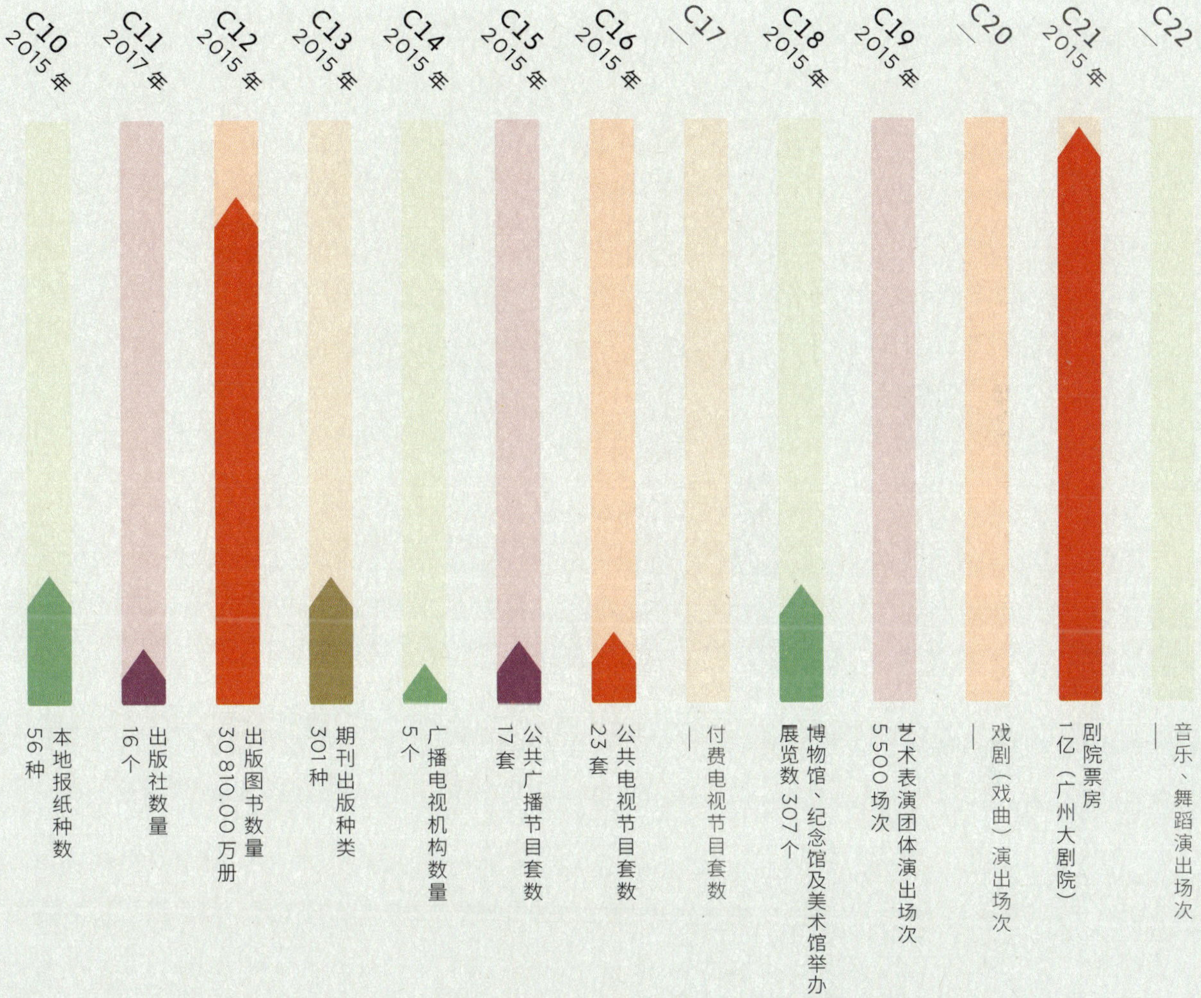

来源

C10.《广州统计年鉴2016》 C11. 国家新闻出版广电总局 http://www.sapprft.gov.cn/ C12/13/14/15/16/18/19.《广州统计年鉴2016》 C21. 搜狐新闻—羊城地铁 报 http://mt.sohu.com/20161229/n477243379.shtml

备注

C10.17-20文化主要指标续表，全年出版报纸：56种 C11. 便民查询 - 图书出版单位查询，地区关键词：广东，从中统计出所在地广州的图书出版单位16家 C12.17-20文化主要指标续表，全年出版图书（万册）：30 810.00 C13.17-20文化主要指标续表，全年出版杂志（种）：301 C14.17-20文化主要指标，广播电台2座、电视台3座 C15.17-20文化主要指标，广播节目套数：17套 C16.17-20文化主要指标，电视节目套数：23套 C18.17-20文化主要指标续表，博物馆、纪念馆及美术馆举办展览：307个 C19.17-20文化主要指标，艺术表演团体演出场次（万场）：0.55 C21. 2015年的演出市场，单单是广州大剧院总票房收入已经将近一亿，在国内没有多少剧院能做到这个成绩

B3 二级指标 文化产品与服务

三级指标

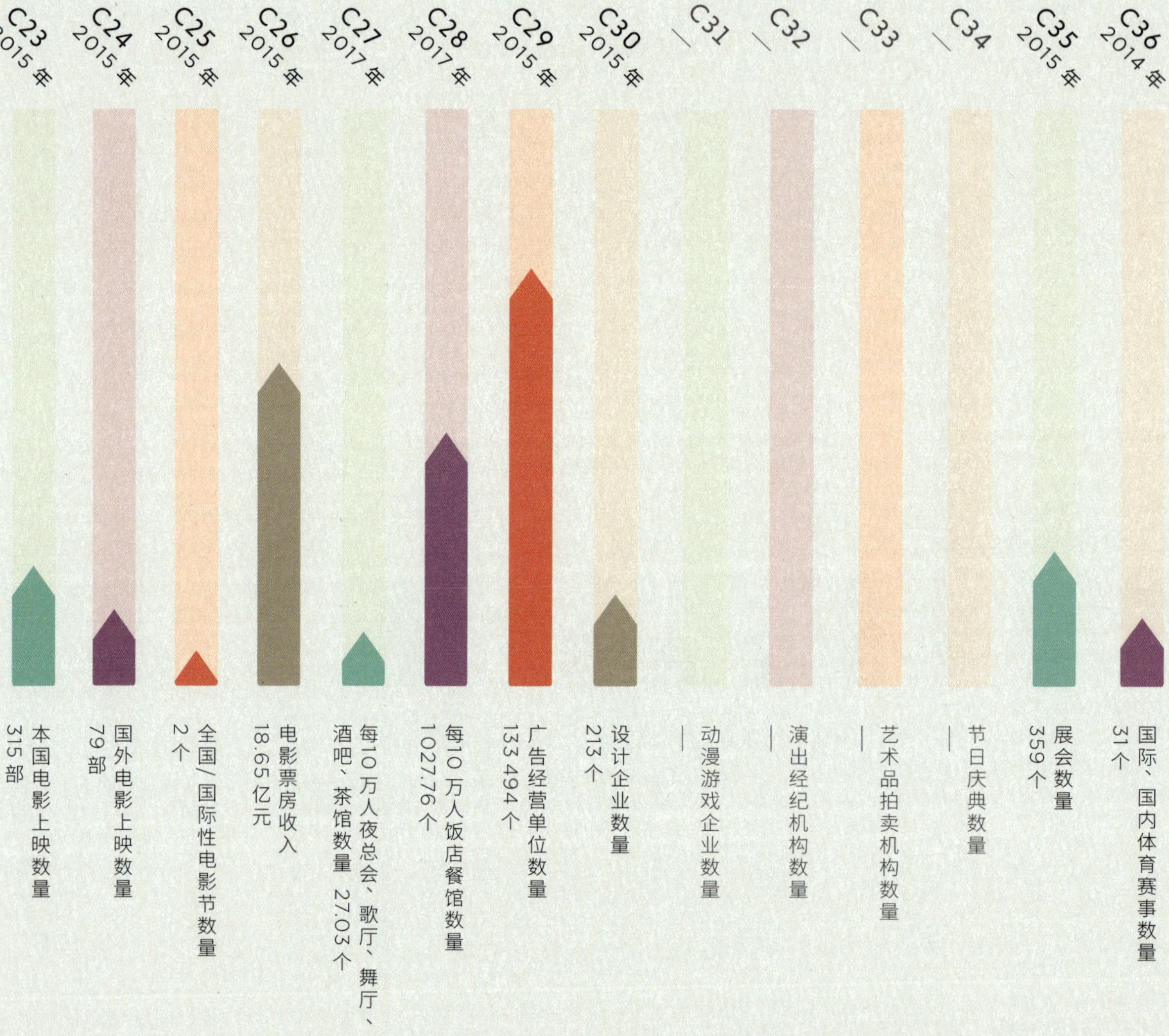

来源

C23/24.《广州统计年鉴 2016》 **C25.** 网易新闻 http://news.163.com/15/1209/03/BAC6QEIE00014Q4P.html; 新浪新闻 http://ent.sina.com.cn/zz/2015-11-30/doc-ifxmazpa0478694.shtml **C26.** 凤凰娱乐新闻 http://ent.ifeng.com/a/20160104/42555990_0.shtml **C27/28.** 大众点评网 **C29.** 广州年鉴 2016, http://www.guangzhou.gov.cn/node_450/node_724/2016nj/html/0533.htm **C30.** 广州企业信用网 http://gz.qiyexinyong.org/ **C35.** 中国会展网 http://www.china-show.net/exhibit/search.php?kw=%B9%E3%D6%DD&fields=6&fromdate=20150101&todate=20151231&catid=0&process=0&order=0&x=52&y=14 **C36.**《广州统计年鉴 2016》

备注

C23.17-20 文化主要指标，全年发行各种新片-国产与合拍：315部 **C24.** 17-20文化主要指标，年发行各种新片-进口片：79部 **C25.** 广州大学生电影节，广州纪录片节 **C26.** 全国百强城市情况，3 广州市 票房(万)：186 485.41 **C27.** KTV (649)+酒吧(1 423)+茶馆(1 578)，广州常住人口1 350.11十万人 **C28.** 餐厅138 759/广州常住人口1 350.11十万人 **C29.** 2015年，广州市有广告经营单位13 349个，比上年增长 92.57% **C35.** 搜索-城市-开始日期 **C36.**17-19 体育事业基本情况，举办国际、国内单项比赛次数：31次

B4 二级指标

文化生活消费（文化消费支出 + 文化产品消费 + 文化服务消费）

三级指标

C37 2015 年
居民人均文化娱乐消费支出
3 281.4 元

C38 2015 年
居民文化娱乐消费支出占总支比重
9.18%

C39 2015 年
平均每一演出场次的观众人次
761.82

C40 2015 年
艺术表演场所演出观众人次
419 万

C41 2015 年
电影院入场人次
4 610 万

C42 2015 年
人均电影院入场次数
3.41

C43 2015 年
全市接待游客人次
57.95 万（过夜旅游人数）

C44 2015 年
每百人（户）移动电话普及率
251 部/ 百人（户）

来源

C37/38/C39.《广州统计年鉴 2016》 **C40.**《广州统计年鉴 2016》 **C41/42.** 凤凰娱乐新闻 http://ent.ifeng.com/a/20160104/42555990_0.shtml **C43.**2015 年广州市国民经济和社会发展统计公报 **C44.**《广州统计年鉴 2016》

备注

C37. 8-6 城市居民人均全年消费支出，文化娱乐支出:3 281.4元 **C38.**8-6城市居民人均全年消费支出，文化娱乐支出:3 281.4元，总支出:35 752元 **C39.** 计算：419 万 /0.55 万 **C40.**17-20文化主要指标，艺术表演团体演出观众人次(万人次):419 **C41.** 全国百强城市情况；3 广州市人次(万):4 609.53 **C42.** 计算：4 609.53 万人次 / 常住人口 1 350.11 万人 **C43.** 全年城市接待过夜旅游人数 5 657.95万人次，比上年增长6.2% **C44.**8-2 城乡居民家庭平均每百户年末耐用消费品拥有量，移动电话(台)，城市居民(2015):251

B5 二级指标 文化参与（文化场馆参与 + 文化活动参与）

三级指标

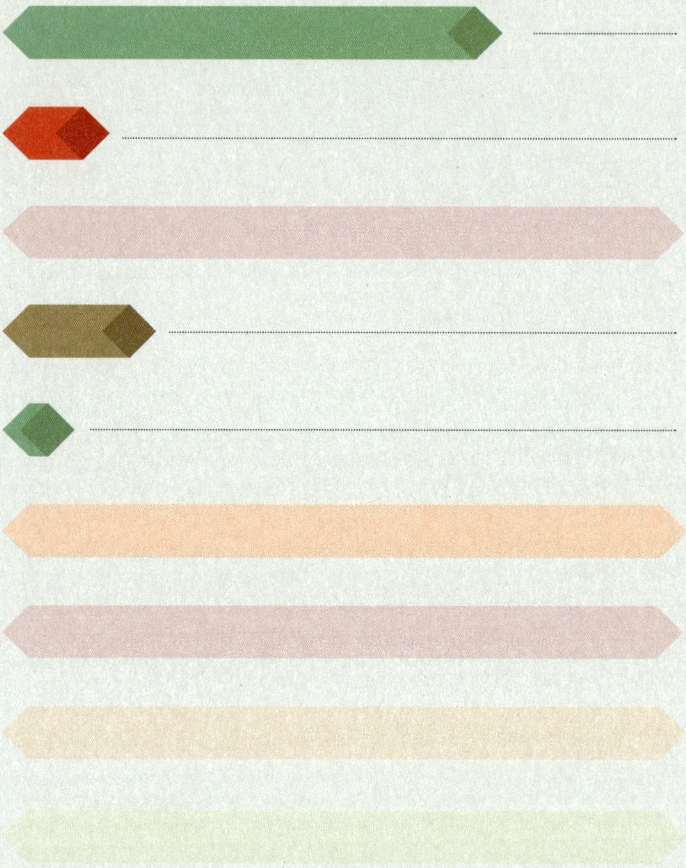

C45 2015 年 — 公立博物馆/纪念馆/美术馆年参观人次 1037.30 万人次

C46 2015 年 — 博物馆/纪念馆/美术馆参观人数占人口百分比 76.83%

C47 — — 2个最受欢迎的美术馆年参观人次 —

C48 2015 年 — 公共图书馆书刊文献外借册次 16.76 百万

C49 2015 年 — 人均公共图书馆书刊文献外借册次 1.24

C50 — — 文化馆含群艺馆年接待人次 —

C51 — — 社区文化活动中心年接待人次 —

C52 — — 2个最受欢迎的展览/展会的年参加人次 —

C53 — — 2个最受欢迎的节庆的年参加人次 —

来源

C45/46/48/49.《广州统计年鉴 2016》

备注

C45. 17-20 文化主要指标续表，博物馆、纪念馆及美术馆参观人次:1037.30 万人次　C46.17-20 文化主要指标续表，博物馆、纪念馆及美术馆参观人次:1037.30 万人次 / 广州常住人口 1350.11 万　C48.17-20 文化主要指标续表，书册外借册次: 16.76 百万册次　C49.17-20 文化主要指标续表，书册外借册次:16.76 百万册次 / 广州常住人口 1350.11 万人

B6 二级指标
文化资源（自然与历史资源 + 文化人才资源 + 文化组织资源）

三级指标

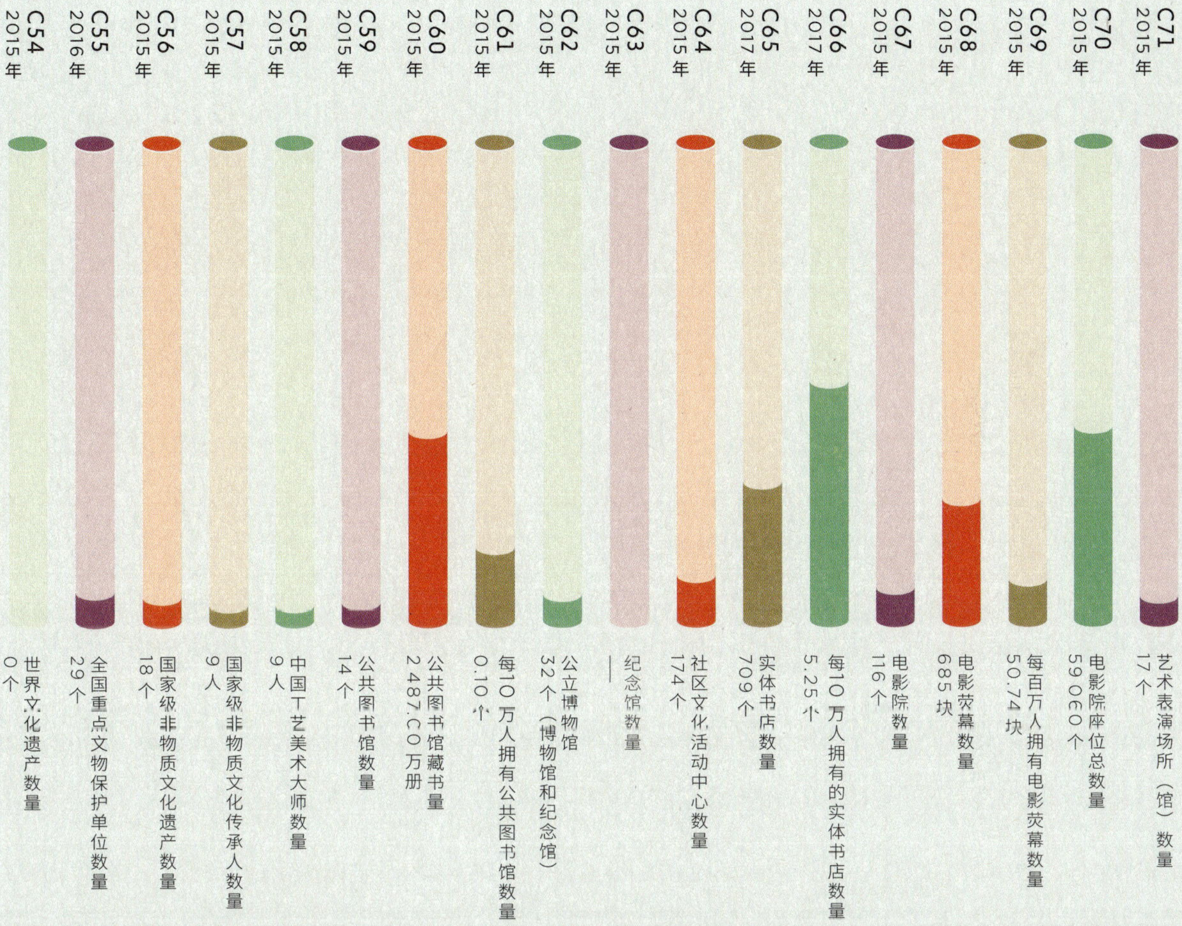

来源

C54. 网易新闻：中国50个世界遗产全名单 http://news.163.com/16/0717/20/BS7129HH00014SEH.html **C55.** 广东省文化厅公众服务网 http://www.gdwht.gov.cn/plus/view.php?aid=37114 **C56.** 广州市非物质文化遗产保护中心 http://www.ichgz.com/web/custom/mlxm?pageNo=1&id=62&keyword= **C57.** 中国非物质文化遗产网 http://www.ihchina.cn/5/5_1.html **C58.**《广东省工艺美术大师名单查询》http://jxj.zhaoqing.gov.cn/xxyd/ywzx/201507/t20150729_293708.html **C59/60/61/62/63/64.**《广州统计年鉴 2016》 **C65/66.** 大众点评网 **C67/68.** 凤凰娱乐：http://ent.ifeng.com/a/20160104/42555990_0.shtml **C69.** 凤凰娱乐：http://ent.ifeng.com/a/20160104/42555990_0.shtml **C70.**《广州统计年鉴 2016》 **C71.**《广州统计年鉴 2016》

备注

C54. 中国世界遗产项目名单(50个) **C55.** 广东省全国重点文物保护单位 **C56.** 名录项目 - 国家级 **C57.** 国家非物质文化遗产代表性项目代表性传承人 - 广州市 **C58.** 广东省的中国工艺美术大师中广州籍人士 **C59.** 17-20 文化主要指标续表公共图书馆：14个 **C60.** 17-20 文化主要指标续表馆藏量：2 487.00 万册 **C61.** 17-20 文化主要指标续表公共图书馆：14个，年末常住人口 1 350.11 万人 **C62/C63.** 17-20 文化主要指标续表博物馆及纪念馆：32个 **C64.** 17-20 文化主要指标续表，群艺馆、文化馆、文化站：174个 **C65.** 购物频道 - 书店 **C66.** 书店 709/ 广州常住人口 1 350.11 万人*10 **C69.** 计算：银幕数 685/ 常住人口 1 350.11万人=50.7366 **C70.** 17-20文化主要指标续表，电影院座位：59 060个 **C71.** 17-20 文化主要指标，艺术表演场馆：17个

B6 二级指标
文化资源（自然与历史资源 + 文化人才资源 + 文化组织资源）

三级指标

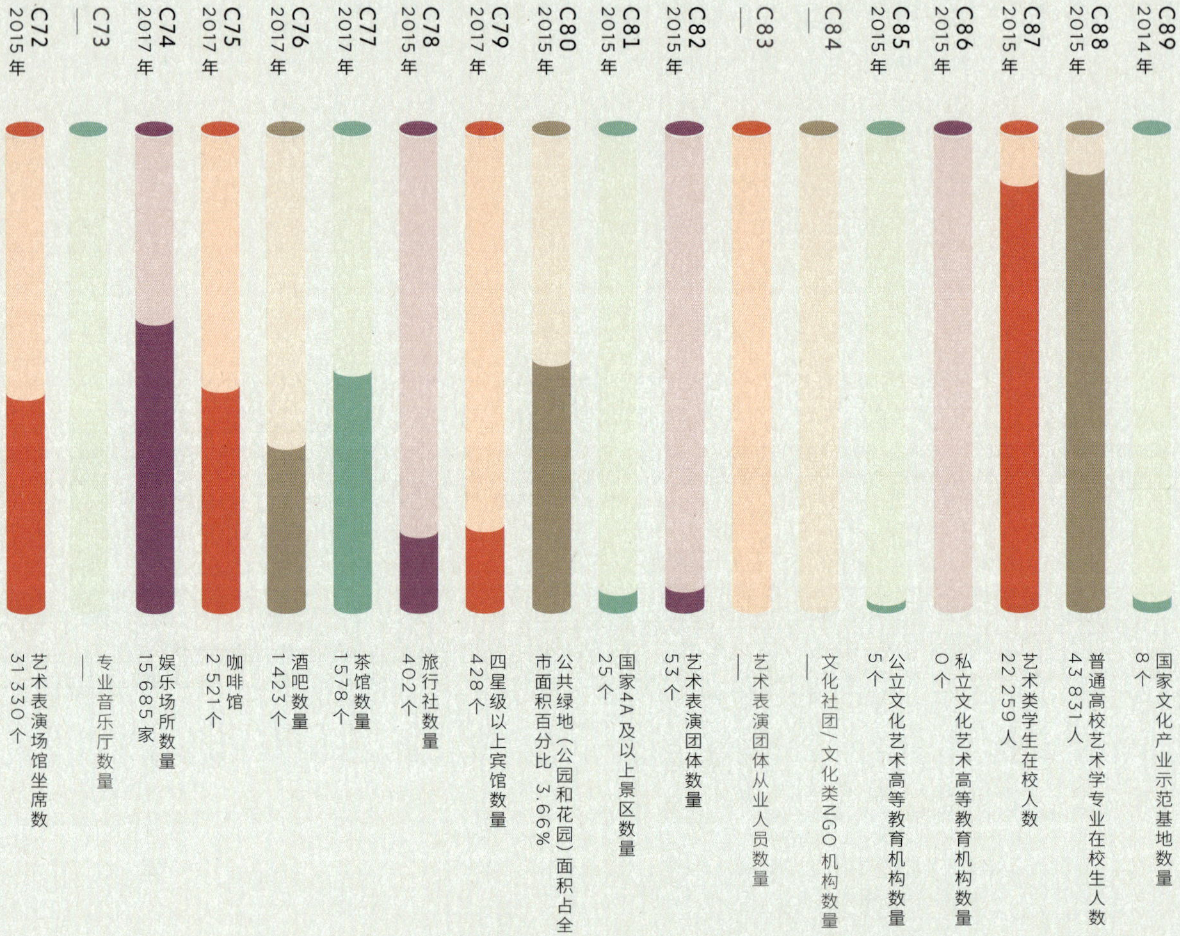

来源

C72.《广州统计年鉴 2016》 C74/75/76/77.大众点评网 C78.《广州统计年鉴 2016》 C79.大众点评网 C80.《广州统计年鉴 2016》 C81.广州旅游资讯网 -A 级景区名录 http://www.visitgz.com/contents/132/27569.html C82/85/86/87/88.《广州统计年鉴 2016》 C89.百度百科 baike.baidu.com/item/国家文化产业示范基地 #9

备注

C72. 17-20 文化主要指标，艺术表演场馆坐席数：31 330 个 C74. 休闲娱乐频道 C75. 咖啡馆 C76. 酒吧 C77. 茶馆 C78.15-28 旅行社基本情况，企业数：402 个 C79. 酒店频道 - 五星级、四星级 C80. 9-7 城市园林绿化，公园绿地面积 27 200 公顷，1-4 行政区域面积和人口密度（2015 年），行政区域面积（平方公里），全市：7 434.40，计算：27 200 公顷 /743 440 公顷 C82.17-20 文化主要指标，专业艺术表演团体：53 个 C85. 17-7 普通高等院校本专科基本情况，星海音乐学院、广州美术学院、广东文艺职业学院、广东舞蹈戏剧职业学院、广东省外语艺术职业学院 C86.17-7 普通高等院校本专科基本情况 C87. 17-7 普通高等院校本专科基本情况，星海 3 870+ 广州美院 5 391+ 广外艺术职业学院 7 270+ 广东文艺职业学院 4 394+ 广东舞蹈戏剧职业学院 1334 C88.17-5 普通高等院校各类专业本科学生数 艺术学在校学生：43 831 人 C89. 第一批—第五批

B7 二级指标

文化环境（文化经济环境 + 文化社会环境）

三级指标

C90 2015 年
居民人均可支配收入
46 735.00 元

C91 —
网站数量
—

C92 2015 年
互联网用户规模
539.26 万户

C93 2015 年
互联网普及率
78.40%

C94 2015 年
手机网民规模
2 027.38 万户

C95 2015 年
大专及以上学历占比
23.70%

C96 2015 年
高等专科以上学校数量
81 个

C97 2015 年
在校大学生数量
112.28 万人

来源

C90/92.《广州统计年鉴 2016》 **C92.** 凤凰网“广州网民平均每周上网 20 个钟 七成网民是‘剁手族’”http://gz.ifeng.com/zaobanche/detail_2015_08/14/4229260_0.shtml **C94.**《广州统计年鉴 2016》 **C95.**《广州市 2015 年全国 1% 人口抽样调查主要数据公报》http://www.gzstats.gov.cn/tjgb/glpcgb/201702/t20170221_25655.html **C96/97.**《广州统计年鉴 2016》

备注

C90. 8-1 城乡居民人均全年可支配收入和消费支出情况，城市居民人均可支配收入：46 735.00 元 **C92.**13-16 电信业务主要指标，国际互联网用户：539.26 万户 **C93.** 广州市社科院发布《广州移动互联网现状分析与未来发展思路》，这一报告指出，广州互联网普及率已达 78.4%，广州网民平均每周上网近 20 小时，在 5 大中心城市中居首 **C94.** 13-16 电信业务主要指标，3G、4G 移动电话用户数：2 027.38 万户 **C95.** 全市常住人口中，具有大学（指大专及以上）教育程度的人口为 319.38 万人 大专以上学历占比 23.7% **C96.**17-1 主要年份教育事业基本情况，普通高等学校学校数：81 个 **C97.**17-1 主要年份教育事业基本情况，普通高等学校在校学生：112.28 万人

B8 二级指标

文化多样性（文化包容性 + 国际化程度）

三级指标

C98 2015 年
非户籍人口占比 36.7%

C99 2014 年
国外常住人口数量 118 000 人

C100 2014 年
国外常住人口占城市人口比重
0.90%

C101 2015 年
国际留学生数量 10 000 人

C102 2015 年
国际游客年度数量（不含港澳台的游客）
307.98 万人次

C103 2015 年
国际游客占城市人口比重 22.81%

C104 2015 年
举办国际性会议数量 16 个

C105 2013 年
跨国公司地区总部的数量 56 个

来源

C98.《广州统计年鉴 2016》 **C99.** 新快报《在广州居住外国人达 11.8 万 日本人最多韩国居次》http://news.163.com/14/1201/01/ACBHESQN00014Q4P.html **C100.** 新快报《在广州居住外国人达 11.8 万 日本人最多韩国居次》http://news.163.com/14/1201/01/ACBHESQN00014Q5P.html **C101.** 广州有关部门估算 **C102.**《广州市 2015 年国民经济和社会发展统计公报》 **C103.**《广州统计年鉴 2016》 **C104.** 杭州日报 http://zjnews.zjol.com.cn/system/2016/05/18/021154861.shtml **C105.** 前瞻网《广州、深圳中国总部经济第三城之争—错位发展还是鱼死网破？》http://www.qianzhan.com/analyst/detail/220/140521-d014c838.html

备注

C98. 常住人口 1 350.11 万人—户籍人口 854.19 万人 / 常住人口 1 350.11 万人 **C99.**《新快报》记者从广州市公安局权威获悉，截至 2014 年10月25 日，共有 11.8 万外国人在广州居住 **C100.** 11.8 万 /2014 年常住人口1 308.05 万人 **C102.** 其中，入境旅游者 803.58 万人次，增长 2.6%。在入境旅游人数中，外国人 307.98 万人次，增长 2.6%；香港、澳门和台湾同胞 495.60 万人次，增长 2.6% **C103.** 15-26 城市接待过夜旅游者情况，外国人 307.98 万 /1 350.11 万 **C104.** 国际大会及会议协会（ICCA）发布的 2015 年度全球会议目的地城市排行榜 **C105.** 2013 年广州有 2 家企业进入世界 500 强，广州地区跨国公司总部的数量有 56 家

深

圳

数据来源

1.《深圳统计年鉴 2016》 http://www.sztj.gov.cn/xxgk/tjsj/tjnj/

2.2015 年深圳国民经济和社会发展统计公报 http://www.sztj.gov.cn/xxgk/tjsj/tjgb/201604/t20160426_3606261.htm

3. 深圳市文体旅游局 http://www.sz.gov.cn/wtlyjnew/; 深圳市文体旅游局 (新闻出版广电局、文物局)2015 年工作总结 http://www.sz.gov.cn/wtlyjnew/xxgk/ghjh/ndgzjhzj/201601/t20160129_3457813.htm; 深圳市文化公共设施 http://www.sz.gov.cn/wtlyjnew/ggfw/whl/

一级指标 A1 文化生产

B1 二级指标
文化投入(公共投入+民间投入)

三级指标

来源

C1/2.《深圳统计年鉴 2016》 C3. 深圳政府在线·深圳年鉴 http://www.sz.gov.cn/cn/zjsz/sznj/ C4. 深圳市委宣传部

备注

C1.11-1 地方财政收支，一般公共预算支出(万元)文化体育与传媒：527 260 C2.11-1 地方财政收支，52.73 亿 / 一般公共预算支出(万元)：35 216 708 C3. 文化宣传基金 3.6 亿元、文化创意产业专项资金年度资助 5 亿元

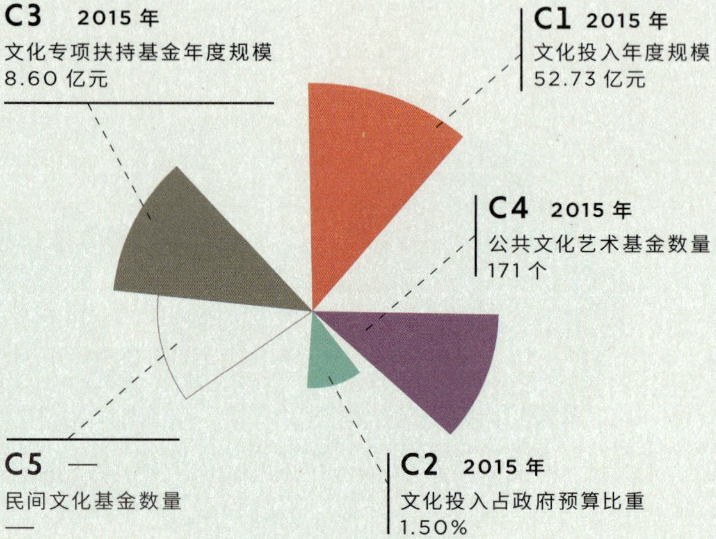

B2 二级指标
文化产出(文化产值 + 文化贸易 + 文化就业)

三级指标

来源

C6/7. 深圳市 2015 年国民经济和社会发展统计公报，深圳市 2015 年国民经济和社会发展统计公报 C8. 深圳政府在线·深圳年鉴 http://www.sz.gov.cn/cn/zjsz/sznj/ C9.《深圳统计年鉴 2016》

备注

C6. 文化产业增加值1021.16 亿元，增长7.4% C7. 1 021.16 亿元，全年本地生产总值17 502.99亿元 C8. 深圳数据引用的是文博会上的文化产品出口交易额，并不是深圳市全年的文化产品出口额 C9.3-5 按行业分的社会劳动者人数，文化、体育和娱乐业从业人员37 093，总从业人员 9 061 391

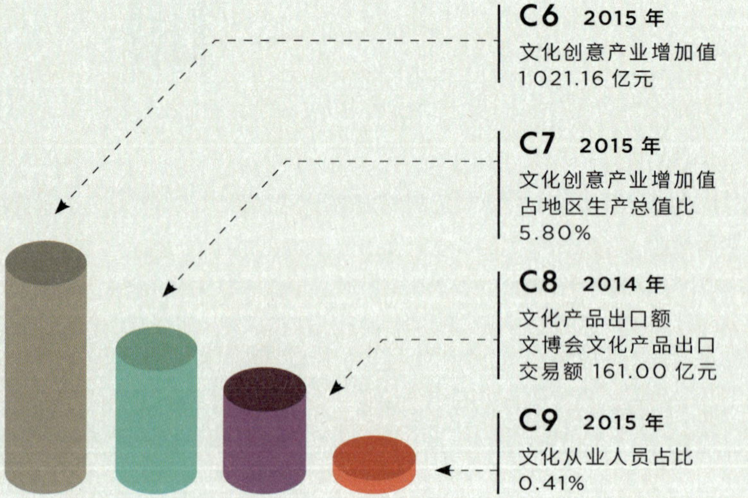

B3 二级指标 文化产品与服务

三级指标

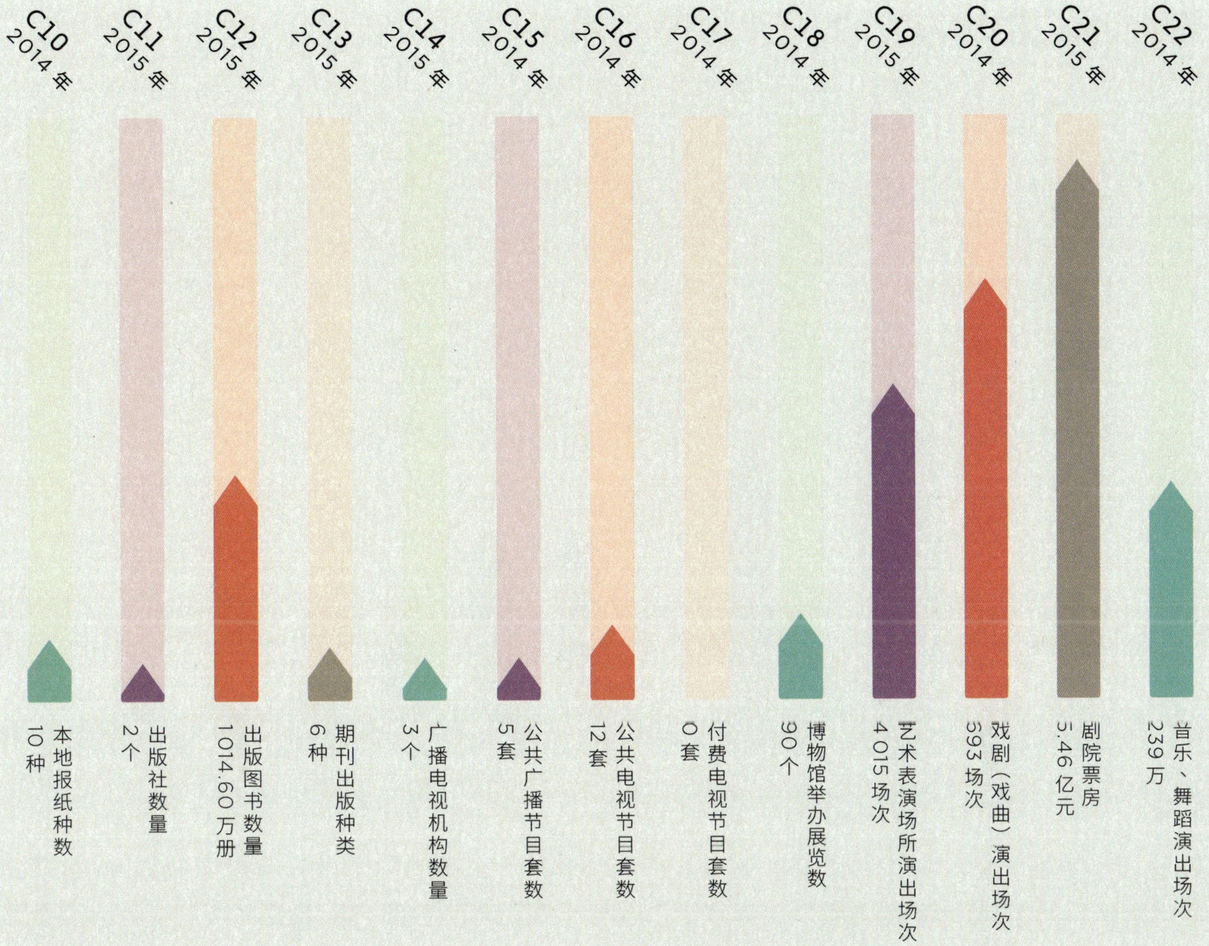

来源

C10. 深圳报业集团　C11. 深圳市出版业协会　C12. 深圳市2015年国民经济和社会发展统计公报　C13. 深圳报业集团　C14.《深圳统计年鉴2016》　C15/16/17. 深圳市文体旅游局　C18. 深圳政府在线·深圳年鉴 http://www.sz.gov.cn/cn/zjsz/sznj/　C19. 深圳市文体旅游局办公室　C20. 深圳市文体旅游局　C21. 深圳市文体旅游局办公室　C22. 深圳市文体旅游局

备注

C11. 两家出版社：海天出版社、深圳报业集团出版社　C12. 全年报纸出版印数46 726.00万份、杂志1 578.00万册、图书1 014.60万册　C14. 16-7 文化事业，广播电台（座）：1，电视台（座）：2　C18. 博物馆展览90多个（采用90个的数据），美术馆展览196个

B3 二级指标 文化产品与服务

三级指标

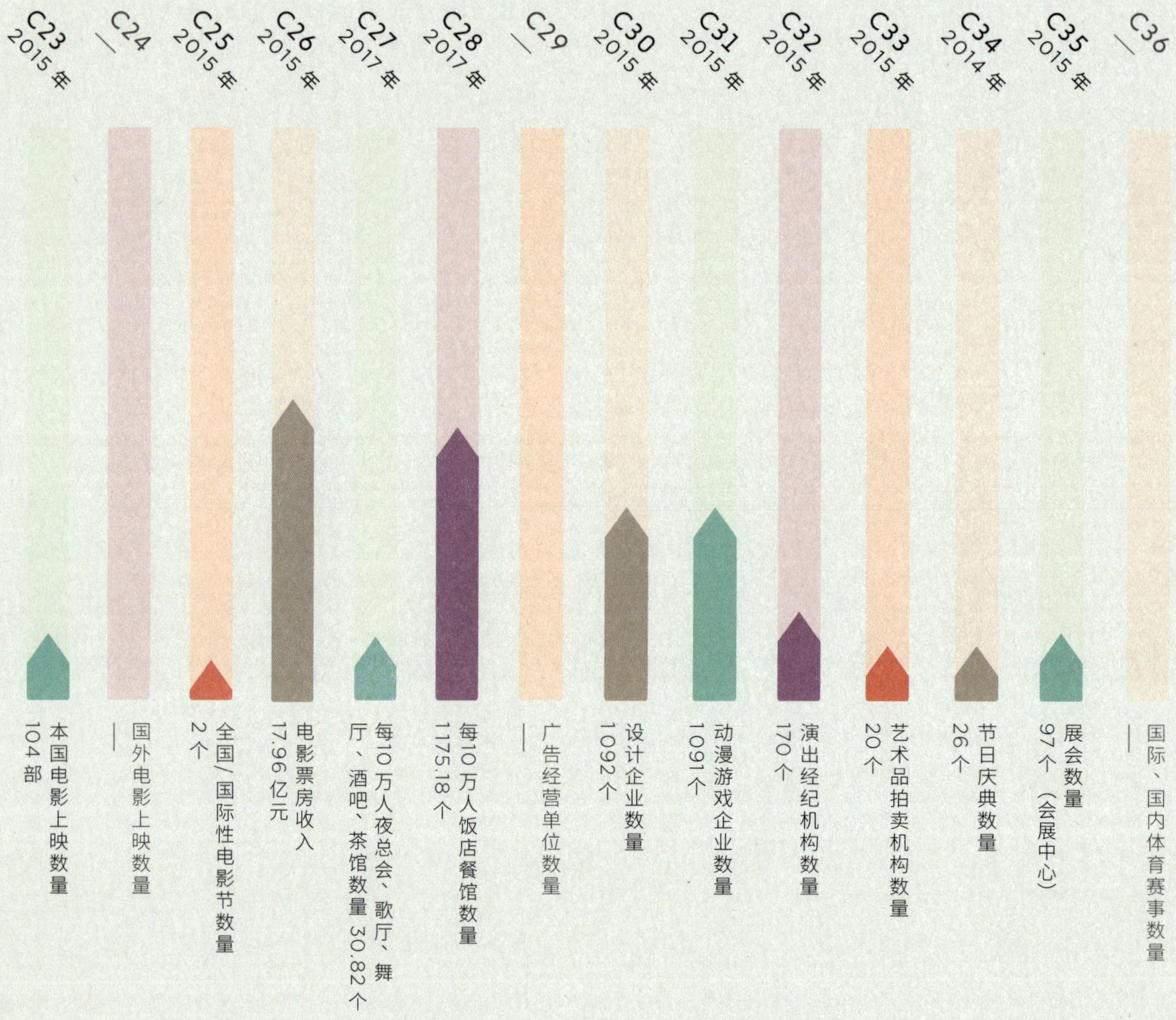

来源

C23. 深圳市文体旅游局（新闻出版广电局、文物局）2015年工作总结 http://www.sz.gov.cn/wtlyjnew/xxgk/ghjh/ndgzjhjzj/201601/t20160129_3457813.htm **C25.** 网站新闻 **C26.** 深圳市文体旅游局（新闻出版广电局、文物局）2015年工作总结 http://www.sz.gov.cn/wtlyjnew/xxgk/ghjh/ndgzjhjzj/201601/t20160129_3457813.htm **C27/28.** 大众点评网 **C30.** 深圳企业信用网 http://sz.qiyexinyong.org/ **C31/32/33/34.** 深圳市文体旅游局办公室 **C35.** 深圳会展中心官网 - 展会排期 - 排期回顾 -2015年展会排期 http://www.szcec.com/Schedule/history_info/id/298.html

备注

C23. 2015年至11月份共计104部，没有区分本国和国外。 **C25.** 深圳短片节（金鹏奖）、国际微电影节 **C26.** 新增影院23家、银幕767块，全年票房收入17.96亿元，同比增长46% **C27.**（KTV+酒吧+茶馆）/常住人口1137.89万 **C28.** 总计13 3722/人口1137.89万 **C35.** 2015年会展中心展会一共有97个

B4 二级指标

文化生活消费（文化消费支出 + 文化产品消费 + 文化服务消费）

三级指标

C37 2015 年
居民人均文化娱乐消费支出
1 456.8 元

C38 2015 年
居民文化娱乐消费支出占总支比重
4.50%

C39 2014 年
平均每一演出场次的观众人次
520.00

C40 2014 年
艺术表演场所演出观众人次
—

C41 2015 年
电影院入场人次
4 336 万

C42 2015 年
人均电影院入场次数
3.81

C43 2015 年
全市接待游客人次
1.16 亿

C44 2015 年
每百人（户）移动电话普及率
230.4 部/百人（户）

来源

C37/38.《深圳统计年鉴 2016》 C39.BOP 相关数据 http://www.worldcitiescultureforum.com/cities/shenzhen/data C41. 凤凰娱乐新闻 http://ent.ifeng.com/a/20160104/42555990_0.shtml C42. 计算 C43. 深圳市文体旅游局 (新闻出版广电局、文物局)2015 年工作总结 http://www.sz.gov.cn/wtlyjnew/xxgk/ghjh/ndgzjhzj/201601/t20160129_3457813.htm C44. 2015 年深圳国民经济和社会发展统计公报

备注

C37. 表 19-5 居民消费支出（全市），六、教育文化娱乐，（二）文化娱乐（元）：1 456.79 C38. 表 19-5 居民消费支出（全市），1 456.8 元 / 居民生活消费支 出：32 359.20 C39.156万/3 000场 (Number of theatrical performances at all theatres per year) C41. 全国百强城市情况，4深圳市 人次(万): 4 335.9 C42. 4 335.9 万人次 / 常住人口 1 137.89 万人 C43. 全市接待游客 11630 万人次，同比增长 7.65%； C44. 年末移动电话用户 2 621.47 万户 /1 137.89 万 x100

B5 二级指标
文化参与（文化场馆参与 + 文化活动参与）

三级指标

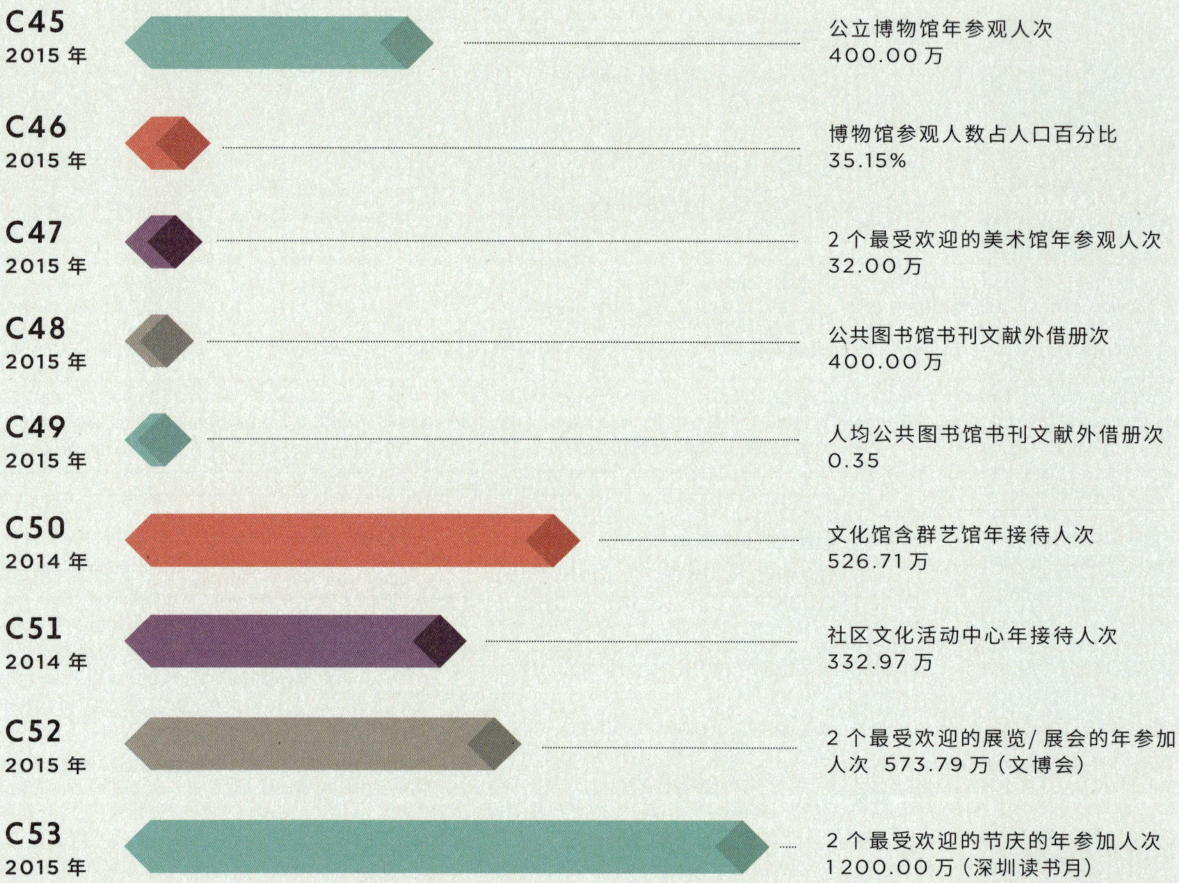

来源

C45/46/47. 深圳市文体旅游局办公室 **C48.** 深圳政府在线 http://www.sz.gov.cn/cn/xxgk/zfxxgj/zwdt/201612/t20161221_5752788.htm **C49.** 计算 **C50/51.** 深圳市文体旅游局公共文化处 **C52.** 环球网 -“第十一届深圳文博会圆满落幕” http://china.huanqiu.com/News/scio/2015-05/6474821.html **C53.** 南方日报 - 深圳读书月 http://sz.southcn.com/content/2015-11/30/content_137916580.htm

备注

C46.400 万 /1137.89 万 **C48.** 全年进馆读者 412.7 万人次，平均每天 1.3 万余人次；年度文献外借数量已达近 400 万册次 **C49.** 400 万册次 / 常住人口数1137.89 万 **C52.** 仅有一个展会参加人数，“本届深圳文博会总参观人数达 523.79 万人次” **C53.** 仅有一个节庆参加人数，“互联网 + 阅读 深圳读书月收官 1200 万人次参与”

B6 二级指标
文化资源（自然与历史资源 + 文化人才资源 + 文化组织资源）

三级指标

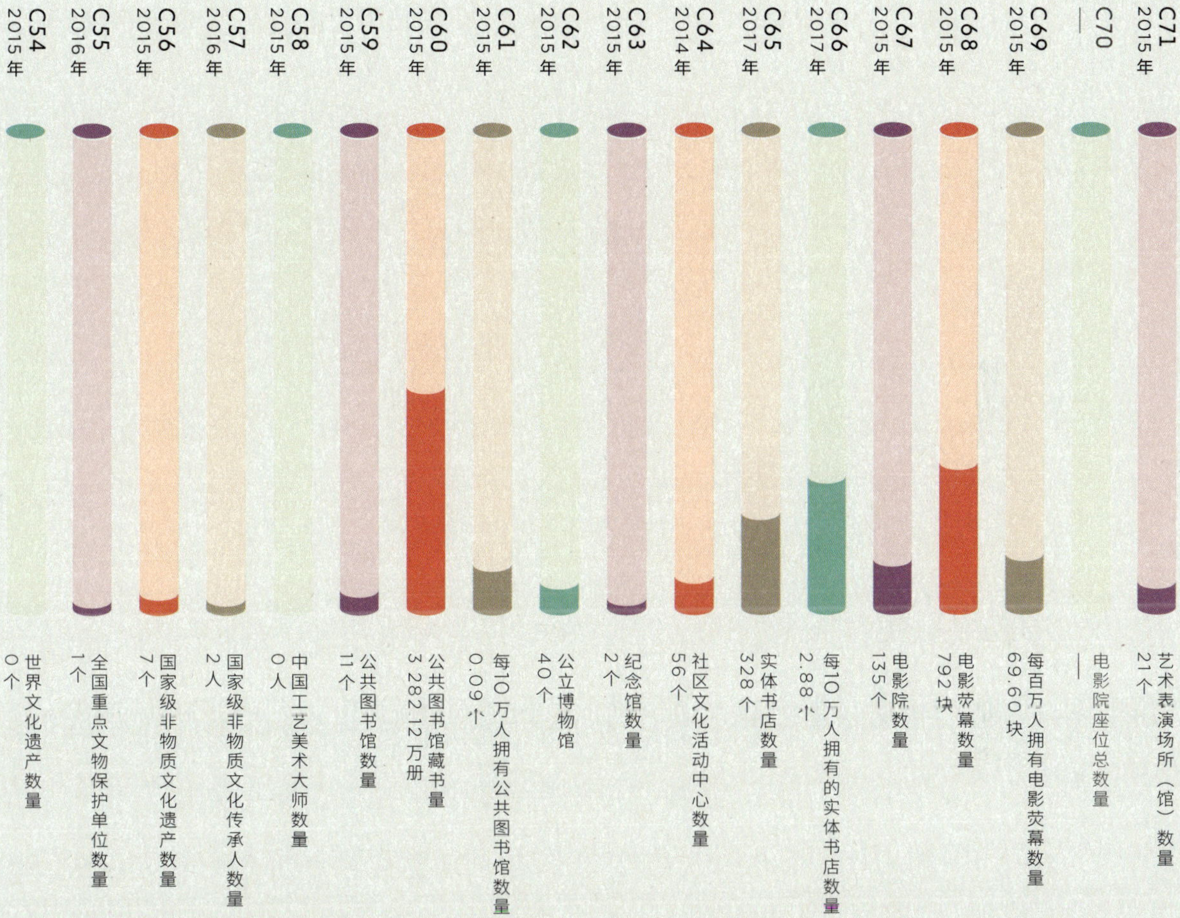

来源

C54. 网易新闻：中国50个世界遗产全名单 http://news.163.com/16/0717/20/BS7129HH00014SEH.html C55. 广东省文化厅公众服务网 http://www.gdwht.gov.cn/plus/view.php?aid=37114 C56. 深圳政府在线 http://www.sz.gov.cn/cn/zjsz/fwzwhyc/gjjfy/ C57. 中国非物质文化遗产网 http://www.ihchina.cn/6/6_1.html C58. 广东省国家工艺美术大师网 http://www.gzartware.com/gmds.asp?rych=中国工艺美术大师&menu=1 C59/60/61. 2015年深圳国民经济和社会发展统计公报 C62. 深圳市文体旅游局文管处、艺术处 C63. 深圳市文体旅游局文管处 C64. 深圳市文体旅游局 C65/66. 大众点评网 C67. 深圳市文广局-公共服务-电影院一览表 http://www.sz.gov.cn/wtlyjnew/ggfw/whl/dyyylb/index_6.htm C68/C69. 凤凰娱乐：http://ent.ifeng.com/a/20160104/42555990_0.shtml C70. 深圳市文体旅游局（新闻出版广电局、文物局）2015年工作总结 http://www.sz.gov.cn/wtlyjnew/xxgk/ghjh/ndgzjhzj/201601/t20160129_3457813.htm C71. 深圳市文体旅游局办公室

备注

C58. 中国工艺美术大师中无深圳市人
C59/60. 全市有各类公共图书馆620座，公共图书馆总藏量3 282.12万册(件)
C61. 11/113.789 C65. 购物频道-书店
C66. 328/113.789 C69. 计算：荧幕数792/常住人口11.3789百万=69.6025

B6 二级指标
文化资源（自然与历史资源 + 文化人才资源 + 文化组织资源）

三级指标

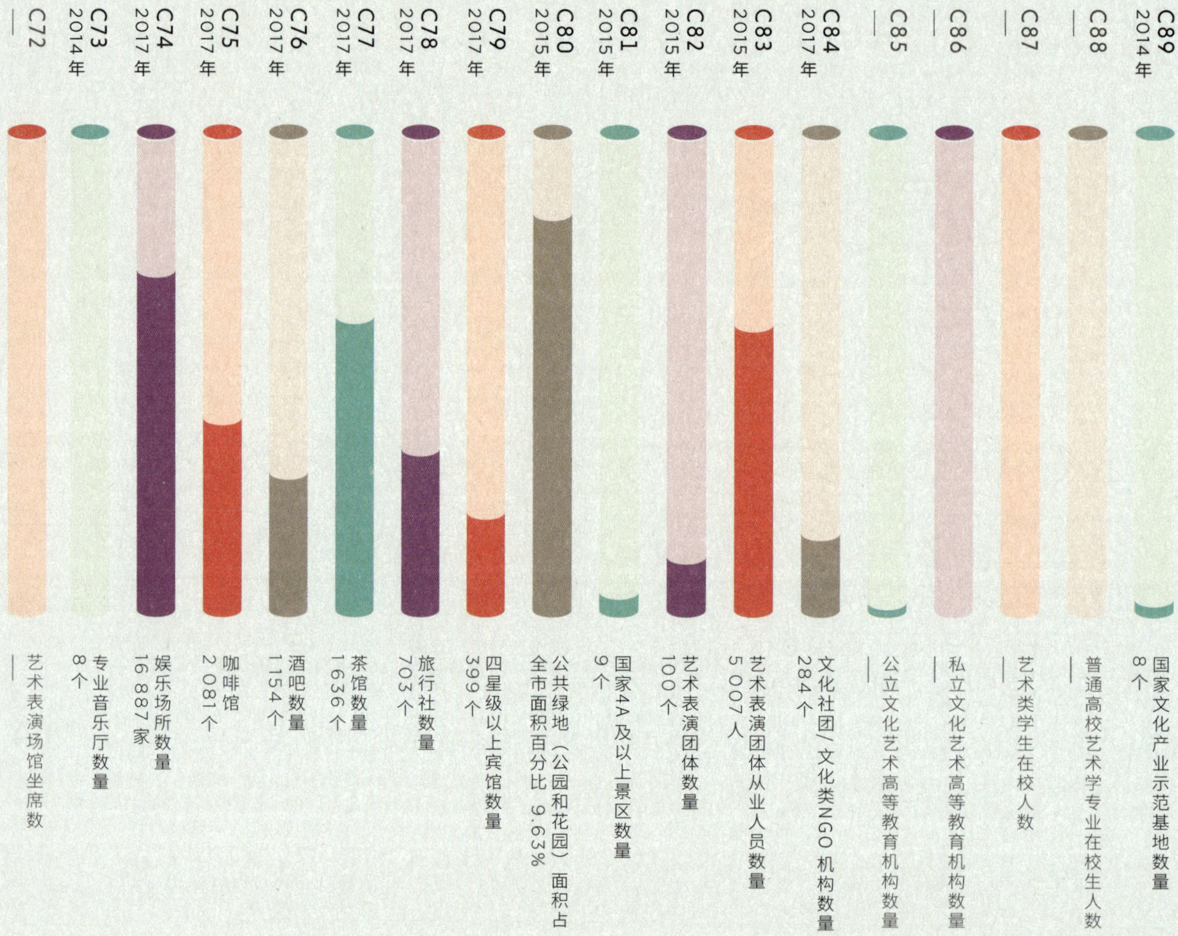

来源

C73.BOP中的相关数据库 http://www.worldcitiescultureforum.com/cities/shenzhen/data **C74/75/76/77.** 大众点评网 **C78.** 深圳市文体旅游局 - 公共服务 - 旅行社一览 http://www.sz.gov.cn/wtlyjnew/ggfw/lyl/lxs/ **C79.** 大众点评网 **C80.** 深圳统计年鉴 2016 **C81.** 深圳市旅游业发展“十三五”规划 http://www.sz.gov.cn/wtlyjnew/xxgk/ghjh/fzgh/201610/t20161024_5010916.htm **C82/83.** 深圳市文体旅游局办公室 **C84.** 深圳市文体旅游局 - 公共服务 - 社会文化团体一览 http://www.sz.gov.cn/wtlyjnew/ggfw/whl/shwhttylb/ **C89.** 百度百科 baike.baidu.com/item/ 国家文化产业示范基地 #9

备注

C73.Major concert halls: 8 **C74.** 休闲娱乐频道 **C75.** 休闲娱乐频道 - 咖啡馆 **C76.** 休闲娱乐频道 - 酒吧 **C77.** 休闲娱乐频道 - 茶馆 **C79.** 酒店频道 - 五星级、四星级 **C80.**18-1 城市建设及公用设施，公园绿地面积 19 241 公顷 / 全市土地面积 199 730 公顷 **C81.** 其中5A级景区2家，4A级景区7家，3A级景区9家 **C89.** 第一批—第五批

B7 二级指标
文化环境（文化经济环境 + 文化社会环境）

三级指标

C90 2015 年 居民人均可支配收入 44 633.30 元

C91 2014 年 网站数量 214 000 个

C92 2015 年 互联网用户规模 897.00 万户

C93 2015 年 互联网普及率 83.20%

C94 2015 年 手机网民规模 851.00 万人

C95 2015 年 大专及以上学历占比 22.70%

C96 2015 年 高等专科以上学校数量 12 个

C97 2015 年 在校大学生数量 9.01 万人

来源

C90. 2015 年深圳国民经济和社会发展统计公报 **C91.** 深圳市通信管理局，《深圳市通信与互联网发展报告》 **C92/93.** “2015 深圳市互联网发展状况研究报告” http://www.199it.com/archives/432342.html **C94.** “2015 深圳市互联网发展状况研究报告” http://www.199it.com/archives/432342.html **C95.** 深圳政府在线 http://www.sz.gov.cn/cn/xxgk/zfxxgj/tjsj/pcgb/201606/t20160614_3697000.htm **C96/97.** 2015 年深圳国民经济和社会发展统计公报

备注

C90. 根据居民家庭抽样调查资料显示，2015 年深圳居民人均可支配收入 44 633.30 元 **C91.** 第 3 页：“网站备案数” **C92/93.** 截至 2015 年 12 月底，深圳总体网民规模达到 897 万，网民渗透率高达 83.2% **C94.** 2015 年，深圳市手机网民规模达到 851 万人，较 2014 年增长 67 万，增长率为 8.5% **C95.** 全市 6 岁及以上常住人口中，具有大学（指大专及以上）教育程度的人口为 257.93 万人，常住人口 1 137.89 万人 **C96/97.** 全年普通高等学校 12 所，招生 2.77 万人，下降 1.5%；毕业生 2.34 万人，增长 10.4%；在校学生 9.01 万人，增长 2.8%

B8 二级指标
文化多样性（文化包容性 + 国际化程度）

三级指标

C98 2015 年
非户籍人口占比 68.8%

C99 2014 年
国外常住人口数量 约20 000 人

C100 2014 年
国外常住人口占城市人口比重 0.19%

C101 2014 年
国际留学生数量 8 500 人

C102 2015 年
国际游客年度数量（不含港澳台的游客）164.65 万人次

C103 2015 年
国际游客占城市人口比重 14.47%

C104 2015 年
举办国际性会议数量 10 个

C105 2013 年
跨国公司地区总部的数量 30 个 （采购或研发中心）

来源

C98. 2015 年深圳国民经济和社会发展统计公报 **C99.** 深圳特区报 http://sztqb.sznews.com/html/2015-01/27/content_3133650.htm **C100.** 深圳特区报 http://sztqb.sznews.com/html/2015-01/27/content_3133650.htm **C101.** BOP 中的相关数据库 http://www.worldcitiescultureforum.com/cities/shenzhen/data **C102/103.** 2015 年深圳国民经济和社会发展统计公报 **C104.** 杭州日报 http://zjnews.zjol.com.cn/system/2016/05/18/021154861.shtml **C105.** 前瞻网 http://www.qianzhan.com/analyst/detail/220/140521-d014c838.html

备注

C98. 其中户籍人口 354.99 万人，占常住人口比重31.2%；非户籍人口 782.90 万人，占比重 68.8% **C99.** 据统计，目前，在深常住外国人超过 2 万，临时居住的超过 100万，每年到访深圳的外国人超过 780 万人次 **C100.** 计算：2万/1 077.89 万 **C101.** Number of international students studying in the city **C102.** 在过夜海外游客中，外国游客 164.65 万人次，增长 2.2% **C103.** 计算：164.65/1137.89 **C104.** 国际大会及会议协会（ICCA）发布的 2015 年度全球会议目的地城市排行榜 **C105.** 深圳地区截至 2013 年底，全球500强中超过 189 家在深圳设立分支机构，设立采购或研发中心的全球500强已有 30 多家，而本土 500 强企业数量更是众多

杭

州

数据来源

1. 杭州统计年鉴 2016 http://www.hzstats.gov.cn/web/Show_News.aspx?newsid=ZkNXLQ/tzwk=&text=vdpsN636PcaolV18yOEw4A==&id=EuvfD175mjE=; 杭州统计年鉴 2015 http://www.hzstats.gov.cn/web/Show_News.aspx?newsid=r57eb7OQvuY=&text=vdpsN636PcaolV18yOEw4A==&id=EuvfD175mjE=
2. 杭州市 2015 年暨“十二五”时期国民经济和社会发展统计公报 http://www.hzstats.gov.cn/web/Show_News.aspx?newsid=DbYZpCFGDTM=&text=e2QRsks8CwPb1KyjnHMCR7UVdn1eiG3L&id=aGQ2vC4UrQiwgvQlzZi3/A
3. 杭州市文化广电新闻出版局 2015 年工作总结和 2016 年工作思路 http://www.hzwh.gov.cn/A026/2/jhzj/201611/t20161124_681313.htm
4.《2015 浙江省文化文物统计年鉴》，浙江省文化厅 2015 年出版

B1 二级指标
文化投入(公共投入+民间投入)

三级指标

来源

C1/2.《杭州统计年鉴 2016》 C3. 杭州市文创办
C4. 浙江省文化厅 C5. 杭州市文创办

备注

C1. 10-03 分地区公共预算支出（2015 年）文化体育与传媒（万元）：449 192 C2. 44.92 亿 /10-03 分地区公共预算支出(2015 年)一般公共预算支出(万元)：12 054 777 C3. 文创产业专项资金

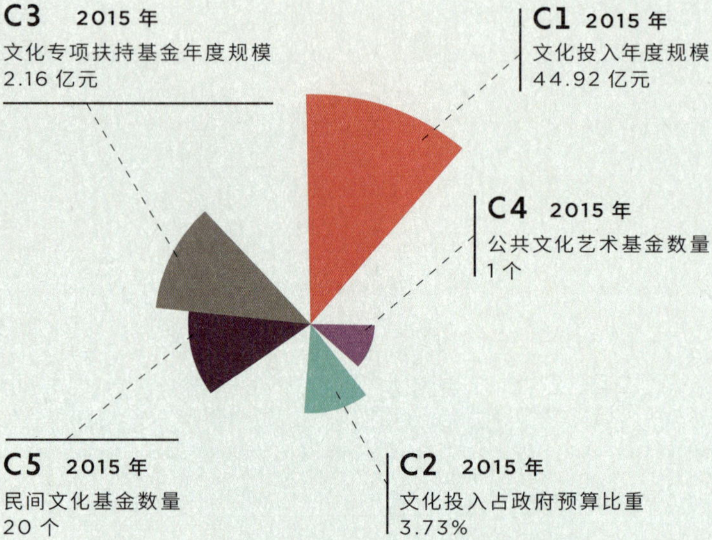

B2 二级指标
文化产出（文化产值 + 文化贸易 + 文化就业）

三级指标

来源

C6. 杭州市文创办“新常态 新发展 新成效 —2015 全市文创产业发展再上新台阶”http://www.0571ci.gov.cn/article.php?n_id=6811 C7.《杭州统计年鉴 2016》 C8.2014 年杭州市国民经济和社会发展统计公报 C9.《杭州统计年鉴 2016》

备注

C6. 按照国家《文化及相关产业分类》统计口径测算，全市文化产业实现增加值 855 亿元，增长22.3%，占GDP比重8.5%。C7. 855 亿元 /1-10地区生产总值，全市（万元）：100 502 079 C8.2014 年贸易进出口总量679.98亿美元 C9. 表2-12 全市含规上私营单位就业人员数，文化、体育和娱乐业：26 167/ 全市：4 457 316=0.59%

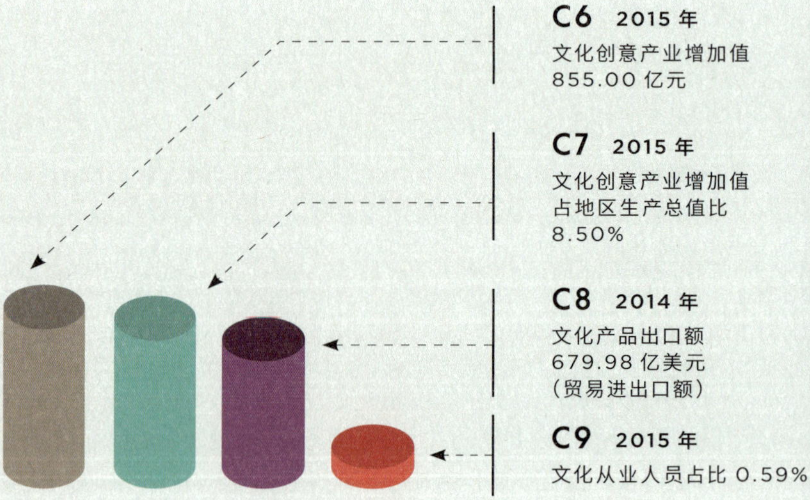

B3 二级指标
文化产品与服务

三级指标

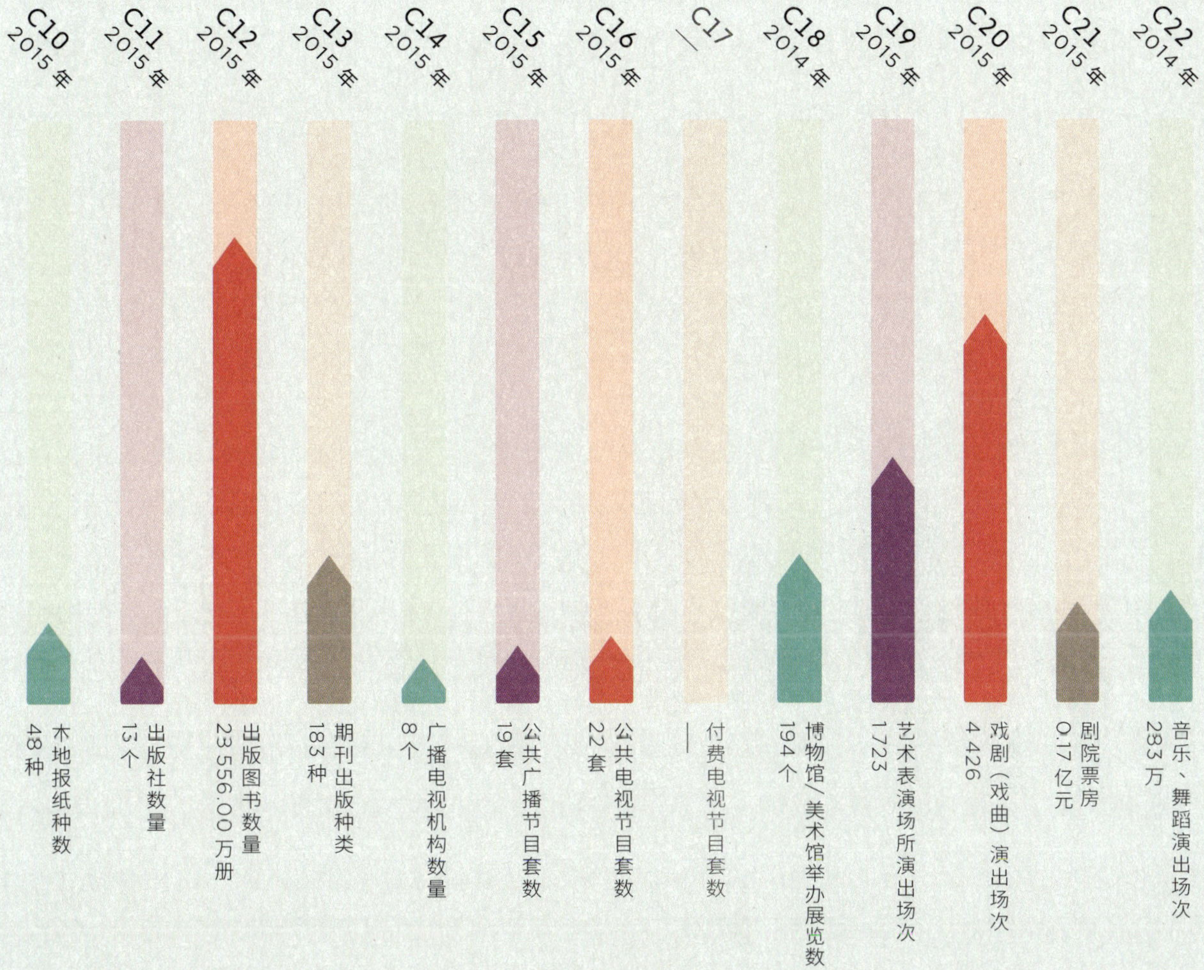

来源

C10. 杭州统计信息网—数据查询—文化 http://220.191.208.4/TJSJK/publicActionjumpToThirdClass.action?second_name=%25u6587%25u5316&second_id=21&first_id=2 **C11.** 杭州市文广局 **C12.** 杭州统计信息网 - 数据查询 - 文化 http://220.191.208.4/TJSJK/publicActionjumpToThirdClass.action?second_name=%25u6587%25u5316&second_id=21&first_id=2 **C13/14.** 杭州市文广局 **C15/16.** 杭州统计信息网 - 数据查询 - 文化 http://220.191.208.4/TJSJK/publicActionjumpToThirdClass.action?second_name=%25u6587%25u5316&second_id=21&first_id=2 **C18.**《2015浙江省文化文物统计年鉴》 **C19.**《杭州统计年鉴2016》 **C20/21.** 杭州市文广局 **C22.**《2015浙江省文化文物统计年鉴》

备注

C10. 报纸出版种数2015年:48 **C12.** 图书出版印数 2015年: 28 556 **C15.** 公共广播节目套数 2015年: 19 **C16.** 公共电视节目套数2015年: 22 **C18.** P402博物馆(纪念馆)临时展览和基本陈列: 194, 不包括浙江省级博物馆和美术馆 **C19.** 12-07分地区艺术表演团体演出情况，艺术表演场所演出场次(场)，全市: 1723 **C22.** P23，仅按照性质为乐团分类统计数据

B3 二级指标 文化产品与服务

三级指标

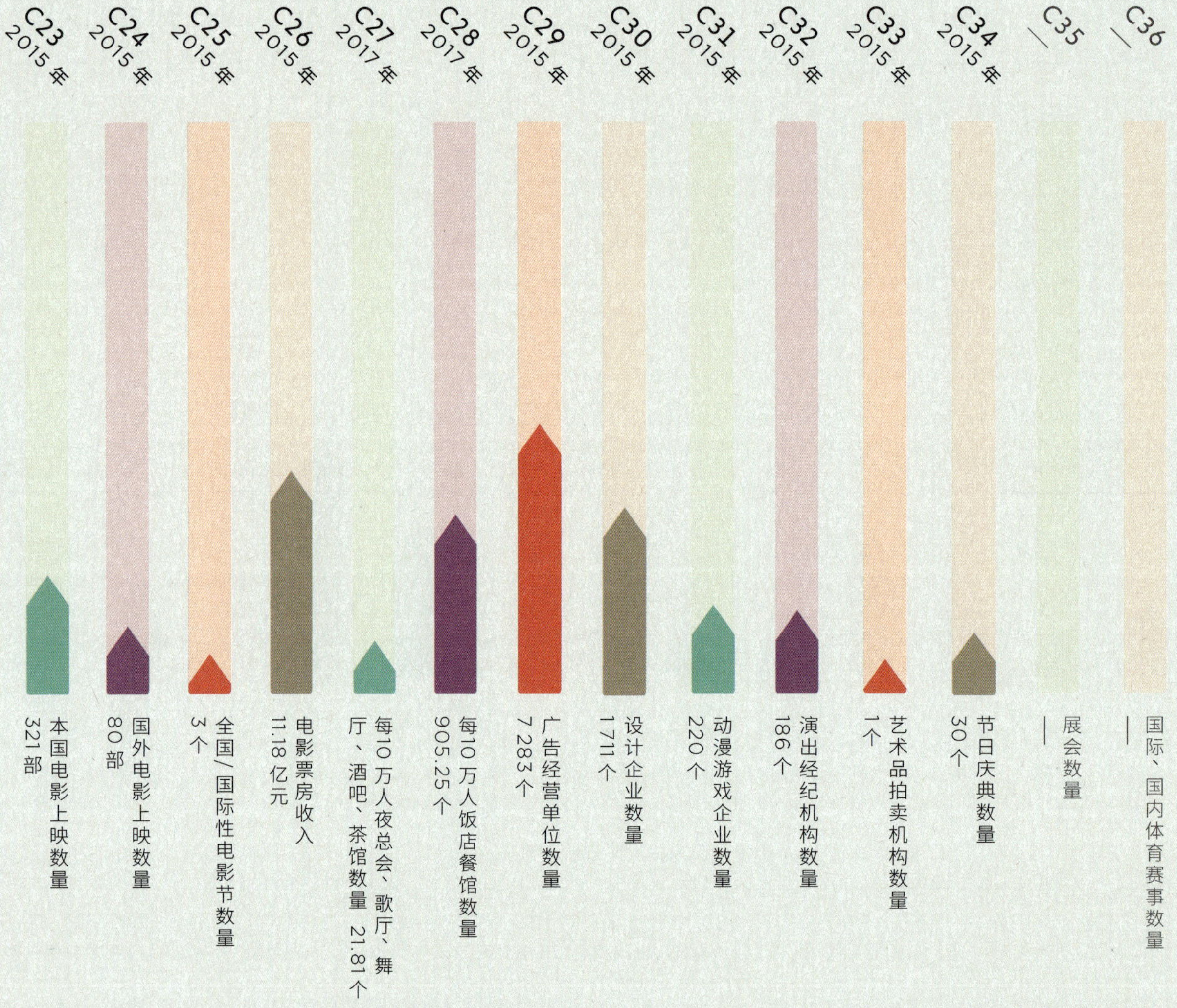

来源

C23/24/26. 杭州市文广局 C25. 网络搜索 C27/28. 大众点评网 C29. 浙江在线—今日早报 http://biz.zjol.com.cn/system/2015/12/11/020947430.shtml C30. 杭州企业信用网 http://sz.qiyexinyong.org/ C31. 浙江新闻—都市快报 http://zjnews.zjol.com.cn/zjnews/hznews/201610/t20161027_2026276.shtml C32. 杭州市文广局“2015文化市场概况” http://www.hzwh.gov.cn/hygl/whscgl/gk/201605/t20160512_647187.html C33. 杭州市市场监督管理局 C34. 杭州市文创办

备注

C25. 杭州i电影节、杭州亚洲青年影展 C27. KTV+酒吧+茶馆1967/杭州常住人口901.8万 C28. 饭店81 635家/杭州常住人口901.8万 C29. 杭州市市场监管局提供的数据，截至目前，杭城全市广告经营主体7 283家，广告从业人员5万余人 C31. 放眼杭州，2015年，杭州动漫游戏企业有220多家，就业近1.8万人，总产值62.125亿元 C32. 演出经纪机构186家 C33. 只有一家“杭州西湖艺术品拍卖有限公司”

B4 二级指标
文化生活消费（文化消费支出 + 文化产品消费 + 文化服务消费）

三级指标

C37 2015 年
居民人均文化娱乐消费支出
3 141 元

C38 2015 年
居民文化娱乐消费支出占总支出比重
9.29%

C39 2015 年
平均每一演出场次的观众人次
964.98

C40 2015 年
艺术表演场所演出观众人次
592 万

C41 2015 年
电影院入场人次
3 021 万

C42 2015 年
人均电影院入场次数
3.35

C43 2015 年
全市接待游客人次
1.23 亿

C44 2015 年
每百人（户）移动电话普及率
229.9 部/ 百人（户）

来源

C37/38. 杭州市 2015 年暨“十二五”时期国民经济和社会发展统计公报　C39/40.《杭州统计年鉴 2016》 C41/42. 凤凰娱乐新闻 http://ent.ifeng.com/a/20160104/42555990_0.shtml　C43. 杭州市 2015 年暨“十二五”时期国民经济和社会发展统计公报　C44. 杭州统计信息网 - 数据查询—单指标查询—城镇居民每百户移动电话拥有量 http://220.191.208.4/TJSJK/index.jsp?param=single

备注

C37/38. 城镇常住居民人均消费支出为33 818 元，其中“教育文化娱乐”支出 3 141 元　C39. 艺术剧团演出观众人数 5 919 200人次；艺术剧团国内演出场次 6 134；计算：5 919 200/6 134　C40. 12-07 分地区艺术表演团体演出情况（2015）艺术剧团演出观众人数：5 919 200人次　C41. 全国百强城市情况，8 杭州市人次（万）：3 021.38　C42. 计算：3 021.38 万人次 / 常住人口 889.2 万人　C43. 接待入境旅游者 342 万人次，增长 4.7%；接待国内游客 1.2 亿人次，增长 13.5%。120 000 000+3 420 000 =123 420 000　C44. 数据查询 - 单指标查询，城镇居民每百户移动电话拥有量：229.9 部

B5 二级指标

文化参与（文化场馆参与 + 文化活动参与）

三级指标

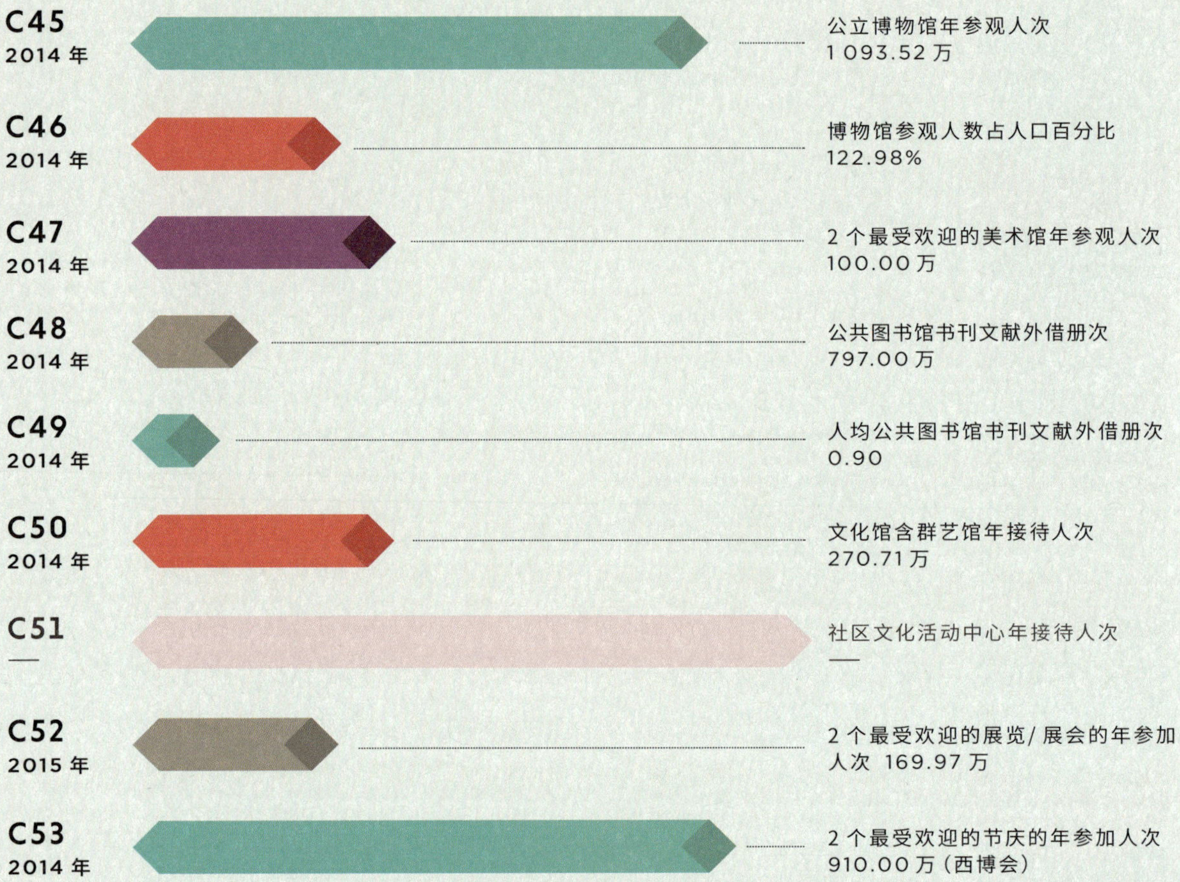

来源

C45/46/47/48/49/50.《2015 浙江省文化文物统计年鉴》 **C52.** 杭州市文创办“新常态 新发展 新成效——2015 全市文创产业发展再上新台阶”http://www.0571ci.gov.cn/article.php?n_id=6811 **C53.** 杭州市西博办 2014 年工作总结 http://www.xh-expo.com/409/2014/12/18614.html

备注

C45. 402 博物馆参观总人次：10 935 167 **C46.** 10 935 167/2014 年常住人口 889.2 万人 **C47.** P289浙江美术馆（属省本级）：800 000人次，（电话咨询）中国美院美术馆：约 200 000 人次 **C48.** P289 **C49.** 7.97/8.89 **C50.** P105 文艺活动观众人次 + 培训班培训人次 + 展览参加人次 + 讲座参加人次 **C52.** 其中，中国国际动漫节吸引了约 137.29 万人次观众参与，杭州文博会吸引了约 32.68 万人次观众参与 **C53.** 仅一个节庆数据，来自 50 多个国家地区的中外来宾和市民、游客 910 万人次参加了本届西博会

B6 二级指标

文化资源（自然与历史资源 + 文化人才资源 + 文化组织资源）

三级指标

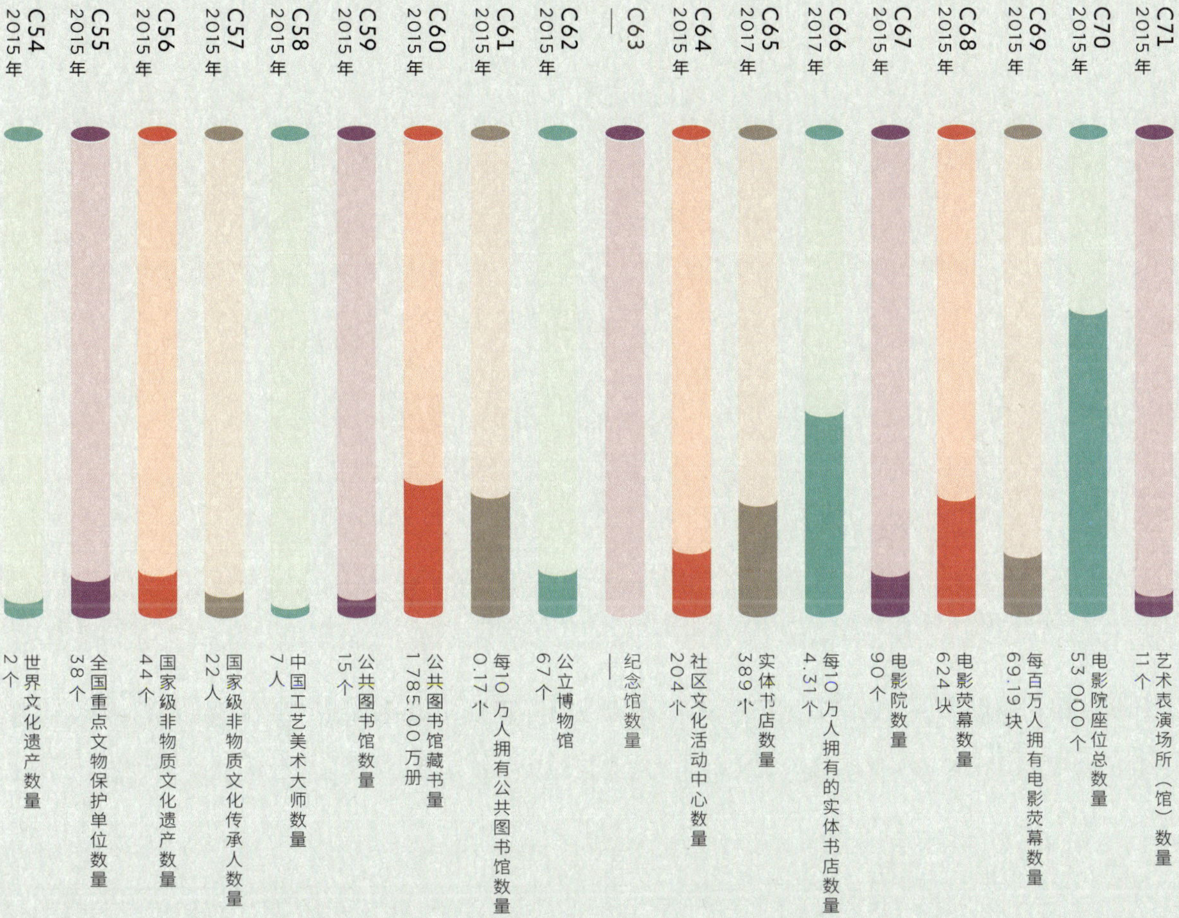

来源

C54. 网易新闻：中国50个世界遗产全名单 http://news.163.com/16/0717/20/BS7129HH00014SEH.html　C55. 新浪新闻 http://zj.sina.com.cn/news/d/2013-05-07/065678637.html；辅证信息：杭州市全国重点文物保护单位名单（百度文库）https://wenku.baidu.com/view/278e7ecdb84ae45c3a358c39.html　C56. 浙江省非物质文化遗产网 http://www.zjfeiyi.cn/　C57. 中国非物质文化遗产网 http://www.ihchina.cn/6/6_1.html　C58. 杭州市工艺美术行业协会 http://www.hzgyms.net/master.asp?id=1　C59/60/61. 杭州市2015年暨"十二五"时期国民经济和社会发展统计公报　C62/64.《杭州统计年鉴2016》　C65/66. 大众点评网　C67.《杭州统计年鉴2016》　C68/69. 凤凰娱乐：http://ent.ifeng.com/a/20160104/42555990_0.shtml　C70. 杭州市文广局　C71. 杭州统计信息网 - 数据查询 - 文化 http://220.191.208.4/TJSJK/publicActionjumpToThirdClass.action?second_name=%25u6587%25u5316&second_id=21&first_id=2

备注

C54. 西湖、京杭大运河　C55. 前6批全国重点文物保护单位名录里，杭州一共有24处，如六和塔、岳飞墓、西泠印社、之江大学旧址、钱塘江大桥、跨湖桥遗址、京杭大运河等都是，加上这次新入选的，杭州"国保"已有38处　C59/60. 全市有……公共图书馆15个，图书馆藏书1785万册　C61. 计算：15个/90.18十万　C62. 12-06 全市文化事业单位数，博物馆2015:67　C64. 12-05 文化部门机构数，文化馆2015:15，文化站 2015: 189　C65. 购物频道 - 书店　C66. 计算：389/90.18　C67. 12-06 全市文化事业单位数，电影院数（2015）:90　C69. 计算：624/901.8万常住人口

B6 二级指标
文化资源（自然与历史资源 + 文化人才资源 + 文化组织资源）

三级指标

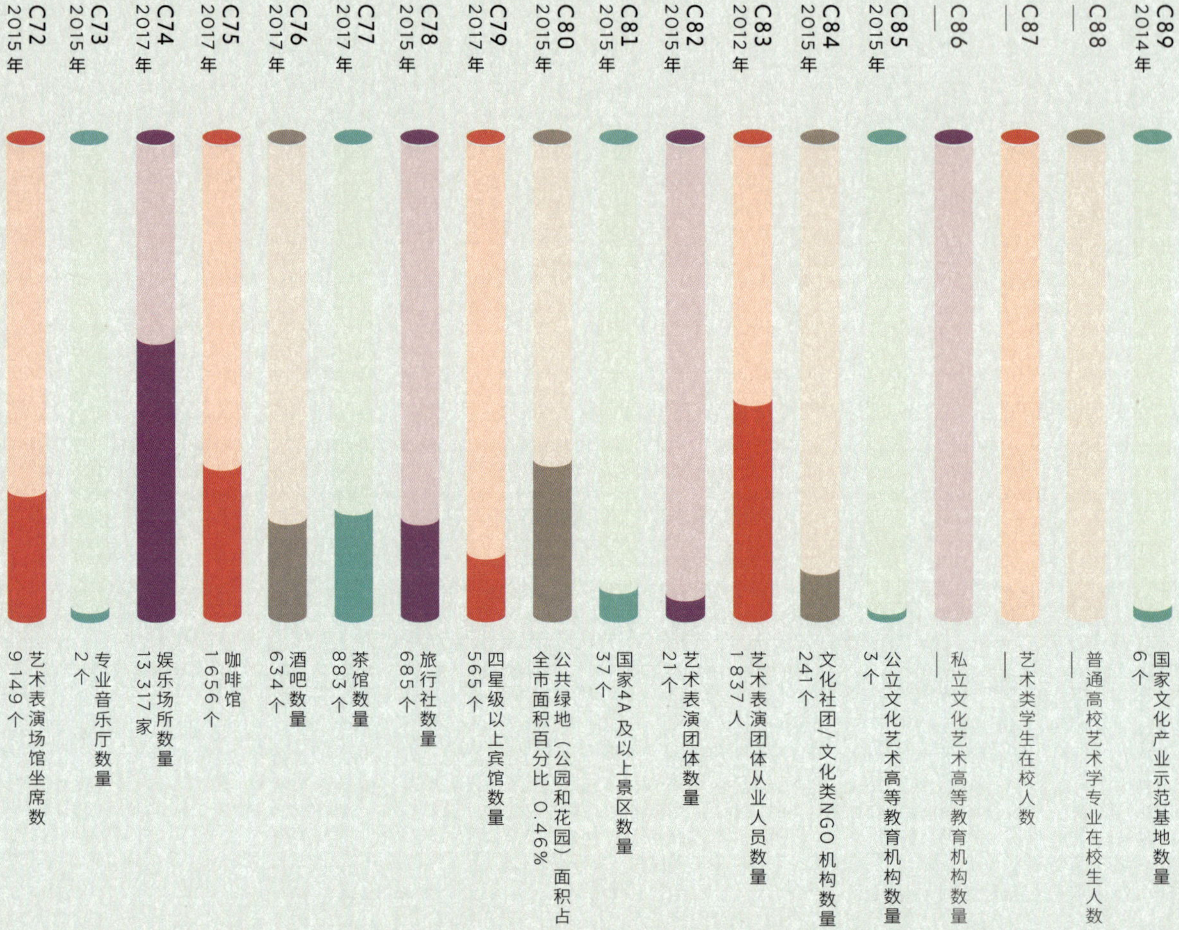

来源

C72. 杭州市文广局 **C73.** 杭州概览 - 文化事业 http://www.hzstats.gov.cn/web/show_news.aspx?newsid=5b3At7TmRBA= **C74/75/76/77.** 大众点评网 **C78/81/82.**《杭州市 2015 年暨“十二五”时期国民经济和社会发展统计公报》 **C79.** 大众点评网 **C80.**《杭州统计年鉴 2016》 **C83.** 杭州统计信息网 - 数据查询 - 文化 http://220.191.208.4/TJSJK/publicActionjumpToThirdClass.action?second_name=%25u6587%25u5316&second_id=21&first_id=2 **C84/85.**《杭州统计年鉴 2016》 **C89.** 百度百科 baike.baidu.com/item/国家文化产业示范基地 #9

备注

C73. 音乐厅 2 个 **C78.** 至 2015 年末，全市各类旅行社达 685 家，增长 4.1% **C79.** 酒店频道 - 五星级、四星级 **C80.** 11-04 市区园林绿化，“公园绿地”7 640 公顷，1-02 土地面积和人口密度中“全市土地面积”16 596 平方千米，经单位转换为 1 659 600 公顷，因此百分比为 7640/1 659 600=0.46% **C81.** A 级景区 54 个，其中 5A 级景点 3 个，4A 级景点 34 个 **C82.** 全市有各类专业艺术表演团体 21 个、文化馆 15 个 **C83.** 专业艺术剧团从业人员，仅有 2012 年数据 **C84.** 13-18 市、县级社会团体机构情况，按性质分 文化(个)：241 **C85.** 12-17 高等学校基本情况（2015 年），中国美术学院、浙江广播电视大学、浙江传媒学院 **C89.** 第一批—第五批

B7 二级指标
文化环境（文化经济环境 + 文化社会环境）

三级指标

C90 2015 年
居民人均可支配收入
48 316.00 元

C91
—

C92 2015 年
互联网用户规模
732.3 万人

C93 2015 年
互联网普及率
81.20%

C94
—

C95 2010 年
大专及以上学历占比
18.90%

C96 2015 年
高等专科以上学校数量
39 个

C97 2015 年
在校大学生数量
47.56 万人

来源

C90.《2016 杭州统计年鉴》 **C92/93.** 浙江在线新闻网 http://zjnews.zjol.com.cn/system/2016/05/24/021162679.shtml **C95.** 按杭州市 2010 年第六次全国人口普查主要数据公报 http://hznews.hangzhou.com.cn/xinzheng/yaolan/content/2011-05/12/content_3722983.htm **C96/97.** 杭州市 2015 年暨“十二五”时期国民经济和社会发展统计公报

备注

C90. 13-01 城镇居民人均可支配收入，一、可支配收入 城镇常住居民：48 316 **C92.** 省内，杭州市网民数居各市之首，达到 732.3 万人 **C93.** 从网民普及率来看，杭州市最高（81.2%） **C95.** 大学（指大专及以上）文化程度的人口为 164.27 万人 / 杭州市的常住人口为 870.04 万人 **C96/97.** 普通高等院校 39 所，在校学生 47.56 万人

B8 二级指标
文化多样性（文化包容性 + 国际化程度）

三级指标

C98 2015 年
非户籍人口占比 19.8%

C99 2012 年
国外常住人口数量 约10 000 人

C100 2012 年
国外常住人口占城市人口比重
0.11%

C101
—

C102 2015 年
国际游客年度数量（不含港澳台的游客）
237.85 万人次

C103 2015 年
国际游客占城市人口比重 26.38%

C104 2015 年
举办国际性会议数量 27 个

C105
—

来源

C98. 杭州市 2015 年暨“十二五”时期国民经济和社会发展统计公报 **C99/100.** 浙江新闻网 http://zjnews.zjol.com.cn/05zjnews/system/2012/04/09/018395558.shtml **C102/103.**《杭州统计年鉴 2016》 **C104.** 杭州日报 http://zjnews.zjol.com.cn/system/2016/05/18/021154861.shtml

备注

C98. 普通高等院校 39 所，在校学生 47.56 万人。计算：非户籍人口 178.25 万，常住人口 901.8 万 **C99.** 近万名外国人常住杭州 洋“杭漂”能否融入社区生活 **C100.** 计算：1 万 /2012 年全市常住人口 880.2 万人 **C102.** 9-15 境外旅游者人数（1978-2015 年），2015 外国人（人次）：2 378 461 **C103.** 237.85 万人次 /901.8 万人 **C104.** 国际大会及会议协会（ICCA）发布的 2015 年度全球会议目的地城市排行榜

南

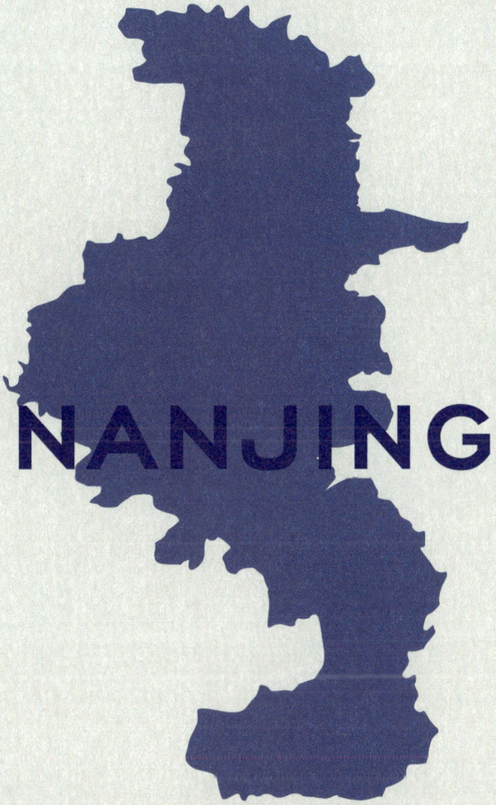

京

数据来源

1. 南京统计年鉴 2016 http://221.226.86.104/file/nj2004/2016/zonghe/index.htm
2. 南京市 2015 年国民经济和社会发展统计公报 http://www.njtj.gov.cn/47448/47488/
3. 南京文化产业网《2015 年南京市文化产业发展总报告》http://www.njculture.net/index.php?m=content&c=index&a=show&catid=214&id=4648

B1 二级指标
文化投入(公共投入+民间投入)

三级指标

来源

C1/2.《南京统计年鉴 2016》 C3.南京市文化广电新闻出版局 C4.南京市文化产业网 http://www.njculture.net/index.php?m=content&c=index&a=lists&catid=122

备注

C1.表 12-2 一般公共预算支出,文化体育与传媒:26.06亿元 C2.表 12-2 一般公共预算支出,文化体育与传媒:26.06亿元 / 一般公共预算支出 1045.57亿元 C4.目前南京市可申报的国家、省级文化产业融合类专项资金共 11 项

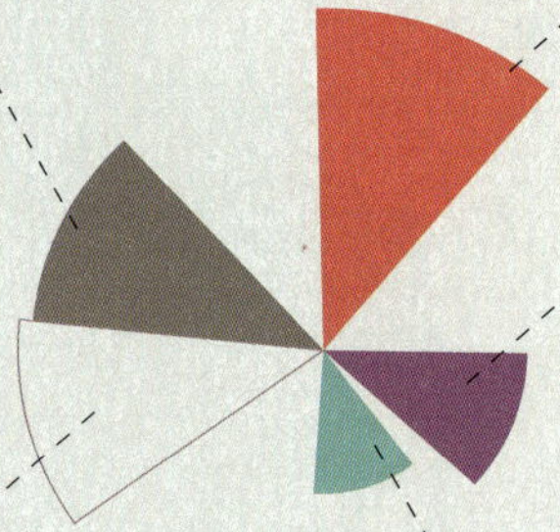

C3 2014 年
文化专项扶持基金年度规模
1.54 亿元

C1 2015 年
文化投入年度规模
26.06 亿元

C4 2015 年
公共文化艺术基金数量
11 个

C5
民间文化基金数量
—

C2 2015 年
文化投入占政府预算比重
2.49%

B2 二级指标
文化产出(文化产值+文化贸易+文化就业)

三级指标

来源 SOURCE

C6/7.南京文化产业网"2015 年南京市文化产业发展总报告" http://www.njculture.net/index.php?m=content&c=index&a=show&catid=214&id=4648 C9.《南京统计年鉴 2016》

备注

C6/7.2015 年全市文化产业增加值预计达到590亿元,占 GDP 比重超过6% C9. 3-7全市城镇非私营单位分行业从业人数及构成(2015 年)文化、体育和娱乐业25 530人 / 全市从业人员2 130 973 人

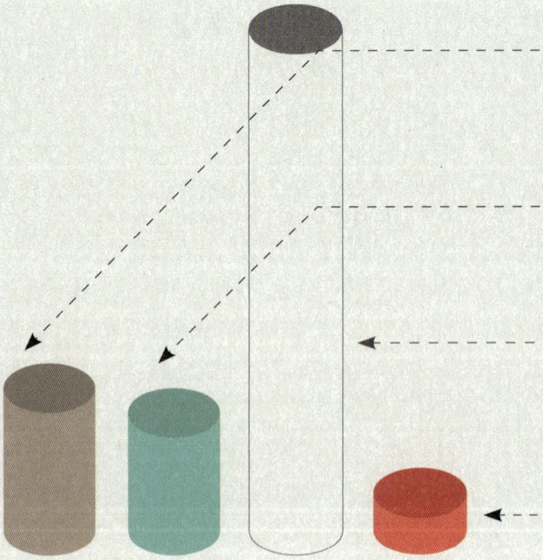

C6 2015 年
文化创意产业增加值
590.00 亿元

C7 2015 年
文化创意产业增加值
占地区生产总值比
6.00%

C8
文化产品出口额
—

C9 2015 年
文化从业人员占比
1.20%

B3 二级指标 文化产品与服务

三级指标

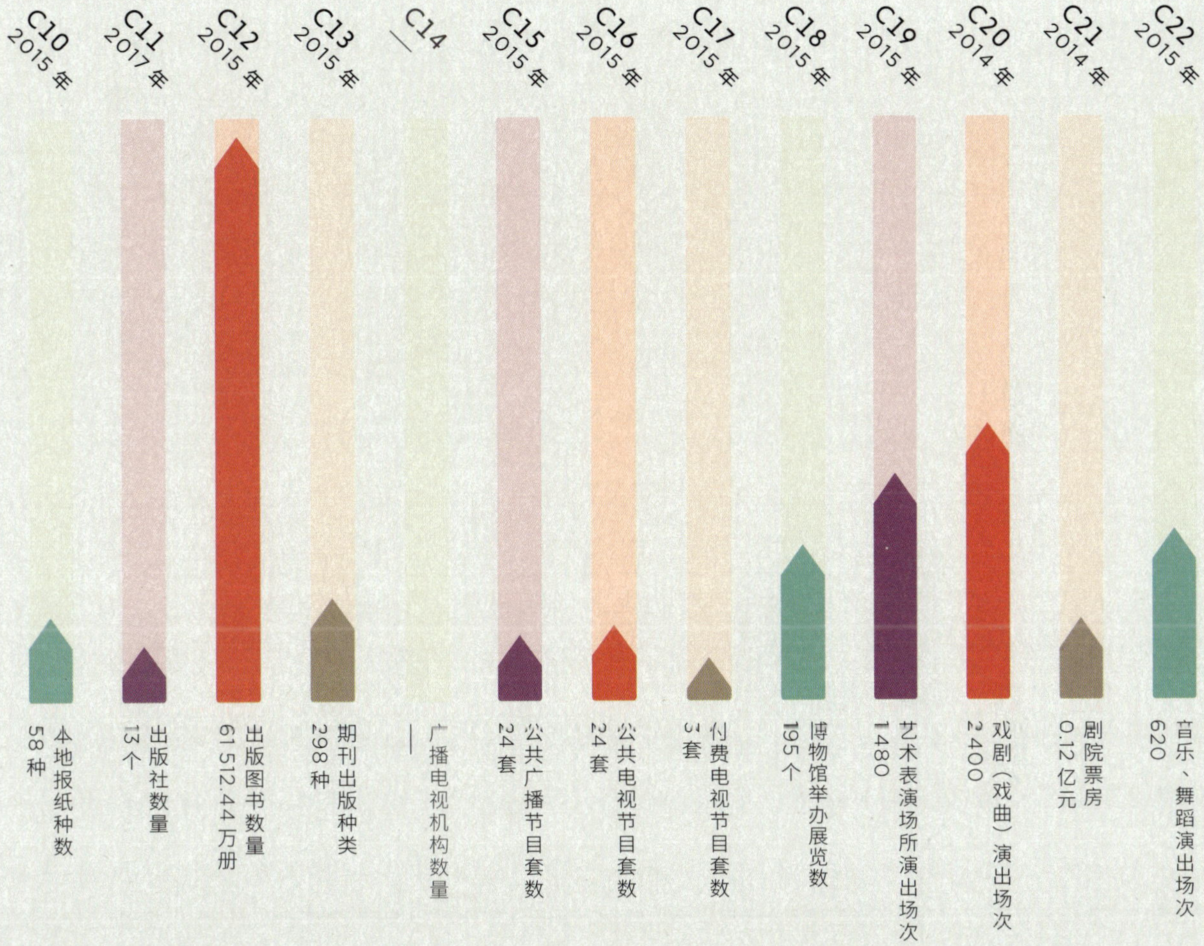

来源

C10.《南京统计年鉴 2016》 C11. 国家新闻出版广电总局 http://www.sapprft.gov.cn/ C12/13/15/16/17/18/19/20.《南京统计年鉴 2016》 C21. 南京市文化广电新闻出版局 C22.《南京统计年鉴 2016》

备注

C10. 表 14-8 图书、杂志、报纸出版情况(2015 年)，报纸: 58 种 C11. 便民查询 - 图书出版单位查询，地区关键词: 江苏，从中统计出所在地南京的图书出版单位 13 家 C12. 表 14-8 图书、杂志、报纸出版情况(2015 年)，图书: 615 124 400万册 C13. 表 14-8 图书、杂志、报纸出版情况(2015 年)，杂志: 298 种 C15. 表 14-10 广播、电视播出情况 (2015 年)，广播节目套数公共节目:24 套 C16. 表 14-10 广播、电视播出情况 (2015 年)， 电视节目套数公共节目:24 套 C17. 表 14-10 广播、电视播出情况 (2015 年)，电视节目套数付费节目: 3 套 C18. 表 14-7 文物保护管理机构综合情况 (2015 年) 博物馆展览: 195 个 C19.14-9 艺术表演场所综合情况 (2015 年)，演(映)出场次(场):1 480 场次 C20. 表 14-3 艺术团体(2015 年)，话剧、儿童剧、滑稽剧类2 120 场 + 京剧270 场 + 曲艺 10 场 C22. 表 14-3 艺术团体(2015 年)，音乐、舞蹈:620场

B3 二级指标 文化产品与服务

三级指标

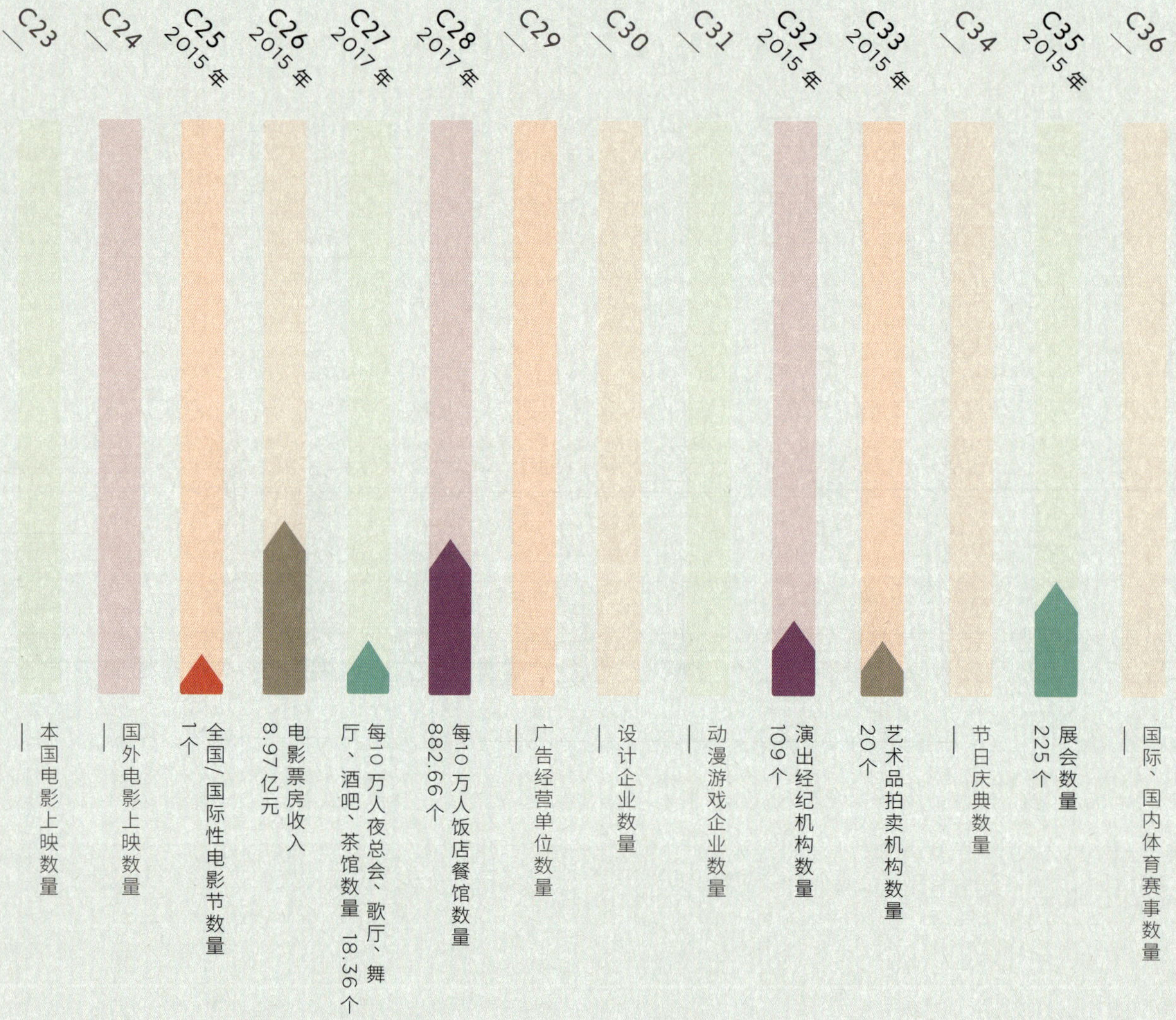

来源

C25. 中国独立影像展 https://chinaiff.jimdo.com/ C26. 凤凰娱乐新闻 http://ent.ifeng.com/a/20160104/42555990_0.shtml C27/28. 大众点评网 C32/33.《南京统计年鉴 2016》 C35. 中商情报网"全国各城市展览展会数量排行榜: 上海第一 重庆第二(附榜单)" http://www.toutiao.com/i6390579796362920449/

备注

C26. 全国百强城市情况，9南京市 票房(万)：89 697.17 C27. KTV(523) + 酒吧(423) + 茶馆(566)/ 南京常住人口 8 235 900 人 C28. 餐厅 72 695/ 南京常住人口8 235 900 人 C32. 表 14-4 文化市场经营机构基本情况 (2015年)，演出经纪机构：109 个 C33. 表 14-4 文化市场经营机构基本情况 (2015年)，艺术品经营机构：20个 C35.2015 年全国城市展览展会数量排行榜

B4 二级指标

文化生活消费（文化消费支出 + 文化产品消费 + 文化服务消费）

三级指标

C37 2015 年
居民人均文化娱乐消费支出
4 698.00 元

C38 2015 年
居民文化娱乐消费支出占总支比重
16.90%

C39 2015 年
平均每一演出场次的观众人次
708.59

C40 2015 年
艺术表演场所演出观众人次
82.20 万

C41 2015 年
电影院入场人次
2 475.28 万

C42 2015 年
人均电影院入场次数
3.01

C43 2015 年
全市接待游客人次
1.02 亿

C44 2015 年
每百人（户）移动电话普及率
125.7 部/ 百人（户）

来源

C37/38/39/40.《南京统计年鉴 2016》 C41/42.风凰娱乐新闻 http://ent.ifeng.com/a/20160104/42555990_0.shtml C43/44.《南京统计年鉴 2016》

备注

C37. 表 4-3，城镇居民家庭全年人均消费支出：“教育文化娱乐支出”4 698 元 C38. 计算：4 698 元 / 消费支出合计：27 794 元 C39. 计算：821970 人次 / 艺术演（映）出场次1 160 C40. 表14-9 艺术表演场所综合情况（2015 年）艺术演出观众人次：821.97 千人次 C41. 全国百强城市情况，9南京市人次（万）：2 475.28 C42. 计算：2 475.28 万人次 / 常住人口823.59 万人 C43. 11-10 旅游经济主要指标，全市接待国内外旅游者：1.02亿人次 C44. 表 8-8邮政电信基本情况，移动电话用户1 034.87 万户南京常住人口8 235 900 人 x 100

B5 二级指标
文化参与（文化场馆参与 + 文化活动参与）

三级指标

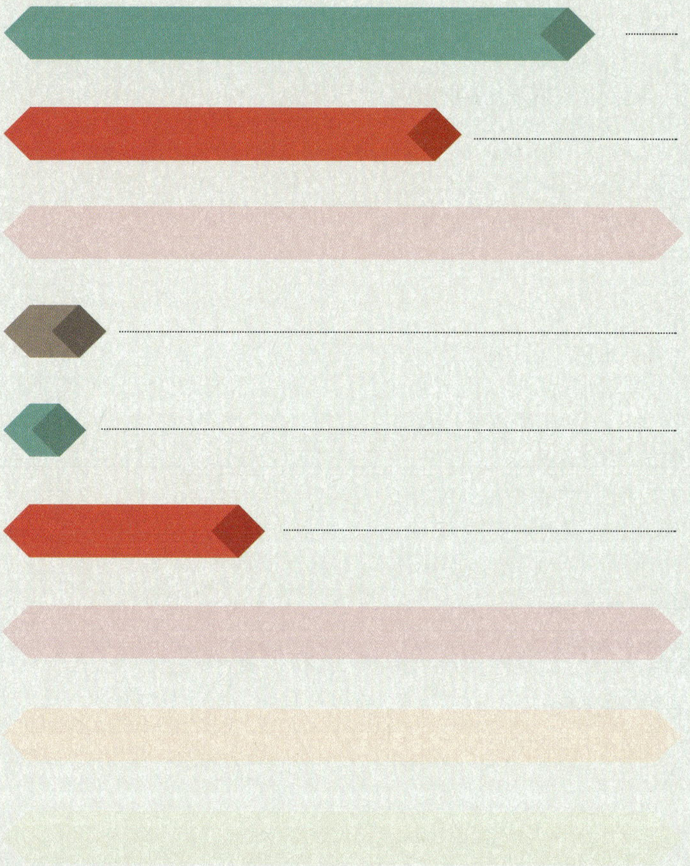

C45	2015 年	公立博物馆年参观人次 3 142.95 万
C46	2015 年	博物馆参观人数占人口百分比 381.62%
C47	—	2 个最受欢迎的美术馆年参观人次 —
C48	2015 年	公共图书馆书刊文献外借册次 573 万
C49	2015 年	人均公共图书馆书刊文献外借册次 0.70
C50	2013 年	文化馆含群艺馆年接待人次 45.01 万
C51	—	社区文化活动中心年接待人次 —
C52	—	2 个最受欢迎的展览/展会的年参加人次 —
C53	—	2 个最受欢迎的节庆的年参加人次 —

来源

C45/46/48/49/50.《南京统计年鉴 2016》

备注

C45. 表 14-6 博物馆综合情况（2015 年），参观人次：3 142.95 万人次 C46. 计算：3 142.95 万人次，南京常住人口 823.59 万人 C48. 表 14-5 公共图书馆综合情况（2015 年），书刊文献外借册次（千册次）：5 727.01 C49. 计算：823.59 万人 C50. 表 14-2 文化馆（站），（2013 年），结业人次（人次）：45.01

一级指标 A3 文化生态

B6 二级指标
文化资源（自然与历史资源 + 文化人才资源 + 文化组织资源）

三级指标

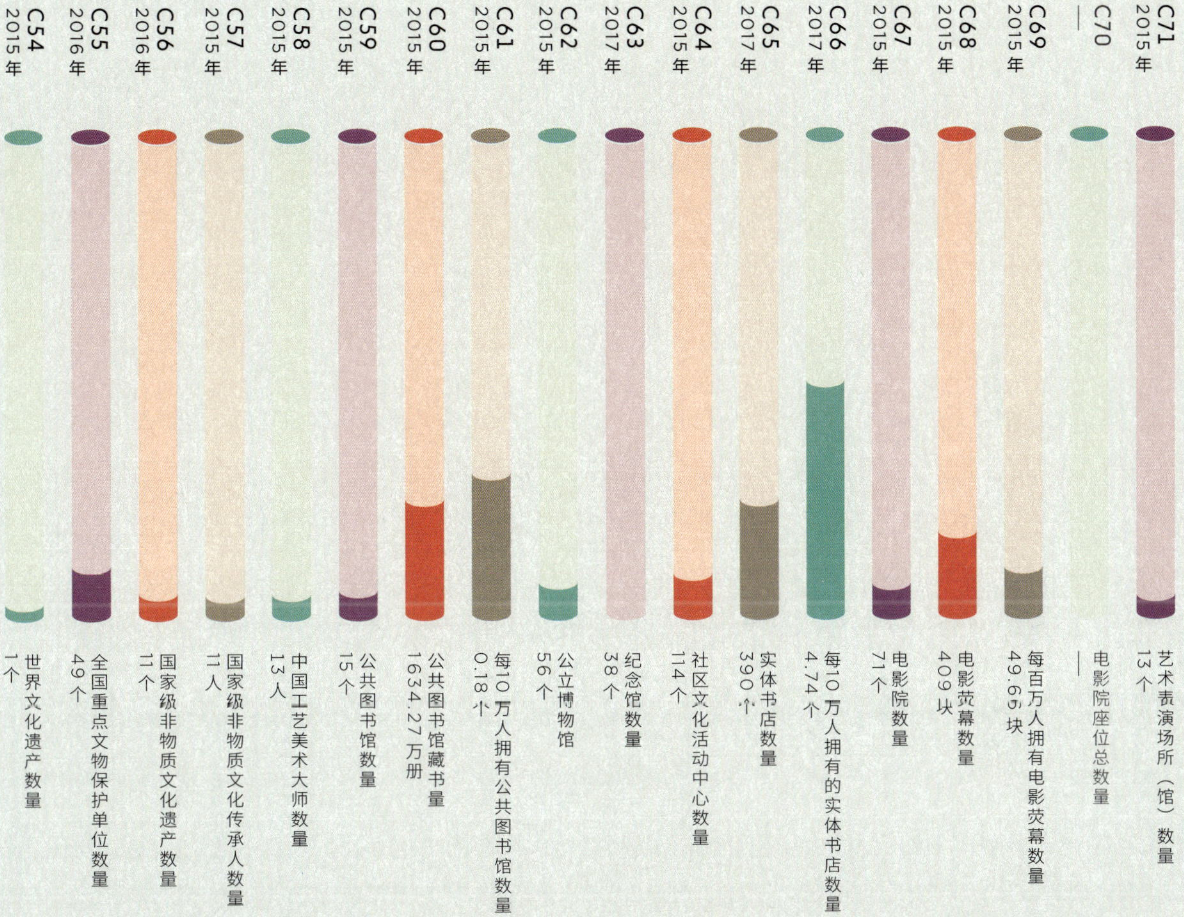

来源

C54. 网易新闻：中国50个世界遗产全名单http://news.163.com/16/0717/20/BS7129HH00014SEH.html C55. 南京市文新广局 http://wgxj.nanjing.gov.cn/whjs/whyc/wbdw/201511/t20151103_3645512.html C56. 凤凰江苏新闻 http://js.ifeng.com/a/20161102/5113148_0.shtml C57. 中国非物质文化遗产网 http://www.ihchina.cn/6/6_1.html C58. 江苏省文化厅 C59/60/61/62.《南京统计年鉴 2016》 C63. 大众点评网 C64.《南京统计年鉴 2016》 C65/66. 大众点评网 C67. 南京文广局动态“规范电影市场 促进产业繁荣全市影院管理工作会议召开”http://www.njwgx.gov.cn/whjs/gbys/gbysdt/201604/t20160429_3926002.html C68/69. 凤凰娱乐：http://ent.ifeng.com/a/20160104/42555990_0.shtml C71.《南京统计年鉴 2016》

备注

C54. 明孝陵 C55. 全国重点文物保护单位名单（49 处、103 点） C56. 目前，南京市拥有国家级非物质文化遗产代表性项目11项 C57. 国家非物质文化遗产代表性项目代表性传承人 - 南京市 C59. 表 14-5 公共图书馆综合情况（2015 年），图书馆：15个 C60. 表 14-5 公共图书馆综合情况（2015 年），图书馆馆藏量：1634.27万册 C61. 表 14-5 公共图书馆综合情况（2015 年），图书馆：15 个 / 南京常住人口 823.59 万人 ×10 C62. 表 14-6 博物馆综合情况（2015 年），博物馆机构数：56 个 C63. 纪念馆 C64. 表 14-2 文化馆（站）（2015 年），合计个数（个）：114 C65. 购物频道 - 书店 C66. 计算：书店 390 个 / 南京常住人口 823.59 万人 ×10 C67. 目前影院总数达 71座 C69. 计算：409/823.59 万人 C71. 表 14-9 艺术表演场所综合情况（2015 年）机构数：13 个

B6 二级指标
文化资源（自然与历史资源 + 文化人才资源 + 文化组织资源）

三级指标

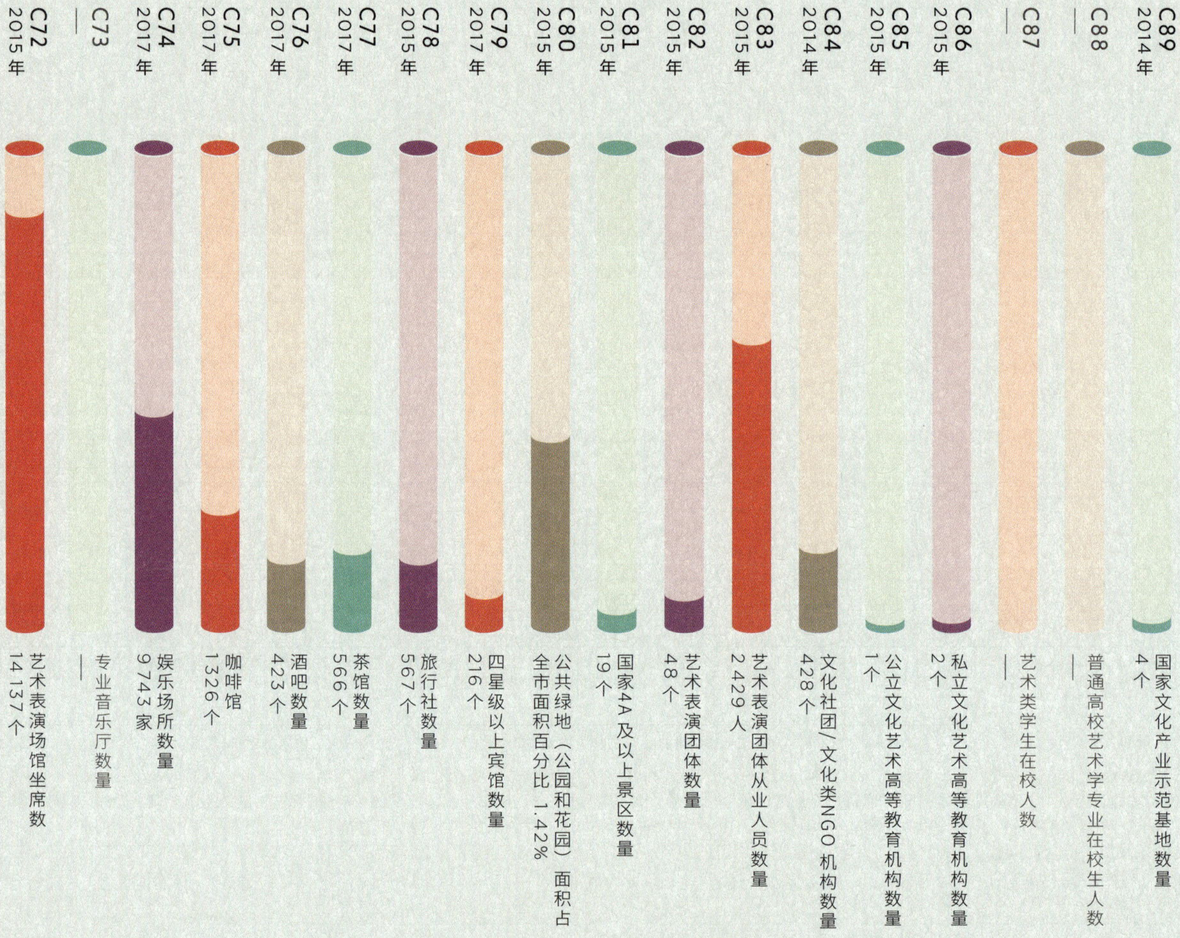

来源

C72/78.《南京统计年鉴 2016》 C74/75/76/77. 大众点评网 C79. 大众点评网 C80/81/82/83.《南京统计年鉴 2016》 C84.《南京市非营利性文化组织现状及发展》江海，《经济与社会科学研究》2015 年第 9 期 C85/86. 高考网 C89. 百度百科，baike.baidu.com/item/ 国家文化产业示范基地 #9

备注

C72. 表 14-9 艺术表演场所综合情况（2015 年），艺术表演场馆坐席数：14 137 个 C74. 娱乐休闲频道 C75. 咖啡馆 C76. 酒吧 C77. 茶馆 C78. 表 11-10 旅游经济主要指标，旅行社：567 个 C79. 酒店频道 - 五星级、四星级 C80. 16-6 城市园林绿化，公园绿地面积 9 328 公顷 / 城市面积 658 702 公顷 C81. 表 11-10 旅游经济主要指标，5A 级旅游景区：2，4A 级旅游景区：17 C82. 表 14-3 艺术团体（2015 年），全市剧团数：48 个 C83. 表 14-3 艺术团体（2015 年），全市剧团职工数：2 429 人 C84. 文化类非盈利机构数量较少，共 428 个 C85. 南京艺术学院 C86. 南京视觉艺术职业学院、中国传媒大学南广学院 C89. 第一批—第五批

B7 二级指标

文化环境（文化经济环境 + 文化社会环境）

三级指标

C90 2015 年 居民人均可支配收入 46104.00 元

C91 —

C92 2015 年 互联网用户规模 515 万人

C93 2015 年 互联网普及率 62.70%

C94 —

C95 2015 年 大专及以上学历占比 35.36%

C96 2015 年 高等专科以上学校数量 59 个

C97 2015 年 在校大学生数量 81.26 万人

来源

C90.《南京统计年鉴 2016》 C92/93. 新华网“2016 南京新媒体传播峰会 1月17日召开” http://www.js.xinhuanet.com/201 C95.“南京市 2015 年 1% 人口抽样调查数据” http://www.nanjing.gov.cn/xxgk/bm/tjj/201607/t20160729_4056050.html C96/97.《南京统计年鉴 2016》

备注

C90. 表 4-1 城镇居民家庭生活基本情况，居民人均可支配收入：46104.00 元 C92/93.“互联网 +”正在变成一场深刻而全面的变革，而南京，正日益成为一座“互联网 +”大市，互联网普及率 62.7%，网民数量 515 万 C95. 南京市 2015 年 1% 人口抽样调查数据 2015 年南京大专以上学历人口 291 万 . 比重 35.36% C96. 表 13-11 各类教育事业基本情况，普通高等教育：59 个 C97. 表 13-11 各类教育事业基本情况，普通高校、“研究生培养机构”共 81.26 万人

B8 二级指标

文化多样性（文化包容性 + 国际化程度）

三级指标

C98 2015 年
非户籍人口占比 20.7%

C99 2014 年
国外常住人口数量 24 000 人

C100 2014 年
国外常住人口占城市人口比重 0.29%

C101 2014 年
国际留学生数量 8 000 人

C102 2015 年
国际游客年度数量（不含港澳台的游客）43.23 万人次

C103 2015 年
国际游客占城市人口比重 5.25%

C104 2015 年
举办国际性会议数量 16 个

C105 2014 年
跨国公司地区总部的数量 93 个

来源

C98. 南京市 2015 年国民经济和社会发展统计公报 C99/100/101. 人民网《超过 2 万名老外居住在南京 其中 1/3 是留学生》http://js.people.com.cn/n/2014/1003/c360303-22507359.html C102/103.《南京统计年鉴 2016》 C104. 杭州日报 http://zjnews.zjol.com.cn/system/2016/05/18/021154861.shtml C105. 扬子晚报网 http://www.yangtse.com/fangchan/2015-11-13/703457.html

备注

C98. 年末全市常住人口 823.59 万人……年末全市户籍总人口为 653.40 万人，823.59-653.40=170.19/823.59 C99. 我市常住境外人员有 2.4 万人，比去年增加 3 000 人 C100. 计算 C101. 一是留学生多，有 8 000 多名留学生在南京求学，占全省总量的 70%； C102/103. 表 11-11 接待入境旅游人数，接待入境游人数 外国人（人次）：42 315，南京常住人口 823.59 万人 C104. 国际大会及会议协会（ICCA）发布的 2015 年度全球会议目的地城市排行榜 C105. 南京有 93 家跨国公司总部，上海有 525 家

天

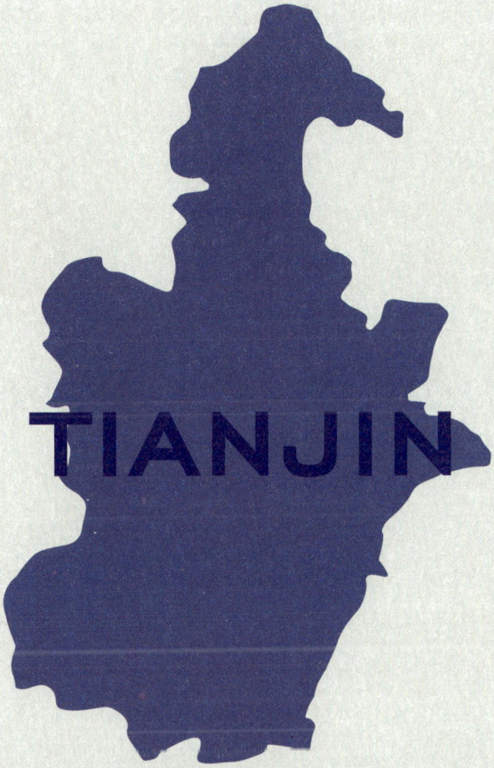

津

数据来源

1. 天津统计年鉴 2016 http://www.stats-tj.gov.cn/Item/26545.aspx
2. 2015 年天津市国民经济和社会发展统计公报 http://www.tjdpc.gov.cn/dtzx/xwzs/201603/t20160302_60432.shtml
3. 天津市文化广播影视“十三五”规划 http://www.tjcc.gov.cn/zwgk/zcfg2/201610/t20161014_6515.html
4.《2016 年中国文化及相关产业统计年鉴》，中国统计出版社，2016 年版
5.《中国文化文物统计年鉴 2015》，中华人民共和国文化部编，国家图书馆出版社 2015 年出版

B1 二级指标
文化投入(公共投入+民间投入)

三级指标

来源

C1/2.《天津统计年鉴2016》 C3.天津市文广局《天津市文化产业发展“十三五”规划》http://www.tjwh.gov.cn/zwxx/zwgk/1702/170224-tjsw.html C4.天津市文广局 C5.《2015年中国文化及相关产业统计年鉴》

备注

C1.8-3 财政支出，文化体育与传媒:51.73亿元 C2.8-3财政支出中，文化体育与传媒:51.73亿元/一般预算公共支出:3 232.35亿元 C3.天津市文化产业发展“十三五”规划:设立市级文化产业发展专项资金，每年1亿元，共扶持了172个文化产业项目，撬动社会资金规模超过百亿元，引导设立区县文化发展专项资金 C5.4-3-15 文化类社会组织情况P198，基金会数:8

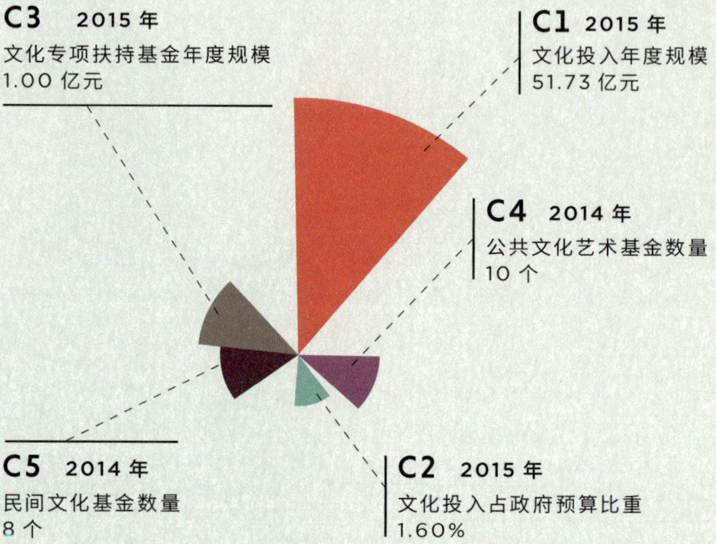

B2 二级指标
文化产出(文化产值+文化贸易+文化就业)

三级指标

来源

C6/7.天津市文广局“天津市文化产业发展‘十三五’规划”http://www.tjwh.gov.cn/zwxx/zwgk/1702/170224-tjsw.html C8.天津市统计局 C9.《2016年中国文化及相关产业统计年鉴》

备注

C6/7. 2015年全市文化产业增加值超过800亿元，占全市国内生产总值达到5% C8.文化进出口贸易额 C9.1-12 按行业城镇单位就业人员数P11，合计(万人)，文化、体育和娱乐业(万人)，天津:2.2，计算:2.2/294.8

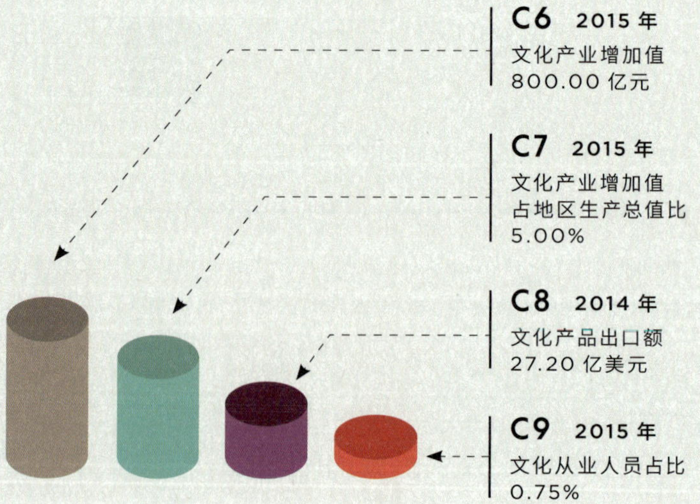

B3 二级指标 文化产品与服务

三级指标

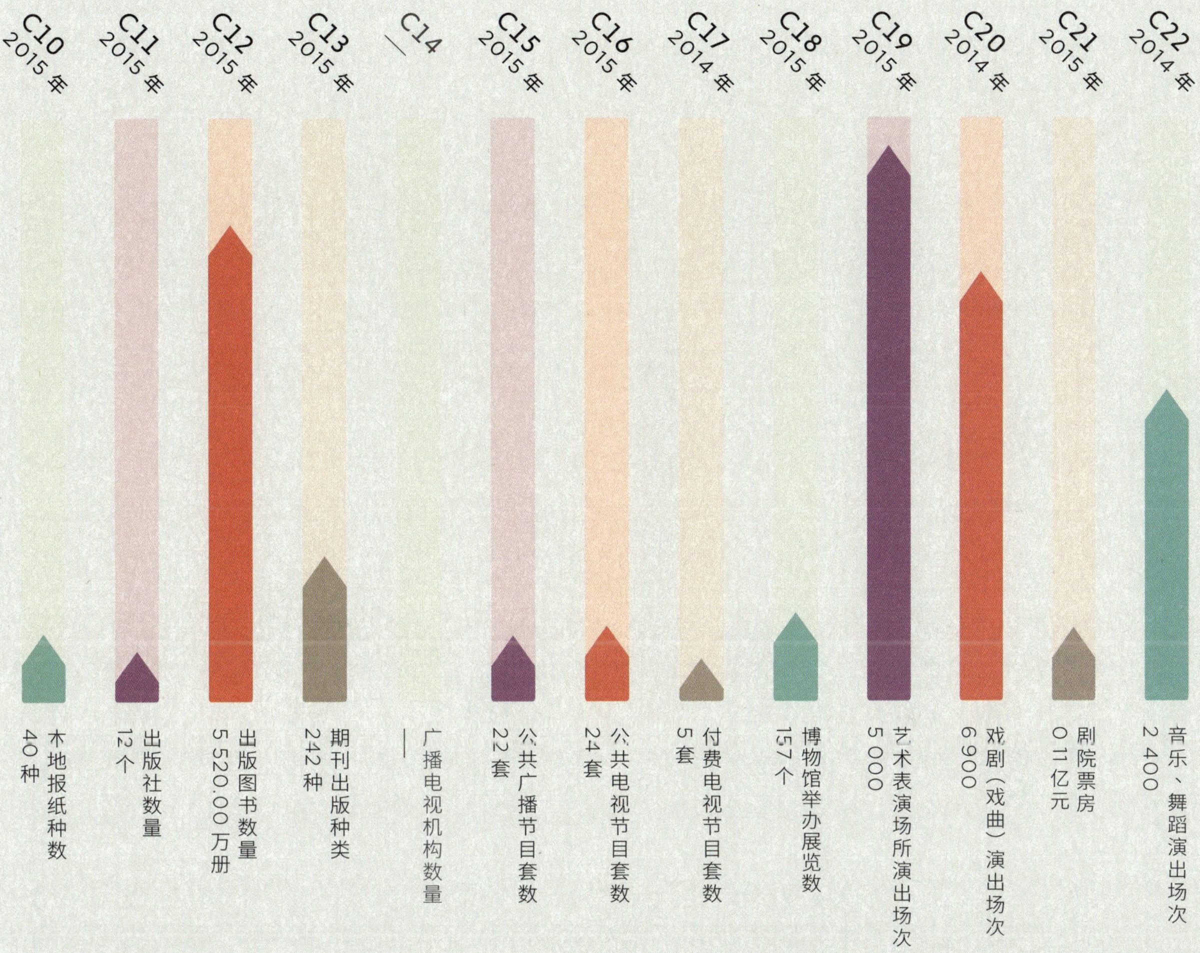

来源

C10/12/13.《天津统计年鉴 2016》 C11/15/16/19/21.《2016 年中国文化及相关产业统计年鉴》 C17. 天津市文广局 C18.《天津统计年鉴 2016》 C20/22.《2015 中国文化文物统计年鉴》

备注

C10.20-2 报纸期刊出版情况，报纸总计：40 种 C11.4-1-3 全国出版机构及人员情况 P122，图书出版社 机构数（个），天津：12 C12.20-3 图书出版情况，图书总计：5 520.00 万册 C13.20-2 报纸期刊出版情况，期刊总计：242 种 C15. 4-2-6 分地区广播节目播出情况 P141，公共广播节目套数（套），天津：22 C16.4-2-7 分地区电视节目播出情况 P143，公共电视节目套数（套），天津：24 C18.20-13 博物馆和文物保护单位基本情况（2012-2015 年）博物馆举办陈列展览：157 个 C19.P181：4-3-10：分地区艺术表演场馆基本情况：0.5 万 C20. 四、艺术业 -2014 年各地艺术表演团体分剧种国内演出场次（P223）指标属于艺术表演团体分剧种国内演出场次（含京剧、昆曲类；地方戏曲类；曲艺类） C21.P182 4-3-10 分地区艺术表演场馆基本情况（2015 年）续表 1- 收入合计 -# 演出收入 C22. 四、艺术业 -2014 年各地艺术表演团体分剧种国内演出场次（P223）数据属于艺术表演团体分剧种国内演出场次（歌舞、音乐类）

B3 二级指标 文化产品与服务

三级指标

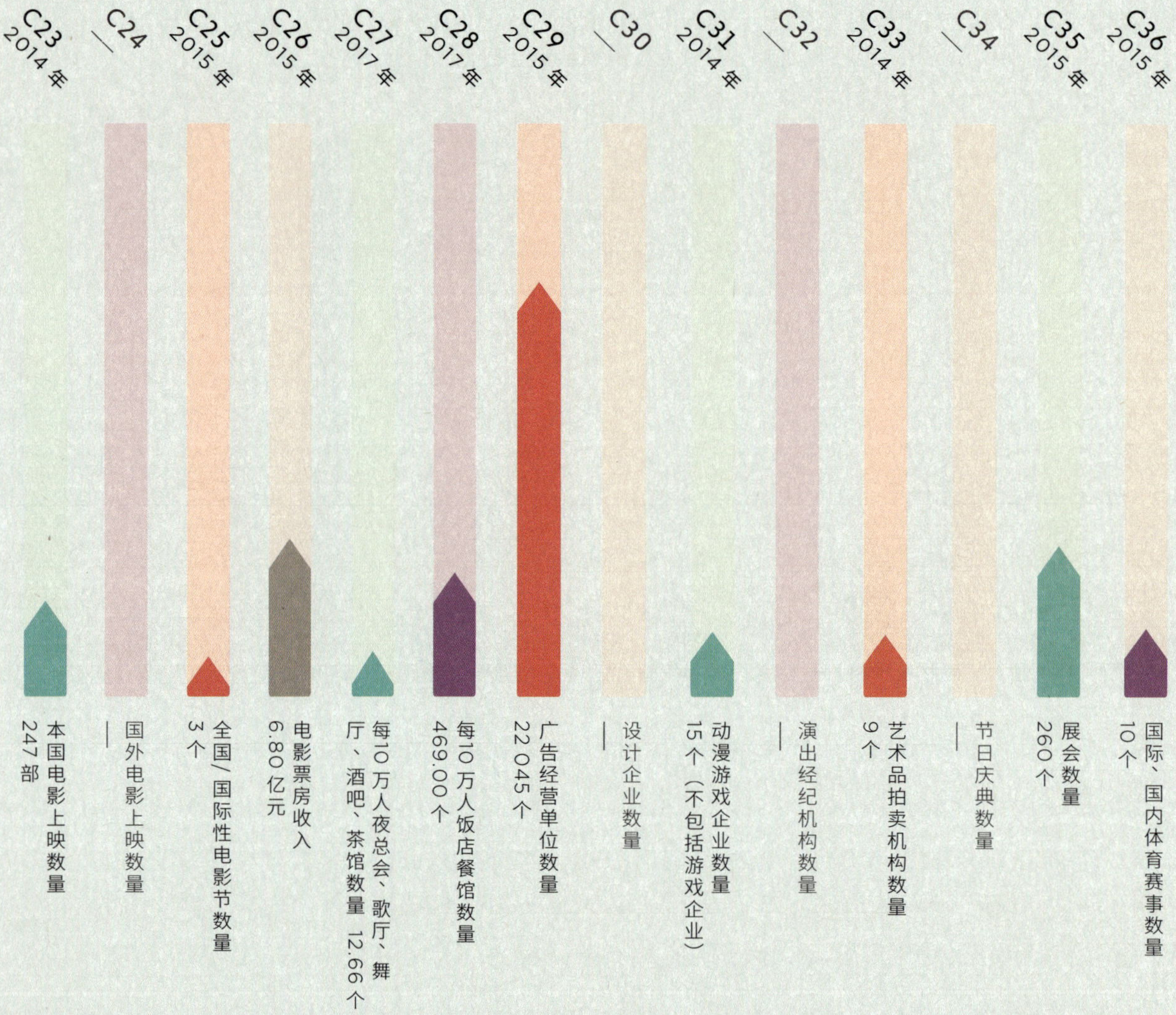

来源

C23. 天津市文广局 **C25.** 网络新闻 http://news.enorth.com.cn/system/2014/12/08/012314348.shtml; http://www.cac.gov.cn/2015-11/30/c_1117308530.htm; http://www.cnr.cn/tj/jrtj/20170107/t20170107_523450246.shtml **C26.**《2015 年天津市国民经济和社会发展统计公报》http://www.stats-tj.gov.cn/Item/25858.aspx **C27/28.** 大众点评网 **C29/31.**《2016 年中国文化及相关产业统计年鉴》 **C33.** 网络新闻 -“2014 拍卖年报之三：全国文物艺术品拍卖十大城市公布 京津居市场主导” http://auction.artron.net/20150819/n771196.html **C35.** 中商情报网“全国各城市展览展会数量排行榜：上海第一 重庆第二（附榜单）” http://www.toutiao.com/i6390579796362920449/ **C36.**《2015 年天津市国民经济和社会发展统计公报》 http://www.stats-tj.gov.cn/Item/25858.aspx

备注

C25. 青年电影节、天津国际微电影节、滨海国际微电影节 **C26.** 全年摄制电影故事片18 部，64家院线影院放映电影 73.43 万场次，观影人数2108 万人次，票房收入 6.8 亿元 **C27.**KTV(859)+酒吧(455)+茶馆(644)，天津常住人口 154.695 **C28.** 餐厅 72 553/154.695 **C29.**4-5-2 分地区广告经营单位 P208，2015 天津(个)：22 045 **C31.**4-4-6 分地区动漫企业基本情况 P205，企业数（个），天津：15 **C33.** 京津地区共有文物拍卖企业145家，北京文物拍卖企业 136 家 **C35.**2015 年全国城市展览展会数量排行榜 **C36.** 成功举办 2015 年亚洲女排锦标赛等 10 余项国内外赛事

B4 二级指标

文化生活消费（文化消费支出 + 文化产品消费 + 文化服务消费）

三级指标

C37 2015 年
居民人均文化娱乐消费支出
1278.3 元

C38 2015 年
居民文化娱乐消费支出占总支出比重
4.87%

C39 2015 年
平均每一演出场次的观众人次
183.40

C40 2015 年
艺术表演场所演出观众人次
91.7 万

C41 2015 年
电影院入场人次
2097 万

C42 2015 年
人均电影院入场次数
1.36

C43 2015 年
全市接待游客人次
1.74 亿

C44 2014 年
每百人（户）移动电话普及率
91.0 部/百人（户）

来源

C37/39.《2016 年中国文化及相关产业统计年鉴》 C38/40/43.《天津统计年鉴 2016》 C41/42. 凤凰娱乐: http://ent.ifeng.com/a/20160104/42555990_0.shtml C44. 天津市统计局

备注

C37. 2-3-2 分地区城镇居民人均文化娱乐消费支出 P46, 2015 天津(元):1 278.3 C38.1 278.3 元 /10-7 城镇居民家庭人均消费性支出（2012-2015 年）人均消费性支出(院):26 230 C39/40.P181: 4-3-10:分地区艺术表演场馆基本情况（续表1）: 91.7万 C41. 全国百强城市情况, 12天津市, 人次（万）: 2 097.13 C42. 计算: 2 097.13 万人次 / 常住人口1 546.95 万人 C43.6-13 接待入境旅游人数和居住天数（2012-2015 年）、6-15 国内旅游者来津人数和人均消费支出, 326.0131 万人次 +17 058.7 万人次

B5 二级指标
文化参与（文化场馆参与 + 文化活动参与）

三级指标

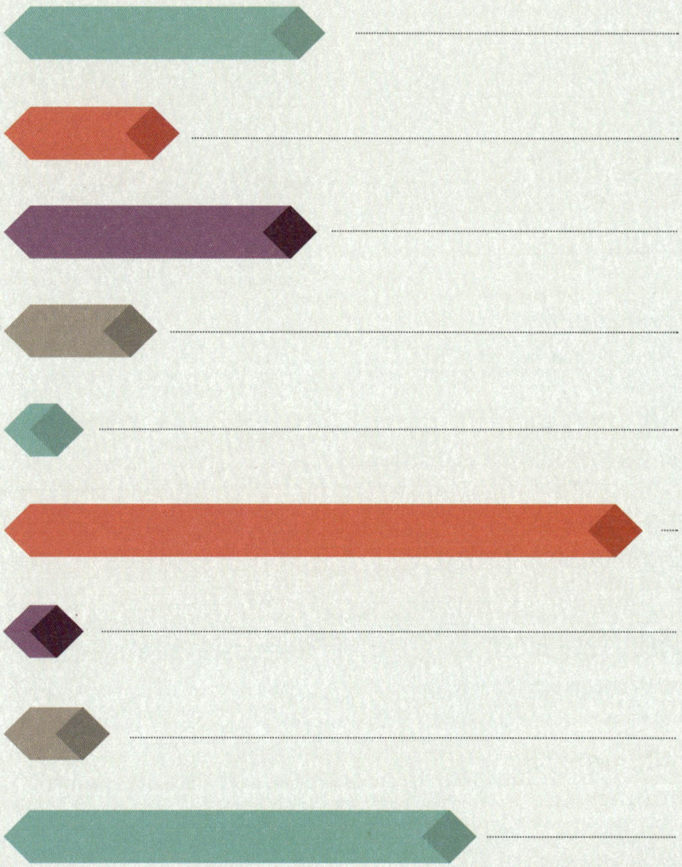

C45 2015 年 公立博物馆年参观人次 1003.00 万

C46 2015 年 博物馆参观人数占人口百分比 64.84%

C47 2014 年 2 个最受欢迎的美术馆年参观人次 130.77 万

C48 2015 年 公共图书馆书刊文献外借册次 859 万

C49 2015 年 人均公共图书馆书刊文献外借册次 0.56

C50 2015 年 文化馆含群艺馆年接待人次 1874.23 万

C51 2014 年 社区文化活动中心年接待人次 12.53 万

C52 2014 年 2 个最受欢迎的展览/展会的年参加人次 70.00 万

C53 2014 年 2 个最受欢迎的节庆的年参加人次 400.00 万

来源

C45/46.《天津统计年鉴 2016》 **C47.** 根据天津市文广局提供数据计算得到 **C48/49.**《天津统计年鉴 2016》 **C50.** 天津文化中心网站 http://www.tjcc.gov.cn/zwgk/sjtj/201512/t20151231_3347.html **C51.** 天津市文广局 **C52/53.** 天津市统计局

备注

C45. 20-13 博物馆和文物保护单位基本情况（2012-2015 年），博物馆参观人次：1003.00 万人次 **C46.** 计算：1003.00 万人次 / 天津常住人口1546.95 万人 **C47.** 0.0862 人次 x15 170 000 人=1 307 654 **C48.**20-12 公共图书馆情况（2012-2015 年），书刊文献外借册次（万册次）：859 **C49.** 计算：8.59 百万册次 / 天津常住人口1546.95 万人 **C50.** 天津文化中心—政务公开—数据统计-2015 年12 月份数据统计，“截至 2015 年 12 月 31 日……各文化场馆接待国内外观众1874.23 万人次。”

B6 二级指标
文化资源（自然与历史资源 + 文化人才资源 + 文化组织资源）

三级指标

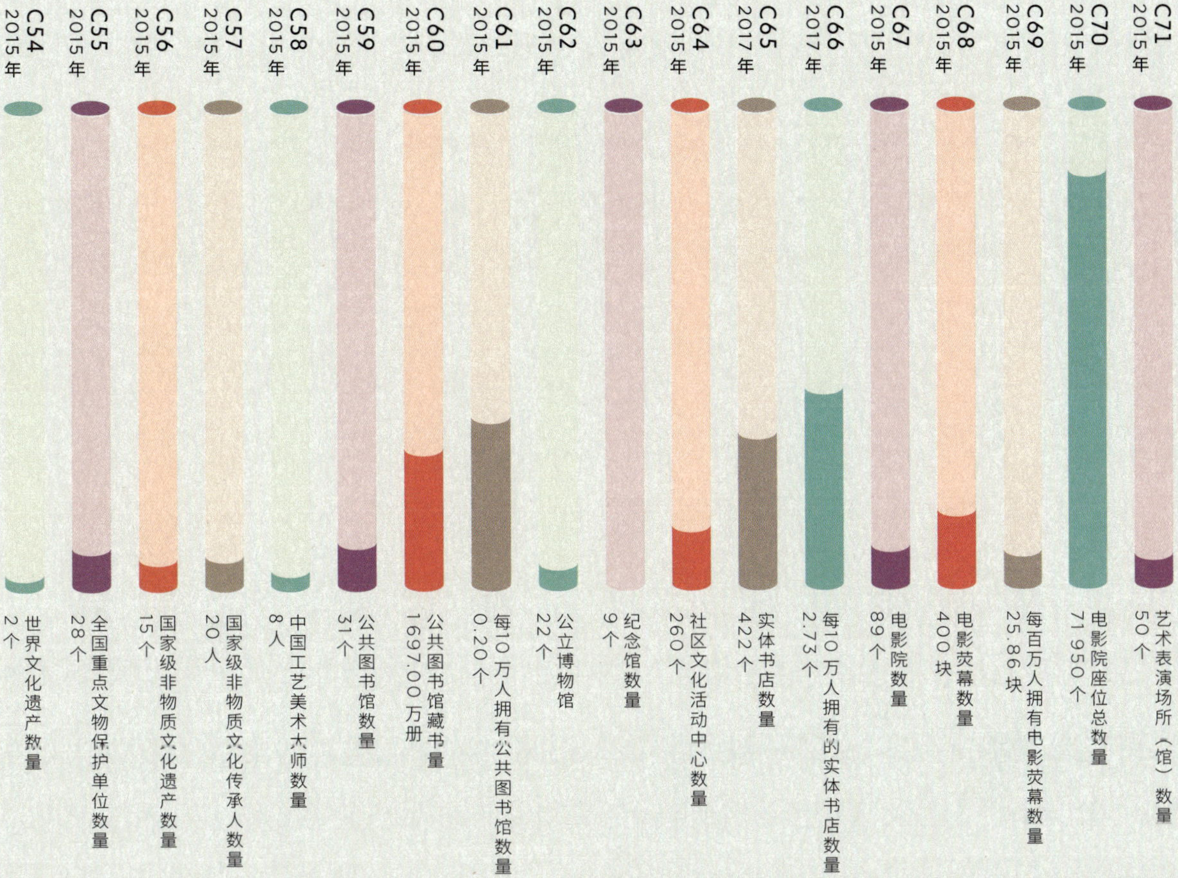

来源

C54. 网易新闻：中国 50 个世界遗产全名单 http://news.163.com/16/0717/20/BS7129HH00014SEH.html **C55/57.** 天津市文广局“天津市文化产业发展‘十三五’规划”http://www.tjwh.gov.cn/zwxx/zwgk/1702/170224-tjsw.html **C56.** 中国非物质文化遗产网 - 中国非物质文化遗产数字博物馆 http://www.ihchina.cn/6/6_1.html **C58.** 天津市工艺美术行业协会 http://www.tjaca.com/ **C59.**“2015 年天津市国民经济和社会发展统计公报”http://www.stats-tj.gov.cn/Item/25858.aspx **C60/61.**《天津统计年鉴 2016》 **C62.**《2015 年天津市国民经济和社会发展统计公报》 http://www.stats-tj.gov.cn/Item/25858.aspx **C63.** 天津市旅游局 **C64.**《2016 年中国文化及相关产业统计年鉴》 **C65/66.** 大众点评网 **C67.**《天津统计年鉴 2016》 **C68/69.** 凤凰娱乐：http://ent.ifeng.com/a/20160104/42555990_0.shtml **C69/70/71.**《天津统计年鉴 2016》

备注

C54. 大运河天津段、黄崖关长城 **C55.** 我市全国重点文物保护单位达到 28 处，市级文物保护单位 212 处 **C56.** 天津市国家级非物质文化遗产代表性项目 **C57.** 非物质文化遗产保护体系进一步健全，国家级、市级代表性项目分别达到 32 个、157 个，国家级、市级代表性传承人分别达到 20 名、221 名 **C58.** 大师专栏 **C59.** 全市共有艺术表演团体66 个，文化馆19 个，博物馆 22 个，公共图书馆 31 个，街乡镇综合文化站 241 个 **C60.** 20-12 公共图书馆情况（2012-2015 年），藏书（万册）：1697 **C61.** 公共图书馆 31 个 / 天津常住人口 154.695 十万人 **C62.** 全市共有艺术表演团体 66 个，文化馆 19 个，博物馆 22个，公共图书馆 31 个，街乡镇综合文化站 241 个 **C64.** 4-3-4 分地区群众文化机构基本情况（2015 年），机构数（个），天津：260 **C65.** 购物频道 - 书店 **C66.** 书店 442/ 天津常住人口 1547万人 x10 **C67.** 20-6 广播电视事业发展情况（2012-2015 年），电影 加入院线影院（个）：69，未加入院线影院（个）：20 **C69.** 计算：400/15.4695 百万人 **C71.** 20-7 艺术事业基本情况（2012-2015 年）艺术表演场所机构数：50 个 **C70.** 20-6 广播电视事业发展情况（2012-2015 年），电影拥有坐席数（个）：71 950

B6 二级指标
文化资源（自然与历史资源 + 文化人才资源 + 文化组织资源）

三级指标

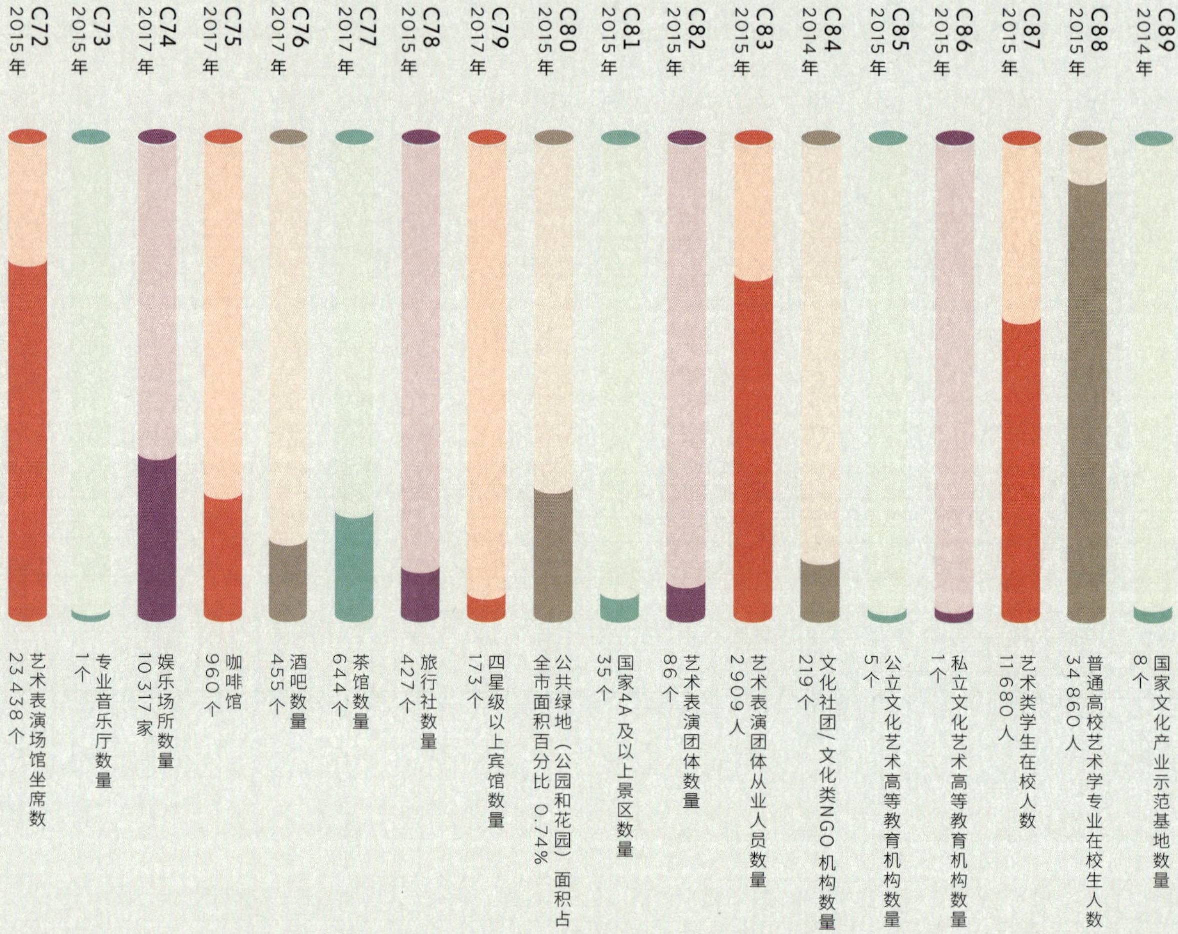

来源

C72/73.《天津统计年鉴 2016》 C74/75/76/77/79. 大众点评网 C78.《2015 年天津市国民经济和社会发展统计公报》http://www.stats-tj.gov.cn/Item/25858.aspx C80/81/86/87/88.《天津统计年鉴 2016》 C82/83.《2016 年中国文化及相关产业统计年鉴》 C84.《2015 年中国文化及相关产业统计年鉴》 C89. 百度百科 baike.baidu.com/item/ 国家文化产业示范基地 #9

备注

C72. 20-7 艺术事业基本情况 (2012-2015 年)，艺术表演场所坐席数：23 438 个 C73.20-7 艺术事业基本情况 (2012-2015 年)，音乐厅：1 个 C74. 休闲娱乐频道 C75. 咖啡馆 C76. 酒吧 C77. 茶馆 C78. 年末全市共有星级宾馆 97 家；旅行社 427 家，其中有出境资质的 44 家；A 级及以上景区 112 个。C79. 酒店频道 - 五星级、四星级 C80.11-11 城市园林绿化情况 (2013-2015 年)，公园绿地面积：8 865 公顷 / 城市面积：11 916.85 平方公里 C81.6-12 A 级及以上和重点旅游景区情况，4A 景区：33、5A 景区：2 C82.4-3-8 分地区艺术表演团体基本情况 P177，机构数 (个)，天津：86 C83.4-3-8 分地区艺术表演团体基本情况 P177，从业人员(人)，天津：2 909 C84.4-3-15 文化类社会组织情况 P198，机构数 (个) 社团：106 基金会：8 民办非企业：105 C85.18-9 各类高等学校基本情况，艺术院校：5 个 C86. 天津体育学院运动与文化艺术学院 C87.18-9 各类高等学校基本情况，艺术院校在校人数：11 680 人 C88.18-10 高等学校分科学生数，艺术学：34 860 人 C89. 第一批—第五批

B7 二级指标
文化环境（文化经济环境 + 文化社会环境）

三级指标

C90 2015 年
居民人均可支配收入
34 101.00 元

C91 2015 年
网站数量
44 097 个

C92 2015 年
互联网用户规模
956 万人

C93 2015 年
互联网普及率
63.00%

C94 2015 年
手机网民规模
920.8 万人

C95 2015 年
大专及以上学历占比
22.16%

C96 2015 年
高等专科以上学校数量
55 个

C97 2015 年
在校大学生数量
51.29 万人

来源

C90.《天津统计年鉴 2016》 **C91/92/93.**“CNNIC 第 37 次中国互联网络发展状况统计报告” http://www.cnnic.net.cn/hlwfzyj/hlwxzbg/hlwtjbg/201601/P020160122444930951954.pdf **C94.** 天津网《天津 96.1% 的网民通过手机上网》http://www.toutiao.com/i6245046125775028737/ **C95/96/97.**《天津统计年鉴 2016》

备注

C90. 1-5 国民经济和社会发展总量与速度指标 城镇居民人均可支配收入：34 101 元 **C91.** P85 附表 7 分省网站数 **C92/93.** P40 表 7 2015 年中国内地分省网民规模及互联网普及率 **C94.** 从本市情况来看，根据市通信管理局统计，天津通过手机上网的网民数量更多，截至 2015 年 12 月，本市手机网民规模达 920.8 万，占比为 96.1% **C95.** 四、受高等教育人口显著增加：五年来，全市每万人中大学专科及以上学历人口从 1 748 人增加至 2 216 人，增加了 468 人。用这个数据来算，每万人里有 2 216 个大专以上学历。2216/10 000=22.16% **C96.** 18-1 各级各类学校基本情况（1996—2015 年），高等学校学校数：55 个 **C97.** 18-2 各级各类学校数、学生数和教职工数（2015 年）高等学校在校学生数：51.29 万人

B8 二级指标
文化多样性（文化包容性 + 国际化程度）

三级指标

C98 2015 年
非户籍人口占比 33.6%

C99 2014 年
国外常住人口数量 约40 000 人

C100 2014 年
国外常住人口占城市人口比重
0.26%

C101 2015 年
国际留学生数量 7 231 人

C102 2015 年
国际游客年度数量（不含港澳台的游客）
300.54 万人次

C103 2015 年
国际游客占城市人口比重 19.43%

C104
—

C105
—

来源

C98/101.《天津统计年鉴 2016》 **C99/100.** 今晚报“关注生活在天津的外国人—<Hello 天津>天视开播” http://roll.sohu.com/20140101/n392767567.shtml **C102/103/104.**《2015 年天津市国民经济和社会发展统计公报》

备注

C98. 3-1 人口主要指标（2000-2015 年），年末全市户籍人口1020.91万人 - 全市常住人口1546.95万人 / 全市常住人口1546.95 万人 **C99.** 随着国际吸引力的日益提升，现在在天津常住的外国人超过了 4 万 **C100.** 计算：4 万 /2014 年常住人口1516.81 万 **C101.** 18-19 外国留学生情况，在校学生数：7231 人 **C102.** 全年接待入境旅游人数326.01 万人次，增长 10.1%；其中，外国人300.54 万人次，增长10.3%。 **C103.** 计算：国际游客 300.54 万人次 / 天津常住人口1546.95 万人

重

CHONGQING

庆

数据来源

1.《重庆统计年鉴 2016》 http://www.cqtj.gov.cn/tjnj/2016/indexch.htm
2.2015 年重庆市国民经济和社会发展统计公报 http://www.cqtj.gov.cn/tjsj/sjzl/tjgb/201603/t20160311_423854.htm
3.2015 年重庆文化产业运行情况 http://www.cqwhw.gov.cn/Html/1/zwgk/gkxx/whtj/2016-03-28/16702.html; 2015 年重庆市旅游业统计公报 http://www.cqta.gov.cn/zwgk/tzgg/system/2016/09/22/000002761.html; 重庆市人民政府办公厅关于印发重庆市文化发展“十三五”规划的通知 http://www.cq.gov.cn/publicinfo/web/views/Show!detail.action?sid=4156230
4.2015 年重庆市 1% 人口抽样调查主要数据公报 http://www.cqtj.gov.cn/tjsj/shuju/tjgb/201601/t20160128_423836.htm
5.《2016 年中国文化及相关产业统计年鉴》中国统计出版社，2016 年版
6.《中国文化文物统计年鉴 2015》 中华人民共和国文化部编，国家图书馆出版社 2015 年出版

B1 二级指标

文化投入(公共投入+民间投入)

三级指标

来源

C1/2/3.《重庆统计年鉴 2016》

C5.《2015 年中国文化及相关产业统计年鉴》

备注

C1. 6-4 财政支出 (2014-2015 年),文化体育与传媒 47.01 亿元 C2.6-4 财政支出 (2014-2015 年),文化体育与传媒 47.01 亿元 / 一般预算公共支出 3792 亿元 C3.6-4 财政支出 (2014-2015 年),政府性基金预算支出 - 文化体育与传媒:0.4亿元 C5.4-3-15 文化类社会组织情况 P198,基金会数:3

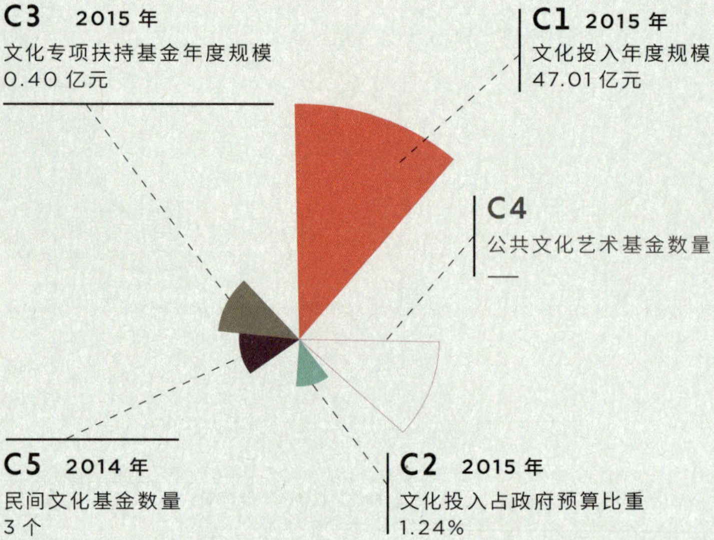

B2 二级指标

文化产出 (文化产值 + 文化贸易 + 文化就业)

三级指标

来源

C6/7. 重庆市人民政府办公厅“关于印发重庆市文化发展‘十三五’规划的通知”http://www.cq.gov.cn/publicinfo/web/views/Show!detail.action?sid=4156228 C9.《2016 年中国文化及相关产业统计年鉴》

备注

C6/7. 全市文化产业增加值从 2010 年的 238 亿元增至 2015 年的 540 亿元,占全市 GDP 比重从 3.0% 升至 3.4%,文化创意设计、文化用品生产、工艺美术品占比跃居十大门类产业前三位 C9.1-12 按行业城镇单位就业人员数 P11,合计(万人);文化、体育和娱乐业 (万人)重庆:2.9,计算:2.9/415.6

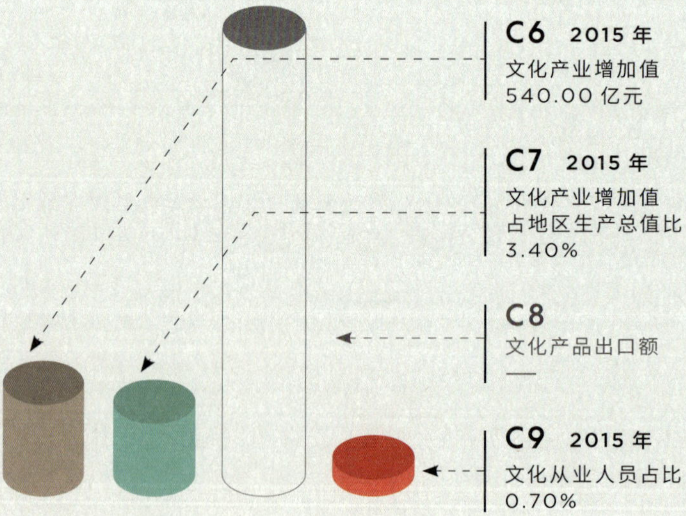

B3 二级指标 文化产品与服务

三级指标

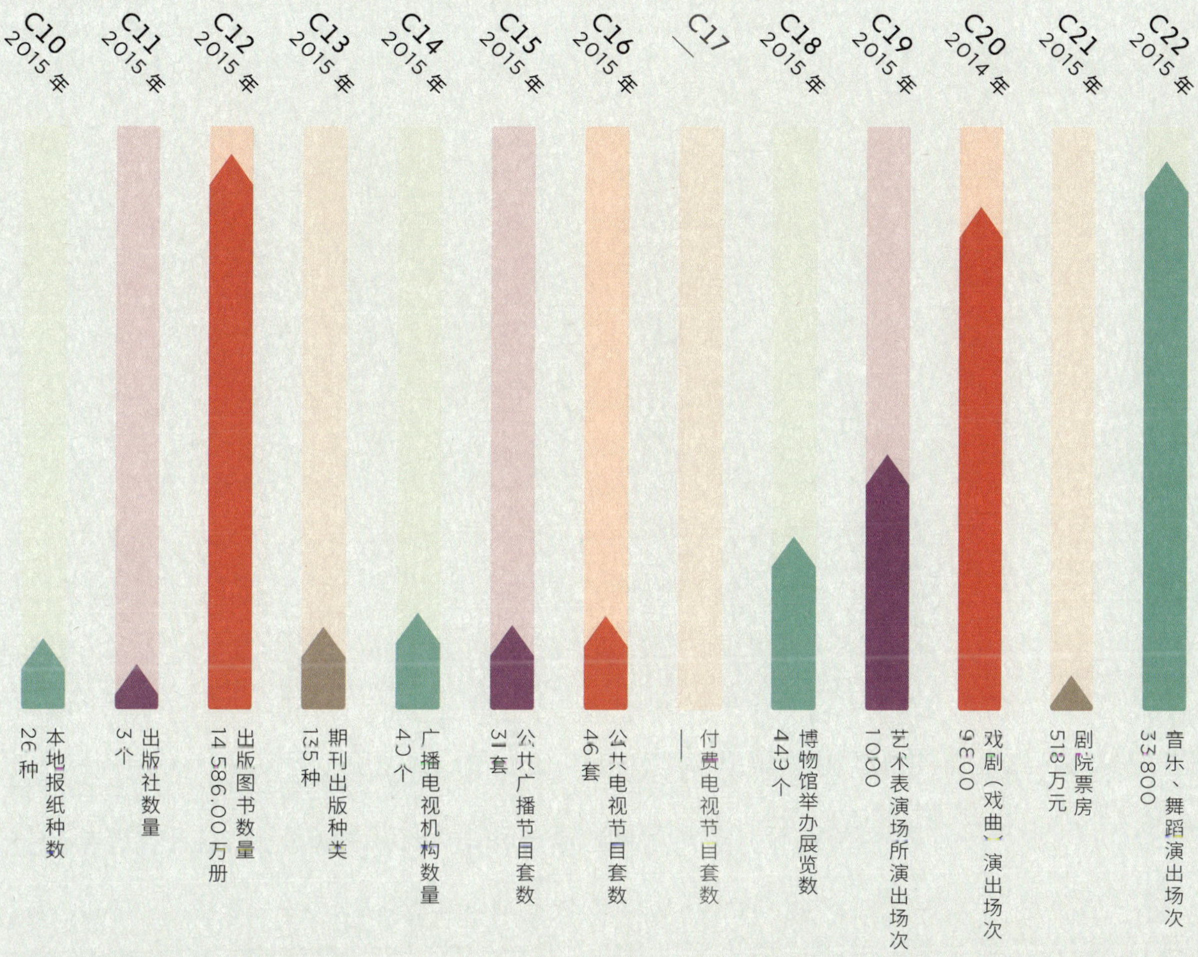

来源

C10/11/12/13/15/16/22.《重庆统计年鉴 2016》 C14. 重庆市文化委员会 http://www.cqwhw.gov.cn/ C18/19.《2016 年中国文化及相关产业统计年鉴》 C20.《中国文化文物统计年鉴 2015》 C21.《2016 文化及相关产业统计年鉴》

备注

C10. 18-28 图书、杂志和报纸出版情况（2014-2015 年），报纸总数：26 种 C11.1-6 各部门机构数（2014-2015 年），书刊出版机构：3 个 C12.18-28 图书、杂志和报纸出版情况（2014-2015 年），图书总数：14 586.00 万册 C13.18-28 图书、杂志和报纸出版情况（2014-2015 年），期刊总数：135 种 C14. 重庆电视集团（总台）1，区县广播电视台 39 C15.18-36 广播电台、电视台情况（2014-2015 年），公共广播节目套数：31套 C16.18-36 广播电台、电视台情况（2014-2015 年），公共电视节目套数：46 套 C18. 4-3-2 分地区博物馆基本情况 P164，基本陈列、展览（个），重庆：449 C19.P181 4-3-10 分地区文化系统艺术表演场馆基本情况 艺术表演场所演出场次：0.1 万 C20.P223，包括话剧、儿童剧、滑稽剧类；京剧、昆曲类；地方戏曲类和曲艺类 C21.P182 4-3-10分地区艺术表演场馆基本情况（2015 年）续表 1- 收入合计 -# 演出收入 C22.18-35 艺术表演团体演出情况（2015 年），歌舞、音乐类：33 800 场次

B3 二级指标 文化产品与服务

三级指标

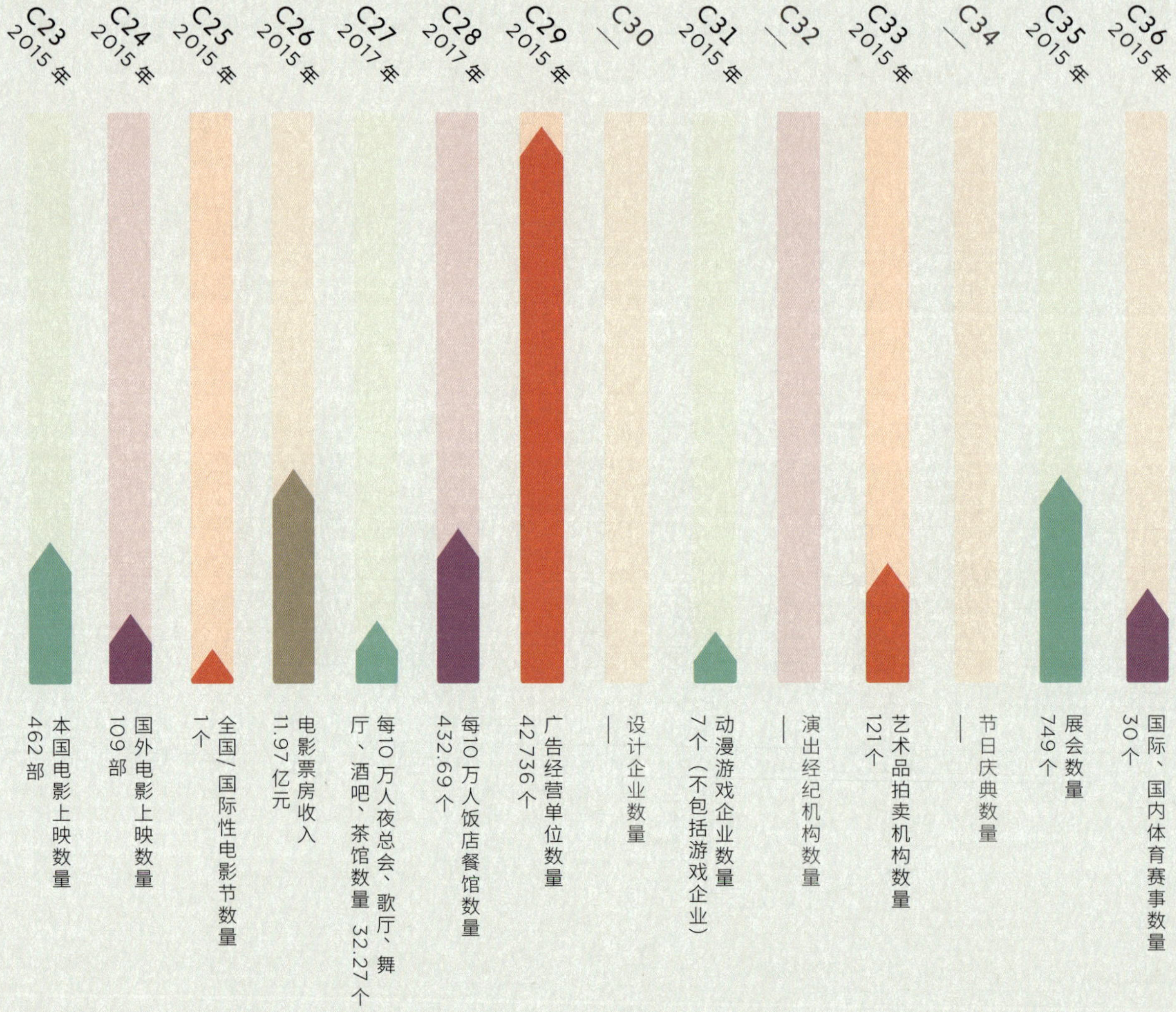

来源

C23/24/26. 重庆市文化委员会“2015年重庆文化产业运行情况”http://www.cqwhw.gov.cn/Html/1/zwgk/gkxx/whtj/2016-03-28/16702.html C25. 重庆青年电影艺术展 http://www.cqfilm.com.cn/ C27/28. 大众点评网 C29/31.《2016年中国文化及相关产业统计年鉴》 C33. 重庆市拍卖行业协会 http://www.cqspx.com/ C35. 中商情报网《全国各城市展览展会数量排行榜：上海第一 重庆第二（附榜单）》http://www.toutiao.com/i6390579796362920449/ C36. 重庆市体育局“重庆市体育发展‘十三五’规划” http://www.cq.gov.cn/publicinfo/web/views/Show!detail.action?sid=4156228

备注

C23/24. 国产片上映462部，票房7亿元；进口片上映109部，票房4.97亿元 C26. 2015年，全市新建成影院27家；全市影院共放映电影180万场，实现观众3 596万人次、票房11.97亿元，分别同比增31.67%、34.97%和36.02% C27. KTV(1 243) + 酒吧(1 166) + 茶馆(7 325) 个 / 重庆常住人口 301.655 C28. 美食 130 522 / 重庆常住人口 301.655 C29. 4-5-2 分地区广告经营单位 P208，2015重庆(个)：42 736 C31. 4-4-6 分地区动漫企业基本情况 P205，企业数(个)，重庆：7 C33. 现有会员单位81家、理事单位25家、常务理事单位15家 C35. 2015年全国城市展览展会数量排行榜 C36. 专栏1- 重庆市体育事业“十二五”目标任务完成情况表，年承办国内外重大竞技赛事（场次），2015年实际完成：30

B4 二级指标
文化生活消费（文化消费支出 + 文化产品消费 + 文化服务消费）

三级指标

C37 2015 年
居民人均文化娱乐消费支出
1002.0 元

C38 2015 年
居民文化娱乐消费支出占总支比重
5.08%

C39 2015 年
平均每一演出场次的观众人次
97

C40 2015 年
艺术表演场所演出观众人次
9.7 万

C41 2015 年
电影院入场人次
3 760 万

C42 2015 年
人均电影院入场次数
1.25

C43 2015 年
全市接待游客人次
3.92 亿

C44 2015 年
每百人（户）移动电话普及率
92.45 部/百人（户）

来源

C37.《2016 年中国文化及相关产业统计年鉴》 C38.《重庆统计年鉴 2016》 C39/40/44.《2016 年中国文化及相关产业统计年鉴》 C41/42. 凤凰娱乐新闻 http://ent.ifeng.com/a/20160104/42555990_0.shtml C43. 重庆市旅游政务网“2015 年重庆市旅游业统计公报” http://www.cqta.gov.cn/zwgk/tzgg/system/2016/09/22/000002761.html

备注

C37. 2-3-2 分地区城镇居民人均文化娱乐消费支出 P46，2015 重庆(元):1002.0 C38. 653.7 元 /7-4 居民人均收支及恩格尔系数 (2013-2015 年)，居民人均消费支出(元)，城镇常住居民 2015: 19 742 C39/40. P181: 4-3-10: 分地区艺术表演场馆基本情况(续表 1): 9.7万 C41. 全国百强城市情况; 7 重庆市 人次(万):3 760.15 C42. 计算: 3 760.15 万人次 / 常住人口 3 016.55万人 C43. 据初步统计，全市接待海内外游客达到 3.92 亿人次 C44. 7-1 城乡居民物质文化生活情况 (2014-2015 年)，平均每百人拥有移动电话用户(部):92.45

B5 二级指标
文化参与（文化场馆参与 + 文化活动参与）

三级指标

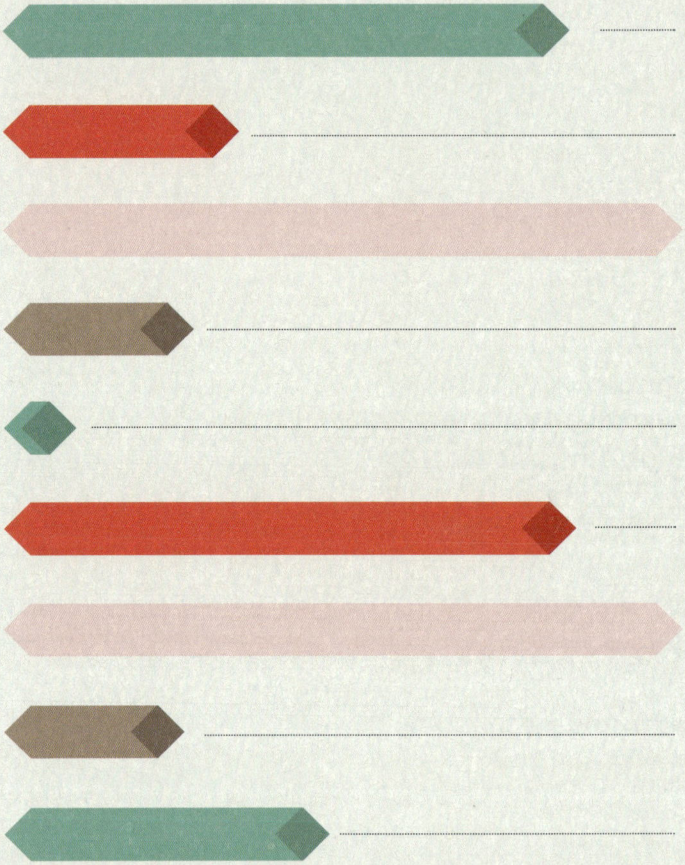

C45 2015 年 — 公立博物馆年参观人次 2 299 万

C46 2015 年 — 博物馆参观人数占人口百分比 76.21%

C47 — 2 个最受欢迎的美术馆年参观人次 —

C48 2015 年 — 公共图书馆书刊文献外借册次 949 万

C49 2015 年 — 人均公共图书馆书刊文献外借册次 0.31

C50 2014 年 — 文化馆含群艺馆年接待人次 1 307.84 万

C51 — 社区文化活动中心年接待人次 —

C52 2014 年 — 2 个最受欢迎的展览/展会的年参加人次 130.00 万

C53 2014 年 — 2 个最受欢迎的节庆的年参加人次 150.00 万

来源

C45/46.《2016 文化及相关产业统计年鉴》 **C48/49.**《重庆统计年鉴 2016》http://www.cqwhw.gov.cn/Html/1/zwgk/gkxx/whtj/2016-03-28/16698.html **C50.**《2014 年重庆文化发展统计》 http://www.cqwhw.gov.cn/Html/1/2wgk/gkxx/whtj/2016-03-28/16698.html **C52/53.**《2015 年：重庆文化产业发展报告》

备注

C45.P165 4-3-2 分地区博物馆基本情况（2015 年）续表 1- 参观人次（万人次）:2 299 **C46.** 计算：接待参观约 2 299 万 / 重庆常住人口 3 016.55 万 **C48.**18-32 公共图书馆情况（2014-2015 年），书刊外借册次（万册次）:949 **C49.**18-32 公共图书馆情况（2014-2015 年），书刊外借册次：949 万册次 / 重庆常住人口 3 016.55 万人 **C50.** 表 5 重庆文化馆站服务统计表 2014 年，文艺活动人次（万）：869.18，展览 人次（万）：329.4，培训班 人次(万)：108.64 **C52.**P381、P390 **C53.**P384、P166

B6 二级指标
文化资源（自然与历史资源 + 文化人才资源 + 文化组织资源）

三级指标

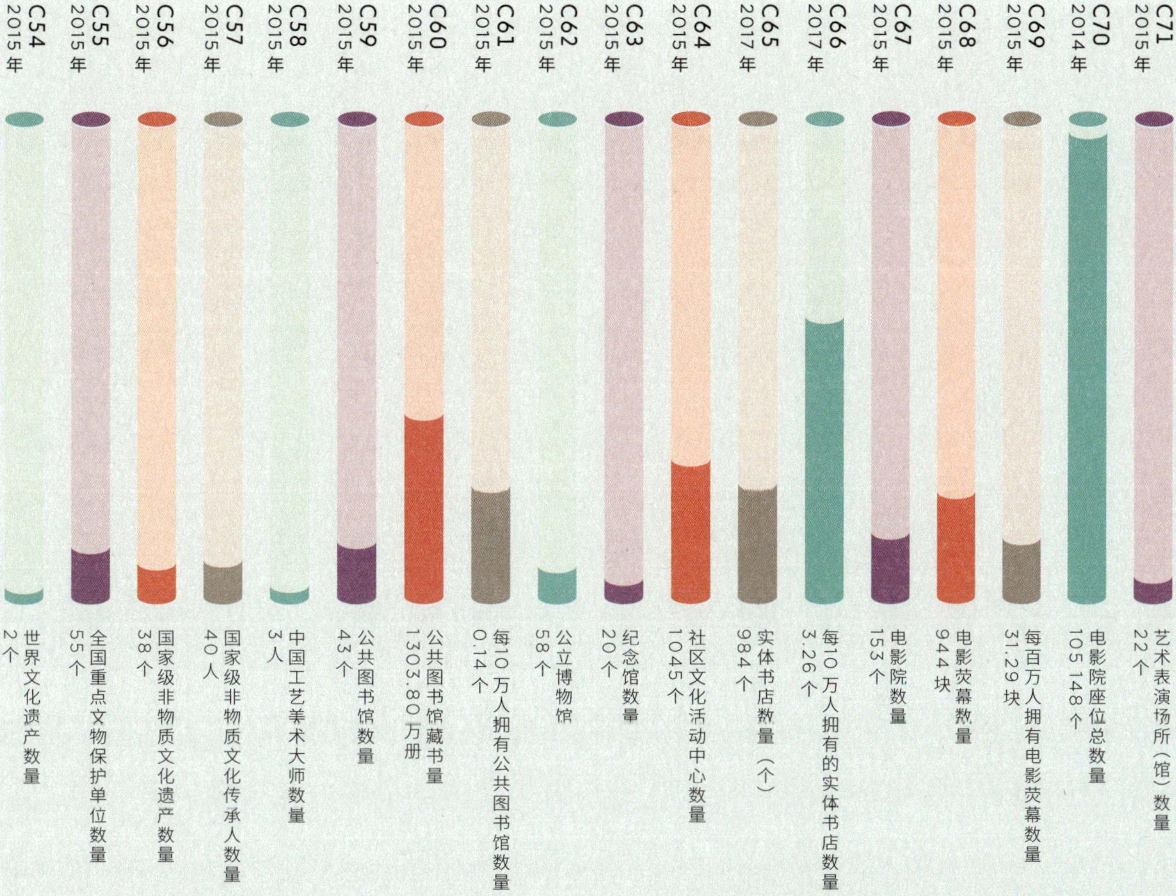

来源

C54. 新华网重庆频道"中国 48 项世界遗产 哪些是重庆土生土长景观?" http://mt.sohu.com/20150710/n416532048.shtml **C55.** 重庆市文化委员会 http://www.cqwhw.gov.cn/Html/1/zwgk/gkxx/zyxx/2013-11-07/12570.html **C56.** 重庆市文化委员会 http://www.cqwhw.gov.cn/Html/1/zwgk/gkxx/zyxx/2014-11-20/14642.html **C57.** 重庆市文化委员会 http://www.cqwhw.gov.cn/Html/1/zwgk/gkxx/zyxx/2014-11-20/14643.html **C58.** 重庆市工艺美术协会 http://www.cqhaa.com/_d274502451.htm **C59/60/61/64/71.**《重庆统计年鉴 2016》 **C62/63.** 重庆市文化委员会 http://www.cqwhw.gov.cn/Html/1/zwgk/gkxx/zyxx/2015-01-08/14993.html **C65/66.** 大众点评网 **C67.**《2015 年重庆文化产业运行情况》 http://www.cqwhw.gov.cn/Html/1/zwgk/gkxx/whtj/2016-03-28/16702.html;《2014 年重庆文化发展统计》http://www.cqwhw.gov.cn/Html/1/zwgk/gkxx/whtj/2016-03-28/16698.html **C68/69.** 凤凰娱乐: http://ent.ifeng.com/a/20160104/42555990_0.shtml **C69/70.**《2014 年重庆文化发展统计》http://www.cqwhw.gov.cn/Html/1/zwgk/gkxx/whtj/2016-03-28/16698.html

备注

C54. 中国 48 项世界遗产里面，涉及到重庆的有两项，中国南方喀斯特、大足石刻 **C55**《重庆市全国重点文物保护单位名录》 **C56.**《重庆市国家级非物质文化遗产项目名录》 **C57.**《重庆市国家级非物质文化遗产保护性传承人名录》 **C58.**"国家级大师"项 **C59.**1-6 各部门机构数 (2014-2015 年)，图书馆: 43 个 **C60.**18-32 公共图书馆情况，馆藏量:1303.80万册 **C61.**1-6 各部门机构数 (2014-2015 年)，图书馆: 43 个 / 重庆市常住人口 3016.55 万人 **C62/63.**《重庆市博物馆、纪念馆一览表》 **C64.**18-34 群众艺术馆和文化馆(站)情况(2015 年)群众艺术馆、文化馆、文化站共: 1045 个 **C65.** 购物频道—书店 **C66.** 书店 487 个 / 重庆常住人口 3016.55 万人 x 10 **C67.**2015 年，全市新建成影院27 家，表 17 重庆电影统计表 2014 年 电影院(家) 126，计算:126+27 **C69.** 计算:944/3016.55 万人 **C70.** 表 17 重庆电影统计表 2014 年 **C71.**18-31 文化机构和人员数，艺术表演场所: 22 个

B6 二级指标
文化资源（自然与历史资源 + 文化人才资源 + 文化组织资源）

三级指标

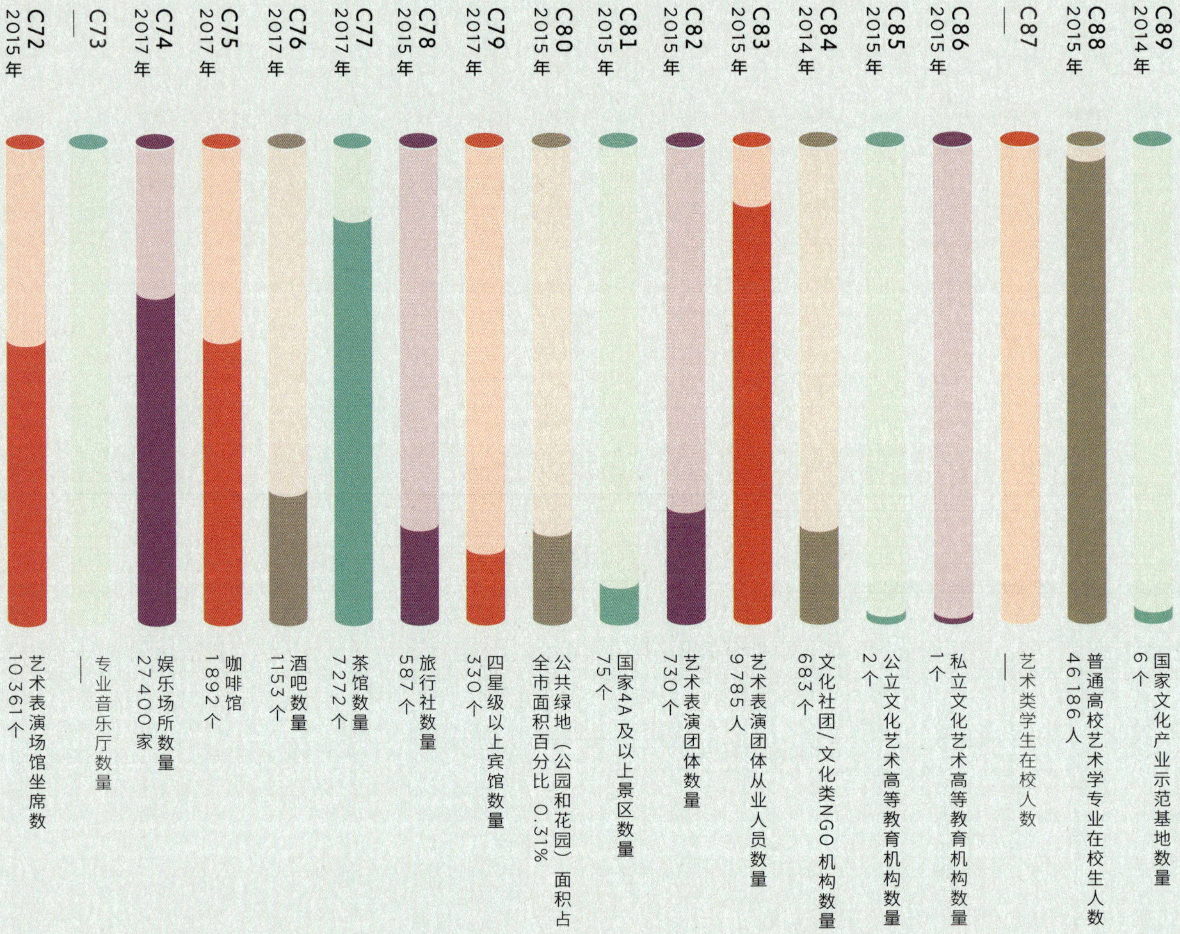

来源

C72.《2016 年中国文化及相关产业统计年鉴》 C74/75/76/77/79. 大众点评网 C78/80/82/83/88.《重庆统计年鉴 2016》 C81.《2015 年重庆市国民经济和社会发展统计公报》 C84.《2015 年中国文化及相关产业统计年鉴》 C85/86. 高考帮 http://college.gaokao.com/schlist/a15/c11/ C89. 百度百科 baike.baidu.com/item/ 国家文化产业示范基地 #9

备注

C72.4-3-9 分地区艺术表演场馆基本情况 P181，坐席数（个）重庆：10361 C74. 休闲娱乐频道 C75. 咖啡馆 C76. 酒吧 C77. 茶馆 C78.16-21 旅游基本情况（2014-2015 年），旅行社：587 个 C79. 酒店频道 - 五星级、四星级 C80.1-2 国民经济和社会发展总量与速度指标（续表 3）"公园绿地面积" 25 657 公顷 / 城市面积 82 400 平方公里 C81. 年末全市拥有国家 A 级景区 198 个，其中，5A 级景区 7 个，4A 级景区 68 个 C82.18-5 主要年份文化机构数，表演团体：730 个 C83.18-31 文化机构和人员数，表演团体从业人员：9 785 人 C84.4-3-15 文化类社会组织情况 P198，机构数（个）社团：583 基金会 3 民办非企业：97 C85. 四川美术学院、重庆文化艺术职业学院 C86. 重庆艺术工程职业学院 C88.18-8 普通高等学校分科学生数（2015 年），在校学生 - 艺术学：46 186 人 C89. 第一批—第五批

B7 二级指标
文化环境（文化经济环境 + 文化社会环境）

三级指标

C90 2015 年 居民人均可支配收入 27 239.00 元

C91 2015 年 网站数量 44 396 个

C92 2015 年 互联网用户规模 1445 万人

C93 2015 年 互联网普及率 48.30%

C94 —

C95 2010 年 大专及以上学历占比 8.60%

C96 2015 年 高等专科以上学校数量 64 个

C97 2015 年 在校大学生数量 76.71 万人

来源

C90/96/97.《重庆统计年鉴 2016》 C91/92/93.“CNNIC 第 37 次中国互联网络发展状况统计报告”http://www.cnnic.net.cn/hlwfzyj/hlwxzbg/hlwtjbg/201601/P020160122444930951954.pdf C95.“第六次人口普查报告”http://news.163.com/11/0503/01/733HTAIV00014AED.html

备注

C90. 1-2 国民经济和社会发展总量与速度指标续表 3，城镇居民人居可支配收入：27 239.00 元 C91. P85 附表 7 分省网站数 C92/93. P40 表 7 2015 年中国内地分省网民规模及互联网普及率 C95. 全市常住人口中，全市常住人口为 2 884.62 万人，具有大学（指大专以上）程度的 249.30 万人，占比为 8.6% C96. 18-6 教育事业基本情况（2014-2015 年），普通高等学校：64 个 C97. 18-2 主要年份各级各类学校在校学生数，普通高等学校：76.71 万人

B8 二级指标
文化多样性（文化包容性 + 国际化程度）

三级指标

C98
—

C99 2014 年
国外常住人口数量 约8 700 人

C100 2014 年
国外常住人口占城市人口比重
0.03%

C101 2015 年
国际留学生数量 6 000 人

C102 2015 年
国际游客年度数量（不含港澳台的游客）
188.83 万人次

C103 2015 年
国际游客占城市人口比重 6.26%

C104
—

C105 2015 年
跨国公司地区总部的数量
260 个 （世界500 强企业落户）

来源

C99/100. 大渝网新闻中心“重庆有 8700 余常住老外 美国人获绿卡最多”http://www.023cqw.com/cqnews/cqxw/2014-07-09/1632.html C101. 重庆市教育委员会 C102/103.《重庆统计年鉴 2016》 C105. 重庆日报“2016，弹子石 CBD 迎来‘国际范’”http://www.cqrb.cn/content/2016-05/19/content_67616.htm

备注

C99. 记者从市公安局出入境管理局了解到了，重庆直辖17年，来渝外国人逐年的增多，常住外国人数量近五年增长70.6%，达 8 700 余人，70 多名在渝‘老外’有中国绿卡 C100. 计算：常住外国人数 8 700 余人 /2014 重庆常住人口 2 991.4 万人 C102.16-21 旅游基本情况(2014-2015 年)，接待入境旅游人数（2 825 339）- 香港同胞（302 515）- 澳门同胞(24 767)- 台湾同胞（609 763）=1 888 294 人次 C103. 计算：1 888 294人次 /3 016.55 万人 C105. 数据显示，目前，我市实际利用外资连续 5 年突破 100 亿美元，世界 500 强企业落户超过 260 余家，数量居中西部第一，使重庆成为中西部跨国公司的功能总部集聚区

香

港

数据来源

1.《香港统计年刊》2016 年版 http://www.statistics.gov.hk/pub/B10100032016AN16B0100.pdf
2.《香港统计月刊·香港的文化及创意产业》2016 年 10 月 http://www.statistics.gov.hk/pub/B71606FB2016XXXXB0100.pdf
3. 香港特别行政区政府康乐及文化事务署 http://www.lcsd.gov.hk/sc/index.html
4.《2015 香港电影业资料汇编》http://www.createhk.gov.hk/publication/2015.pdf

B1 二级指标 文化投入(公共投入+民间投入)

三级指标

来源

C1. 香港特别行政区政府民政事务局 http://www.hab.gov.hk/tc/policy_responsibilities/arts_culture_recreation_and_sport/arts.htm C4/5. 香港特别行政区政府康乐及文化事务署

备注

C1. 总计：40 亿元（不包括艺术及体育发展基金（艺术部分）及粤剧发展基金）。2016-17 年度，政府在文化艺术方面的总开支逾 40 亿元，当中并不包括基本建设工程开支。这些资源主要用于为艺术活动提供场地支援、资助艺术团体、艺术教育 和推广，以及支付相关的行政费用 C4. 创意智优计划；推广香港时装设计和品牌；电影发展基金；本地艺团提供配对资助；艺术发展基金；艺能发展资助计划；盛事基金；数码港创意微型基金 C5. 香港赛马会慈善信托基金；何弘毅家族基金；利荣森纪念交流；信和艺术；戴麟趾爵士康乐基金；粤剧发展基金

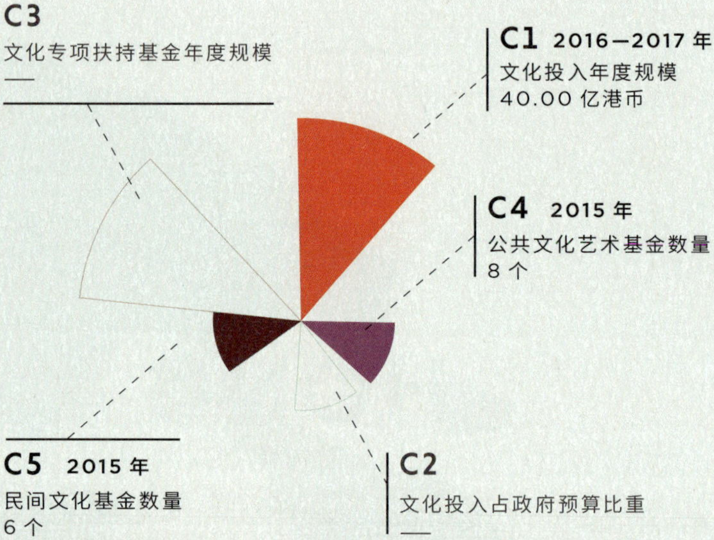

B2 二级指标 文化产出（文化产值 + 文化贸易 + 文化就业）

三级指标

来源

C6/7/8/9.《香港统计月刊·香港的文化及创意产业》2016 年 10 月

备注

C6. 表 1 文化及创意产业的增加价值，文化及创意产业：1096.80 亿港元 C7. 表 1 文化及创意产业的增加价值，占以基本价格计算的本地生产总值的百分比 C8. 表 3 选定的文化及创意货品的整体出口 + 文化及创意服务的整体出口 C9. 表 2 文化及创意产业的就业人数，文化及创意产业占总就业人数的百分比

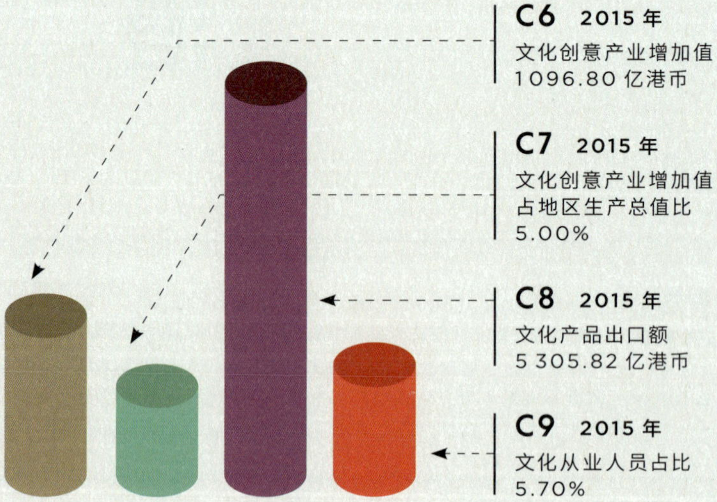

B3 二级指标 文化产品与服务

三级指标

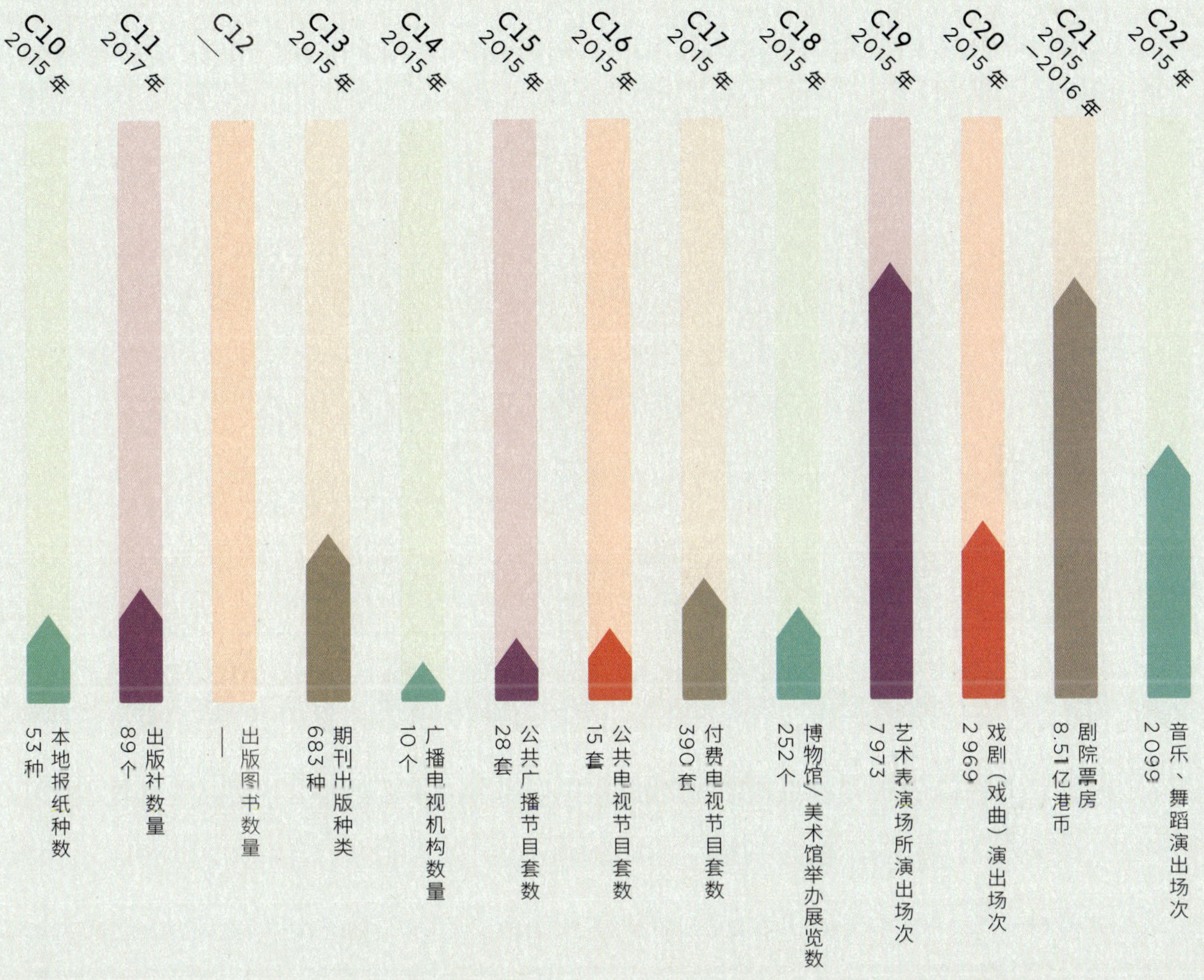

来源

C10/13/14/15/16/17/19/20/22.《2016年香港统计年刊》 C11.香港黄页 C18.http://timable.com C21.香港特别行政区政府康乐及文化事务署 http://www.lcsd.gov.hk/tc/aboutlcsd/ppr/statistics/cultural.html#Programmes

备注

C10. 18.2大众传播，报纸小计：53种 C11.计算个数 C13.18.2大众传播，期刊小计：683种 C14.18.2大众传播，电台广播经营商4+本地免费电视节目服务经营商3+本地收费电视节目服务经营商3 C14.18.2大众传播，电台广播经电台 C16.18.2大众传播，地免费电视节目服务电视台 C17.18.2大众传播，本地收费电视节目服务电视台 C18.timable搜索“博物馆”活动2015年共有36个、搜索“gallery”活动2015年的展览数为216个 C19.16.4按节目类别划分在选定场地举办的文娱及体育节目，选定场地举办的文娱及体育节目：7973场地 C20.16.4按节目类别划分在选定场地举办的文娱及体育节目，戏曲/歌剧：2969场次 C21.票务系统中的“售票总值”项 C22.16.4按节目类别划分在选定场地举办的文娱及体育节目，芭蕾舞及其他舞蹈：2099场次

B3 二级指标 文化产品与服务

三级指标

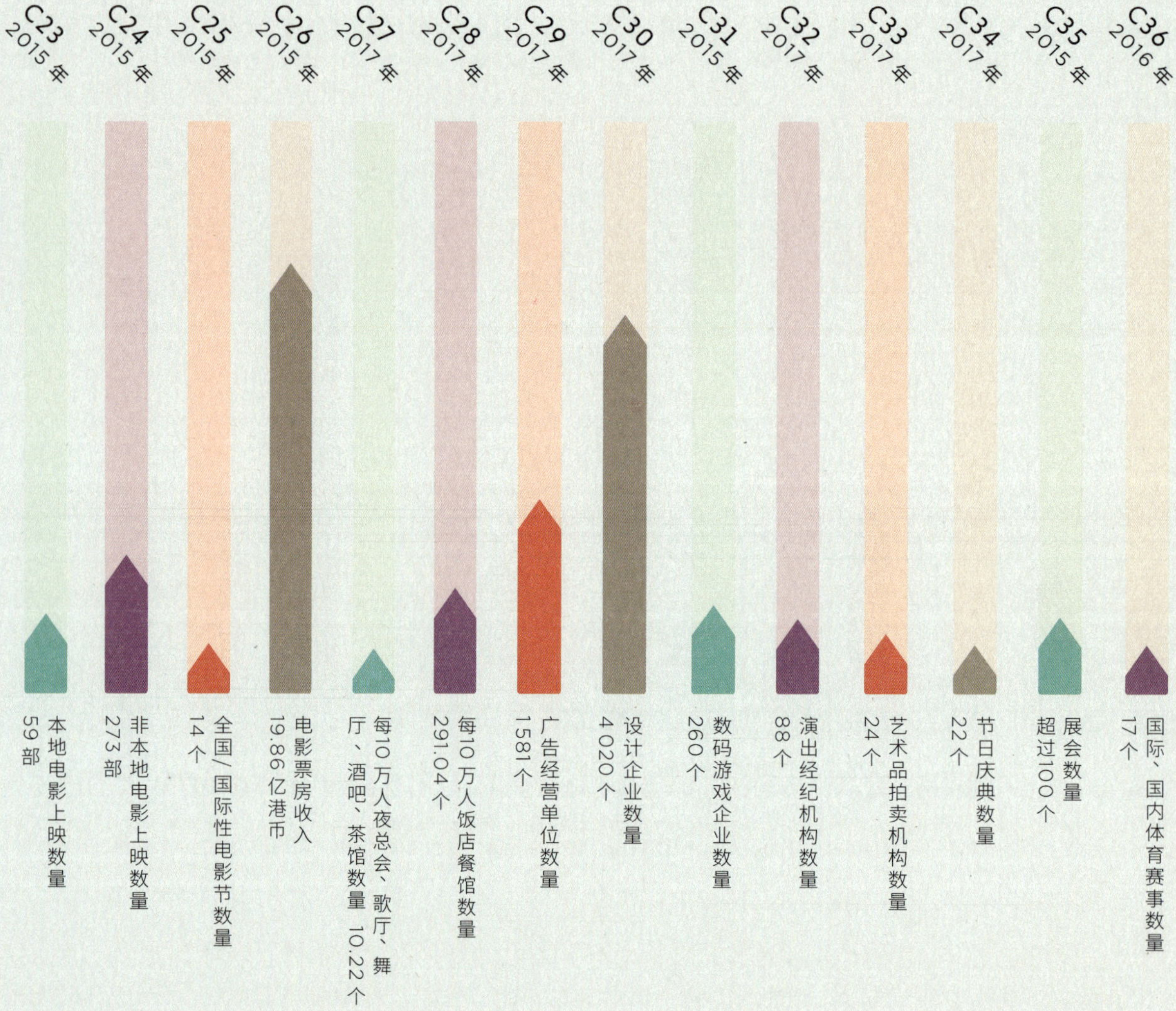

来源

C23/24/26.《2015香港电影业资料汇编》 C25.维基百科电视电影节 C27/28.大众点评网 C29/30/32/33.香港黄页 C31.香港特别行政区政府投资推广署 C34.香港旅游发展局 http://www.discoverhongkong.com/tc/see-do/events-festivals/western-festivals/index.jsp C35.香港贸发局"会展服务业概况" http://yen2.hkfyg.org.hk/jobtionary/trend_info.php?no=33 C36.香港旅游发展局 http://www.discoverhongkong.com/tc/see-do/events-festivals/sports-and-recreation/index.jsp

备注

C23/24.P13：截止2015年12月31日，香港全年上映的首轮电影为332部，其中香港电影59部，非香港电影273部 C25.电影节11个、电视节3个 C26.P13：2015年香港全年总票房为港币1 954 125 822港元 C29."广告公司"搜寻结果 C30."设计公司"搜寻结果 C31.目前全港从事数码娱乐的企业约有260家，提供源源不绝的娱乐和游戏软件、计算机动画作品，或爲影视作品提供数码视听特效 C32.所有分类 > 饮食娱乐、购物旅游 > 娱乐制作及服务 > 娱乐事业 C33.24个"艺术品拍卖"搜寻结果 C34.西方节日庆典和传统节日 C35.2015年，香港共举办了逾100项展览，吸引超过170万名会议、展览及奖励旅游(MICE)的海外过夜旅客来港参加 C36.FIVB世界女排大奖赛、龙舟赛事及国际龙舟邀请赛、香港公开羽毛球超级赛等

B4 二级指标

文化生活消费（文化消费支出 + 文化产品消费 + 文化服务消费）

三级指标

C37
居民人均文化娱乐消费支出
—

C38
居民文化娱乐消费支出占总支比重
—

C39
平均每一演出场次的观众人次
—

C40 2015 年
艺术表演场所演出观众人次
460 万

C41
电影院入场人次
—

C42
人均电影院入场次数
—

C43 2015 年
全港接待游客人次
0.59 亿

C44 2015 年
每百人（户）移动电话普及率
239.3 部/ 百人（户）

来源

C40. 香港特别行政区政府康乐及文化事务署《统计数字报告》 http://www.lcsd.gov.hk/tc/aboutlcsd/ppr/statistics/cultural.html C43. 香港便览旅游业 http://www.gov.hk/tc/about/abouthk/factsheets/docs/tourism.pdf C44.搜狐新闻 http://it.sohu.com/20151203/n429569686.shtml

备注

C40. 文化场地 — 表演：460 万次 C43. 2015 年的访港旅客数字较 2014 年下跌 2.5% 至 5 930 万人次 C44. 国际电联发布全球 ICT 发展指数 IDI，我国香港地区的情况：mobile-cellular telephone subscriptions per 100 inhabitants：239.30

B5 二级指标
文化参与（文化场馆参与 + 文化活动参与）

三级指标

C45 2015 年
公立博物馆年参观人次
436.06 万

C46 2015 年
博物馆参观人数占人口百分比
59.68%

C47 2015 年
2 个最受欢迎的美术馆年参观人次
66.96 万

C48 2015 年
公共图书馆书刊文献外借册次
5 134 万

C49 2015 年
人均公共图书馆书刊文献外借册次
7.03

C50 —
文化馆含群艺馆年接待人次
—

C51 —
社区文化活动中心年接待人次
—

C52 —
2 个最受欢迎的展览/展会的年参加人次 —

C53 2013 年
2 个最受欢迎的节庆的年参加人次
约94.00 万

来源

C45/46/47/48/49.《2016 年香港统计年刊》 C53. 香港旅游局 http://www.discoverhongkong.com/tc/about-hktb/annual-report/annual-report-20132014/strategic-focus-zh/exciting-events/new-year-countdown-celebrations/

备注

C45.16.2 参观博物馆人次 C46.16.2 参观博物馆人次 4 360 600 人次 /7 305 700 人 C47.16.2 参观博物馆人次，香港艺术馆 185 420+ 香港文化博物馆 484 226 C48.16.1 公共图书馆主要统计数字，外借资料：5 134 万人次 C49.16.1 公共图书馆主要统计数字，外借资料 5 134 万人 /730 万人 C53. 中秋节彩灯 56万和除夕倒数 38 万

B6 二级指标
文化资源（自然与历史资源 + 文化人才资源 + 文化组织资源）

三级指标

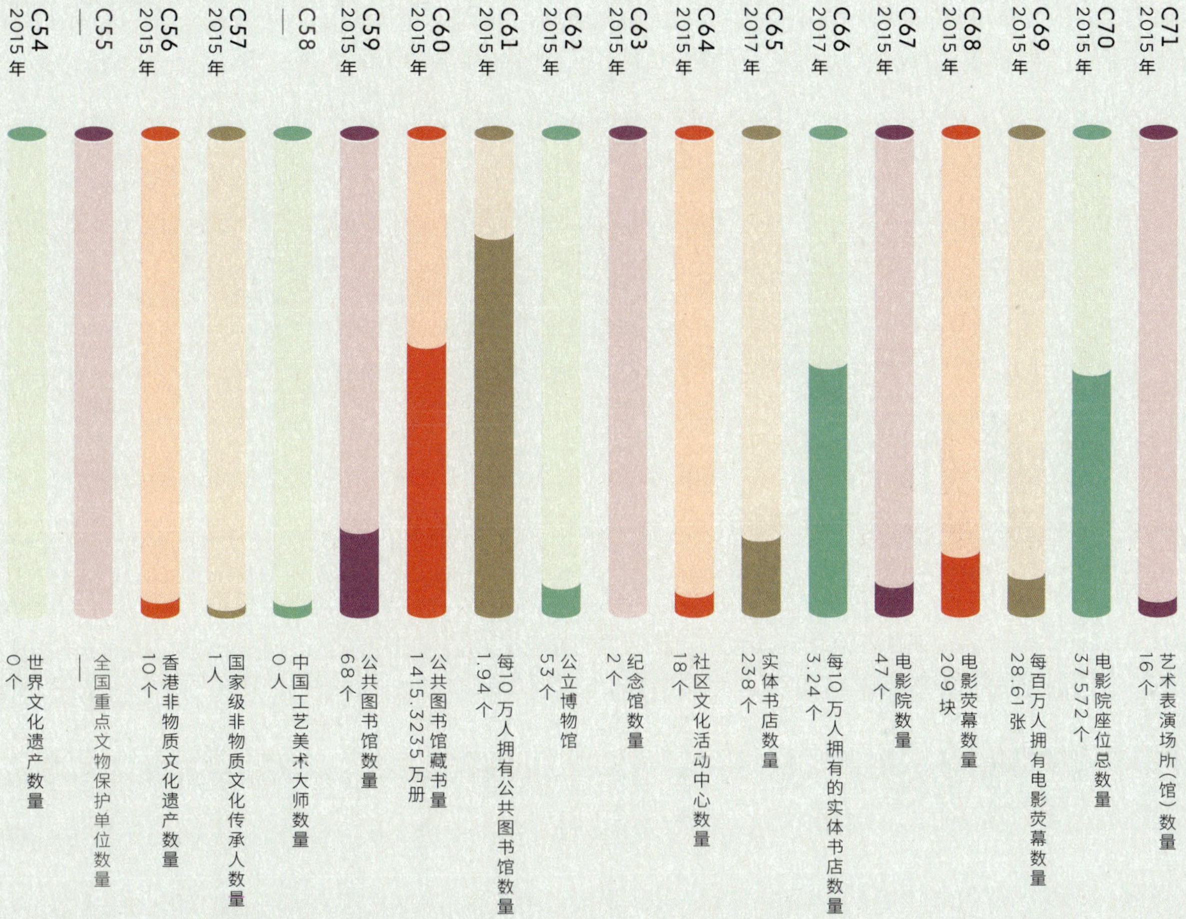

来源

C54. 网易新闻：中国 50 个世界遗产全名单 http://news.163.com/16/0717/20/BS7129HH00014SEH.html **C56.**"香港非物质文化遗产"维基百科 **C57.** 中国网 - 国家级非物质文化遗产传承人名录 http://www.china.com.cn/culture/zhuanti/fyccr/node_7068576.htm **C58.**http://baike.baidu.com/view/2183396.htm **C59/60/61.**《2016 年香港统计年刊》 **C62/63.** 香港博物馆维基百科 **C64.** 香港特别行政区政府康乐及文化事务署 http://www.lcsd.gov.hk/sc/programmes/programmeslist.html **C65/66.** 大众点评网 **C67/68/69/70.**《2015 香港电影业资料汇编》 **C71.** 香港特别行政区政府康乐及文化事务署《统计数字报告》 http://www.lcsd.gov.hk/tc/aboutlcsd/ppr/statistics/cultural.html

备注

C57. 申报地区和单位 - 香港 **C59.**16.1 公共图书馆主要统计数字，图书馆：68 个 **C60.**16.1 公共图书馆主要统计数字，图书馆馆藏：1 415.3235 万册 **C61.**16.1 公共图书馆主要统计数字，图书馆：68 个 / 总人口 7 305 700 人 x10 **C62.**18 所康文署下、17 所其他政府部门公营组织下、18 所教育及非牟利机构组织下 **C63.** 孙中山纪念馆、六四纪念馆 **C64.** 活动、节目及计划列表，社区体育会活动：18 个 **C65.** 购物频道 - 书店 **C66.**书店 238 个 / 总人口 7 305 700 人 **C67/68/70.**P64 于2015 年12月31日，香港共有 47 间戏院、209 张银幕及 37,572 张座椅 **C69.** 计算：电影院荧幕 209 张 / 总人口 7 305 700 人 **C71.** 文化场地、表演

B6 二级指标

文化资源（自然与历史资源 + 文化人才资源 + 文化组织资源）

三级指标

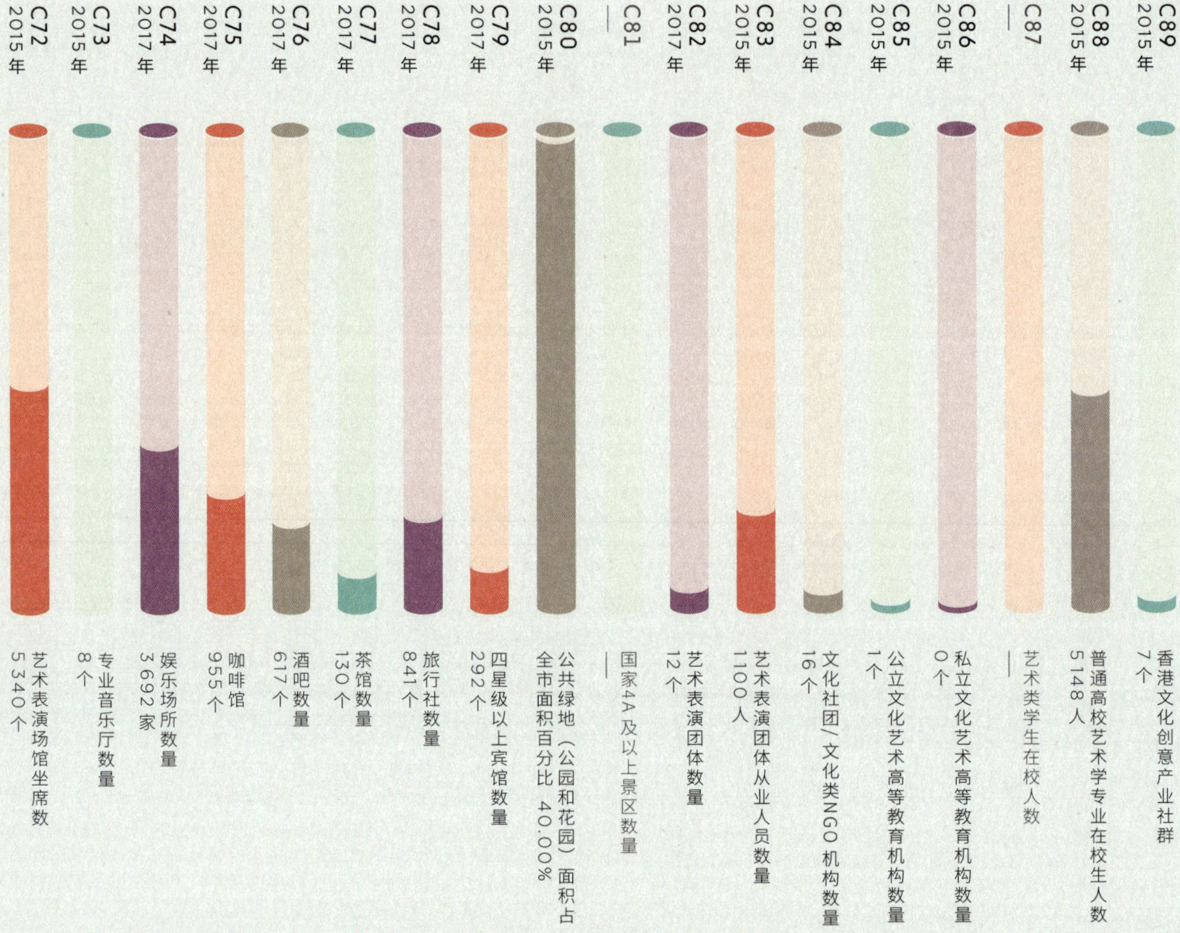

来源

C72/73. 香港特别行政区政府康乐及文化事务署 http://www.lcsd.gov.hk/tc/facilities/facilitieslist/pvenue/pavenuesearch.php?action=indata&cat=1&dist=0 C74/75/76/77/78/79. 大众点评网 C80.BOP city data·HongKong http://www.worldcitiescultureforum.com/cities/hong-kong/data C82. 香港旅游发展局 http://www.discoverhongkong.com/tc/see-do/arts-performance/performing-companies/zuni-icosahedron.jsp C83. 各剧团官网 C84. 香港网站目录 http://www.852.com/government-organization/associations.htm C85/86. 香港教育局 http://www.edb.gov.hk/tc/edu-system/postsecondary/local-higher-edu/institutions/index.html C88. 自资专上教育咨询平台 http://www.cspe.edu.hk/content/Stat-Student-Enrolments C89. 香港特别行政区政府康乐及文化事务署

备注

C72. 康文署下属表演场地 - 剧院 C73. 康文署下属场地 - 演奏厅、音乐厅 C74. 娱乐休闲频道 C75. 咖啡馆 C76. 酒吧 C77. 茶馆 C78. 所有分类 - 饮食娱乐、购物旅游 - 旅游、酒店及住宿 - 旅行社 C79. 酒店频道 - 五星级、四星级 C80.% of public green space (parks and gardens) C82. 香港八和会馆、中英剧团、城市当代舞蹈团、香港舞蹈团等 C83. 12个院团估算总数 C84. 11个文化创意产业领域相关的社团 NGO C85. 香港演艺学院 C88. 美术、表演艺术、设计、创意媒体艺术及产业的学士学位、副学士在读学生 C89. 香港地区公开承认的文化创意产业社群：元创方、动漫基地、赛马会创意艺术中心、牛棚艺术村、创新中心、数码港、旧中区警署

B7 二级指标
文化环境（文化经济环境 + 文化社会环境）

三级指标

C90 2015年
居民人均可支配收入
334 191 港币

C91
网站数量
—

C92 2015年
互联网用户规模
1907万人

C93 2015年
互联网普及率
84.90%

C94 2015年
手机网民规模
1672万人

C95 2015年
大专及以上学历占比
23.30%

C96 2015-2016年
高等专科以上学校
数量 29个

C97 2015年
在校大学生数量
32.79万人

来源

C90. 香港政府统计处 http://www.censtatd.gov.hk/hkstat/hkif/index_tc.jsp **C92.** 香港便览 - 电讯 http://www.gov.hk/tc/about/abouthk/factsheets/docs/telecommunications.pdf **C93.** 香港政府统计处《香港统计资料》http://www.censtatd.gov.hk/hkstat/hkif/index_tc.jsp **C94.** 香港便览 - 电讯 http://www.gov.hk/tc/about/abouthk/factsheets/docs/telecommunications.pdf **C95.** 香港政府统计处社会分析及研究组 http://www.edb.gov.hk/tc/about-edb/publications-stat/figures/educational-attainment.html **C96.** 香港便览 - 教育 http://www.gov.hk/tc/about/abouthk/factsheets/docs/education.pdf **C97.** 香港统计数字一览 http://www.censtatd.gov.hk/gb/?param=b5uniS&url=http://www.censtatd.gov.hk/hkstat/hkif/index_tc.jsp

备注

C90. 国民收入及国际收支平衡 - 本地居民总收入，（以 2014 年环比物量计算）按人口平均计算的实质本地居民总收入（港元）：334 191 **C92.** 固定互联网用户数目 235 万 + 用流动户数目 1672 万人 **C93.** 住户成员使用信息科技情况中的“在统计前 12 个月内曾使用互联网服务的 10 岁及以上人士”项 **C94.** 在 2016 年 3 月，流动服务用户数目为 1 672 万，普及率约为 228.3%，属全球最高比率之一。在这些用户当中，有 1 469 万是 3G/4G 流动服务用户 **C95.** 专上教育占 15 岁及以上人口百分比 **C96.** 本地评审的自资副学士、学士及衔接学位课程 **C97.** 学士学位课程、副学士课程。数字包括修读由大学教育资助委员会资助院校及附属学院开办的自资课程的全部学生

B8 二级指标
文化多样性（文化包容性 + 国际化程度）

三级指标

C98
非户籍人口占比

C99 2015 年
国外常住人口数量 62.14 万人

C100 2015 年
国外常住人口占城市人口比重 8.50%

C101 2011 年
国际留学生数量 42 079 人

C102 2015 年
外籍游客年度数量（不含澳台和大陆的游客） 1042.9 万人次

C103 2015 年
外籍游客占城市人口比重 142.75%

C104 2014 年
举办国际贸易展览会数量 30 个

C105 2014 年
跨国公司地区总部的数量 1379 个

来源

C99/100. 香港政府一站通 http://www.gov.hk/tc/about/abouthk/facts.htm **C101.** 香港《2011 年人口普查主题性报告：少数族裔人士》http://www.census2011.gov.hk/pdf/EM.pdf **C102/103.** 入境事务处 http://partnernet.hktb.com/filemanager/intranet/pm/VisitorArrivalStatistics/ViS_Stat_C/ViS_C_2015/tourism_statistics_12_2015_0.pdf **C104.** 香港贸发局 - 香港会展服务业概况 http://www.hktdc.com/info/mi/a/hkip/sc/1X0018NP/1/ **C105.** 高楼迷论坛 http://www.gaoloumi.com/viewthread.php?tid=111162

备注

C99/100. 香港在 2015 年约有 731 万人口，其中绝大部分为华裔人士，外籍人士占8.5% **C101.** 注：本报告所指的少数族裔人士是指非华裔人士。P59：表 5.4 2011 年按就读程度及年龄组别划分的正在香港的院校就读全日制课程的少数族裔人士数目，32 400 为 15 岁以下 +9 679 为 15 岁以上的非华裔人士总和 **C102.** 游客总计：5 930.8 万人次，除去大陆、台湾、澳门，剩下 1042.9 万人 **C103.** 境外游客游客1042.9万人次 / 城市人口 7 305 700 人 **C104.** 香港贸发局每年在香港主办30多场国际贸易展览会 **C105.** 2014 年：跨国公司在港设立地区总部总数：1 379；地区办事处：2 456

台

北

数据来源

1. 台北市政府主计处，《2015 年台北市统计年报》http://w2.dbas.taipei.gov.tw/NEWS_WEEKLY/abstract/index.htm
2. 台北市文化局 http://www.culture.gov.taipei/
3. 文化部·文化统计网“2015 年文化统计最新统计结果”201609 和 201701，http://stat.moc.gov.tw/NewsBulletinList.aspx
4. 台北市统计资料库查询系统 http://210.69.61.217/pxweb2007-tp/dialog/statfile9.asp
5. 2016 台湾文化创意产业年报 http://stat.moc.gov.tw/Research.aspx
6. 台北市立图书馆网“解读 2015 台北人阅读行为及借阅排行榜”http://www.tpml.edu.tw/public/Attachment/641211481749.pdf

*** 蓝色部分文字表示数据出处为全台数据**

B1 二级指标
文化投入(公共投入+民间投入)

三级指标

来源

C1/2. 台北市政府主计处　C4/5. 台北市政府文化局

备注

C1. 指标项目：文化支出：12 212 932 005 新台币；C2. 指标项目：文化支出：12 212 932 005 新台币，约为 122.12 亿新台币；占政府总预算的 7.68% C4. 指标项目：台北市文化局委外馆所基金会数量。台北市文化基金会、当代艺术基金会、台北市优人文化艺术基金会　C5. 指标项目：其他民间立案基金会数量。非台北市文化局委外馆所

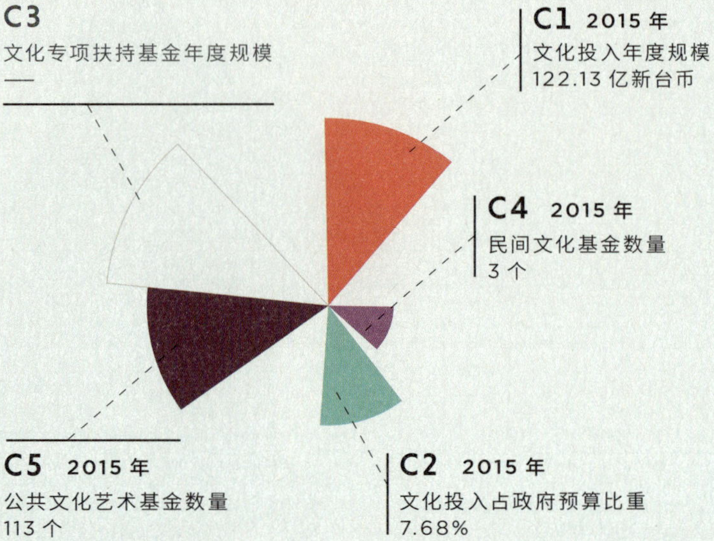

B2 二级指标
文化产出(文化产值 + 文化贸易 + 文化就业)

三级指标

来源

C6/7/8/9.2016 台湾文化创意产业发展年报

备注

C6.(全台数据)指标项目：文化创意产业营业额 P7，2015 年文创产业营业额为新台币 8 339 亿元，较 2014 年微幅成长 0.57%　C7.(全台数据)指标项目：文化创意产业营业额 P7 文化创意产业之总营业额占名目国内生产毛额之比重从 2014 年 5.15% 下滑至 2015 年 5.00%　C8.(全台数据)指标项目：外销收入 P20 图 1-3 2010-2015 年文化创意产业之内外销概况(单位：新台币千元)- 外销收入　C9.(全台数据)P30 根据该调查报告数据显示(如表 1-15)，2015 年台湾文化创意产业之就业人数为 25.2 万人左右，指标项目：文化创意产业总就业人数 252 000 人 /2015 年底总就业人口为 11 242 000 人

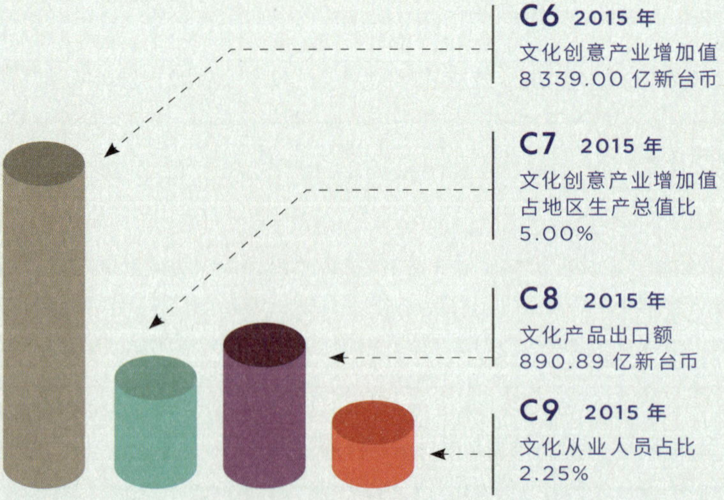

B3 二级指标 文化产品与服务

三级指标

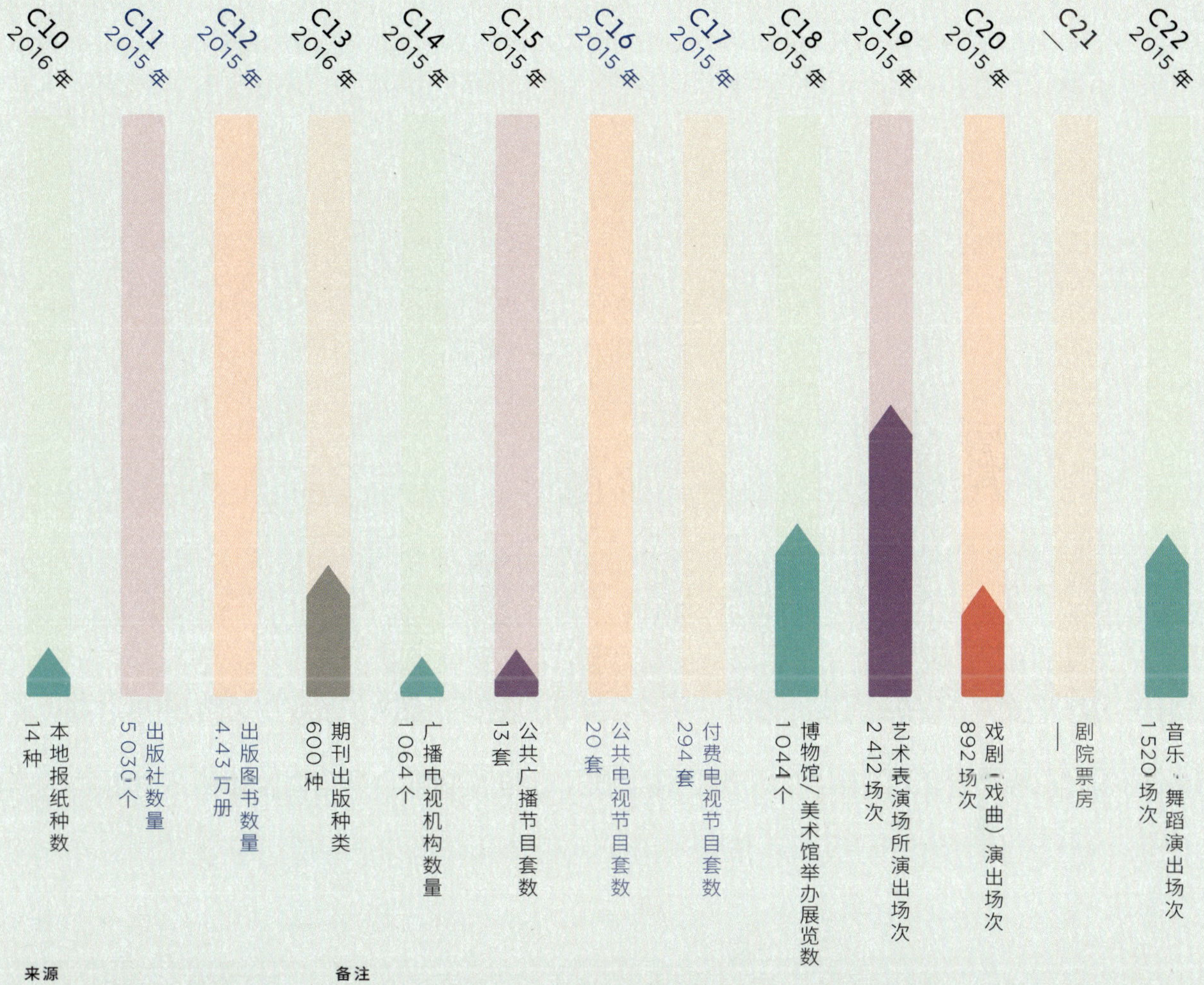

来源

C10. 台北市媒体服务代理商协会《2016年台湾媒体白皮书》 C11/12. 文化部·文化统计网,《2015年文化统计资料公布》 C13. 台北市媒体服务代理商协会《2016年台湾媒体白皮书》 C14.《2016台湾文化创意产业发展年报》 C15. 世新大学广播电视电影学系《媒体汇流与创新发展与趋势》 C16/17. 台湾国家通讯传播委员会 C18/19/20/21. 文化部·文化统计网,《2015年文化统计资料公布》201609 C22. 文化部.文化统计网《2015年文化统计最新统计结果》201609 C23/24. 文化部·文化统计网,《2015年文化统计最新统计结果》201701

备注

C10. 指标项目: 报纸种数。日报：苹果日报、自由时报、联合报、中国时报、经济日报、工商时报、中华日报、人间福报、国语日报、更生日报、台湾时报、民众日报、爽报。晚报：联合晚报 C11/12.(全台数据) 表 14: 2010 年至 2015 年新书出版状况 C13. 根据财政部统计处资料显示，2014 年 12 月国内期刊杂志出版业者家数共 2127 家。出版法取消后，发行杂志已不需再登记 C14.P213 广播电视产业产业 - 广播电视产业产业 2010-2015 年空间分布结构 台北市1046 家 C15. 中央广播电台（华语 / 方言、国际、1557 音乐互动网、1422 台湾台)、警察广播电台(警广台湾治安交通网、警广治安交通网台北台)、复兴广播电台台北总台、汉声电台(台湾调频网 FM、台湾调幅网 AM)、教育广播电台（台北总台 FM 台、台北总台 AM 台)、台北广播电台(都会资讯频道 FM93.1、喔海洋频道 AM1134) C16. 指标项目: 2014 年 9 月广播电视事业许可家数。台视、华视、中视、民视、公视等 5 家,共 20 个频道 C17. 指标项目: 2014 年 9月广播电视事业许可家数。台湾本地业者 90 家公司,177 个频道。境外业者 30 家公司,117个频道 (兼营境内外业者: 年代、亚洲卫星、靖洋、联意、互动、龙华、博斯、爱尔达计 8 家) C18. 表 18: 2015 年台湾艺文展演活动统计概况，指标项目: 台北市的“视觉艺术 C19. 表 18: 2015 年台湾艺文展演活动统计概况,指标项目: 台北市的各项演出 C20. 表 18: 2015 年台湾艺文展演活动统计概况,指标项目: 台北市的“戏剧、说唱 C22. 表 18: 2015 年台湾艺文展演活动统计概况，指标项目: 台北市的“古典与传统音楽、流行音乐、舞蹈” C23/24. 表 17: 2006 年至 2015 年台北市电影院放映部数与票房

B3 二级指标 文化产品与服务

三级指标

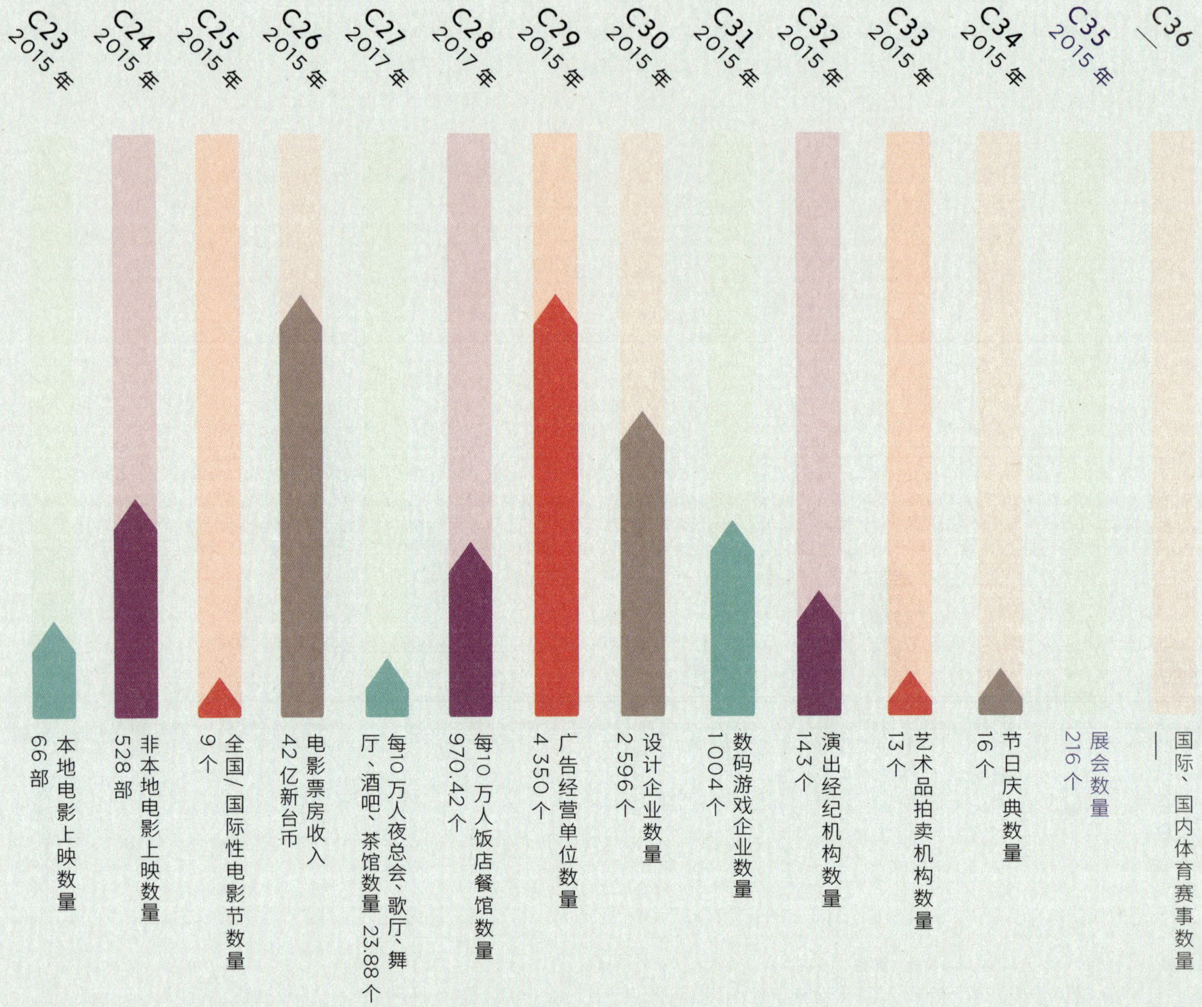

来源

C25.google 搜寻整理 C26.文化部·文化统计网，《2015年文化统计最新统计结果》201701 C27/28.大众点评网 C29/30/31.“2016台湾文化创意产业发展年报” C32.1.社团法人中华音乐著作权协会团体会员名单(2015) 2.郎祖明(2006)。表演艺术经纪公司对艺文环境之影响，政治大学商学院经营管理硕士学程非营利事业管理组 3.台北演艺经纪文化交流协会 C33.中时电子报《当代艺术拍卖 两岸热络》 C34.台北市文化局

备注

C25.台北金马影展、金马奇幻影展、台北电影节、台湾国际女性影展、台北文学·阅影展、台湾国际酷儿影展、金穗奖入围暨电影短片辅导金成果影展、关渡电影节、台北电视节 C26.表17：2006年至2015年台北市电影院放映部数与票房 C27.含酒吧(473)、茶馆(173)，共646家 / 台北市户籍人口数2 704 810人 C28.台北美食26 248 / 台北市户籍人口数 2 704 810人 C29.P225 广告产业 - 广告产业 2010-2015年空间分布结构 台北市 2015年为4 350家 C30.P229 产品设计产业 2010-2015年空间分布结构 台北市 2015年为871家；P233 视觉传达设计产业 2010-2015年空间分布结构 台北市 2015年为304家；P237 设计品牌时尚产业 2010-2015年空间分布结构 台北市 2015年为94家； P241 建筑设计产业：2010-2015年空间分布结构 台北市 2015年为1 325家 C31.P245 附录二 数位内容产业 - 数位内容产业 2010-2015空间分布结构；台北市 2015年为1 004家 C32.唱片经纪：111家。 表演艺术经纪：新象艺术、传大艺术、牛耳艺术、宽宏艺术、靖音艺术、大大国际娱乐、汎美、脉动艺术、台北艺术推广协会，9家。文物经纪：13家。演艺经纪：凤凰艺能股份有限公司、橘子整合行销有限公司、艾迪升传播事业股份有限

B4 二级指标
文化生活消费（文化消费支出 + 文化产品消费 + 文化服务消费）

三级指标

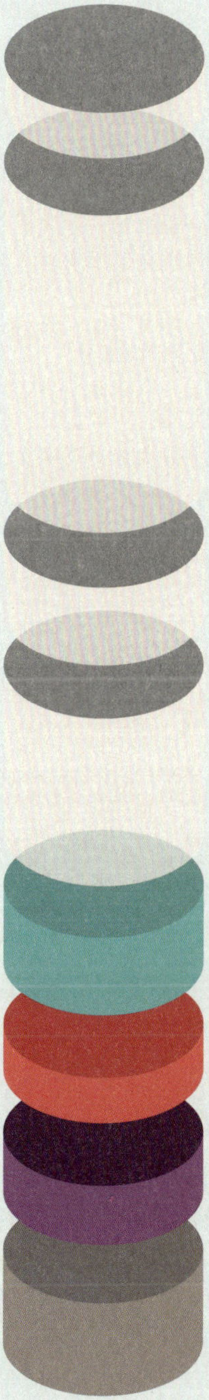

C37
居民人均文化娱乐消费支出
—

C38
居民文化娱乐消费支出占总支比重
—

C39
平均每一演出场次的观众人次
—

C40
艺术表演场所演出观众人次
—

C41 2015 年
电影院入场人次
1796 万

C42 2015 年
人均电影院入场次数
6.64 次

C43 2015 年
全市接待游客人次
0.096 亿

C44 2015 年
每百人（户）移动电话普及率
120.5 部/ 百人（户）

接左页来源

C35.Meet Taiwan 台湾会展网

接左页备注

公司、伊林模特儿经纪、杰星传播有限公司、大国翼星有限公司、宜辰整合行销有限公司、凯渥实业股份有限公司、华研国际音乐股份有限公司、庆亮影视制作有限公司，10 家 C33. 佳德拍卖集团、富博斯国际艺术、侨福集团芳草地台北画廊、新象拍卖、罗芙奥艺术集团、景薰楼股份有限公司、宇珍国际艺术有限公司、中诚国际艺术拍卖股份有限公司、台北臻品艺术品拍卖有限公司、门德扬拍卖股份有限公司、正德国际艺术拍卖股份有限公司、香港中信国际拍卖有限公司、大行拍卖行有限公司 C34. 历年文化节庆 C35. 在台举办之展览数 216 场

来源

C41/42/43. 台北市统计资料库查询系统 C44. 国家通讯传播委员会

备注

C41. 教育文化—育乐活动：指标项目："电影戏剧观赏人次" C42."电影戏剧观赏人次"17 961 320 人 / 台北户籍常住人口 2 704 810 人 C43. 教育文化—旅游业及来台旅客：指标项目：来台旅客到访台北市到访人次（万人次）：960 C44. 指标项目（全台数据）：行动通信业务客户统计数。第三代行动通信，即 3G (18 861 061)、WBA 无线宽频，即 WiMAX 业者 (80 145)、行动宽频，即 4G (9 338 141) 等户数，共 28 279 347 户。台湾人口总数：23 468 748 人

B5 二级指标
文化参与（文化场馆参与 + 文化活动参与）

三级指标

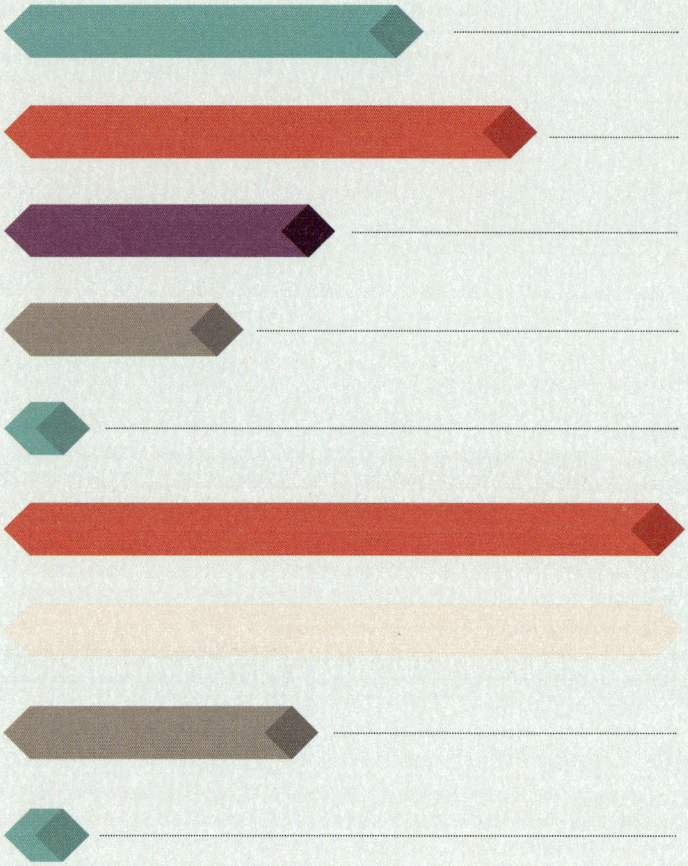

C45 2015 年 — 公立博物馆年参观人次 1959.26 万

C46 2015 年 — 博物馆参观人数占人口百分比 724.36%

C47 2015 年 — 2 个最受欢迎的美术馆年参观人次 85.48 万

C48 2015 年 — 公共图书馆书刊文献外借册次 1298 万

C49 2015 年 — 人均公共图书馆书刊文献外借册次 4.80

C50 2016 年 — 文化馆含群艺馆年接待人次 1503.60 万

C51 — — 社区文化活动中心年接待人次 —

C52 2015 年 — 2 个最受欢迎的展览/展会的年参加人次 270.33 万

C53 2014 年 — 2 个最受欢迎的节庆的年参加人次 22.60 万

来源

C45/46. 文化部·文化统计网，“2015 年文化统计最新统计结果” 201701　C47. 台北市政府主计处，2015 年《台北市统计年报》　C48/49. 台北市立图书馆网“解读 2015 台北人阅读行为及借阅排行榜”　C50. 台北市文化局　C52. 故宫博物院官网　C53. 文化部·文化统计网

备注

C45. 表 13：2014 年及 2015 年文化相关机关参观人次，统计了 2015 年台北的五个博物馆：故宫博物馆、国立历史博物馆、国父纪念堂、中正纪念堂和国立台湾博物馆　C46. 博物馆年参观人次 1970.00 万人次 / 台北市人口 2 704 810　C47. 市立美术馆 628 133+ 台北当代艺术馆 226 664　C48. 指标项目：市立图书馆书刊文献外界册次　C49. 借阅册次 1298 万册次 / 台北市人口 2 704 810　C50. 包含台北市文化局所辖博物馆 / 美术馆 / 艺文中心 / 艺文特区 / 艺术中心 / 文化中心　C52. 乾隆潮新媒体艺术展（1 699 499 人次）+ 艺域漫游 - 郎世宁 4G 新媒体艺术展（1 003 800 人次）　C53. 台北儿童艺术节 (123 374)+ 台北艺术节 (102 667)

B6 二级指标
文化资源（自然与历史资源 + 文化人才资源 + 文化组织资源）

三级指标

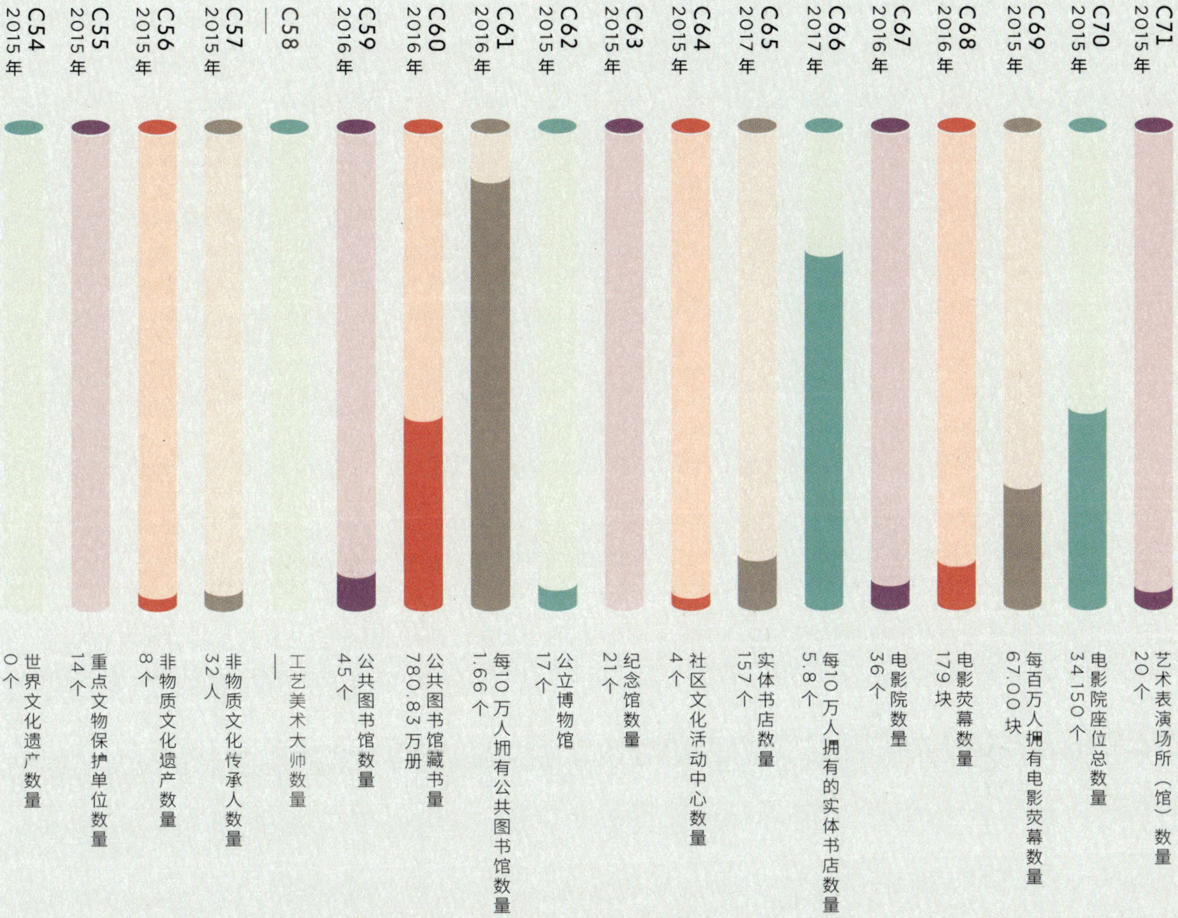

来源

C54/55/56/57. 文化部文化资产局 C59/60/61. 台北市立图书馆工作报告 C62/63/64/71. 文化部·文化统计网，“2015 年文化统计最新统计结果”201609 C65/66. 大众点评网 C67/68/69. 台湾电影网 http://www.taiwancinema.com C70. 各电影院官网、Wiki 百科

备注

C55. 13 个古迹及 1 个遗址 C56. 2 个重要传统艺术及 6 个重要民俗及有关文物 C57. 指标项目：无形资产保存人才数量 C59. 包含总馆 (1)、分馆 (44)、民众阅览室 (12)、智能图书馆 (7)、自助借书站 (8) 及借还书工作站 (3) C60. 包含图书、视听资料藏量 C61. 公共图书馆数量 45 个 / 台北市人口 2 704 810 人 C62. 表 16：2015 年台湾文化展演场地概况 指标项目：台北“博物馆”为 17 C63. 表 16：2015 年台湾文化展演场地概况，指标项目：台北的“文物馆、纪念馆、产业文化馆”为 21 C64. 表 16：2015 年台湾文化展演场地概况，指标项目：台北市的“社区民众活动中心” C65. 购物频道 - 书店 C66. 指标项目：台北市书店 157 个 / 台北市人口 2 704 810 人 C67. 电影院名册 C68. 电影厅数 C69. 计算：电影荧幕数量 179 块 / 台北市人口 2 704 810 人 C70. 依据台湾电影网提供之电影院数量，针对每间电影院进行搜寻 C71. 表 16：2015 年台湾文化展演场地概况，指标项目：台北市的“专职艺文展演场地”

B6 二级指标
文化资源（自然与历史资源 + 文化人才资源 + 文化组织资源）

三级指标

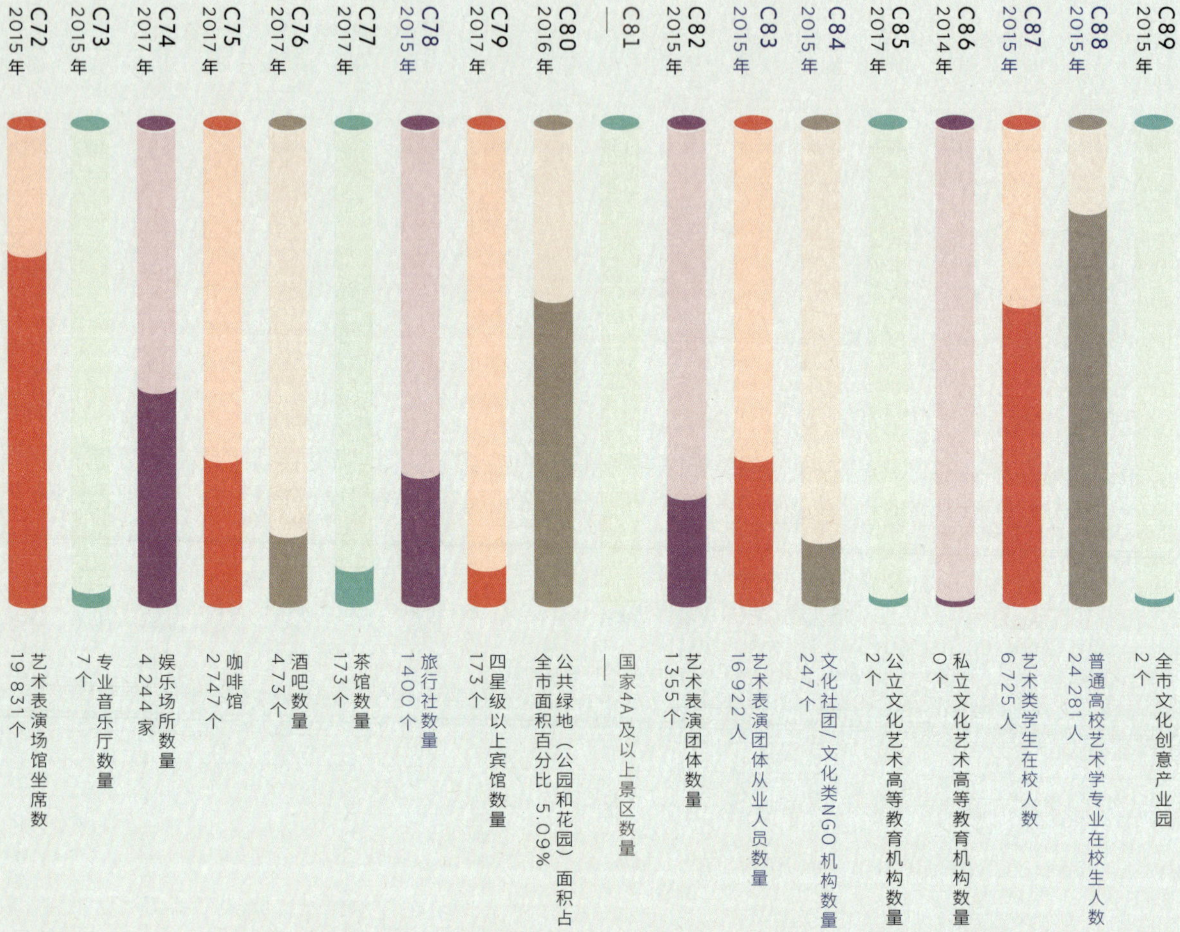

来源

C72. 台北市艺文表演场地介绍与座位推荐 http://fwade.pixnet.net/blog/post/56910342 C73. google 搜寻整理 C74/75/76/77/79. 大众点评网 C78. 中华民国交通部观光局 C80. Wiki百科；台北市政府主计处 C82. 台北市文化局 C83. 文化部《2016台湾文化创意产业发展年报》 C84. 外交部NGO 国际事务会 C86. BOP database, Taipei C87/88. 文化部·文化统计网，"2015 年文化统计最新统计结果" 201609

备注

C72. 指标项目：专职戏剧展演场地座位总数量。小巨蛋近端舞台形式 7 000 席、台北国际会议中心 3 100 席 、台北国家戏剧院（大厅 1 522 席、小剧院 180 席）、国父纪念馆 2 518 席、中山堂 2 056 席、城市舞台 1 002 席、亲子剧场 903 席、水源剧场 500 席、国立台北艺术大学展演艺术中心戏剧厅 362 席、国立台湾戏曲学院中正堂 308 席、西门红楼剧场 300 席、牯岭街小剧场 80 席（2016 年将新增台北艺术中心大剧院 1 500 席、球形镜框式 800 席、多元式中型剧场 800 席） C73. 国家音乐厅、国家演奏厅、诚品表演厅、北艺大音乐厅、台北巴赫厅、台北工业银行音乐厅、台北中山堂（多功能场馆）（正在筹建北市交音乐厅） C74. 指标项目：大众点评"休闲娱乐频道" C75. 指标项目：大众点评"咖啡馆" C76. 指标项目：大众点评"酒吧" C77. 指标项目：大众点评"茶馆" C78. 包含综合旅行社、甲种旅行社、乙种旅行社 C79. 酒店频道 - 五星级、四星级 C80. 绿化面积 13.84 平方公里 / 台北市面积 271.7997 平方公里。都市计画及其他公园、绿地、儿童游乐场及广场面积占全市面积百分比 C82. 指标项目：主管部门已经登记的院团数量。包括国有和私有院团 C83. P31 表 1-16 2010-2015 年台湾文创产业就业人数——次产业别，创作及艺术表演业 就业人数 16 922 C84. 指标项目：学术文化社团 / 学术文化类 NGO 机构数量 C85. 台北艺术大学、台湾剧曲学院 C86. Specialist private cultural HE establishments C87. 表 14：高等教育人才培育概况·艺术学门·公私立"技专院校学生数" C88. 表 14：高等教育人才培育概况·艺术学门·公私立"大学院校学生数" C89. 台北华山文工团创园、台北松山文创园

B7 二级指标
文化环境（文化经济环境 + 文化社会环境）

三级指标

C90 2015 年 居民人均可支配收入 426 633 新台币

C91 网站数量 —

C92 2015 年 互联网用户规模 2 553.49 万户

C93 2015 年 互联网普及率 82.60%

C94 2015 年 手机网民规模 262.23 万户

C95 2015 年 大专及以上学历占比 59.21%

C96 2017 年 高等专科以上学校数量 26 个

C97 2017 年 在校大学生数量 27.01 万人

来源

C90. 台北市政府主计处　C92. 台湾通讯传播委员会　C93. 台北市统计资料库查询系统　C94. 台北市政府主计处，《2015 年台北市统计年报》　C95. 台北市统计资料查询系统　C96/97. 台湾教育部统计处 http://stats.moe.gov.tw/files/city/103/103cityu.xls

备注

C90. 台北市统计资料库查询系统 http://210.69.61.217/pxweb2007-tp/dialog/statfile9.asp　C92. 指标项目：宽频上网帐号数。含固网、行动宽频及 PWLAN　C93. 指标项目：个人网路使用率　C94. 指标项目：生活水准 。移动电话普及率 (96.95%) * 台北市户籍常住人口 (2 704 810)　C95. 近年来重要统计指标一教育文化一 2015，指标项目：15 岁以上人口受大专以上教育比率。此外：补充数据受大学以上教育占 18 岁以上人口比率为 47.43%　C96/97. 大专院校以上学校数量

B8 二级指标
文化多样性（文化包容性 + 国际化程度）

三级指标

C98
非户籍人口占比 —

C99 2015 年
外国人居留人数　62 132 人

C100 2015 年
外国人居留人数占城市人口比重 2.30%

C101 2015 年
非本地留学生数量 34 437 人

C102 2015 年
外籍游客年度数量（不含港澳和大陆）的游客） 488.30 万人次

C103 2015 年
外籍游客占城市人口比重 180.53%

C104 2015 年
举办国际性会议数量 111 个

C105
跨国公司地区总部的数量 —

来源

C99/100. 台湾内政统计查询网 http://sowf.moi.gov.tw　C101. 文化部·文化统计网，“2015 年文化统计最新统计结果” 201701　C102/103. 台北市政府观光传播局·历年来台游客统计 http://admin.taiwan.net.tw/statistics/year.aspx?no=134　C104. 台北市政府观光传播局

备注

C99. 指标项目：外侨留居人数，2015 年 12 月台北　C100. 计算：62132/ 台北市人口 2 704 180　C101. 表24：2006年至2015 年文化领域外国在台留学生人数概况　C102. 指标项目：来台的数据库中的“外籍游客 (foreigners)”　C103. 计算：488.30 万 /2 704 810　C104. http://www.tpedoit.gov.taipei/public/Attachment/51516102655.pdf; http://www.tpedoit.gov.taipei/public/Attachment/55271643157.pdf

附录

2

中国城市文化发展大事记

2014

|

2016

2014

1月3日 全国宣传部长会议在北京召开。中共中央政治局常委、中央书记处书记刘云山出席会议并讲话。中共中央政治局委员、中宣部部长刘奇葆主持会议并作工作部署。中共中央政治局委员、国务院副总理刘延东出席会议。

1月4日 “国际艺术品鉴定估价体系与中国艺术品市场规范”论坛在北京举行。论坛邀请到了美国艺术品估价师协会主席、艺术资产管理及艺术金融资深专家南茜·哈里森，美国艺术品估价标准制定委员会主席、温斯顿艺术投资集团执行总裁伊丽莎白·冯·哈博斯伯格，加拿大国家金融委员会委员、体育与文化艺术产业公司估值资深专家朱威·多为勒等国际艺术品领域的权威专家，首次向国内详细介绍了欧美艺术品鉴定估价体系和美国现行的艺术品鉴定估价“国家标准”（USPAP）。

1月5日 第30届中国·哈尔滨国际冰雪节在哈尔滨冰雪大世界园区启幕。同时举办第26届太阳岛雪雕艺术博览会、第40届哈尔滨冰灯艺术博览会、中央大街冬季欧陆风情节等冰雪娱乐活动以及第14届中国企业家论坛年会等冰雪经贸活动。

1月8日 北京网络广播电视台（BRTN）面向全球开播，力求通过台网融合、多屏互动的内容交换服务，实现“北京时间，全球共享”。

1月11—12日 以“文化的力量：文化市场与改革红利”为主题的2014第11届中国文化产业新年论坛在北京大学开幕。本次论坛共有八场各类专题研讨，有150余名来自政产学研各界的精英和代表人物，围绕资源活化与创意城乡、媒介融合与数字创意、艺术市场与衍生开发、人才培养的开放性与专业性、两岸经典与华人创意、三山五园文化巡展案例分享等多个焦点议题深入展开。

1月18—22日 “古韵官渡·第四届全国非物质文化遗产联展”在云南昆明官渡古镇举行。联展集中展示了河北武强年画、山东杨家埠年画等80余个非遗项目，以及云南石屏的“乌铜走银”、丽江“谭记珐琅”、宜良“竹编”等民间传统技艺展示。

1月20日 深圳国家对外文化贸易基地挂牌。该基地的成立，使深圳成为继上海、北京之后，我国第三个获得授牌的城市。

2月12—13日 2014年海峡两岸民俗文化节在福州闽江公园举行。26项传统项目展示、汇集20多个非遗项目的手工技艺集市、35个美食项目闪亮登场。

2月18日 第42届香港艺术节开幕式在香港文化中心大堂举行。香港特区行政长官梁振英、香港艺术节主席夏佳理等出席开幕式。

3月16日 中共中央、国务院正式印发了《国家新型城镇化规划（2014—2020）》，这是之后一个时期指导全国城镇化健康发展的宏观性、战略性、基础性规划，也是中央颁布的第一个城镇化规划。

3月17—18日 由国际艺术教育联合会主办，上海音协、四川音协、山东音协、中国合唱协会等协办的2014艺术教育高峰论坛在北京举行。

3 月 20 日 文化部和北京市政府共建中国戏曲学院协议在京签署，文化部副部长董伟、北京市副市长杨晓超分别代表双方在协议上签字。

3 月 24—25 日 全国文化体制改革工作会议在京召开。会议强调，要深入学习贯彻党的十八大和十八届三中全会精神，学习贯彻习近平总书记系列重要讲话精神，按照中央全面深化改革的总体部署，把抓落实作为深化文化体制改革的工作重点，紧紧围绕建设社会主义核心价值体系、建设社会主义文化强国，推进文化体制机制创新，推动社会主义文化大发展大繁荣。

3 月 25—26 日 文化部、中国人民银行、财政部在江苏无锡联合召开全国文化金融合作会议，并发布了《关于深入推进文化金融合作的意见》，标志着由文化部、中国人民银行、财政部等部门共同建立的文化金融合作部际会商机制正式启动。

3 月 30 日 广西博物馆、广西织绣发展研究会与台湾花莲县秀林乡秀林社区发展协会在南宁举行共建民族文化产业发展研究基地仪式。该基地致力促进海峡两岸文化交流与合作，加强两岸民族文化联系与互动，推进民族文化产业发展。

4 月 1 日 “1+17”上海市美术馆资源联动签约暨首期活动启动仪式在崇明美术馆举行。中华艺术宫联合全市 28 家国有、民营美术馆就资源联动项目达成联合声明。由中华艺术宫领衔，上海市 17 个区县的 28 家美术馆整合联动陆续为区县美术馆策划配送专题馆藏作品展，让市民在家门口看到更多更高质量的艺术展览。

4 月 2 日 国务院办公厅印发通知，发布《关于印发文化体制改革中经营性文化事业单位转制为企业的规定》和《进一步支持文化企业发的规定》。

4 月 4 日 文化部文化体制改革工作领导小组发布《2014 年文化系统改革工作要点》及其分工实施方案。

4 月 7 日 中国—东盟文化交流年在北京开幕，国务院副总理刘延东与东盟轮值主席国缅甸副总统年吞共同出席。

4 月 9 日 京津冀加强文化协同发展座谈会在北京召开。会议决定，拟建立三省市文化部门联席会议制度，协调京津冀文化系统的发展规划，研究三地文化交流与合作的政策机制，协调推动有关合作项目的落实。

4 月 16—19 日 “第 33 届全国文房四宝艺术博览会暨第 3 届全国中小学生书法用品博览会”在北京展览馆举办。

4 月 16—23 日 第 4 届北京国际电影节举办，包括“天坛奖”评奖、开幕式、北京展映、“电影魅力”北京论坛、北京电影市场、“精彩在沃”—电影嘉年华、闭幕式暨颁奖典礼等 7 项主体活动。本届电影节还增设了“华语电影新焦点”活动单元、“注目未来”国际展映单元、“纪录佳作”展映单元和“微电影展映”活动单元等 4 项相关活动。

4 月 18—20 日 第 3 届中国 · 苏州文化创意设计产业交易博览会在苏州国际博览中心举行。本届“创博会”分为“设计、生活、体验”三大展区，设 26 个主题展区，49 个特色展馆，共有来自德国、法国、美国、意大利、韩国等十多个国家和地区的 538 家企业、单位参展。

2014

4月24日 由北京市文化局、北京海峡两岸民间交流促进会、北京市文物局和台北市文化局、新北市文化局等共同主办的"2014 两岸城市文化互访系列——北京周"活动在台北市中山堂拉开帷幕。

4月25日 由上海市演出行业协会举办的首届上海市民营演艺产品营销交流会在沪举行。中国演出行业协会、北京演出行业协会、广东演出行业协会、浙江演出行业协会、香港艺术行政人员协会等纷纷齐聚沪上评点和观摩上海民营展演系列活动现场。

4月25—26日 全国文化厅局对外及对港澳台文化工作会议在北京召开。文化部部长蔡武、副部长丁伟出席会议并讲话。

4月27日 京台文化创意产业展在台湾台北落幕，50 余家北京的优秀文创企业参展。企业现场销售和签订协议总金额约 7.6 亿元。

4月28日 第 5 届中国大学生电视节在京启动。本届中国大学生电视节与国际接轨，法国第五频道将展播电视节中的参赛作品。

4月29日 全国艺术创作工作会议在江苏省南京市闭幕。会议期间，与会人员就文化部部长蔡武在会上的讲话和近年来的艺术创作工作开展了热烈的讨论。

4月28日—5月3日 以"国际动漫·美丽杭州"为主题的第十届中国国际动漫节在浙江杭州分设滨江区白马湖主会场和 10 个分会场，围绕会展、论坛、商务、赛事、活动五大板块组织了 53 项活动，共吸引来自 74 个国家和地区的 602 家企业、机构参展参会。

4月30日 文化部公布《国家艺术基金章程（试行）》，该章程自 5 月 1 日起实施。根据章程规定，国家艺术基金理事会是国家艺术基金的决策机构，受文化部、财政部领导和监督。国家艺术基金管理中心具体负责基金管理和组织实施。国家艺术基金专家委员会承担咨询、评审、监督等相关职责。

5月2日—7月6日 由中华文化联谊会、台湾广艺基金会共同主办的"2014 两岸小剧场艺术节"在台北、高雄、北京举行。来自大陆的 6 部戏剧和来自台湾的 4 部戏剧演出 71 场，并举办相关活动 30 场。

5月7—8日 百年香港电影大型学术研讨会在北京召开，来自两岸三地的电影人、专家、学者出席了研讨会，聚焦香港电影的创作经验、文化情态、历史演变和创作类型，并对行业发展趋势进行了分析。

5月8日 中国人民银行营业管理部与北京市国有文化资产监督管理办公室联合签署了《文化金融战略合作协议》，就拓宽文化企业融资渠道、开展文化金融合作试验区建设、推进文化企业信用体系建设、搭建政银企合作平台四大方面的 16 项具体工作达成共识。

5月16日 文化部首次正式公开发布《中华人民共和国文化部 2013 年文化发展统计公报》，分为机构和人员、公共文化服务体系、艺术创作演出、文化产业与文化科技、文化市场、文化遗产保护、对外及对港澳台文化交流和文化资金投入等八个章节，基本涵盖文化系统职能范围内所有领域。

5月18日 由中国民间文艺家协会批准成立的中国民俗文化产业发展研究中心在北京揭牌。中心着眼于对民俗文化用品及相关衍生产品的市场发展、市场布局进行关注和研究。

5月18日 北京青年影展在京启动。活动现场启动了北京青年影展“筑梦计划”，全方位推动青年电影人的创业和就业。

5月19日 为期5天的第10届中国（深圳）国际文化产业博览交易会闭幕。本届文博会文化项目和产品总成交额2324.99亿元，比上届增长39.64%。其中，文化产品出口交易额为161.38亿元，占总成交额6.94%，同比增长30.33%。

5月23—26日 第4届广州国际艺术品交易博览会举办。博览会由广州市文化广电新闻出版局、广东省文化产业促进会、广东艺时代文化产业投资发展有限公司主办，广州艺时代展览策划有限公司、艺术投资精英会承办。

5月23日 “丝绸之路经济带沿线国家旅游文化展暨第5届西部非物质文化遗产展演活动”在隋唐丝绸之路的起点——陕西西安大唐西市开幕。

5月27—28日 第2届“中非文化产业圆桌会议”在北京举行。文化部、商务部、国家新闻出版广电总局、国家文物局、中国文联、部分省区市文化厅局相关部门负责人，以及来自非洲21个法语国家文化领域的官员和专家、非盟文化官员、中方文化企业代表等150余人出席会议。

5月29日 由中国—东盟博览会秘书处、广西壮族自治区文化厅共同主办的2014中国—东盟博览会文化展在广西南宁国际会展中心开幕。文化展启幕仪式以中国—东盟共建21世纪“海上丝绸之路”为主题。

5月30日—6月5日 为期7天的第10届中国·长春国际动漫博览会在长春国际会展中心举行。

6月1日 为期5天的第3届中国（北京）国际服务贸易交易会落下帷幕。117个国家和地区共计15.3万人次参展参会，签约236个项目，达成意向签约额818.3亿美元。

6月6日 第3届“中华非物质文化遗产传承人薪传奖”和“中华非物质文化遗产保护贡献奖”颁奖仪式在京举行。“薪传奖”是我国首个由非物质文化遗产专业工作机构设立的国家级专业奖项。

6月9日 第20届上海电视节在上海拉开帷幕。本届电视节分为节目评奖、影视市场、设备市场和论坛四大主体活动，共吸引了400多家国内外展商到场。

6月14—15日 粤港澳文化合作第十五次会议在广州召开。粤港澳三地文化界代表共160多人参加会议，并签订了《粤港澳文化交流合作发展规划2014—2018》。

6月14—22日 第17届上海国际电影节举行。上海国际电影节是亚洲规模最大、最多元的电影展映活动。每年都会集中展映数百部来自世界不同国家和地区的优秀影片。2014年，观众将欣赏到自1993年

2014

电影节创办以来阵容最强、质量最高、内容最丰富的影展片目。除了金爵奖和亚洲新人奖竞赛单元外，还设置了开闭幕影片、官方推荐、向大师致敬、聚焦中国、经典再现、多元视角、触摸3D、IMAX 视野、地球村、MIDA 纪录片、儿童电影、露天电影、短片展映等多个单元。

6 月16 日 由国家新闻出版广电总局主办的第 2 届中非媒体合作论坛在京举行。来自 42 个非洲国家的部长、媒体负责人等 260 多人，以及来自国家新闻出版广电总局等单位 100 余名代表出席了论坛，并就加强国际话语权、媒体政策、节目合作、广播电视数字化等议题进行研讨。

6 月18 日 太湖世界文化论坛第 3 届年会在上海开幕。年会以“加强文化软实力互动，促进世界和平与发展”为主题，有关国家政要、中外知名专家学者和人士等 500 余人出席。

6 月19 日 北京市文联与天津市文联、河北省文联在北京文联大厦共同签署《推进京津冀文艺事业协同发展合作框架协议》，拉开了三地在文艺事业发展领域战略合作的序幕。

6 月25 日 由文化部、新疆维吾尔自治区人民政府主办的首届“中国新疆国际艺术双年展”开幕。本届双年展的主题为“相遇丝绸之路”，来自中国、美国、尼泊尔、意大利、韩国、伊拉克、希腊等 18 个国家的数百件艺术珍品集中展出。

6 月25 日 青岛首届国际友好城市艺术节拉开帷幕。来自德国、法国、美国、新加坡、印度、印度尼西亚、韩国、中国香港等 8 个国家和地区代表团的 78 名艺术家，与青岛文艺团体参加开幕式演出。

6 月26 日 由中国公共外交协会、中国对外文化交流协会、意大利文化优先协会、意大利驻华使馆共同主办的“首届中意文化外交和创意产业大会”在北京举行。200 余人出席大会，就中意双方共同打造新的文化交流高端平台展开交流讨论。

6 月30日—7 月4 日 由文化部和黑龙江省人民政府共同主办，黑龙江省文化厅、省外事办和黑龙江省人民广播电台共同承办的第四届黑龙江国际文化周活动在哈尔滨举办。

7 月10 日 第 10 届中国国际动漫游戏博览会在上海世博展览馆揭幕，博览会由文化部和上海市人民政府共同举办，为期 5 天的博览会主要包括主场馆展商活动、舞台表演活动和电竞舞台活动三大板块。

7 月29 日 中国电影家协会国际传播工作委员会成立大会暨中国国际传播（电影）发展论坛在北京举行。会议主题为“光影载我梦，文化传五洲”，旨在探寻如何让中国电影迈出国门。

8 月1 日 第 24 届全国图书交易博览会在贵阳开幕。本届书博会以“文耀贵州 · 书博天下”为主题，展期 4 天，共 2 440 个展位，吸引了来自全国文化界、出版界的 800 多家参展商参会。

8 月3 日 第 12 届中国国际数码互动娱乐展览会 ChinaJoy 在上海新国际博览中心闭幕。本届展会吸引全球 450 余家厂商参展，展出最新互动娱乐产品超过 1 000 款。

8 月5 日 中国文学艺术基金会影视艺术专项基金在京启动。影视艺术专项基金将用于组织和资助国内外相关的影视艺术活动，挖掘、保护、扶植中国优秀影视文化作品，培养我国影视事业优秀人才，

开展有益于社会、丰富人民文化生活、传承与发展我国文艺事业的文化活动。

8 月 8 日 由中国文物学会主办的中国大运河世界遗产保护座谈会在京召开，中国文联主席孙家正和故宫博物院院长、中国文物学会会长单霁翔出席座谈会。

8 月 9 日 由中国对外文化交流协会主办，中展德美（北京）展览有限责任公司和北京索卡艺术中心联合承办的“同构·对‘画’——两岸青年艺术家作品交流展”在北京索卡艺术中心开幕，展出陈杰强、耿旖旎、黄柏勋、李华等 27 位来自两岸青年艺术家的作品。

8 月 9 日 文化部艺术发展中心文化创意产业研究院在京揭牌成立。作为文化部艺术发展中心直属机构，为我国文化创意产业发展贡献智力成果。

8 月 11 日 第 3 届亚洲陶笛艺术交流大会（亚洲陶笛艺术节）在北京市昌平区举行。本届大会主题为“相约中国长城 放飞陶笛梦想”，来自亚洲各国和地区的近 700 多位陶笛艺术家及爱好者参加。

8 月 12 日 由中国对外文化交流协会与中国对外文化集团公司共同主办的第七届中国国际青年艺术周在北京保利剧院拉开帷幕。中国国际青年艺术周是我国首个由政府主导，以青年为主体的国家级、国际性大型多边文化交流活动。

8 月 28 日 北京市文化局、天津市文化广播影视局、河北省文化厅在天津市共同签署《京津冀三地文化领域协同发展战略框架协议》。

8 月 30 日—9 月 1 日 由文化部艺术司、广东省文化厅、广东省文联共同主办的第二届粤港澳台魔术节在广州中山纪念堂举行，吸引了 200 多名粤港澳台的魔术高手参加。

9 月 1 日 由国家文化部和自治区人民政府共同主办的第 4 届中国—亚欧博览会“中外文化展示周”在新疆人民会堂隆重开幕。以“用艺术编织丝路美景”为主题的中外文化展示周于 2014 年 8 月 31 日至 9 月 7 日在新疆乌鲁木齐市举办。

9 月 4 日 国际文化贸易论坛在北京拉开帷幕。本届论坛以“文化贸易人才培养：合作创新共赢”为主题展开讨论。

9 月 6 日—11 月 5 日 首届深港设计双年展在深圳举行。该展每两年一届，深港两地交替举办。本届展览以“双城·创意 Let’s Create!”为主题，集结了深港两座城市的 40 多个设计协会、机构及院校共同参与。

9 月 11 日 由文化部与香港、澳门特别行政区政府共同主办，中国对外文化集团承办的“2014 年港澳视觉艺术双年展”在北京中华世纪坛开幕。300 余幅香港普通民众“家庭”主题摄影作品与 50 余组纪录澳门百年历史变迁的影像艺术作品亮相京城。

9 月 12 日 在陕西省美术博物馆举办的“中国—阿拉伯非物质文化遗产精品展”，拉开了文化部和陕西省政府主办、陕西省文化厅承办的首届丝绸之路国际艺术节暨第 3 届阿拉伯艺术节陕西分会场活动的序幕。

2014

9月15日 中国（长沙）国际雕塑文化艺术节在长沙开幕。来自17个国家和地区的21位世界顶级雕塑艺术大师将进行为期45天的大型雕塑作品集体创作活动。

9月17日 由国家新闻出版广电总局、国家版权局和四川省人民政府共同主办的第五届中国国际版权博览会在成都市世纪城新国际会展中心开幕。这是版博会首次在北京以外的城市举办。

9月19—21日 由文化部艺术发展中心主办，北京成聚会展有限公司承办的2014中国国际文化艺术博览会（Art China）在全国农业展览馆（新馆）举办。

9月19日—10月5日 第2届海口国际青年实验艺术节在海南省海口市举行。来自世界各地的100多位青年艺术家以表达“创造、求知、启迪、交流”的主题，共吸引10万多名海口市民与游客前往观赏。

9月22日 “2014首届青岛国际艺术双年展”在青岛当代文化艺术中心正式拉开序幕，本次艺术双年展涵盖42个国家和地区的400多位艺术家作品。展览持续到11月22日。

9月24日 纪念孔子诞辰2 565周年国际学术研讨会暨国际儒学联合会第5届会员大会在人民大会堂举行，国家主席习近平出席开幕式并讲话，强调不忘历史才能开辟未来，善于继承才能善于创新。只有坚持从历史走向未来，从延续民族文化血脉中开拓前进，我们才能做好今天的事业，推进人类各种文明交流交融、互学互鉴，是让世界变得更加美丽、各国人民生活得更加美好的必由之路。

9月24日 中阿丝绸之路系列文化论坛之“中国与阿拉伯国家美术馆合作论坛”在北京中国美术馆举办。论坛邀请国内主要美术馆负责人同阿拉伯国家美术馆事务负责人共同探讨了中国与阿拉伯国家美术馆合作的现状与前景。

9月25日 由中国文化部、国家旅游局、西藏自治区人民政府共同主办，以“人间圣地·天上西藏”为主题的首届中国西藏旅游文化国际博览会在拉萨盛大开幕，这是西藏自治区首次举办大型国际性旅游文化博览会。

9月25日 首届西岸艺术与设计博览会在上海徐汇滨江举行，这是中国首个融合顶尖当代艺术与设计的国际性大型博览会，由上海西岸开发（集团）有限公司与艺术家周铁海联袂举办。

9月26日 中非文化遗产论坛在南京举行。来自非洲18个国家的30位文化官员、文保专家，与南京专家交流了博物馆建设、文物保护、非遗传承概况和经验。

9月28日 作为漫画节的开幕大戏，中国国际漫画节开幕式暨第11届金龙奖颁奖典礼在广州星海音乐厅举行。

9月28日—10月4日 由国家新闻出版广电总局、重庆市人民政府联合主办的第6届中国西部动漫文化节在重庆举办。

9月29日—10月5日 由文化部、北京市人民政府主办，北京市通州区人民政府承办的中国艺术品产业博览交易会在宋庄举行，博览交易会以“艺术品让生活更美好”为主题，设置两大主展馆、5个主题展馆和1条艺术淘宝街。

10月9日 由文化部、北京市人民政府共同主办的第17届北京国际音乐节暨第12届北京国际交响乐演出季在北京保利剧院拉开序幕。

10月9日 第3届国际文化产业大会暨第7届甘肃文博会在兰州召开。斯里兰卡国家遗产部部长加格特、阿尔巴尼亚总统府秘书长阿本·爱得利兹、古巴文化部副部长胡里奥、亚太总裁协会全球执行主席兼中国分会会长郑雄伟等以及500余名相关领域嘉宾共同出席开幕式。

10月10—12日 中国图书馆学会年会·中国图书馆展览会在北京市东城区召开。本届年会由文化部主办，北京市文化局、北京市东城区政府、中国图书馆学会、国家图书馆、文化部全国公共文化发展中心共同承办。

10月10—12日 由中国文联、湖南省政府、中国电视艺术家协会主办的第10届中国金鹰电视艺术节暨第27届中国电视金鹰奖在湖南长沙举办。本届金鹰电视艺术节以“合作、创新、沟通、共享”为宗旨，大胆探索传统媒体和新兴媒体的融合发展之路。

10月11—14日 成都创意设计产业展览会举行。来自英国、意大利等国及我国北京、广州、上海、成都、香港、台湾等地的5 000件创意设计作品、产品，迎来了海内外观众11.2万人次，总成交金额达4.8亿元。

10月11日 由北京市文化局主办、国家大剧院承办的“第12届北京国际戏剧舞蹈演出季”在国家大剧院开幕，2014国家大剧院舞蹈节同时也拉开帷幕。本次艺术节于2014年10月11日至12月25日期间，上演来自7个国家与地区的34台近百场精品演出。

10月12日 成都（西部）文化艺术品保税仓库暨“成都国际文化艺术品交流中心”正式挂牌成立，标志着我国西部第一个专门的国际性艺术品保税交易平台正式对外开放，这是继北京、上海、厦门后，我国挂牌成立的第四座艺术品保税仓库。

10月16日 在中国动漫集团的倡导和组织下，完美世界、奥飞动漫、梦之城（阿狸）等国内48家动漫游戏产业相关企业、单位共同发起筹建的“中国动漫游戏产业联盟”在北京正式成立。

10月15日 中共中央总书记、国家主席、中央军委主席习近平在北京主持召开文艺工作座谈会并发表重要讲话。他强调，文艺是时代的号角，最能代表一个时代的风貌，最能引领一个时代的风气。实现“两个一百年”奋斗目标、实现中华民族复兴的中国梦，文艺的作用不可替代，文艺工作者大有可为。广大文艺工作者要从这样的高度认识文艺的地位和作用，认识自己所担负的历史使命和责任，坚持以人民为中心的创作导向，努力创作更多无愧于时代的优秀作品，弘扬中国精神、凝聚中国力量，鼓舞全国各族人民朝气蓬勃迈向未来。

10月16日 由中国国际网络文化博览会组委会主办，中国动漫集团、人民网承办，游迷网协办的第12届中国国际网络文化博览会网络文化高峰论坛在北京举行。主题紧紧围绕数据挖掘与分析、数据运用与创新。

10月17日—11月17日 由文化部主办、上海市人民政府承办的第16届中国上海国际艺术节在上海举行。本届艺术节期间共献演45台中外优秀剧目、105场演出，举办13项展览博览活动，名家集聚，精品荟萃，出票率、上座率都近 9 成，其中满座演出 17 场。共有 15 万观众走进剧场，450 多万人次参与了艺术节的各项活动。

10 月 17—20 日 由文化部、北京市人民政府共同主办，中国动漫集团、北京市文化局联合承办的“动漫北京·中国国际网络文化博览会（第 12 届）”在北京展览馆举办。

10 月 19 日 第 13 届北京电影学院国际学生影视作品展在北京举行。据了解，本届电影展共收到来自 53 个国家和地区的 900 多部参展短片，参赛者遍布全球近百所影视院校。

10 月 20 日 “2014 世界城市（上海）文化论坛”在静安源创创意园举行。本次论坛以“引领潮流：世界城市的时尚未来”为主题，阐述全球时尚格局的变迁、东西方时尚角逐和平衡关系等前沿观点，分享世界各地城市发展时尚产业的经验与创举。2012 年，在伦敦市长办公室的支持下，上海戏剧学院和英国 BOP 文化创意产业咨询机构共同主办了世界城市（上海）文化论坛的第一次活动。论坛由上海设计之都活动周组委会办公室指导，中国上海国际艺术节中心支持，上海市静安区人民政府、上海戏剧学院主办，上海戏剧学院大都市文化观测研究中心（MCAC）、上海静安区文创办、英国 BOP 文化创意产业咨询机构、世界城市文化协同创新中心联合承办。论坛邀请了来自上海本土和其他世界城市的演讲嘉宾来畅谈对时尚和城市的理解。在当今全球经济激烈竞争的环境下，时尚越来越能反映出每一个世界城市独特的文化。嘉宾们从时尚之都的文化和经济指数；全球时尚格局的变迁；关于东西方两股时尚力量间的角逐和平衡关系的变化等角度进行探讨，同时也分享了关于各自城市发展时尚产业的活动、计划和策略等。论坛被列为“设计之都活动周”的核心活动和第 16 届上海国际艺术节的重要活动。

10 月 20 日 由国家新闻出版广电总局、陕西省人民政府、福建省人民政府主办的首届丝绸之路国际电影节在陕西西安开幕，这是中国继上海、北京国际电影节之后创办的又一个国际性、综合性、固定性的大型对外交流活动。

10 月 23 日 西部国家版权交易中心揭牌仪式暨第 10 届全国电视制片业十佳颁奖礼在西安举行。西部国家版权交易中心是经国家版权局正式批准设立的西部地区唯一一家国家级版权贸易机构，由陕西省版权局依托陕文投集团西安电视剧版权交易中心建设并运营。

10 月 24 日 第 7 届海峡两岸（厦门）文化产业博览交易会在厦门会展中心开幕。本届文博会由中共中央台办、文化部、国家新闻出版广电总局、福建省人民政府共同主办。

10 月 25 日 中国教育国际交流协会教育与文化创意产业专业委员会成立发布会在北京国家会议中心召开。这标志着中国文化创意产业人才有了专业的培养平台。

10 月 29 日—11 月 12 日 第 2 届中国歌剧节在湖北武汉举行。本届歌剧节的 20 台参演剧目，由文化部从各省（区、市）申报的剧目中评选产生，在琴台大剧院、琴台音乐厅、湖北剧院、洪山礼堂、武汉剧院等地演出。

10 月 31 日 第 11 届中国武汉光谷国际杂技艺术节在武汉杂技厅开幕。来自俄罗斯、亚美尼亚、拉脱维亚、匈牙利、哥伦比亚、西班牙等 17 个国家和地区的 28 个节目 300 多名演员参加比赛演出。

10月31日 由中国文化部和韩国文化体育观光部主办，国家大剧院、中国对外文化集团承办的第二届中韩文化产业论坛在京举行。中韩文化产业论坛是由中韩两国文化主管部门共同主办的专业论坛，由两国轮流主办，首届论坛于 2013 年在韩国举办。

11月1日 由中国艺术摄影学会、文化部对外交流中心、济南市委宣传部和山东工艺美术学院主办的第五届济南国际摄影双年展在济南启幕。双年展分别在山东工艺美术学院美术馆、济南园博园国际会展中心和济南市美术馆同时展出。

11月10日 由文化部、天津市人民政府共同主办，文化部艺术司、天津市文化广播影视局承办的第七届中国京剧艺术节在天津开幕。这是继 1995 年首届中国京剧节在天津举办后这一艺术盛会再次来到天津。来自全国的 33 个京剧院团为观众献上 31 台剧目 57 场演出。

11月19日 “2014 中韩文化交流论坛”在杭州举行，来自中韩影视文化和金融投资领域的众多专家，以“资本·文化互联·互通”为主题，探讨了中国与韩国金融与文化交流的模式和未来。本次论坛由金诚财富主办，IEF 国际青年嘉年华组委会等协办。

11月21日 首届世界互联网大会在浙江乌镇闭幕，这是我国举办的规模最大、层次最高的互联网大会。来自世界近 100 各国家和地区的逾 1 000 位政府官员、国际机构负责人、专家和企业家等围绕“互联互通，共享共治”主题，就国际互联网治理等 10 多个议题深入交换意见，工商互联网大计，达成了广泛的共识。

11月27日 由中俄两国文化部共同主办第 2 届中俄文化论坛在北京开幕，俄罗斯文化部长弗拉基米尔·梅津斯基率俄罗斯政府文化代表团参加。设有“青年文化生活与创业”“文化产业与贸易”“边境文化交流”“文化金融”和“电影文化”五个分论坛，邀请中俄两国 50 余位专家学者和资深从业者参加论坛发言讨论。

11月29—30日 由国家发改委中国投资协会、中国广播电影电视社会组织联合会等单位主办，中国投资协会文化艺术投资专业委员会承办的首届中国文化产业与金融资本高峰论坛在北京召开。

11月30日 以“移动互联背景下的文化科技融合”为主题的“2014 文化科技创新论坛”在深圳举行。来自美国、澳大利亚、法国、德国、比利时、韩国及中国知名高校的专家学者以及国内领军文化企业代表 100 余人齐聚本届论坛。开幕式上《文化科技蓝皮书——文化科技创新研究报告（2014）》发布。

11月30日 由中国投资协会、中国广播电影电视社会组织联合会、中国证券投资基金业协会联合主办的首届中国文化产业与金融资本高峰论坛在北京举办。

12月1日 由中国电视艺术委员会、中国电视剧制作产业协会、中国电视艺术交流协会、中共浙江省委宣传部、浙江省新闻出版广电局、中共杭州市委宣传部、杭州市西湖区人民政府、中国（浙江）影视产业国际合作实验区杭州总部管委会主办的“2014 中国影视艺术创新峰会暨第 2 届中国影视产业推介会”在杭州市西湖区开幕。

2014

12月1日 由中国艺术研究院、海峡两岸文化创意产业高校联盟与亚太文化创意产业协会共同主办的“2014法蓝瓷陶瓷设计大赛总决赛暨颁奖典礼”在北京举行。

12月1日 苏州市政府举行“苏州正式加入全球创意城市网络”新闻发布会。苏州被联合国教科文组织正式批准成为“手工艺与民间艺术之都”主题城市，加入全球创意城市网络。

12月2日 中日韩博物馆国际研讨会在首都博物馆举行。日本东京江户博物馆、韩国清溪川文化馆、沈阳故宫博物院及首都博物馆的专业人员参加了研讨会。

12月4日 首届北京国际电影音乐节在北京中央音乐学院举办，推出“大师班讲座系列”“电影音乐创作与教育峰会”“多媒体电影音乐会系列”“青年作曲家发展计划”4个板块。

12月6日 由中国艺术研究院主办，中国工艺美术馆承办的“中国当代工艺美术双年展（2014·北京）”在北京中国国家博物馆举办，展览展出了全国各地当代工艺美术名家新创作的优秀作品约500件（套）。

12月11日 第9届中国北京国际文化创意产业博览会开幕式暨主体报告会在北京举行，以“推动文化创新，促进产业融合”为主题，集中展现中国文化产业发展的新面貌和新趋势。

12月21日 由北京市人民政府和戏剧奥林匹克国际委员会主办、北京市文化局承办、中国对外文化集团公司执行的第六届戏剧奥林匹克在京圆满闭幕。

12月26日 2014两岸诗会在海南海口拉开帷幕。大陆著名少数民族诗人吉狄马加，台湾海洋诗人汪启疆，大陆著名诗人、书画家汪国真等来自台湾、港澳和大陆的60余位诗人及艺术家，就传承发扬中华诗歌文化传统进行探讨。

12月28日 第6届中国民族文化产业发展论坛在中国传媒大学举办。论坛以“全媒体时代民族文化产业发展：国际传播与法治建设”为主题。

2015

1月5日 全国宣传部长会议在北京召开。中共中央政治局常委、中央书记处书记刘云山出席并讲话，强调要顺应党和国家事业发展新要求，扎实做好宣传思想工作，为全面建成小康社会、全面深化改革、全面依法治国、全面从严治党提供有力思想舆论支持。

1月7日 第2届中国电视相声大赛颁奖晚会在天津举行。尹笑声、常贵田、李伯祥、魏文亮、侯耀华、刘伟、刘俊杰、陈寒柏等相声名家以及歌唱家关牧村、京剧表演艺术家王平等天津籍艺术家会聚现场。

1月10日 由北京大学主办的以“文化战略与产业融合”为主题的2015年第12届中国文化产业新年论坛在北京召开。与会学者围绕国家社科基金重大项目“我国文化产业发展战略研究”的最新研究成果，就文化产业领域的前沿问题进行了深入的讨论。

1月14日 中共中央办公厅、国务院办公厅日前印发《关于加快构建现代公共文化服务体系的意见》，对加快构建现代公共文化服务体系，推进基本公共文化服务标准化、均等化，保障人民群众基本文化权益作了全面部署。

1月14日 2015洛杉矶艺术博览会在美国洛杉矶会展中心举行。由文化部支持、中国文化传媒集团和国家对外文化贸易基地联合举办的“中国国家展区”开幕式于当晚举行。

1月14日 “艺术8·中国青年艺术家奖”推广会在中央美术学院举行。该奖项由爱马仕企业基金会支持设立，用于中法两国在文化艺术上的交流。

1月16日 由中国新闻出版研究院和龙源数字传媒集团主办的“全民数字阅读论坛暨TOP100排行发布会”在首都图书馆新馆报告厅举行。

1月19日 全球最大的电影完片担保公司——美国电影金融公司宣告在上海成立中国分公司。这是美国电影金融公司首次在华设立分公司，专注于将电影领域的担保业务模式引入中国，同时助推中国电影走向世界。

1月19日 国内首个3D红色科普互动体验馆正式落户红岩革命历史博物馆。该体验馆通过传统绘画与互联网、物联网、3D技术和遥感设备等先进科技相结合，用3D画体验与互联网融合的全新模式再现“重庆谈判”“小萝卜头”“11·27幸存者”等红岩故事。

1月24日 “首届中原年俗文化论坛”由河南省文化厅、河南博物院、河南商报等共同主办。首推的主题是《回望：寻找失去的年味》，各界专家学者畅谈了传统中国年的文化内涵，呼唤传统中国年的文化回归。

1月27日 为期两天的江浙沪两省一市第22届演出业务洽谈会暨第8届长三角国际演出项目交易会在上海揭幕，来自美国、韩国等国家以及全国25个省市文艺院团、剧场和演出经纪机构的800多位代表踊跃参会。

1月28日 由上海社会科学院及社会科学文献出版社联合举办的《国际城市蓝皮书：国际城市发展报告(2015)——国际创新中心城市的崛起》发布会在北京举行。蓝皮书指出，综合升级能力方面，伦敦、东京和巴黎位居前三甲。社会升级能力方面，北京位居第一，上海位居第二。

2月2日 文化部召开现代公共文化服务体系“十三五”规划编制座谈会。“十三五”规划涵盖领域、内容更丰富，规划编制工作由文化部联合国家发改委、财政部、国家新闻出版广电总局等部门共同完成。

2月5日 北京市人民政府印发《关于促进文化消费的意见》（以下简称《意见》），这是全国首部专门针对文化消费的省级地方政策。《意见》围绕“市场主导，政府推动”等四项原则，提出了加强文化消费供给、培育文化消费理念、引导文化消费行为、丰富文化消费业态、拓展文化消费空间五方面的重点任务。

2月6日 由中国文化软实力研究中心、人民日报理论部等机构和部门联合举办的“第6届中国文化软实力研究高层论坛暨《中国文化软实力研究论纲》新闻发布会”在北京召开。本次会议以“中国特色软实力理论体系建构”为主题，130余位专家学者出席会议。

2月6日 由北京剧协、新剧本杂志、北京老舍文艺基金会联合主办的第三届老舍青年戏剧文学奖作品征集在京启动。

2月9日 由文化部非物质文化遗产司、国家图书馆主办，中国民族图书馆协办，贵州省图书馆承办的“我们的文字”大型公益展览活动在贵州省图书馆开展。

2月27日 “欢乐春节北京文化庙会台北之旅”在台湾台北市花博公园拉开帷幕，相声、快板、坠子书、京韵大鼓等节目轮番上演，“五路财神”抛洒“金币”与台下观众互动，受到了前来逛庙会的台北市民的欢迎。

3月2日 国务院总理李克强签署第659号国务院令，公布《博物馆条例》，这是我国博物馆行业第一个全国性法规文件，共6章47条，自2015年3月20日起施行。

3月20日 由国家文化产业项目服务平台组织的2015年度第一期文化产业精品项目交流对接会在北京举行。本次参加交流对接会的文化企业有22家，经营范围涉及艺术品、文化旅游、影视、动漫、演艺等多个领域。

3月23日 文化部公共文化司在北京召开“图书馆与全民阅读研讨会”，来自国家图书馆、中国图书馆学会、高校、基层文化单位、新闻媒体、文化企业的20余位专家学者就新形势下各级各类图书馆如何更好地参与全民阅读进行了研讨。

3月28日 2015年上海市民文化节以覆盖全市的“文化服务日”拉开序幕。全市各类公共文化设施免费开放，203家社区文化活动中心延长服务时间，全市70余个重点广场、绿地、商圈开展艺术展览、文艺演出、艺术讲座等文化活动逾千场。

4月11日 第3届北京国际女性戏剧节在国家大剧院开幕。作为本届戏剧节的一部分，“女人·戏剧·城市”主题艺术展也于国家大剧院艺术沙龙展厅向公众开放。

4月17日 为深入贯彻中共中央办公厅、国务院办公厅《关于加快构建现代公共文化服务体系的意见》精神，进一步提升公共文化服务效能，2015年上海市公共文化建设工作会议在上海展览中心举行。

4月18日 由国家新闻出版广电总局、北京市人民政府主办，国家新闻出版广电总局出版管理司、北京市委宣传部等承办的“2015书香中国暨北京阅读季”正式启动。

4 月 21 日 文化部重点实验室颁牌仪式在上海举行。入选的首批重点实验室分别为古籍保护重点实验室、音视频修复与评测重点实验室、视听技术与智能控制系统重点实验室、演艺装备系统技术重点实验室、近现代纸质文献脱酸保护技术重点实验室和数字演艺集成创新重点实验室。

4 月 21 日 住房和城乡建设部、国家文物局公布第一批中国历史文化街区，北京市皇城历史文化街区、天津市五大道历史文化街区、上海市外滩历史文化街区等 30 个街区入选。

4 月 23 日 第 5 届北京国际电影节闭幕式暨颁奖典礼举行，颁出“天坛奖”10 个，墨西哥影片《暮年困境》获最佳影片奖。

4 月 30 日 中央政治局召开会议，审议通过《京津冀协同发展规划纲要》，中共中央总书记习近平主持会议。会议强调，京津冀协同发展是一个重大国家战略。

4 月 30 日 清华大学国家文化产业研究中心和台湾亚太文化创意产业协会 30 日在杭州发布《两岸城市文化创意产业竞争力研究报告 2015》。在 36 个城市中，北京、上海、深圳、广州、杭州、台北、天津、成都、重庆和西安位居“文创产业综合竞争力”排行榜前十位。

5 月 14 日 《中华人民共和国文化部 2014 年文化发展统计公报》发布，分机构和人员、公共文化服务体系、艺术创作演出、文化产业与文化科技、文化市场、文化遗产保护、对外及对港澳台文化交流和文化资金投入 8 部分，全方位展现了我国文化改革的发展全貌。

5 月 14 日 由文化部、商务部、国家新闻出版广电总局、中国贸促会、广东省政府、深圳市政府联合主办的第 11 届中国（深圳）国际文化产业博览交易会在深圳开幕。2 286 家参展商在深圳会展中心主会场和 61 个分会场参加展示和交易；640 多项文化活动同期开展。

5 月 20 日 “2015 世界知识论坛·中韩影视文化产业论坛”在四川成都举行，来自中国和韩国的影视制作、现代传媒等领域的业界精英，围绕中韩两国在影视人才和技术领域的机遇和挑战、影视产业合作前景等话题展开讨论。

5 月 27 日 由北京 2022 年冬奥会申办委员会和北京奥促会共同主办的“北京申办 2022 冬奥会暨北京奥林匹克音乐周优秀音乐作品发布会”圆满落幕。

5 月 28 日 由中华文化促进会、中华诗词学会、中国楹联学会和湖南省文化艺术基金会共同主办的“第 3 届中国百诗百联大赛”在长沙正式启动。

5 月 29 日 2015 年第 2 届“阅读之城——市民读书计划”在首都图书馆启动，活动广邀市民参加，将通过推选图书、为书投票、撰写书评等形式，倡导高品质阅读。

6 月 2 日 由文化部、新疆维吾尔自治区政府主办，文化部艺术司、新疆维吾尔自治区文化厅承办的第 3 届中国西部交响乐周在乌鲁木齐新疆人民剧场拉开帷幕。

2015

6月10日—9月27日 国家大剧院策划主办的首个戏剧主题艺术节——2015国家大剧院国际戏剧季正式拉开帷幕。为期100天的戏剧季邀请了包括中国、英国、德国、法国、以色列、中国香港、中国台湾等7各国家和地区的著名院团，24部96场戏剧精品。

6月13日 为展现非物质文化遗产的独特魅力，推动京津冀地区协同发展，北京市文化局、天津市文化广播影视局、河北省文化厅联合在北京全国农业展览馆举办了京津冀非物质文化遗产展。全面呈现京津冀10年来的非遗保护成果。

6月16日 首都文化产业协会成立，在成立大会上，首都文化产业协会、天津市文化产业协会、河北省文化产业协会签署《京津冀三地文化产业协会框架合作协议》，通过信息共享、活动交流、项目合作、咨询服务、人才培养等形式，为三地文化企业搭建合作交流发展平台，助力京津冀文化产业繁荣发展。

6月19日 首届上海青年艺术博览会在上海国际展览中心开幕，展期4天。上海青年艺术博览会以培育全国青年艺术家未来市场为目标。展会以“正在兴起的艺术态度”为主题。

7月9—13日 由文化部、上海市人民政府主办，上海市文化广播影视管理局、中国文化传媒集团、（上海）国家动漫游戏产业振兴基地、上海广播电视台、上海文化广播影视集团有限公司承办的第11届中国国际动漫游戏博览会在上海世博展览馆成功举行。

7月12日 澳门特区文化局在旅游塔会展中心举办文化遗产保护学术研讨会及新书发行活动。作为“澳门历史城区”申遗成功十周年系列庆祝活动之一，吸引了来自世界各地的30余位学者及近200名文化遗产领域代表出席。

7月15日 在中国文化产业协会积极推动下，香港文化产业联合总会近日在香港成立。旨在以文化凝聚共识、以产业带动发展、以贸易促进交流，特别是加强香港与内地文化联系和交流合作，共同提升中华文化影响力。

7月22日 深圳市人民政府正式发布了《中国（广东）自由贸易试验区深圳前海蛇口片区建设实施方案》。将前海纳入国家文化金融合作试验区，鼓励金融机构在前海开展版权质押信贷业务，支持创新文化金融组织服务形式，构建前海蛇口片区文化产业投融资体系和文化金融公共服务体系。

9月10日 全国首家以非遗传承、非遗认证、非遗藏品销售、创意定制等内容为主导的专业网络平台——长江非遗网（www.cjfygift.com）10日上线。

9月11日 由首都互联网协会主办、北京阅读季领导小组办公室指导的“北京阅读新媒体联盟”在京成立。豆瓣阅读、阿里文学、耕林童书馆、千龙网、网易云阅读、新浪读书、凤凰读书等60个机构成为会员单位。

9月24日 由北京市人民政府、中国文学艺术界联合会、中国美术家协会联合主办的“2015·第6届中国北京国际美术双年展”在中国美术馆开展。本次展览以“记忆与梦想”为主题，是对世界反法西斯战争胜利70周年的艺术诠释与升华。

10月8日

第18届北京国际音乐节开幕音乐会在中山公园音乐堂上演，北京市委宣传部常务副部长王海平、市文化局局长陈冬、副局长吕先富出席开幕式。

10月16日—11月16日

由文化部主办、上海市政府承办的第十七届中国上海国际艺术节在沪举行。历时32天的艺术节庆共吸引55个国家和港澳台地区以及国内27个省市自治区近5千名艺术工作者相约申城。

10月29日

文化部在重庆召开推进基层综合性文化服务中心建设工作会议，贯彻落实国务院办公厅印发的《关于推进基层综合性文化服务中心建设的指导意见》精神，交流经验，研究部署下一步工作。

10月30日—11月2日

2015年中国文化馆年会暨文化艺术博览会在重庆国博中心举行。年会由文化部、重庆市政府主办，中国文化馆协会、文化部全国公共文化发展中心、重庆市文化委员会共同承办。

10月30日

书香中国·北京阅读季领导小组办公室在北京发布《2014—2015年度北京市全民阅读指数综合报告》。报告显示，2014年，北京市综合阅读率为91.16%；纸质阅读率为81.7%；人均纸质图书阅读量为9.49本；数字阅读率为78.18%。

11月8日

2015广州艺术节隆重开幕，安排了33台舞台艺术精品剧目，其中国外剧目12台，国内和港澳台剧目20台。3万余张惠民票中，有2万张免费惠民演出票通过网络发放给市民。艺术节期间将举办第6届中国广州国际演艺交易会，来自世界各地的演艺经纪组织、各大剧院总监、国内各演出院线机构参展。

11月9日

作为第14届亚洲艺术节重要活动之一，第3届亚洲文化论坛在福建福州举行，会议着眼于"一带一路"战略理念，为亚洲文化共同发展与平等对话提供积极有效的沟通、合作平台，促进亚洲国家间文化领域深层次的对话和交流。

11月19日

"2015世界城市（上海）文化论坛"在上海召开。作为世界最大城市的协作网络，世界城市文化论坛（World Cities Culture Forum）一直致力于使文化作为都市政策的重要组成部分。而今年也依旧秉持着这一使命，从城市的公共文化出发，探讨公共文化对于城市发展的重要影响。此次论坛由上海市静安区人民政府、上海戏剧学院主办，上海戏剧学院世界城市文化协同创新中心、英国BOP文化创意产业咨询公司、上海市静安区商务委员会联合承办。论坛邀请来自伦敦、柏林、纽约、芝加哥、多伦多、上海、香港、台北、深圳等城市的知名学者和业界专家以"世界城市的公共文化"为题，探讨公共文化对于推动世界城市的可持续发展和提升人民生活品质的重要影响。本次论坛还邀请了"城市文化交流会议——2015上海年会"的与会代表参加世界城市的公共文化议题的探讨，分享更多亚洲城市的新经验和新模式。

11月19日

北京、天津、河北三地公共图书馆在石家庄签署合作协议，成立了京津冀图书馆联盟，并就搭建资源共建共享平台、联合参考咨询平台、专业人才培养平台、惠民服务平台、公共文化示范区建设平台、冬奥会主题服务平台等事宜达成深化合作意向。

11月19日

"上海青年艺术家创作孵化基地"正式在沪揭牌。经过长达数月的项目实践测评，第一批共15位毕业于上海戏剧学院的青年编剧获得了青创孵化基地的扶持资格，并在揭牌仪式现场正式签约。

2015

11月25日 全国全民阅读工作会议在京召开。会议总结了近10年来全民阅读取得的成效和经验，研究部署未来一个时期的全民阅读工作。

11月28日 上海自贸区国际艺术品交易中心正式开业，拉开上海自贸区艺术品交易服务功能的序幕，将助力艺术“走出去”与“引进来”，推动国内艺术市场国际化发展。

12月4日 由文化部公共文化司指导、上海图书馆主办的“大数据与公共数字文化服务研讨会暨文化部公共文化研究上海图书馆基地揭牌仪式”在上海图书馆举行。

12月16日 以“融合互补协同发展”为主题的京津冀文化产业协同发展研讨会在天津滨海新区举办。本次活动由文化部文化产业司、北京市文化局、天津市文化广播影视局、河北省文化厅、天津滨海新区政府共同主办，深入探讨如何促进三地文化产业协同发展。

12月19日 由联合国开发计划署与新华社《瞭望东方周刊》共同发布的《2015年中国城市可持续发展报告》显示，列入研究范围的35个城市在生态投入指标上的表现均比2014年有所改善，中国城市可持续发展总体形势乐观。武汉、长沙在本次论坛上荣获由联合国开发计划署颁发的“2015中国可持续发展城市奖”。

12月20—21日 中央城市工作会议在北京举行。习近平在会上发表重要讲话，分析城市发展面临的形势，明确做好城市工作的指导思想、总体思路、重点任务。李克强在讲话中论述了当前城市工作的重点，提出了做好城市工作的具体部署，并做总结讲话。会议指出，我国城市发展已经进入新的发展时期，城市建设成为现代化建设的重要引擎，在党和国家工作全局中具有举足轻重的地位。

2016

1月6日 第7届“黑龙江之冬”国际文化艺术节在哈尔滨大剧院盛大开幕。本届艺术节至2016年2月末结束，荟萃来自国内外专业艺术团组和群众业余文艺团队的文艺演出、艺术展览、文化论坛、冰雪艺术博览以及合唱比赛、秧歌汇演等丰富多彩的文化艺术活动。

1月7日 陕西省文化厅和美国洛杉矶大壁虎数字文化及娱乐公司在西安签订战略合作协议，宣布陕西数字文化娱乐合作平台成立。这被认为是陕西动漫游戏产业引进国际智力支持、融入国际潮流的积极尝试。

1月7日 由文化部主办，中国动漫集团和广州产业投资基金联合承办的第13届中国国际网络文化博览会开幕。网博会以“双创时代，网文天下”为主题，吸引了包括动漫、游戏、音乐、上网服务、公共文化服务、非遗、文物等多个领域的260余家企业参展。

1月15—18日 由海南省文体厅、省文联、省台办和海口市政府主办的第二届海南文化产业博览会在海南国际会展中心举行，有700余家参展团与会，成交额逾2000万元，7万多人次入馆参观。

1月18日 中国传媒大学文化发展研究院举办《中国城市文化竞争力研究报告（2015）》，并发布中国城市文化竞争力指数排名，报告涵盖了直辖市、省会城市、副省会城市和计划单列市共36个。从综合排名看，北京、上海、广州、深圳、天津、杭州、武汉、南京、成都、重庆等十座城市文化竞争力综合得分位于前列。北京和上海文化优势明显，远远高于紧随其后的广州和深圳。

1月19日 文化部、财政部2016年文化产业创业创意人才扶持计划在北京启动，“青年设计师创业创新”主题沙龙活动同期举办。2016年文化产业创业创意人才扶持计划由中央文化产业发展专项资金资助，财政部文资办、文化部文化产业司指导，中央文化管理干部学院组织实施。

1月21日 北京市文化局、中国戏曲学院共同签订了战略合作框架协议，建立战略合作机制，统筹发挥政府文化部门和戏曲院校的各自优势，整合戏曲艺术资源，合力推进戏曲艺术出精品、出人才、出流派，促进戏曲繁荣发展。

1月23日 由中国城镇化促进会、国家发展改革委中国经济到报社及新华网主办的“中国新型城镇化论坛2016”在北京召开，论坛以“新常态新动力”为主题，就如何看待城乡一体化和新型城镇化建设中的重人问题等进行研讨。

2月6日 中共中央国务院发布《关于进一步加强城市规划建设管理工的若干意见》，为全面落实中央城镇化工作会议、中央城市工作会议精神，实现城市有序建设、适度开发、高效运行，努力打造和谐宜居、富有活力、各具特色的现代化城市，让人民生活更美好；为进一步加强和改进城市规划建设管理工作，解决制约城市科学发展的突出矛盾和深层次问题，开创城市现代化建设新局面。意见强调，按照“五位一体”总体布局和“四个全面”战略布局，牢固树立和贯彻落实创新、协调、绿色、开放、共享的发展理念，认识、尊重、顺应城市发展规律，更好发挥法治的引领和规范作用，依法规划、建设和管理城市，贯彻“适用、经济、绿色、美观”的建筑方针，着力转变城市发展方式，着力塑造城市特色风貌，着力提升城市环境质量，着力创新城市管理服务，走出一条中国特色城市发展道路。积极适应和引领经济发展新常态，把城市规划好、建设好、管理好，对促进以人为核心的新型城镇化发展，建设美丽中国，实现“两个一百年”奋斗目标和中华民族伟大复兴的中国梦具有重要现实意义和深远历史意义。

2月20日 以“福天福地福文化 海风海韵海峡情”为主题的“2016年海峡两岸民俗文化节”在福州举行，文化节上以非遗展演、民俗巡游等形式，诠释两岸文化艺术，展现民俗风情魅力。

2月26—29日 2016年度亚洲儿童青少年艺术节联盟会议在北京举办。数十位来自上海国际儿童戏剧节、中国国际儿童戏剧教育艺术节等亚洲儿童青少年戏剧节的代表参会。

3月10日 由中国工艺美术协会、中国工艺美术（集团）公司共同主办的第51届全国工艺品交易会在南京国际展览中心举办。

3月23日 由上海市委宣传部、市文广影视局、市文联、市作协主办，上海市剧本创作中心承办的2016年上海市舞台艺术精品创作会议在中华艺术宫召开。

2016

3月26日 2016年上海市民文化节“文化服务日”当天，作为全国第一个实现省级区域全覆盖的公共文化数字化服务平台，“文化上海云”正式上线。

4月7–11日 由中国收藏家协会主办、兰州金骆驼文化传播有限公司承办的2016第6届中国（兰州）艺术品收藏博览会在甘肃国际会展中心举办。

4月9日 银川国际动漫艺术展“非常上瘾——日常生活美学的再延伸”在银川当代美术馆开幕。

4月15–17日 2016湖南（长沙）国际收藏产业博览会在湖南国际会展中心举行，本次博览会由中国收藏家协会、湖南省文化厅、长沙市政府等共同举办，是湖南首次举办以收藏产业为主题的展会。

4月16日 由国家新闻出版广电总局、北京市政府联合主办的第6届北京国际电影节在北京市怀柔区雁栖湖畔开幕。来自世界各地的国际知名电影节主席，驻华使节，电影人和电影制片机构、电影市场、论坛嘉宾代表，以及新闻媒体记者等参加了电影节。天坛奖共收到来自42个国家和地区433部影片报名参赛，阿根廷影片《帮派》获得最佳影片、最佳女主角、最佳编剧三项大奖。

4月25日 十二届全国人大常委会第二十次会议开始首次审议《中华人民共和国公共文化服务保障法（草案）》。草案明确了公共文化服务应当遵循的原则，规定了政府建设公共文化设施、提供公共文化服务的责任，以及加强公共文化数字化和网络建设等。

4月16日 江苏省海峡两岸文化交流促进会在南京成立。江苏省海峡两岸文化交流促进会是由省文化厅主管，主要致力于弘扬中华传统文化，促进海峡两岸经济文化交流和务实合作，推动文化产业的振兴和发展。

4月25日–5月30日 由文化部、国家新闻出版广电总局、北京市人民政府主办，中国对外文化集团公司、北京市文化局承办的第16届“相约北京”艺术节在北京精彩上演。

4月27日 由澳门中华文化产业促进会主办的首届中华非物质文化遗产研讨会在澳门大学举行，来自澳门及北京、四川、广东等省市的学者分享和探讨了非遗传承与保护方面的工作经验及研究成果。

4月27日–5月2日 第12届中国国际动漫节成功举办。本届动漫节秉承“动漫盛会人民节日”的办节宗旨，以“更国际·更动漫”为年度主题，设立了1个主会场和12个分会场，围绕会展、论坛、商务、赛事、活动五大板块组织实施了59项活动，共吸引了80个国家和地区参与。

4月28日 第33届上海之春国际音乐节在上海交响乐团音乐厅开幕。为期21天的音乐节期间，来自中国、美国、德国、英国、瑞士、韩国等十余个国家的乐队和艺术家们登台献演50台精彩纷呈的音乐舞蹈节目。

4月28日 京津冀演艺联盟成立仪式在北京青年剧场举行。自2016年起，在京津冀三地轮流主办，携手打造京津冀演艺联盟演出品牌，发展跨省际、跨区域的演艺产业发展综合体。

5月5—8日 由“上海之春”国际音乐节组委会主办，华东六省一市舞蹈家协会承办的第7届华东专业舞蹈展演在上海开幕，开启了华东地区两年一度的舞蹈艺术盛会。此次展演共3场演出、64个舞蹈新作，包括独舞、双人舞、群舞等。

5月6日 文化部在北京成立文化产业专家委员会，来自高校、科研机构等的18位专家受聘为专家委员会委员。

5月7—21日 由文化部主办，中国对外文化集团公司和湖南省文化厅共同承办的“2016中拉文化年——拉美客座艺术家交流”活动在湖南举行。

5月8日 第23届北京大学生电影节闭幕式暨颁奖典礼在北京举办，现场揭晓并颁发了14项大奖。

5月9日 由中国文化部与北京市人民政府共同主办，文化部对外文化联络局、北京市文化局和北京市丰台区人民政府共同承办的2016年“中国—中东欧国家艺术合作论坛”在北京开幕。

5月12日 由文化部、商务部、国家新闻出版广电总局、中国贸促会、广东省政府、深圳市政府联合主办的第12届中国（深圳）国际文化产业博览交易会在深圳拉开帷幕。

5月14日 由联合国教科文组织亚太地区非物质文化遗产国际培训中心（以下简称“亚太中心”）与联合国教科文组织驻华代表处联合主办的“传统工艺传承与可持续发展能力建设国际培训”在广东深圳开幕。

5月18—21日 首届世界旅游发展大会在北京举行，会上通过《旅游促进发展北京宣言》。大会主题为“旅游促进和平与发展”，并以旅游促进发展、旅游促进扶贫、旅游促进和平作为主要议题。

5月23日 由海峡两岸文化创意产业高校研究联盟、中国传媒大学文化发展研究院主办的首届城市与设计产业论坛在京召开。论坛以“城市与设计产业融合发展”为主题。

5月26日 第28届中国电视金鹰奖暨第11届中国金鹰电视艺术节在北京启动。

5月27—29日 首届中国（重庆）老字号暨非物质文化遗产博览会在南坪会展中心举行。

5月28日 第4届中国（北京）国际服务贸易交易会正式拉开帷幕。由北京市国有文化资产监督管理办公室筹备承办的文化创新板块，携28家有代表性的文化企业和重点项目统一亮相。

6月6日 2016年上海国际电影电视节开幕，第22届上海电视节白玉兰奖评选、电视展播、论坛、影视市场等各项活动同步展开。6月19日电影节闭幕，中国影片《德兰》多得最佳影片奖，意大利影片《德州见》摘得本届金爵奖评委会大奖。电影节共收到来自114个国家和地区报名影片2 403部，最终选出14部影片参与主竞赛单元角逐。

6月7日 中宣部、国家新闻出版广电总局、发改委、教育部、财政部、住房和城乡建设部、商务部、文化部、人民银行、税务总局、工商总局11部门联合印发《关于支持实体书店发展的指导意见》。

2016

6月9日 第12届中国（长春）国际动漫艺术博览会在长春国际会展中心开幕。以“无界动漫，共享精彩”为主题，包括文化部优秀原创动漫推广计划展、动漫展览交易、国产动画精品展映、电子竞技大赛、桌游争霸赛、2016 ChinaJoy Cosplay 嘉年华东北赛区预选赛等多项活动。

6月12日 由中国非物质文化遗产协会、中国木偶皮影艺术学会、武汉市人民政府、湖北省文化厅举办的“2016 中华传统木偶皮影戏论坛”在武汉举行。

6月15日 北京正式发布实施《“十三五”时期加强全国文化中心建设规划》，为未来五年全国文化中心建设描绘了清晰的发展蓝图，这也是北京首次将加强全国文化中心建设规划列为市级重点专项规划。

6月16日 北京文化艺术基金近日正式成立，并于6月20日起接受申报。北京文化艺术基金由北京市文化局和北京市财政局发起设立。该基金计划5年投入5亿元，平均每年1亿元，致力于扶持文艺创作、促进文化交流传播、培养艺术人才，推动北京文化艺术事业繁荣发展。

6月23日—7月10日 由香港康乐及文化事务署公共图书馆主办的“第11届香港文学节”举行。本届文学节以“我想文学”为主题，通过30多项文学活动，包括专题展览、研讨会、导读会、讲座等，分别从学者、诗人、作家、文化评论人、演艺工作者等角度探讨文学与生活的微妙关系。

7月，北京市印发《北京市“十三五”时期文化创意产业发展规划》，在文化创意产业结构优化升级、区域布局调整、市场体系构建、创新能力提升等层面提出新的要求。

7月1日 2016年（第2届）上海青年艺术博览会在上海展览中心开幕。本届博览会以“城市变线”为主题，分为“主题特展”“TOP18”“潜力未来”及“画廊荟萃”四大板块，展出300名青年艺术家的千余件当代艺术作品。

7月1日 首届内蒙古自治区文化产业博览会项目签约仪式在呼和浩特举行，共有13个项目签约，签约金额达122.1亿元。

7月2日 第六届山东文化产业博览交易会主题论坛暨首届文化企业无形资产评估与文化产业发展高峰论坛在济南举办。该论坛由山东文博会组委会、省委宣传部、省文化厅、济南大学主办。

7月2—15日 由上海交响乐团、上海市教育委员会创办，上海市黄浦区政府、上海市徐汇区政府、上海广播电视台、上海文化广播影视集团有限公司主办的2016上海夏季音乐节（MISA）举行。

7月4—5日 2016年全国文化厅局长座谈会在北京举行。会议围绕全面贯彻党的十八大和十八届三中、四中、五中全会精神，总结上半年文化工作，提出下半年工作要求。

7月6日 由文化部、国家艺术基金资助，中国美术馆主办并实施的“国家美术藏品保护与修复示范项目”在北京启动。作为整个项目的核心内容，围绕国家美术藏品保存修复的国际研讨会也于7月6日至7日在中国美术馆盛大召开。

7月6日 腾讯与故宫博物院在故宫端门数字馆举办“腾讯 NEXTIDEA× 故宫”发布会，宣布开展长期合作。

7月6日 首届白鹿原国际纪录电影季展映在陕西首座大型影视城——白鹿原影视城开幕。本次活动由陕旅集团和北京电影学院青年电影制片厂主办，本次展映季于7月15日结束，为期10天。

7月7日 由文化部与上海市政府联合主办的第12届中国国际动漫游戏博览会（CCG EXPO 2016）在上海世博展览馆开幕。本次CCG总展区面积达5.3万平方米，分为主展馆、CCG SP电竞馆和MAX同人馆三大主题馆，其中海外展馆面积超过40%，多款全球限定品、首发品亮相CCG。

7月8日 由中国儿童艺术剧院主办的第6届中国儿童戏剧节，伴随童话剧《马兰花》（第6版）在北京中国儿童剧场的演出拉开帷幕。

7月8日 第3届城市科学节在北京展览馆开幕。来自多个国家的共400余个科普游戏、实验、互动项目汇聚在这里。城市科学节设科学万象馆、创新教育馆、书香阅读馆、STEM教育博览、科学工作坊、主题秀场、科学游乐园、创意科学集市和TOPMOM生活馆等十大板块内容。

7月8日 由江苏省政府主办的第6届江苏书展在扬州举办，380多家出版发行单位、12万多种出版物、数百场各具特色的阅读推广活动精彩亮相。书展为期5天，以“阅读的盛会、读者的节日”为总定位，以“悦读成就最美的自己”为主题。

7月9日 由中国文联、国家民委、中国曲协和内蒙古呼和浩特市政府共同主办的第6届全国少数民族曲艺展演在呼和浩特开幕。本次展演为期3天，来自内蒙古、广西、西藏、新疆等14个省区市的360多名少数民族曲艺工作者参与。

7月10日 由中国艺术研究院主办、中国艺术研究院中国工艺美术馆承办的第3届“中国当代工艺美术双年展”在北京中国国家博物馆开幕。展览展出了全国各地当代工艺美术名家新创作的优秀作品900余件（套）。

7月15日 由文化部艺术司、国家大剧院联合主办的“2016国家大剧院国际歌剧电影展”在北京开幕，这是中国举办的第一次国际性歌剧电影展映活动。

7月15日 黑龙江省演艺联盟成立大会暨黑龙江省文化产业大数据平台（娱龙网）启动仪式在黑龙江省歌舞剧院音乐厅隆重举行。93家联盟会员单位及相关部门共300多人参加会议。

7月15日 2016“湖湘动漫月——第7届长沙（国际）动漫游戏展”在湖南国际会展中心拉开帷幕。

7月16日 由山东省青岛市委宣传部、市文化广电新闻出版局主办的青岛市第2届市民文化艺术节暨2016“青岛夜色美”街头文化艺术汇在五四广场启动。

7月16日 由对外经济贸易大学、北京联合大学主办的第4届国际文化管理年会暨中国文化创意产业研究会高峰论坛在北京对外经济贸易大学举行。本次年会围绕“一带一路”大背景，共同探讨我国文化产业对外投资与合作，寻求文化产业发展的新思路。

7月18日 “艺海流金——感悟湘风楚韵”大型内地与港澳文化界交流活动在长沙开幕。活动由文化部、湖南省人民政府主办，文化部港澳台办、湖南省文化厅承办，共有百余名来自内地、香港、澳门的文化界代表参加。

7月19日 首届中国（隆里）国际新媒体艺术节座谈会在济南举行。在信息时代背景下，融合新技术的“大舞美”是舞台美术今后的发展方向。

7月19日 《山东省文化厅关于在全省开展“文化创意集市”建设实施方案》印发，提出，山东今后拟以推动文化产业园区、旅游景区、综合文化中心、城市商业综合体等建设“文化创意集市”为载体，整合省内外文化创意资源，提升文化生产力和创意水平。

7月20日 内蒙古自治区人民政府发布《内蒙古自治区人民政府办公厅关于支持戏曲传承和地方戏保护发展的意见》。

7月20日 “跃动——50位香港漫画家原稿联展”在香港动漫基地举行。作为动漫基地成立3周年的庆祝活动之一，该展览除象征着香港漫画的传承外，也致力于表现香港漫画的多样性，展现香港本地创意产业的发展，提升香港旅游的吸引力。

7月20—26日 由香港贸易发展局（香港贸发局）主办的第27届香港书展在湾仔香港会议展览中心隆重举行。一周时间里，在这场包罗文学、艺术、时事、音乐的盛会中，香港书展除了广邀读者参展购书外，还致力于书展期间举办多元化的文化活动。

7月21日 文化部在广东省深圳市召开全国文化志愿服务工作现场经验交流会，总结工作，交流经验，研究部署“十三五”时期文化志愿服务工作。

7月26日 第13届中国国际合唱节暨国际合唱联盟合唱教育大会在北京人民大会堂开幕。合唱节举办期间，来自全球44个国家和地区的238支合唱团将参加20个大项204场丰富多彩的合唱活动。

7月26—27日 由中央美术学院与青岛市人民政府共同主办，青岛西海艺术湾协办的“东亚艺术发展论坛”在青岛举办。

7月28日 四川省委、省政府与中国人民大学联合创办的四川文化创意产业研究院挂牌成立，并向社会发布西部文化产业发展指数和西部文化消费指数。

7月29日 由宁夏文化产业协会、银川市文化新闻出版广电局主办，宁夏容胜文化实业有限公司协办的首届宁夏文化产业发展高峰论坛会在银川国际交流中心圆满落幕。

7月29日 为期5天的香港动漫电玩节在香港会议展览中心举行。展会云集逾600个与漫画及电子游戏相关的 7 大主题摊位，还推出全港最大型的 VR 虚拟现实体验馆区及全民电竞比赛活动。

7月30日—8月2日 由上海市文联指导、上海市舞蹈家协会主办、上海荣誉文化传播有限公司承办的“D 现代舞展”在上海举办。来自中国、美国、新加坡、韩国、西班牙、丹麦、法国、印度、菲律宾等 11 个国家 21 支现代舞团的近 200 名现代舞者，为上海观众带来 20 多个风格迥异的现代舞作品。

7月31日—8月4日 “2016 中国·沈阳国际合唱节”在沈阳举办。本届合唱节由中国对外文化集团公司、中国合唱协会、沈阳市人民政府主办，沈阳市文化广电新闻出版局承办。

8月2日 河南省网络文学学会在郑州成立。会议通过了《河南省网络文学学会章程》，并选举何弘为河南省网络文学学会会长。

8月3日 2016 中国武汉世界舞蹈公开赛在湖北武汉开幕，此次大赛由湖北省舞蹈艺术协会等主办，吸引了来自中国以及英国、美国、意大利、德国等 20 多个国家和地区的 100 多支代表队，约 2 500 名选手组成近 3 000 组参赛。

8月8日 由中国文联、青海省政府主办的第 10 届中国国际民间艺术节在西宁拉开帷幕。来自中国、美国、荷兰、南非、毛里求斯、斐济、吉尔吉斯斯坦、阿根廷等五大洲 13 个国家的近 300 位民间艺术家，为观众带来极具国际性与民族民间特色的歌舞盛宴。

8月8日 首届大连文化产业论坛日前在大连国际会议中心举行。论坛由辽宁省大连市委宣传部、大连市文化广播影视局、北京文化产权交易中心主办，大连明英文化传播有限公司承办。

8月9—13日 由文化部、哈尔滨市政府主办，文化部艺术司、哈尔滨市文化广电新闻出版局承办的第 12 届全国声乐展演在第 33 届中国·哈尔滨之夏音乐会期间举办。

8月11日 山西省产权交易中心与北京文化产权交易中心在太原市国贸大饭店举行签约仪式，合作共建山西文化产权交易平台，立足山西，推出具有山西特色的文化产权交易产品和文化产权交易服务。

8月11日 经国家文化部批准，由上海市人民政府主办，上海国际舞蹈中心发展基金会、上海市舞蹈家协会、上海大剧院艺术中心共同承办的第五届上海国际芭蕾舞比赛在上海大剧院圆满落幕。

8月11日 第 3 届中国国际（云南）文化旅游投资洽谈会暨文化产业合作签约仪式在昆明举行。

8月12日 第 12 届海峡两岸图书交易会在台北举行开幕典礼。本届海峡两岸图书交易会由厦门市人民政府、福建省新闻出版广电局、中国出版协会、台北市出版商业同业公会、台湾图书出版事业协会、台湾图书发行协进会主办。海峡两岸图书交易会是以“书香两岸·情系中华”为主题，由两岸书业界共同发起和参与的两岸出版交流盛会。

8月13—15日 由国台办、团中央等国家部委和福建省政府主办，福州市委、市政府承办的第四届海峡青年节集中活动在福州举行。

2016

8月15日　首届云南省博物馆馆藏文物全球文创产品设计大赛落幕。此次大赛由云南省博物馆联合云南日报报业集团主办，旨在从创意、设计、制作、销售等方面推进博物馆文创产业发展，打造更多受欢迎的“云南礼物”。

8月15日　江苏省文化厅与江苏银行股份有限公司举行文化金融战略合作协议签约仪式。双方将在推动艺术事业发展、促进文化产业发展、培育发展艺术品市场、打造“精彩江苏”文化品牌等方面加强合作。

8月15日　厦门市工艺美术协会成立暨第一次会员大会在厦门召开，协会的成立标志着厦门市工艺美术事业将开启新的发展之路。

8月16日　第5届全国少数民族文艺会演在北京开演。会演由国家民委、文化部、国家新闻出版广电总局、北京市人民政府主办。35个代表团为观众呈现了43台剧目。

8月19日　《黑龙江省非物质文化遗产条例》已由黑龙江省第十二届人民代表大会常务委员会第二十八次会议审议通过。本条例自2016年10月1日起施行。

8月21日　第3届香港国际音乐节开幕。本届音乐节共招募来自全球170个地点、超过60 000人次参与。由香港艺韵管弦乐协会主办的第3届香港国际音乐节包含音乐营、游学团、比赛、音乐会、大师班、座谈会及研讨会等一系列音乐活动。

8月23日　由中国电影家协会指导，中国电影家协会微电影工作委员会、中共绵阳市委宣传部、绵阳市文化广电新闻出版局、盐亭县人民政府联合主办的2016年中国（盐亭）国际女性微电影年度大展在北京启动。

8月23日　2016上海书展在上海展览中心落下帷幕。8月17日至8月23日，全国500余家出版单位齐聚上海书展，参展的图书品种超过15万种，彰显了上海书展“全国首发”的平台引领效应。

8月23日　“2016台北上海城市论坛”在台北开幕。此次论坛以“展现城市活力”为主题，通过分论坛的交流研讨，推动两市在青年交流、医疗卫生、智慧城市、文化、交通等方面的经验分享和交流互动，进一步深化上海与台北两市各领域的交流与合作。双方代表当天签署了两个城市的马拉松、电影节以及台北文山区与上海松江区之间的交流合作备忘录。

8月25日　由中共黑龙江省委宣传部、黑龙江省文化厅等主办的“第11届黑龙江国际文化产业博览会”在哈尔滨国际会展中心隆重启幕。展会为期5天，于8月29日结束。

8月25日　中国首届VR艺术展暨《中国VR虚拟空间艺术展》在上海开幕。《中国VR虚拟空间艺术展》以“身临·奇境”为主题，着重突出了VR虚拟现实技术的优势。该展由VRT虚拟空间艺术联盟与香港广场联合主办。

8月26日　由中共山东省委宣传部、大众报业集团主办，新元智库 | 新元资本与山东省文化产权交易所联合承办的“山东省文化产业资本创投峰会”在山东济南举办。

8月28日

第6届山东文化产业博览交易会闭幕式暨新闻发布会在济南国际会展中心举行，历时4天的第6届山东文博会闭幕。展会期间，共有140万人次现场参观，文化产品现场交易额近35亿元。

8月30日

上海面向国内外的舞蹈艺术公共服务平台——上海国际舞蹈中心建成启用。舞蹈中心由上海戏剧学院舞蹈学院、上海戏剧学院附属舞蹈学校、上海芭蕾舞团、上海歌舞团“两校两团”构成，开创院团合作新模式。作为上海第一家也是唯一一家舞蹈专属剧场，上海国际舞蹈中心剧场于10月1日投入运营，举办首个舞蹈演出季。

8月31日

文化部在宁夏银川召开国家公共文化服务体系示范区创建工作会议，总结公共文化服务体系示范区前期的创建工作，部署下一步工作任务，同时向在第四次全国文化馆评估定级中获得一级馆的31个省级、副省级城市文化馆和计划单列市文化馆颁牌。

8月31日—9月2日

由文化部指导，中国文化馆协会、银川市人民政府主办，文化部全国公共文化发展中心、宁夏回族自治区文化厅协办，银川市文化新闻出版广电局承办的2016年中国文化馆年会在银川举行。

9月2日

2016中国广州国际演艺交易会在广州大剧院开幕。在9月2日—9月4日的三天会期间，200多家国内外演艺机构参加，多位国际戏剧大咖热议广州戏剧。推出全国首个“互联网+演艺”B2B交易平台“中演汇”。由此，本届演交会将成为全球首个无展位文化展会。

9月2日

为规范和加强省级非物质文化遗产保护专项资金的管理，安徽省文化厅积极会同省财政厅颁布《安徽省非物质文化遗产保护专项资金管理办法》。

9月2—4日

由文化部艺术发展中心主办、北京成聚会展有限公司承办的2016中国国际文化艺术博览会在北京全国农业展览馆（新馆）举行。

9月3日

第3届中国（宁夏）伊斯兰风情国际摄影展在宁夏博物馆开幕。

9月6日

首届湖南文化创意设计大赛在长沙启动。此次大赛由文化部立项，省人民政府批准，省文化厅、湖南日报报业集团联合主办，以“创·造·生活”为主题，旨在打造文化创意设计界的权威赛事。

9月8日

在中国演出行业协会倡议下，30多家曾开展中东欧国家文化艺术交流活动的演艺单位和相关团体共同发起组建的“丝绸之路国际演艺联盟”在陕西西安成立，并与丝绸之路国际艺术节组委会签约。

9月8—11日

重庆中国三峡博物馆以第五届重庆文化产业博览会为平台，联合国内和重庆市内多家文博机构举办“重庆首届全国博物馆文化创意产品联展”。

9月9日

“守望精神家园——第3届两岸非物质文化遗产月”系列活动在台北拉开帷幕。该活动主办方表示，希望让更多台湾民众了解广东丰富多彩的非物质文化遗产，深化两岸非物质文化遗产领域的交流与合作。

2016

9 月 9–12 日 由文化部、国家新闻出版广电总局、陕西省政府共同主办，以“改革·创新·融合·发展”为主题的第 8 届中国西部文博会在西安举办，展览展示内容的丰富性、“文化 +”与“互联网 +”互动融合、金融力量的彰显等，成为本届西部文博会的突出亮点。

9 月 10 日 作为中国—东盟建立对话关系 25 周年系列纪念活动、第 13 届中国—东盟博览会系列论坛，以及 2016 中国—东盟教育交流年系列活动之一，第 11 届中国—东盟文化论坛于昨日在南宁隆重开幕。以“交流与共享：艺术教育合作与发展”为主题。

9 月 10 日 西安对外文化贸易基地授牌暨丝路汇文化产品跨境电子商务平台上线运营启动仪式在西安曲江国际会展中心举行，西安对外文化贸易基地线上平台正式上线运营。

9 月 10–13 日 第 5 届辽宁工艺精品文化节在沈阳国际展览中心举行。本届文化节由辽宁省文化厅主办，旨在弘扬传统文化，推进文化创意产业的发展。

9 月 11 日 由清华大学主办的“第 4 届艺术与科学国际学术研讨会”在清华大学美术学院举行。来自中国、意大利、瑞士、西班牙、法国的 12 位专家分别进行了主题演讲，多领域、多角度地阐释了艺术与科学的关系。

9 月 11 日 为期 4 天的第 5 届重庆文化产业博览会闭幕。本届展会共有 180 多个行业，近 1000 家国内外客商的交流交易，创造了吸附 50 余万人次前往观展，以 6.3 亿元的成交额圆满收官的佳绩。

9 月 14 日 2016 第 8 届中国西部动漫文化节在重庆两江新区悦来国际博览中心举行。活动持续到 9 月 17 日。

9 月 15–17 日 第 5 届动漫北京举办。来自全国近 600 家动漫游戏企业、相关机构及社团参加。动漫北京包括论坛、新产品新技术展、动漫粉丝嘉年华活动以及首次在鸟巢举办的二次元动漫音乐会、CGL 北京赛区总决赛等六大板块 70 余项活动。

9 月 15–17 日 第 3 届丝绸之路国际艺术节创意动漫文化周在西安曲江会展中心举行。连续 3 天的动漫盛宴为西安市民和动漫爱好者在中秋佳节带来一场新的体验。

9 月 16 日 “2016 艺术深圳”开幕，共有 56 家精品画廊参展，其中有 14 家参与过香港巴塞尔艺术博览会。

9 月 16–19 日 由国家文物局、成都市政府指导，中国博物馆协会、中国自然科学博物馆协会联合主办的第 7 届中国博物馆及相关产品与技术博览会在成都举行。

9 月 18 日 中华文化促进会文化产权市场协作体（以下简称“文交协”）成立大会暨首届文化产权市场高峰论坛在北京举行。

9 月 20 日 “2016 上海网络视听季暨第 8 届中国网络视听产业论坛”在上海世贸商城展览中心开幕。本次论坛主题为“融合 品质 多元”。

9 月 20–21 日 首届丝绸之路（敦煌）国际文化博览会于在甘肃省敦煌市举办。该文博会是目前中国政府举办的以“一带一路”文化交流为主题的高端论坛和文化展示平台。

9月21日 文化部印发《关于推动文化娱乐行业转型升级工作的意见》，对歌舞娱乐和游戏游艺等传统文化娱乐行业转型升级工作作出部署。

9月23日 由国家新闻出版广电总局、陕西省政府和福建省政府主办的第三届丝绸之路国际电影节闭幕。本届电影节共有来自35个国家和地区的676部影片角逐5类传媒大奖。

9月24日—10月31日 2016年是天津戏剧博物馆建馆30周年。作为中国第一座戏剧专题博物馆，天津戏剧博物馆在其30周年庆期间推出原创展览“沽上·伶韵·皮黄腔——天津京剧往事暨戏曲文物精品展”。

9月24日 为期8天的“创科博览2016”在香港会展中心开幕。本次博览会以“创新驱动发展，科技引领未来”为主题，为香港市民带来国家多项先进科技；多位国家顶尖科学家亲临会场，分享他们的科研经历。

9月25日 由文化部与北京市人民政府共同主办的2016北京国际设计周在北京中华世纪坛举行开幕式。

9月28日—10月29日 举办第16届南京文化艺术节。本届艺术节以“文惠万户 艺香金陵”为主题，组织舞台演出、群文活动、文博书画展、电影展映等55项精彩文化活动，其中舞台演出19场、群文活动22项、文博书画展13个、电影展映100场。

9月29日 吉林省非物质文化遗产保护协会成立大会在吉林省图书馆召开。来自吉林省非遗战线的非遗工作者、专家学者、非遗传承人等近百名代表参加会议。

9月30日 深圳市第13届“鹏城金秋”市民文化节开幕式暨广场舞大赛决赛在福田区体育公园举行。

10月1—5日 第3届798国际儿童艺术节在北京798艺术园区举办。本届艺术节聚焦“艺术·环保·成长”，邀请了来自英、德、荷等国近20位艺术家，带来了一场融合建筑设计、舞台表演、人体彩绘、阅读、播音主持等众多元素的艺术嘉年华。

10月2日 香港苏富比2016年秋季拍卖的第一场重要拍卖“现当代亚洲艺术晚间拍卖”在香港会议展览中心落幕，本季拍卖共呈现79件拍品（含赵无极纸本专题16件拍品）实现总成交额509 247 500港元。

10月5日 持续5天的第9届中国国际漫画节在广州圆满落下帷幕，各项数据再创新高，规模、成交量连续三年稳居全国动漫游戏类展会第二。

10月11日 第13届中国长春电影节开幕式暨纪念红军长征胜利80周年影片《勇士》首映式在长春国际会议中心隆重举行。本届电影节秉承“增进友谊，传承文化，促进交流，创新发展”的宗旨，汇聚了海内外200多部优秀影片。

10月12日 由文化部主办、上海市政府承办的第18届中国上海国际艺术节开幕。

2016

10月14—16日 第6届天津滨海国际文化创意展交会举行。展会以“自贸助力协同发展，跨界推动产业融合”为主题,共计7大展区10大板块,包括京津冀特色文化产业、数字内容、自贸区、综合、创意设计、卡梅隆3D影视体验、公共艺术展区及创意市集、表演、论坛区域，另设20个分会场，参会企业300多家。

10月14日—11月11日 第4届深圳钢琴音乐节启幕,迎来汇集国内外顶尖钢琴大师、钢琴新秀于一堂的钢琴嘉年华,为“钢琴之城”深圳带来一场全民钢琴音乐视听盛宴。

10月16日 在陕西省西安曲江大礼堂，第11届中国艺术节群星奖决赛正式开始。同时，舞蹈门类作品决赛拉开帷幕，来自21个地区、单位的21个节目分两场展开角逐。

10月16日 第11届中国金鹰电视艺术节暨第28届中国电视金鹰奖在湖南长沙闭幕。

10月16日 台北鼓励民众阅读推出“超商借书”服务。台北市立图书馆17日宣布与全家、统一、莱尔富等3大便利超市连锁品牌合作，即日起民众只须上网预约就能在便利店借用图书馆718万册藏书。

10月18日 南京城墙研究会、南京古都城墙保护基金会揭牌成立。大会审议通过南京城墙研究会章程，选举产生南京城墙研究会理事会成员。

10月19—20日 “2016世界古代文明保护论坛”在北京故宫博物院举办。文化部部长雒树刚会见了参加论坛的代表。

10月19—22日 由上海社会科学院、上海戏剧学院、英国BOP文化创意产业咨询等机构主协办的“世界城市文化上海论坛(2016)”在上海召开。论坛邀请来自全球200余位专家学者，围绕“城市叙事：记忆、想象与认同”这一主题，依据世界各城市的文化新实践，展开深入而自由的讨论和交流，在分享各自文化实践新成果新经验的基础上，迸发出新创造新理念，取得丰硕成果。

10月20日 第3届江苏文化艺术节在南京开幕。

10月20日 “2016香港国际青年音乐节”一连三日在香港红磡体育馆举办。音乐节由亚太日报和良将天下(香港)文化传媒有限公司共同主办，旨在为内地和香港青年提供展示自我的平台，促进两地青年的互动与交流。

10月20—22日 由海南省文体厅、海口市政府、中国电影导演协会等主办，海南观澜湖华谊冯小刚文化旅游实业有限公司、海南三石文化传媒有限公司等承办的2016中国电影投资高峰论坛在海口举行。

10月22日 第5届重庆演出季开幕。科幻舞台剧《三体》在重庆大剧院上演，拉开了第五届重庆演出季的序幕。将持续3个月。

10 月23—26 日 2016 南京名城会在江苏南京举行。来自 14 个国家 22 个国内外城市的市长和市长代表，以及相关领域专家学者出席本次名城会开幕式。

10 月26 日 第 53 届金马奖在台北举行颁奖典礼，台湾演员张震作为开场引言嘉宾，带领众人重温《牯岭街少年杀人事件》。

10 月26—28 日 由国家对外文化贸易基地（上海）主办的“2016 中国（上海）自由贸易试验区文化授权交易会”（简称 2016CCLF）举办。交易会吸引了国内外 200 余个优质 IP 参与授权，参展方来自全国 15 个省区市以及南非、美国、加拿大、法国、德国等 14 个国家和地区。

10 月27 日 第 11 届中国北京国际文化创意产业博览会开幕式暨主题报告会在北京举行。

10 月27 日 “2016 第 2 届深圳国际摄影周”在深圳开幕，在为期 11 天，23 场世界大师摄影作品展、4 场系列学术讲座以及 2 场摄影大师工作坊在深圳各个角落陆续展开。

10 月27 日 第11届中国北京国际文化创意产业博览会今起正式拉开帷幕。主展场设在中国国际展览中心，1 800 多家参展企业来自 30 余个国家和地区，汇聚旅游、设计、工艺美术、广播电影电视、文物及博物馆等各领域的奇思妙想。活动持续至10 月 30 日。

10 月28 日 由北京市文化局、市文化创意产业促进中心主办的第 11 届中国北京国际文化创意产业博览会动漫游戏产业发展国际论坛在北京举行。论坛聚焦虚拟现实技术在动漫领域的应用，以“动漫产业经典与突破，实现科技与现实相融合”为主题，吸引众多文创企业、动漫公司、VR 技术及内容供应商参与。

10 月28 日 重庆市政府召开全市文旅融合发展调研座谈会。与会人员共同商讨未来几年重庆市文旅融合发展的方向，并明确在“十三五”期间，重庆市将把文化旅游业打造成支撑全市经济发展的重要增长点。

10 月28—30 日 第 8 届中国南京文化创意产业交易会在南京国际展览中心举行。本届文交会将全面转型升级，以“文化 +: 新创意 新业态 新经济”为主题，在国内同类展会中首次聚焦文化科技融合新业态，改变传统办展模式，突出以企业为参展主体，汇聚最新前沿成果。

10 月29—30 日 由北京市文联主办，北京市文联研究部和北京文艺评论家协会承办的“文艺创作与时代表达: 2016·北京文艺论坛”在京举办。

10 月31 日 第 11 届中国艺术节在西安圆满落下帷幕。

11 月1 日 由中国文联、香港艺术发展局共同主办的第八届海峡两岸暨港澳地区艺术论坛在香港开幕，百余位文化艺术领域的知名人士和专家学者聚首一堂，共商中华文化发展大计。本届论坛为期两天，主题为“舞台艺术与中华文化形象”。

11 月3 日 首届社会力量参与文物保护论坛在京举行。论坛讨论通过了《社会力量参与文物保护倡议书》。论坛以“更多参与，更好保护”为主题，旨在通过理论探讨和实践交流，实现文物保护社会参与、保护成果全民共享的新格局做出积极的努力。

2016

11月7日 十二届全国人大第二十四次会议表决通过了《中华人民共和国电影产业促进法》，这是我国文化产业领域里的第一部法律，将于2017年3月1日起实施。促进法共6章60条，对电影创作、摄制、电影发行、放映、电影产业支持、保障，法律责任等分别做了详细规定。

11月12日 由深圳市委宣传部、南山区政府、深圳大学主办的“2016文化科技创新论坛”在深圳举行。与会嘉宾围绕“文化科技融合与创新生态构建”主题展开了深入探讨。

11月12日 “第3届南京国际美术展”在南京开幕，该展是江苏艺术基金首批资助的项目，集中呈现数百件当代艺术作品，致力推动当代艺术走近公众。

11月15日 由文化部主办、上海市人民政府承办的第18届中国上海国际艺术节在上海大剧院圆满闭幕。来自64个国家和我国30个省区市及港澳台地区的1.3万名艺术工作者相聚申城各展技艺，各类活动惠及400多万人次。

11月22日 香港特区政府与美国华特迪士尼公司在港联合公布将投资逾100亿港元扩建香港迪士尼乐园，首次引入“冰雪奇缘”及“漫威英雄”两大主题区。扩建计划将于2018年至2023年进行，其间每年都会推出新的元素以吸引游客。

11月25日 2016成都创意设计产业展览会开幕。此次活动以“创意成都，美好生活”为主题，来自20个国家与地区的8个类别展品参与展示，其中包括德国iF设计大奖2016年度的700件获奖作品。

11月30日 北京市文化局出台了《北京市剧院运营服务平台项目管理办法》。北京市剧院运营服务平台于2015年由北京市文化局建立，是以政府购买服务的方式搭建的公益性演出平台，即由政府出资购买剧场资源，以零场租或低场租的方式支持文艺院团演出优秀舞台艺术作品；同时对其中符合条件的演出场次给予一定的演出售票补贴。

12月2日 第21届广州国际艺术博览会开幕。本届艺博会展览规模近3万平方米，划分为3大展馆（国际馆、经典馆、收藏馆）、8大展区、12大主题展览和5大论坛活动，汇集来自世界35个国家和地区逾350家艺术机构的2万件原创艺术作品。活动持续至12月5日。

12月3—4日 由中国演出行业协会、中国文化娱乐行业协会、成都市文化广电新闻出版局主办的“2016音乐产业发展论坛”在四川举成都办。

12月4日 中宣部、中央文明办等7部门近日印发了《关于公共文化设施开展学雷锋志愿服务的实施意见》，提出到2020年，基本建成公共文化设施志愿服务组织体系、志愿服务项目体系和志愿服务管理制度体系。以公共图书馆、博物馆、文化馆、美术馆、科技馆和革命纪念馆为平台，做好志愿者招募和注册，加强志愿者培训和管理，广泛吸引志愿者参与文化志愿服务，稳步推进公共文化设施志愿服务站点建设。同时要求公共文化设施学雷锋志愿服务首批61个示范单位要发挥带头作用，走在前列。

12月5—7日 由国家新闻出版广电总局（国家版权局）主办，广州市人民政府、广东省新闻出版广电局（版权局）承办的第6届中国国际版权博览会在广州中国进出口交易会展馆开幕。此届博览会主宾国为英国。

12月8日 “2016 中国首届文化艺术品产业创新发展高峰论坛暨云诺艺术品交易中心上线新闻发布会”在杭州举行。

12月10日 2016 年全国文物科技工作会议在京举行。文化部部长雒树刚、国家文物局局长刘玉珠、科技部副部长徐南平、国家自然科学基金委员会副主任姚建年、国家标准化管理委员会副主任崔钢出席会议。

12月10日 第 15 届西安国际音乐节在名为《俄罗斯国家交响乐团与普列特涅夫》的交响音乐会中拉开了为期 50 天的艺术盛会的帷幕。这也是被誉为俄罗斯钢琴学派 20 世纪最杰出的代表普列特涅夫首次以钢琴协奏的身份率团在中国展开巡演。第 15 届西安国际音乐节以“艺术改变城市未来”为主题，演出涵盖交响乐、歌剧、戏剧、音乐剧、民乐、世界音乐等八大门类。

12月14日 科技部、文化部、国家文物局联合制定《国家“十三五”文化遗产保护与公共文化服务科技创新规划》。《规划》是国家在文化遗产保护与公共文化服务领域的专项规划，是我国“十三五”时期加强文化遗产保护与传承、提升公共文化服务能力的行动指南。

12月15日 香港国际性创新创业盛会“第 2 届香港国际创客节”在香港亚洲博览馆盛大开幕，并于同场举行高峰对话论坛。本届主题为“香港 +”，意将香港定位为连接整合全球创意、资源与力量的中心。

12月20日 杭州智慧文化服务平台（含智慧文化一点通 APP）正式上线。杭州智慧文化服务平台是顺应移动互联网时代数字化、便捷化、智慧化的发展趋势，围绕“创新、协调、绿色、开放、共享”的发展理念而打造的集服务性、资源性、知识性为一体，实现用户主导、体验至上、文化共享、服务智慧的全方位公共文化一站式平台。

12月20—22日 经文化部批准，由中国对外文化集团、中华传统文化澳门行组委会共同主办的“中华传统文化澳门行”活动在澳门举办，为澳门回归祖国 17 周年献礼。本次活动涵盖主题展览、艺术论坛和落地项目签约等。

12月24日 由中华文化促进会、中华诗词学会、中国楹联学会和湖南省文化艺术基金会共同主办的第三届中国百诗百联大赛在长沙举行颁奖大会。

12月25日 十二届全国人大常委会第二十五次会议在北京人民大会堂闭幕。会议经表决通过了《中华人民共和国公共文化服务保障法》。该法是继文物保护法、著作权法、非物质文化遗产法颁布实施和电影产业促进法出台以来，文化领域的又一部重要的基础性法律。

12月27日 经文化部批准，由中国动漫集团有限公司主办的 2016 中国网络文化产业年会在京召开。同时与网易、腾讯、新浪等参会企业代表围绕贯彻落实《“十三五”国家战略性新兴产业发展规划》、推动数字创意产业发展。

12月27日 《全民阅读“十三五”时期发展规划》（以下简称《规划》）印发。这是我国制定的首个国家级“全民阅读”规划。《规划》编制历时三年多时间，结合国家“十三五”规划纲要等要求，明确了全民阅读工作的指导思想、基本原则和主要目标，明确“十三五”时期的重点任务及时间表、路线图等，以进一步推动全民阅读工作常态化、规范化，共同建设书香社会。

撰稿人简介 * 按照主编和收录文章排序

CONTRIBUTORS' BIOS

黄昌勇，1966 年 12 月生，河南潢川人。1995 年 7 月毕业于复旦大学中文系，获文学博士学位。现任上海戏剧学院院长，教授、博士生导师，全球城市（上海）文化观测研究中心主任，《艺术管理》主编，世界城市文化协同创新中心发起人、首席专家；兼任同济大学教授、博士生导师，世界城市文化论坛（伦敦）顾问，教育部高等学校艺术学理论类教学指导委员会副主任委员，全国艺术学会艺术管理委员会副会长，上海市作家协会理事。历任同济大学讲师、副教授、教授，先后或同时担任同济大学传播与艺术学院副院长、党委宣传部部长、新闻中心主任、人文学院党委书记、中国文学中心常务副主任、文化产业研究所所长等职。2010 年 2 月，经过公开选拔，任上海戏剧学院副院长；2016 年 10 月任上海戏剧学院院长。

Huang Changyong was born in December 1966, a native of Huangchuan, Henan Province of China. He holds PhD degree in Chinese Literature from Fudan University. He is the President, professor and supervisor of doctorate candidate of Shanghai Theatre Academy, Director of Global Cities Cultural Audit Center (GCCAC), chief editor of *Journal of Art Management*, the initiator and chief expert of World Cities Co-ordination Centre for Culture and Innovation. He also serves as professor and supervisor of doctorate candidate of Tongji University, advisor of World Cities Culture Forum (London), and vice chairman of the Steering Committee of Art Theories Categories Teaching of Higher Education under the Ministry of Education, vice chairman of Arts Management Committee under Chinese National Arts Academy, and council member of Shanghai Writers' Association. Then he served as lecturer, associate professor and professor of Tongji University and deputy dean of Communication and Art College, director of propaganda department, director of news center, secretary of Party committee in College of Arts and Humanities, executive deputy director of Chinese literary center and director of cultural industry research institute and so on. In February 2010, after the public selection, he served as vice president of the Shanghai Theater Academy. From October 2016 he serves as the president of Shanghai Theatre Academy.

张晓明，1954 年 6 月生，浙江湖州人。中国社会科学院哲学所研究员，中国社会科学院文化研究中心前常务副主任。中国传媒大学兼职教授、博士生导师；上海戏剧学院访问教授。中国社会科学院《文化蓝皮书》主编。兼任中央文化企业国有资产监督管理领导小组办公室专家委员会主任，中国世界民族文化交流促进会副会长，联合国教科文组织国际创意与可持续发展中心首席专家。主要研究领域：社会哲学、经济伦理学、文化哲学、文化政策。

Zhang Xiaoming was born in June 1954, a native of a Huzhou, Zhejiang Province. He is a researcher of Institute of Philosophy of Chinese Academy of Social Sciences, and formerly served as Executive Deputy Director of Cultural Studies Center of Chinese Academy of Social Sciences. He is Adjunct Professor and PhD Supervisor of Communication University of China, Visiting Professor of Shanghai Theater Academy, and Editor-in-chief of *Blue Book on Culture* by Chinese Academy of Social Sciences. He is also Director of Expert Committee of the Leading Group Office of Supervision and Administration of State-owned Assets of Central Cultural Enterprises, Vice President of China's World National Cultural Exchange Promotion Association and Chief Expert of International Center for Creative and Sustainable Development of the UNESCO. His main areas of research include social philosophy, economic ethics, cultural philosophy and cultural policy.

丁未，1968 年 1 月生，浙江宁波人。现任深圳大学传播学院教授、深圳大学文化产业研究院区域文化产业研究中心主任、上海戏剧学院访问教授。主要从事创意城市研究、城市社区传播研究、新媒体与社会研究。其著有《流动的家园："攸县的哥村"社区传播与身份共同体研究》（专著），2014 年 4 月由社会科学文献出版社出版。

Ding Wei was born in January 1968, a native of Ningbo, Zhejiang Province. She is currently Professor of Communication Institute of Shenzhen University, director of regional cultural industry research center of Cultural Industry Research Institute of Shenzhen University, and visiting professor of Shanghai Theater Academy. Her main areas of research include creative city research, urban community communication research, New Media and Social Studies. She is the author of *Mobile Homes: The Community Communication and Identity Community Studies in the Ge Village of Youxian County*, published by Social Sciences Literature Publishing House in April 2014.

解学芳，1979 年 7 月生，山东青岛人。同济大学人文学院文化产业系副教授、博士生导师、媒体产业研究所副所长，美国杜克大学访问学者；兼任北卡华人学者中美交流协会常务副理事长，中国名山、名寺、名观文化研究委员会特约研究员。主要从事文化产业管理、网络文化产业研究，主持文化产业领域的国家自然科学基金 2 项（管理学部）、省部级课题 4 项，以及校级课题与文化咨询类课题十余项。

Xie Xuefang was born in July 1979, a native of Qingdao, Shandong Province. She is Associate Professor of Cultural Industry Department and Deputy Director of Media Industry Institute of Tongji University, and Visiting Scholar of Duke University, USA. She is also the executive deputy director-general of the China-US Exchange Association of Chinese scholars in North Carolina and a special researcher of the Cultural Research Committee of Chinese famous mountains, Buddhist temples, and Taoist abbeys. She is mainly engaged in cultural industry management and network culture industry research. She presided over 2 projects of the National Natural Sciences Fund in the field of cultural industry (Section of Management Discipline), 4 projects of provincial or ministerial level, as well as over 10 school-level projects and projects of cultural consulting categories.

陈平，1954 年 1 月生，河北人。现任国家大剧院党委书记、院长，全国政协委员；文化部"'十三五'时期文化改革发展规划专家委员会"委员，受聘中国艺术研究院"中国剧院管理研究"首席专家、特邀研究员，北京大学、中央音乐学院、中国音乐学院、上海戏剧学院特聘教授；曾任北京市东城区区长、区委书记，北京市政协副主席。2007 年担任国家大剧院首任院长，先后荣获"影响中国年度文化人物""中国文化管理年度十大人物""2016 中华文化人物"，以及法国荣誉军团军官勋章、意大利五星指挥官勋章、俄罗斯友谊勋章。2015 年出版个人专著《剧院运营管理——国家大剧院模式构建》。

Chen Ping was born in January 1954, a native of Hebei Province. He is now the Secretary of Committee of the Communist Party of China of National Centre for the Performing Arts (NCPA), President of NCPA and a member of CPPCC National Committee, a member of Expert Committee on Cultural Reform and Development Planning for the 13th Five-year Plan Period of the Ministry of Culture, the chief expert and research fellow of China Theatre Management

Research Program of the Chinese National Academy of Arts, the guest professor in Peking University, the Central Conservatory of Music, the China Conservatory of Music, and Shanghai Theatre Academy. Mr. Chen used to be the governor of Beijing Dongcheng District, Secretary of the District Committee of the Communist Party of China of Beijing Dongcheng District, and Vice Chairman of Beijing Municipal Committee of the Chinese People's Political Consultative Conference (CPPCC). Mr. Chen has served as the first president of NCPA since 2007. He has received multiple awards over the years, including "Influential Cultural People of the Year", "The Top Ten People of the Year in Chinese Culture Management", "Chinese Culture Leading Figure" in 2016, L'Ordre national de la Légion d'honneur, Commendatore dell'Ordine della Stella d'Italia and Russia's Order of Friendship. In 2015, Mr. Chen published a monograph *Theatre Operations: Insights into the NCPA Way*.

胡劲军，1967年11月生，浙江宁波人。现任上海市委宣传部副部长，历任《解放日报》助理记者、编辑，市委宣传部新闻出版处、宣传处副处长，上海卫星电视中心党总支书记、副主任，上海东方电视台台长、党委副书记，文广新闻传媒集团党委副书记、执行副总裁，文新报业集团党委副书记、副社长、社长，《新民晚报》党委书记、总编辑，上海世博局副局长，上海申迪集团有限公司党委副书记、总裁，上海市文化广播影视管理局党委副书记、局长，上海市文物局局长。

Hu Jinjun was born in November 1967, a native of Ningbo, Zhejiang Province. He is the Deputy Secretary of the Shanghai Municipal Party Committee Propaganda Department. He worked as the assistant journalist and editor of *Jiefang Daily*, Deputy Director of municipal Party Committee Propaganda Department Press and Publication Office and Propaganda office, Secretary and Deputy Director of Shanghai Satellite TV Center, Head and Deputy Secretary of Shanghai Oriental Television, Deputy Secretary and Vice Executive President of SMG, Deputy Secretary, Vice President and President of Wenhui Xinmin United Press Group, Secretary and Chief Editor of *Xinmin Evening News*, Deputy Director of the Shanghai World Expo Bureau, Deputy Secretary and president of Shanghai Shendi Group Co., Ltd, Deputy Secretary and Director of Shanghai Culture, Radio, Film and Television Administration Bureau, Director of Shanghai Municipal Cultural Relics Bureau.

许纪霖，1957年3月生，浙江绍兴人。现任华东师范大学紫江特聘教授、历史系博士生导师、教育部人文社会科学重点研究基地中国现代思想文化研究所副所长，华东师范大学—不列颠哥伦比亚大学现代中国与世界联合研究中心中方主任；兼任中共中央统战部专家咨询组成员、上海市社联委员、上海市历史学会副会长、中国史学会理事。主要从事20世纪中国思想史与知识分子的研究以及上海城市文化研究。

Xu Jilin was born in March 1957, a native of Shaoxing, Zhejiang Province, is currently Distinguished Zijiang Professor, and PhD supervisor of Department of History of East China Normal University. He is deputy director of Institute of modern Chinese Intellect and culture, the key humanities and social sciences research base of Ministry of education, the Chinese head of "Modern China and the World" joint research center of East China Normal University—University of British Columbia. He is also a member of the expert advisory group in United Front Work Department of the CPC Central Committee, a member of the Shanghai Municipal Federation of Social Sciences, vice president of the vice chairman of Shanghai History Society, director of the Chinese History Society. He is mainly engaged in the research on Chinese intellectual history and intellectuals in the twentieth century and Shanghai urban culture studies.

包亚明，1965 年 4 月生，上海人。现任上海社会科学院文学研究所城市文学与文化研究室主任、研究员，中国文艺理论学会理事，上海比较文学学会理事。主要研究领域为文艺学、都市文化理论、城市文化研究。

Bao Yaming was born in April 1965, a native of Shanghai. He is currently Director and Researcher of Institute of Literature and Cultural Studies of Shanghai Academy of Social Sciences, Director of Chinese Literary and Artistic Theories Society, and Director of Shanghai Comparative Literature Society. His main areas of research include study of art and literature, urban culture theories, and urban culture studies.

邱琪瑄，1976 年 2 月生，台湾新竹人。现任台湾铭传大学传播学院副教授；兼任国际广告协会（International Advertising Association，IAA）台北分会青年协会理事长、两岸“互联网 + 发展”协会监事、信息社会研究学会理事、台湾传播管理研究协会理事、铭传大学传播学院校友会理事等职。主要研究领域为文化创意产业、新媒体、传播管理及两岸比较研究等。

Qiu Qixuan was born in February 1976, a native of Hsinchu, Taiwan. She is Associate Professor of School of Communications of Ming Chuan University. She holds a concurrent post as Director-general of Youth Association of Taipei Branch of International Advertising Association, Supervisor of Cross-strait Internet+ Development Association, Director of Institute of Information Society, Director of Taiwan Communication Management Research Association, Director of Alumni Association of School of Communication of Ming Chuan University, etc. Her main research areas include cultural and creative industries, new media, communication management and cross-strait comparative research, etc.

臧志彭，1980 年 11 月生，山东龙口人。复旦大学管理学博士后，现任华东政法大学文化产业管理教研室副教授，美国杜克大学访问学者。主要研究领域为文化创意产业战略与创新管理、文化产业上市公司、文化非营利组织等。其单独或合作出版的著作有《中国文化及相关产业上市公司研究报告》《中国文化社会组织发展报告》《中国文化产业政府补助研究》。

Zang Zhipeng was born in November 1980, a native of Longkou, Shandong Province. He is Associate Professor of Cultural Industry Management in East China University of Political Science and Law and Visiting Scholar in Duke University, USA. He is currently doing postdoctoral research on Management in Fudan University, His major areas of research include the strategy and innovation management of cultural and creative industry, the listed companies of cultural industry, cultural non-profit organizations, etc. Independent or co-operative publications include Research Report on Listed Companies of Chinese Cultural and relevant Industries, Development Report on China's Cultural and Social Organization, Studies on the Government Subsidies on China's Cultural Industry.

温雯，1984 年 12 月生，江西抚州人。现任深圳大学文化产业研究院项目发展部主任、讲师；兼任海峡两岸文化创意产业高校研究联盟副秘书长。主要研究领域为文化创意产业、城市文化经济和创客文化，主持国家社会科学基金艺术学青年项目“中国创新型城市建设中‘创客文化’的发展路径研究”（2015—2018）、深圳市人民政府发展研究中心重大研究课题“深圳建设国际创客中心研究”（2015），发表 SSCI、CSSCI 论文数篇，并合作出版英文著作《创新经济与文化：挑战、改变和创新产业的未来》（Sage, 2015）。

Wen Wen was born in December 1984, a native of Fuzhou, Jiangxi Province. She is currently Director and Lecturer of Project Development Department in Cultural Industry Research Institute of Shenzhen University. Concurrently she is Deputy Secretary-general of Cross-strait Colleges and Universities Research Alliance of Cultural and Creative Industries. Her main areas of research include cultural and creative industries, urban cultural economy and "Mak-er" culture. She presided over the National Social Sciences Fund of Arts' Youth Project "Studies on the 'Mak-er' Culture of Development Path in Chinese Innovative City Construction" (2015-2018), and the major research project of Development Research Centre of Shenzhen "Studies on Constructing an International Centre of Mak-er in Shenzhen"(2015). She published several papers on SSCI and CSSCI journals, and is the co-author of *Creative Economy and Culture: Challenges, Changes and Futures for Creative Industries* (Sage, 2015).

许焯权，1958 年 8 月生，广东台山人。美国康奈尔大学建筑学士、英国剑桥大学哲学硕士及博士。现任香港恒生管理学院教授、社会科学系文化及创意产业课程主任；兼任香港教育大学客座教授、上海戏剧学院访问教授。曾任香港中文大学文学院副院长、香港大学文化政策研究中心总监、文化及发展顾问公司董事。目前为香港政府保育历史建筑咨询委员会成员及博物馆专家顾问、联合国教科文组织《保护及促进文化表现多样性》国际公约专家顾问、《文化及创意产业国际期刊》编委。主要研究领域包括建筑及艺术历史与理论、文化及创意产业、文化政策、都市发展、文物保育等。

Desmond Hui was born in August 1958, a native of Taishan, Guangdong Province. Desmond Hui is Professor and Program Director of the BA in Cultural and Creative Industries in the Department of Social Sciences at Hang Seng Management College, Hong Kong. He is also Adjunct Professor of Hong Kong University of Education and Visiting Professor of Shanghai Theatre Academy. He obtained his Bachelor degree of Architecture from Cornell University, then Master and Doctor of Philosophy in History of Art and Architecture from the University of Cambridge. Formerly he was Associate Dean of Arts and Professor at the Chinese University of Hong Kong and Director of the Centre for Cultural Policy Research at HKU. He also served as Director of Culture and Development Advisory Co., Ltd. He is currently serving as the member of the Advisory Committee on Built Heritage Conservation and Museum Expert Advisor to the Government in Hong Kong, and Expert Advisor to UNESCO Convention on the Protection and Promotion of the Diversity of Cultural Expressions. He also serves on the editorial board of *The International Journal of Cultural and Creative Industries*. His main areas of research include history and theory of architecture and art, cultural and creative industries, metropolitan development, and cultural relic conservation, etc.

王国伟，1956 年 1 月生，江苏常州人。现任同济大学教授、博士生导师，同济大学媒体研究所所长，《城市评论》主编，“王国伟空间”创始人，中国图书评论协会理事。主要以城市空间批评、城市微空间更新研究为主。倡导人文视角、艺术干预、生态环境与人的关系等诸多研究面向。参与上海老城厢、江南古镇更新的实践和研究。主要著作有《城市化的权力傲慢》《城市微空间的死与生》《我经历的 22 个出版事件》等。

Wang Guowei was born in January 1956, a native of Changzhou, Jiangsu Province. He is a professor and a PhD advisor in Tongji University. He serves as Director of Media Studies Institute of Tongji University, an editor of *City Review*, and a council member of the China Book Review Association, and he is the founder of Wang Guowei Space as well. His areas of research include city space critiques and city micro-space renovation research. He advocates various research perspectives in humanity perspectives, art interferences, relationship between the eco-environment and humans. He has been involved in the practice and research of renovations of Shanghai Lao Chengxiang (Old Shanghai City) and old towns south of the Yangtz River. His publications include *City Power and Arrogance*, *Life and Death of City Micro-Space* and *22 Publishing Events I Experienced*.

陈沛芹，1967 年 12 月生，安徽滁州人。上海外国语大学新闻传播学院教授，上海外国语大学中国国际舆情研究中心副主任，上海市社调中心上外分中心副主任。主要研究领域为新闻传播理论、国际舆情分析、国际新闻。出版专著《美国新闻业务导论》，译著《国际新闻与驻外记者》，发表核心期刊论文 20 多篇，国外出版英文论文 5 篇，20 多篇咨询报告为国家部委采纳。

Chen Peiqin was born in December 1967, a native of Chuzhou, Anhui Province. She serves as Professor at the School of Journalism and Communication, SISU, Deputy Director of China's Global Public Opinion Research Center at SISU, and Deputy Director of Shanghai Social Survey & Research Center, SISU Branch. Her research covers theories of journalism and communication, analysis of global public opinion and international journalism. She is the author of *A Companion of American News Business*, and the translator of *International News and Foreign Correspondents*. She has published over twenty papers on core journals, and has five English papers published abroad and over twenty consulting reports accepted by National ministries.

数据库专家简介 *按照拼音排序

DATABASE EXPERTS' BIOS

陈晓西，1984 年 12 月生，四川内江人。现任华创俱乐部文创分会秘书长。曾任职于上海市文化创意产业公共信息服务平台、华山创学院。主要研究领域为文化创意产业、城市文化、创新创业服务与实践。

Chen Xiaoxi was born in December 1984, a native of Neijiang, Sichuan Province. She is currently Secretary-General of Cultural and Creative Chapter at HCClub. Prior to this, she worked at the Public Information Service Platform for Cultural and Creative Industries in Shanghai and Huashan Multiversity. Xiaoxi focuses on cultural and creative industries, urban culture as well as service and practice related to innovation and entrepreneurship.

董天然，1987 年 3 月生，山东济宁人。艺术学博士，现就职于上海市委宣传部文化改革发展办公室，担任上海市文化创意产业推进领导小组办公室（资金办 / 综合办）主任助理。主要研究领域为艺术管理、文化创意产业、西方现当代戏剧研究等。

Dong Tianran was born in March 1987, a native of Jining, Shandong Province. She is now working in Cultural Reform and Development Office, Propaganda Department of Shanghai Municipal Party Committee, and serves as Director Assistant of Shanghai Leading Group Office for Promoting Cultural and Creative Industries Development (Fund Office/General Office) after graduating from Shanghai Theater Academy, PhD in Art. The main research fields are arts management, cultural and creative industries, western contemporary drama studies, etc.

顾江，1965 年 3 月生，江苏南京人。南京大学商学院教授、博士生导师，文化部南京大学国家文化产业研究中心常务副主任，江苏文化产业学会会长，南京大学文化产业发展研究所所长，美国伊利诺斯大学客座教授（1999.7 — 2001.8），美国哥伦比亚大学访问教授（2004.11 — 2005.2）。主要研究领域为文化产业经济学与公司战略经济学。

Gu Jiang, was born in March 1965, a native of Nanjing, Jiangsu Province. He is Professor and Instructor for doctoral candidates of Nanjing University, Executive Vice-director of the National Research Centre for Cultural Industries-Nanjing University, President of Jiangsu Cultural Industries Society and Director of Research Institute for Cultural Industries Development-Nanjing University. From July 1999 to August 2001, he was the adjunct professor at Illinois University in the United States. And from November 2004 to February 2005, he was the visiting professor at Columbia University in the United States. His main research fields are cultural industries economics and corporate strategy economics.

郭新茹，1981 年 11 月出生，河南南阳人。南京师范大学社会发展学院副教授、产业经济学博士；兼任江苏省文化产业学会秘书长，南京大学国家文化产业研究中心研究员，《文化产业研究》编辑部副主编。主要研究方向为文化产业价值链与文化产业空间集聚。

Guo Xinru was born in November 1981, a native of Nanyang, Henan Province. He is Associate Professor of Social Development Insitute of Nanjing Normal University, PhD in Industrial Economics, Secretary-General of Jiangsu Province Cultural Industry Association, Researcher of National Cultural Industry Research Center of Nanjing University, Deputy Editor of *Cultural Industry Research*. His main research fields are cultural industry chain and cultural industry space gathering.

刘建华，笔名刘德潜，1975 年 12 月生，江西省莲花县人。国家新闻出版广电总局中国新闻出版研究院执行所长、副研究员，云南省中华文化促进会副秘书长，中国新闻出版研究院书画社执行社长。主要研究方向为书法传播理论、传媒经济与文化产业。

Liu Jianhua, pen name Liu De Qian, was born in December 1975, a native of Lianhua, Jiangxi Province. He is Executive Director of China Press and Publication Research Institute, National Press and Publication of the State Administration of Radio, Film and Television, Associate Research Fellow and Deputy Secretary-General of Yunnan Provincial Chinese Culture Promotion Association, Executive Director of Painting and Calligraphy Association, China Press and Publication Research Institute. His research fields are calligraphy communication theory, media economy and cultural industries.

雷鸣，1958 年 11 月生，贵州六盘水人。现任天津社会科学院经济社会预测研究所所长、研究员，中国未来研究会理事，中国未来研究会社会评估与预测分会常务副理事长兼秘书长，天津市未来与预测科学研究会常务副理事长兼秘书长。主要研究领域为文化创意产业、文化事业、文化产业预测、城市文化产业指标体系与评价等。

Lei Ming was born in November 1958, a native of Liupanshui, Guizhou Province. He is Director and Researcher of the Institute of Economic and Social Prediction of Tianjin Academy of Social Sciences, Director of the Chinese Society of Future Studies, Executive Vice President and Secretary-General of Social Assessment and Prediction Branch of the Chinese Society for Futrue Studies, Executive Vice President and Secretary-General of Tianjin Future and Prediction Research Association. The main research areas are cultural and creative industries, cultural industries prediction, indicators and evaluation systems of urban cultural industries.

谭天，1955 年 4 月生，广东开平人。暨南大学新闻与传播学院教授，广东财经大学华商学院特聘教授、新媒体研究所所长，中国社会学科院新媒体研究中心特聘研究员，中国新闻奖和广州国际纪录片节评委。主要研究领域为网络与新媒体、广播电视、文化产业、传媒经济、纪录片等。

Tan Tian was born in April 1955, a native of Kaiping, Guangdong Province. He is Professor of School of Journalism and Communication of Jinan University, Distinguished Professor in Huashang College of Guangdong University of Finance and Economics, Director of the New Media institute, Distinguished Researcher of New Media Research Center of the Chinese Academy of Social Sciences, Judge of China News Award and Guangzhou International Documentary Film Festival. His main research areas are network and new media, radio and television, cultural industry, media economy, documentary and so on.

袁盛勇，1970 年 3 月生，湖南新化人。文学博士，现任陕西师范大学文学院“曲江学者”特聘教授、博士生导师；兼任重庆师范大学区域文化与文学研究中心主任、中国现代文学研究会理事、中国鲁迅研究会理事、中国丁玲研究会常务理事、重庆文学学会副会长等。主要从事中国现当代文学、区域文化与文学研究等。

Yuan Shengyong was born in March 1970, a native of Xinhua, Hunan Province. He is PhD in Literature. He is currently "Qujiang Scholars", Distinguished Professor and Doctoral Supervisor of Shanxi Normal University, Director of the Research Center of Regional

Culture and Literature in Chongqing Normal University, a member of the council in China Modern Literature Research Association, a member of the council in China Lu Xun Research Association, Managing Director of China Ding Ling Research Association, Vice President of Chongqing Literature Association. He is mainly engaged in modern and contemporary Chinese literature, regional culture and literature research.

郑洁，英文笔名 Jane Zheng，香港中文大学文学院文化管理课程助理教授。研究领域包括城市文化资源规划、创意城市、文化及创意产业集聚区，以及上海民国美术史。于高排名同行评审国际期刊发表研究成果，如《现代中国》《东亚历史》《中国当代文学与文化》《城市研究》《城市事务杂志》《城镇规划评论》《地球论坛》等；出版学术专著《中国艺术的现代化：上海艺术拼图 1913—1937》（鲁汶大学出版社，2016）。

Jane Zheng, Assistant Professor of Cultural Management Program in College of Liberal Arts of the Chinese University of Hong Kong. Her Research areas include urban cultural resource planning, creative city, cultural and creative industry cluster, and the fine arts history of the Republic of China. She has published high level research papers such as *Modern China*, *East Asian History*, *Modern Chinese Literature and Culture*, *Urban Studies*, *Journal of Urban Affairs*, *Town Planning Review*, *Geoforum* and academic monograph *The Modernization of Chinese Art: The Shanghai Art College, 1913—1937* (University of Leuven Press, 2016).

张卫中，1967 年 3 月生，湖南省桂阳县人。文学博士，教授。现任浙江音乐学院公共基础教学部主任，曾任浙江省文化厅公共文化处副处长、浙江省文化艺术研究院常务副院长、《文化艺术研究》期刊主编。主要研究领域为公共文化、文学、文化传播等。

Zhang Weizhong was born in 1967, a native of Guiyang, Hunan Province. He is PhD in Literature, Professor and Dean of General Education Department of Zhejiang Conservatory of Music. He was former Deputy Director of Public Culture Division of Zhejiang Provincial Department of Culture, Standing Vice President of Zhejiang Provincial Institute of Culture and Art, and Editor-in-Chief of the journal *Studies in Culture & Art*. His research focuses on public culture, literature, cultural communication, etc.

后记
EPILOGUE

从1995年复旦大学博士毕业到同济大学任教算起，我学习、研究文学已近二十年，研习文学、教书育人也许就成了自己的终身职业选择。但没有料到的是，由于工作环境和工作变动的关系，自己的专业方向也在不断转换——经历了从文学向文化、从文学史向城市史的转移。在同济大学工作了15年，在这样一个以城市研究著称的学府中，浓厚的学术氛围自然也熏染了我，我逐渐对城市，尤其是上海这样一座带有神秘色彩的大都市有了兴趣。朋友们常嘲弄我，一个山沟里出来的穷孩子，没有什么都市经验，却大谈特谈城市尤其是上海这座城市的历史和未来。我刚来上海，偏居五角场，今天繁荣的城市副中心当年可是一派城乡结合部的光景。自己觉得离开城市中心，不能够活生生地参与体验城市的脉动，对上海的理解总是隔了许多层。2010年初，我调到上海戏剧学院工作，学校位于上海的核心区，从此就有了直接参与上海城市文化艺术生活的便利和机会，我觉得自己离这个城市更近了。

我的城市梦也开始得以真正地实现。

一次偶然的机缘，与英国创意经济学家约翰·霍金斯（John Howkins）先生讨论创意产业时，我提出城市文化问题，特别是在城市文化统计方面的研究那时也还是一个世界性的难题，我提出他能否引入一些国际资源。没想到他说正要为我介绍这些，因为伦敦市政府正在大力推行这项工作，现任大伦敦主管文化的副市长、时任大伦敦市政府文化部部长贾斯汀·西门思（Justin Simons）女士与英国一家民非研究机构BOP文化创意产业咨询机构总裁保罗·欧文斯（Paul Owens）先生正筹备世界城市文化论坛（Word Cities Culture Forum Symposium），他们为了研究和发布《世界城市文化报告》（*Word Cities Culture Report*）正在寻找上海的合作伙伴，在我表示了合作意向后，2011年10月收到伦敦市长鲍里斯·约翰逊（Boris Johnson）的邀请信，邀请我作为“世界城市文化报告”的项目顾问。这样就有了2012年4月有英国大伦敦市政府文化部和英国BOP文化创意产业咨询公司发起，包括上海在内的8个世界城市齐聚上海，在上海戏剧学院召开的首届世界城市（上海）文化论坛，论坛讨论了全球12个城市共同参与的《世界城市文化报告2012》初稿，决定在2012年伦敦奥运文化峰会上发布。之后我带领团队翻译了这部书，这就是同济大学2013年8月出版发行的《世界城市文化报告2012》，报告在联合国教科文组织文化分析的定义和框架基础上，以其文化统计框架中的“领域”和“功能”两个范畴，建立了“文化供应”和“消费和参与”数据指标体系。具体包含文化遗产、阅读文化、表演艺术、电影和游戏、创意人才、文化活力和多样性等六个大类共53个指标。

基于这样一个指标体系，经过团队的大量调查研究，也经过国内外多方专家学者的咨询，也考虑到可操作性，我们研发适合中国城市文化统计的指标体系，即由城市文化生产（Production）、文化生活（Life）、文化生态（Ecology）这3个一级指标、8个二级指标和105个三级指标构成城市文化指标系统。城市文化生产一级指标包括文化投入、文化产出、文化产品与服务三个二级指标，城市文化生活一级指标包括文化生活消费和文化参与2个二级指标，城市文化生态一级指标包括文化资源、文化环境与文化多样性这3个二级指标。以此构成PLE理论模型。三大要素互相影响、互相作用，共同构成了完整的城市文化体系。中国城市文化指标体系遵循文化生产、文化生活与文化生态之间的内在逻辑，形成科学、合理的指标体系并在实践中呈现常态差异性与动态变迁特点。需要说明的是，这一PLE理论模型或“三生”体系完成于2013年，与2015年12月中央城市工作会议提出的统筹生产、生态、生活三大布局竟意外巧合。

在我们与英国方面展开合作构建中国城市文化指标体系的同时，得到教育部人文社会科学重点研究基地上海师范大学都市文化研究中心主任杨剑龙教授的鼓励，申报教育部基地重大项目“世界城市文化指标体系及中国实践”并得以成功立项，这使我们加快了这项工作的进程。

无论是伦敦报告还是这次报告中上海文化数据都是由我的研究团队和相关外部合作者一起完成的。在收集指标数据的过程中，我们深感城市文化数据统计还有很多工作要做，其重要性无论如何估计都不为过。上海的文化统计工作在全国是领先的，但在统计中我们仍然遇到不少问题。巧合的是文化管理部门也意识到了这个问题，在2012年，时任上海市文化广播影视管理局局长胡劲军先生委托我一个咨询研究课题——“上海文化广播影视数据平台建设方案”，我们试图联合国家统计局等单位，研发一套属于上海的文化统计方案，也就是在这次课题中，我们又得以对中国文化统计的历史和现状做了系统分析。这也是我们这部报告中专列一栏“统计研究”最早的缘由。也基于此，特别向读者朋友和文化管理部门以及专业读者声明，报告收入的数据库一定存在诸多难以回避的问题甚至错漏，希望大家指正并多提批评意见。

本书的研究，前后耗时近四年，我们投入了大量人力和经费，也得到了各方面的大力支持，感谢张晓明、丁未、解学芳三位副主编，他们的加盟使得这项工作得以继续，特别是丁未教授，在统稿过程中承担了大量繁琐工作，在此特别致谢。

上海大学的刘兆明博士、上海戏剧学院的肖湘宁博士参与了总报告框架的讨论和资料收集工作；十个城市的数据库我们委托了各个城市的专家，本书后面附录了数据库专家的介绍，在此也一并致谢，希望今后将还能有继续合作的机会；香港中文大学硕士刘逸群、丁燕参与了香港数据的收集整理，同济大学龚韵霁、周晓健博士参与了上海的数据和附录中大事记的整理工作，上海市的文化数据还得到了市委宣传部和市文广局胡明华、施福平两位处长的大力指导和支持；深圳大学传播学院研究生张弈、高纪弘、焦玉红在丁未教授的指导下不仅负责收集深圳市的城市数据，还对报告数据库进行了校正，工作量之大可以想象；深圳大学文化产业研究院的宗祖盼参与温雯博士的文化案例的写作，以上各位的合作和支持，也是保证报告得以顺利出版的重要力量。需要说明的是，由于本书的调查和研究延续时间比较长，所以数据库数据收集的时间并不都能做到最新；我们对数据都做了不同程度的校正，有些甚至做了更改，所以数据库如果存在一些问题，都由本书主编负责，我们委托的数据库专家不承担责任。

本书得以出版，要特别感谢同济大学出版社的厚爱，当年的《世界城市文化报告 2012》就是由同济大学出版社出版的。华春荣社长给予本书特别的关心和支持，也一并致谢。这本书原本是计划纳入中国社会科学文献出版社蓝皮书系列，皮书出版分社邓泳红社长也给予了多次指导，由于我们不能保证每年都出版，与社科文献皮书的规范要求有距离，只能失之交臂，非常遗憾，也在此感谢邓社长的关心。本书责编袁佳麟是我这么多年来难得遇到的高水平的责任编辑，其专业的眼光、审美意识和职业精神让我们对这本书的设计、印刷甚至内容编排包括英文翻译都放心不少，责任编辑卢元姗也付出了大量劳动，美编刘青比较好地实现了我们的设想，也一并致谢。

本书一定存在诸多缺点，我们希望能够以此建构城市文化的研究新路向，我们也有建立更完整的中国城市文化数据库的野心，希望得到读者建设性的批评和意见，使我们下一年度的报告能够更进一步。

黄昌勇

2017 年 9 月 11 日

于上戏健吾楼一号 201 室